普通高等教育案例版系列教材

供预防医学类专业使用

案例版

# 职业卫生与职业医学

## 第 2 版

主　　编　张文昌　贾　光
副 主 编　范广勤　王素华　张春芝
编　　委　（按姓氏笔画排序）

| | | | |
|---|---|---|---|
| 王洪艳 | 北华大学 | 王素华 | 包头医学院 |
| 牛丕业 | 首都医科大学 | 孔丽娅 | 浙江中医药大学 |
| 朱建林 | 福建医科大学 | 刘志宏 | 宁夏医科大学 |
| 刘宝英 | 福建医科大学 | 汤　艳 | 西南医科大学 |
| 李煌元 | 福建医科大学 | 连玉龙 | 南通大学 |
| 沈　彤 | 安徽医科大学 | 沈福海 | 华北理工大学 |
| 张　丽 | 广东药科大学 | 张文昌 | 福建医科大学 |
| 张本忠 | 兰州大学 | 张春芝 | 济宁医学院 |
| 范广勤 | 南昌大学 | 金焕荣 | 沈阳医学院 |
| 贾　光 | 北京大学医学部 | 倪春辉 | 南京医科大学 |
| 曹　军 | 大连医科大学 | 程淑群 | 重庆医科大学 |
| 鲁　彦 | 佳木斯大学 | | |

编写秘书　朱建林　福建医科大学

科 学 出 版 社

北　京

# 郑 重 声 明

为顺应教学改革潮流和改进现有的教学模式，适应目前高等医学院校的教育现状，提高医学教育质量，培养具有创新精神和创新能力的医学人才，科学出版社在充分调研的基础上，首创案例与教学内容相结合的编写形式，组织编写了案例版系列教材。案例教学在医学教育中，是培养高素质、创新型和实用型医学人才的有效途径。

案例版教材版权所有，其内容和引用案例的编写模式受法律保护，一切抄袭、模仿和盗版等侵权行为及不正当竞争行为，将被追究法律责任。

---

**图书在版编目（CIP）数据**

职业卫生与职业医学 / 张文昌，贾光主编. —2 版. —北京：科学出版社，2017.1

ISBN 978-7-03-048482-6

Ⅰ. ①职… Ⅱ. ①张… ②贾… Ⅲ. ①劳动卫生-医学院校-教材 ②职业病-医学院校-教材 Ⅳ. ①R13

中国版本图书馆 CIP 数据核字(2016)第 121786 号

---

责任编辑：胡治国 / 责任校对：钟 洋
责任印制：赵 博 / 封面设计：陈 敬

*科 学 出 版 社* 出版
北京东黄城根北街 16 号
邮政编码：100717
http://www.sciencep.com

北京凌奇印刷有限责任公司印刷
科学出版社发行 各地新华书店经销

\*

2008 年 6 月第 一 版　开本：787×1092　1/16
2017 年 1 月第 二 版　印张：30
2024 年 7 月第六次印刷　字数：868 000

**定价：118.00 元**
（如有印装质量问题，我社负责调换）

# 第2版前言

为了进一步适应高等医学教育改革与发展的需要，推进高等医学教育教材的建设与创新，2007年科学出版社组织了全国数十所高校共同编写了全国高等医药院校预防医学专业案例版系列规划教材，其中包括《职业卫生与职业医学》（案例版，第1版）。教材编写出版后在全国数十所高校使用并获得广泛好评。2016年，科学出版社决定组织编写出版本教材。

《职业卫生与职业医学》（案例版，第2版）编写的指导思想与基本原则是：在第1版基础上，力求更加突出理论体系的系统与完善，突出案例教材的特点与创新，突出教材内容的科学与更新。因此，本教材着力于以下几个方面突出特色：各章（节）由案例引导，将本章节的重点内容以问题提出，每章（节）末出思考题（要求从实际工作内容出发提出问题），力求从编写格式上有所创新；保持原有科学理论体系的基础上，从科学发展与实际工作实践出发，设计本教材理论体系，力求结构上有所创新；各章（节）内容的编写上，坚持科学性、系统性、实用性，突出理论与实际相结合点的相关内容，力求内容上有所创新。

本教材主体分上、下两篇。首先，系统阐述生产劳动过程中存在的各种职业性有害因素（化学的、物理的、生物的和社会心理行为的）及其健康危害；而后，根据公共卫生工作实际，较系统地论述了职业性有害因素及其健康危害的预防与控制等问题。与第一版比较，本教材对部分章节结构和内容作了较大调整，新增了职业性心理社会行为因素与健康、突发职业卫生事件的应急处置与预防等章节，既保持了本学科原有的理论性、系统性，又进一步突显了其应用性、创新性和实践性。

这次编写工作得到了全体编委的通力合作和福建医科大学公共卫生学院、科学出版社的大力支持，在此一并表示感谢。限于水平，难免存在问题，敬请读者批评指正。

张文昌

2016年5月于福州

# 第 1 版前言

为了进一步适应高等医学教育改革与发展的需要，推进高等医学教育教材的建设与创新，2007年科学出版社组织了全国数十所高校共同编写了全国高等医药院校预防医学专业案例版系列规划教材，并决定编写《职业卫生与职业医学》。

本教材编写的指导思想与基本原则：加强理论与实际的结合，突出结合点的内容；坚持"三基"原则，不改变现有的学科理论基本体系；编写方式上有所创新，包括编写内容、格式等。基于以上指导思想和原则，本教材着力于以下几个方面突出特色：各章节由案例引导，将本章（节）的重点内容以问题提出，每章（节）末出思考题（要求从实际工作内容出发提出问题），力求从编写格式上有所创新；保持原有科学理论体系的基础上，从科学发展与实际工作实践出发，设计本教材理论体系，力求结构上有所创新；各章（节）内容的编写上，坚持科学性、系统性、实用性，突出理论与实际相结合点的相关内容，力求内容上有所创新。

本教材主体分两篇。首先，系统阐述生产过程、劳动过程和生产环境中存在的各种职业性有害因素（化学的、物理的、生物的和社会心理行为的）及其健康危害；而后，根据公共卫生工作实际，较系统地论述了职业性有害因素及其健康危害的预防与控制等问题。既保持了本学科原有的理论性、系统性，又进一步突显了其应用性、创新性和实践性。

这次编写工作得到了全体编委的通力合作和福建医科大学公共卫生学院、科学出版社的大力支持，在此一并表示感谢。限于水平，加之编写时间仓促，难免存在问题，敬请读者批评指正。

张文昌

2008年4月于福州

# 目　录

绪论 ................................................................................ 1

## 上篇　职业性有害因素及其健康危害

### 第一章　化学性有害因素与职业中毒 ................................................ 9
- 第一节　概述 ................................................................... 9
- 第二节　金属与类金属中毒 ....................................................... 16
- 第三节　刺激性气体中毒 ......................................................... 39
- 第四节　窒息性气体中毒 ......................................................... 54
- 第五节　有机溶剂中毒 ........................................................... 69
- 第六节　苯的氨基和硝基化合物中毒 ............................................... 82
- 第七节　高分子化合物生产中的毒物中毒 ........................................... 92
- 第八节　农药中毒 ............................................................... 105

### 第二章　生产性粉尘与职业性尘肺病 .............................................. 117
- 第一节　概述 ................................................................... 117
- 第二节　游离$SiO_2$粉尘与矽肺 .................................................. 125
- 第三节　硅酸盐粉尘与硅酸盐尘肺 ................................................. 129
- 第四节　煤尘、煤矽尘与煤工尘肺 ................................................. 134
- 第五节　其他粉尘与尘肺 ......................................................... 141

### 第三章　物理性有害因素及其所致职业病 .......................................... 152
- 第一节　概述 ................................................................... 152
- 第二节　不良气象条件与中暑 ..................................................... 152
- 第三节　噪声 ................................................................... 161
- 第四节　振动 ................................................................... 168
- 第五节　非电离辐射 ............................................................. 174
- 第六节　电离辐射 ............................................................... 178

### 第四章　生物因素与职业性传染病 ................................................ 185
- 第一节　概述 ................................................................... 185
- 第二节　炭疽杆菌与炭疽 ......................................................... 187
- 第三节　布氏杆菌与布氏菌病 ..................................................... 192
- 第四节　森林脑炎病毒与森林脑炎 ................................................. 196
- 第五节　伯氏疏螺旋体与莱姆病 ................................................... 200
- 第六节　人类免疫缺陷病毒与艾滋病 ............................................... 205

### 第五章　职业心理、社会、行为因素与健康 ........................................ 208
- 第一节　概述 ................................................................... 208
- 第二节　职业紧张与健康危害 ..................................................... 209
- 第三节　劳动组织管理不当与健康危害 ............................................. 215
- 第四节　职业性不良体位、姿势、操作方式与健康危害 ............................... 218

### 第六章　职业性有害因素所致的其他职业病 ........................................ 224

| 第一节 | 职业性肿瘤 | 224 |
|---|---|---|
| 第二节 | 职业性皮肤病 | 232 |
| 第三节 | 职业性五官疾病 | 240 |
| 第四节 | 其他职业病 | 247 |

### 第七章 职业性外伤与职业安全 ................ 249
- 第一节 概述 ................ 249
- 第二节 物体打击 ................ 256
- 第三节 高处坠落 ................ 258
- 第四节 机械伤害 ................ 260
- 第五节 电击伤害 ................ 262
- 第六节 主要矿井安全问题 ................ 265

### 第八章 常见行业和人群的职业卫生问题 ................ 270
- 第一节 概述 ................ 270
- 第二节 常见行业的职业危害和特点 ................ 276
- 第三节 妇女职业卫生 ................ 283

## 下篇　职业性健康危害的预防与控制

### 第九章 职业性环境监测与生物监测 ................ 287
- 第一节 概述 ................ 287
- 第二节 作业场所环境有害因素监测 ................ 289
- 第三节 职业人群的生物监测 ................ 297

### 第十章 职业病危害评价 ................ 306
- 第一节 职业病危害预评价 ................ 306
- 第二节 职业病危害控制效果评价 ................ 310
- 第三节 职业病危害现状评价 ................ 313
- 第四节 职业病危害作业分级评价 ................ 317
- 第五节 职业性有害因素的危险度评定 ................ 326

### 第十一章 职业性有害因素的工程技术控制 ................ 334
- 第一节 概述 ................ 334
- 第二节 密闭通风与照明 ................ 335
- 第三节 除尘 ................ 345
- 第四节 降噪减振 ................ 349
- 第五节 电磁辐射屏蔽 ................ 355

### 第十二章 职业卫生保健与服务 ................ 360
- 第一节 概述 ................ 360
- 第二节 作业人员个人防护 ................ 364
- 第三节 职业健康促进 ................ 373
- 第四节 职业健康监护 ................ 379

### 第十三章 突发职业卫生事件应急处置与预防 ................ 386
- 第一节 概述 ................ 386
- 第二节 突发职业卫生事件应急处置 ................ 387
- 第三节 突发职业卫生事件的预防 ................ 401

### 第十四章 职业卫生监督与管理 ................ 408

|  |  |  |
| --- | --- | --- |
| 第一节 | 概述 | 409 |
| 第二节 | 职业卫生法律制度 | 412 |
| 第三节 | 职业卫生监督 | 418 |

**第十五章 职业卫生研究** ......... 429
  第一节　职业卫生调查 ......... 429
  第二节　职业流行病学分析 ......... 436
  第三节　职业毒理学研究 ......... 443
  第四节　职业病的临床观察 ......... 449
  第五节　人体工效学与作业能力研究 ......... 452

**展望** ......... 462
**参考文献** ......... 464
**索引** ......... 465

# 绪 论

职业卫生与职业医学（occupational health and occupational medicine），亦称劳动卫生与职业病学或简称劳动卫生学，是研究生产劳动过程中职业性有害因素对劳动者健康危害一般规律及其预防与控制实践的综合性学科，属于预防医学的一个分支学科。主要任务是识别、评价、预防和控制职业性有害因素对职业人群健康的危害。职业卫生主要以职业人群和作业环境为对象，旨在创造安全、卫生和高效的作业环境，保护劳动者的健康，提高职业生命质量（quality of working life），促进国民经济可持续发展；而职业医学则以个体为主要对象，旨在对受到职业性有害因素损害或存在潜在健康危险的个体进行早期检测、诊断、治疗和康复处理。预防和控制职业性有害因素及其健康危害，以达到促进和保护职业人群在躯体、精神和社会适应的完美状态，是职业卫生与职业医学工作的一致目标。

职业卫生与职业医学还应考虑职业性因素与非职业性因素对人体健康的联合作用，从而采取综合干预措施。

## 一、职业性有害因素

不良的劳动条件则可能存在许多有害因素，即职业性有害因素（occupational hazards）。劳动条件通常包括三个方面：生产过程：它涉及生产工艺与设计流程，可随工艺改革、技术进步、设备更新等改变而变化；劳动过程：它主要包括围绕生产工艺流程、要求等而展开的组织和劳动；生产环境：它主要指为适应生产和劳动过程要求而建立的作业环境以及室内外大气环境等。

通常，职业性有害因素按其来源可分为下列三类：

### （一）生产过程中的有害因素

**1. 化学因素** 生产性毒物：如铅、汞、苯、镉、二硫化碳、一氧化碳、农药等；生产性粉尘：如矽尘、石棉尘、煤尘、有机粉尘等。

**2. 物理因素** 如异常气象条件：包括高温、高湿、低气压等；噪声；振动；非电离与电离辐射：包括紫外线、红外线、射频辐射、激光、X射线等。

**3. 生物因素** 如附着于皮毛上的炭疽杆菌、甘蔗渣上的真菌、医务工作者可能接触到的生物传染性病源物等。

### （二）劳动过程中的有害因素

（1）劳动组织和制度不合理，劳动作息制度不合理等，如单调作业、过于频繁变动的"三班倒"。

（2）精神（心理）性职业紧张。如公交车司机、护士的安全责任工作压力过大等。

（3）劳动强度过大或生产定额不当。如安排的作业与女性劳动者生理状况不相适应，重物搬运工体力劳动强度大且持续时间长等。

（4）个别器官或系统过度紧张。如打字员视觉器官过度紧张，歌唱演员长期声带紧张，采矿工持续性肌肉紧张等。

（5）长时间处于不良体位或使用不合理的工具等。如仰卧位工作的汽车维修工种等。

### （三）生产环境中的有害因素

自然环境中的因素，如炎热季节的太阳辐射；厂房建筑或布局不合理，如有毒工段与无毒工段安排在一个车间；或由不合理生产过程所致环境污染。

从生理-心理-社会-环境多维医学模式新的视角看，有必要高度重视除职业性环境有害因素以外的其他因素的健康危害。因此，职业性有害因素也可以分为以下几类：

**1. 职业性有害环境因素** 如前所述，不良的生产劳动环境中可能存在各类化学性、物理性和生物性有害因素。如重金属、有机溶剂、农药等化学毒物，高温、振动、辐射等物理因素，布氏杆菌、霉菌等生物因素。

**2. 职业性有害心理因素** 心理因素与健康之间的密切关系早已为人所共知。在生产劳动过程中，劳动者（如高空作业者、公共汽车司机、宇航员、护士、作战士兵、危险作业者等）常常可能因为从事该职业而持续处在某种不良的心理状态，如恐惧、紧张、孤独、亢奋、消沉等，导致劳动者身心健康危害和工作能力与效率的下降。

**3. 职业性有害社会因素** 由于国家法律制度不完善（如劳动者权益保障不够）、职业卫生监督管理不力（如职业卫生标准的执行不力）、劳动组织和管理不当（如"三班倒"作业、末位淘汰管理制度）以及职业歧视、职业不良文化等等职业性社会因素的大量存在，它们对作业人员健康的危害不容忽视。

**4. 职业性有害行为方式因素** 职业性行为方式是人们从事生产劳动的、有意识的活动方式。不良的职业性行为方式，如视频终端工作者长期的键盘操作工作方式、计算机软件程序员持续的脑力劳动方式、教师和歌唱演员不良的发声方式、执勤警察的长时间站立以及各种职业不良的工作体位（如芭蕾舞演员的单腿站立）等，均可致健康损害。

除了职业性有害因素外，劳动者不良的机体状态的存在及其与职业性有害因素的联合作用对劳动者健康的影响也不容忽视。劳动者不良的机体状况主要包括不良的健康状况、特殊的生理状态（年龄、性别、女性妊娠期、经期、哺乳期等）、不良的行为方式和生活习惯、不良的心理反应状态、不良的营养状态等。此外，尚有许多因素使机体处于对有害因素损害作用的敏感状态。如：不同的激素水平、机体代谢酶（如Ⅰ、Ⅱ相酶等）的遗传多态性、机体损伤修复能力多样性以及受体作用敏感性差异等。

---

**案例 0-1**

案例介绍：1974 年，英国医生 Goodrich 在其诊所中接待了一位病人，经详细检查后被诊断为肝血管肉瘤（ASL）；此后的数十天里，又连续接待并诊断了两名 ASL 患者，这引起了该医生的高度重视。ASL 是一种罕见的恶性肿瘤，但在他所在的一个社区诊所中竟连续出现了 3 例 ASL，该诊所社区在化工厂社区，于是，该医生敏锐地意识到可能存在的职业接触与疾病联系。随即翻开了这些病人的病案记录。

经查阅，3 名工人均来自一家聚氯乙烯（PVC）化工公司。于是，该医生亲自到这家化工公司现场了解情况，获悉 3 位患者分别为清釜工和聚合工。这些工种接触的化学物中均有聚氯乙烯的单体——氯乙烯。该医生敏锐地意识到氯乙烯接触与 ASL 的可能因果联系，并发表了自己的临床观察报告。

与此同时，Greech 在另一 PVC 工厂中也先后诊断了 6 例 ASL。10 年后，国际癌症研究机构正式将 VC 列为职业性致癌物。

**案例0-1解析**

　　肝血管肉瘤，是一种罕见的肝脏恶性肿瘤。该医生从短短的一个月里在其诊所中就诊3个同样的病例，敏感地意识到了其现象背后可能存在的内在联系。英国是一个工业化发展较早较快的国家，人们对于职业环境中有害因素的健康的危害有较早，较深刻的认识，临床医生也是如此。本案例充分说明了这一点。

　　从查阅病人的背景着手，从病人的职业史中意识到了病因的初步线索，并深入现场，仔细了解了现场劳动卫生学资料，患者的职业环境及其接触的可能有害因素。并因此初步判断了氯乙烯接触与肝血管肉瘤间的联系。为日后确认这种病因联系提供了十分重要的线索。成为了临床观察作为病因探索重要手段的经典范例。说明临床医生在认识，评价和预防职业性有害因素及其健康危害的工作大有可为。

　　该案例说明：在临床实际工作中，能在充分了解病人背景（包括职业背景）的基础上去诊疗疾病，在职业卫生实际工作中，能在充分认识职业环境中有害因素及其对健康影响的基础上去防制疾病，是十分重要的，也是预防和控制病症的重要内容。

## 二、职业性健康危害

在一定的作用条件下（如一定的接触途径、时间、方式和强度等），职业性有害因素对劳动者健康会产生危害，统称为职业性损害（occupational adverse effect），又称为职业性病损。职业性损害包括职业性疾患和工伤，前者又可分为职业病和工作有关疾病两大类。

### （一）职业病

职业病（occupational diseases）是指当职业性有害因素作用于人体的强度与时间超过机体的代偿功能，造成机体功能性或器质性改变，并出现相应的临床征象，影响劳动者作业能力的一类特定疾病。有广义职业病和法定职业病之分，而后者特指政府立法明文规定的职业病。例如：我国卫生部于1957年首次颁布了我国《职业病范围与职业病患者处理办法的规定》，规定了一些职业病名单，1982年又进行了修订。2002年5月1日开始正式实施了《职业病防治法》，并公布了新职业病名单共10类115种职业病。2013年，再次修订新增为10大类132种。

从职业性有害因素种类看，职业病可分为职业中毒（由化学毒物引起）、尘肺（由生产性粉尘引起）、物理因素职业病（由物理性有害因素所致）、职业性传染病（由生物因素引起）等；根据损害的部位则又可分为职业性皮肤病，职业性眼病，职业性耳鼻喉疾病，中毒性肝脏疾病，职业性肿瘤等。

**1. 职业病特点**　　与临床上其他疾病比较，职业病有下述明显特点：

（1）病因明确。临床上其他许多疾病，包括工作有关疾病，其原因往往多而复杂，难以确定。但作为职业病，其病因明确，如：染料生产作业工人膀胱癌的病因是接触联苯胺；聚氯乙烯作业工人肝血管肉瘤病因是接触氯乙烯。

（2）疾病的发生常存在明确的剂量—反应（效应）关系。职业病的病因常可识别并定量检测，有害因素的接触水平、接触时间、接触强度等与疾病的发生率、患病率或机体受损程度间存在联系。如随着累积接尘量的增加，尘肺的患病率明显增高。

（3）发病呈集丛性特点。接触相同的职业性有害因素并达到一定的剂量后，虽病情有轻有重，但职业人群中总是有多人同时发病，而仅个别人出现机体损害的现象较少见。如制鞋业作业女工接触含苯胶水时，发生血液系统损害者往往不是个别人。

（4）避免或减少接触有害因素后，职业病可以得到明显的缓解或控制。如：近年来，我国严格控制含苯胶水的使用后，制鞋业工人血液系统损害（包括白血病）的发病情况得到较好的控制。

（5）早期诊断、合理治疗职业病，其效果较好。大多数的职业病发生后，倘若能停止或减少接触有害因素并早期诊断和合理治疗，预后较好，也较易于康复。因此，二级预防的价值明显。

（6）较重的职业病的治疗较为困难，但往往是可预防的。目前，职业病的特殊治疗药物仅金属络合剂等少数几类，大部分职业病缺乏特异治疗方法。因此，实施预防更显重要。如一旦患尘肺后，目前的治疗主要是缓解症状和病情，尚不能阻止病情的进展，但只要加强粉尘的控制和个体防护，完全可以避免尘肺的发生。

**2. 职业病的诊断原则** 职业病的诊断是一项政策性和科学性很强的工作，它关系到患者的健康与福利，并涉及劳保待遇，也涉及国家和企业的利益。故在诊断上有别于一般疾病，需具有职业病诊断权的机构才能进行诊断。

诊断职业病时，应在全面了解病人以下四方面资料的基础上，综合分析，并在排除其他可能内科疾病后，作出诊断。职业病诊断时应收集的资料和考虑的原则包括：

（1）有明确的职业史：具有明确的职业接触史是诊断的前提。应详细询问、仔细核对职业史，内容应包括：①患者全部职业的工种和工龄；②接触有害因素的种类、时间和数量，接触方式及防护措施使用情况；③同工种其他工人患病情况；④排除可引起类似职业病征象的非职业性接触，如家庭使用农药、有机溶剂，有服药史等。

（2）有职业环境监测与健康监护资料：具有可靠的职业环境监测与健康监护资料是职业病诊断的重要条件。可通过劳动卫生学和流行病学调查，了解患者接触有害因素的情况、生产方式、浓度、时间、有害因素的接触方式及防护设备等情况，结合历年车间有害毒物的浓度、工人健康状况及职业病发病情况，进行分析。

（3）有相应的病史及临床症状与体征：临床资料是职业病诊断的依据，包括：①病史：应详细询问及分析各种症状出现的时间、发展顺序、严重程度与接触有害因素时间先后的关系。特别要注意早期症状及典型症状；②体格检查：除一般常规检查外，有选择性地检查一些与接触职业有害因素有关的项目。某些职业危害在疾病早期缺乏特异的临床体征时，需与非职业性疾病相鉴别，并应加强随访，作动态观察。

（4）实验室检查：实验室检测与检查结果是职业病诊断与鉴别诊断的重要参考。根据有害因素毒作用的特点，有针对性地进行毒物代谢物的生物检测和早期毒效应指标的检测。如：生理、生化、病理及仪器检查等。

在我国职业病诊断实践中，全面、系统地获得上述资料（尤其是环境监测与健康监护资料）并非易事。从保障健康的角度出发，职业病诊断的相应研究与尝试十分有意义，如：实行"举证倒置"（环境资料缺乏时，由企业而不是患者个人提供）；推行"优先原则"（在无法排除职业病诊断时，可先行按职业病诊断处置）。

**3. 职业病报告** 为了及时掌握职业病的发病情况，以便采取必要的防治措施，国家有关部门于1989年又颁发了新的《职业病报告办法》中规定：①凡尘肺病、慢性职业中毒和其他慢性职业病诊断单位或职业病诊断组，负责慢性职业病的报告工作。作出慢性职业病诊断后（包括尘肺患者升级诊断），即应填写《职业病报告卡》或《尘肺病报告卡》，在15天内报至所在地的卫生监督机构；②急性职业病由最初诊断的任何医疗卫生机构在24小时内向患者单位所在地的卫生监督机构报告；③遇有急性职业中毒同时发3名死亡或急性职业炭疽1人以上时，接诊医疗机构应实行紧急报告制度，立即电话报告上述相应机构，并同时发出报告卡；④卫生监督机构接到②③两项报告后，要立即赴现场调查，填写《职业中毒现场劳动卫生学调查表》，并会同各有关部门，如劳动、工会组织、工矿企业及其主管部门，分析发生原因，并将调查结果及处理意见报上级卫生监督机构等。

## （二）工作有关疾病

工作有关疾病（work-related disease），是指与工作有关的职业因素在其发生发展中起一定作用，但不是唯一作用的一类疾病。这类疾病往往病因复杂，且其他因素在其发生发展中占据重要地位，不仅在职业人群而且在一般人群中也极为常见，往往是造成缺勤率升高，影响职业生活质量等的重要原因。所以，工作有关疾病的诊断或鉴别诊断有一定难度。

**1. 工作有关疾病的特点** 工作有关疾病与职业病有所区别，其特点是：

（1）职业因素是影响该类疾病发生发展的众多因素之一，不是唯一因素。该类疾病病因往往不明确，病因较多。如：接尘作业工人尘肺病以外的其他呼吸系统疾病，除与粉尘接触有关外，机体的免疫、营养状况、吸烟、反复感染等均与疾病的发生发展密切相关。

（2）职业因素影响了健康，从而使常见病患病率增高，潜在疾病显现或已有疾病病情加重、进展加快等。如：煤矿井下工人因劳动时间不合理，劳动组织不当等，可能使处于"静止期"乙肝患者肝细胞功能出现进一步损害等。

（3）职业环境因素的控制或改善，可使这类疾病的发生或疾病得到缓解。如：视屏终端工作者停止接触或减少接触时间后，其颈肩腕综合征的患病率可以下降，相应的临床征象等可以得到缓解。

**2. 常见的工作有关疾病** 常见的工作有关疾病可依据其损害发生的部位和类型而分为以下几类：

（1）呼吸系统疾病：如慢性非特异性呼吸系统疾病等，其发病除了与吸烟，反复的呼吸道感染等有关外，也与诸多职业环境因素，如作业场所空气中 $SO_2$、$NO_x$，粉尘等因素有关。

（2）心血管系统疾病：长期接触噪声、振动和高温会导致高血压的发生。高度精神紧张的作业、噪声及寒冷均可诱发冠心病；职业接触二硫化碳、一氧化碳、氯甲烷等化学物质，也能影响血脂代谢、血管舒缩功能及血液携氧功能，导致冠心病发病率及病死率的增高。在我国台湾地区，职业紧张所致心血管疾病已经列入职业病名单。

（3）骨骼及软组织损伤：如腰背痛（low-back pain）、肩颈痛（cervical-shoulder disorder），主要由外伤、提重或负重、不良体位和不良气象条件等因素引起，在建筑、煤矿、搬运工人中更为常见。机器的构造、安置不合适造成肩颈痛和腰背痛。背痛常表现为：①急性腰扭伤；②慢性腰痛、腰肌劳损、韧带损伤和腰椎间盘突出症。肌肉骨骼损伤在很多发达国家如日本已经列入职业病名单。

（4）生殖系统功能异常：经常接触铅、汞、砷、二硫化碳等职业有害因素者，早产及流产发病率增高；纺织作业女工也容易出现生殖障碍。这类疾病目前列入职业有关疾病，是因为职业有害因素所致生殖系统异常与劳动者日常生活危险因素较难区分所致。

（5）消化道疾患：重体力劳动者和精神高度紧张的脑力劳动者，同时又吸烟（或酗酒）者，可导致消化道溃疡病的多发。高温作业工人，由于在劳动过程中出汗过多，盐分丧失，可导致消化不良及溃疡病的发病率增高。

（6）心理障碍：一般指社会-心理因素在疾病的发生和病程演变中起主导作用，使心理与行为在功能上的障碍，如超负荷工作或工作责任过重所出现精神紧张而主诉各种躯体不适症状；作业时间不合理影响睡眠规律；日常生活无规律、家庭关系紧张，引起情绪低落；工作中人际关系紧张而陷于矛盾和烦恼中；因情绪低落而过度吸烟、饮酒或滥用药物等。心理障碍若持续不消失可引发"心理疾患"或"精神疾病"；这些疾病反应在神经系统上，可表现为神经性头痛、血管痉挛性疾病等。

## （三）工伤

工伤（occupational injury），又称职业性外伤，系指工人在从事生产劳动过程中，由于操作者缺乏安全操作知识，缺乏必要的防护措施；或违反操作规程而导致机体组织的突发性意外伤害。

**1. 工伤的类别** 直接引起职工伤害的因素可分为机械伤、温度伤、化学伤及电伤等，其种类极多，涉及面很广，严重的头部伤和重要内脏器官的损伤可以致命，眼外伤有时可致盲，上、下肢的严重外伤可致残，即使轻伤也常可引起一时性丧失劳动能力而误工和影响职工健康。

**2. 工伤的主要原因**

（1）生产设备方面：生产设备质量或维修不善，容器管道不严密，工具、附件或设备有缺陷等。

（2）防护设备方面：生产设备上缺少安全防护装置，如机器的轮轴、齿轮、皮带、切刀等转动部分缺乏安全防护罩。

（3）劳动组织和管理方面：生产设备及安全防护装置无专人管理及定期检修制度；操作规程和制度不健全；对工人技术指导及安全教育不够；个人防护用品缺乏或不适用。

（4）个人因素：健康状况、年龄、性别、精神因素、文化水平及个人行为因素等。

因此，事故的发生，除了劳动保护部门的原因外，还有心理学和社会学等多方面因素有关。

## 三、职业性健康危害的预防与控制

劳动者在从事各种职业活动中均处在不同的劳动条件下。不良的劳动条件（即职业环境）中可能存在许多职业性有害因素（如化学的、物理的、生物的），它们在一定的条件下就可能导致健康的危害，即职业性损害（也称职业性病损）。职业性损害包括职业病、工作有关疾病和工伤（又称职业性外伤）。可见，职业病的防治，是疾病防制工作中的重要内容。

### （一）职业性健康危害的预防与控制对策

职业病的发生取决于三个因素：即接触者；职业性有害因素；职业有害因素作用条件。这三者的因果联系，决定了职业病的可预防性。三级预防理论为职业病预防提供了重要的指导思想。

**1. 一级预防对策**　防患于未然。认真落实职业病防治法及安全生产监督。

（1）控制或消除职业性有害因素的接触：改革生产工艺，实行自动化生产，密闭化作业；规范操作制度，减少有害因素产生；加强局部抽风和回收利用，控制对周围环境的污染；用无毒或低毒物质代替有毒物质等。

（2）加强职业人群的健康教育和健康促进：使职业者自觉地选择有利于健康的行为，消除和降低危险因素，降低职业有关疾病的发病率、伤残率和死亡率，提高职业人群的生活质量。职业人群健康促进包括一般卫生教育和职业健康教育。一般卫生教育侧重于针对个人的不利于健康的生活方式和行为，如酗酒、吸烟、不合理营养等；职业健康促进包括职业安全与职业卫生教育、职业心理学教育和"以预防为主"的环境观念等。

（3）加强预防保健：为增强职业人群机体的抵抗力，保护受职业危害作用的靶组织、靶器官，应根据接触有害因素作用性质和特点，补充某些特殊需要的营养成分。如对毒物接触者，根据毒物损害作用，给予特殊营养。例如接触损害肝脏为主的毒物时，应给以保肝食物，如优质蛋白质，易吸收的碳水化合物和多种维生素；脂溶性毒物接触者，应适当控制膳食中脂肪和总热能，补充优质蛋白质（保肝）及维生素 C 和维生素 $B_6$ 等；对高温作业者，由于大量出汗，盐分、水溶性维生素、氨基酸分解产物大量排出，应补充无机盐、蛋白质（优质蛋白质应占总蛋白质的一半左右）、维生素 C、$B_1$ 及 $B_2$ 等。

（4）研究和制定卫生标准，强化卫生监督与安全管理：通过对生产环境中有害因素的定性和定量监测，能够评价劳动环境的质量及工人的接触水平，并结合病因的分析，从而控制接触。加强卫生法制建设，严格卫生监督，执行卫生标准。

（5）加强个人防护：当职业有害因素尚不能从设备上改善进行预防时，个人防护措施的采用在预防职业有害因素的综合措施中是保障健康的主要防护手段。常用的防护用品有防护帽、防护服、防护眼镜、面罩和各种呼吸防护器。

**2. 二级预防对策** 早期发现，早期诊断，早期治疗。

（1）加强健康监护：通过各种检查和分析，掌握职工健康状况，早期发现健康损害征象，以评价职业有害因素对接触者健康的影响及程度，以便采取预防措施，控制疾患的发生和发展。如：就业前、在岗期间、离岗时和应急时的职业健康检查。

（2）及时发现和评估潜在危害：应加大科学研究的力度，及时发现和评估潜在的有害因素和可能的潜在危害，为修订卫生标准提供依据，防止危害的进一步扩大。

（3）建立和完善职业危害紧急救援体系，及时处理和控制急性中毒事故。

（4）加强各类职业性损害的敏感性指标，特异性指标的研究。

（5）引入和推进周期性健康检查制度，进一步开展和完善职业人群的早期筛检、职业病普查工作。

**3. 三级预防对策** 积极治疗，防止合并症，促进康复。

（1）加强职业病的临床研究，提高临床诊断、治疗水平。

（2）加强治疗药物，特别是特殊解毒药物的研究。

（3）建立健全化学物中毒和职业病预防与控制中心等职业病医疗机构。

（4）健全和完善职业病的医疗保险制度和社会救助补偿机制；积极做好职业病患者的工作能力鉴定及安置工作。

## （二）职业性健康危害的预防与控制实践

目前，我国职业性健康危害的预防与控制实践工作内容主要包括：

**1. 职业环境监测与健康监护** 作业场所环境监测的目的是及时发现和系统掌握作业环境中的有害因素及其存在形式、来源、强度和消长规律等，为评价作业场所的安全卫生状况和改善劳动条件提供客观依据。环境监测包括经常性、临时性（如突发事件处理）、监督性及研究性等几种情况。

健康监护着重于早期监测在特定的生产环境中职业人群的健康状况、健康受损的性质和程度，结合环境监测，可获得接触水平-效应（反应）关系。健康监护一般通过就业前和定期健康检查以及离岗前健康检查等实施，发现早期病损，及时处理，防止继续接触职业性有害因素。对已患职业病者，积极治疗，促进早日康复。对劳动能力已经受损者，应作出劳动能力鉴定，并按劳动保护条例规定处理。研究早期诊断方法和寻找较为敏感的特异性诊断指标等。

**2. 职业卫生学调查与职业流行病学研究** 职业卫生与职业医学另一项重要工作是开展职业卫生学调查和职业流行病学研究，目的主要是了解和掌握职业性有害因素及其暴露情况，找出接触职业性有害因素与健康损害之间的联系或因果关系，进行健康风险评估，为预防措施提供科学依据。

**3. 突发职业卫生事件的应急处置** 建立和完善突发职业卫生事件处置体系与运行机制，特别是做好突发化学中毒、放射性事故的预防、控制和应急处置工作。

**4. 职业卫生健康教育与健康促进** 对劳动者、工程技术人员和各级管理人员广泛开展健康教育和职业健康促进工作，使他们人人参与劳动者的健康保护，遵守有关劳动卫生工作的规章制度，共同做好预防工作。实施职业健康教育是预防与控制职业性危害的有效手段。

**5. 职业卫生监督与管理** 职业卫生监督是公共卫生监督工作的重要组成部分，其依据国家的法律法规，以法律的手段达到保障职业人群健康的目的。目前，职业卫生监督工作内容可以分为预防性和经常性卫生监督。

预防性卫生监督系指卫生监督机构对新建、改建、扩建企业建设项目中的劳动卫生防护设施，是否与主体工程同时设计、同时施工、同时投产所进行的卫生审查和竣工验收。其主要目的在于使投产后的职业卫生环境符合国家卫生标准。

经常性卫生监督指卫生监督机构对其管辖范围内的各类企业单位贯彻执行卫生法规和卫生标准的情况进行定时或不定时的督促检查，并对违反法律法规的行为实施处罚。

目前，新建或改建项目的职业卫生安全评估已成为一项重要工作内容。

**6. 职业病的临床诊治与康复**　职业性危害，尤其是尘肺、职业中毒的临床诊治工作，也是防治工作的重要一环。包括健康检查、医学观察、现场救治、临床诊断、治疗、康复以及诊断标准的制定、药物研发等。

**7. 职业卫生与职业医学教育与科学研究**　职业卫生与职业医学的高等教育在我国已经开展数十年，在预防医学本科教育中，职业卫生与职业医学已成为重要的专业课程之一；在非预防医学专业和成人医学教育中也已成为基本的内容之一；职业卫生与职业医学的研究生教育、继续教育工作正在发展中。

职业卫生与职业医学的科学研究已成为职业性危害预防和控制实践中的重要组成，也极大地推进了防治工作的发展。

（张文昌）

## 思 考 题

1. 如何理解职业性心理、行为、社会因素？了解职业环境中的有害因素及其对健康的危害有何意义？
2. 如何在充分了解病人职业背景的基础上去认识疾病、诊疗疾病？
3. 在识别、预防和控制职业性有害因素及其健康危害的工作中，公共卫生医生和临床医生可以，也应该做些什么？

# 上篇　职业性有害因素及其健康危害

## 第一章　化学性有害因素与职业中毒

### 第一节　概　　述

> **案例 1-1**
> 　　案例经过：××制革厂在二楼建有一废水池。1988年5月8日，该废水池阀门污泥阻塞，工人陈××于12时许用水泵抽废水冲洗污泥后沿梯下池疏通。下池后即感胸闷，刚想往梯子上爬时突然神志不清。工人李×、技术科长陈×见状尾随下池抢救，副厂长何××闻讯后，在100余米处跑步赶到即下池抢救，均昏倒池内。工人李××随即以绳子扎腰顺梯下池，昏倒后即被人拉上。随后池上的人用扎皮钩将李、陈、陈三人先后救出，副厂长最后救上。此时已是下午1时15分，将5人送医院急诊，何××在急诊室死亡，其余4人治疗后出院。
> **问题：**
> 　　这起事故是职业中毒吗？什么原因？如何进行病因判断？如何施救？如何处理？

在一定条件下，外来化学物质以较小剂量即可引起机体的功能或器质性损害，甚至危及生命，此种化学物质称为毒物（toxicant）；机体受毒物的作用引起一定程度的损害而出现的疾病状态称中毒（poisoning）。

### 一、生产性毒物

劳动者在生产过程中由于接触毒物所发生的中毒称为职业中毒（occupational poisoning），这类毒物就称之为生产性毒物。

#### （一）来源与存在形态

生产性毒物的来源可有多种形式，同一毒物在不同行业或生产环节中又各有差异，可来自于原料、中间产品（中间体）、辅助原料、成品、夹杂物、副产品或废弃物；有时也可来自热分解产物及反应产物。

在生产环境中的毒物可以固体、液体、气体或气溶胶的形式存在。

气体指常温、常压下呈气态的物质，如氯气、一氧化碳、二氧化硫等；固体升华、液体蒸发或挥发可形成蒸气，前者如碘，后者如苯、甲苯等。凡沸点低、蒸气压大的液体都易产生蒸气。对液体加热、搅拌、通气、超声处理、喷雾或增大体表面积均可加速蒸发或挥发。

气溶胶是雾、烟、尘的总称。雾为悬浮于空气中的液体微粒，常系蒸气冷凝或液体喷洒而成，如电镀铬时的酸雾，喷漆作业时的漆雾。烟是指悬浮于空气中直径小于 0.1μm 的固体微粒。主要为金属熔融时产生的蒸气在空气中迅速冷凝、氧化而成,如熔炼铅、铜时产生的铅烟、铜烟;有机物加热或燃烧时,也可形成烟。固体物质经碾磨或机械粉碎时可产粉尘,粉尘为能较长时间悬浮在空气中的固体微粒,其粒子大小多在 0.1～10μm。粉状物质在混合、筛分、包装时也可引起粉尘飞扬。飘浮在空气中的粉尘、烟和雾,统称为气溶胶(aerosol)。

了解生产性毒物的来源及其存在形态,对于空气样品的采集、分析及制订相应的防护策略均有重要意义。

## (二)接触机会

接触生产性毒物主要有两个环节,即生产和应用,同时在运输、储存等过程中,也有可能接触。涉及原料的开采与提炼,材料的加工、搬运、储藏,加料和出料,以及成品的处理、包装等。在生产环节中,有许多因素也可导致作业人员接触毒物,如化学管道的渗漏,化学反应控制不当或加料失误而引起的冒锅和冲料,化学物的包装或储存气态化学物钢瓶的泄漏,作业人员进入反应釜出料和清釜,物料输送管道或出料口发生堵塞,废料的处理和回收,化学物的采样和分析,设备的保养、检修等。

## (三)进入人体的途径

在生产中,毒物主要经呼吸道吸收进入人体;其次为经皮侵入;由消化道进入的情况,在职业卫生中实际意义不大。

**1. 经呼吸道** 气体、蒸气及气溶胶形式的毒物均可经呼吸道进入人体。由于肺泡呼吸膜极薄,呼吸膜的扩散面积很大,正常成人达 $70m^2$,故毒物可迅速通过,且直接进入体循环。因此,其毒作用发生较快。大部分生产性毒物中毒都由此途径进入人体。

气态毒物经呼吸道吸收受许多因素的影响。首先,与毒物在空气中的浓度或分压有关。浓度高,则毒物在呼吸膜内外的分压差大,进入机体的速度就较快。其次,与毒物的分子量及其血/气分配系数(blood/air partition coefficient)有关。质量轻的气体,扩散较快;血/气分配系数大的毒物,易吸收。例如,血/气分配系数二硫化碳为 5、乙醇为 1300,表明后者易被吸收入血液。气态毒物进入呼吸道的深度还取决于其水溶性大小。水溶性较大的毒物如氨气,易为上呼吸道吸收,除非浓度较高,一般不易到达肺泡。水溶性较小的毒物如光气,因其对上呼吸道的刺激较小,易进入呼吸道深部。此外,劳动强度、呼吸深度和频率、肺通气量与肺血流量,以及生产环境中的气象条件等因素也可影响毒物在呼吸道中的吸收。

气溶胶状态的毒物在呼吸道吸收的情况颇为复杂,它们在呼吸道的滞留量与呼吸方式和其粒子直径大小、溶解度及呼吸系统的清除功能有关。

**2. 经皮肤** 有些毒物如芳香族的氨基、硝基化合物,有机磷酸酯化合物,氨基甲酸酯化合物,金属有机化合物(如四乙基铅)等可通过完整的皮肤进入体内而引起中毒。毒物经皮肤吸收可以通过表皮屏障到达真皮,进入血液;也可以通过皮肤的附属器如毛囊、皮脂腺或汗腺进入真皮。皮肤附属器虽然分布广泛,但其总面积仅占表皮面积的 0.1%～1.0%,故实际意义不大。经皮吸收的毒物也直接进入大循环。

毒物从皮肤进入机体,需通过几道屏障。首先为皮肤的角质层:分子量大于 300 的物质一般不易透过;角质层下的颗粒层:呈多层膜状结构,且胞膜富含固醇磷脂,脂溶性物质较易透过此层。毒物从表皮到达真皮后,如不具有一定的水溶性,也很难扩散进入真皮乳头层中的毛细血管。故经皮吸收的毒物往往是脂、水皆溶的物质。所以,了解其脂水分配系数(lipid/water partition coefficient)有助于估测经皮吸收的可能性。个别金属如汞、有些气态物质如氰化氢,在浓度较高时也可经皮进入体内。皮肤有病损时或表皮屏障遭腐蚀性毒物破坏,原本难于经完整皮肤吸收的毒物也能进入。

此外,毒物的浓度和黏稠度,接触皮肤的部位和面积,生产环境中的温度和湿度,溶剂的种类等，均可影响毒物经皮吸收。

**3. 经消化道** 在生产过程中，经消化道摄入毒物所致的职业中毒甚为少见，常见于意外事故。但有时由于个人卫生习惯不良或毒物污染食物时，毒物也可从消化道进入体内。尤以固体和粉末状毒物。有些难溶性的气溶胶进入呼吸道后，被呼吸系统清除至咽喉部时，也能从咽部进入消化道。有的毒物如氰化物，进入口腔，可被口腔黏膜吸收。

### （四）毒物在体内的过程

主要包括毒物在体内的吸收、分布、代谢及排出有关，也即毒物的毒代动力学。

**1. 分布** 毒物被吸收后，随血液循环分布到全身。毒物在体内分布的情况主要取决于其进入细胞的能力及与组织的结合力。大多数毒物在体内呈不均匀分布，对某些组织或器官有一定亲和性，如铅、氟可蓄积于骨骼，一氧化碳易与红细胞中的血红蛋白结合。在组织器官相对集中的毒物呈动态变化，随机体的生理病理状况以及时间而有所变化。最初，常分布于血液循环充沛、且易透过细胞膜的组织器官；随后逐渐移向血液循环较差的部位。

**2. 生物转化** 进入机体的毒物，有些毒物可直接作用于靶部位产生毒效应，并可以原型排出。但多数毒物吸收后在体内酶作用下，经过肝、肾等的代谢，其化学结构发生一定的改变，称为毒物的生物转化（biotransformation）。

毒物在体内的生物转化可概括为氧化、还原、水解和结合（或合成）四类反应。生物转化将亲脂物质最终变为更具极性和水溶性的物质，使之更快地经尿或随胆汁经粪便排出体外；同时，也使其透过生物膜进入细胞的能力以及与组织成分的亲和力减弱，从而消除或降低其生物效应。但是，也有不少毒物在生物转化过程中反而毒性增强，或者由原来无毒变为有毒。许多致癌物如芳香胺、苯并（a）芘等，均是经代谢转化而被活化。

**3. 排出** 毒物可以原型或代谢物的形式从体内排出。排出的速率对其毒效应有较大影响，排出缓慢的，潜在的毒效应相对较大。

（1）肾脏：是排泄毒物及其代谢物的极有效器官，许多毒物均由此排出。肾脏排出的速度，除受肾小球滤过率、肾小管分泌及对排出物的重吸收影响外，还取决于排出物本身的脂溶性、极性和离子化程度。尿中排出的毒物或代谢物的浓度常与血液中的浓度密切相关，所以测定尿中毒物或其代谢物水平，可间接衡量体内负荷情况；结合临床征象和其他检查，有助于诊断。

（2）呼吸道：气态毒物可从呼吸道以原形排出，例如乙醚、苯蒸气等。排出的方式为被动扩散，排出的速率主要取决于肺泡呼吸膜内外两侧有毒气体的分压差；通气量也影响排出速度。

（3）消化道：肝脏也是排泄外源物质的重要器官，许多金属毒物如铅、锰，可由肝细胞分泌，经胆汁随粪便排出。有些毒物排入肠腔后可被肠腔壁再吸收，形成肝肠循环。从粪便排出的毒物，常包含经口摄入而未被消化道吸收的部分。

（4）其他排出途径：有的毒物如汞可经唾液腺排出；有的如铅、锰等可由乳腺经乳汁排出；有的毒物如铅还可通过胎盘屏障进入胎儿。头发和指甲虽不是代谢器官，但有的毒物可富集于此，如铅、砷等。

排出是机体对毒物的一种解毒方式；但在排出过程中，毒物也可损害排出器官和组织，如镉可引起肾近曲小管损害，汞可产生口腔炎。

**4. 在体内的蓄积** 毒物或其代谢产物在接触间隔期内，如不能完全排出，则可在体内逐渐积累，此种现象称为毒物的蓄积（accumulation）。毒物的蓄积作用是引起慢性中毒的物质基础。当毒物的蓄积部位与其靶器官一致时，则易发生慢性中毒，例如有机汞化合物蓄积于脑组织，可引起中枢神经系统损害。若蓄积部位并非其毒作用部位时，此部位又称该毒物的"储存库"（storage depot），如铅蓄积于骨骼内。在储存库内的毒物处于相对无活性状态，故此种蓄积在一定程度上属保护机制，对毒性危害起缓冲作用。但在某些生理条件下如感染、服用酸性药物等，体内平衡状态被打破时，体内的毒物质可释放至血液中，而成为潜在的危害。

有些毒物停止接触后，因其代谢迅速，在体内很快就检测不出，但反复接触，仍可引起慢性中毒，即损害蓄积（功能蓄积）。例如反复接触低浓度有机磷农药，由于每次接触所致胆碱酯酶活力轻微抑制的叠加作用，最终引起酶活性明显抑制。

### （五）影响毒作用的因素

生产性毒物作用于机体，并非一定会引起职业中毒。毒物对机体的毒作用受很多因素的影响。

**1. 毒物的特性**

（1）化学结构：毒物化学结构与其毒性的关系十分密切。例如，苯具有明显中枢麻醉的急性毒作用和抑制造血功能的慢性毒作用，当苯环上的一个或两个 H 原子被甲基（—$CH_3$）取代而成为甲苯或二甲苯后，其对造血系统的毒性作用就明显减小；当苯环上的 H 原子为氨基（—$NH_2$）或硝基（—$NO_2$）取代而成为苯胺或硝基苯时，则主要毒性表现为高铁血红蛋白血症和肝肾损害；而苯环上的 H 原子被氯（—Cl）或溴（—Br）等取代成为氯苯或溴苯后，则呈现了明显的肝脏毒性。

（2）理化性质：毒物的理化性质对其进入机体的机会及其在体内的过程有重要影响。如：分散度高的毒物，从呼吸道进入机体的机会多，化学活性也大，例如锰的烟尘毒性大于锰的粉尘毒性。挥发性高的毒物，在空气中蒸气浓度高，吸入中毒的危险性大，例如苯的半数致死剂量与苯乙烯相似，但其挥发性大，则吸入中毒的危险性高。毒物的溶解度也和其毒作用特点密切有关，氧化铅较硫化铅易溶解于血清，故其毒性比后者大；苯具有亲脂性，进入体内后对造血系统、神经系统毒性较大。各种刺激性气体因其水溶性差异，因而在呼吸道的作用部位和速度也不尽相同。

**2. 剂量、浓度和接触时间** 不论毒物的毒性大小如何，都必须在体内达到一定量才会引起中毒。空气中毒物浓度高；接触时间长，若防护措施不良，则进入人体内的量大，容易发生中毒。由于作业时间一般相对固定，因此降低空气中毒物的浓度，减少毒物进入体内的量是预防职业中毒的重要环节。

**3. 联合作用**

（1）毒物间的联合作用：在生产环境中常有几种毒物同时存在，并作用于人体。此种作用可表现为相加、协同和拮抗作用。进行卫生学评价时应注意毒物的相加和协同作用，还应注意生产性毒物与生活性毒物的联合作用。

（2）生产环境和劳动强度：环境中的温、湿度可影响毒物对机体的毒作用。有人研究了58种化学物在低温、室温和高温时对大鼠的毒性，发现在 36℃ 高温时毒性最强。高温环境还使毒物的挥发增加，机体呼吸、循环加快，出汗增多等，均有利于毒物的吸收；体力劳动强度大时，毒物吸收多，机体耗氧量也增多，对毒物的毒作用更为敏感。

**4. 个体感受性** 毒物对人体的毒作用有很大的个体差异，接触同一剂量的毒物，不同个体所出现的反应可相差很大。造成这种差异的个体因素很多，有年龄、性别、健康状况、生理变动期、营养、内分泌功能、免疫状态及个体遗传特征等。例如，葡萄糖-6-酸脱氢酶（G-6-PD）缺陷者，对血液毒物较为敏感，易发生溶血性贫血。

## 二、职业中毒

### （一）临床类型

由于毒物的毒性、接触程度和时间、个体差异等因素，职业中毒可有多种表现形式。

**1. 急性中毒**（acute poisoning） 指毒物一次或短时间（几分钟至数小时）大量进入人体而引起的中毒。如急性苯中毒、氯气中毒。

**2. 慢性中毒**（chronic poisoning） 指毒物少量但长期进入人体而引起的中毒，如慢性铅、锰中毒。

**3. 亚急性中毒**（subacute poisoning） 发病情况介于急性和慢性之间，接触毒物浓度较高，工龄一般在一个月内发病者，称亚急性中毒，如亚急性铅中毒。

此外，在有些情况下，脱离接触毒物一定时间后，才呈现出中毒的临床病变，称迟发性中毒（delayed poisoning），如锰中毒等。毒物或其代谢产物在体内超过正常范围，但无该毒物所致的临床表现，呈亚临床状态，称毒物的吸收（poisons' absorption），如铅吸收。

### （二）主要临床表现

由于毒物本身的毒性及毒作用特点，有些毒物在生产条件下，常表现为慢性中毒，如铅、锰等；而有的毒物因其毒性大，蓄积作用又不明显，在生产中因事故常引起急性中毒，如光气等。同一毒物，不同中毒类型对人体的损害有时可累及不同的靶器官，以苯为例，急性苯中毒主要影响中枢神经系统；而慢性苯中毒则主要引起造血系统损害。职业中毒可累及全身各个系统。

**1. 神经系统** 引起职业性神经系统损害的常见毒物有金属、类金属及其化合物、窒息性气体、有机溶剂和农药等。慢性轻度中毒早期多表现有类神经症，甚至精神障碍，脱离接触后可逐渐恢复。有些毒物如铅、正己烷等还可引起神经髓鞘、轴索变性，损害运动神经的神经肌肉接点，从而产生感觉和运动神经损害的周围神经病变。一氧化碳、锰等中毒可损伤锥体外系，出现肌肉张力增高、震颤麻痹等症状。严重中毒时，可引起中毒性脑病和脑水肿。

**2. 呼吸系统** 呼吸系统是毒物经常接触的部位，引起呼吸系统损害的生产性毒物主要为刺激性气体和致敏物，如氯气、光气、氮氧化物、二氧化硫、硫酸二甲酯等。刺激性气体可引起咽炎、喉炎、气管炎、支气管炎等呼吸道病变；严重时，可产生化学性肺炎、化学性肺水肿及成人呼吸窘迫综合征（ARDS）。吸入液态有机溶剂如汽油尚可引起吸入性肺炎。有些毒物如二异氰酸甲苯酯（TDI）可引发过敏性哮喘；一次大量吸入可致窒息。一些毒物如砷、铬还可引起肺部肿瘤及肺部纤维化、肺气肿。

**3. 血液系统** 许多毒物对血液系统有毒作用。铅通过抑制卟啉代谢，影响血红素合成而引起低色素性贫血；砷化氢可产生急性溶血；苯的氨基、硝基化合物及亚硝酸盐，可导致高铁血红蛋白血症；苯和三硝基甲苯抑制骨髓造血功能，可引起白细胞、血小板减少，甚至再生障碍性贫血。苯在一定的条件下，尚可引起白血病；茚满三酮（商品名为敌鼠强）抑制肝脏凝血因子合成，损害毛细血管壁，而产生严重出血；一氧化碳经与血红蛋白结合，形成碳氧血红蛋白血症，而引起组织细胞缺氧等。

**4. 消化系统** 消化系统是毒物吸收、生物转化、排出和肠肝循环再吸收的场所，因此在职业中毒时，消化系统常受侵犯。毒物可引起消化系统各种损害，常见的有：口腔炎，见于汞、酸雾暴露；急性胃肠炎，可见于经口汞盐、三氧化二砷急性中毒；急性或慢性中毒性肝病，如四氯化碳、氯仿、砷化氢、三硝基甲苯中毒等。急性中毒性肝病，由于发病前有明显的毒物接触史、发病潜伏期短、肝病症状和体征较显著、常规肝功能测试等较敏感，所以一般诊断并不困难。但慢性中毒性肝病因起病隐匿、进展缓慢、症状缺乏特异性、目前尚无特异敏感的指标，故确诊有一定的难度。有些毒物可引起腹绞痛，如慢性铅中毒急性发作、慢性铊中毒。有的还可引起氟斑牙、牙齿酸蚀症、牙龈色素沉着等。

**5. 泌尿系统** 职业性泌尿系统损害大致可分为四种临床类型：急性中毒性肾病、慢性中毒性肾病、中毒性泌尿道损害及泌尿道肿瘤，以前两种类型较多见。引起泌尿道损害的毒物很多，如四氯化碳、砷化氢、铅、镉等，有些毒物，如 β-萘胺、联苯胺还可致泌尿系统肿瘤。近年来，尿酶如碱性磷酸酶、γ-谷氨酰转移酶、N-乙酰-β-氨基葡萄糖苷酶等及尿蛋白如金属硫蛋白、$β_2$-微球蛋白等分析，已用作监测肾脏损害的重要手段。

**6. 循环系统** 许多金属毒物和有机溶剂可直接损害心肌；镍通过影响心肌氧化与能量代谢，引起心功能降低、房室传导阻滞；某些氟烷烃如氟利昂可使心肌应激性增强，诱发心率失常，促使室性心动过速或引起心室颤动；亚硝酸盐可致血管扩张，血压下降；一氧化碳、二硫化碳与冠状动脉粥样硬化有关，使冠心病发病增加等。

**7. 生殖系统**　毒物对生殖系统的毒作用涉及对接触者本人及其对子代发育过程的不良影响。生殖毒性包括对接触者的生殖器官、有关的内分泌系统、性周期和性行为、生育力、妊娠结局、分娩过程等方面的影响。而发育毒性则包括胎儿结构异常、发育迟缓、功能缺陷、甚至死亡等。很多生产性毒物对生殖系统有不良影响，如铅对男性可引起睾丸精子数量减少、畸形率增加和活动能力减弱；对女性可引起经前期紧张综合征发生率增高、月经周期和经期异常、痛经及月经血量改变等。

**8. 皮肤**　职业性皮肤病约占职业病总数的40%~50%。其致病涉及因素很多，其中化学因素占90%以上。化学因素对皮肤的损害，可引起接触性皮炎，如酸、碱、有机溶剂等；光敏性皮炎，如沥青、煤焦油等；职业性痤疮，如矿物油类、卤代芳烃化合物等；皮肤黑变病，如煤焦油、石油等；职业性皮肤溃疡，如铬的化合物、铍盐等；职业性疣赘，如沥青、焦油等；职业性角化过度和皲裂，如有机溶剂、碱性物质等；职业性毛发改变，如氯丁二烯可引起暂时脱发。有的尚可引发皮肤肿瘤，如砷、煤焦油等。

**9. 其他**　毒物可产生多种眼部病变。刺激性化学物可引起角膜、结膜刺激性炎症；腐蚀性化合物可使接触处角膜、结膜坏死、糜烂；三硝基甲苯、二硝基酚可引起白内障；甲醇可引起视神经炎、视网膜水肿、视神经萎缩，甚至失明等。有的毒物还可引起骨骼改变，如氟可引起氟骨症；体温升高，如氧化锌可引起金属烟尘热等。

## （三）职业中毒的诊断

职业中毒的诊断应有充分的资料，包括明确的职业史、可信的现场劳动卫生和流行病学调查资料、相应的临床表现和必要的实验室检查，并排除非职业性疾病的可能性，综合分析，方可作出合理的判断（参见绪论第二节）。

## （四）职业中毒的现场处置和临床治疗原则

职业中毒的现场处置是急性职业中毒控制的重要环节。立即将患者搬离中毒环境，尽快将其移至上风向或空气新鲜的场所，保持呼吸道通畅。若患者衣服、皮肤已被毒物污染，为防止毒物经皮吸收，需脱去污染的衣物，用清水彻底冲洗污染处皮肤（冬天宜用温水）。如遇水能发生化学反应的物质，应先用干布抹去污染物后，再用水冲洗。在救治中，应做好对中毒者保护心、肺、脑、眼等的现场救治。对重症患者，应严密注意其意识状态、瞳孔、呼吸、脉率、血压。若发现呼吸、循环有障碍时，应及时进行复苏急救，具体措施与内科急救原则相同。对严重中毒需转送医院者，应根据症状采取相应的转院前救治措施。

职业中毒的治疗可分病因治疗、对症治疗和支持治疗三类。病因治疗的目的是尽可能消除或减少致病的物质基础，并针对毒物致病的发病机制进行处理。对症处理是缓解毒物引起的主要症状，促使人体功能恢复。支持疗法可改善患者的全身状况，使患者早日恢复健康。

**1. 急性职业中毒**

（1）病因治疗

1）阻止毒物继续吸收：患者到达医院后，如发现现场紧急清洗不够彻底，则应进一步清洗。对气体或蒸气吸入中毒者，可给予吸氧。经口中毒者，应立即采用引吐、洗胃、导泻等措施。

2）解毒和排毒：对中毒患者应尽早使用有关的解毒排毒药物，若一旦毒物已造成组织严重的器质性损害时，其疗效有时会明显降低。必要时，可用透析疗法和换血疗法清除体内的毒物。

3）常用的特效络合剂和解毒剂有五类：①金属络合剂类：主要有依地酸二钠钙（$CaNa_2$-EDTA）、二乙三胺五乙酸三钠钙（DTPA）、二巯基丙醇（BAL）、二巯基丁二酸钠（Na-DMS）等，用于治疗金属类（如铅、汞、砷、锰等）毒物中毒；②高铁血红蛋白还原剂：常用的有美蓝（亚甲蓝），用于治疗急性苯胺、硝基苯类中毒；③氰化物中毒解毒剂：如亚硝酸钠-硫代硫酸钠，主要用于救治氰化物、丙烯腈等急性中毒；④有机磷农药中毒解毒剂：主要有阿托品、氯磷定、解磷定等；⑤氟乙酰胺中毒解毒剂：常用的有乙酰胺等。

（2）对症治疗：由于针对病因的特效解毒剂的种类有限，因而对症疗法在职业中毒的治疗中极为重要，主要目的在于保护体内重要器官的功能，解除病痛，促使患者早日康复；有时可挽救患者的生命。其治疗原则与内科处理类同。

**2. 慢性职业中毒** 早期常为轻度可逆性功能性变，而继续接触则可演变成严重的器质性病变，故应及早诊断和处理。

中毒患者应脱离毒物接触。使用有关的特效解毒剂，常用的有金属络合剂，如 Na-DMS、$CaNa_2EDTA$ 等，但目前此类特效解毒剂为数还不多。应针对慢性中毒的常见症状，如类神经症、精神症状、周围神经病变、白细胞降低、接触性皮炎，慢性肝、肾病变等，进行相应的对症治疗。此外，适当的营养和休息也有助于患者的康复。

慢性中毒经治疗后，对患者应进行劳动能力鉴定，并作合理的工作安排。

---

**案例 1-1 解析**

本案例属典型的急性职业中毒事故。

1. 病因讨论　从发病的经过与情形看：该病起病甚急，且多人在短时间内因同样原因（从事同样的劳动）而导致中毒，故当属职业性急性吸入中毒。

从发病过程看，以迅速出现胸闷、意识障碍和昏倒为主，故判断属窒息性气体中毒；该厂为皮革厂，主要从事皮革的加工处理等，同时，发生中毒时，工人从事废水池的清理工作，接触的有害气体是 $H_2S$。

$H_2S$ 气体较空气略重，主要沉积在低洼处，故工人在池边时，未出现全体中毒，而一入池内，就可吸入较高浓度的 $H_2S$。

从以上分析看，以急性 $H_2S$ 吸入中毒为主。结合气体气味（臭蛋气味）、临床资料（皮肤、黏膜刺激性）等，诊断并不困难。

2. 本次中毒事故的发生与处理，有许多问题值得深思：

（1）从本事故发生情况来看，工人进入该水池疏通清洗污泥时，未采取任何预防和自我保护措施，对可能存在的 $H_2S$ 急性吸入中毒危险性也无足够的认识。这是事故的重要原因之一。

（2）本案例中，第一位工人中毒昏倒后，现场其他工人开展施救时，也未能采取有效的预防和控制措施，包括何××副厂长，从百米外跑步前来施救，不幸死亡。我们应弘扬舍己救人的精神，同时，应积极提倡科学的施救，以尽量避免伤亡。

（3）本案例再次表明：职业中毒防制工作重在预防。例如：只要加强宣传教育，加强现场应急处理的培训与管理，就可能预防本次职业中毒事故的发生。

3. 在发生急性中毒情况现场施救时，可以采取以下措施：

（1）用鼓风机等向池内注入新鲜空气，一般排风量应为事故地点空间估计容积的 3～5 倍以上。注意施救者应站在上风向，以避免排出废气的吸入中毒。

（2）施救者应佩戴防毒面罩（给氧式），并在腰间系上救生绳，并有专人监护。

（3）迅速使中毒者脱离中毒现场，移至新鲜空气处，阻止毒物的继续吸收。

（4）做好现场急诊处理，如迅速纠正缺氧，必要时，实施人工呼吸，心脏复苏，迅速送往医院治疗等。

4. 本案例进一步表明，急性中毒重在预防。

如本例，生产过程应注意密闭和通风，应设置自动报警器。工业废水排放前应净化处理；进入有可能产生 $H_2S$ 的场所时，应事先通风；进入高浓度区域工作或救人时应戴供氧式防毒面具，身系护绳并有专人在外监护；可服用预防药（如对氨基苯丙酮 90～180mg，该药为高铁血红蛋白形成剂，有效时间 4～5 小时）。

（张文昌）

## 思 考 题

1. 如何进行急性职业中毒的病因判断？根据职业和工种，你能判断可能存在哪些有害因素？
2. 为预防和控制急性职业中毒，宣传教育应包括哪些基本内容？
3. 如何开展急性职业中毒（如急性窒息性气体中毒）的现场施救？应做好哪些卫生保健的准备工作？

## 第二节 金属与类金属中毒

### 一、概 述

#### （一）金属的分类

全球发现107种化学元素，其中91种是金属和类金属元素。

**1. 按物理性状分类**

（1）金属（metals）：①重金属（heavy metals）：指相对密度>4.5的铅、汞、锰等；②轻金属（light metals）：指相对密度<4.5的铝、镁、钠等。

（2）类金属（metalloids）：指具有部分金属特性的元素，包括硼、锗、砷、碲、钋、砹、硒、硅等。它们在元素周期表中位于金属与非金属之间的过渡带，兼有二者的性质，又称半金属，其中不少是制造合金、半导体的材料，有些还是"超导"材料。

**2. 按化学结构分类** 可分为金属元素（metallic elements）、无机金属化合物（inorganic metallic compounds）和有机金属化合物（organic metallic compounds）。

**3. 按工业用途分类** 可分为黑色金属（ferrous metals）、有色金属（colored metals）、稀有金属（rare metals）和硬质金属（cemented metals）。

#### （二）金属的性质

**1. 物理性质** 除汞外，其余金属皆为固态，它们的特点是：

（1）有金属光泽和反射性。

（2）有导电性，且随导体温度升高而减弱。

（3）有导热性。

（4）有一定的强度和延展性，故金属具有很大的工艺学意义。

固态金属毒作用因其物理性质限制而表现不明显，但是金属气溶胶局部作用较为突出。

**2. 化学性质** 金属化学性质随原子的电子在其轨道上的排列及数目多少而改变。金属元素与另一种元素化合可形成各种不同状态的化合物，如生成无机化合物（金属盐和类金属盐）、金属络合物（metal complexes；又称配位化合物，coordination compounds）以及有机金属化合物等。金属化合物形成的主要方式有：

（1）共价键结合与离子键结合：前者是两个原子共用一对电子，两个原子间的共用电子对是由一个原子所供给的，称为配位共价键（简称配位键）；后者多见于易溶于水的化合物，如 $NaCl$、$Ca(NO_3)_2$。

（2）合金（alloys）：由两种或两种以上不同性质的金属元素形成，如铁铬合金、铁锰合金等，其具有耐磨损、耐腐蚀、耐高温等特性。

（3）配合物（complexes，又称络合物）：由金属原子或离子与配体（ligand）组成的配位化合物，结构牢固。金属元素与含有两个或多个配体的螯合剂形成环形络合物称为螯合物（chelate），它是一种非常牢固的配合物。例如铅与乙二胺四乙酸（EDTA，治疗铅中毒的螯合剂）形成的Pb-EDTA（螯合物）。

### （三）金属的毒理

呼吸道是金属烟尘进入人体主要的途径。直径<5μm的金属粉尘颗粒，可穿过肺泡，经肺淋巴管进入血循环。呼吸道对金属粉尘的吸收率与金属的溶解性有关。

经消化道吸收在工业生产中少见，但有机金属如四乙基铅、有机汞、有机锡等，因具有脂溶性，可穿透皮肤。损伤后的皮肤则更利于毒物吸收。

金属在体内很难被破坏，生物转化仅能改变其物理状态或使其转变不同的化合物，如汞和亚汞盐进入体内，可迅速被氧化为二价汞。体内金属硫蛋白可与许多金属结合而有解毒作用。金属对体内某些器官和系统有特殊的亲和力，这与金属的进入途径、溶解度、存在价态以及金属本身性质、器官条件等关系密切。某器官蓄积某有毒金属量越多，该器官越易受损。体内环境的改变或使用络合剂等，也可促使金属从某一器官出来，重新进入血液。

肾和肠道是金属及其代谢产物的主要排出途径。有些金属可经呼吸道、汗腺、乳汁、唾液排出，还可经孕妇胎盘转运给胎儿。

金属溶解度、氧化价态及在有机体内氧化—还原转换率等因素与其毒性大小有关。可溶、氧化状态高和氧化—还原转化率低的金属毒性较大；反之，则较小。

金属毒作用与其和大分子的作用有关，其最常见的毒作用之一是影响酶的活性。无论是体内必需微量金属元素（如铜、铁、钴、锰、锌、钼等），还是有毒重金属元素（如汞、镉、铅、银等），对硫的亲和力都很强。金属离子与酶的巯基（—SH）、二硫基（—S—S—）结合，可抑制酶的活性，使细胞功能发生障碍。

此外，金属有免疫毒作用。铍及其化合物、铬及其化合物、钴及其化合物、镍及其化合物、五氧化二矾、氯铂酸铵、苯基汞、甲基汞、四乙基铅、砷酸铅、镉及其化合物等能引起免疫反应，它们的主要作用机制是：①与机体蛋白质结合，形成有抗原特性的金属蛋白复合物而激发变态反应，产生细胞毒作用，如铍等；②可改变机体的防御免疫反应而产生免疫抑制作用，如汞、镍、镉等。

金属毒作用取决于其进入体内的能力和动力学，它必须通过细胞膜、各种防御系统，最后到达作用部位，而且要达到一定的浓度才会出现中毒症状。金属元素及其盐类和有机金属的毒作用靶器官并不完全一致，例如汞和甲基汞损害神经系统，汞盐则损害肾。金属及其化合物半减期对其毒性也有影响。

金属并非对人都是有毒的。目前认为，铜、钴、铬、铁、碘、钼、硒和锌是维持正常人体生命活动不可缺少的必需微量金属，锰、硅、镍、钒为人体可能必需微量金属，而氟、铅、镉、汞、砷、铝、锡和锂有潜在毒性作用。人体内微量金属不足，会出现相应的缺乏症；摄入过多，又可引起中毒。

### （四）金属与类金属中毒的防治

金属和类金属及其合金、化合物在工业上广泛应用，特别在建筑、汽车、航空航天、电子及其他制造工业、油漆、涂料和催化剂生产上使用量较大。各种金属经矿山开采、冶炼、精炼、加工的车间和工作场所都会受到污染，给工人健康造成潜在的危害。所以，了解有害金属和类金属的理化特性、接触机会、毒理及其可能引起的中毒，对于其中毒防治具有十分重要的意义。

然而，随着科技的发展和生产环境的改善，金属中毒的典型临床表现已经很少见。如铅（lead，Pb）是人类最早使用的金属之一，公元前370年希波克拉底（Hippocrates）就已经描述过铅中毒的症状。目前，工业性铅中毒仍排在慢性职业中毒的首位，但是已经观察不到其典型的症状和体征。因此，深入认识和研究金属的生物学效应，是职业卫生与职业医学工作者面临的新问题。

与其他毒物中毒一样，每一种金属因其毒性和靶器官不一而出现不同的临床表现。很多金属具有靶器官，即有选择性地在某些器官或组织中蓄积并发挥生物学效应，并引起慢性毒作用。金属也可与有机物结合，改变其物理特性和毒性，如氢化物和羰基化物毒性很大。急性金属中毒常由吸入高浓度金属烟雾或金属气化物所致，其原因是由于意外的化学反应、事故或在密闭空间燃烧或焊接所致。但是，在现代工业生产中甚为少见。目前，金属中毒的重点是低剂量长时间接触金属和类金属引起的慢性毒作用。

了解金属中毒表现，结合职业史有助于诊断。大多数金属经代谢可在血、尿中检出从而辅助诊断。随着科学技术，尤其是医学检测技术的发展，以前认为安全的接触剂量可能被提出质疑。医学监测和生物学检测对于确定安全接触剂量及诊断显得十分重要。金属毒物在体内的代谢主要是与体内巯基及其他配基形成稳定复合物而发挥生物学作用，这正是络合剂治疗金属中毒的基础。治疗金属中毒的常用络合剂有两种：①氨羧络合剂。其氨基多羧酸与多种金属离子络合成无毒的金属络合物并排出体外，如依地酸二钠钙（$CaNa_2$-EDTA）、促排灵。②巯基络合剂。其碳链上的巯基与金属结合，既保护人体的巯基酶系统免受金属的抑制作用，又可恢复被抑制的巯基酶活性。如二巯基丙醇、二巯基丙磺酸钠、二巯基丁二酸钠、青霉胺等。

（李煌元）

# 二、铅 中 毒

## 案例 1-2

某男，56 岁，主诉"四肢无力、麻木 1 月余，逐渐加重伴肢体活动障碍 1 周"，于 2009 年 1 月 9 日入院。查体：体温、呼吸、脉搏、血压均正常。心、肺、腹、肝、脾均无异常发现。神经系统检查：两手腕下垂，手掌、手指呈屈曲状，不能自主伸腕、伸指及分指，双前臂肌肉松弛，伴有轻度肌肉萎缩，肌张力下降，抬肩费力，屈肘肌肌力 Ⅳ$^+$ 级，伸肘肌肌力 Ⅳ 级，右下肢肌力 Ⅲ 级，左下肢肌力 Ⅰ 级，双侧肱二头肌反射、桡骨膜反射消失，膝腱、跟腱反射减弱，双侧巴氏征（-），肢体远端触痛觉减退。血常规发现血红蛋白 105g/L，其他各项血液、生化、甲状腺功能指标均在正常范围内。神经肌电图：由于患者不能主动进行小力和大力肌肉收缩，未记录到运动单位电位。双侧尺神经、腓总神经符合肌肉动作电位（CMAP）波幅降低，双侧尺神经、桡神经感觉神经动作电位（SNAP）波幅降低；双侧正中神经、尺神经、胫神经和腓神经运动神经传导速度（MNCV）减慢，运动神经远端潜伏期（DML）延长。核磁共振发现颈椎 5/6 有轻度椎间盘突出。入院后考虑症状可能与椎间盘压迫脊神经根有关，给予颈部牵引，营养神经，脱水治疗，症状无明显改善。

追问个人史和职业史，患者喜烟酒，吸烟 30 多年，每天 10 支左右，基本每天饮白酒 1 两左右，逢年过节饮酒量最高可达 4~5 两。患者是农民，但于 2004 年 6 月至入院前在家附近的某废旧电池处理厂工作，主要的工作任务是将废旧电池铅板轧碎，再机磨粉碎，属于制粉工。考虑可能接触铅，检测血铅 890μg/dL。医院将患者转入职业病院，同时报告上级行政部门。

现场检测制粉工作岗位铅尘浓度为 0.23mg/m$^3$。诊断为职业性慢性重度铅中毒，给予依地酸二钠钙 1.0g 加入 5% 葡萄糖 500mL 中静脉滴注，1 天 1 次，连用 3 天停用 4 天为 1 个疗程，同时给予神经生长因子、维生素类、微量元素、营养支持及对症治疗，4 个疗程结束时，复查血铅为 240μg/dL，肌力基本恢复正常。

同时对全厂 56 名工人体检,发现血铅升高者 23 人,轻度中毒 5 人,中度中毒 1 人。

**问题:**

1. 铅主要作用的靶器官有哪些?哪些因素会影响铅中毒?为什么这个患者会发展到重度铅中毒?
2. 诊断铅中毒需要收集哪些材料?
3. 如何控制该企业的铅危害?

【理化特性】 铅(lead,Pb)为灰白色重金属。原子量 207.20,比重 11.3,熔点 327℃,沸点 1620℃。当加热至 400~500℃时,即有大量铅蒸气逸出,在空气中迅速氧化成氧化亚铅($Pb_2O$),并凝集为铅烟。随着熔铅温度升高,还可逐步生成氧化铅(密陀僧,PbO)、三氧化二铅(黄丹,$Pb_2O_3$)、四氧化三铅(红丹,$Pb_3O_4$)。金属铅不溶于水,但溶于稀盐酸、碳酸和有机酸,在空气中表面能生成氧化铅膜,在潮湿和含有二氧化碳的空气中,表面生成碱式碳酸铅膜,这两种化合物均能阻止铅的继续氧化。铅是两性金属,既能生成铅酸盐,又能与盐酸、硫酸作用生成 $PbCl_2$ 和 $PbSO_4$ 的表面膜,因其膜几乎不再溶解,阻止了铅继续被腐蚀的作用。铅的氧化物多为粉末状,大多不溶于水,易溶于酸;醋酸铅、硝酸铅易溶于水。铅的原子序数是 82,是自然界中原子序数比较高的物质,阻挡核辐射的能力比较强。

【接触机会】

**1. 铅矿开采及冶炼** 铅的需求量自 20 世纪 50 年代开始快速增长,工业开采的铅矿非常普遍,美国是世界铅矿开采大国,占世界产量的三分之一。主要为方铅矿(硫化铅)、碳酸铅矿(白铅矿)及硫酸铅矿。在铅冶炼时,混料、烧结、还原和精炼过程中均可接触。在冶炼锌、锡、锑等含铅金属和制造铅合金时,亦存在铅危害。

**2. 熔铅作业** 金属铅质地较软,延展性较大,常用于制造铅丝、铅皮、铅箔、铅管、铅槽、铅丸等,制造电缆,焊接用的焊锡,废铅回收等,均可接触铅烟、铅尘或铅蒸气。

**3. 铅化合物应用** 非常广泛,世界上 70%以上的铅用于制造蓄电池。此外,铅氧化物还常用于玻璃、搪瓷、景泰蓝、铅丹、铅白、油漆、颜料、釉料、防锈剂、橡胶硫化促进剂等。铅还具有吸收放射线的性能,广泛应用于防辐射,如医院接触射线者佩戴的铅围裙、围脖等;阻挡射线用的含铅玻璃等。铅的其他化合物也广泛应用于工农业,如醋酸铅用于制药、化工工业,铬酸铅用于油漆、颜料、搪瓷等工业;碱式硫酸铅、碱式亚磷酸铅、硬脂酸铅等用作塑料稳定剂,塑料稳定剂中大约 60%含铅;砷酸铅用作杀虫剂、除草剂等。

【毒理】

**1. 吸收** 生产过程中,铅及其化合物主要以粉尘、烟或蒸气的形式污染生产环境,所以呼吸道是主要吸入途径,其次是消化道。铅经呼吸道吸收较为迅速,吸入的氧化铅烟约有 40% 吸收入血循环,其余由呼吸道排出;铅尘的吸收速度取决于颗粒大小、溶解度、带电性及劳动者的呼吸频率。经呼吸道吸收的铅直接进入血液。铅经消化道吸收,主要是由在铅作业场所进食、饮水、吸烟或摄取被铅污染的食物引起。经消化道摄入的铅化合物约有 10%~15%通过胃肠道吸收,缺钙、缺铁、缺磷、缺锌、缺维生素 D、高脂饮食等可加速铅的吸收,空腹饥饿状态下,铅的吸收可高达 45%,经消化道吸收的铅部分可进入肝肠循环被重吸收或排泄。铅及其无机铅化合物不能通过完整皮肤,但四乙基铅可通过皮肤和黏膜吸收。儿童经过呼吸道和消化道对铅的吸收率可达 70%和 40%,明显高于成人。

**2. 分布** 血液中的铅 90%以上与红细胞结合。血浆中的铅一部分是活性较大的可溶性铅,主要为磷酸氢铅($PbHPO_4$)和甘油磷酸铅,另一部分是血浆蛋白结合铅。血液中的铅初期随血循环分布于全身各器官系统中,肝脏中浓度最高,其次为肺、脾、肾、脑组织中。数周后,由软组织转移到骨,并以难溶的磷酸铅[$Pb_3(PO_4)_2$]形式沉积下来。铅在骨内先进入长骨小梁部,然后逐渐分布于皮质。人体内90%~95%的铅储存于骨内，一部分比较稳定，半减期约为20年，一部分具有代谢活性，可迅速向血液和软组织转移，半减期约为19天；骨铅与血液和软组织中的铅保持着动态平衡。在研究铅在体内分布的过程中，发现其很特别，不少学者提出了铅的分布模型，其中最经典的是：①铅吸收后迅速进入血液和软组织中，即快速转换库；②然后进入皮肤和肌肉中，即中间库；③最后稳定沉积在骨骼，即稳定库。

**3. 代谢** 铅在体内的代谢与钙相似，凡能影响钙在体内贮存和排出的因素，均可影响到铅的代谢。当缺钙或因感染、饮酒、外伤、服用酸性药物等改变体内酸碱平衡时，以及骨疾病（如骨质疏松、骨折），可导致骨内储存的磷酸铅转化为溶解度增大100倍的磷酸氢铅而进入血液，使血液中铅浓度短期内急剧升高，导致铅中毒症状加重或引发铅中毒症状的发作。

**4. 排泄** 体内的铅主要经肾脏随尿排出，尿中排出量可代表铅的吸收状况，正常人每日由尿排泄约20~80μg。少部分铅可随粪便、唾液、汗液、乳汁、月经、脱落的皮屑等排出。血铅也可通过胎盘进入胎儿体内。

**5. 毒作用机制** 铅中毒的机理尚未完全阐明。铅作用于全身各器官和系统，主要累及神经系统、血液及造血系统、消化系统、心血管系统及肾脏等。

（1）对红细胞的影响：目前，在铅中毒机制研究中，铅对卟啉代谢的影响和影响血红素合成的研究最为深入，并认为出现卟啉代谢紊乱是铅中毒重要和较早的变化之一。铅对卟啉代谢和血红素合成的影响见图1-1。

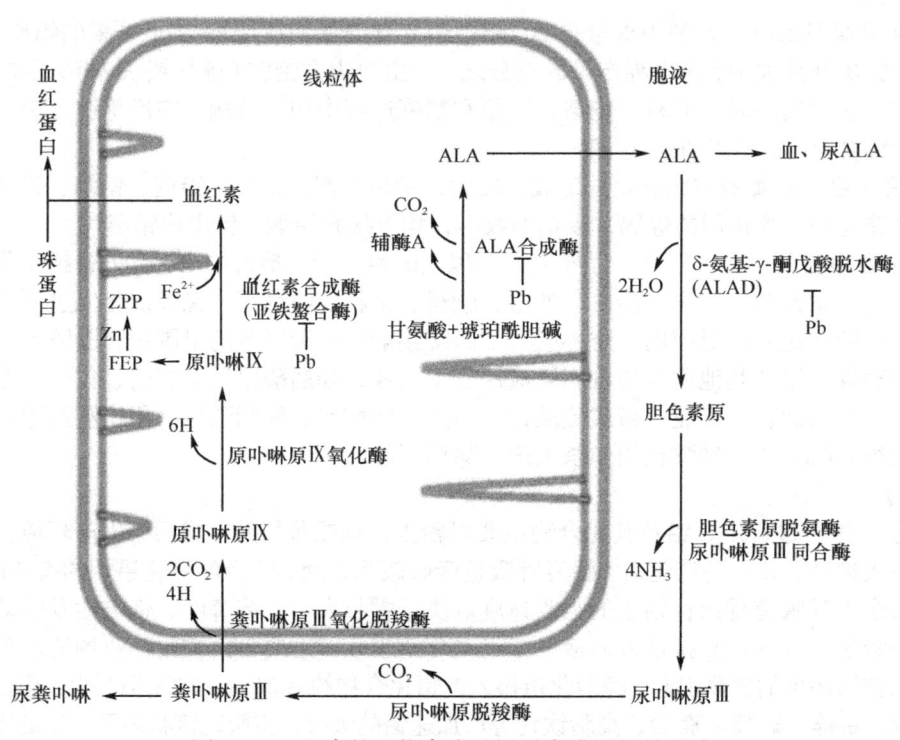

图1-1 血红素的生物合成及铅对合成过程的影响

卟啉代谢和血红素合成是在一系列酶促作用下发生的。在这个过程中，目前比较清楚的是铅抑制δ-氨基-γ-酮戊酸脱水酶（ALAD）、粪卟啉原氧化酶和血红素合成酶。ALAD受抑制后，δ-氨基-γ-酮戊酸（ALA）形成胆色素原受阻，血ALA增加并由尿排出。血红素合成酶受抑制后，二价铁离子不能和原卟啉Ⅸ结合，使血红素合成障碍，红细胞游离原卟啉（FEP）增加，使体内的Zn离子被络合于原卟啉Ⅸ，形成锌原卟啉（ZPP），多余的铁进入幼红细胞线粒体沉积，导致细胞内损伤。铅还可抑制 δ-氨基-γ-酮戊酸合成酶（ALAS），但由于 ALA 合成酶受血红素反馈调节，铅对血红素合成酶的抑制又间接促进 ALA 合成酶的生成。尿中 ALA 及血液中 FEP 和 ZPP 是铅中毒实验室检测指标。

此外，铅对红细胞，特别是骨髓中幼稚红细胞具有较强的毒作用，使点彩细胞形成增加。铅可使骨髓幼稚红细胞发生超微结构的改变，如核膜变薄，胞浆异常，高尔基体及线粒体肿胀，细胞成熟障碍等。铅在细胞内可与蛋白质的巯基结合，干扰多种细胞酶类活性，例如铅可抑制细胞膜三磷酸腺苷酶，导致细胞内大量钾离子丧失，使红细胞表面物理特性发生改变，寿命缩短，脆性增加，导致溶血。

（2）对神经系统的影响：铅对中枢神经系统和周围神经系统均有明显的毒作用。铅可影响大脑皮质兴奋和抑制过程及皮质-内脏调节的正常功能，减低周围神经传导速度，导致一系列神经系统功能障碍。除了铅对神经系统的直接毒性作用外，血液中增多的 ALA 可通过血脑屏障进入脑组织，因其与 γ-氨基丁酸（GABA）化学结构相似，可与 GABA 竞争突触后膜上的 GABA 受体，产生竞争性抑制作用而干扰神经系统功能，出现意识、行为及神经效应等改变。铅还可影响脑内儿茶酚胺的代谢，使脑内和尿中高香草酸（HVA）和香草扁桃酸（VMA）显著增高，最终导致中毒性脑病和周围神经病。铅还可损害周围神经细胞内线粒体和微粒体，使神经细胞膜改变和脱髓鞘，表现为神经传导速度减慢；铅还可以引起轴索变性，导致垂腕。

（3）其他影响：铅可抑制肠壁碱性磷酸酶和 ATP 酶的活性，使肠壁和小动脉平滑肌痉挛收缩，肠道缺血引起腹绞痛。铅可影响肾小管上皮细胞线粒体功能，抑制 ATP 酶活性，引起肾小管功能障碍，造成肾小管重吸收功能降低，同时还影响肾小球滤过率。

【临床表现】 经口摄入大量铅化合物可致急性铅中毒，多表现为胃肠道症状，如恶心、呕吐、腹绞痛等，少数出现中毒性脑病。工业生产中急性中毒已极罕见。职业性铅中毒基本上为慢性中毒，主要临床表现为对神经系统、消化系统、血液及造血系统的损害。

**1. 神经系统** 主要表现为类神经症、周围神经病，严重者出现中毒性脑病。类神经症是铅中毒早期和常见症状，表现为头昏、头痛、乏力、失眠、多梦、记忆力减退等，属功能性症状。周围神经病分为感觉型、运动型和混合型。感觉型表现为肢端麻木，四肢末端呈手套、袜套样感觉障碍。运动型表现为握力减退，进一步发展为伸肌无力和麻痹，甚至出现"腕下垂"或"足下垂"。严重铅中毒病例可出现中毒性脑病，表现为头痛、恶心、呕吐、高热、烦躁、抽搐、嗜睡、精神障碍、昏迷等症状，在职业性中毒中已极为少见。

**2. 消化系统** 表现为口内金属味、食欲不振、恶心、隐性腹痛、腹胀、腹泻与便秘交替出现等。重者可出现腹绞痛，多为突然发作，部位常在脐周，发作时患者面色苍白、烦躁、冷汗、体位卷曲，一般止痛药不易缓解，发作可持续数分钟以上；检查腹部常平坦柔软，轻度压痛但无固定点，肠鸣减弱，常伴有暂时性血压升高和眼底动脉痉挛；腹绞痛是慢性铅中毒急性发作的典型症状。

**3. 血液及造血系统** 可有轻度贫血，多呈低色素正常细胞型贫血，亦有呈小细胞性贫血；卟啉代谢障碍，点彩红细胞、网织红细胞、碱粒红细胞增多等。

**4. 其他** 口腔卫生不好者，在齿龈与牙齿交界边缘上可出现由硫化铅颗粒沉淀形成的暗蓝色线，即铅线（Burton's blue line）。部分患者肾脏受到损害，表现为近曲小管损伤引起的 Fanconi 综合征，伴有氨基酸尿、糖尿和磷酸盐尿；少数较重患者可出现蛋白尿，尿中红细胞、管型及肾功能减退。此外，铅可使男性精子数目减少、活动力减弱和畸形率增加；还可导致女性月经失调、流产、早产、不育等。

【诊断】 根据铅的职业接触史，以神经、消化、造血系统损害为主的临床表现及有关的实验室检查结果为主要依据，结合现场职业卫生学调查资料，按照我国现行《职业性慢性铅中毒诊断标准》（GBZ 37-2015）进行诊断，将慢性铅中毒分为轻度中毒、中度中毒和重度中毒三级。

**1. 轻度中毒**

（1）血铅≥2.9 μmol/L（600 μg/L），或尿铅≥0.58 μmol/L（120 μg/L），且具有下列一项表现者：①红细胞锌原卟啉（ZPP）≥2.91 μmol/L（13.0 μg/gHb）；②尿 δ-氨基-γ-酮戊酸≥61.0 μmol/L（8000 μg/L）；③有腹部隐痛、腹胀、便秘等症状。

（2）络合剂驱排后尿铅≥3.86 μmol/L（800 μg/L）或 4.82 μmol/24h（1000 μg/24h）者，可诊断为轻度铅中毒。

**2. 中度中毒**　在轻度中毒的基础上，具有下列一项表现者：①腹绞痛；②贫血；③轻度中毒性周围神经病。

**3. 重度中毒**　在中度中毒的基础上，具有下列一项表现者：①铅麻痹；②中毒性脑病。

【处理原则】

**1. 治疗原则**　根据具体情况对中毒患者使用金属络合剂驱铅治疗，注意"过络合综合征"。美国推荐血铅超过 800 μg/L 且有明显铅中毒临床表现的患者才使用络合剂进行驱铅治疗。

**2. 治疗方法包括**　①驱铅疗法：常用金属络合剂驱铅，一般 3～4 日为一疗程，间隔 3～4 日，根据病情使用 3～5 个疗程，剂量及疗程应根据患者具体情况结合药物的品种、剂量而定。首选依地酸二钠钙（CaNa$_2$-EDTA），每日 1.0g 静脉注射或加于 50%葡萄糖液静脉滴注；CaNa$_2$-EDTA 可与体内的钙、锌等形成稳定的络合物而排出，可能导致血钙降低及其他元素排出过多，故长期用药可出现"过络合综合征"，患者自觉疲劳、乏力、食欲不振等，应注意观察。二巯基丁二酸钠（Na-DMS）每日 1.0g，用生理盐水或 5%葡萄糖液配成 5%～10%浓度静脉注射。二巯基丁二酸胶囊（DMSA）副作用小，可口服，剂量为 0.5g，每日三次；②对症疗法：根据病情给予支持疗法，如适当休息、合理营养等；如有类神经症者给以镇静剂，腹绞痛发作时可静脉注射葡萄糖酸钙或皮下注射阿托品；③一般治疗：适当休息，合理营养、补充维生素等。

如需劳动能力鉴定者按 GB/T16180 处理。

【预防】　彻底消除作业环境中的铅是杜绝职业性铅危害的根本措施。在不能消除铅的情况下，应尽可能密闭铅的产生源，安装有效的通风装置，使之达到国家规定的职业卫生接触限值。同时应加强个人防护，合理配备个人防护用品，并监督其使用。我国规定接触限值（PC-TWA）铅尘的为 0.05mg/m$^3$，铅烟为 0.03mg/m$^3$。在符合 PC-TWA 的前提下，铅的短时间接触限值-超限倍数是 PC-TWA 的 3 倍。

**1. 降低生产环境中铅浓度**

（1）用无毒或低毒物代替铅：如用锌钡白、钛钡白代替铅白制造油漆，用铁红代替铅丹制造防锈漆，用激光或电脑排版代替铅字排版等，用硬脂酸锌代替硬脂酸铅作为塑料的添加剂。

（2）加强工艺改革：使生产过程机械化、自动化、密闭化。如铅熔炼用机械浇铸代替手工操作，含铅蓄电池制造铅接触生产环节采用自动化和密闭化，以减少工人铅尘和铅烟的暴露机会。控制熔铅温度，减少铅蒸气逸出，减少暴露水平。

（3）加强通风：在铅烟或铅尘产生处可设置局部排风的通风装置，抽出烟尘需净化后再排出；

**2. 加强个人防护，建立卫生制度**　铅作业工人应穿工作服，戴滤过式防尘、防烟口罩。严禁在车间内吸烟、进食；饭前洗手，下班后淋浴。坚持车间内湿式清扫制度，定期监测车间空气中铅浓度和设备检修。对铅作业人员进行定期的职业卫生知识培训，提高防护意识。

**3. 铅作业人员的健康监护**　做好就业前健康检查，如患有贫血、神经系统器质性疾患、肝肾疾患或心血管器质性疾患均不能从事铅作业；定期对铅作业工人进行体检，有铅吸收及铅中毒的人员应尽早采取干预或治疗措施。妊娠及哺乳期女工应暂时调离铅作业。

---

**案例 1-2 解析**

监督部门到现场监督，查出该厂在 2004 年建成投产，没有进行过职业病危害预评价和控制效果评价；生产工艺落后，没有通风除尘措施，致使工人直接暴露在高浓度的铅污染环境；

没有建立职业卫生健康监护档案，工人没有进行过就业前和定期职业性健康检查，延误了诊断和治疗，使中毒范围扩大；该企业的主要职业危害为铅和噪声，企业给作业人员佩戴的是普通防尘口罩，但大多数工人工作时不戴口罩，未给噪声工作岗位佩戴耳塞。工人多数来自周围农村，文化程度低，对职业危害并不知晓；企业也没有履行职业危害告知义务。这些均是导致铅中毒的重要原因。

患者自建厂开始接触铅，有嗜酒，酒可以加重铅的危害。患者元月发展到铅麻痹，可能是冬季饮酒比较多，且元旦可能存在过量饮酒，致使骨骼内沉积的不溶性磷酸铅转化为可溶性磷酸氢铅，加重了铅中毒。因此，需要忠告患者不能再饮酒。

如何处理这个企业呢？首先要企业停产，对劳动者健康负责，积极治疗患者。由于废旧电池处理市场需求比较大，要求该企业提升生产工艺过程，在废旧蓄电池的破碎分选等过程中实现封闭化、自动化，对铅栅、铅膏和铅渣实行分选分炼及消烟除尘手段。在改建的设计阶段需要做职业病危害预评价，竣工验收前需要做职业病危害控制效果评价，正常生产后需要每3年做1次职业病危害现况评价，每年需要对作业环境铅和噪声水平进行检测，建立职业卫生健康档案，进行职业性健康检查；企业需要履行职业危害告知义务，定期培训职业卫生与职业病防治法知识，给工人配备合格的个人防护用品，并监督其正常使用。采取综合性措施确保劳动者的健康。

（倪春辉）

## 三、汞 中 毒

【理化特性】　汞（Mercury，Hg）俗称水银，为银白色液态金属，原子量200.59，比重13.6，熔点-38.9℃，沸点356.6℃，在常温下即能蒸发，蒸气比重6.9。汞表面张力大，黏度小，易流动，生产过程中散落或溅落地面后即形成很多小汞珠，且易被泥土、地面缝隙、衣物等吸附，增加蒸发表面积。汞不溶于水和有机溶剂，可溶于稀硝酸和类脂质。汞与金银等金属可合成汞合金（汞齐）。

【接触机会】　汞矿开采与冶炼，尤其土法火式炼汞。电工器材、仪器仪表制造和维修，如温度计、血压计、气压表、极谱仪、整流器、石英灯、荧光灯等。化工生产烧碱和氯气用汞作阴极电解食盐，塑料、染料工业用汞作催化剂。生产含汞药物和试剂，用于鞣革、印染、防腐、涂料等。用汞齐法提取金银等贵重金属，用金汞齐镀金及镏金。口腔科银汞补牙等。军工生产中，用雷汞制造雷管作为起爆剂。在原子能工业中用汞作为钚反应堆冷却剂。

【毒理】　金属汞主要以蒸气形式经呼吸道进入体内。由于汞蒸气具有脂溶性，可迅速弥散，透过肺泡壁被吸收，吸收率可达70%以上。金属汞很难经消化道吸收，但汞盐及有机汞化合物易经消化道吸收。

汞及其化合物进入机体后，最初分布于血细胞和血浆中，以后分布到全身很多组织，早期集中在肝，然后转移至肾，主要分布于肾皮质，以近曲小管上皮细胞内含量最多，导致肾小管的重吸收功能障碍。汞在体内可诱导金属硫蛋白（metallothionein，MT）的生成，该蛋白富含巯基，主要蓄积在肾，金属硫蛋白与汞结合后可对汞的蓄积、解毒和保护肾起一定作用。汞易透过血-脑屏障和胎盘，并可经乳汁分泌。汞主要经肾脏随尿排出，约占总排出量的70%，尿汞的排出不规则且较缓慢。少量汞可随唾液、汗液、乳汁、粪便、毛发等排出。汞在人体内半减期约60天。

汞毒作用机制尚不完全清楚。汞进入体内后，与蛋白质巯基（—SH）具有特殊亲和力。而巯基是细胞代谢过程中许多重要酶的活性部分，当汞与这些酶的巯基结合后，可干扰其活性，如$Hg^{2+}$与GSH结合后形成不可逆复合物而干扰其抗氧化功能；与细胞膜表面上酶的巯基结合，可改变酶的结构和功能。汞与蛋白质结合后成为抗原，可引起变态反应，导致肾病综合征。目前认为，Hg-SH

反应是汞毒作用的基础。多种含巯基酶的活性受到抑制，可影响机体多种代谢，导致中枢和自主神经系统功能紊乱。

【临床表现】

**1. 急性中毒**　短时间吸入高浓度汞蒸气或摄入可溶性汞盐可引起急性中毒，以化学性肺炎较为突出。一般多发生在密闭空间内工作或意外事故造成，但不多见。其临床特点是：起病急，有发热、咳嗽、呼吸困难及化学性肺炎引起的全身中毒症状；口腔-牙龈炎较多见和严重；多数有胃肠道症状；部分病人出现皮疹；早期出现咳嗽、胸痛，然后发生化学性肺炎，并伴有发绀、气促、肺水肿等；早期多尿，然后出现蛋白尿、少尿及肾衰；尿汞明显增高。口服汞盐，可引起胃肠道症状，恶心、呕吐、腹痛、腹泻，并可引起肾脏和神经损害。急性期恢复后可出现类似慢性中毒的神经系统症状。

**2. 慢性中毒**　较常见。易兴奋症、震颤、口腔-牙龈炎是慢性汞中毒的典型临床表现。

（1）神经系统受损：①类神经征：如头昏、乏力、头痛、记忆力减退、多梦等。②易兴奋症：表现为精神情绪障碍和性格改变，如易激动、不安、失眠、无故烦躁、易怒、多疑等。③周围神经病：双下肢沉重、四肢麻木、烧灼感、四肢呈手套、袜套样感觉减退等。④脑病：表现为小脑病变、脑脊髓病变、诱发癫痫及脑萎缩。⑤震颤：开始时表现为手指、舌尖、眼睑的细小震颤，多在休息时发生，进一步可发展成前臂、上臂粗大震颤，也可伴有头部震颤和运动失调。震颤的特点为意向性，即震颤开始于动作时，在动作过程中加重，动作完成后停止，被别人注意、紧张或欲加以控制时，震颤程度更加明显加重。震颤、步态失调、动作迟缓等症候群，类似帕金森病，后期可出现幻觉和痴呆。

（2）口腔-牙龈炎：早期多有流涎、糜烂、溃疡、牙龈肿胀、酸痛、易出血；继而发展为牙龈萎缩、牙齿松动、脱落；口腔卫生不良者牙龈有暗黑色汞线。

（3）其他：①肾功能损害，可出现低分子蛋白尿、氨基酸尿、尿中管型、红细胞等。②胃肠功能紊乱、脱发及皮炎。③生殖功能异常，如月经紊乱、不育、异常生育、性欲减退、精子畸形等。

【实验室检查】　尿汞反映近期汞接触水平，急性汞中毒时，尿汞往往明显高于生物接触限值（我国正常人尿汞正常参考值 2.25μmol/mol 肌酐，4μg/g 肌酐）；长期从事汞作业的劳动者，尿汞往往高于生物接触限值（我国正常人尿汞正常参考值 20μmol/mol 肌酐，35μg/g 肌酐）。尿汞正常者经驱汞试验（5%二巯基丙磺酸钠 5ml 一次肌注），尿汞大于 45μg/天，也提示有过量汞吸收。

【诊断】　根据接触金属汞的职业史，出现相应的临床表现及实验室检查结果，参考职业卫生学调查资料，进行分析，排除其他病因后所致类似疾病后，方可诊断。国家《职业性汞中毒诊断标准》（GBZ 89-2007）如下：

**1. 观察对象**　尿汞增高，无汞中毒临床表现者。

**2. 急性中毒**

（1）轻度中毒：短期内接触大量汞蒸气，尿汞增高。可出现发热，头晕，头痛，震颤等全身症状。并具备下列表现之一者：①口腔-牙龈炎及胃肠炎；②急性支气管炎。

（2）中度中毒：在轻度中毒基础上，并具备下列表现之一者：①间质性肺炎；②肾病综合征。

（3）重度中毒：具备下列表现之一者：①急性肾衰竭；②癫痫样发作；③精神障碍。

**3. 慢性中毒**

（1）轻度中毒：具备下列表现之三项者：①脑衰弱综合征；②口腔-牙龈炎；③眼睑、舌或手指震颤；④尿汞增高。

（2）中度中毒：具备下列表现之二项者：①出现精神性格改变；②粗大震颤；③明显肾脏损害。

（3）重度中毒：具备下列表现之一者：①小脑共济失调；②精神障碍。

【处理原则】

**1. 急性中毒治疗原则**　①迅速脱离现场，脱去污染衣服，静卧，保暖；②驱汞治疗：二巯基丙磺酸钠 125~250mg，肌内注射，每 4~6 小时一次，2 天后 125mg，每日一次，疗程视病情而定；也可用二巯丁二酸钠驱汞。③对症处理与内科相同。口服汞盐患者不应该洗胃，应尽快口服蛋清、牛奶或豆浆等，保护胃黏膜。也可用0.2%～0.5%的活性炭洗胃，同时用50%硫酸镁导泻。

**2. 慢性中毒治疗原则** ①驱汞治疗：二巯基丙磺酸钠125～250mg，肌内注射，每日一次，连续3天，停4天为一疗程，一般用药3～4疗程，疗程中需要进行尿汞监测。当汞中毒肾损害时，尿量在≤400mg/天以下者不宜使用二巯基丙磺酸钠、二巯丁二酸钠和二巯基丁二酸；②对症处理与内科相同。

**3. 其他处理** 观察对象根据具体情况可进行驱汞治疗，轻度中毒治愈后仍可从事正常工作，中度及重度中毒治愈后，不宜再从事接触汞及其他有害物质的作业。如需劳动能力鉴定，按GB/T16180-2006处理。

【预防】

**1. 改革工艺及生产设备，控制工作场所空气汞浓度** 用无毒原料代替汞，如电解试验采用离子膜电解代替汞作阴极的电解，硅整流器代替汞整流器，电子仪表、气动仪表代替汞仪表。加强通风排毒，如从事汞的灌注、分装应在通风柜内进行，操作台设置板孔下吸风或旁侧吸风。实现生产过程自动化、密闭化。为防止汞污染和沉积，车间地面、墙壁、天花板、操作台宜用不吸附汞的光滑材料，操作台和地面应有一定倾斜度，以便清扫与冲洗，低处应有贮水的汞吸收槽。对排出的含汞蒸气，应用碘化或氯化活性炭吸附净化。

**2. 加强个人防护，建立卫生操作制度** 工人应穿工作服，戴防毒口罩或用2.5%～10%碘处理过的活性炭口罩。工作服要定期更换、清洗除汞，并禁止携出车间。班后、饭前要洗手、漱口，严禁在车间内进食、饮水和吸烟。

**3. 加强医学监护** 汞作业工人每年应该坚持健康体检和就业前体检。职业禁忌证：患有明显肝、肾和胃肠道器质性疾病、口腔疾病，精神神经性疾病。妊娠和哺乳期女工应暂时脱离汞接触。

## 四、砷 中 毒

【理化特性】 砷（arsenic，As）在自然界中主要与各种黑色或有色金属矿共存。砷有灰、黄、黑三种同素异构体，其中灰色结晶具有金属性，质脆而硬，原子量74.92，比重5.73，熔点817℃（2.5MPa），613℃升华，不溶于水，溶于硝酸和王水，在潮湿空气中易氧化，生成三氧化二砷（$As_2O_3$），俗称砒霜。砷的化合物种类很多，常见有三氧化二砷、五氧化二砷、砷酸铅、砷酸钙、亚砷酸钠等氧化物和盐类。含砷矿石、炉渣遇酸或受潮及含砷金属用酸处理时可产生砷化氢。

【接触机会】 砷化物用途非常广泛。铅、铜、金及其他含砷有色金属冶炼时，砷易以蒸气状态逸散在空气中，形成氧化砷。处理烟道和矿渣、维修燃烧炉等都可接触三氧化二砷粉尘。开采雄黄、雌黄等含砷的矿石及从事含砷农药（如砷酸铅、砷酸钙）、含砷防腐剂（如砷化钠）、除锈剂（如亚砷酸钠）等制造和应用时可接触砷。此外，砷化物在玻璃工业中常作为颜料，砷合金用做电池栅极，半导体元件、轴承及强化铅电缆外壳。非职业接触主要饮用含高浓度砷的井水、敞灶燃烧含砷的煤及砷污染的食品。

【毒理】 职业性中毒主要由呼吸道吸入所致。吸收入血的砷化合物主要与血红蛋白结合，随血液分布到全身各组织和器官，并沉积于肝、肾、肌肉、骨、皮肤、指甲和毛发。五价砷和砷化氢在体内转变为三价砷，吸收的三价砷大部分通过甲基转移酶两次甲基化生成但单甲基砷酸和二甲基砷酸从尿中排出，少量砷可经粪便、皮肤、毛发、指甲、汗腺、乳腺及肺排出。砷可通过胎盘屏障。砷在体内半减期约10小时。

砷是一种细胞原生质毒，其毒作用取决于砷的化学形态和价态。砷化合物可使神经系统、心、肝、肾等多脏器受损。目前认为其毒作用机制主要有：

**1. 抑制含巯基酶活性** 在体内，砷是亲硫元素，三价砷极易与巯基（—SH）结合，从而引起含巯基的酶、辅酶和蛋白质活性及功能改变。砷的甲基化是增毒过程，以甲基化的三价单甲基砷毒性最强。砷与酶的作用有：①单巯基反应。主要形成As-SH复合物，使酶中活性巯基消失而抑制酶的活性，此时加入过量单巯基供体，如GSH可使酶活性恢复。②双巯基反应。砷与酶或蛋白中的两个巯基反应，形成更稳定的环状化合物。单巯基供体不能破坏此环状化合物使酶活性恢复，只有二巯基化合物供体才能破坏该环状结构，将巯基游离，使酶活性恢复。砷与丙酮酸氧化酶辅酶硫辛酸的反应，以及用二巯基丙醇（BAL）恢复其活性都基于该机制。砷能使酶失去活性，干扰细胞的氧化还原反应和能量代谢，导致多脏器系统受损。

**2. 促使氧化磷酸化解偶联** 砷酸盐与磷酸盐在结构上类似，有可能形成不稳定的砷酸酯来替代三磷酸腺苷形成中的磷酸酯，使氧化磷酸化过程解偶联，导致组织的能量生成与供应受阻。

**3. 直接损害血管壁** 砷进入血循环后，可直接损害毛细血管壁，引起通透性改变。

**4. 诱导促进生长的细胞因子** 亚砷酸钠在体外实验可诱导皮肤角化细胞生长因子，这可能与砷致皮肤癌有关。

**5. 干扰脱氧核糖核酸（DNA）合成与修复** 砷与DNA结合，影响DNA的合成与修复，砷的致癌作用可能与此有关。

砷化氢是强烈的溶血性毒物，可能是其与血红蛋白结合形成过氧化物，通过谷胱甘肽过氧化物酶的作用，大量消耗维持红细胞膜完整性的还原型谷胱甘肽，导致溶血。

【临床表现】

**1. 急性中毒** 主要是工业上设备事故或违反操作规程大量吸入砷化合物所致，但很少见。主要表现为呼吸道症状，如咳嗽、胸痛、呼吸困难及头痛、头晕、全身虚弱，甚至烦躁不安，痉挛和昏迷。消化道症状如恶心、呕吐、腹痛和腹泻等出现较晚。严重者可因呼吸和血管中枢麻痹而死亡。

砷化氢急性中毒，表现为急性血管内溶血为主的临床表现，酱油色尿（溶血初期尿色可呈红茶色），并有呕吐、腰背酸痛或腹痛，巩膜皮肤黄染等血管内溶血特征性临床表现。严重者可导致急性肾衰竭。

**2. 慢性中毒** 职业性砷中毒主要是慢性中毒，其指在职业活动中较长时期接触砷化物而引起的以皮肤、肝脏损害为主要表现的全身性疾病。

（1）神经受损：①类神经征；②周围神经病，如周围神经传导速度异常。

（2）多样性皮肤损害：色素沉着、角化过度、疣状增生常同时存在。

（3）胃肠功能障碍及肝脏肿大：极少数患者可发展为门脉性肝硬化。

（4）呼吸道刺激作用：黏膜受砷化物可引起鼻衄、嗅觉减退、喉痛、咳嗽、咳痰、喉炎和支气管炎等。

（5）肺癌和皮肤癌：砷是确认人类致癌物。砷致职业性肺癌患者的临床表现、病理类型和一般人群相似，但大多具有砷性皮肤损害。

（6）其他：①影响子代，砷可通过胚胎屏障，引起胎儿中毒、胎儿体重下降或先天畸形；②心电图异常，表现为ST段下降，T波倒置或双相，Q—T时间延长；③贫血和白细胞减少。

【实验室检查】 发砷对慢性砷中毒的诊断有参考价值，其正常参考值为5μg/g。据报道，职业性砷暴露可导致工人外周血淋巴细胞染色体和DNA损伤。

【诊断】 职业性急性砷中毒根据短时间内接触大量砷及其化合物的职业史，出现以呼吸、消化和神经系统损伤为主的临床表现，结合尿砷等实验室检查结果，参考现场职业卫生学调查综合分析，排除其他类似疾病方可诊断。职业性慢性砷中毒根据长期接触砷及其化合物的职业史，出现以皮肤、肝脏和神经系统损害为主的临床表现，结合尿砷或发砷等实验室检查结果，参考现场职业卫生学调查综合分析，排除其他类似疾病方可诊断。职业性砷中毒的诊断标准（GBZ 83-2013）如下：

**1. 接触反应** 短时间接触大量砷及其化合物后出现一过性的头晕、头痛、乏力、或伴有咳嗽、胸闷、眼结膜充血等黏膜刺激症状，经24～72h观察，上述症状消失或明显减轻。

**2. 急性中毒** 接触反应的症状加重，并具备以下一项者。

（1）急性气管-支气管炎、支气管肺炎。

（2）恶心、呕吐、腹痛、腹泻等急性胃肠炎表现。

（3）头晕、头痛、乏力、失眠、烦躁不安等症状。

**3. 慢性中毒**

（1）轻度：长期密切接触砷及其化合物后出现头痛、头晕、失眠、多梦、乏力、消化不良、消瘦、肝区不适等症状，尿砷或发砷超过当地正常参考值，并具有下列情况之一者：①手、脚掌跖部位皮肤角化过度，疣状增生，或躯干部及四肢皮肤出现弥漫的黑色或棕褐色的色素沉着，可同时伴有色素脱失斑；②慢性轻度中毒性肝病；③慢性轻度中毒性周围神经病。

（2）中度：轻度中毒的症状加重，并具有下列情况之一者：①全身泛发性皮肤过度角化、疣状增生；或皮肤角化物脱落形成溃疡，长期不愈合；②慢性中度中毒性肝病；③慢性中度中毒性周围神经病。

（3）重度：中度中毒的症状加重，并具有下列表现之一者：①肝硬化；②慢性重度中毒性周围神经病；③皮肤癌。

【处理原则】

**1. 急性中毒** 立即脱离现场，皮肤或眼受污染者应立即用清水彻底冲洗。尽早给予巯基络合剂如二巯基丙磺酸钠、二巯基丙醇二巯基丁二钠等驱砷治疗和对症支持治疗。较重者可酌情使用糖皮质激素治疗。

砷化氢中毒患者，早期、足量、短程应用糖皮质激素，早期合理输液，正确应用利尿剂以维持尿量，碱化尿液。对重度中毒者，应尽早采用血液净化疗法。需要注意的是巯基络合剂对砷化氢中毒无效。

**2. 慢性中毒** 及时脱离砷及其化合物的接触，给予巯基络合剂如二巯基丙磺酸钠、二巯基丙醇二巯基丁二钠等驱砷治疗。此外，可辅以护肝、营养神经、抗氧化剂等对症支持治疗。

**3. 其他处理** ①急性中毒患者经治疗恢复后可继续工作；②慢性中毒者，应调离砷作业；③需要劳动能力鉴定者，按GB/T 16180处理。

【预防】 在采矿、冶炼及农药制造过程中，生产设备应采取密闭、通风，减少工人接触含砷粉尘。在维修设备和应用砷化物过程中，要加强个人防护。医学监护应注意皮肤、呼吸道以及肝、肾、血液和神经系统功能改变，有严重肝脏、神经系统、造血系统和皮肤疾患的人员，不宜从事砷作业。尿砷监测有助于对工业卫生设施效果的评价。

（李煌元）

## 五、镉 中 毒

**案例1-3**

某市对辖区内4家镍镉电池生产企业镉危害进行了调查，1067人工作中接触镉，职业性健康检查发现28人为镉中毒观察对象，4人诊断为慢性轻度镉中毒。

镍镉电池生产工艺过程见图1-2，接触镉的工作岗位有负、正极配料、拉浆、充电、切片、点焊、卷绕。对70个接触镉作业点空气中镉进行检测，仅有25个作业点符合国家标准，平均合格率为35.7%，正、负极配料岗位均超过国家标准，拉浆、充电、切片、点焊、卷绕合格率依次为14.3%、33.3%、40.0%、50.0%及62.5%。

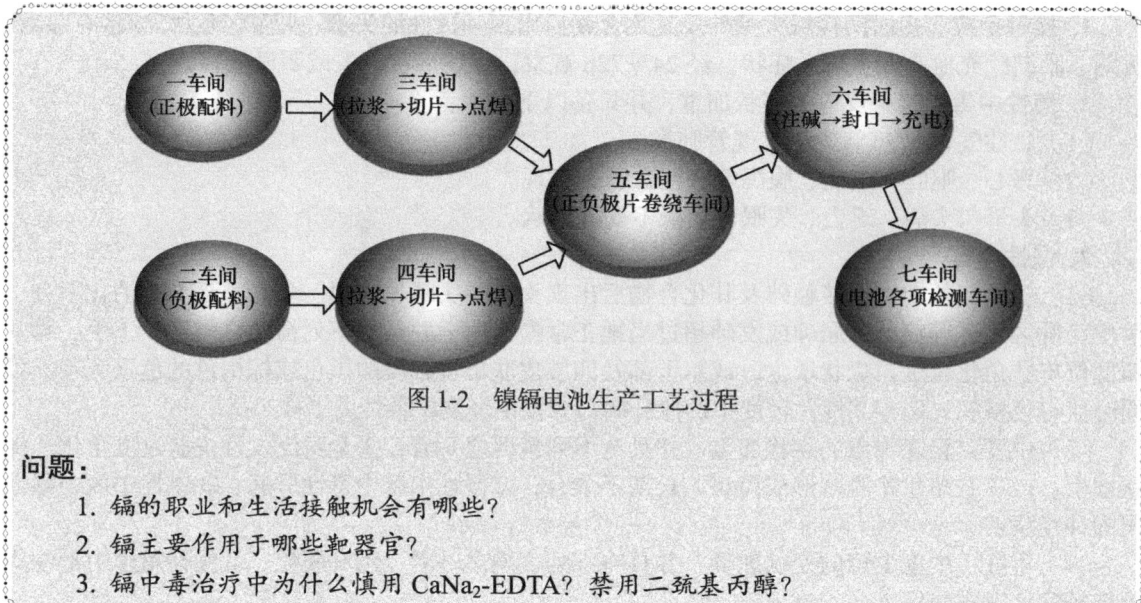

图 1-2 镍镉电池生产工艺过程

**问题：**
1. 镉的职业和生活接触机会有哪些？
2. 镉主要作用于哪些靶器官？
3. 镉中毒治疗中为什么慎用 $CaNa_2$-EDTA？禁用二巯基丙醇？

【理化性质】 镉（Cadmium，Cd）是一种微蓝色的银白色金属，质软，耐磨，延展性较好，原子量 112.41，熔点 320.9℃，沸点 765℃，固体密度 8.65，呈明显碱性，易溶于硝酸，但难溶于盐酸和硫酸。常见的镉化合物有氧化镉（CdO）、硫化镉（CdS）、硫酸镉（$CdSO_4$）和氯化镉（$CdCl_2$）等。1817 年由德国冶金学家首次分离出来。

【接触机会】
（1）单纯镉矿少见，主要和锌、铅及铜矿共存，镉与锌的比例大约在 1/100～1/1000 之间。镉常常是炼锌过程中的副产物，如从湿法炼锌的锌浸液净化装置换渣，或锌精矿焙烧的含镉烟尘中提取。制备精镉常用浸酸后电解或精馏的方法。

（2）镉主要的用途之一是镍镉电池、银镉电池和光电池制造，大约占镉总用量的 77%。

（3）镉的化合物常用于制作塑料及油漆的颜料；硬脂酸镉常用于塑料的稳定剂，用量约占 11%。

（4）镉可保护金属免受酸的腐蚀，广泛应用于电镀工业，约占总用量的 8%。

（5）铜镉合金用于汽车冷却器材料；银铟镉合金用于原子反应堆控制棒等。

（6）含镉焊条制造、高温切割焊接含镉合金材料等。

除了职业性接触之外，生活暴露已经引起人们的关注，如居住在含镉金属矿开采与金属炼厂附近，食用含镉废水灌溉生产的粮食、蔬菜，经常食用镀镉器皿贮放的酸性食物或饮料等可导致人体内镉含量增高，甚至导致镉中毒。吸烟是慢性接触镉的另一途径，每日吸 20 支香烟，可吸入镉 2～4μg。

【毒理】 镉可经呼吸道和消化道吸收。经呼吸道吸入的镉尘和镉烟因粒子大小和化学组成不同，约有 2%～50% 经肺吸收。消化道吸收一般不超过 10%，膳食中钙、铁摄入量低会增加镉的吸收，而锌可减少镉的吸收。动物实验研究发现经皮下或腹腔注射染毒时，镉可致皮下结节、皮肤溃疡的形成，腹膜受刺激发生炎症渗出、黏连等，这些均可能影响镉被吸收的量。

吸收入血循环的镉大部分与红细胞结合（主要与血红蛋白结合），亦可与金属硫蛋白结合，后者是一种可诱导的低分子蛋白。血浆中的镉主要与血浆蛋白结合。镉在体内的蓄积性强，生物半减期长达 8～35 年，最初肝脏中镉的浓度最高，之后肾脏中的镉逐渐增高。因此，机体内的镉主要蓄积于肾脏和肝脏，肾镉含量约占体内总含量的 1/3，而肾皮质镉含量约占全肾的 1/3。肺、胰、甲状腺、睾丸、唾液腺、毛发中也有镉的蓄积。镉不易通过血脑屏障和胎盘屏障。镉主要通过肾脏随尿液缓慢排出。动物实验发现在未出现蛋白尿之前，镉的排出量非常少，出现蛋白尿之后，镉的排出量可增加50倍。

镉及其化合物毒性因其品种不同而异，其急性毒性多属低毒至中等毒性类。如：小鼠经口 $LD_{50}$ 值（mg/kg）：氧化镉72，硫酸镉88，氯化镉150，硫化镉1160。急性吸入毒性比经口摄入毒性大数十倍，死因主要是肺炎和肺水肿，有时可伴有肝、肾等其他脏器损害。

镉具有明显的慢性毒性，可致机体多系统、多器官损害，当前仍然是损害人类健康的重要环境毒物之一。大鼠吸入镉烟尘 $15\sim20mg/m^3$，2h/d，历时1~6个月，出现红细胞减少、白细胞增多、血红蛋白下降，出现肺间质性肺炎和局灶性肺气肿。镉可致肾脏的慢性损害，主要发生在近曲小管，呈现具特征性的肾小管重吸收功能障碍，肾小球亦可受累。生殖系统损害也十分明显，小鼠皮下注射氯化镉或乳酸镉，可引起精原上皮细胞的破坏、精子数量减少，活动能力下降。30~60d 氯化镉亚慢性染毒结果显示，大鼠或小鼠均出现了动情周期明显异常、卵泡细胞生长发育出现障碍。镉还被认为是高度可疑的环境内分泌干扰物，低剂量镉可能具有雌激素样作用，而剂量较大时可致雄性实验动物血液睾酮水平下降、雌性动物雌激素、黄体生成素（LH）水平异常等，可抑制卵巢颗粒细胞雌、孕激素的合成。动物实验表明镉有致畸作用，并可致骨质疏松等。

镉中毒机制目前尚不十分清楚。有研究表明：镉与巯基、羟基等配基的结合能力大于锌，因此可干扰以锌为辅基的多种酶类活性（主要是置换酶中的锌），导致机体机能障碍。例如：镉中毒时，可见到肾小管细胞中含锌的亮氨酰基氨肽酶（leucylaminopeptidase）活性受抑制，致使蛋白质分解和重吸收减少，出现肾小管性低分子蛋白尿。实验还显示，锌和硒可防止或抑制镉的某些毒作用。

【临床表现】

**1. 急性中毒** 短时间吸入高浓度镉氧化烟雾数小时后，出现咽喉痛、头痛、肌肉酸痛、恶心、口内有金属味，继而发热、咳嗽、呼吸困难、胸部压迫感、胸骨后疼痛、四肢肌肉疼痛及关节酸痛等。胸部X线检查有片状阴影和肺纹理增粗。严重者可发展为突发性化学性肺炎或肺水肿，可伴有肝、肾损害，可因呼吸衰竭死亡。少数病例急性期后发生肺纤维化，导致肺通气功能障碍。多见于焊接和切割各类镉金属及镉合金作业。

**2. 慢性中毒** 低浓度长期接触可发生慢性中毒。主要引起肾脏损害，极少数严重的晚期病人可出现骨骼病变。长期暴露镉及其化合物可致肺部损害，如肺气肿等。

（1）肾脏损害：早期表现为近端肾小管重吸收功能障碍，尿中出现低分子蛋白（$\beta_2$微球蛋白、维生素A结合蛋白、溶菌酶和核糖核酸酶等），继续接触，可发展成Fanconi综合征，伴有氨基酸尿、糖尿、高钙和高磷酸盐尿。继续发展至肾小球损害导致尿中高分子量蛋白（如白蛋白、转铁蛋白等）排泄增加。晚期患者的肾脏结构损害，出现慢性肾衰竭。即使脱离接触，肾功能障碍仍将持续存在。在长期接触镉的工人中，肾结石的发病率增高。

（2）肺部损害：为慢性进行性阻塞性肺气肿，肺纤维化，最终导致肺功能减退。明显的肺功能异常一般在尿蛋白出现之后。长期接触镉作业者，肺癌发病率增高。

（3）骨骼损害及痛痛病：严重慢性镉中毒患者的晚期可出现骨骼损害，表现为全身骨痛，伴不同程度骨质疏松、骨软化症、自发性骨折和严重肾小管功能障碍综合征。严重患者发生多发性病理性骨折。尿检有低分子量蛋白尿，尿钙和尿磷酸盐增加。血镉增高，血钙降低。

（4）其他慢性中毒患者常伴有牙齿颈部黄斑、嗅觉减退或丧失、鼻黏膜溃疡和萎缩、轻度贫血，偶有食欲减退、恶心、肝功能轻度异常、体重减轻和高血压。镉污染区育龄妇女生殖状况调查结果显示，其月经异常发生率、流产发生率均高于对照人群。

【诊断】 急性中毒需根据短期内吸入高浓度氧化镉烟尘的职业接触史，出现以呼吸系统损害为主的临床表现，参照实验室检测结果，结合现场职业卫生学调查，进行综合分析，排除其他类似疾病后进行诊断，比较容易诊断。慢性镉中毒的诊断较为困难，需根据一年以上接触镉及其化合物的职业史，出现以尿镉增高和肾脏损害为主的临床表现，参照实验室检测结果，结合现场职业卫生学调查，进行综合分析，排除其他原因引起的肾脏损害后做出诊断。按我国现行职业性镉中毒的诊断标准 GBZ17-2015 进行诊断分级。

**1. 急性镉中毒**

（1）轻度中毒：短期内吸入高浓度氧化镉烟尘，在数小时后出现咳嗽、咳痰、胸闷、乏力等症状，两肺呼吸音粗糙，可伴有散在的干、湿啰音，胸部X线检查表现为肺纹理增多、增粗、延伸或边缘模糊，符合急性气管-支气管炎表现（见 GBZ 73）。

（2）中度中毒：在轻度中毒的基础上，出现下列表现之一者：①急性肺炎；②急性间质性肺水肿。

（3）重度中毒：吸入高浓度氧化镉烟尘后，出现下列表现之一者：①急性肺泡性肺水肿（见 GBZ 73）；②急性呼吸窘迫综合征（见 GBZ 73）。

**2. 慢性镉中毒**

（1）轻度中毒：有一年以上密切接触镉及其化合物的职业史，尿镉连续两次测定值高于 5μmol/mol 肌酐（5g/g 肌酐），可伴有头晕、乏力、腰背及肢体痛、嗅觉障碍等症状，实验室检查具备下列条件之一者：①尿 $\beta_2$-微球蛋白含量在 9.6μmol/mol 肌酐（1000μg/g 肌酐）以上；②尿视黄醇结合蛋白含量在 5.1μmol/mol 肌酐（1000μg/g 肌酐）以上。

（2）重度中毒：在慢性轻度中毒的基础上，出现慢性肾功能不全，可伴有骨质疏松症或骨质软化症。

【处理原则】

**1. 急性中毒者** 应入院观察，注意急性肺损伤，加强对症治疗。早期可短期、小剂量使用肾上腺皮质激素治疗，有利于防止肺水肿。重症病人可给予血液透析治疗，慎用驱镉治疗。当用 EDTA 等络合剂驱镉治疗时，应严密监视肾功能，因络合剂可增加肾毒性损害，有明显肾功能损害者禁用该药。

**2. 慢性中毒者** 包括肾损伤、肺气肿及骨病等，应脱离接触，加强对症处理，积极治疗。一般不主张驱镉治疗，因与络合剂结合的镉使肾脏积蓄量增加，加重肾毒性。以对症治疗为主。乙基二硫代氨基甲酸钠治疗慢性镉中毒已引起临床关注。

【预防】 采取综合性措施减少镉作业人员的暴露水平，及时发现早期健康损害是控制镉危害的关键点。

（1）工程防护措施：改革工艺，实行密闭性、全自动化生产，作业场所安装抽风排毒设施。从镉产生源上控制作业人员的暴露水平。

（2）个体防护措施：上班穿工作服、戴工作帽和防毒口罩，禁止在工作场所饮食、吸烟，喝水前应洗手、洗脸，不留长发和指甲。下班前需洗澡、更换工作服，禁止将工作服穿戴回家。

（3）膳食中应增加钙、锌和磷酸盐的摄入，保证充足的蛋白质，补充维生素 E，维生素 C、维生素 B，有助于镉的排泄。

（4）镀镉器皿不能存放食物，特别是酸性食物，如食醋、柠檬汁、碳酸饮料等。

（5）妇女妊娠期和哺乳期禁止从事镉作业和食用含镉的食物。

（6）镉作业人员的健康监护做好上岗前、在岗期间、离岗时健康体检，以便及时发现健康损害者。

镉的职业禁忌证包括慢性肾小管-间质性肾病、慢性阻塞性肺病、支气管哮喘、慢性间质性肺病、原发性骨质疏松症。严禁职业禁忌证者从事镉作业。

**案例 1-3 解析**

镉作业主要存在于采矿、含镉技术冶炼、焊条制造、高温切割焊接、电镀、镍镉电池、银镉电池和光电池制造，镉黄颜料和荧光粉制造、催化剂及化学助剂制造等行业。

> 现场调查发现配料环节存在尘源密闭不良，通风管道设计安装及车间内气流组织不合理；工作环境卫生差，作业环境中地面和操作台面灰尘没有及时清理，容易造成二次扬尘；卫生设施简陋，缺乏淋浴设施，无工人单独干净衣物存放柜，导致工人可能将镉污染物扩散至生活场所。

（倪春辉）

## 六、锰 中 毒

> **案例 1-4**
>
> 为探讨氨基水杨酸钠（PAS-Na）对职业性锰中毒致书写过小征的长期疗效，追踪观察了某锰中毒患者经 PAS-Na 治疗前后（1984~2006 年）的书写情况。患者 69 岁，1963~1984 年从事锰粉加工作业，作业场所空气 $MnO_2$ 浓度为 1.2~31.3 $mg/m^3$（最高容许浓度为 0.2$mg/m^3$）。患者 1968 年出现心悸、手颤。1980 年症状加重，并出现眼花、流涎、四肢远端肌痛、肢体乏力、肢体频繁抽搐、肢体麻木。1982 年，伴有头痛、记忆力下降、肢体僵硬，行走时常突然双腿乏力跪地。体格检查发现眼睑颤、舌颤、手颤，肌张力增高，指鼻试验欠准。书写手颤、行走呈"雄鸡"样步态。5 月，该患者被当地职业病诊断小组诊断为慢性轻度锰中毒，1986 年 7 月被诊断为慢性重度锰中毒。1987 年 3 月 11 日开始对患者进行治疗，10%葡萄糖+PAS-Na 6g/天，静脉滴注，连用 4 天，停 3 天为 1 疗程，共 15 个疗程。此后，对该患者进行了三次随访（1988 年 1 月、2004 年 9 月、2006 年 11 月），并收集了患者 1984 年至 2006 年期间 7 次的书写情况进行治疗前后比较。患者 1984 年至 2006 年的书写情况：1984~1985 年，书写未见异常（图 1-3A）。1986 年 6 月，书写字迹不整，弯弯曲曲，甚至字迹不清，难以辨认（图 1-3B）。1987 年 3 月，书写更加困难，字迹越写越小。尤其在行末字迹尤小，出现"书写过小征"（图 1-3C）。1987 年 3 月至 6 月，PAS-Na 治疗 15 个疗程后，书写恢复正常（图 1-3D）。1988 年 1 月第一次随访，书写正常（见图 1-3E）。2004 年 9 月第二次随访，书写正常（图 1-3F）。2006 年 11 月第三次随访，该患者书写正常（图 1-3G），但下蹲困难（有膝关节病），步态稍慢，潜隐性肌张力、齿轮样肌张力和静止性震颤阳性。
>
> 问题：
> 1. 锰中毒患者为什么出现"书写过小征"？
> 2. 该案例提示 PAS-Na 治疗慢性锰中毒致书写过小症的疗效如何？

【理化特性】 锰（Manganese，Mn）是一种浅灰色、质脆、有光泽的金属。原子量 54.94，比重 7.4，密度 7.2$g/cm^3$（20℃），熔点 1260℃，沸点 1962℃。锰在自然界中大都与其他元素形成化合物而生成多种矿物质，如软锰矿（$MnO_2$）、菱锰矿（$MnCO_3$）、褐锰矿（$Mn_2O_3$）、辉（黑）锰矿（$Mn_3O_4$）等。锰的化学活性与铁近似，锰蒸气在空气中能迅速被氧化成灰色的一氧化锰（MnO）和棕红色的四氧化三锰（$Mn_3O_4$）烟尘。高温时，遇氧气或空气能燃烧。锰易溶于稀酸而放出氢，同时生成二价锰离子。

【接触机会】
（1）冶金工业：锰矿石开采、粉碎、运输、加工（碾磨、过筛、包装）等。此外，冶炼锰铁合金（高碳锰铁含锰 78%~82%，矽锰含锰 62%~68%）、锰铜合金、铝锰合金、锰钛合金也有与锰密切接触的机会。

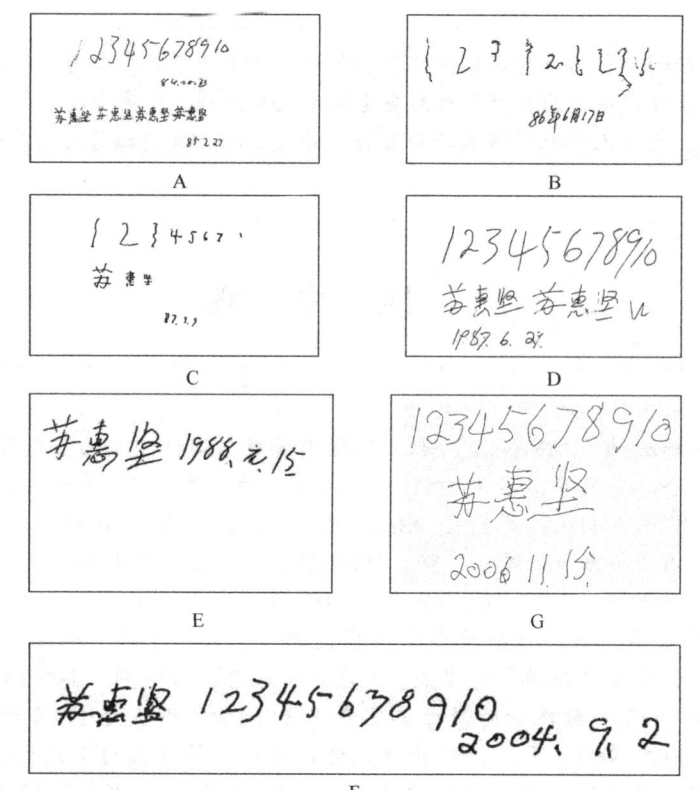

图 1-3 某锰中毒患者经 PAS-Na 治疗前后（1984～2006 年）的书写改变情况

（2）制造与使用电焊条：电焊条药皮含有锰或锰铁 5%～50%。电焊时，可产生锰烟尘，工人呼吸带的 $MnO_2$ 浓度可高达 $6mg/m^3$ 以上。

（3）二氧化锰作为干电池生产的去极剂。

（4）其他：染料工业应用氯化锰、碳酸锰、铬酸锰；陶瓷或玻璃行业应用硅酸锰及四氧化三锰作为色料；硫酸三价锰用于纺织品漂白；高锰酸钾用作强氧化剂与消毒剂；有机锰化合物如汽油抗爆剂及消烟剂甲基环戊二烯三羰基锰（methylcyclopentadienyl manganese tricarbonnyl, MMT）、杀菌剂亚乙基双二硫带代氨基甲酸锰（manganese ethylene bis-dithiocarbomate）、清漆催干剂硬脂酸锰的生产等，都有接触锰化合物的机会。

【毒理】 在生产环境中锰及其化合物主要以粉尘、烟的形式经呼吸道吸收。锰烟及小于 5μm 的锰尘由肺泡壁吸收后，被巨噬细胞吞噬，经淋巴管入血。

锰被吸收后，部分以三价锰的形式在血浆中转运，锰与血浆中的 $β_1$-球蛋白结合为转锰素（transmanganin）分布全身，少部分进入红细胞，形成锰卟啉，血锰迅速转移到富有线粒体的器官，以不溶性磷酸盐的形式蓄积于肝、胰、肾、脑及毛发中，且细胞锰约 2/3 贮存于线粒体内。锰大部分经由胆汁排出肠道，随同粪便排出，占锰排出量的 97%以上。尿、汗、唾液、乳汁等也可排出少量。

锰中毒的神经病理学表现与帕金森病（苍白球完好，黑质多巴胺能神经元细胞和卢氏小体衰亡）不同，主要是苍白球神经元变性，黑质完好，卢氏小体缺失。锰中毒主要表现为锥体外系神经障碍，但其毒作用机制还不十分清楚。目前认为：线粒体功能失调可能是锰神经毒性机制的中心环节。锰可致线粒体损伤，干扰能量代谢，继之引起兴奋性毒作用。锰的价态转变过程中可产生单电子转移，生成带有不配对的电子自由基，以至引发多巴胺氧化、线粒体损伤及生物大分子改变等一系列神经毒效应。锰可引起多巴胺和 5-羟色胺（5-HT）含量减少。锰也是一种拟胆碱样物质，可影响胆碱酯酶合成，使乙酰胆碱蓄积，以至出现震颤麻痹。

锰能损害大鼠、家兔睾丸曲细精管，造成生精细胞变性和缺失，出现性机能障碍。锰对体外培养的胚胎神经细胞分化有抑制作用。大鼠子宫内锰暴露可导致胎鼠神经管缺陷和死亡率增高；锰可通过胎盘屏障进入体内，透过血脑屏障沉积于脑，引起脑形态学、生物化学和微量元素分布异常，导致神经行为机能障碍。锰能引起动物心脏收缩功能降低和血压下降，以急性和亚急性毒作用为主。锰可引起肝硬化、坏死性病变和碳水化合物代谢障碍。小鼠支气管内染锰量和炎症反应指标（乳酸脱氢酶活性、总蛋白质含量、中性粒细胞数）有明显的剂量-效应关系。

【临床表现】 职业性锰中毒基本上是慢性中毒，多见于锰铁冶炼、电焊条的制造与电焊作业的工人。发病工龄一般5～10年，且可能与个体易感性有关。

**1. 类神经症和自主神经功能障碍** 早期出现嗜睡，对周围食物缺乏兴趣，精神萎靡、注意力涣散、记忆力减退等类神经症。部分患者可有易激动、话多、欣快、好哭等情绪改变，常有食欲减退或阳痿、多汗等自主神经功能异常。四肢或有麻木、疼痛、夜间腓肠肌痉挛。因两腿发沉无力，患者常感走路欲快而不能。

**2. 锥体外系神经障碍** 病情继续发展，患者感两腿发沉、笨拙，走路速度减慢，易摔倒。口吃、言语单独、语言低沉、举止缓慢、完成精细动作困难。情感淡漠或感情冲动。表情呆板、眼球聚合不全、有恒定的四肢肌张力增高，特别在前臂被动旋前旋后时，闭目难立试验阳性，单足站立不稳。腱反射正常或亢进，少数患者可有手套或袜套样分布的感觉障碍。

严重患者锥体外系神经障碍恒定而突出，表现为帕金森病样症状。患者感四肢发僵，动作缓慢笨拙，说话含糊不清。面部表情减少，走路时表现为前冲步态。起步时身体前冲，两足间步基宽，足尖先着地，两上肢失去伴随运动。不能将两足前后站在一条直线上，转弯时有分解动作，后退不能，极易跌倒。坐下时，有顿坐现象。四肢肌张力呈"铅管样"或"齿轮样"增高，重复动作后，肌肉僵直加重，并常有中等幅度、速度的有节律的静止性震颤（非典型的搓丸样动作）。下颌、唇、舌可出现震颤，精神紧张激动时加重。轮替试验、指鼻试验、跟胫膝试验、闭目难立试验等显示共济失调，并出现书写过小症（见图1-3）。

**3. 大脑边缘系统受损** 一些患者学习记忆功能、认知功能和方向感明显下降，生活难以自理，易哭泣、烦躁、胆怯怕人、孤独自闭等。

**4. 锥体束损害** 部分患者出现不恒定的腱反射亢进、腹壁反射或提睾反射减弱或消失，单侧性中枢性面瘫，提示中枢神经系统有较弥漫的病变。

**5. 其他** ①锰中毒病人出现阳痿、早泄和性欲低下。锰可引起男工精液质量和睾酮水平降低，性机能障碍。早期自然流产、死胎、死产和子代先天畸形率增高；女工出现月经紊乱、性机能障碍、自然流产率、早产和子代先天畸形率升高。②职业性接触锰的母亲，其子女智商明显减低，且与母亲锰累积接触水平有剂量—效应关系。③锰作业工人心电图异常率明显增高，女工心率加快，P-R间期缩短。锰中毒病人有体位性低血压。锰作业工人低舒张压检出率升高，舒张压均值明显降低，以青工及女工表现较为突出。④高浓度锰暴露工人血清ALT活性明显升高。⑤锰作业工人呼吸道症状、肺炎、支气管炎发生率增高。国外发现锰矿工人和长期从事研磨、粉碎锰矿石的工人出现锰尘肺，国内则有锰作业工人患矽肺和电焊工尘肺的报道。

【实验室检查】

**1. 生物材料中锰的测定**

（1）尿锰：尿锰大致可以反映机体近期吸收锰的情况，与作业环境空气含锰浓度有一定关系，但与临床中毒症状无平行关系。正常尿锰上限为0.18～0.55μmol/L。

（2）血锰：国外报道血锰正常上限为0.15～1.22μmol/L。

（3）脑脊液锰：正常人脑脊液含锰0.015～0.127μmol/L。锰中毒患者脑脊液含锰量超过正常人及锰接触工人近10倍。

**2. 电生理检查** 重度中毒者脑电图α波率减少，波幅偏低，全脑有散在性或阵发性、同步性

θ波或δ波等慢活动。脑血流图多见低平波，提示周围血管阻力增加，搏动性血流量减少。肌电图于肌肉放松时，电静息消失，出现持续性放电或呈现节律性群放电位，收缩肌及拮抗肌同时以恒定频率出现，也观察到H反射亢进。

**3. 脑影像学检查** 锰可选择性地蓄积在大脑苍白球、壳核、中脑黑质及垂体前叶。MRI检查时$T_1$加权信号增强而$T_2$加权未见异常是锰中毒的特征性变化，但这只可反映锰在脑中的蓄积情况，不一定是锰中毒，所以MRI检查对锰中毒具有辅助诊断意义。

【诊断】 根据密切的职业接触史和以锥体外系损害为主的临床表现，参考作业环境调查、现场空气中锰浓度测定等资料，进行综合分析，排除其他疾病如震颤麻痹、肝豆状核变性等，方可诊断。国家职业性慢性锰中毒诊断及分级标准（GBZ 3-2006）如下：

**1. 观察对象** 具有头晕、头痛、容易疲乏、睡眠障碍、健忘等神经衰弱综合征的表现，以及肢体疼痛、下肢无力和沉重感等症状。若再有下列情况之一者，可列为观察对象：①有多汗、心悸等自主神经功能紊乱的表现；②尿锰或发锰超过本地区正常值上限。

**2. 轻度中毒** 除上述症状外，具有下列情况之一者，可诊断为轻度中毒：①肯定的肌张力增高；②肌张力增高虽不肯定，但手指有明显震颤，腱反射亢进；并有容易兴奋、情绪不稳定、对周围事物缺乏兴趣等精神情绪改变。

**3. 重度中毒** 具有以下情况之一者，可诊断为重度中毒：①明显的锥体外系损害。表现为帕金森综合征：四肢肌张力增高，伴有静止性震颤，可引发出齿轮样强直；并可出现对指或轮替试验不灵活、不准确，闭目难立征阳性，言语障碍，或步态异常、后退困难等运动障碍；②中毒性精神病。有显著的精神情绪改变，如感情淡漠、反应迟钝、不自主哭笑、强迫观念、冲动行为等。

【处理原则】

**1. 治疗** 早期可用金属络合剂（$CaNa_2$-EDTA，促排灵或二巯丁二钠）治疗，并给予适当的对症治疗。$CaNa_2$-EDTA或其衍生物驱锰疗效可使部分早期患者症状获得暂时好转，但常出现反跳现象，副作用大，对晚期已出现锥体外系神经障碍、震颤麻痹的中毒病人治疗效果不佳。近来用对氨基水杨酸钠（PAS-Na）治疗锰中毒，有明显的驱锰作用，可改善病人的症状和体征，但目前尚未广泛应用。出现明显的锥体外系损害或中毒性精神病时，治疗原则与神经-精神科相同。

**2. 其他处理**

（1）观察对象：六个月至一年复查一次，进行动态观察，并根据病情发展趋势，适当处理。

（2）中毒患者：凡诊断为锰中毒者，包括已治愈的病人，不得继续从事锰作业。轻度中毒者治愈后可安排其他工作；重度中毒者需长期休息。

【预防】 接触锰作业应采取防尘措施和佩戴防毒口罩，焊接作业尽量采用无锰焊条，或用自动电焊代替手工电焊，使用抽风及吸尘装置。禁止在工作场所吸烟和进食。

---

**案例1-4解析**

锰中毒性帕金森综合征患者在发病初期，常因臂肌及手指肌的强直和震颤，使上肢和手部做精细动作困难，表现为书写困难，所写的字弯弯曲曲，越写越小，尤其是在行末时写得特别小，称为"书写过小征"。调查发现，该患者1982年5月被诊断为慢性轻度锰中毒。1986年6月，患者书写字迹不整，弯弯曲曲，字迹不清，难以辨认，7月被诊断为慢性重度锰中毒。1987年3月，出现书写过小征。应用PAS-Na治疗15个疗程后，书写恢复正常。7个月后第一次随访，17年后第二次随访及19年后第三次随访，书写均正常，提示PAS-Na治疗慢性锰中毒致书写过小症不但近期疗效明显，而且远期疗效也肯定。本研究仅是个案报道，需要更大的样本进行深入研究近期和远期疗效。

## 七、其他金属与类金属中毒

**1. 铬**（chromium，Cr）

（1）理化特性：铬是一种银灰色、抗腐蚀性强、硬而脆的坚硬金属；比重7.2，熔点1890℃，沸点2482℃；溶于稀盐酸及硫酸。主要有金属铬、三价铬和六价铬三种形式，工业上常用的是六价铬和三价铬化合物，如氧化铬、三氧化铬、铬酸、氯化铬、铬酸钠、铬酸钾、重铬酸钾和重铬酸钠。

（2）接触机会：接触工种主要是化工和电镀工人。铬矿开采、冶炼可接触铬尘和铬酸雾；镀铬可接触铬酸雾；油漆、鞣革、橡胶、陶瓷等工业可接触铬酸盐；含铬的木材防腐剂、农药杀霉菌剂、阻冻剂、杀藻类剂，铬酸洗液。

（3）毒理：所有铬的化合物都有毒性。六价铬毒性比三价铬高100倍，六价铬在细胞内被转变成三价铬后，通过和蛋白质及核酸紧密结合发挥毒性作用。铬酸盐可经呼吸道、消化道和皮肤吸收。低浓度致敏，高浓度对皮肤有刺激和腐蚀作用，长期暴露铬盐的粉尘或铬酸雾主要引起皮肤和黏膜损害。

（4）毒作用表现

1）急性中毒：接触高浓度铬酸或铬酸盐，可刺激眼、鼻、喉及呼吸道黏膜，引起灼伤、充血、鼻衄等。严重者因肾衰竭死亡。

2）慢性中毒：病变主要部位在皮肤和鼻子。皮炎表现为片块状红斑、丘疹。典型的皮肤溃疡称铬疮，为不易愈合的侵蚀性溃疡，多发生在手指、手背易擦伤部位，溃疡边缘隆起而坚硬，中间凹陷，上覆黄褐色结痂，外观呈"鸡眼状"，可深达内膜，治愈后留有边界清楚的圆形疤痕。

3）铬鼻病：由六价铬化合物引起以鼻黏膜糜烂、溃疡和鼻中隔穿孔为主的病变。中毒表现：流涕、鼻塞、鼻衄、鼻干燥、鼻灼痛、嗅觉减退等症状，及鼻黏膜充血、糜烂、肿胀、干燥或萎缩等体征，重者鼻中隔软骨部穿孔；另外从事铬化合物生产工人肺癌发病率增高。

（5）诊断标准：职业性接触性皮炎诊断标准（GBZ 20-2002）；铬溃疡根据职业性皮肤溃疡诊断标准（GBZ 62-2002）；铬鼻病根据职业性铬鼻病诊断标准（GBZ 12-2014）；铬酸盐制造业工人肺癌根据职业性肿瘤诊断标准（GBZ 94-2002）进行诊断。

（6）防治要点：①预防：加强通风、戴防毒口罩；工人穿工作服并戴橡胶长手套；接触铬工人戒烟。②治疗：鼻黏膜和皮肤溃疡局部可用10%抗坏血酸擦洗，或涂10%复方依地酸二钠钙软膏。鼻中隔穿孔患者，需行鼻中隔修补术。

**2. 镍**（nickel，Ni）

（1）理化特性：镍是一种银白色、坚韧并带磁性的金属，比重8.9，熔点1453℃，沸点2732℃，溶于硝酸。镍可形成液态羰基镍（nickelcarbonyl）。工业上常见镍化合物有一氧化镍、三氧化二镍、氢氧化镍、硫酸镍、氯化镍和硝酸镍等。

（2）接触机会：镍矿开采、冶炼，不锈钢生产，铸币、电池、原子能工业应用各种镍合金；羰基镍用于精炼、有机合成，橡胶工业等。

（3）毒理：可溶性镍化合物和羰基镍易经呼吸道吸收并与白蛋白结合，但并不在组织中蓄积，主要经尿排出，半减期约1周。镍易透过胎盘屏障，不溶性镍化合物可蓄积在呼吸道。

（4）毒作用表现：主要毒作用表现为皮炎和呼吸道损害。可溶性镍化合物主要引起接触性皮炎和过敏性湿疹。高浓度镍气溶胶可引起鼻炎、鼻窦炎、嗅觉缺失及鼻中隔穿孔，对镍及其化合物高度敏感者，可产生支气管哮喘或肺嗜酸粒细胞浸润症。短期内吸入高浓度羰基镍主要引起急性呼吸系统和神经系统损害；镍精炼工人鼻和呼吸道肿瘤发病率增高。

（5）诊断：羰基镍中毒根据职业性急性羰基镍中毒诊断标准（GBZ 28-2010）诊断；接触性皮

炎根据职业性接触性皮炎诊断标准（GBZ 20-2002）进行。

（6）防治要点：镍皮炎可用局部激素疗法并脱离进一步接触，严重过敏者应脱离镍作业；接触羰基镍者可检测尿中镍含量，可用二乙基二硫代甲酸钠驱镍。

**3. 锌**（zincum, Zn）

（1）理化特性：锌是一种银白色金属，不溶于水，溶于强酸或碱液，比重 7.14，熔点 419.4℃，沸点 907℃，加热到 500℃时可形成直径小于 1μm 的氧化锌烟尘。

（2）接触机会：锌冶炼、炼铜、焊接镀锌铁等可接触氧化锌烟尘；镀锌和生产锌合金可接触锌化合物；锌白用于颜料，硫酸锌用于人造丝、医药等。

（3）毒理：氧化锌烟尘可经呼吸道吸收，锌化合物经口摄入只 20%～30%经消化道吸收。进入循环的锌与血浆中金属硫蛋白、白蛋白及红细胞结合，广泛分布于组织中，但主要在横纹肌。排出：吸收的锌主要经胰液、胆汁和汗液排出，仅有 20%由肾脏排出。

（4）毒作用表现：急性中毒主要是过量接触氧化锌烟雾后发生金属烟热（metal fume fever），表现为头痛、口中金属味，接着出现肌肉和关节痛及疲劳、发热、寒战、多汗、咳嗽，8～12h 后可出现胸痛，24～48h 后症状消失，类似"流感"过程。接触氯化锌可引起严重皮肤及眼灼伤。慢性皮肤接触：主要引起湿疹性皮炎或皮肤过敏。

（5）诊断：氧化锌所致金属烟热按金属烟热诊断标准（GBZ 48-2002）进行。

（6）防治要点：加强局部通风等措施减少氧化锌烟雾接触。金属烟热对症治疗。

**4. 铊**（thallium, Tl）

（1）理化特性：铊呈银灰色，比重 11.85，熔点 303.5℃，沸点 1457℃，易溶于硝酸和浓硫酸。

（2）接触机会：铊产生于制造合金及铊化合物的生产过程中；硫酸铊主要用作杀鼠剂和杀虫剂；溴化铊和碘化铊是制造红外线滤色玻璃的原料；铊的氧化物和硫化物可制光电管；铊汞齐用于制造低温温度计。

（3）毒理：铊属于高毒类，铊烟尘、蒸气或可溶性铊盐可通过消化道、皮肤和呼吸道被吸收。铊可迅速分布到机体各组织中的细胞内，铊和钾类似，可稳定地和一些酶（如 $Na^+$-$K^+$-ATP 酶）结合，铊还可和巯基结合干扰细胞内呼吸和蛋白质合成。铊和核黄素结合可能是其神经毒性的原因。

（4）毒作用表现

1）急性中毒：表现为胃肠道刺激症状，继而出现神经麻痹，精神障碍，甚至肢体瘫痪，肌肉萎缩。脱发是铊中毒的特殊表现（症状），常于急性中毒后 1～3 周出现，头发呈束脱落，表现为斑秃或全秃，严重者体毛全部脱落。

2）慢性中毒：毛发脱落及皮肤干燥，并伴疲劳和虚弱感，可发生失眠、行为障碍、精神异常，以及内分泌紊乱，包括阳痿和闭经。

（5）诊断：急慢性铊及其化合物中毒根据职业性铊中毒诊断标准（GBZ 226-2010）。

（6）防治要点：严禁在接触铊的工作场所进食和吸烟，并戴防护口罩或防毒面具、手套，穿防护服；工作后进行淋浴。误服者应催吐，用 1%鞣酸或硫酸钠洗胃后用普鲁士蓝。对严重中毒病例，可考虑血液净化和肾上腺糖皮质激素疗法。

**5. 钡**（barium, Ba）

（1）理化特性：钡是银白色金属，熔点 725℃，沸点 1140℃。金属钡主要用作制造合金。钡能与卤素和氧直接反应，钡与水猛烈反应，生成氢氧化钡和氢，加热下能与氢、硫、氮、碳作用。

（2）接触机会：钡矿开采、冶炼、各种钡化合物的生产和使用。金属钡可作消气剂和制造各种合金。硫酸钡可作白色颜料，医用造影剂，纺织、橡胶、肥皂、水泥、塑料的填充剂；氯化钡用于制造其他钡盐、钢材淬火等；碳酸钡用于陶瓷、搪瓷、玻璃工业。

（3）毒理：除硫酸钡外，所有钡的化合物都有毒。钡剂可以经过消化道、皮肤、呼吸道吸收。钡是一种肌肉毒，钡离子对骨骼肌、平滑肌、心肌等各种肌肉组织产生过度的刺激和兴奋作用。

钡中毒时细胞膜上的 $Na^+$-$K^+$-ATP 酶继续活动，故细胞外液中的钾不断进入细胞，但钾从细胞内流出的孔道被特异地阻断，因而发生低钾血症。

（4）毒作用表现：主要症状为胃肠道刺激症状和低钾症候群。早期钡中毒表现为头晕或头痛、咽干、恶心、轻度腹痛和腹泻等神经及消化系统症状。重者胸闷、心悸、肌无力或瘫痪，甚至呼吸肌麻痹。心电图异常及血清低钾，多伴有严重的心律失常、传导阻滞。

（5）诊断：钡中毒按职业性急性钡中毒诊断标准（GBZ 63-2002）诊断。

（6）防治要点：生产设备密闭化，安装通风除尘设备，佩戴职业病个人防护用品，一旦皮肤污染，立即冲洗。皮肤灼伤者用 2%～5% 硫酸钠彻底冲洗后再按灼伤常规处理，钡化合物粉尘经呼吸道和消化道进入者，漱口后，口服适量的硫酸钠，补充钾盐。

6. 铍（beryllium, Be）

（1）理化特性：铍是钢灰色金属，熔点 1283℃，沸点 2970℃，微溶于热水，可溶于稀盐酸、稀硫酸和氢氧化钾溶液。

（2）接触机会：铍是原子能工业之宝，火箭、导弹、卫星、航空、宇航、电子以及冶金工业等可接触铍。

（3）毒理：铍及其化合物为高毒物质。主要以粉尘、烟雾和蒸气呼吸道吸入，破损皮肤易吸收引起皮炎或溃疡。难溶的氧化铍主要储存在肺部，可引起肺炎。可溶性的铍化合物主要储存在骨骼、肝脏、肾脏和淋巴结等处，它们可与血浆蛋白作用，生成蛋白复合物，引起脏器或组织的病变。

（4）毒作用表现：铍病是接触铍及其化合物所致的以呼吸系统损害为主的全身性疾病。急性铍病以急性呼吸道化学性炎症为主。慢性铍病以肺部肉芽肿和肺间质纤维化为主。

（5）诊断：铍病根据职业性铍病诊断标准（GBZ 67-2015）；铍所致的皮肤损害可以参照 GBZ 18-2013《职业性皮肤病诊断标准（总则）》和 GBZ 62-2002《职业性皮肤溃疡诊断标准》进行诊断。

（6）防治要点：生产工艺过程密闭化、机械化，尽可能采用湿式作业，避免高温加工。工作时穿戴工作服和鞋帽，工作后淋浴，工作服用机器洗涤。慢性中毒者可用肾上腺皮质激素及依地酸二钠钙治疗。

7. 钒（vanadium, V）

（1）理化特性：钒是银白色金属，比重 6.1，熔点 1919±2℃，沸点 3000～3400℃。钒可加大钢的强度、韧性、抗腐蚀能力、耐磨能力、耐高温、抗奇寒的能力等。

（2）接触机会：钒矿石开采、粉碎及包装，催化剂制造、钒合金、特种钢制造，石油及其分馏后的重油中均含有钒。钒钢在汽车、航空、铁路、电子技术、国防工业等多见。

（3）毒理与毒作用表现：钒能分别以二、三、四、五价与氧结合，形成四种有毒的氧化物。钒进入细胞后具有广泛的生物学效应。短时间内吸入高浓度含钒化合物的粉尘或烟雾引起急性钒中毒，以眼和呼吸道黏膜刺激症状为主。中毒症状一般较轻，重者亦可致心、肾、胃肠及中枢神经系统功能损害。

（4）诊断：钒中毒根据职业性急性钒中毒诊断标准（GBZ 47-2002）进行。

（5）防治要点：作业场所通风除尘，戴过滤式呼吸器。解毒驱钒可用大剂量维生素 C，或依地酸二钠钙。口服氯化铵片可加速钒的排泄；有明显皮肤损害者，局部清水冲洗后，涂以氟轻松药膏，同时内服抗过敏药。

8. 锡（tin, stannum, Sn）

（1）理化特性：锡呈银白色，比重 5.75，熔点 232℃，沸点 2270℃，溶于稀酸和强碱。

（2）接触机会：锡矿的开采和冶炼、电路板焊接（焊锡膏）、锡合金、电镀等；有机锡化合物可作合成橡胶的稳定剂。

（3）毒理：锡及其无机化合物大多属微毒或低毒类；有机锡具中高度毒性。无机锡难于经消化道吸收，吸入的锡化合物主要滞留在肺；有机锡化合物可经呼吸道、消化道和皮肤吸收。锡主要经尿和粪排出。

（4）毒作用表现：接触高浓度无机锡尘可引起眼、喉及呼吸道刺激症状，可引起肺部明显 X 线改变。接触锡烟可致金属烟雾热。有机锡对皮肤有强烈刺激作用，并可经皮肤吸收。某些烃基锡可引起脑白质水肿，表现为剧烈头痛、视力障碍，严重者可致死。

（5）诊断：我国到目前为止还未将锡中毒列为法定职业病，因此也无相应的诊断标准。

（6）防治要点：处理有机锡化合物要严加小心以免吸入和皮肤接触。皮肤一旦接触有机锡化合物，要用洗涤剂和清水彻底洗净。注意预防和处理脑水肿。

**9. 铝**（aluminum，Al）

（1）理化特性：铝一种银白色轻金属，有延性和展性，相对密度 2.70，熔点 660℃，沸点 2327℃，在潮湿空气中能形成一层防止金属腐蚀的氧化膜，易溶于稀硫酸、硝酸、盐酸、氢氧化钠和氢氧化钾溶液，不溶于水。

（2）接触机会：职业性铝接触主要是铝的冶炼和加工过程中铝烟尘和铝粉尘。

（3）毒理：铝烟尘和铝粉尘可以经呼吸道吸入，沉积在肺内。进入机体的铝与转铁蛋白、白蛋白或枸橼酸离子相结合，随血液分布于脑、肝、肾、骨、肺等组织中。铝可干扰中枢胆碱能系统功能、能量代谢、中枢单胺类系统和氨基酸能系统功能，加强脂质过氧化，影响钙代谢及其相关酶、线粒体和线粒体酶，导致神经细胞凋亡、神经元纤维变性，并对记忆有直接影响。

（4）毒作用表现：职业性吸入铝尘可导致铝尘肺。铝作业工人的定量脑电图异常。铝与某些神经系统疾病如老年性痴呆，帕金森综合征等神经退行性疾病有相关关系。

（5）诊断：铝尘肺按《尘肺诊断标准》（GBZ 70-2009）进行。我国到目前为止还未将铝中毒列为职业病，因此也无相应的诊断标准。

**10. 磷**（phosphorus，P）

（1）理化性质：磷有四种同素异形体，即黄磷（又称白磷）、赤磷（又称红磷）、紫磷、黑磷，其中黄磷毒性最大，其余毒性很小。黄磷为具有蒜臭味的黄白色蜡状固体，不溶于水，易溶于二硫化碳、氯仿和苯。在室温下可自燃，易氧化生成三氧化二磷、五氧化二磷，故常保存于水中。

（2）接触机会：黄磷用于制造磷酸、赤磷、炸药、燃烧弹、化肥、有机磷酸酯等。赤磷用作灭鼠剂（磷化锌）制造等。

（3）毒理：磷可通过呼吸道、消化道或皮肤接触吸收。黄磷主要以蒸气和粉尘形式经呼吸道进入人体。主要贮存于肝脏和骨组织中。以磷酸盐形式自尿、粪便、汗液缓慢排出。在肝脏，磷干扰蛋白和糖代谢并抑制糖原储存，增加脂肪在肝蓄积。黄磷和磷化氢具有高毒性。

（4）临床表现：急性吸入磷蒸气可引起呼吸道刺激和急性肺水肿，严重时出现肝肾损害。长期低浓度接触黄磷主要引起颌骨坏死，开始表现为牙痛，接着感染化脓，呼气有恶臭味。长期接触有刺激性的磷化合物的工人可发生阻塞性肺疾患和慢性气管炎。黄磷可致皮肤灼伤并经皮肤吸收引起肝脏损害。

（5）治疗及预防：注意保护皮肤、眼和呼吸道。误服者用 0.2%硫酸铜反复洗胃并催吐，禁止导泻和进食牛奶、脂肪类食物，以防加速磷的吸收。颌骨坏死可引流及适当抗生素治疗，严重者需手术和骨移植。皮肤灼伤应对症处理并防治肝脏损害。凡患有严重的口腔疾病、肝肾疾病和血液病、内分泌疾病者不宜从事磷作业。

**11. 硒**（selenium，Se）

（1）理化性质：硒具有金属光泽，不溶于水，溶于硝酸和碱。

（2）接触机会：开采、冶炼。光电管、半导体、玻璃、塑料、橡胶、涂料、医药等工业。

（3）毒理：通过呼吸道、消化道或损伤的皮肤吸收，在肝内被代谢成有机硒化合物，主要经尿排出。

（4）临床表现：急性吸入硒及其化合物烟尘时，可引起严重的呼吸道刺激症状，重者可发生化学性肺水肿，并引起神经、肝、肾损害。氧化硒可引起严重皮肤灼伤。慢性接触时可引起疲劳、衰弱、胃肠道症状、接触性皮炎及毛发和指甲脱落等。

（5）治疗及预防：硒接触者呼气中如有大蒜味，则表明过度吸收，可适量口服维生素C。禁用络合剂以免引起肾损伤。皮肤烧伤用10%硫代硫酸钠水溶液冲洗，并用10%硫代硫酸钠软膏涂抹。

**12. 硼**（boron, B）

（1）理化性质：硼为黑褐色粉末或晶体状，化学性能稳定。常见的化合物是硼酸和硼砂。

（2）接触机会：硼及其化合物广泛用于合金钢、玻璃、火箭推进剂、汽油添加剂、半导体、核反应堆、太阳能电池、医药等工业领域。

（3）毒理：硼化合物可经呼吸道及消化道吸收，硼酸可经皮肤吸收。过量吸收的硼可在脑、肝、肾、脂肪组织及骨骼中蓄积，以骨骼最多。硼主要经肾脏排出。

（4）临床表现：高浓度氧化硼、硼砂、硼酸主要引起呼吸道、眼和皮肤刺激症状。过度吸收可引起中枢神经系统抑制，胃肠道不适，皮肤脱屑。慢性接触主要引起脱发。硼烷有剧毒，可致中毒性脑病，长期接触可引起肝、肾损害。二硼烷类似光气可直接损害呼吸道和肺。

（5）治疗及预防：硼烷中毒主要对症治疗，皮肤污染立即用 1%～5%三乙醇胺清洗。硼作业时要注意保护皮肤，避免接触高浓度或有刺激性的硼化合物。

（李煌元）

## 思 考 题

1. 冶炼厂工人出现中毒应考虑什么问题？
2. 铅中毒时，用金属络合剂驱铅，一般3～4日为一疗程，二疗程间隔停药3～4日。铅中毒驱铅治疗时为什么采用"打三停四"疗法（用药3天为一疗程，二疗程间隔停药4天）？
3. 为什么说深入认识和研究金属的生物学效应是职业卫生与职业医学工作者面临的新问题？试举例说明。
4. 可导致贫血的化学毒物有哪些？其各自的作用机制有何不同？

## 第三节 刺激性气体中毒

**案例 1-5**

1999年3月30日18时湘西自治州某厂工人在给生活饮用水消毒时使用一罐存放2年的0.5吨氯气罐，使用过程中发现钢瓶有一小裂缝，当时工人闻到刺鼻气味，感到有氯气泄漏，当即采取水封方法试图阻止氯气外泄，但未奏效，裂缝越来越大，最后整罐氯气全部外泄。因事故发生突然，故没有立即对现场空气中的氯气浓度进行测定。第二天早晨8点布点监测现场空气中氯气浓度为：中心地带：$12mg/m^3$，按同心圆半径增加500m布点，结果分别为 $0.8mg/m^3$、$0.5mg/m^3$、$0.2mg/m^3$。中心地带氯气浓度仍然超过国家卫生标准。由于厂区与周围居民居住环境三面环山，加上夜间氯气向外弥散缓慢，尽管卫生与公安部门接到报告后全力抢救，疏散居民，但还是造成了135人中毒，死3人的重大事故。中毒者入院时都有不同程度的咳嗽、咳痰、眼红、流泪、胸闷、憋气症状，其中呼吸困难15例、咳粉红色泡沫痰7例。查体，体温大于37.5℃者43例，脉搏大于20次/分钟者86例，血压低于90/60mmHg 者2例，昏迷，2例，口唇明显发绀，15例，双肺可闻及干湿啰音，47例，胸片显示肺纹理增多增粗者82例，斑片状模糊阴影32例，大片均匀密度增高阴影13例，蝴蝶翼状阴影2例，白细胞高于$10\times10^9/L$者43例。经诊断，重度中毒16例，中度中毒32例，轻度中毒与氯气接触反应87例。经抢救治疗，1例死于中毒现场，2例死于呼吸衰竭，其余132例治愈出院。

**问题：**
1. 急性氯气中毒的严重危害是什么？其主要的处理措施有哪些？
2. 从事氯气作业现场应建立什么防护措施？

# 一、概 述

刺激性气体（irritant gases）主要是指一类由于本身的理化特性，而对眼睛、呼吸道黏膜、肺泡上皮及皮肤有直接刺激作用的气态化合物。在工业生产尤其是化工行业中最常遇到的一类有害气体，大多是化学工业的原料、产品和副产品，在冶金、采矿、机械、食品制造、医药、塑料制造等行业也可经常接触到。刺激性气体多具有腐蚀性，在生产过程中常因生产设备、管道或阀门被腐蚀或违章操作而发生泄露，或因管道、容器内压增高导致爆炸，造成严重中毒事件，此种事故往往情况紧急，危害严重，易于造成集体中毒和伤亡。轻者可引起上呼吸道刺激，重者可导致喉头水肿、支气管炎及急性肺损伤，引起化学性肺炎、肺水肿，甚至导致急性呼吸窘迫综合征（acute respiratory distress syndrome，ARDS），这些由于吸入刺激性气体而引起的、以呼吸系统损伤为主的临床表现，被统称为"刺激性气体中毒（irritant gas poisoning）"。长期低水平接触刺激性气体可导致慢性呼吸系统毒性损害。

## （一）刺激性气体的分类

刺激性气体种类繁多，GBZ 73-2009附录B（资料性附录）按照其化学结构和理化性质，将刺激性气体分为以下几类：

**1. 酸** 无机酸，如硫酸、盐酸、硝酸、铬酸、氯磺酸等；有机酸，如甲酸、乙酸、丙酸、丁酸、乙二酸、丙烯酸等。

**2. 氮的氧化物** 一氧化氮、二氧化氮、五氧化二氮等。

**3. 氯及其他化合物** 氯、氯化氢、二氧化氯、光气、双光气、氯化苦、二氯化砜、四氯化硅、三氯氢硅、四氯化钛、三氯化锑、三氯化砷、三氯化磷、三氯氧磷、五氯化磷、三氯化硼、二氯亚砜等。

**4. 硫的化合物** 二氧化硫、三氧化硫、硫化氢等。

**5. 成碱氢化物** 氨。

**6. 强氧化剂** 臭氧（$O_3$）。

**7. 酯类** 硫酸二甲酯、二异氰酸甲苯酯、甲酸甲酯、氯甲酸甲酯、丙烯酸甲酯等。

**8. 金属化合物** 铍、镉、汞、锰、氧化银、五氧化二矾、羰基镍[Ni(CO)$_4$]、氧化镉、硒化氢等。

**9. 醛类** 甲醛、乙醛、丙烯醛、三氯乙醛等。

**10. 氟代烃类** 氟异丁烯、氟光气、六氟丙烯、氟聚合物的裂解残液气和热解气等。

**11. 混合烃类** 汽油、煤油、润滑剂、柴油等。

**12. 有机农药** 有机磷酸酯、氨基甲酸酯、溴甲烷、百草枯等。

**13. 军用毒气** 氮芥气、亚当气、路易气等。

**14. 其他** 磷化氢、氟化氢、一甲胺、二甲胺、二硼氢、四氯化碳、环氧氯丙烷、五氧化二磷、三氯氢硅、某些物质燃烧烟雾等。

以上多数化合物的刺激作用都与酸有关。其中一些物质在常态下虽非气态，但通过蒸发、升华和挥发形成气体或蒸气作用于人体。最常见的引起刺激性气体中毒的气体有：氯气、无机酸、氨、光气以及以刺激性气体为主要毒性危害的混合气体等。

## （二）毒理

刺激性气体毒性作用的共同特征是对呼吸道有刺激性，但各种毒物又各具特点。对机体造成的病变程度主要取决于吸入毒物的浓度、吸收速率和作用时间；病变的部位与毒物的水溶性大小有关。水溶性大的毒物如氨、氯化氢等，接触到湿润的眼和上呼吸道黏膜时，易溶解附着在局部立即产生刺激作用，但在意外事故时大量吸入高浓度刺激性气体，亦可造成化学性肺炎、肺水肿；中等水溶性的毒物，如氯、二氧化硫，在低浓度时只侵犯眼和上呼吸道，而高浓度时则可侵犯整个呼吸道；水溶性小的毒物，如氮氧化物、光气，通过上呼吸道时溶解少，对上呼吸道刺激性小，易进入呼吸道深部，与水逐渐作用而产生刺激和腐蚀作用损伤肺泡，常导致化学性肺炎、肺水肿及肺纤维化。液态的刺激性毒物如氨水、氢氟酸等直接接触皮肤可导致化学性灼伤。刺激性气体的毒性作用主要在呼吸道，但仔细观察往往发现患者有全身性反应。一般说来，在刺激性气体引起的毒害作用中，局部是主要矛盾，但有时刺激性过强，全身性反应即成为主要矛盾而威胁生命。

## （三）临床表现

**1. 急性中毒**

（1）急性刺激作用：①眼、上呼吸道刺激症状。出现眼辛辣感、流泪、畏光、结膜炎、角膜炎、流涕、喷嚏、咽痛、咽部充血、发音嘶哑、呛咳、胸闷等。②喉痉挛或水肿导致喉阻塞：喉痉挛发病突然，表现为高度呼吸困难和喉喘鸣，由于缺氧，窒息而出现发绀甚至猝死。喉阻塞的发生较为缓慢，持续时间较长；③化学性气管、支气管炎及肺炎：剧烈咳嗽、胸闷、胸痛、气促。

肺部听诊两肺有散在的干、湿啰音。体温及白细胞数可增高。支气管黏膜损伤严重时，可发生黏膜坏死、脱落，引起突然的呼吸道阻塞、肺不张及窒息。

> **视窗 1-1**
>
> 喉阻塞分级标准共分为 4 度（GBZ 73-2009）：
>
> 一度：安静时无呼吸困难，活动或哭闹时有轻度吸气性呼吸困难，稍有吸气性喉喘鸣及吸气性胸廓周围软组织凹陷。
>
> 二度：安静时也有轻度呼吸困难，吸气性喉喘鸣和吸气性周围组织软组织凹陷，活动时加重，但不影响睡眠和进食，无烦躁不安等缺氧症状，脉搏尚正常。
>
> 三度：呼吸困难明显，喉喘鸣声较响，吸气性胸廓周围软组织凹陷显著，并出现缺氧症状，如烦躁不安，不易入睡，不愿进食，脉搏加快等。
>
> 四度：呼吸极度困难，病人坐卧不安，手足乱动，出冷汗，面色苍白或发绀，定向力丧失，心律不齐，脉搏细数，昏迷，大小便失禁等。若不及时抢救，则可因窒息以致呼吸心跳停止而死亡。

（2）中毒性肺水肿（toxic pulmonary edema）：指吸入高浓度刺激性气体后所引起的肺泡内及肺间质过量的体液潴留为特征的病理过程，最终导致急性呼吸功能衰竭，是刺激性气体导致的最严重的危害和职业病常见的急症之一。

作用机理：肺水肿是肺微血管通透性增加和肺水运行失衡的结果。其发病机理主要有：①肺泡壁及肺泡间隔毛细血管壁通透性增加：刺激性气体直接损伤肺泡Ⅰ型、Ⅱ型上皮细胞和毛细血管内皮细胞，使肺泡表面上皮细胞肿胀、坏死、脱落，毛细血管内皮细胞胞质突起回缩，细胞间紧密结合发生分离、裂隙增宽、通透性增加、液体渗出。肺泡间隔肿胀，肺泡内液体增多，肺弥散功能障碍。②炎症细胞及其介质与毛细血管通透性增加：刺激性气体损伤、激活肺泡巨噬细胞、中性粒细胞、内皮细胞和血小板，产生多种细胞因子和介质，释放自由基，损伤细胞和间质，并启动脂质过氧化，膜通透性增高，血管活性物质如 5-羟色胺、前列腺素等大量释放，使血管通透性增加。③肺泡表面活性物质减少：肺泡Ⅱ型细胞受损，表面活性物质合成减少，活性降低，使肺泡表面张力增加，肺泡塌陷，促使液体从血管渗出进入肺间质。当肺水肿严重时，肺泡表面活性物质被冲掉而导致恶性循环。④肺淋巴循环受阻：肺毛细血管渗出液的回吸收与淋巴循环有关，肺组织内液体增多，使血管邻近的淋巴管亦发生肿胀，循环阻力增加，交感神经兴奋，导致右淋巴总管痉挛，肺动脉高压、静脉回流障碍、右心功能衰竭等均能影响肺内液体的排出。⑤缺氧：缺氧可通过神经体液反射，使毛细血管痉挛，增加毛细血管内压力和渗出，促进肺水肿发生，并可导致一系列病理生理改变。

中毒性肺水肿临床过程可分为四期：

1）刺激期：吸入刺激性气体后表现为气管-支气管黏膜的急性炎症。短时间内出现呛咳、咳痰、气急、胸闷、呼吸困难，伴有头晕乏力、恶心、呕吐等全身症状。有时吸入的刺激性气体水溶性小，症状并不明显。

2）潜伏期：刺激期后，患者的自觉症状减轻或消失，病情似已好转，属"假像期"，但肺部潜在的病理变化仍在进展。潜伏期的长短主要取决于接触毒物的水溶性、浓度和个体差异，水溶性大，浓度高者潜伏期短。潜伏期多为 2~6 小时，也有短至半小时者，水溶性小的刺激性气体可达 36 小时，最长可达 36~48 小时或更长。潜伏期症状不多，X 线胸片可见纹理增多、模糊不清等。此期在临床上虽然表现不突出，但在防止或减轻肺水肿发生以及病情的转归上具有重要意义。

3）肺水肿期：潜伏期后，症状突然加重，表现为剧烈呼吸困难、烦躁不安、剧烈咳嗽、大汗淋漓、咳大量粉红色泡沫痰。体检可见口唇和指端明显发绀、两肺满布湿性啰音、血压下降、血液浓缩、白细胞增加、心率剧增。血氧分析可见低氧血症。胸部 X 线检查，早期为间质性肺水肿期，仅见两肺透光度降低、肺纹理增粗、紊乱和外延。随着肺水肿的形成和加重，两肺可见散在的 1~10mm 大小不等的片絮状阴影，边缘不清，有时出现由肺门向两侧肺野呈放射状的蝴蝶形阴影。该期可并发混合性酸中毒、自发气胸、纵隔气肿。肝、肾、心等脏器损伤及继发肺部感染等。一般肺水肿发生后 24 小时内变化最剧烈，应高度重视，若控制不力，有可能进入急性呼吸窘迫综合征（acute respiratory distress syndrome，ARDS）期。

4）恢复期：经正确治疗，如无严重并发症，肺水肿可在 3 天内得到控制，症状、体征 3~5 天逐渐消，X 线异常约在 1 周内大部消失，7~11 天基本恢复，多数不留后遗症，部分吸入有机氟热解物、氮氧化物引起的肺损害，可在肺水肿消退后 2~3 周引起广泛的肺纤维化和支气管腺体肿瘤样增生，导致肺功能障碍。

（3）急性呼吸窘迫综合征（ARDS）：是严重创伤、感染、休克、中毒、手术等所引起的以弥漫性肺实质细胞损伤，肺水肿和肺不张，以进行性呼吸窘迫、低氧血症为特征的急性呼吸衰竭。ARDS 的病因繁多，不同病因所致呼吸窘迫综合征发病机制也各有不同。刺激性气体引起的 ARDS 在病因上明确，疾病严重程度比中毒性肺水肿更为严重，仍属于化学性肺水肿的发生发展过程，与其他原因引起的 ARDS 比较，死亡率较低，多在 10%以内，而且发病潜伏期短，不易通过全身炎症反应促成 ARDS，故而规范的抗肺水肿治疗常能奏效，而不像典型的 ARDS 那样难以纠正。

1）作用机制：刺激性气体引起 ARDS 的作用机制目前认为主要有：①刺激性气体直接损伤毛细血管内皮细胞及肺泡上皮细胞，使毛细血管及肺泡上皮通透性增加；损伤肺泡Ⅱ型细胞，肺泡表面活性物质减少。②肺部刺激性炎症释放大量细胞因子、炎性介质和氧自由基，引起炎症的放大和损伤。炎性介质释放可使血管收缩、渗出，血小板活化因子可引起肺毛细血管通透性增加；血栓素、前列腺素 $F_{2\alpha}$ 等促凝物质导致血小板凝聚、微血栓形成及内毒素肺损伤。与其他原因引起的 ARDS 比较，刺激性气体引起 ARDS 肺部黏膜上皮的直接损伤更重要，肺部体征、X 线表现、病理改变等更明显，但由于无其他原发病，故预后较好。

2）诊断：ARDS 需要在肺水肿的基础上综合分析，如有吸入高浓度刺激性气体史，经一定潜伏期后急性起病，严重的进行性呼吸急促（＞28 次/分钟），正位 X 线胸片显示双肺均有斑片状阴影，氧合指数（$PaO_2/FiO_2$）≤200mmHg，肺动脉嵌顿压≤18mmHg，或无左心房压力增高的临床证据，并排除其他相似疾病后可诊断。

（4）皮肤损伤：腐蚀性强者可造成眼、皮肤直接接触部位发生化学性灼伤以及接触性皮炎。

**2. 慢性中毒** 长期接触低浓度刺激性气体可引起呼吸道、眼结膜刺激症状，发生慢性结膜炎、鼻炎、咽炎等，甚至导致慢性阻塞性肺病（chronic obstructive pulmonary disease，COPD）；有时尚可伴有神经衰弱综合征和消化道症状。氯气、甲苯二异氰酸酯等有致敏作用，可导致支气管哮喘样发作，急性氯气中毒可遗留慢性喘息性支气管炎。醛等可导致过敏性皮炎。

### （四）诊断原则（按照 GBZ 73-2009 执行）

**1. 急性刺激性气体中毒** 可参照多个国家职业病诊断标准，如《职业性急性化学物中毒的诊断总则》（GBZ 71-2013）、《职业性急性化学物中毒性呼吸系统疾病诊断标准》（GBZ 73-2009）以及具体刺激性气体的诊断标准等。

（1）诊断原则：根据短期内接触较大剂量化学物的职业史，出现呼吸系统的临床表现，结合实验室检查和现场职业卫生学调查资料，经综合分析，排除其他病因所致类似疾病后，方可诊断。

（2）接触反应：短期内接触较大剂量化学物后出现一过性眼和上呼吸道刺激症状，肺部无阳性体征和胸部 X 线片无异常，通常经 24～72 小时医学观察，上述症状消失或明显减轻。

（3）诊断与分级标准

1）轻度中毒：凡具有下列情况之一者：①急性气管-支气管炎：有眼及上呼吸道刺激症状，如畏光、流泪、咽痛、咳嗽、胸闷等，也可有咳嗽加剧、咳黏液性痰，偶有痰中带血。体征有眼结膜、咽部充血水肿；两肺有散在干或湿性啰音；胸部 X 线片表现为肺纹理增多、增粗、延伸或边缘模糊；②呈哮喘样发作：有少部分患者其症状以哮喘为主，呼气时尤为困难，伴有咳嗽、胸闷等。体征有两肺弥漫性哮鸣音，胸部 X 线片表现可无异常；③一至二度喉阻塞。

2）中度中毒：凡具有下列情况之一者：①急性支气管肺炎：咳嗽、咳痰、气急、胸闷等；可有痰中带血，两肺有干、湿性啰音，常伴有轻度发绀；胸部 X 线片表现为两中、下肺野可见点状或小斑片状阴影；②急性吸入性肺炎：有吸入碳氢化合物或其他液态化学物的历史，出现剧烈呛咳、咳痰、痰中带血，也可有铁锈色痰，胸痛、呼吸困难、发绀等症状，常伴有发热、全身不适等，胸部 X 线片表现肺纹理增粗及小片状阴影，以右下侧较多见，少数可伴发渗出性胸膜炎；③急性间质性肺水肿：咳嗽、咳痰、胸闷和气急较严重，肺部两侧呼吸音减低，可无明显啰音，胸部 X 线片表现为肺纹理增多，肺门阴影增宽，境界不清，两肺散在小点状阴影和网状阴影，肺野透明度减低，常可见水平裂增厚，有时可见支气管袖口征和（或）克氏 B 线；④三度喉阻塞。

3）重度中毒：凡具有下列情况之一者：①肺泡性肺水肿：剧烈咳嗽、咳大量白色或粉红色泡沫痰，呼吸困难、明显发绀，两肺密布湿性啰音，胸部 X 线片表现两肺野有大小不一、边缘模糊的粟粒小片状或云絮状阴影，有时可融合成大片状阴影，或呈蝶状形分布。血气分析 $PaO_2/FiO_2$ ≤40kPa（300mmHg）；②急性呼吸窘迫综合征（ARDS）；③并发严重气胸，纵隔气肿；④四度喉阻塞和（或）窒息；⑤猝死（参照 GBZ 78）。

**2. 慢性刺激性气体中毒** 由于缺乏特异性临床表现，诊断相对困难，有待进一步积累临床资料和研究。

### （五）处理原则

积极防治肺水肿和 ARDS 是抢救刺激性气体中毒的关键。

**1. 现场处置**

（1）现场急救：迅速疏散可能接触者脱离有毒作业现场并对病情做出初步估计和诊断。患者应立即脱离接触，脱去被污染的衣裤，保持安静，保暖。凡接触反应者，应严密观察，对可能发病潜伏期较长者，观察期应延长，观察期避免活动，并予以对症治疗，必要时予以预防性治疗药物如吸入喷雾剂、吸氧、注射肾上腺糖皮质激素等，并给心理治疗，有利于控制病情进展。对于出现肺水肿、呼吸困难或呼吸停止的患者，应尽快吸氧，进行人工呼吸，心脏骤停者可给予心脏按压，有条件的可给予支气管扩张剂和激素。中毒严重者采取了急救措施后，应及时送往医院抢救。眼部受化学物污染，必须立即彻底冲洗，以免眼部发生不可逆的严重病变。皮肤污染化学灼伤者也应在现场冲洗彻底后送医院。

（2）保护和控制现场，消除中毒因素。

（3）按规定进行事故报告，组织事故调查。

（4）对健康个人进行预防性健康筛查。

**2. 治疗原则**

（1）保持呼吸道通畅：可给予雾化吸入疗法、支气管解痉剂、去泡沫剂如二甲基硅油，必要时施行气管插管或气管切开术。

（2）病因治疗：如有应用特效解毒剂或血液净化疗法的指征者应及时应用。

（3）合理氧疗及合理应用肾上腺糖皮质激素。

（4）对症及支持治疗

1）刺激性气道和肺炎症：主要给予止咳、化痰、解痉药物，适当给予抗菌治疗。吸入酸性毒物者可雾化吸入4%碳酸氢钠溶液，吸入碱性毒物者可用2%硼酸雾化吸入，进行中和解毒。

2）中毒性肺水肿和ARDS：①迅速纠正缺氧，合理氧疗：早起轻症患者用鼻导管或鼻塞给氧，肺水肿和ARDS出现严重缺氧时，主要采用机械通气方法（mechanical ventilation），其中呼吸末正压通气（positive end expiratory pressure，PEEP）使用最为常，PEEP主要通过呼气时肺泡仍然保持正压，防治肺泡萎陷，使陷闭的支气管和闭合的肺泡张开，提高功能残气量，降低肺内右至左的静脉血分流，改善通气与血流的比例和弥散功能，达到提高肺顺应性、减少耗氧量、改善组织缺氧的目的。②降低肺毛细血管通透性，改善微循环：如保持适宜的血容量，改善心泵功能和纠正微循环障碍，预防微血栓形成等。应尽早、足量、短程应用肾上腺糖皮质激素，常使用大剂量地塞米松，以减轻肺部炎症反应，减少或阻止胶体、电解质及细胞液等向细胞外渗出，维持气道通畅；肺水肿时应限制静脉补液量，维持体液负平衡。为减轻肺水肿，可酌情使用少量利尿剂等。③保持呼吸道通畅，改善和维持通气功能：可吸入去泡沫剂二甲基硅酮，清除气道内水泡，增加氧吸入量和改善弥散功能；应用氨茶碱解除支气管痉挛，根据接触毒物种类不同，及早雾化吸入中和剂以中和毒物，雾化液中可加入抗生素、糖皮质激素、支气管解痉药和祛痰药，必要时气管切开。④积极预防和治疗并发症：根据病情采取相应的治疗方法，并给予良好的护理及营养支持等。合理应用抗生素控制肺部感染，严密监护，及时发现并控制并发症。气胸、纵隔气肿可抽气或闭式引流。

**3. 其他处理** 轻、中度中毒性呼吸系统疾病治愈后，可恢复原工作。重度中毒性呼吸系统疾病治愈后，原则上应调离刺激性气体作业。如需劳动能力鉴定，按GB/T 16180处理。

## （六）预防措施

**1. 组织管理措施** 加强领导，健全组织，各级主管部门和企业单位都要设立安全卫生机构，专人管理，建立健全各项安全卫生管理制度，严格执行安全操作规程。防治设备跑、冒、滴、漏和意外事故，应有应急预防措施。加强宣传教育，普及防毒知识。

**2. 安全技术措施** 尽力做到生产自动化、封闭化，避免工作者与刺激性气体直接接触，并加强设备维修和管理工作。储存和运输应注意防爆、防火、防泄漏，加强"三废"综合治理，避免毒物扩散，污染环境。

**3. 个人防护措施** 配备有针对性的耐腐蚀防护用品。工作服、手套、防护镜、防护口罩或面具等，并按规定正确使用。如接触酸雾、硫酸二甲酯时，戴用碳酸氢钠饱和液和甘油浸泡过的纱布夹层口罩。

**4. 医疗预防措施** 进行上岗前和定期体检，发现相应职业禁忌证者，如过敏性皮肤病、肺结核、眼及鼻、咽喉、气管等呼吸道疾病患者不得从事或调离该作业。易发生事故的工作场所或车间内应设急救站，备有急救器材和药品，车间附近应有冲、淋设备以及时冲洗身体污染部位冲洗液和冲洗装置，以便于在发生急性中毒事件时能及时进行处置和抢救。

**5. 环境监测措施** 定期监测生产环境中刺激性气体，发现超过国家卫生标准时，应及时找出原因，并做好维修或改进，预防中毒事故发生。

## 二、氯 气

【**理化特性**】 氯（chlorine，$Cl_2$）常温下常压下呈黄绿色，具有强烈刺激性臭味，分子量 70.91，密度 2.49g/L，沸点 –34.6℃，易溶于水、碱性溶液、二硫化碳和四氯化碳等。在高压下液化为液态氯，液氯蒸气压随温度升高而增高，达到 6.8 大气压时具有爆炸的危险性。氯溶于水形成盐酸和次氯酸，次氯酸又可分解为盐酸和新生态氧，属强氧化剂。氯在高温条件下与一氧化碳作用，可形成毒性更大的光气。在日光下与易燃气体混合时会发生燃烧爆炸。

【**接触机会**】 氯在工业生产中使用广泛，食盐电解产生氯气；在造纸、印染、颜料、纺织、合成纤维、石油、橡胶、塑料、制药、农药、冶金等行业用作原料；医院、游泳池及饮水消毒亦可接触；生产中多因管道、容器破损或密闭不严、超装、压力升高等外泄，污染环境，常导致群体中毒事故发生。

【**毒理**】 氯是一种强烈刺激性气体，主要通过呼吸道侵入人体，作用于气管、支气管、细支气管，也可作用于肺泡。环境氯浓度达 3~9mg/m³ 时，有明显刺激气味，90 mg/m³ 引起剧咳，120~180mg/m³ 接触 30~60 分钟可引起严重损害，300 mg/m³ 可造成致命性损害。3000 mg/m³ 吸少许即可危及生命。

在呼吸道黏膜表面，氯与水分子反应形成盐酸和次氯酸，迅速作用于局部上皮细胞，破坏其完整性和通透性，引起组织充血、分泌物增多、炎性水肿，甚至坏死。低浓度时氯仅对眼和上呼吸道黏膜有刺激和烧灼作用。长时间高浓度接触，可引起支气管痉挛，进入深部呼吸道者可致肺泡上皮细胞损伤，破坏其表面活性物质，引起肺水肿。氯气的强氧化性可导致肺组织脂质过氧化损伤，次氯酸还可与含巯基的化合物反应，抑制多种酶类活性。氯可刺激呼吸道黏膜内末梢感受器，引起平滑肌痉挛，加剧通气障碍及缺氧。极高浓度可通过兴奋迷走神经引起心脏骤停或喉阻塞而猝死。

【**中毒临床**】

**1. 临床表现**

（1）急性中毒：常见于突发事故，急性中毒表现包括：

1）接触反应：出现一过性眼和上呼吸道黏膜刺激症状，肺部无阳性体征或偶有散在干啰音，胸部 X 线无异常表现。

2）轻度中毒：临床表现符合急性气管-支气管炎或支气管周围炎。如出现呛咳、可有少量痰、胸闷，两肺有散在性干、湿啰音或哮鸣音，胸部 X 线表现可无异常或可见下肺野有肺纹理增多、增粗、延伸、边缘模糊。

3）中度中毒：临床表现为支气管肺炎、局限性肺泡性肺水肿或间质性肺水肿和哮喘样发作：①急性化学性支气管肺炎。如有呛咳、咳痰、气急、胸闷等，可伴有轻度发绀；两肺有干、湿性啰音；胸部 X 线表现常见两肺下部内带沿肺纹理分布呈不规则点状或小斑片状边界模糊、部分密集或相互融合的致密阴影。②局限性肺泡性肺水肿。上述症状、体征外，胸部 X 线显示单个或多个局限性轮廓清楚、密度较高的片状阴影。③间质性肺水肿。如胸闷、气急较明显；肺部呼吸音略减低外，可无明显啰音；胸部 X 线表现肺纹理增多模糊，肺门阴影增宽境界不清，两肺散在点状阴影和网状阴影，肺野透亮度减低，常可见水平裂增厚，有时可见支气管袖口征及克氏 B 线。④哮喘样发作。症状以哮喘为主，呼气尤为困难，有发绀、胸闷；两肺弥漫性哮鸣音；胸部 X 线可无异常发现。

4）重度中毒：出现弥漫性肺泡性肺水肿或中央性肺水肿；急性呼吸窘迫综合征（ARDS）；严重窒息；出现气胸、纵隔气肿等严重并发症。

（2）慢性中毒：长期接触一定浓度的氯气易可引起慢性结膜炎、口腔炎、鼻黏膜溃疡、嗅觉减退、牙齿酸蚀症、支气管炎、哮喘、肺气肿及慢性阻塞性肺病；皮肤可发生痤疮样皮疹和疱疹，被称为"氯痤疮"（chlorine acne）；还可引起头晕、乏力等神经衰弱样症状与胃肠道症状亦常见。

**2. 临床诊断**　　诊断原则：诊断及分级标准依据《职业性急性氯气中毒诊断标准》（GBZ 65-2002）。根据短期内吸入较大量氯气后迅速发病，结合临床症状、体征、胸部 X 线表现，参考现场劳动卫生学调查结果，综合分析，排除其他原因引起的呼吸系统疾病，方可诊断。

**3. 中毒处理原则**

（1）急性中毒：目前尚无特殊解毒剂，主要治疗环节有：

1）现场处理：立即脱离接触，保持安静及保暖。出现刺激反应者，严密观察至少 12 小时，并予以对症处理。吸入量较多者应卧床休息，以免活动后病情加重，并应用喷雾剂、吸氧；必要时静脉注射糖皮质激素，有利于控制病情进展。

2）合理氧疗：可选择适当方法给氧，吸入氧浓度不应超过 60%，使动脉血氧分压维持在 8~10kPa。如发生严重肺水肿或急性呼吸窘迫综合征，给予鼻面罩持续正压通气（CPAP）或气管切开呼气末正压通气（PEEP）疗法，呼气末压力宜在 0.5kPa（5cmH$_2$O）左右。

3）应用糖皮质激素：应早期、足量、短程使用，防治肺水肿发生，并预防发生副作用。

4）维持呼吸道通畅：可给予雾化吸入疗法、支气管解痉剂，去泡沫剂可用二甲基硅油（消泡净）；如有指征应及时施行气管切开术。

5）预防发生继发性感染，合理使用抗生素。

6）维持血压稳定，合理掌握输液及应用利尿剂，纠正酸碱和电解质紊乱，良好的护理及营养支持等。

7）其他处理。

A. 治愈标准：由急性中毒所引起的症状、体征、胸部 X 线异常等基本恢复，患者健康状况达到中毒前水平。

B. 中毒患者治愈后，可恢复原工作。

C. 中毒后如常有哮喘样发作，应调离刺激性气体作业工作。

（2）慢性中毒：以对症治疗为主。

【预防】　　工作场所空气中最高容许浓度（MAC）为 1mg/m$^3$。

（1）预防原则和措施可参考本节概述。

（2）按照有关法规，进行上岗前体检和定期体检，有明显呼吸系统和心血管系统疾病者，不宜从事该作业。进行岗前职业卫生及防护知识培训，使作业人员有一定的自我防护能力。

（3）氯气的生产、装卸、运输、储存、使用过程，应尽量做到密闭化、管道化和自动化；严格遵守安全操作规程，定期检查设备，及时维修、更新，防止跑、冒、滴、漏。设备、管道保持负压，加强通风。

（4）含氯废气要经过石灰处理后再排放。在容易发生泄漏的工作场所，应设置氨水的储槽与喷雾器具，并有标识清楚的安全通道。配备并且培训工人正规使用防护用品，检修时须戴滤毒或供氧式防毒面具。

> **案例 1-5 解析**
> 　　本次事故为急性氯气中毒事故，其主要原因为：①防护意识淡薄，没有相应的安全防护措施，储存氯气未能做好防泄漏，发生氯气罐漏气，不能及时采取有效的措施，造成0.5吨氯气全部外漏，反映出该厂在有毒有害物质安全生产上存在的漏洞，在职业安全等方面存在着死角。②没有制定相应的应急救援措施，疏散措施滞后。事故发生后，不能及时疏散转移处于下风向的可能遭受影响的人员，导致非泄漏岗位多人中毒。③厂址选择不当，由于厂区与周围居民居住环境三面环山，加上夜间氯气向外弥散缓慢，尽管卫生与公安部门接到报告后全力抢救，疏散居民，但还是造成了135人中毒，死3人的重大事故。只重视经济，忽视污染与隐患，这是本次事故发生的主要原因。
> 　　1. 急性氯气中毒的严重危害是什么？其主要的处理措施有哪些？
> 　　氯是一种强烈刺激刺激性气体，主要通过呼吸道侵入人体，作用于气管、支气管、细支气管，也可作用于肺泡。低浓度时氯仅对眼和上呼吸道黏膜有刺激和烧灼作用。长时间高浓度接触，可引起支气管痉挛，进入深部呼吸道者可致肺泡上皮细胞损伤，破坏其表面活性物质，引起肺水肿。极高浓度可通过兴奋迷走神经引起心脏骤停或喉阻塞而猝死。主要的处理措施包括现场处理；合理氧疗；早期、足量、短程使用糖皮质激素，防治肺水肿发生；维持呼吸道通畅；预防发生继发性感染，合理使用抗生素；维持血压稳定，合理掌握输液及应用利尿剂，纠正酸碱和电解质紊乱，良好的护理及营养支持等。
> 　　2. 从事氯气作业现场应建立什么防护措施？
> 　　氯气作业现场应建立组织管理措施；安全技术措施；个人防护措施，配备有针对性的耐腐蚀防护用品、医疗预防措施，进行上岗前和定期体检；环境监测措施，定期监测生产环境中刺激性气体，发现超过国家卫生标准时，应及时找出原因，并做好维修或改进，预防中毒事故发生。

# 三、氮氧化物

【**理化特性**】　氮氧化物（nitrogen oxides，$NO_x$）是氮和氧化合物的总称，包括氧化亚氮（$N_2O$ 亦称笑气）、一氧化氮（NO）、二氧化氮（$NO_2$）、三氧化二氮（$N_2O_3$）、四氧化二氮（$N_2O_4$）、五氧化二氮（$N_2O_5$）等。氮氧化物因氧化程度不同而具有不同的颜色（黄至深棕）。氮氧化物除二氧化氮外均不稳定，遇光、湿、或热可变为二氧化氮及一氧化氮，后者又可转化为氧化亚氮。在职业环境中接触的几种气体的混合物称为硝烟（气），不同生产过程产生的硝烟组成不同，其中主要是二氧化氮和一氧化氮，其中以二氧化氮为主。一氧化氮分子量30.1，沸点-151.5℃，水中溶解度为4.7%（20℃）。二氧化氮分子量46.01，沸点21.2℃，溶于碱、二氧化硫和氯仿，难溶于水，性质较稳定。二氧化氮21.1℃以上时为红棕色刺鼻气体，以下时呈暗褐色液体，在-11℃以下时为无色固体，加压液体为四氧化二氮。

【**接触机会**】　在多种职业活动中可接触到氮氧化物：制造硝酸或苦味酸、硝化纤维、硝基炸药等硝基化合物；用硝酸清洗金属，合成氨、苯胺燃料的重氮化过程以及有机物如木材、棉织品接触浓硝酸时；硝基炸药爆炸、含氮物质（硝酸铵肥料、电影胶片）及硝酸燃烧时；卫星发射、火箭推进、汽车及内燃机尾气含有氮氧化物；电焊、亚弧焊，气割及电弧发光时；高温使空气中的氧和氮合成氮氧化物；谷物和青饲料的储存过程中，在缺氧条件下发生酵解，并与有机酸作用生成亚硝酸。在谷仓内温度增高时，亚硝酸分解成氮氧化物和水，可导致"谷仓气体中毒"（silo-gas poisoning）。

【毒理】 氮氧化物主要经呼吸道侵入人体。一氧化氮不是刺激性气体，但易氧化成二氧化氮而产生刺激作用。二氧化氮是引起呼吸系统损伤的主要氮氧化物，生物活性大，毒性为一氧化氮的 4～5 倍，其水溶性小，大部分得以到达终末细支气管及肺泡。人接触 $NO_2$ 1.3～3.8mg/m$^3$ 时气道阻力增加；70 mg/m$^3$ 时有黏膜刺激作用，可耐受数小时；140mg/m$^3$ 时可引起支气管炎和肺炎；220～290mg/m$^3$ 时可致肺水肿；560～940mg/m$^3$ 时造成致命性肺水肿、窒息；达到或超过 1460mg/m$^3$ 可很快导致死亡。

氮氧化物对上呼吸道刺激性较小，主要作用于深部呼吸道，与黏膜上的水缓慢起作用，形成硝酸和亚硝酸，对肺组织产生强烈的刺激和腐蚀，并诱导炎性细胞在肺组织内集聚，产生大量自由基，引起肺组织内氧化损伤，损害肺终末细支气管和肺泡上皮细胞，使肺泡和毛细血管通透性增加，导致肺水肿。氮氧化物本身也具有不配对电子，可以直接启动脂质过氧化反应，损伤肺和毛细血管，抑制肺泡表面活性物质生成，最终导致化学性支气管炎-肺炎、肺水肿。硝酸和亚硝酸吸收入血后形成硝酸盐和亚硝酸盐，前者可引起血管扩张，血压下降，后者可引起高铁血红蛋白血症而造成机体缺氧。环境中氮氧化物以二氧化氮为主时，主要引起肺损害。当一氧化氮大量存在时可导致高铁血红蛋白血症及中枢神经损害，但实际中少见。

【中毒临床】

**1. 临床表现**

（1）急性中毒：氮氧化物急性吸入可导致化学性气管炎、化学性肺炎及化学性肺水肿。肺水肿恢复期还可以出现迟发性阻塞性毛细血管支气管炎。依临床表现和 X 线改变可分为四级。

1）接触反应：有氮氧化物气体吸入史，出现一过性胸闷、咳嗽等症状，无阳性体征，胸部 X 线检查无异常表现。

2）轻度中毒：吸入氮氧化物后经 6～72 小时潜伏期，出现胸闷、咳嗽、咳痰等症状，可伴有轻度头晕、头痛、无力、心悸、恶心、发热等。肺部有散在干啰音。胸部 X 线片显示肺纹理增强，可伴有边缘模糊。血气分析动脉血氧分压降低，低于预计值 1.33～2.67kPa（10～20mmHg）。

3）中度中毒：上述症状加重，呼吸困难，胸部紧迫感，咳痰或咳血丝痰，并有轻度发绀，两肺可闻及干、湿性啰音。胸部 X 线片显示：肺野透亮度减低，肺纹理增多、紊乱、模糊呈网状阴影，或边缘模糊的斑片状阴影。血气分析常呈轻度至中度低氧血症：在吸入低浓度氧气（低于 50%）时才能维持动脉血气分压大于 8kPa（60mmHg）。

4）重度中毒：具有下列临床表现之一者可诊断为重度中毒。

A. 肺泡性肺水肿：明显的呼吸困难，剧烈咳嗽，咯大量白色或粉红色泡沫痰，明显发绀，两肺满布湿性啰音。胸部 X 线征象：两肺野有大小不等、边缘模糊的斑片状或云絮状阴影，有的可融合成大片状阴影。血气分析常呈重度低氧血症：在吸入高浓度氧气（高于 50%）时才能维持动脉血气分压小于 8kPa（60mmHg）。

B. 急性呼吸窘迫综合征。

C. 并发较重程度的气胸或纵隔气肿。

D. 窒息。

（2）迟发性阻塞性毛细支气管炎：在吸入氮氧化物后，无明显急性中毒症状或在肺水肿基本恢复 2 周后，突然发生咳嗽、胸闷及进行性呼吸困难等症状，有明显发绀，两肺可闻及细湿啰音。胸部 X 线片显示：两肺满布粟粒状阴影，应注意与粟粒性肺结核、矽肺等疾病相鉴别。

（3）慢性中毒：长期接触较低浓度的氮氧化物，可有上呼吸道黏膜刺激症状，出现慢性咽炎、支气管炎和肺气肿，以及类神经症样症状，尚无慢性中毒的可靠证据。

**2. 临床诊断** 诊断原则：诊断及分级标准依据《职业性急性氮氧化物中毒诊断标准》（GBZ 15-2002）。根据短期内吸入较大量的氮氧化物的职业史，呼吸系统损害的临床表现和 X 射线征象，结合血气分析及现场劳动卫生学调查资料，综合分析，并排除其他原因所致的类似疾病，方可诊断。

**3. 中毒处理原则** 重点是防治肺水肿和迟发性阻塞性毛细支气管炎

（1）现场处置：迅速、安全脱离中毒现场，静卧、保暖，避免活动，立即吸氧；并给予对症治疗。

（2）注意病情变化，对刺激反应者，应观察24～72小时，观察期内卧床休息，并给予对症治疗。

（3）积极防治肺水肿，早期、足量、短程应用糖皮质激素。为预防控制迟发性阻塞性毛细支气管炎可适当延长糖皮质激素的使用时间。

（4）保持呼吸道通畅，吸痰、给予雾化吸入、支气管解痉剂、去泡沫剂（如二甲基硅油）等，必要时予以气管切开。

（5）合理氧疗。

（6）预防及控制感染，防治并发症，维持水、电解质及酸碱平衡。

（7）其他处理：急性轻、中度中毒，治愈后可恢复原工作；重度中毒患者视疾病恢复情况，应调离刺激性气体作业。如需劳动能力鉴定按GBT 16180处理。

【预防】 我国工作场所空气中二氧化氮职业接触限值：时间加权平均容许浓度（PC-TWA）为 5mg/m$^3$，短时间接触容许浓度（PC-STEL）为 10mg/m$^3$。一氧化氮：时间加权平均容许浓度（PC-TWA）为 15mg/m$^3$。余同概述。

## 四、氨

【理化特性】 氨（ammonia，$NH_3$）在常态下为无色，具有强烈辛辣刺激性臭味的气体。相对分子质量17.04，密，0.579g/L，比空气轻，易逸出。沸点–33.5℃，常温下加压可液化为无色液体。氨易溶于水，其水溶液称为氨水（氢氧化铵），28%～29%水溶液为强氨水，呈强碱性。易燃，自燃点为651℃，与空气混合时，能形成爆炸性气体。

【接触机会】 合成氨生产。氮肥生产：应用氨制造硫铵、硝铵、碳酸氢铵、尿素等化肥。液氨作冷冻剂：人造冰、冷藏等。以氨为原料的化工工业：制碱、制药、鞣皮、塑料、树脂、染料、炸药、合成纤维、有机氰、氰化物、石油精炼等行业均可接触氨。生产中多因管道、容器发生破裂爆炸等意外事故或跑、冒、滴、漏导致急性中毒。

【毒理】 氨为刺激性气体，有良好的水溶性，对眼及呼吸道有明显的刺激和腐蚀作用。人体的反应与空气中氨气浓度和接触时间有关。小于9.8mg/m$^3$，接触45分钟，可识别气味，但无刺激作用；70～140mg/m$^3$时，接触30分钟，眼睛及呼吸道感到不适；553～140mg/m$^3$，接触30分钟，立即咳嗽，具有强烈刺激现象；1750～140mg/m$^3$，接触30分钟可危及生命。

氨吸入后可迅速与湿润黏膜表面水分子结合形成碱性化合物，使局部组织蛋白变性、脂肪皂化，造成细胞膜结构破坏。进入肺泡的氨少部分与二氧化碳中和，其余吸收入血液，少量随尿、汗及呼出气排出。氨在肝脏内解毒形成尿素，随尿排出，且能迅速渗透到组织内，造成组织蛋白溶解变性，结构破坏，使病变向深层发展。低浓度接触使眼结膜、呼吸道黏膜充血、水肿，高浓度可导致眼及呼吸道灼伤，化学性肺炎和肺水肿，低氧血症和ARDS。血氨增高可影响糖代谢和三羧酸循环，并引起脑内谷胺酰胺合成增加，从而造成中枢神经递质代谢紊乱，导致开始兴奋、惊厥，继而抑制、嗜睡、昏迷乃至死亡。高浓度氨可以刺激迷走神经和主动脉弓、颈动脉窦化学感受器，引起反射性心跳、呼吸骤停。

【中毒临床】

**1. 临床表现**

（1）急性中毒

1）接触反应：仅有一过性的眼和上呼吸道刺激症状，肺部无阳性体征，胸部X线影像检查无异常发现。

2）轻度中毒：具有下列表现之一者。

A. 出现急性气管-支气管炎。流泪、咽痛、声音嘶哑、咳嗽、咳痰；肺部出现干性啰音；胸部 X 线影像检查显示肺纹理增强。

B. 一至二度喉水肿。

3）中度中毒具有下列表现之一者：

A. 出现支气管肺炎。声音嘶哑、胸闷、呼吸困难、剧烈咳嗽、有时有血丝痰；呼吸频速、轻度发绀、肺部出现干、湿啰音；胸部 X 线影像检查显示肺纹理增多、紊乱，边缘模糊的散在的斑片状阴影。血气分析：常呈现轻度至中度低氧血症。

B. 三度喉水肿。

4）重度中毒 具有下列表现之一者：

A. 有肺泡性肺水肿表现。剧烈咳嗽、咯大量粉红色泡沫痰、胸闷、气急、心悸；呼吸困难、明显发绀、双肺满布干湿啰音；胸部 X 线影像检查显示两肺野有大小不等边缘模糊的斑片状或云絮状阴影，有的可融合成大片状或蝶状阴影。血气分析呈现重度低氧血症。

B. 急性呼吸窘迫综合征（ARDS）。

C. 四度喉水肿。

D. 并发较重气胸或纵隔气肿。

E. 窒息。

5）眼或皮肤灼伤：轻、中、重度氨气急性中毒均可伴有眼或皮肤灼伤。可见结膜充血水肿、眼烧灼痛、角膜混浊、角膜溃疡、晶状体混浊，甚至角膜穿孔、失明。皮肤可引起灼伤，除直接接触部位外，灼伤以体表的腋窝及会阴等潮湿部位为主。

（2）慢性中毒：长期接触较低浓度的氨，可有上呼吸道黏膜刺激症状，出现慢性结膜炎、鼻炎、慢性咽炎和嗅觉、味觉减退，以及类神经症样症状，阴囊及皮肤可有皮炎。

**2. 临床诊断** 诊断原则：诊断及分级标准依照《职业性急性氨中毒诊断标准》（GBZ 14-2015）执行。本病的诊断主要依据为短时间内吸入高浓度氨的职业史、呼吸系统损伤为主的临床表现、胸部 X 线影像及血气分析结果。氨中毒尤以气管、支气管损害为突出，且病程易反复，故诊断、分级必须综合分析、全面考虑；密切观察呼吸情况、发绀程度、心率变化，对判断病情、指导治疗，有重要价值。眼或皮肤灼伤的诊断分级参照 GBZ 54-2002 或 GBZ 18-2002。

**3. 中毒处理原则**

（1）现场处置：迅速安全将患者移至空气新鲜处，维持呼吸、循环功能；彻底冲洗污染的眼和皮肤，并给以相应的治疗措施，为进一步抢救打下基础。

（2）保持呼吸道通畅，对急性氨中毒至关重要，可给予支气管解痉剂、去泡沫剂（如 10%二甲基硅油）、雾化吸入疗法；必要时给予气管切开，清除气道堵塞物，以防止窒息。

（3）早期防治肺水肿：防治肺水肿是急性氨中毒早期的治疗重点，可早期、足量、短程应用糖皮质激素，莨菪碱类药物等，尤应注意严格限制补液量，维持水、电解质及酸碱平衡。临床上常见到因补液不当而加重病情，因此不宜快速大量补液，以免诱发、加重肺水肿。

肺水肿控制后，应有计划地防治感染、气道堵塞及其他继发症。抓住病程中不同阶段的主要矛盾，有计划有重点地采取措施，是急性氨中毒的抢救关键。对群发性病例的抢救治疗尤为重要。

（4）合理氧疗：纠正低氧血症是重症治疗的关键，其原则在病程中根据具体情况，选用合适的给氧方法，但由于氨的强烈腐蚀性，常易引起气胸、纵隔气肿等，故在使用正压给氧时应十分慎重。

（5）积极预防控制感染：宜采取综合措施，如严格消毒隔离，加强护理，合理使用抗生素等。

（6）眼、皮肤灼伤治疗，参照 GBZ 54-2002 或 GBZ 51-2002。

（7）其他处理：轻度中毒，治愈后可回原岗位工作。中、重度中毒，视疾病恢复情况，一般应调离刺激性气体作业。需劳动能力鉴定者，可参照 GB/T16180 处理。

【预防】 我国工作场所空气中氨的职业接触限值：时间加权平均容许浓度（PC-TWA）为 20mg/m³，短时间接触容许浓度（PC-STEL）为 30mg/m³。余同概述。

## 五、光　气

【理化特性】 光气（phosgene，$COCl_2$）又称碳酰氯，分子量98.9，密度1.392，熔点−118℃，沸点 8.2℃，8.3℃以上时为无色气体，具有发霉干草样和烂苹果样气味。可加压为液体储存。易溶于苯、氯仿等有机溶剂，微溶于水，遇水逐渐水解为二氧化碳和盐酸。光气的化学性质较为活泼，易于碱作用生成盐而被分解；与氨水作用生成氯化铵、二氧化碳和水；与醇类作用生成酯。

【接触机会】 光气由一氧化碳和氯气混合通过活性炭作催化剂而制得。是化学工业生成的重要原料，用于制造染料、塑料、化肥、合成橡胶、制药、农药等。上述生产中，容器、管道、阀门等发生泄漏或生产设备检修时，均可能有较大量光气逸出，容易引起急性中毒。应用四氯化碳灭火、脂肪族氯烃燃烧过程，也可接触到光气。

【毒理】 光气经呼吸道侵入人体，由于水溶性较小，对眼及上呼吸道刺激性较弱，吸入后可到达呼吸道深部和肺泡，迅速与肺组织细胞成分发生酰化、氯化反应和水解反应。毒性比氯气大10倍，属高毒类。液体溅入眼内可引起结膜、角膜损伤，导致角膜穿孔和睑球黏连。光气对呼吸道的毒性与环境中浓度有关，人的嗅觉阈为 0.4～4mg/m³；生产环境中浓度达 5 mg/m³ 可嗅出烂苹果味；8～20 mg/m³ 时，感到有较强的臭气，对眼和上呼吸道有刺激作用；20～50 mg/m³ 时，可引起急性中毒；100～300 mg/m³ 接触 15～30 秒可引起重度重度，甚至死亡。高浓度吸入可导致人在肺水肿出现前发生猝死。

光气分子中的羰基（C=O）与肺组织细胞内的蛋白、酶类及类脂中的功能基团发生酰化作用，使肺泡上皮细胞和毛细血管内皮细胞受损，肺泡表面活性物质减少，肺泡萎陷，毛细血管通透性增高，导致化学性炎症及肺水肿；刺激肺细胞内血管紧张素酶活性增高，使肺毛细血管收缩；光气刺激肺内神经内分泌细胞释放多种生物活性物质，并反射性引起淋巴管收缩；光气激活生物膜的脂质过氧化，花生四烯酸和白三烯系列化合物形成以及自由基的作用，均与肺水肿的发生有密切关系。

【中毒临床】

**1. 临床表现**

（1）急性中毒：职业性急性光气中毒是在职业活动中短期内吸入较大量光气引起的以急性呼吸系统损害为主的全身性疾病。极易发生肺水肿。急性中毒后少数患者可发生闭塞性细支气管炎，应予以注意。

1）接触反应：吸入光气后出现一过性黏膜刺激症状，也可伴有头痛心悸等。肺部无阳性体征，X 线胸片无异常改变。

2）轻度中毒：出现支气管炎或支气管周围炎。吸入光气后经 2～8 小时潜伏期，再度出现咳嗽、气短、胸闷或胸痛，肺部可有散在干、湿性啰音。X 线胸片表现为肺纹理增强或伴边缘模糊。

3）中度中毒：上述症状加重，具有下列情况之一者：

A. 急性支气管肺炎。胸闷、气急、咳嗽、咳痰等，可有痰中带血，常伴有轻度发绀，两肺出现干、湿性啰音，胸部 X 线表现为两中、下肺野可见点状或小斑片状阴影。以上表现符合支气管炎或支气管周围炎。

B. 急性间质性肺水肿。胸闷、气急、咳嗽、咳痰较严重，两肺呼吸音减低，可无明显啰音，胸部 X 线表现为肺纹理增多、肺门阴影增宽、境界不清、两肺散在小点状阴影和网状阴影，肺野透明度减低，常可见水平裂增厚，有时可见支气管袖口征或克氏 B 线。血气分析常为轻度或中度低氧血症（轻度低氧血症：$PaO_2 \leq 10.7kPa$（80mmHg）。中度低氧血症：$PaO_2 \leq 8kPa$（60mmHg）。

4）重度中毒　具有下列情况之一者：

A. 出现弥漫性肺泡性肺水肿或中央性肺泡性肺水肿。明显呼吸困难、发绀，频繁咳嗽、咯白色或粉红色泡沫痰，两肺有广泛的湿性啰音，胸部 X 线表现为两肺野有大小不一、边缘模糊的小片状、云絮状或棉团样阴影，有时可融合成大片状阴影或呈蝶状形分布。血气分析显示 $PaO_2/FiO_2 \leq 40kPa$（300mmHg）。

B. 出现急性呼吸窘迫综合征。上述情况更为严重，呼吸频数（>28 次/min）或/和呼吸窘迫，胸部 X 线显示两肺呈融合的大片状阴影。血气分析显示 $PaO_2/FiO_2 \leq 26.7kPa$（200mmHg）。

C. 窒息。

D. 并发气胸、纵隔气肿。

E. 严重心肌损害。

F. 休克。

G. 昏迷。

（2）慢性中毒：至今未见慢性中毒。长期接触浓度 0.95 $mg/m^3$ 光气可见肺功能显示小气道的轻度损害。

**2. 临床诊断**　诊断原则：诊断及分级标准依照《职业性急性光气中毒诊断标准》（GBZ 29-2011）执行。根据明确短期内接触光气职业史，急性呼吸系统损害的临床症状、体征，胸部 X 线表现，结合血气分析等其他检查，参考现场劳动卫生学调查资料，综合分析，排除其他病因所致类似疾病，方可诊断。

本病可伴有其他系统的症状，如头晕、乏力、恶心、白细胞总数增高、发热等，但与中毒严重程度不完全一致，故中毒诊断分级标准仍以呼吸系统症状、体征及胸部 X 线表现为主要依据。血气分析作为病情严重度重要参考指标。

**3. 中毒处理原则**　急性光气中毒以呼吸系统急性损害为主，其特点是常出现迟发性肺水肿、即发生肺水肿潜伏期可达 48 小时，此期间患者可无明显的临床症状、体征，应予注意。

（1）现场处置：凡吸入光气者应迅速脱离现场到空气新鲜处，立即脱去污染的衣物，体表沾有液态光气的部位用水彻底冲洗净。保持安静，绝对卧床休息，注意保暖。早期给氧，给予药物雾化吸入，用支气管解痉剂、镇咳、镇静等对症处理。至少要密切观察 48 小时，注意病情变化。

（2）防治肺水肿：早期、足量、短程应用糖皮质激素，控制液体输入。可以应用消泡剂如二甲基硅油气雾剂吸入，注意保持呼吸道通畅。合理给氧：吸入氧浓度（$FiO_2$）不宜超过 60%。

（3）急性呼吸窘迫综合征治疗：参照 GB 73 有关内容。其他急救治疗及防治并发症同内科治疗原则。重度中毒时可并发其他脏器的损害，如休克、心肌损害、昏迷等，其急救治疗同内科。

（4）其他处理：急性中毒患者治愈后，可恢复原工作。重度中毒患者如 X 线胸片、血气分析或肺功能测定等仍有异常表现者，应调离刺激性气体作业。需劳动能力鉴定者，参照 GB/T16180。

【预防】　我国工作场所光气的职业接触限值最高容许浓度为（MAC）为 0.5$mg/m^3$。应严格执行。主要是做好：

（1）光气的制造和生产必须密闭，合成装置应安装自动控制系统，反应器和管道保持负压。光气作业场所应有自动监测与报警装置。加强尾气的处理，严格执行安全操作规程，定期检查设备。

（2）产品采用密封包装，储存在干燥、阴凉、通风处。使用和接触光气时，操作者应穿防护服，带橡胶手套和氧气呼吸器或供氧式防毒面具，内装 2/3 苏打石灰颗粒或 1/3 活性炭吸附剂的过滤式防毒面具。人员尽量站在上风口作业。

（3）发生大量泄漏应立即用氨水喷雾中和，少量可用水蒸发冲散。

（4）上岗前及定期体格检查，发现职业禁忌证者应调离光气作业。

# 六、氟 化 氢

【理化特性】 氟化氢（Hydrogen fluoride，HF），无色气体或无色发烟液体，有刺鼻气味。其分子量20.01，沸点19.54℃，熔点-83℃，相对密度1.0（24℃时为液体），25℃时蒸发压为122kPa。极易溶于水形成氢氟酸，为强酸。无水氢氟酸及40%的氢氟酸可发生烟雾，二者均有强腐蚀性，可侵蚀玻璃、金属（除铅及白金外）、塑料、橡胶。与很多化合物可发生猛烈反应，有着火和爆炸危险。

【接触机会】 无水氟化氢生产。氟化氢是化工工业的基本原料之一，主要用于制造各种有机和无机氟化物，如制冷剂"氟利昂"、有机氟塑料、杀虫剂或杀菌剂、电解法制氟等。由于氢氟酸溶解氧化物的能力，在铝和铀的提纯中起着重要作用。氢氟酸也用来蚀刻玻璃，可以雕刻图案、标注刻度和文字。半导体工业使用氢氟酸侵蚀硅表面的氧化物，制造半导体芯片。在炼油厂可以用作异丁烷和正丁烯的烷基化反应的催化剂。除去不锈钢表面的含氧杂质的"浸酸"过程中也会用到氢氟酸。

【毒理】 氟化氢对水的亲和力强，有强烈的腐蚀性，渗透作用强，对眼和上呼吸道及皮肤产生刺激和腐蚀作用。氟化氢被吸入后可迅速进入血液循环，形成氢氟酸而表现全身毒性作用，约有75%氟与蛋白质结合转运，主要分布于主动脉、心脏、肝脏、脾脏和肾脏等软组织。体内的氟主要随尿液排出，长期接触可蓄积于骨中，引起骨硬化症和牙齿的改变。吸入高浓度氟化氢可引起支气管炎和肺炎，甚至导致反射性窒息。

氟化氢呼吸道染毒大鼠、小鼠和豚鼠，5分钟$LC_{50}$分别为14400mg F/m³、5000mg F/m³和3540mgF/m³。大鼠和小鼠吸入60分钟$LC_{50}$分别为1100mgF/m³和270mgF/m³。人的嗅阈为0.03 mg/m³，50 mg/m³可使人皮肤感到刺痛、黏膜刺激，100 mg/m³时，人能耐受1分钟左右，400～430 mg/m³浓度可引起急性中毒致死。氟化氢直接作用于呼吸道细胞的蛋白质，有脱水和溶解作用，引起组织变性、液化、坏死，并可向纵深发展，产生血性溃疡和肺水肿。能抑制琥珀酸脱氢酶，影响细胞呼吸。

亚急性和慢性毒性：家兔吸入33～41mg/m³（平均20mg/m³）氟化氢1～5.5个月，可出现黏膜刺激，消瘦，呼吸困难，血红蛋白减少，网织红细胞增多，部分动物死亡。

【中毒临床】
**1. 临床表现**

（1）急性中毒：吸入稍高浓度氟化氢（＞5mg/m³）即可导致流泪、流涕、喷嚏、鼻塞。浓度再高时可引起嗅觉丧失、咳嗽、声嘶及鼻、喉和胸骨后烧灼感，甚至发生眼结膜、鼻黏膜、口腔黏膜溃疡，鼻出血，鼻中隔穿孔及支气管炎、肺炎。有时会有恶心、呕吐、腹痛等消化道症状。过高浓度的氟化氢（60%左右）吸入可导致反射性气管痉挛窒息、肺水肿以及血液钙、镁离子降低、钾离子升高，手足抽搐、心率失常等。尿氟常明显升高。氟离子可干扰体内多种酶活性，影响细胞呼吸功能和正常代谢，并造成肝、肾损害。

（2）氢氟酸灼伤：皮肤接触低浓度氢氟酸（＜40%）可有麻木和蚁走感，接触最初出现局部红斑，迅速转为围绕红晕的白色水泡或水肿。疼痛常于接触后2～4小时出现，逐渐加剧，2～3天后缓解。

（3）慢性中毒：氟化氢一般不易长期过量接触，出现慢性中毒的比例很少。

**2. 临床诊断** 我国尚没有"职业性急性氟化氢中毒诊断标准"，可参照其他刺激性气体的诊断原则执行。根据明确短期内接触氟化氢职业史，急性呼吸系统损害的临床症状、体征，胸部X射线表现，结合血气分析等其他检查，参考现场劳动卫生学调查资料，综合分析，排除其他病因所致类似疾病，方可诊断。

氢氟酸灼伤多不难诊断，可根据受损皮肤的特殊表现如白色大理石样、液化坏死、黑色皮革样焦痂等进行诊断。血钙、血镁降低，血钾、尿氟增高对诊断具有重要参考作用。

**3. 中毒处理原则**

（1）急性中毒参照酸性刺激性气体处理，并积极治疗低钙症。吸入氟化氢者应迅速脱离现场到空气新鲜处，保持呼吸道通畅。尽快用10%葡萄糖酸钙喷雾吸入。还可给予2%～4%的碳酸氢钠雾化吸入。呼吸停止者，立即进行人工呼吸。喉痉挛或声门水肿妨碍呼吸者，应早期行气管切开。

（2）皮肤接触者，脱去污染的衣物，用水冲洗至少15分钟，或用2%碳酸氢钠溶液冲洗。

（3）眼睛接触者，立即提起眼睑，用流动水冲洗10分钟或用2%碳酸氢钠溶液冲洗至少15分钟。

**【预防】**

（1）预防原则参照本节概述。我国工作场所氟化氢的职业接触限值最高容许浓度为（MAC）为 2 mg/m³（按氟计）。

（2）生产设备尽可能密闭，凡有氟化氢气体的地方应设置排风设备，保持生产场所良好通风。泄漏出来的氟化氢要用排风机送至水洗塔或与水洗塔相连的通风橱内。处理泄漏物时必须戴好防毒面具、手套和全身防护服。

（3）由于氟化氢有着火和爆炸危险，生产车间应注意防火防爆。与氟化氢接触的管道或容器应采用耐腐蚀金属和非活性材料制造，或用非活性材料涂层；采用特殊无润滑剂阀门，以防止氟化氢与润滑剂反应。

（4）废气用水吸收或用碱中和。漏气容器不能使用时，要经过技术处理以清除剩余的氟化氢。

（5）加强职业卫生培训和劳动保护，增强工作人员防护意识和技术手段。配发有效防护用品；禁止在工作场所进食和喝饮料。车间内配备冲洗设备。

（6）加强健康监护，定期进行尿氟测定及X线检查。凡有明显呼吸系统和心、肝、肾、骨关节疾病和地方性氟病，均不宜从事接触氟化氢作业。

（张本忠）

## 思 考 题

1. 简述对刺激性气体引起的肺水肿处理原则。
2. 刺激性气体的毒作用表现都有哪些？
3. 简述刺激性气体导致化学性肺水肿的发病机制。
4. 简述影响刺激性气体急性中毒的病变部位和程度的因素有哪些？

## 第四节　窒息性气体中毒

**案例 1-6**

某药厂污水处理站进行维修时，工人甲被发现晕倒在深约3.2m、直径0.7m 的曝气池放空阀井中，井底有流动着污水。工人乙迅速佩戴好防毒面具下井救人，工人丙用湿毛巾捂住口鼻，也下井协助工人乙救人。工人丙下井后被井内刺鼻的气体熏倒，在井上其他人的帮助下，工人乙先将工人丙救起，又给工人甲系好救护绳，在拖着工人甲上升的过程中，因井内狭小，工人乙的防毒面具被碰掉，当井上的人把工人甲拖到地面上，发现工人乙也晕倒在井内，随后赶到的救援人员将工人乙救出，将3人送往医院抢救。事发后对井中气体进行检测，结果显示硫化氢浓度高达2500mg/m³，超过卫生标准249倍（硫化氢 MAC 10mg/m³）。中毒工人入院时均处于昏迷状态，阵发性抽搐，小便失禁。工人甲在井中接触毒物约20分钟，工人乙（防毒面具脱落后）和工人丙吸入有毒气体约3分钟后晕倒。经抢救，工人乙和工人丙脱离危险，工人甲抢救无效而死亡。诊断结果：急性重度硫化氢中毒。

**问题：**
1. 看到连续多人突然昏倒在污水井内，你首先考虑的是什么原因中毒所致？
2. 工人丙用湿毛巾捂住口鼻，为什么没有起到保护作用？
3. 造成此次重大事故的经验教训是什么？应采取什么措施防止此类事件的发生？

## 一、概　述

### （一）概念

窒息性气体（asphyxiating gases）是指被机体吸入后，可使氧（oxygen，$O_2$）的供给、摄取、运输和利用发生障碍，使全身组织细胞得不到或不能利用氧，而导致组织细胞缺氧窒息的有害气体的总称。中毒后可表现为多个系统受损，但首先是神经系统，且最为突出。窒息性气体常发生于局限空间作业场所，由于其空间小、进出口小而少、通风差，很容易形成缺氧，导致其中的作业人员缺氧窒息；另外还可造成有毒有害气体累积，引起中毒，或受到火灾、爆炸和工伤的伤害。

常见的窒息性气体有：一氧化碳（carbon monoxide，CO）、硫化氢（hydrogen sulfide，$H_2S$）、氰化氢（hydrogen cyanide，HCN）和甲烷（methane，$CH_4$）。

### （二）分类

机体对氧的利用过程为：空气中的氧经呼吸道吸入到达肺泡，扩散入血后与红细胞中的Hb结合为氧合血红蛋白（$HbO_2$），随血液循环输送至全身各组织器官，与组织中的气体交换进入细胞，细胞内呼吸酶（respiratory enzymes）的作用下，参与糖、蛋白质、脂肪等营养物质的代谢转化，生成$CO_2$和水，并产生能量，以维持机体的生理活动。

窒息性气体可破坏上述过程中的某一环节，而引起机体缺氧窒息。按其作用机制不同分为两大类（图1-4）：

**1. 单纯窒息性气体**（simple asphyxiation）　本身无毒，或毒性很低，或为惰性气体，但由于它们的高浓度存在对空气氧产生取代、排挤作用，致使空气氧含量减少，肺泡气氧分压降低，动脉血氧分压和血红蛋白（Hb）氧饱和度下降，导致机体组织缺氧窒息的气体。如氮（nitrogen，$N_2$）、甲烷（methane，$CH_4$）、乙烷（ethane，$C_2H_6$）、乙烯（ethene，$C_2H_4$）、乙炔（ethyne，$C_2H_2$）、二氧化碳（carbon dioxide，$CO_2$）、水蒸气和氩（argon，Ar）等惰性气体等。单纯窒息气体所致危害与氧分压降低程度成正比，仅在高浓度时，尤其在局限空间内，才有危险性。在101.3kPa（760mmHg）大气压下，空气氧含量为20.96%。若低于16%即可致缺氧、呼吸困难；若低于6%可迅速导致惊厥、昏迷、甚至死亡。$CO_2$主要起单纯性窒息性气体作用，但当其浓度超过5~7倍时，尚可引起中毒性知觉丧失。

**2. 化学窒息性气体**（chemical asphyxiation）　指不妨碍氧进入肺部，但吸入后，可对血液或组织产生特殊化学作用，使血液对氧的运送、释放或组织利用氧的机制发生障碍，引起组织细胞缺氧窒息的气体。如CO、$H_2S$、HCN、苯胺（aniline，$C_2H_5NH_2$）等。按中毒机制不同又分为两类：

(1) 血液窒息性气体（blood asphyxiation）：能阻止血红蛋白与氧结合，或妨碍血红蛋白向组织释放氧，影响血液对氧的运输功能，造成组织供氧障碍而窒息的气体，如CO、一氧化氮（NO）以及苯胺、硝基苯等苯的氨基、硝基化合物的蒸气等。

(2) 细胞窒息性气体（cell asphyxiation）：主要抑制细胞内呼吸酶，使细胞对氧的摄取和利用机制发生障碍，生物氧化不能进行，发生细胞"内窒息"的气体，如$H_2S$、HCN等。窒息作用也可由麻醉剂和麻醉性化合物（如乙醚、氯仿、氧化亚氮、二硫化碳）所引起，它们对神经组织包括呼吸中枢均有影响，过量吸入可引起呼吸抑制、最终呼吸衰竭。

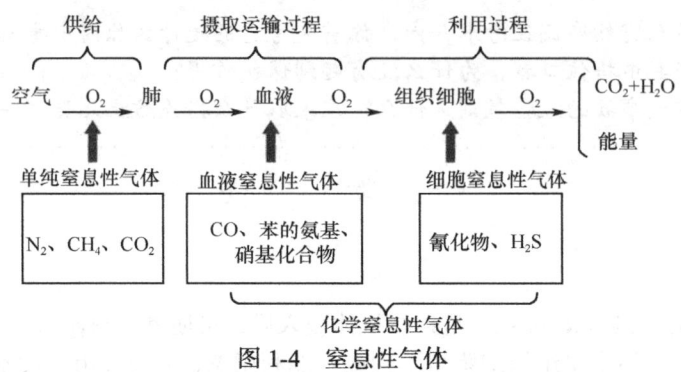

图1-4 窒息性气体

### （三）流行病学特征

窒息性气体中毒具有发生突然、进展快速、死亡率高的特点。对1989年至2003年我国重大急性职业中毒事故资料进行分析，15年间全国26个省、直辖市和自治区报告的窒息性气体重大急性职业中毒分别占总中毒起数、总中毒人数和总中毒死亡人数的54.0%、35.2%和78.2%。表明窒息性气体中毒是我国职业中毒的主要危害。

我国职业性窒息性中毒的流行病学分布具有下列特点：

**1. 年龄分布** 窒息性气体中毒的平均中毒年龄只有（33.8±9.7）岁，中毒死亡年龄为（36.6±10.0）岁。

**2. 性别分布** 中毒和死亡者多为男性，男女性别比例为2.98:1。

**3. 时间分布** 主要集中在每年的4～9月份。

**4. 中毒物质分布** 主要集中在硫化氢（$H_2S$）、一氧化碳（CO）、二氧化碳（$CO_2$）等化学物质。

**5. 行业分布** 主要集中在化学、开采、水处理、检修、生产、采矿和挖掘等行业。

**6. 中毒场所分布** 主要集中在密闭空间、地下室和矿井。

### （四）毒作用特点

(1) 窒息性气体主要致病环节是引起机体组织细胞缺氧，缺氧可激活自由基损伤机制，形成恶性循环。

(2) 不同的窒息性气体，中毒机制不同，治疗须按中毒机制和条件选用特效解毒剂。

(3) 慢性中毒尚无定论。

### （五）临床表现和实验室检查

(1) 缺氧症状：是窒息性气体中毒的共有表现。因脑组织对缺氧敏感，所以窒息性气体中毒首先表现为中枢神经系统缺氧的症状，同时也可致呼吸、心、肝、肾等多脏器损害。

1) 中枢神经系统：轻度中毒表现为头晕、头痛、乏力、恶心、呕吐、耳鸣、视力模糊、兴奋、烦躁、注意力不集中、判断力下降、运动不协调；中度中毒可表现为剧烈头痛、频繁呕吐、定向力障碍、思维紊乱和嗜睡或谵妄；严重者可出现昏迷、阵发性全身强直性痉挛，甚至猝死。

2）呼吸系统：轻度中毒可出现胸闷、呼吸困难、发绀、呼吸加深、加快、肺部听诊有散在湿啰音；严重者表现为极度呼吸困难、潮式呼吸，吐白色泡沫样痰、呼吸浅慢、双肺弥漫性水泡音；进入极高浓度环境时可出现呼吸骤停。

3）心血管系统：轻度中毒出现胸闷、心悸、脉搏增强、增快、血压升高；严重者可表现为血压下降、休克、心律失常，甚至心搏骤停。

不同种类的窒息性气体，因其独特毒性的干扰或掩盖，缺氧的临床表现并非完全相同。

（2）可呈现急性期特异性伴随症状，如急性CO中毒时面颊部呈樱桃红色。

（3）实验室检查可结合其中毒机制进行。

## （六）诊断原则

**1. 中毒事件的确认，必须同时具备以下三个条件：**

（1）事故现场的中毒者有接触窒息性气体的机会。

（2）中毒现场空气采样有窒息性气体浓度增高，氧含量下降。

（3）中毒者短时间内以中枢神经系统损害为主的临床表现，重症者常出现猝死。

**2. 诊断主要依据** 短时间高浓度窒息性气体的接触史（中毒事件的确认）、相应的临床表现（缺氧及特异性毒物中毒的特征）、实验室及仪器检查（如X线胸部摄片或透视，血尿等检查）等，并排除其他一般疾病，综合分析后作出诊断。可参考国家职业性急性一氧化碳、硫化氢等中毒诊断标准进行分级诊断，尚无急性中毒诊断标准的物质可参照《职业性急性化学物中毒诊断标准（总则）》（GBZ 71-2002）、《职业性急性化学物中毒性呼吸系统疾病诊断标准》（GBZ 73-2009）等进行分级诊断。

《职业性急性化学物中毒诊断标准（总则）》的分级诊断标准如下：

（1）观察对象：短期内接触较大剂量毒物，或接触致病潜伏期较长的毒物后，当时虽无明显临床表现，或仅有轻度症状而未能确诊急性中毒者，须作进一步医学监护，列为观察对象。

（2）轻度中毒：出现接触毒物所致相应靶器官（系统）轻度中毒损害的临床表现者。

（3）中度中毒：中毒严重程度介于轻、重度中毒之间者。

（4）重度中毒：出现下列情况之一可诊断为重度中毒。①出现吸收毒物所致相应靶器官（系统）功能衰竭者；②出现吸收毒物所致多器官（系统）功能损害者；③急性中毒留有较重的后遗症者。

《职业性急性化学物中毒性呼吸系统疾病诊断标准》的分级诊断标准如下：

（1）刺激反应：出现一过性眼和上呼吸道刺激症状，胸部X线无异常表现者。

（2）轻度中毒：凡具有下列情况之一者，可诊断为轻度中毒：①有眼及上呼吸道刺激症状，如畏光、流泪、咽痛、呛咳、胸闷等，也可有咳嗽加剧、咯黏液性痰、偶有痰中带血。体征有眼结膜、咽部充血及水肿；两肺呼吸音粗糙，或可有散在性干、湿啰音；胸部X线表现为肺纹理增多、增粗、延伸、或边缘模糊。符合急性气管-支气管炎或支气管周围炎。②症状以哮喘为主，呼气时尤为困难、伴有咳嗽、胸闷等。体征有两肺弥漫性哮鸣音，胸部X线表现可无异常。呈哮喘样表现。

（3）中度中毒：凡具有下列情况之一者，可诊断为中度中毒：①呛咳、咳痰、气急、胸闷等；可有痰中带血、两肺有干、湿性啰音、常伴有轻度发绀；胸部X线表现为两中、下肺野可见点状或小斑片状阴影；符合急性支气管肺炎。②咳嗽、咳痰、胸闷和气急较严重，肺部两侧呼吸音减低，可无明显啰音，胸部X线表现为肺纹理增多、肺门阴影增宽、境界不清、两肺散在小点状阴影和网状阴影，肺野透明度减低，常可见水平裂增厚，有时可见支气管袖口征和/或克氏B线。符合急性间质性肺水肿。③咳嗽、咳痰、痰量少到中等，气急、轻度发绀、肺部散在性湿啰音、胸部X线显示单个或少数局限性轮廓清楚、密度增高的类圆形阴影。符合急性局限性肺泡性肺水肿。

①有吸入碳氢化合物或其他液态化学物的历史，出现剧烈呛咳、咳痰、痰中带血，也可有铁锈色痰、胸痛、呼吸困难、发绀等症状，常伴有发热、全身不适等，X线胸片示肺纹理增粗及小片状阴影，以右下侧较多见，少数可伴发渗出性胸膜炎。符合急性吸入性肺炎。

（4）重度中毒：凡有下列情况之一者，可诊断为重度中毒：①剧烈咳嗽、咯大量白色或粉红色泡沫痰，呼吸困难，明显发绀，两肺密布湿性啰音，胸部X线表现两肺野有大小不一、边缘模糊的粟粒小片状或云絮状阴影，有时可融合成大片状阴影，或呈蝶状形分布。血气分析 $PaO_2/FiO_2 \leq 40kPa$（300mmHg）。符合弥漫性肺泡性肺水肿或中央性肺泡性肺水肿。②上列情况更为严重，呼吸频数大于28次/min或/和有呼吸窘迫。胸部X线显示两肺广泛多数呈融合的大片状阴影，血气分析氧分压/氧浓度（$PaO_2/FiO_2 \leq 26.7kPa$（200mmHg），符合急性呼吸窘迫综合征。③窒息。④并发严重气胸、纵隔气肿或严重心肌损害等。⑤猝死。

## （七）现场中毒事件处理原则

调查人员到达中毒现场后，应先了解中毒事件的概况。

**1. 调查内容**

（1）现场环境状况、气象条件、通风措施、生产工艺流程等相关情况。

（2）调查中毒患者及相关人员，了解事件发生的经过，人员接触毒物的时间、地点、方式，中毒人员数量、姓名、性别、工种、中毒的主要症状、体征、实验室检查及抢救经过。

（3）同时向临床救治单位进一步了解相关资料（如抢救过程、临床治疗资料、实验室检查结果等）。

**2. 检测或取样**　调查人员依据《中华人民共和国国家职业卫生标准：工作场所空气有毒物质测定（GBZ/T160-2004）》尽早进行现场窒息性气体浓度测定，必要时测定有毒气体，以确定是否为混合气体中毒。

## （八）患者处理原则

**1. 院前检伤和救助**

（1）原则：急性窒息性气体中毒的发生往往是难以预料的，危及范围大，现场救治必须快速、及时、准确，先重后轻。

（2）现场检伤分类：主要检查患者的呼吸情况、血流动力学状况和意识状态，每个伤员检伤分类所用的时间不要超过60秒。采用常用的4种颜色标记：绿色（轻微）、黄色（顺延救治）、红色（立即救治）、黑色（死亡）。

（3）现场抢救内容：①立即使患者脱离现场至空气新鲜处，脱去被污染的衣服，清洗受污染的皮肤、毛发；②保持镇静，卧床观察，减少耗氧，保持呼吸道畅通，注意保暖；③及时给氧；④对于意识丧失，呼吸、心搏骤停者应在脱离现场后立即进行心肺复苏（CPR）；⑤重症患者转送应携带安全周知卡，给予应急救援，保证治疗措施延续（吸氧、补液、呼吸兴奋剂、激素等），事先通知接收医院作好接诊准备。

**2. 院内治疗**

（1）尽早合理氧疗：是纠正缺氧的主要措施之一，有自主呼吸者应给予常压口罩吸氧，有条件时进行高压氧治疗，但注意吸入高浓度的氧（>60%）持续时间一般不应超过24小时，以免发生氧中毒。

（2）使用解毒药：①急性氰化物中毒可用高铁血红蛋白（MetHb）形成剂、10%的4-二甲基氨基苯酚（4-DMAP）等解毒。②硫化氢中毒可应用小剂量美蓝（20~120mg）解毒。

（3）防治脑水肿是重度中毒患者急救和治疗的关键环节之一。强调早期积极防治，可采取如下措施：①积极纠正脑缺氧：这是防治脑水肿的根本措施；②糖皮质激素的应用：对急性中毒性脑水肿的预防、治疗有一定效果，临床上以地塞米松较为常用；③脱水利尿：常用脱水剂有20%

甘露醇溶液、25%山梨醇溶液，这类药物主要通过提高血浆渗透压，将血浆和脑组织间渗透压梯度增高，使脑内水分移至血管内，再经肾脏排出，达到脱水作用。常用利尿剂为呋塞米，主要通过抑制肾小管对钠离子的重吸收产生利尿作用，以间接使脑组织脱水，同时可降低脑脊液形成速率，以减轻脑水肿，脱水剂与利尿剂常交替使用；④予以脑营养代谢药物，如细胞色素C、ATP、辅酶A、肌苷、脑活素等。

（4）改善脑内微循环的治疗：如维持充足脑灌流压，使血压处于正常或稍高水平，合理补液以改善血液黏稠度，适当降低血液 CO 分压以纠正"颅内盗血"现象等。重视急性期后的损伤，支持治疗，预防并发症。

（5）其他对症、支持疗法：急性 CO 中毒的危重病人出现抽搐、痉挛和中枢性高热，可予以解痉、物理降温及冬眠疗法，减少机体耗氧量，保护脑细胞，对并发中毒性心肌损害、肺水肿、上消化道出血等要积极对症治疗。对于严重中毒患者要注意可能出现神经精神后发症的预防。出现迟发脑病时，可给予高压氧、糖皮质激素、血管扩张剂或抗帕金森病药物以及其他对症与支持治疗。

## （九）预防原则

**1. 窒息性气体事故发生的主要原因**

（1）设备缺陷，发生跑、冒、滴、漏等安全事故。
（2）缺乏安全作业规程或违章操作。
（3）中毒现场往往无通风设施，导致气体浓度较高，发生窒息事故。
（4）缺乏有效的防护面具。
（5）缺乏急救的安全措施。
（6）劳动组合不善，在窒息性气体环境单独操作而得不到及时发现与抢救，或窒息昏倒于水中溺死。

**2. 预防窒息性气体中毒的措施**

（1）制订并严格执行安全操作规程。
（2）生产过程应尽量采用机械化、密闭化、自动化、连续化的设备进行。
（3）定期设备检修，防止跑、冒、滴、漏。
（4）危险作业环境应设置警示标识，装置自动报警设备。
（5）高浓度或通风不良的窒息性气体环境作业，应先进行有效的通风换气，通风量不少于环境容量的3倍。
（6）加强卫生宣教，做好上岗前安全与健康教育，普及急救互救知识和技能训练。
（7）添置有效防护面具，并定期维修与效果检测。
（8）定期作预防性的体格检查。
（9）可使用药物预防。高浓度硫化氢、氰化氢的环境下短期作业，可口服 4-DMAP 180mg 和对氨基苯丙酮（PAPP）90mg，进行预防，20分钟即显效。4-DMAP 作用快，药效短；PAPP 作用慢，药效持久。

## 二、一氧化碳

【理化特性】 一氧化碳（carbon monoxide，CO）俗称"煤气"，是一种无色、无臭、无味、无刺激性的气体，分子量28.01，熔点-199℃，沸点-191.5℃，气体的相对密度为0.967，易扩散，微溶于水、易溶于氨水、易燃、易爆，在空气中含量达 12.5%时可发生爆炸。

【接触机会】 CO 是最常见的窒息性气体：生产性和生活性原因引起的急性 CO 中毒均较常见。凡是含碳物质不完全性燃烧均可产生 CO，如冶金工业的炼焦、金属冶炼，采矿爆破作业，机械工业的锻造、铸造、耐火材料、玻璃、陶瓷、建筑材料等工业使用的各种窑炉、煤气发生炉等。CO 也是化工原料，化学工业用 CO 来制造光气、甲醇、甲酸、丙酮等。此外，在通风不良的情况下，家庭用煤炉、燃气热水器和汽车发动机尾气也可引起急性 CO 中毒。

【毒理】

**1. 吸收** CO 通过呼吸道吸收。

**2. 分布** CO 可迅速透过肺泡入血，还可弥散通过胎盘进入胎儿体内。

**3. 代谢转化** 入血后的 CO，80%～90%与红细胞血红蛋白（Hb）可逆性结合，形成碳氧血红蛋白（HbCO），空气中 CO 浓度越高，血液中 HbCO 的饱和度也越高，吸入 CO 的 10%～15%与血管外血红素蛋白如肌红蛋白、二价铁的细胞色素等结合。

**4. 排泄** 进入机体的 CO 绝大部分以原形态经肺呼出，约 1%转化为 $CO_2$ 呼出，正常大气压下 CO 生物半排期约 320 分钟，吸入高浓度 CO 需要 7～10 天才能基本排出，但提高空气中氧分压可显著缩短 CO 生物半排期，如吸入 1 个大气压纯氧，CO 生物半排期可缩短为 80 分钟，吸入 3 个大气压纯氧，CO 生物半排期则短至 23.5 分钟。

**5. 毒性与毒作用**

（1）急性毒性：$LC_{50}$：小鼠 2300～5700mg/m³，豚鼠 1000～3300mg/m³，兔 4600～17200mg/m³，猫 4600～45800mg/m³，狗 34400～45800mg/m³。

（2）亚急性和慢性毒性：大鼠吸入 0.047～0.053mg/L，4～8h/d，30d，出现生长缓慢，血红蛋白及红细胞数增高，肝脏的琥珀酸脱氢酶及细胞色素氧化酶的活性受到破坏。猴吸入 0.11mg/L，经 3～6 个月引起心肌损伤。

（3）毒作用：CO 与 Hb 结合形成 HbCO，使 Hb 失去携氧能力，机体出现缺氧的症状。机体缺氧可影响多个脏器系统，大脑与心脏对机体供氧不足的反应特别敏感，缺氧对两者的损伤最为显著。①对神经系统的损伤：人体血液内的碳氧血红蛋白（HbCO）可达到 2%以上，可引起神经系统反应，如行动迟缓，意识不清等；人体血液内的 HbCO 可达到 5%（30ppm）左右，可导致视觉与听力障碍；当血液内 HbCO 达到 10%以上时，机体将出现严重的中毒症状，如头痛、眩晕、恶心、胸闷、乏力、意识模糊等。②对心脏的伤害：当 HbCO 达到 5%以上时，冠状动脉血流量显著增加；HbCO 达到 10%时，冠状动脉血流量增加 25%，心肌摄取氧的数量减少，导致某些组织细胞内的氧化酶系统活动停止。一氧化碳中毒还会引起血管内的脂类物质累积量增加，导致动脉硬化症。

**6. 毒作用机理**

（1）与 Hb 结合形成 HbCO：这是急性 CO 中毒引起机体缺氧窒息最主要的机制，吸入的 CO 绝大部分与 Hb 结合形成 HbCO，使 Hb 失去携氧能力。由于 CO 与 Hb 的亲和力比氧与 Hb 的亲和力大 300 倍，因此 CO 与 $O_2$ 竞争可逆性结合 Hb 过程中，更易于形成 HbCO，而且 HbCO 的解离速度比 $HbO_2$ 慢 3600 倍，同时 HbCO 的存在还影响 $HbO_2$ 的解离，阻碍氧的释放，故导致低氧血症和组织缺氧，因 HbCO 为鲜红色，故急性 CO 中毒患者的皮肤黏膜呈樱桃红色。

血红蛋白是血液运氧的主要载体，血红蛋白由 4 个亚基构成，每个亚基上的亚铁离子可与 1 个氧分子结合，这种结合是可逆的。血红蛋白属于别构蛋白，当 1 个氧分子与血红蛋白 4 个亚基中的一个结合，会引起整个血红蛋白结构发生变化，这种变化促使其他亚基更容易与氧分子结合。由于别构效应，血红蛋白与氧的结合曲线呈 S 形。除了运载氧，血红蛋白还可以与二氧化碳、一氧化碳等结合，结合的方式也与氧一样，只是结合的牢固程度不同。同时存在时，与血红蛋白呈竞争性结合的关系。

血液中 HbCO 的形成量主要与空气中的 CO 浓度、接触时间及肺通气量有关，后者取决于接触者劳动强度，若空气中的 CO 浓度越高、接触时间越长、劳动强度越大，则接触者血液中 HbCO 的形成量越大，达到饱和浓度的时间也越短。

（2）与肌红蛋白结合：部分 CO 进入肌肉组织与肌红蛋白结合，形成碳氧肌红蛋白，影响氧从毛细血管向细胞线粒体弥散，损害线粒体功能。

（3）其他：CO 与线粒体还原型细胞色素氧化酶可逆性结合，阻断电子传递链，直接阻碍细胞利用氧，CO 还可与鸟苷酸环化酶、一氧化氮合酶（NOS）等结合，干扰有关酶的活性。

（4）脑组织缺氧机制：脑重仅为体重的 2% 左右，但脑耗氧量约为总耗氧量的 20% 以上，脑的氧储备较少，储备的 ATP 在 10min 即可消耗完，而且脑组织各部分的功能不能互相取代；故脑对缺氧特别敏感，尤其是侧支循环较差、含铁质丰富的部位，如苍白球、黑质等，易受到急性 CO 中毒的损害，严重缺氧引起脑组织的病理变化，如脑细胞肿胀、变性、坏死、脑间质水肿。缺氧导致 ATP 的生成不足，使 $Na^+$-$K^+$ 泵不能充分运转出进入细胞内的 $Na^+$，细胞内 $Na^+$ 浓度过高，促使水进入胞内增加，引起细胞水肿。缺氧使糖酵解过程加强，产生乳酸等酸性产物，大量酸性代谢产物堆积，扩张脑血管，并促使毛细血管通透性增高，血管内液体大量渗出，引起脑间质水肿，脑血管扩张、脑细胞及脑间质水肿可使颅内压升高，由此引起头痛、呕吐、烦躁不安、惊厥、昏迷，甚至死亡。缺氧还可能诱发其他多种因素，如细胞内游离 $Ca^{2+}$ 增多、溶酶体酶释放、自由基损伤等，引起组织细胞的损伤，脑细胞发生变性、软化、坏死，白质出现广泛脱髓鞘病变，导致急性中毒性脑病及一系列神经精神后发症。

【中毒临床】

**1. 临床表现**

（1）急性中毒

急性一氧化碳中毒较为常见，临床上以急性脑缺氧的症状与体征为主要表现，少数患者可有迟发性的神经精神症状，部分患者亦可有其他脏器的缺氧性改变。中毒的程度主要取决于血液中 HbCO 饱和度，根据缺氧程度可分为 3 级：①轻度中毒：血液 HbCO 浓度可高于 10%，患者出现剧烈头痛、头昏、耳鸣、眼花，颞部血管搏动感，并有恶心、呕吐、心悸、胸闷和四肢无力，可表现意识模糊、嗜睡、昏厥、谵妄等状态，但无昏迷。②中度中毒：血液 HbCO 浓度可高于 30%，除上述症状外，皮肤、黏膜呈樱桃红色，意识障碍加重，表现为浅至中度昏迷，对疼痛刺激有反应，瞳孔对光反射和角膜反射迟钝，经抢救恢复后一般无并发症和后遗症。③重度中毒：血液 HbCO 浓度可高于 50%，上述症状进一步加重，因缺氧和脑水肿而进入深昏迷和去大脑皮层状态，瞳孔缩小，对光反射迟钝或消失，可出现病理反射，肤色因微循环障碍而呈灰白或青紫色，呼吸、脉搏由浅、快变为慢而不规则，甚至停止，心音减弱、血压下降、肌张力增高、可出现阵发性抽搐或全身强直性痉挛，后期可因呼吸麻痹而死亡，可并发肺水肿、心肌损害、上消化道出血、脑局灶性损害等。

急性 CO 中毒迟发脑病（神经精神后发症）（DEACMP）（delayed encephalopathy after acute carbon monoxide poisoning）：是指 CO 中毒患者经抢救，在急性中毒症状恢复后，经过数天或数周（2~60 天）表现正常或接近正常的"假愈期"，再次出现以急性痴呆为主的一组神经精神症状：如精神及意识障碍，呈痴呆、谵妄或去大脑皮层状态；锥体外系神经障碍，出现帕金森综合征的表现；锥体系神经损害，出现偏瘫，病理反射阳性或小便失禁等；大脑皮层局灶性功能障碍，如失语、失明或出现继发性癫痫；头部 CT 检查可发现脑部有病理性密度减低区，脑电图检查可发现中度及高度异常。

（2）慢性中毒：长期接触低浓度的 CO 是否可引起慢性中毒，至今尚有争论。近来的研究表明，长期反复接触低浓度的 CO，可引起类神经症，并对心血管系统有不利的影响。

**2. 中毒临床诊断**

（1）诊断原则：主要根据吸入较高浓度 CO 接触史和发生急性中枢神经损害的症状和体征，结合血中 HbCO 测定结果和现场卫生调查资料，并排除其他病因后，做出诊断。

（2）职业性急性一氧化碳中毒分级诊断标准（GBZ 23-2002）

接触反应：出现头痛、头昏、心悸、恶心等症状，吸入新鲜空气后症状可消失者。

轻度中毒：具有下列任何一项表现者：①出现剧烈的头痛、头昏、四肢无力、恶心、呕吐；

②轻度至中度意识障碍，但无昏迷者，血液 HbCO 浓度可高于 10%。

中度中毒：除上述症状外，意识障碍表现为浅至中度昏迷，经抢救后恢复且无明显并发症者，血液 HbCO 浓度可高于 30%。

重度中毒：具备下列任何一项者：①意识障碍程度达深昏迷或去大脑皮层状态；②患者有意识障碍且并发有下列任何一项者：脑水肿、休克或严重的心肌损害、肺水肿、呼吸衰竭、上消化道出血、脑局灶损害如锥体系或锥体外系损害体征，血液 HbCO 浓度可高于 50%。

急性 CO 中毒迟发脑病（神经精神后发症）：急性 CO 中毒患者意识恢复后，经 2~60 天的"假愈期"，又出现下列临床表现之一者：①精神及意识障碍呈痴呆状态、谵妄状态或去大脑皮层状态；②锥体外系神经障碍：出现帕金森综合征的表现；③锥体系神经损害（如偏瘫、病理反射阳性或小便失禁等）；④大脑皮质局灶性功能障碍，如失语、失明或出现继发性癫痫，头部 CT 检查可发现脑部有病理性密度减低区，脑电图检查可发现中度及高度异常。

【中毒处理原则】

**1. 院前检伤和救助**　参见＜概述-患者处理原则-院前检伤和救助＞。

**2. 院内治疗**　参见＜概述-患者处理原则-院内治疗＞。

**3. 其他处理**

（1）轻度中毒者，经治愈后仍可从事原工作。

（2）中度中毒者，经治疗恢复后应暂时脱离 CO 作业并定期复查，观察 2 个月如无迟发脑病出现，仍可从事原工作。

（3）重度中毒及出现迟发脑病者，虽经治疗恢复，皆应调离一氧化碳作业。因重度中毒或迟发脑病治疗半年仍遗留恢复不全的器质性神经损害时，应永久调离接触一氧化碳及其他神经毒物的作业，视病情安排治疗和休息。

【预防与控制措施】

（1）参见概述-预防原则。

（2）我国职业卫生标准规定，一般地区工作场所空气中 CO 的时间加权平均容许浓度（Permissible concentration-Time Weighted Average，PC-TWA）为 20mg/m$^3$；短时间接触容许浓度（permissible concentration-short term exposure limit，PC-STEL）为 30 mg/m$^3$；高原海拔 2000~3000m 工作场所空气中 CO 的最高容许浓度（maximum acceptable concentration，MAC）为 20 mg/m$^3$；海拔＞3000m 工作场所空气中 CO 的最高容许浓度（MAC）为 15 mg/m$^3$。

## 三、氰 化 氢

【理化特性】　氰化氢（hydrogen cyanic，HCN），分子量 27.03，熔点-13.2℃，沸点-25.7℃；常温常压下为无色透明的液体或气体，其蒸气为无色、具有苦杏仁气味，蒸气的相对密度为 0.947（31℃、101.325kPa）；易扩散，易溶于水，也可溶于脂肪及有机溶剂，其水溶液为氢氰酸；氰化氢易燃、易爆，在空气中含量达 5.6%时可发生爆炸。

【接触机会】　氰化物种类繁多，包括：

**1. 无机氰化物**　如氢氰酸、氰化钾（钠）、氯化氰等。

**2. 有机氰化物**　如乙腈、丙烯腈、正丁腈等。很多氰化物在化学反应过程中，尤其在加热或与酸作用后能产生氰化氢气体，或在组织中释放出氰离子，具有与氰化氢同样的毒性作用。

常见的接触作业有：电镀、氰化法提炼金、银等贵重金属、制造合成纤维及塑料、作熏蒸剂用于杀灭啮齿类（如鼠类）动物及昆虫等。

【毒理】

**1. 吸收**　氰化氢进入人体的途径主要有三种：从呼吸道吸入氰化氢气体或含氰化物的粉尘；通过口腔黏膜和胃肠道吸收进入胃中；通过破损的皮肤与氰化物接触直接进入血液，潮湿的皮肤与高浓度的氰化物接触时，也会吸收氰化物导致中毒。生产环境下氰化氢蒸气主要经呼吸道进入机体，高浓度氰化氢蒸气或氢氰酸液体可直接经皮吸收。

**2. 分布** 氢氰酸及其盐类在体内的分布因中毒途径而异，除直接接触的组织氰含量较高外，游离氰基（$CN^-$）易与红细胞结合，故血液氰含量最高，依次为脑和心脏，其他组织则较少。

**3. 代谢转化** $CN^-$在体内主要代谢途径是在硫氰化酶（或巯基丙酮酸转硫酶）的催化作用下，与硫起加成反应，转变成毒性很低的硫氰酸盐（只有$CN^-$毒性的1/200）。这是氰化物在体内的主要解毒途径，大约90%的硫氰酸盐是通过这种途径排出的，解毒能力的强弱与体内供硫的多少有关，解毒速度的快慢由组织中含硫氰生成酶的量决定。人对氰化物的敏感程度也与体内硫氰生成酶的含量多少有关，含硫氰生成酶少的人对氰化物更敏感，由此可见人体的个体差异很大。$CN^-$还可与体内含钴的化合物如羟钴胺（维生素$B_{12}$）结合形成无毒的氰钴化合物，因此，临床上用羟钴胺或依地酸二钴抢救$CN^-$急性中毒的报告。氰离子还能与葡萄糖醛酸结合，生成微毒的腈类化合物。氰离子与人体内的硫、钴、葡萄糖醛酸的结合都是可逆的，其结合的程度取决于人体内的氰离子浓度。氰离子与硫结合成为低毒的硫氰酸盐，与钴盐结合成低毒的氰高钴酸盐，在肝脏中与葡萄糖醛酸结合成微毒的腈类化合物，这些生成低毒物质的反应对含铁细胞色素氧化酶实际起到了天然的保护作用，缓冲中毒的程度。人体对$CN^-$有较强的解毒机能，氰化物是非蓄积性毒物。当不致产生中毒剂量的少量外源性$CN^-$进入机体后，可被迅速转化为无毒或低毒物质排出体外。

**4. 排泄** 进入体内的氰化氢可通过多种途径排泄：部分以原形经呼吸道呼出，少量氰化氢转化为$CO_2$和$NH_4$从呼气中排出。大部分（90%）氰化氢在肝脏于硫氰酸酶的催化作用下，与胱氨酸、半胱氨酸、谷胱甘肽等巯基化合物结合，转化为无毒的硫氰酸盐，经肾脏随尿排出，但此过程可被硫氰酸氧化酶缓慢逆转，故在解毒早期，偶尔见到中毒症状的复现，可能与此有关。少部分与葡萄糖醛酸结合形成无毒腈类从尿中排出。还可参加体内氰钴胺（维生素$B_{12}$）的合成，可转化为甲酸盐由尿排出。氰离子氧化生成甲酸，一部分参与单碳代谢，另一部分由肾脏排出。

**5. 毒性与毒作用**

（1）毒性：$LD_{50}$：810μg/kg（大鼠静脉），3700μg/kg（小鼠经口）；$LC_{50}$：357mg/m$^3$（小鼠吸入5分钟）；致死量为1mg/kg（体重）。最高容许浓度为0.3mg/m$^3$。

（2）毒作用：氰根离子能抑制组织细胞内42种酶的活性，使组织细胞不能利用血液中的氧而造成内窒息而死亡。氰化氢属于剧毒类，吸入高浓度氰化氢或吞服大量氰化物者，可在2～3分钟内呼吸停止，呈"电击样"死亡。

**6. 毒作用机制** 氰化氢、氰化氢及其他氰化物的毒作用，主要由其在体内释放出的氰离子（$CN^-$）所致。

（1）氰离子可抑制多种酶的活性，尤其是细胞色素氧化酶。氰根离子能迅速与氧化型细胞色素氧化酶中的$Fe^{3+}$（三价铁离子）结合，阻止其还原成$Fe^{2+}$（二价铁离子），使传递电子的氧化过程中断，组织细胞不能利用血液中的氧而造成内窒息。由于血液中的氧不能为组织细胞所利用，动静脉氧差可由正常的4.0%～5.0%降至1.0%～1.5%，此时，静脉血呈鲜红色，所以氰化物中毒时，皮肤、黏膜呈樱桃红色。

（2）氰离子还能与体内其他含三价铁的生物分子结合，如与高铁血红蛋白的三价铁结合，形成氰化高铁血红蛋白。因此，在氰化物中毒时，通过适当提高血液中高铁血红蛋白含量，有效竞争结合氰离子，可解除氰离子对细胞色素氧化酶的抑制作用。

（3）氰离子对金属具有络合作用，可与金属酶结合而抑制其活性。

（4）氰离子也可与生物分子中的羰基结合，如与磷酸吡哆醛的羰基结合，从而抑制以磷酸吡哆醛为辅基的有关酶的活性，引起机体代谢紊乱。

【中毒临床】

**1. 临床表现**

（1）急性中毒：氰化氢毒性高，发病快。根据病情发展程度可分为3级：

轻度中毒：头痛、头昏、恶心、呕吐；口中有苦杏仁味；感到胸闷、呼吸困难、眼及上呼吸道有刺激征，如畏光、流泪、咳嗽等；意识模糊、嗜睡；但无昏迷，皮肤、黏膜红润。

中度中毒：上述症状加重，出现为浅至中度昏迷，血压下降，皮肤、黏膜呈樱桃红色。

重度中毒：患者迅速进入昏迷，阵发强直性全身痉挛。吸入高浓度氰化氢可引起"电击样"死亡。如果接触浓度相对较低，未瞬间死亡者，其临床经过大致可分四期：①前驱期：主要表现为眼、咽喉及上呼吸道黏膜刺激症状，口中有苦杏仁味，继之可出现恶心、呕吐、震颤、呼吸加快，并伴逐渐加重的全身症状。此期一般持续时间短暂。②呼吸困难期：表现为极度呼吸困难和节律失调，眼球突出，冷汗淋漓，呼吸节律先快后慢而弱，患者有恐慌感，皮肤黏膜呈樱桃红色。③痉挛期：患者出现阵发强直性痉挛，意识丧失，大小便失禁，呼吸表浅，血压骤降，体温逐渐降低，各种反射均消失，常伴发肺水肿和呼吸衰竭。④麻痹期：患者深度昏迷，全身肌肉松弛，反射消失，呼吸停止，血压明显下降，随后心脏停搏而死亡。

（2）慢性作用：长期接触低浓度的氰化氢，组织供氧不足，可引起一系列反射性改变，如红细胞血红蛋白代谢性增高、血压下降、甲状腺机能低下、甲状腺组织增生肿大。氰化物慢性中毒的发生与机体的营养状况有关，如维生素$B_{12}$缺乏，蛋白质营养不良，尤其是含硫氨基酸的缺乏可使机体用于$CN^-$解毒的S、—SH减少，这些因素均可使摄入体内的$CN^-$毒性增加，从而导致一系列慢性中毒的症状和体征出现。

神经系统：由于$CN^-$可使神经纤维脱髓鞘现象、脑组织坏死及空泡变性等退行性病变发生，所以可出现头痛、眩晕、注意力分散、健忘、无力、睡眠障碍、视力减退并出现五彩视、皮肤感觉异常、性功能减退，还可发生热带性神经病变，弥漫性神经退行性疾病症候群。由于视神经萎缩、神经性耳聋及影响骨髓感觉神经而引起共济失调等，如患烟草性弱视神经萎缩等疾病。

呼吸和消化系统：咳嗽、呼吸急促、有窒息感。嗅觉和味觉改变，恶心、呕吐、胃灼热感及胸腹部有压迫感。

心血管系统：心动过速或过缓、心悸、心前区疼痛、血管紧张力降低及血循环变慢，心音低钝，血压普遍降低，并出现心电图变化。

肌肉和皮肤：以运动肌为主，大多以腰背两侧开始，出现全身肌肉酸痛、强直、僵硬、动作不灵活，最后活动受限等。皮肤常可出现皮疹（斑疹、血疹、疱疹）或溃疡并瘙痒。

**2. 中毒临床诊断** 根据氰化物接触史，以脑缺氧为主的临床表现，并结合呼出气为苦杏仁味、皮肤黏膜呈樱桃红色、静脉采血为鲜红色、尿中硫氰酸盐含量显著增加等，可对急性中毒者迅速做出诊断。进一步诊断可在全面调查、分析有关资料后得出。目前尚无氰化氢中毒国家诊断标准。

【中毒处理原则】

**1. 院前检伤和救助** 脱去污染的衣服后，用清水或5%硫代硫酸钠溶液冲洗被污染的皮肤；如果眼睛有接触毒物，立即提起眼睑，用大量流动清水或生理盐水彻底冲洗至少15分钟；如经消化道摄入，应饮足量温水，尽快催吐、洗胃（用1∶5000高锰酸钾或5%硫代硫酸钠溶液）。其他各点同＜概述-处理原则＞。

**2. 院内治疗** 解毒剂治疗：其解毒原理是给予适量的高铁血红蛋白生成剂使体内形成一定量高铁血红蛋白。利用高铁血红蛋白的三价铁与氰离子形成氰化高铁血红蛋白，从而减轻或解除氰离子对细胞色素氧化酶的抑制。同时，给予供硫剂如硫代硫酸钠，在体内硫氰酸酶的作用下，促使氰离子转变为无毒的硫氰酸盐，随尿排出。具体方法如下：

（1）"亚硝酸钠-硫代硫酸钠"疗法：快速将亚硝酸异戊酯1～2支碾碎，给患者吸入15～30S，每隔3分钟重复使用（但不超过6支），直至使用亚硝酸钠为止。静脉缓慢注射3%亚硝酸钠溶液10ml，速度约1～2ml/min，注射时注意观察血压情况，避免血压明显下降。用同一针头缓慢注入

20%硫代硫酸钠溶液50～100ml。若中毒征象复现,可按半量再给予亚硝酸钠和硫代硫酸钠治疗。

(2)"4-二甲氨基苯酚(4-DMAP)"应用:近年来有用肌内注射10%4-DMAP 2ml代替亚硝酸钠治疗急性氰化物中毒。4-DMAP为新型的高铁血红蛋白生成剂,其形成高铁血红蛋白的速度比亚硝酸钠快,而且不扩张血管平滑肌,可避免亚硝酸钠引起的降压作用;再则,肌肉给药的方式也快速便捷。此外,谷胱甘肽、硫代乙醇胺、胱氨酸等也有一定的解毒作用。其他各点同＜概述-处理原则＞。

**3. 其他处理** 轻、中度中毒患者,经治愈后仍可从事原工作;重度中毒或遗留恢复不全器质性神经损害的患者,应调离接触神经毒物的作业岗位,视病情安排治疗和休息。

【预防与控制措施】
(1)参见概述-预防原则。
(2)控制车间空气中氰化氢浓度不超过国家职业卫生标准,即工作场所空气中氰化氢的最高容许浓度(MAC)为0.3mg/m³。
(3)因为氰化氢的剧毒性,进入有高或中等浓度氰化物的场所工作时必须佩戴有效的防护用具,同时必须有专人负责进行监护。在选择和佩戴防毒面具时一定要谨慎,国内常用GB 2890-82 IL型滤毒罐,在使用其他型号滤毒罐时应认真阅读说明书和生产日期,一般在3g/m³氰酸气浓度中有效滤毒时间仅为50分钟左右;在使用前应用氯化苦测试一下滤毒罐的有效性和防毒面具的穿戴是否要当,若进行大型氢氰酸熏蒸时建议一个熏蒸队至少有一套自给式呼吸装置,以防不测。对于不能保证上述预防措施有效而临时又必须进入并进行一段时间工作的地点、场所,如果危险性很大要预先服用抗氰预防片。

## 四、硫 化 氢

【理化特性】 硫化氢(hydrogen sulfide,$H_2S$)是一种无色、具有强烈臭蛋样气味的可燃性气体。分子量34.08,熔点-82.9℃,沸点-60.7℃,气体的相对密度为1.19,略重于空气,故易积聚在低洼处。硫化氢易溶于水生成氢硫酸,亦溶于乙醇、汽油等且能与大部分金属反应形成硫酸盐。

【接触机会】 硫化氢多属于生产过程中排放的废气,其主要的接触机会有:
(1)石油工业和冶金工业中,含硫矿物开采及脱硫加工所排放的废气。
(2)生产和使用硫化染料。
(3)化纤工业中,二硫化碳合成、人造丝制造等。
(4)造纸、制糖、皮革加工等,原料腐败产生硫化氢。
(5)其他,如硫酸精炼、含硫药品和农药生产、橡胶硫化、食品加工等。生活过程中,有机废弃物在微生物作用下可产生硫化氢。从事下水道疏通、粪坑、垃圾、废井清理等作业,也常有硫化氢中毒发生。

【毒理】
**1. 吸收** 硫化氢主要经肺部吸入而吸收。同时也可通过摄食进入人体。如果误服了含硫化物的溶液,由于胃中盐酸的作用,硫化物会变成硫化氢,并很快从胃中扩散到整个机体。例如误将硫化钡作硫酸钡(胃肠X线检查的显影剂)服用,喝了含硫化物的脱发剂或烫发药水,都会发生硫化氢中毒。经皮肤吸收而造成的急性中毒极为罕见,在动物试验中,即使四周空气中的硫化氢浓度高达4000ppm(呼吸的空气另外供给),也未发现全身性影响,只是局部皮肤有些反应。

**2. 分布** 硫化氢是一种神经毒,主要靶器官是中枢神经系统和呼吸系统。
**3. 代谢转化** 进入体内的硫化氢可与血红蛋白、细胞色素氧化酶等的三价铁结合。
**4. 排泄** 体内少量的硫化氢代谢迅速,大部分在肝脏中被氧化成为硫酸盐和硫代硫酸盐,很快随尿排出,小部分以原形态由呼气排出,无蓄积作用。动物实验显示,空气中硫化氢浓度如达

700 ppm，99%以上的硫化氢很快会从空气中消失，并为机休所吸收。这对于解释人接触硫化氢后即迅速出现的中毒症状具有重要意义。因为在呼吸几次之后，机体细胞中的硫化氢就达到较高的浓度。即使空气中的硫化氢浓度高于 700ppm，一次摄入人体的硫化氢也不再呼出。

**5. 毒性与毒作用** 见表 1-1。

表 1-1 硫化氢对人的急性毒性作用

| 空气中硫化氢浓度（ppm） | 硫化氢的毒作用 |
| --- | --- |
| 0～70 | 觉察不到毒作用（包括长期接触） |
| 70～150 | 刺激感 |
| 150～300 | 刺激感，中枢神经受影响 |
| 300～500 | 亚急性中毒现象：刺激感，中枢神经和呼吸受影响，知觉障碍等，个别的在 30 分钟内死亡 |
| 500～800 | 同上，另有呼吸急促，知觉丧失，痉挛，呼吸麻痹。30 分钟内死亡 |
| 800～1400 | 中风型痉挛。1～3 分钟内死亡 |
| 200～300 | 硫化氢嗅阈上限 |

1ppm $H_2S$ = 1.421mg $H_2S/m^3$

**6. 毒作用机制** 硫化氢既属于窒息性气体，又属于刺激性气体。

（1）硫化氢具有高水溶性，接触到湿润的眼结膜和呼吸道黏膜时迅速溶解，形成氢硫酸，并且与黏膜表面的钠离子结合生成碱性的硫化钠，氢硫酸和硫化钠具有刺激性和腐蚀性，可引起眼和呼吸道炎症，严重者可导致角膜溃疡、化学性肺炎和化学性肺水肿。

（2）硫化氢的窒息作用主要是与细胞色素氧化酶的三价铁结合，抑制了酶的活性，阻断细胞呼吸链中的电子传递，使组织细胞不能摄取和利用氧，造成组织缺氧。

（3）硫化氢与谷胱甘肽巯基结合，使谷胱甘肽失去活性，并能使脑、肝中的三磷酸腺苷酶的活性降低，干扰细胞生物氧化还原过程和能量供应，加重细胞内窒息。

（4）高浓度的硫化氢可直接抑制呼吸中枢，导致"电击样"死亡。硫化氢刺激阈低，人接触硫化氢浓度为 1.4mg/m³ 的空气时即可闻到臭蛋样气味，但高浓度的硫化氢具有神经毒作用，可致嗅神经麻痹，故不能依靠其气味强烈与否来判断环境中硫化氢的危险程度。

【中毒临床】

**1. 临床表现**

（1）急性中毒：硫化氢具有刺激作用、窒息作用和神经毒作用，根据病情发展程度可分 3 级：

轻度中毒：眼灼痛、畏光、流泪，有异物感，鼻咽部干燥、咳嗽、咳痰明显；感到头痛、头晕、乏力、恶心；可有轻度至中度意识障碍。检查可见眼结膜充血水肿，肺部呼吸音增粗，可闻及散在的干、湿啰音。

中度中毒：上述症状加重，意识障碍明显，表现为浅至中度昏迷，肺部可闻及较多的干、湿啰音。

重度中毒：见于吸入高浓度硫化氢后，患者有明显中枢神经系统症状，意识障碍明显，呈深昏迷或呈植物状态，可并发化学性肺水肿及多脏器衰竭，最后可因呼吸麻痹而死亡。若接触极高浓度硫化氢，可引起"电击样"死亡。

（2）慢性作用：硫化氢在体内无蓄积作用，但长期反复接触低浓度的硫化氢，可引起眼及呼吸道慢性炎症，全身可有类神经症、自主神经功能紊乱等表现。

**2. 中毒临床诊断** 根据短期内有较多量硫化氢吸入，出现以中枢神经系统和呼吸系统损害为主的临床表现，结合作业现场调查、实验室检查等资料，综合分析，排除其他疾病，可做出诊断。职业性急性硫化氢中毒分级诊断标准（GBZ 31-2002）如下：

（1）接触反应：接触硫化氢后出现眼刺痛、羞明、流泪、结膜充血、咽喉部灼热感、咳嗽等眼和上呼吸道刺激表现，或有头痛、头晕、乏力、恶心等神经系统症状，脱离接触后在短时间内消失者。

（2）轻度中毒：具有下列情况之一者。

1）明显的头痛、头晕、乏力、恶心等症状，并出现轻度至中度意识障碍。

2）急性气管-支气管炎或支气管周围炎。

（3）中度中毒：具有下列临床表现之一者。

1）意识障碍表现为浅至中度昏迷；

2）急性支气管肺炎。

（4）重度中毒：具有下列临床表现之一者。

1）意识障碍程度达深昏迷或呈植物状态。

2）肺水肿。

3）猝死。

4）多脏器衰竭。

【中毒处理原则】

（1）参见概述-患者处理原则。

（2）轻、中度中毒患者，经治愈后仍可从事原工作；重度中毒或遗留恢复不全器质性神经损害的患者，应调离接触神经毒物的作业岗位，视病情安排治疗和休息。

【预防与控制措施】

（1）参见概述-预防原则。

（2）目前我国职业卫生标准规定：工作场所空气中硫化氢的最高容许浓度（MAC）为 $10mg/m^3$，然而硫化氢的毒理学表明，如果吸入 10～20 倍此浓度的硫化氢气体，硫化氢就是一种很毒的气体。

---

**案例 1-6 解析**

曝气池污水中含有大量的有机物，在微生物作用下产生硫化氢，因其气体相对密度高于空气，故积聚在曝气池放空阀井中。维修工人在下井作业前未进行机械强制排风，也未在井边竖立警示标识，故发生工人甲落井后中毒昏倒。工人丙救人心切，未佩戴防毒面罩，也未系安全绳，违反了安全操作规程，尽管用湿毛巾捂住口鼻起到一定的保护作用，但尚不能完全隔绝高浓度硫化氢的吸入。这次事故的教训是：职工没有严格遵循安全生产制度和操作规范，救援过程慌乱盲动，职业卫生知识和中毒事故应急处理能力不足。

---

## 五、甲 烷

【理化特性】 甲烷（methane），无色无臭的气体，正四面体形极性分子，分子量 16.04，熔点 –182.5℃，沸点 –161.5℃，相对密度 0.55（空气=1）、0.42（水=1），饱和蒸气压 53.32kPa/–168.8℃，微溶于水，溶于醇、乙醚，属第 2.1 类易燃气体。通常情况下，甲烷比较稳定，与高锰酸钾等强氧化剂不反应，与强酸、强碱也不反应。但是在特定条件下，甲烷也会发生某些反应，与空气混合形成爆炸性混合物，遇热源和明火有燃烧爆炸的危险。与五氧化溴、氯气、次氯酸、液氧及其他强氧化剂接触剧烈反应。中国国家标准规定，甲烷气瓶为棕色，白字。甲烷在自然界的分布很广，是最简单的有机物，也是含碳量最小（含氢量最大）的烃，是天然气、沼气、坑气等的主要成分（约占 87%），俗称瓦斯。

【接触机会】 甲烷主要是作为燃料，如天然气和煤气，广泛应用于民用和工业中，也可作为化工原料，可以用来生产乙炔、氢气、合成氨、碳黑、硝氯基甲烷、二硫化碳、一氯甲烷、二氯甲烷、三氯甲烷、四氯化碳和氢氰酸等。

常见接触机会有：纸浆池、沉淀池、酿酒池、沤粪池、糖蜜池、下水道、蓄粪坑、地窖清理，工地桩井、竖井、矿井等作业；汽水、啤酒等饮料、干冰、灭火剂、发酵工业的生产；乙炔、氢气、合成氨及炭黑、硝基甲烷、一氯甲烷、二氯甲烷、三氯甲烷、二硫化碳、四氯化碳、氢氰酸等物质的化学合成；反应塔/釜、储藏罐、钢瓶等容器和管道的气相冲洗等。

易燃：与空气混合能形成爆炸性混合物，遇热源和明火有燃烧爆炸的危险，与五氟化溴、氯气、次氯酸、三氟化氮、液氧、二氟化氧及其他强氧化剂接触反应剧烈。

【毒理】 甲烷经呼吸道进入人体，但目前尚缺乏其在体内分布、代谢转化和排泄等相关资料。小鼠和兔子吸入2%浓度，持续60分钟，具有麻醉作用。

甲烷属微毒类，在工业产品或原料中，甲烷通常存在于管道中，或以液化气体的形式存储于钢管中，其本身对健康没有什么危害，是非致癌物，不会对人体产生影响。因此，任何机构都没有对其作出暴露浓度的限制。但在局限空间内，高浓度的甲烷，它会取代空中的氧，而造成缺氧环境，具有单纯性窒息作用，从而危害人身健康，甚至危害生命。当空气中甲烷达25%～30%时，可引起头痛、头晕、乏力、注意力不集中、呼吸和心跳加速、共济失调，若不及时远离，可致窒息死亡。皮肤接触液化的甲烷，可致冻伤。

【中毒临床】

**1. 临床表现**

（1）急性中毒：甲烷中毒主要表现为缺氧的症状：轻者出现头痛、头晕、乏力、注意力不集中、精细动作失灵等一系列神经系统症状，呼吸新鲜空气后可迅速消失。极高浓度下可迅速出现呼吸困难、心悸、胸闷，甚至闪电式昏厥，很快昏迷。若抢救不及时常致猝死。其他的症状有：偶见皮肤接触含甲烷液化气，可引起局部冻伤。

（2）慢性中毒：未见慢性中毒

**2. 中毒临床诊断** 根据职业接触史和临床表现，结合实验室检查，可进行诊断。

甲烷中毒的实验室检查：①血白细胞计数正常或轻度增高；②血气分析氧分压值下降，二氧化碳分压值轻度升高。

【中毒处理原则】

（1）参见概述-患者处理原则。

（2）甲烷中毒的救援注意：

1）切断泄漏源：迅速撤离泄漏污染区人员至上风处，并进行隔离，严格限制出入；

2）灭火方法：灭火剂：雾状水、泡沫、二氧化碳、干粉。若不能立即切断气源，则不允许熄灭正在燃烧的气体；

3）妥善处理漏气容器：喷水冷却容器，可能的话将漏气的容器从火场移至空旷处，注意通风。漏气容器修复、检验后再用；

4）援救人员必须先做好自身的保护措施再进入毒区，含氧量低于18%的环境，必须使用自给式空气呼吸器（SCN=BA），并佩戴氧气气体报警器。

（3）检测方法：推荐使用氧气检气管法或便携式氧气检测仪、便携式甲烷检测仪测定空气中甲烷的浓度。

【预防与控制措施】

**1. 使用、生产、运输、存储等按法规执行** 常用危险化学品的分类及标志（GB 13690-92）将甲烷物质划为第2.1类易燃气体，其使用、生产、储存、运输、装卸等方面均应按照《化学危险物品安全管理条例（1987年2月17日国务院发布）》、《化学危险物品安全管理条例实施细则（化劳发[1992]677号）》、《工作场所安全使用化学品规定（[1996]劳部发423号）》等法规执行。

（1）在生产过程中，操作人员必须经过专门培训，严格遵守操作规程。远离火种、热源，工作场所严禁吸烟。使用防爆型的通风系统和设备。防止气体泄漏到工作场所空气中。避免与氧化剂接触。在传送过程中，钢瓶和容器必须接地和跨接，防止产生静电。搬运时轻装轻卸，防止钢瓶及附件破损。防止意外逸漏事故。在矿井、下水道作业沼气池整修时，要注意通风，加强个人防护。配备相应品种和数量的消防器材及泄漏应急处理设备。

（2）运输：采用钢瓶运输时必须戴好钢瓶上的安全帽。钢瓶一般平放，并应将瓶口朝同一方向，不可交叉；高度不得超过车辆的防护栏板，并用三角木垫卡牢，防止滚动。运输时运输车辆应配备相应品种和数量的消防器，装运该物品的车辆排气管必须配备阻火装置，禁止使用易产生火花的机械设备和工具装卸。严禁与氧化剂等混装混运。夏季应早晚运输，防止日光曝晒。中途停留时应远离火种、热源。公路运输时要按规定路线行驶，勿在居民区和人口稠密区停留。铁路运输时要禁止溜放。危险货物编号：21007；UN 编号：1971；包装类别：O5；包装方法：钢质气瓶。

（3）储存：于阴凉、通风的库房，远离火种、热源。库温不宜超过 30℃。应与氧化剂等分开存放，切忌混储。采用防爆型照明、通风设施。禁止使用易产生火花的机械设备和工具。储区应备有泄漏应急处理设备。

**2. 接触限值** 中国 MAC：250mg/m³；前苏联 MAC：300mg/m³；美国车间卫生标准：窒息性气体；TLVTN：ACGIH 窒息性气体；TLVWN：未制定标准。

**3. 防护措施**

（1）呼吸系统防护：一般不需要特殊防护，但建议特殊情况下，佩带自吸过滤式防毒面具（半面罩）。

（2）眼睛防护：一般不需要特别防护，高浓度接触时可戴安全防护眼镜。

（3）身体防护：穿防静电工作服。

（4）手防护：戴一般作业防护手套。

（5）其他：工作现场严禁吸烟。避免长期反复接触，进入罐、限制性空间或其他高浓度区作业，须有人监护。

**4. 废弃** 处置前应参阅国家和地方有关法规。建议用焚烧法处置。

（孔丽娅）

## 思 考 题

1. 常见窒息性气体有哪些？有哪些主要接触作业？
2. 一氧化碳吸收和排出受哪些因素影响？
3. 何谓急性一氧化碳中毒迟发脑病？应怎样才能减少或避免此病发生？
4. "亚硝酸钠-硫代硫酸钠"疗法是根据什么原理来解除氰化物中毒？
5. 一氧化碳与硫化氢在理化性质及中毒机制上有何异同？
6. 某车间发生急性窒息性气体中毒时，应采取哪些急救措施，其中关键措施是什么？

## 第五节　有机溶剂中毒

**案例 1-7**

2010 年 1～2 月，河南省许昌市的一家大型发制品企业三联机车间职工中，因出现浑身无力、恶心、无食欲伴有牙龈出血和发烧等症状到医院检查，结果发现 35 人血液指标异常，其中约半数患上了再生障碍性贫血，甚至有女工发生流产，后经职业病诊断显示 28 名为职业性慢性重度苯中毒（全血细胞减少症、再生障碍性贫血）。

接到报告后，市卫生与安监部门对该车间进行现场检查检测，发现空气中苯浓度超过国家职业卫生标准限值。职业卫生调查发现该企业在生产发制品过程中，由于使用有机溶剂苯类化学物稀释发条上多余的胶，造成作业者职业性苯接触；同时生产车间通风条件差，容纳 200 多人的车间只有一个排风扇；职工工作期间没有使用任何个人防护用品，且经常加班；患者与企业也没有签订任何书面劳动合同，没有被告知工作中职业病危害及其后果和防护措施等；作业者上岗前和在岗期间没有进行过职业培训；患者发病前，从未进行上岗前、在岗期间的职业健康检查。

**问题**
1. 你认为本案例中患者诊断为职业性慢性苯中毒合理吗？诊断依据有哪些？
2. 哪些职业环境中可能接触到有机溶剂苯？
3. 结合本案例，你认为如何预防职业性苯中毒？

# 一、概　述

## （一）理化特性

有机溶剂常温下一般为液体，主要用作清洗剂、去脂剂、稀释剂和提取剂；许多有机溶剂也作为原料生产其他化学产品。工业有机溶剂约有 30 000 种，使用量大，接触人群多。

**1. 化学结构**　按化学结构可将有机溶剂分为若干类，同类者毒性相似，如氯代烃类多具有肝脏毒性，醛类多具有刺激性等。有机溶剂的基本化学结构为脂肪族、脂环族和芳香族，其功能基团包括卤素、醇类、酮类、乙二醇类、酯类、羧酸类、胺类和酰胺类等。

**2. 挥发性、可溶性和易燃性**　有机溶剂多数易挥发，故职业接触途径以吸入为主。脂溶性是有机溶剂的重要特性，进入机体后易与神经组织亲和从而具有麻醉作用。有机溶剂还兼有一定的水溶性，故易经皮肤进入体内。有机溶剂大多具有可燃性，如汽油、乙醇等，可用作燃料，但有些则属非可燃物而用作灭火剂，如卤代烃类化合物。

## （二）代谢与排出

**1. 吸收与分布**　挥发性有机溶剂经呼吸道吸入后经肺泡毛细血管膜吸收，约 40%～80%在肺内滞留，体力劳动时，经肺摄入量增加 2～3 倍。有机溶剂多具脂溶性，摄入后主要分布于神经系统、肝脏等富含脂肪的组织，因血-组织膜屏障富含脂肪，有机溶剂也分布于血流充足的骨骼和肌肉组织。肥胖者接触有机溶剂后，机体吸收和蓄积增多，排出慢。此外，大多数有机溶剂可通过胎盘，亦可经母乳排出，从而影响胎儿和乳儿健康。

**2. 生物转化与排出**　不同个体的生物转化能力存在差异，机体对不同溶剂的代谢速率各异，有些可充分代谢，有些则几乎不被代谢。代谢转化与有机溶剂的毒作用密切相关，如正己烷的毒性与其主要代谢物 2,5-己二酮有关。有些溶剂，如三氯乙烯与乙醇代谢类似，可因竞争有限的醇和醛脱氢酶而产生协同作用。有机溶剂主要以原形经呼出气排出，少量以代谢物形式随尿排出。多数有机溶剂的生物半减期较短，一般数分钟至数天，因此，对大多数有机溶剂来说，体内蓄积不是影响其毒作用的重要因素。

## （三）对机体的影响

**1. 中枢神经系统**　几乎全部易挥发的脂溶性有机溶剂都具有中枢神经系统的抑制作用，多属非特异性的抑制或全身麻醉。有机溶剂的麻醉效能除与脂溶性密切相关外，还与其化学物结构有关，例如碳链长短、有无卤基或乙醇基取代、是否具有不饱和（双）碳键等。

急性有机溶剂中毒时出现的中枢神经系统抑制症状与酒精中毒相似，往往表现为头痛、恶心、呕吐、眩晕、倦怠、嗜睡、衰弱、语言不清、步态不稳、易激怒、神经过敏、抑郁、定向力障碍、意识错乱或丧失，甚至因呼吸抑制而死亡。上述急性影响可带来继发性危害，如意外事故的增加等。这些影响与神经系统内化学物浓度有关，虽然大多数工业溶剂的生物半减期较短，24小时内症状大都能缓解，但常因同时接触多种有机溶剂，可呈现相加作用甚至增强作用。接触半减期长、代谢率低的化学物时，则易产生对急性作用的耐受性，严重超量接触后中枢神经系统会出现持续脑功能不全，并伴发昏迷，甚至脑水肿。

有机溶剂慢性接触可导致慢性神经行为障碍，例如性格或情感改变（抑郁、焦虑）、智力功能失调（短期记忆丧失、注意力不集中）等，还可能因小脑受累导致前庭动眼失调。此外，有时接触低浓度有机溶剂蒸气后，虽前庭试验正常，但仍出现眩晕、恶心和衰弱，称为获得性有机溶剂超耐量综合征。

**2. 周围神经和脑神经** 有机溶剂可引起周围神经损害，而且少数溶剂对周围神经系统毒作用呈特异性。如二硫化碳、正己烷和甲基正丁酮可使远端轴突受累，引起感觉运动神经的对称性混合损害，主要表现为：手套、袜子样分布的肢端末梢神经炎，感觉异常及衰弱感；有时疼痛和肌肉抽搐，而远端反射则多表现为抑制。三氯乙烯能引起三叉神经麻痹而导致三叉神经支配区域的感觉功能丧失。

**3. 皮肤** 有机溶剂所致的职业性皮炎，约占皮炎总例数的20%。几乎全部有机溶剂都能使皮肤脱脂或使脂质溶解而成为原发性皮肤刺激物。典型的溶剂皮炎具有急性刺激性皮炎的特征，如红斑和水肿，亦可见慢性裂纹性湿疹。有些工业溶剂还能引起过敏性接触性皮炎，少数有机溶剂如三氯乙烯，甚至引起严重的剥脱性皮炎。

**4. 呼吸系统** 有机溶剂对呼吸道均具有一定刺激作用，高浓度的醇、酮和醛类会使蛋白变性而导致呼吸道损伤。有机溶剂通常引起上呼吸道的刺激，接触溶解度高、刺激性强的溶剂如甲醛类，尤为明显。过量接触溶解度低、刺激性较弱的溶剂，如光气常可抵达呼吸道深部引起急性肺水肿，长期接触刺激性较强的溶剂还可致慢性支气管炎。

**5. 肝脏** 长时间、大剂量接触任何有机溶剂均可导致肝细胞损害。其中一些具有卤素或硝基功能团的有机溶剂，其肝脏毒性尤为明显。但芳香烃类（如苯及其同系物）对肝脏毒性较弱，丙酮虽无直接肝脏毒性，但能加重乙醇对肝脏的损伤作用。作业工人短期内接触过量四氯化碳可产生急性肝损害，而长期较低浓度接触则出现慢性肝病。

**6. 肾脏** 四氯化碳急性中毒时，常可出现肾小管坏死性急性肾衰竭。多种溶剂或混合溶剂长期接触可致肾小管性肾功能不全，出现蛋白尿、尿酶尿（如溶菌酶、β-葡萄糖苷酸酶、氨基葡萄糖苷酶的排出增高），溶剂接触还可能与原发性肾小球性肾炎相关。

**7. 心脏** 有机溶剂对心脏的主要影响是心肌对内源性肾上腺素的敏感性增强，有报道称健康工人过量接触工业溶剂后发生心律不齐，如发生心室颤动，甚至引起猝死。

**8. 血液** 苯可损害造血系统，导致白细胞的减少甚至全血细胞减少症，发生再生障碍性贫血和白血病；某些乙二醇醚类能引起溶血性贫血（渗透脆性增加）或再生障碍性贫血（骨髓抑制性）。

**9. 生殖系统** 大多数有机溶剂易通过胎盘屏障，还可进入睾丸，有些溶剂如二硫化碳对女性生殖功能和胎儿的神经系统发育均有不良影响。

**10. 致癌** 常用溶剂中，苯已被IARC确定为人类致癌物质，可引起急性或慢性白血病，应采取措施控制苯作为溶剂和稀释剂的用量。

## 二、苯

【理化特性】 苯（benzene），分子式为$C_6H_6$，在常温下为具有特殊芳香味的无色液体，沸点

80.1℃，极易挥发，蒸气比重为 2.77。燃点为 562.2℃，爆炸极限为 1.4%~8%，易燃、微溶于水，易与乙醇、氯仿、乙醚、汽油、丙酮、二硫化碳等有机溶剂互溶。

【接触机会】 苯在工农业生产中广泛应用。①作为溶剂、萃取剂和稀释剂，用于生药的浸渍、提取和重结晶，以及油墨、树脂、人造革、粘胶和油漆等制造。我国制鞋、箱包加工、皮革加工、玩具制造、家具制造、油漆、装饰材料加工等行业中，因使用含苯及其化合物的胶粘剂，苯中毒发生率较高。②作为有机化学合成中常用的原料，如制造苯乙烯、苯酚、药物、农药、合成橡胶、塑料、洗涤剂、染料、炸药等。③苯的制造，如焦炉气、煤焦油的分馏、石油的裂化重整与乙炔合成苯的过程中。④用作燃料，如工业汽油中苯的含量可高达 10%以上。

【毒理】

**1. 吸收、分布和代谢** 生产环境中苯以蒸气形式主要经呼吸道吸入人体，经皮肤吸收量很少，经消化道虽可完全吸收，但实际意义不大。苯进入机体后，主要分布在含类脂质较多的组织和器官中。一次大量吸入高浓度的苯，大脑、肾上腺与血液中的含量最高，中等量或少量长期吸入时，骨髓、脂肪和脑组织中含量较多。

进入体内的苯，约 50%以原形由呼吸道排出，10%以原形贮存于体内各组织，40%在肝脏代谢。肝微粒体上的细胞色素 P450（CYP）至少有 6 种同工酶，其中 2B2 和 2E1 与苯代谢有关。在 CYP 的作用下苯被氧化成环氧化苯，环氧化苯的重排产物氧杂环庚三烯与环氧化苯存在平衡，是苯代谢过程中产生的有毒中间体。环氧化苯还可通过非酶重排形成苯酚，进一步羟化形成氢醌（HQ）或邻苯二酚（CAT），或在谷胱甘肽 S-转移酶的催化下与谷胱甘肽结合，形成苯硫基尿酸（S-phenylmercapturic acid，S-PMA），而经环氧化羟化可形成二氢二醇苯，然后转化成 CAT 和反-反式黏糠酸（t, t-MA）（图 1-5）。代谢过程中产生的酚类代谢物都可与硫酸盐或葡萄糖醛酸结合后随尿排出，故接触苯后，尿酚排出量增加。有时中间产物可迅速氧化成 t, t-MA，最后分解成二氧化碳和水而排出。尿中苯的代谢产物水平与环境中苯浓度有相关性，因此尿酚、HQ、CAT、t, t-MA 及 S-PMA 均可作为苯的接触标志，其中 S-PMA 在体内的本底值很低，且具有较好的特异性和半衰期，被认为是低浓度苯接触时的最佳生物标志物，但吸烟可影响其测定值。

图 1-5 苯在体内的生物转化过程

**2. 毒性与毒作用机制** 苯属于中等毒性，苯的急性毒性主要表现为对中枢神经系统的麻醉作用。一般认为急性毒作用是苯和神经细胞表面脂质结合，引起细胞氧化还原功能的抑制，进而影响细胞的活性和功能。急性中毒动物，初期表现为中枢神经系统刺激兴奋症状，随后进入麻醉状态，最后因呼吸中枢麻痹或者心肌衰竭而死亡。高浓度苯蒸气对眼、呼吸道黏膜和皮肤具有刺激作用，空气中苯浓度达到 2%时，人可在吸入 5～10 分钟内致死，此外，成人摄入约 15ml 苯可引起虚脱、支气管炎及肺炎。

苯的慢性毒作用主要为血液毒性和遗传毒性，主要是由苯的代谢产物引起。苯在体内的代谢产物被转运到骨髓或其他器官，可能表现为骨髓毒性和致白血病作用。迄今为止，苯的毒作用机制尚未完全阐明，目前认为主要涉及：①干扰细胞因子对骨髓造血干细胞的生长和分化的调节作用。骨髓基质是造血微环境，在调节正常造血功能上起关键作用。苯的代谢物以骨髓为靶部位，降低造血正调控因子白介素 IL-1 和 IL-2 的水平；活化骨髓成熟白细胞，产生高水平的造血负调控因子肿瘤坏死因子（TNF-α）。②氢醌与纺锤体纤维蛋白共价结合，抑制细胞增殖。③DNA 损伤，其机制可能是苯的活性代谢物与 DNA 共价结合形成加合物，或者是代谢产物氧化产生活性氧，造成 DNA 氧化性损伤。通过上述两种机制诱发基因突变或染色体的损伤，引起再生障碍性贫血或因骨髓增生不良，最终导致急性髓性白血病。④癌基因的激活，肿瘤的发生往往并非单一癌基因的激活，通常是两种或两种以上癌基因突变的协同作用。苯致急性髓性白血病可能与 ras、c-fos、c-myc 等癌基因的激活有关。

此外，慢性接触苯的健康危害程度还与个体的遗传易感性，如毒物代谢酶基因多态、DNA 修复基因多态性等有关。

【中毒临床】

**1. 临床表现**

（1）急性中毒：急性苯中毒是由于短时间吸入大量苯蒸气引起。主要表现为中枢神经系统的麻醉作用，轻者出现兴奋、欣快感、步态不稳，以及头晕、头痛、恶心、呕吐、黏膜刺激、轻度意识模糊等，重者神志模糊加重，由浅昏迷进入深昏迷状态或出现抽搐，严重者导致呼吸、心跳停止，实验室检查可发现尿酚和血苯增高。

（2）慢性中毒：长期接触低浓度苯可引起慢性中毒，主要临床表现如下：

1）神经系统：多数患者表现为头痛、头昏、失眠、记忆力减退等类神经症，有的伴有自主神经系统功能紊乱，例如心动过速或过缓，皮肤划痕反应呈阳性，个别病例有肢端麻木和痛觉减退表现。

2）造血系统：慢性苯中毒主要损害造血系统。有近 5%的轻度中毒者无自觉症状，但血象检查发现异常，重度中毒者常因感染而发热，齿龈、鼻腔、黏膜与皮下常见出血，眼底检查可见视网膜出血。最早和最常见的血象异常表现是持续性白细胞计数减少，主要是中性粒细胞减少，白细胞分类中淋巴细胞相对值可增加到 40%左右。血液涂片可见白细胞有较多的毒性颗粒、空泡、破碎细胞等，电镜检查可见血小板形态异常。中度中毒者可见红细胞计数偏低或减少，重度中毒者红细胞计数、血红蛋白、白细胞（主要是中性粒细胞）、血小板、网织细胞都明显减少，淋巴细胞百分比相对增高。严重中毒者骨髓造血系统受损明显，可出现全血细胞减少症、再生障碍性贫血、骨髓增生异常综合征（MDS），甚至转化为白血病。

慢性苯中毒的骨髓象主要表现为：①不同程度的生成降低，前期细胞明显减少，轻者限于粒细胞系列，较重者涉及巨核细胞，重者三个系列都减低，骨髓有核细胞计数明显减少，呈再生障碍性贫血表现。②形态异常，粒细胞可见毒性颗粒、空泡、核质疏松、核浆发育不平衡，中性粒细胞分叶过多、破碎细胞较多等，红细胞有嗜碱性颗粒、嗜碱红细胞、核浆疏松、核浆发育不平衡等，巨核细胞减少或消失，成堆血小板稀少。③分叶中性粒细胞由正常的 10%增加到 20%～30%，结合外周血液中性粒细胞减少，表明骨的释放功能障碍。此外，约有 15%的中毒患者，一次骨髓检查呈不同程度的局灶性增生活跃。

苯可引起各种类型的白血病，以急性粒细胞白血病（急性髓性白血病）为主，其次为红白血病、急性淋巴细胞白血病和单核细胞白血病，慢性粒细胞白血病则少见，国际癌症研究中心（IARC）

已确认苯为人类致癌物。

3）其他：经常接触苯，皮肤可脱脂，变干燥、脱屑以至皲裂，有的出现过敏性湿疹、脱脂性皮炎。苯还可损害生殖系统，接触苯的女工月经血量增多、经期延长，自然流产和胎儿畸形率增高。苯对免疫系统也有影响，接触苯的工人血中 IgG、IgA 明显降低，而 IgM 增高。此外，职业性苯接触工人染色体畸变率明显增高。

**2. 临床诊断** 职业性苯中毒现行国家诊断标准为《职业性苯中毒的诊断》（GBZ 68-2013）。

（1）急性苯中毒：根据短期内吸入大量苯蒸气职业史，以意识障碍为主的临床表现，结合现场职业卫生学调查，参考实验室检测指标，综合分析，并排除其他疾病引起的中枢神经损害，方可诊断。

（2）慢性苯中毒：根据较长时期密切接触苯的职业史，以造血系统损害为主的临床表现，结合现场职业卫生学调查，参考实验室检测指标，综合分析，并排除其他原因引起的血象、骨髓象改变，方可诊断。

（3）诊断分级

1）急性苯中毒：

A. 轻度中毒：短期内吸入大量苯蒸气后出现头晕、头痛、恶心、呕吐、黏膜刺激症状，伴有轻度意识障碍。

B. 重度中毒：吸入大量苯蒸气后出现下列临床表现之一者：①中、重度意识障碍；②呼吸和循环衰竭；③猝死。

2）慢性苯中毒：

A. 轻度中毒：有较长时间密切接触苯的职业史，可伴有头晕、头痛、乏力、失眠、记忆力减退、易感染等症状。在 3 个月内每 2 周复查一次血常规，具备下列条件之一者：①白细胞计数大多低于 $4\times10^9/L$ 或中性粒细胞低于 $2\times10^9/L$；②血小板计数大多低于 $80\times10^9/L$。

B. 中度中毒：多有慢性轻度中毒症状，并有易感染和（或）出血倾向。具备下列条件之一者：①白细胞计数低于 $4\times10^9/L$ 或中性粒细胞低于 $2\times10^9/L$，伴血小板计数低于 $80\times10^9/L$；②白细胞计数低于 $3\times10^9/L$ 或中性粒细胞低于 $1.5\times10^9/L$；③血小板计数大多低于 $60\times10^9/L$。

C. 重度中毒：在慢性中度中毒的基础上，具备下列表现之一者：①全血细胞减少症；②再生障碍性贫血；③骨髓增生异常综合征；④白血病。

**3. 中毒处理原则**

（1）急性中毒：迅速将中毒患者移至空气新鲜处，立即脱去被苯污染的衣服，用肥皂水清洗被污染的皮肤，注意保暖。急救原则与内科相同，忌用肾上腺素，病情恢复后，轻度中毒恢复原工作，重度中毒原则上调离原工作。

（2）慢性中毒：无特效解毒药，治疗根据造血系统损害所致血液疾病给予相应处理。一经诊断，即应调离接触苯及其他有毒物质的工作。

【预防与控制措施】 由于苯已被确定为人类致癌物，在苯的应用方面发达国家均予以严格管理，以做到原始级预防。制造苯和苯作为化学合成原料均控制在大型企业，避免苯外流到中小企业，并限制苯作为溶剂和稀释剂的使用，如日本限制苯作为溶剂的用量为 2%。近年，我国对苯的危害已高度重视，已逐步采取措施进行一级预防，此外，还应加强：

**1. 生产工艺改革和通风排毒** 生产过程密闭化、自动化和程序化，安装有充分效果的局部抽风排毒设备，定期维修，使空气中苯的浓度保持在国家卫生标准（PC-TWA：6 mg/m³；PC-STEL：10 mg/m³）以下。

**2. 以无毒或低毒的物质取代苯** 如在油漆及制鞋工业中，以汽油、二乙醇缩甲醛、环己烷、甲苯、二甲苯等作为稀薄剂或粘胶剂，以乙醇等作为有机溶剂或萃取剂。

**3. 卫生保健措施** 对苯作业现场进行定期职业卫生学调查，监测空气中苯的浓度。作业工人应加强个人防护，如戴防苯口罩或使用送风式面罩，进行周密的就业前和定期健康体检。女工怀孕期及哺乳期必须调离苯作业，以免对胎儿和乳儿产生不良影响。

**4. 职业禁忌证** 血象指标低于或接近正常值下限者，各种血液病，严重的全身性皮肤病者，月经过多或功能性子宫出血者。

> **案例 1-7 解析**
> 　　近年来，我国职业病报告显示引起慢性职业中毒例数排在第一位的化学物质是有机溶剂苯，苯引起的职业危害受到高度关注。苯的接触机会有：使用苯作为化学合成的原料，苯作为溶剂、萃取剂和稀释剂，以及苯的制造等。苯的主要危害包括中枢神经系统和造血系统的损害。本案例是一起重大职业性苯中毒事故，患者有长期接触苯的职业史，现场劳动卫生学调查也显示防护措施不到位，作业场所空气中苯的浓度超过国家职业卫生标准限值，同一车间有多数工人发病，患者出现的症状主要以血液系统损害为主，符合职业性慢性苯中毒的主要临床表现，多数患者出现全血细胞减少症、再生障碍性贫血，根据分级可诊断为慢性重度中毒。
> 　　预防职业性苯中毒的主要措施包括使用替代品、通过通风排毒降低作业场所空气中苯的浓度等技术措施，以及卫生保健措施等。本案例中该企业还存在组织管理上的缺陷，以及缺乏相应的职业卫生保健措施，这些都是导致本起事故的原因之一。

## 三、甲苯、二甲苯

**【理化特性】** 甲苯（toluene）、二甲苯（xylene）分子式分别为 $C_6H_5CH_3$ 和 $C_6H_4(CH_3)_2$，均为无色透明液体，带芳香气味，易挥发，不溶于水，可溶于乙醇、丙酮和氯仿等有机溶剂。甲苯分子量92.1，沸点110.6℃，蒸气比重3.90。二甲苯分子量106.2，有邻位、间位和对位三种异构体，其理化特性相近，沸点138.4～144.4℃，蒸气比重3.66。

**【接触机会】** 用作化工生产的中间体，作为溶剂或稀释剂用于油漆、喷漆、橡胶、皮革等工业，也可作为汽车和航空汽油中的掺加成分。

**【毒理】** 甲苯、二甲苯可经呼吸道、皮肤和消化道吸收。吸收后主要分布于含脂丰富的组织，以脂肪组织、肾上腺最多，其次为骨髓、脑和肝脏。

甲苯80%～90%氧化成苯甲酸，并与甘氨酸结合生成马尿酸，少量（10%～20%）苯甲酸，可与葡萄糖醛酸结合，均随尿排出。二甲苯 60%～80%在肝内氧化，主要产物为甲基苯甲酸、二甲基苯酚和羟基苯甲酸等。其中，甲基苯甲酸与甘氨酸结合为甲基马尿酸，随尿排出。甲苯以原形经呼吸道呼出，一般占吸入量的3.8%～24.8%，而二甲苯经呼吸道呼出的比例较甲苯小。

高浓度甲苯、二甲苯主要对中枢神经系统产生麻醉作用，对皮肤黏膜的刺激作用比苯强，皮肤接触可引起皮肤红斑、干燥、脱脂及皲裂等，甚至出现结膜炎和角膜炎症状，纯甲苯、二甲苯对血液系统的影响不明显。

**【中毒临床】**

**1. 临床表现**

（1）急性中毒：短时间吸入高浓度甲苯和二甲苯可出现中枢神经系统功能障碍和皮肤黏膜刺激症状。轻者表现头痛、头晕、步态蹒跚、兴奋，轻度呼吸道和眼结膜的刺激症状。严重者出现恶心、呕吐、意识模糊、躁动、抽搐，甚至昏迷，呼吸道和眼结膜出现明显刺激症状。

（2）慢性中毒：长期接触中低浓度甲苯和二甲苯可出现不同程度的头晕、头痛、乏力、睡眠障碍和记忆力减退等症状。末梢血象可出现轻度、暂时性改变，脱离接触后可恢复正常。皮肤接触可致慢性皮炎、皮肤皲裂等。

**2. 临床诊断** 根据短期内吸入较高浓度的甲苯蒸气或皮肤黏膜接触大量甲苯液体的职业史、出现以中枢神经系统损害为主的临床表现，参考现场职业卫生学资料，综合分析，排除其他类似疾病，方可诊断，现行国家诊断标准为《职业性急性甲苯中毒的诊断》（GBZ 16-2014）。

（1）接触反应：短期接触甲苯后出现头晕、头痛、恶心、呕吐、胸闷、心悸、颜面潮红、结膜充血等，脱离接触后72小时内明显减轻或消失。

（2）轻度中毒：短期接触甲苯后出现头晕、头痛、恶心、呕吐、胸闷、心悸、乏力、步态不稳，并具有下列情况之一者：①轻度意识障碍；②苦笑无常等精神症状。

（3）中度中毒：在轻度中毒的基础上，具有下列表现之一：①中度意识障碍；②妄想、精神运动性兴奋、幻听、幻视等精神症状。

（4）重度中毒：在中度中毒基础上，具有下列情况之一者：①重度意识障碍；②猝死。

职业性接触二甲苯所引起的急性中毒诊断及处理参照 GBZ 16-2014。

**3. 中毒处理原则**

（1）急性中毒：迅速将中毒者移至空气新鲜处，急救同内科处理原则。病情恢复后，一般休息3～7天可恢复工作，较重者可适当延长休息时间，痊愈后可恢复原工作。

（2）慢性中毒：主要是对症治疗，轻度中毒患者治愈后可恢复原工作，重度中毒患者应调离原工作岗位，并根据病情恢复情况安排休息或工作。

【预防与控制措施】

**1. 降低空气中的浓度**　通过工艺改革和密闭通风措施，将作业场所空气中甲苯、二甲苯浓度控制在国家卫生标准以下。我国甲苯、二甲苯职业接触限值为（PC-TWA：50mg/m$^3$；PC-STEL：100mg/m$^3$）。

**2. 加强作业工人的健康体检**　做好就业前和2年一次的定期职业健康检查。

**3. 卫生保健措施**　同同系物苯的预防。

**4. 职业禁忌证**　神经系统器质性疾病，明显的神经衰弱综合征，肝脏疾病。

## 四、二 氯 乙 烷

【理化特性】　二氯乙烷（dichloroethane），分子式 $C_2H_4Cl_2$，分子量 98.97。常温下为无色液体，易挥发，有类似氯仿气味，难溶于水，可溶于乙醇和乙醚等有机溶剂。存在两种同分异构体：1,2-二氯乙烷（对称异构体）和1,1-二氯乙烷（不对称异构体）。对称异构体沸点83.5℃，在空气中的爆炸极限为6.2%～15.9%；不对称异构体沸点57.3℃；蒸气比重均为3.40。加热分解可形成光气和氯化氢。

【接触机会】　二氯乙烷应用历史悠久，曾用作麻醉剂，后发现有杀虫作用，又用作谷物、纺织品等的熏蒸剂。目前主要用作化学合成（如制造氯乙烯单体、乙二胺）的原料、工业溶剂和黏合剂，还用作纺织、石油、电子工业的脱脂剂，金属部件的清洁剂，咖啡因等的萃取剂等。

【毒理】　二氯乙烷两种异构体常以不同比例共存，其对称体属高毒类；不对称体属微毒类。对称体1,2-二氯乙烷易经呼吸道、消化道和皮肤吸收，职业接触以呼吸道吸入为主。进入机体后迅速分布于肝脏、肾脏、心脏、脊髓、延髓和小脑等靶器官。其代谢主要有两条途径：一是通过细胞色素P450介导的微粒体氧化，产物为2-氯乙醛和2-氯乙醇，随后与谷胱甘肽结合；二是直接与谷胱甘肽结合形成 S-(2-氯乙基)-谷胱甘肽，随后被转化成谷胱甘肽环硫化离子（glutathione episulfonium ion），与蛋白质、DNA或RNA形成加合物。1,2-二氯乙烷在血液中的生物半减期为88分钟。动物实验表明，人体吸收的1,2-二氯乙烷，约22%～57%以原形和二氧化碳形式呼出，51%～73%随尿排出，0.6%～1.3%储留体内。尿中主要代谢物为硫二乙酸和硫二乙酸亚砜（thiodiacetic acid sulfoxide）。不对称体1,1-二氯乙烷在体内的生物转运和转化目前尚不清楚。

二氯乙烷毒作用的主要靶器官为神经系统、肝脏和肾脏，对中枢神经系统的麻醉和抑制作用突出；可引起中毒性脑病，甚至导致死亡，研究显示中毒性脑病的病理基础可能是脑水肿，与兴奋性氨基酸的神经毒性及脑细胞能量代谢障碍有关。1,2-二氯乙烷还具有心脏、免疫和遗传毒性。1,1-二氯乙烷的毒性是1,2-二氯乙烷的1/10，吸入一定浓度可引起肾损害，反复吸入还可致肝损害。肝脏、心脏和遗传毒性机制可能分别涉及脂质过氧化、心肌细胞钙离子动力学的改变和谷胱甘肽环硫化离子对DNA的损伤。

【中毒临床】

**1. 临床表现**　二氯乙烷中毒事故多数因吸入所致。

（1）急性中毒：由于短期接触较高浓度二氯乙烷引起的以中枢神经系统损害为主的全身性疾病，可有肝、肾损害。潜伏期短，患者出现头晕、头痛、烦躁不安、乏力、意识模糊，有时伴有恶心、呕吐、腹痛、腹泻等胃肠道症状。重者可突发脑水肿，其病变部位以脑干为主。出现剧烈头痛、频繁呕吐、抽搐、浅反射消失、病理反射出现阳性体征，少数患者肌张力明显下降。中毒性脑病时脑水肿可持续两周作用，且可反复或突然加重。

（2）亚急性中毒：是我国近十年来主要发病形式，见于较长时间吸入较高浓度中毒的患者。其特点：潜伏期长，可几天至几十天；起病隐匿，病情可突然恶化；临床表现主要为中毒性脑病，突出表现为脑水肿，部分重度中毒者可有脑局灶受损的表现，如小脑共济失调等。

（3）慢性中毒：长期吸入低浓度的二氯乙烷可出现乏力、头晕、失眠等神经衰弱综合征表现，也有恶心、腹泻、呼吸道刺激及肝、肾损害表现。少数病人可见到肌肉和眼球震颤。皮肤接触可引起干燥、脱屑和皮炎。

（4）致癌、致畸、致突变作用：1998年国际化学品安全规划署（IPCS）公布了1,2-二氯乙烷对人和/或环境的潜在效应评价结果。认为1,2-二氯乙烷摄入可增加大鼠及小鼠血管肉瘤、胃癌、乳腺癌、肝癌、肺癌以及子宫肌瘤的发生率，小鼠皮肤重复接触或腹腔注射可增加肺癌的发生率；人群调查资料结果不肯定。它的致畸作用不明显。原核生物、真菌和哺乳类（包括人类）细胞体外实验证实，1,2-二氯乙烷具有遗传毒性，能诱导基因突变、非程序DNA合成，以及生成DNA加合物。

**2. 临床诊断**　根据短期接触较高浓度二氯乙烷的职业史和以中枢神经系统损害为主的临床表现，结合现场劳动卫生学调查，综合分析，排除其他病因所引起的类似疾病，方可诊断。现行国家诊断标准为《职业性急性1,2-二氯乙烷中毒诊断标准》（GBZ 39-2002）。

（1）接触反应：短期接触较高浓度二氯乙烷后，出现头晕、头痛、乏力等中枢神经系统症状，可伴恶心、呕吐或眼及上呼吸道刺激症状，脱离接触后短时间消失者。

（2）轻度中毒：除上述症状加重外，出现下列表现之一者：①步态蹒跚；②轻度意识障碍，如意识模糊、嗜睡状态、朦胧状态；③轻度中毒性肝病；④轻度中毒性肾病。

（3）重度中毒：出现下列表现之一者：①中度或重度意识障碍；②癫痫大发作样抽搐；③脑局灶受损表现，如小脑性共济失调等；④中度或重度中毒性肝病。

**3. 中毒处理原则**

（1）现场处理：应迅速将中毒者脱离现场，移至新鲜空气处，换去被污染的衣物，冲洗污染皮肤，保暖，并严密观察。

（2）接触反应者应密切观察，并给予对症处理。

（3）急性中毒以防治中毒性脑病为重点，积极治疗脑水肿，降低颅内压。尚无特效解毒剂，治疗原则和护理与神经科、内科相同。轻度中毒者痊愈后可恢复原工作。重度中毒者恢复后应调离二氯乙烷作业。

（4）慢性中毒：主要是补充多种维生素、葡萄糖醛酸、三磷酸腺苷、肌苷等药物以及适当的对症治疗。

【预防与控制措施】

（1）采用1,2-二氯乙烷的低毒替代品，杜绝中毒的发生。

（2）降低空气中1,2-二氯乙烷的浓度，加强密闭、通风，严格控制工作场所空气中浓度低于国家职业卫生标准（PC-TWA：7mg/m³；PC-STEL：15mg/m³）。定期进行作业场所环境监测。

（3）加强作业人员健康监护和健康教育，加强接触工人的健康监护，并对作业工人进行职业健康促进教育。

（4）职业禁忌证：神经系统器质性疾病，精神病，肝、肾器质性疾病，全身性皮肤疾病。

## 五、正 己 烷

【理化特性】 正己烷（n-hexane），分子式$C_6H_{14}$，分子量86.18。常温下为微有异臭的液体。易挥发，蒸气比重为2.97。沸点68.74℃，自燃点为225℃。几乎不溶于水，易溶于氯仿、乙醚、乙醇。

【接触机会】 正己烷用作提取植物油与合成橡胶的溶剂，试剂和低温温度计的溶液，还用于制造胶水、清漆、黏合剂和其他化工产品。尤其在鞋用黏合剂中使用较多。

【毒理】 生产过程中，正己烷主要以蒸气形式经呼吸道吸收，亦可经胃肠道吸收；经皮肤吸收较少。正己烷在体内分布与组织的脂肪含量有关，主要分布于血液、神经系统、肾脏、脾脏等。

正己烷体内的生物转化过程见图1-6。主要在肝脏代谢，经微粒体细胞色素P450混合功能氧化酶系的作用，通过(ω-1)-氧化，生成一系列代谢产物，如2-己醇，2-己酮，2,5-己二醇，5-羟基-2-己酮，2,5-己二酮等，其中尤以2,5-己二酮重要，具有神经毒性。上述代谢产物主要与葡萄糖醛酸结合随尿排出，故测定尿中不同代谢物的相对量，可较好地反映正己烷的接触水平。

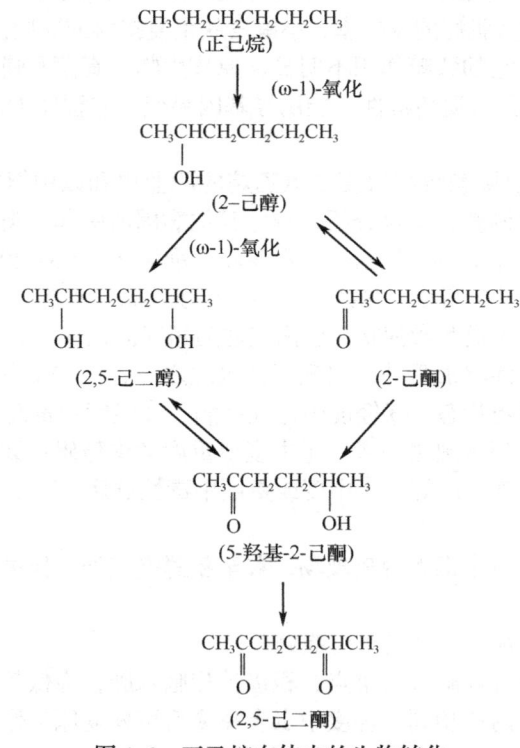

图1-6 正己烷在体内的生物转化

正己烷在体内的代谢受其他化学物的影响较大，如甲苯可减慢正己烷的代谢，丙酮、甲基乙基酮和异丙醇可加速其代谢。

正己烷急性毒性属低毒类，但比辛己烷和庚烷毒性大。主要为麻醉作用和对皮肤和黏膜的刺激作用。高浓度可引起可逆的中枢神经系统功能抑制。

长期接触正己烷，可致多发性周围神经病变。大鼠吸入 2.76g/m³/天，共 143 天后，组织病例观察发现末梢神经髓鞘退行性病变，轴突轻度变性和腓肠肌轻度萎缩。对皮肤的长期刺激作用可导致红斑、水肿和水疱等。

正己烷的生殖毒性也引起关注，其代谢产物 2,5-己二酮可致实验动物睾丸和附睾重量减轻，曲细精管上皮细胞空泡化，精子的形成过程受干扰，但血清卵泡刺激素和睾丸酮的水平正常。

正己烷中毒机制还不十分清楚，它可影响全身多个系统，主要与其代谢产物 2,5-己二酮有关。目前认为正己烷诱发多发性周围神经病变是由于其代谢产物 2,5-己二酮与神经微丝蛋白中的赖氨酸共价结合，生成 2,5-二甲基吡咯加合物，导致神经微丝积聚，引起轴突运输障碍和神经纤维变性。也有人认为，2,5-己二酮可与神经纤维内糖酵解酶结合致细胞能量代谢障碍，导致神经变性。2,5-己二酮也可进入眼房水和视网膜，并透过血-眼房水/视网膜屏障，引起光感细胞的丢失。

【中毒临床】

**1. 临床表现**

（1）急性中毒：急性吸入高浓度的正己烷可出现头晕、头痛、胸闷、眼和上呼吸道黏膜刺激及麻醉症状，甚至意识障碍。人吸入空气中含单纯的正己烷 500ppm（1800mg/m³），3~5min，无明显影响；800ppm（2880mg/m³），15min，有眼和上呼吸道黏膜刺激；1400~2000ppm（5040~7200mg/m³）有恶心、头痛、眼及咽部刺激；5000ppm（18 000mg/m³），10min，引起头晕及轻度麻醉。经口摄入可出现恶心、呕吐、胃肠道及呼吸道刺激症状，严重者发生中枢神经系统抑制和急性呼吸道损伤等。

（2）慢性中毒：长期职业性接触，主要累及以下系统。

1）神经系统：最为重要的是引起多发性周围神经病变，其特点为起病隐匿且进展缓慢。四肢远端有痛触觉减退，多在肘及膝关节以下，一般呈手套袜子型分布；腱反射减退或消失；感觉和运动神经传导速度减慢。较重者可累及运动神经，常伴无力、食欲减退和体重减轻；肌肉痉挛样疼痛；肌力下降。部分有肌萎缩，以四肢远端较为明显。神经肌电图检查显示不同程度的神经元损害。神经活检，电镜见轴突肿胀、脱髓鞘、轴索变性以及神经微丝积聚。严重者视觉和记忆功能缺损。停止接触毒物后，一般轻、中度病例运动神经功能可以改善，而感觉神经功能难以完全恢复。近年发现，正己烷可引起帕金森病，其机制涉及纹状体多巴胺系统和葡萄糖代谢的异常。

2）心血管系统：表现为心律不齐，特别是心室颤动，心肌细胞受损，心肌胞内镁和钾离子水平降低，但镁和钾离子水平纠正后，心室颤动阈值仍很低。

3）生殖系统：正己烷对生殖系统的影响可表现为男性性功能障碍，如性欲下降，重者出现阳痿。精液检查：精子数目减少，活动力下降。

4）免疫系统：血清免疫球蛋白 IgG、IgM、IgA 的水平受到抑制，且与尿中正己烷的代谢产物 2,5-己二酮明显相关。

**2. 临床诊断**　根据长期接触正己烷的职业史，出现以多发性周围神经损害为主的临床表现，结合实验室检查及作业场所卫生学调查，综合分析，排除其他原因所致类似疾病后，方可诊断。现行国家诊断标准为《职业性慢性正己烷中毒诊断标准》（GBZ 84-2002）。

（1）观察对象：长期接触正己烷无周围神经损害体征，但具有以下一项者：①肢体远端麻木、疼痛，下肢沉重感，可伴有手足发凉多汗。食欲减退、体重减轻、头昏、头痛等；②神经-肌电图显示可疑神经源性损害。

（2）轻度中毒：上述症状加重，并具有以下表现之一者：①肢体远端出现对称性分布的痛觉、触觉或音叉振动觉障碍，同时伴有跟腱反射减弱；②神经-肌电图显示有神经源性损害。

（3）中度中毒：在轻度中毒的基础上，具有以下一项者：①跟腱反射消失；②下肢肌力 4 级；③神经-肌电图显示神经源性损害，并有较多的自发性失神经电位。

（4）重度中毒：在中度中毒的基础上，具有以下一项者：①下肢肌力 3 级或以下；②四肢远端肌肉明显萎缩，并影响运动功能。

**3. 中毒处理原则**

（1）急性中毒：应立即脱离接触，移至空气新鲜处，用肥皂水清洗皮肤污染物，并作对症处理。中西医综合疗法，辅以针灸、理疗和四肢运动功能锻炼等。

（2）慢性中毒：有多发性周围神经病变，应尽早脱离接触，并予以对症和支持治疗，充分休息，给予维生素 $B_1$、$B_6$、$B_{12}$ 和能量合剂等；早期使用神经生长因子有助于病情康复。

（3）轻度中毒者痊愈后可重返原工作岗位，中度及重度患者治愈后不宜再从事接触正己烷以及其他可引起周围神经损害的工作。

【预防与控制措施】

**1. 完善管理** 近年来生产纯正己烷的成本大大降低，纯正己烷的消耗量及其在混合溶剂中的含量迅速增加。但因法规不健全，且对正己烷的职业危害认识不足，中毒病例时有发生。因此，应提高防患意识，完善职业卫生管理监督，加强健康教育，加强职业卫生监督。

**2. 控制接触浓度** 通过工艺改革，减少正己烷的使用量和直接接触，加强密闭通风等措施，降低空气中正己烷浓度。我国正己烷职业卫生标准为（PC-TWA：$100mg/m^3$；PC-STEL：$180mg/m^3$）。

**3. 加强个人防护与健康监护** 工作时应穿防护服，严禁用正己烷洗手。建立就业前和定期职业健康体检制度，对患有神经系统和心血管系统疾病的作业人员，密切观察。定期体检，特别注意周围神经系统的检查。尿中 2-己醇（0.2mg/g Cr）、2,5-己二酮（5.3mg/gCr）、血中正己烷（$150\mu g/L$）、呼出气正己烷（$180mg/m^3$）等可考虑作为生物监测指标和参考的生物接触限值。

# 六、二硫化碳

【理化特性】 二硫化碳（carbon disulfide），化学式 $CS_2$，分子量 76.14。常温下为易挥发液体。纯品无色，具醚样气味，工业品为黄色，有烂萝卜气味。沸点 46.3℃，蒸气比重 2.6，与空气形成易燃混合物，爆炸下限和上限分别为 1.0% 和 50.0%。几乎不溶于水，可与脂肪、乙醇、醚及其他有机溶剂混溶，腐蚀性强。

【接触机会】 $CS_2$ 是重要的化工原料，主要用于粘胶纤维和玻璃纸的生产。在生产过程中，$CS_2$ 与碱性纤维素反应，产生纤维素磺原酸酯和三硫碳酸钠，经纺丝槽生成黏胶丝，通过硫酸凝固为人造黏胶纤维，释放出多余的 $CS_2$，同时，三硫碳酸钠与硫酸作用时，除产生 $CS_2$ 外还可产生硫化氢。另外，在玻璃纸和四氯化碳制造、橡胶硫化、谷物熏蒸、石油精制、清漆、石蜡溶解以及用有机溶剂提取油脂时也可接触到 $CS_2$。

【毒理】 $CS_2$ 主要通过呼吸道进入体内，也可经消化道和皮肤摄入。吸入的 $CS_2$ 有 40% 被吸收，吸收的 $CS_2$ 有 10%～30% 以原形随呼气排出，以原形从尿液中排出者不足 1%，也有少量从母乳、唾液和汗液中排出，70%～90% 在体内转化，以代谢产物的形式随尿排出。其中，2-硫代噻唑烷-4-羧酸（2-thiothiazolidine-4-carboxylic acid，TTCA）是 $CS_2$ 经 P450 活化与还原型谷胱甘肽结合所形成的特异性代谢产物，大约有 6% 吸收的 $CS_2$ 代谢为 TTCA，TTCA 与接触 $CS_2$ 浓度有良好的相关性，可作为 $CS_2$ 的生物学监测指标，反映 $CS_2$ 的近期暴露情况，$CS_2$ 可透过胎盘屏障。

$CS_2$ 是以神经系统损害为主的全身性毒物，急性毒性以神经系统抑制为主，慢性毒性主要表现为周围神经病。$CS_2$ 的毒作用机制尚未完全阐明，$CS_2$ 可选择性损害中枢神经及周围神经，特别是脑干和小脑，引发急性血管痉挛。目前有以下假说：①氧化应激效应：$CS_2$ 在体内氧化脱硫反应中生成的氧硫化碳（COS）可进一步释出高活性的硫原子，对靶细胞具氧化应激效应。因此 $CS_2$ 在体内生成的自由基是导致组织损伤的启动机制。②金属离子络合：$CS_2$ 与亲核基团（—SH、—$NH_2$、—OH）具有高亲和力。吸收的 $CS_2$ 能溶解在血清中，同蛋白质和氨基酸的游离氨基结合，形成有较强的络合作用的二硫代氨基甲酸酯和噻唑酮烷，能与铜、锌、钴等离子形成络合物，阻碍细胞对氨基酸的利用，干扰细胞的能量代谢。③维生素 $B_6$ 代谢障碍 $CS_2$ 能与吡哆胺反应生成吡哆胺二硫代甲酸，抑制以维生素 $B_6$ 为辅酶的酶系统活性，这可能与其损伤神经精神行为有关。

④$CS_2$可抑制单胺氧化酶活性,引起脑中 5-羟色胺堆积,这可能也是 $CS_2$ 引起精神行为障碍的可能机制。⑤蛋白质共价交联(cross-linking):$CS_2$ 所致蛋白质共价交联可能是其导致周围神经病变的基础,大鼠腹腔注射 $CS_2$ 可见洗脱的红细胞膜中有异常高分子量的蛋白质,为 α、β 亚单位的异质二聚体,该二聚体的含量与 $CS_2$ 接触有剂量-反应关系。$CS_2$ 也可引起神经微丝(neurofilament)低分子量亚单位发生分子内和分子间的共价交联。⑥影响儿茶酚胺代谢:$CS_2$ 可抑制对儿茶酚胺代谢有重要作用的多巴胺 β-羟化酶活性,该酶是多巴胺合成去甲肾上腺素的限速酶,其活性降低,可使去甲肾上腺素合成减少,出现神经递质代谢紊乱,导致锥体外系的损害。⑦$CS_2$ 还可能通过损伤垂体促性腺激素细胞以及性腺(睾丸和卵巢)结构、功能等而导致生殖毒性。

【中毒临床】

**1. 临床表现**

(1)急性中毒:一般是突发性生产事故所致,主要造成中枢神经系统损伤,精神失常症状是特征性表现。短时间吸入高浓度(3000~5000mg/m³)$CS_2$,可出现明显的神经精神症状和体征,如兴奋、难以控制的激怒、情绪迅速改变,出现谵妄、躁狂、幻觉妄想、自杀倾向,以及记忆障碍、严重失眠、噩梦、食欲丧失、胃肠紊乱、全身无力等,可进展为强直痉挛样抽搐、昏迷。

(2)慢性中毒

1)神经系统:包括中枢和外周神经损伤,毒作用表现多样,可从轻微的易疲劳、嗜睡、乏力、记忆力减退到严重的神经精神障碍;外周神经病变为感觉运动型病变,常由远及近、由外至内进行性发展,表现为感觉缺失、肌张力减退、行走困难、肌肉萎缩等。外周与中枢神经病变常同时存在。接触浓度达 30~60mg/m³ 时工人,CT 检查显示有局部和弥漫性脑萎缩表现,肌电图检测可见外周神经病变,神经传导速度减慢。神经行为测试表明,长期接触 $CS_2$ 可致警觉力、智力活动、情绪控制能力、运动速度及运动功能方面的障碍。

2)心血管系统:$CS_2$ 对心血管系统的影响屡有报道。如 $CS_2$ 接触者中冠心病的死亡率增高;与中毒性心肌炎、心肌梗死间可能存在相关性等。

3)视觉系统:$CS_2$ 对视觉的影响早在十九世纪就有报道。可见眼底形态学改变、灶性出血、渗出性改变、视神经萎缩、球后视神经炎、微血管动脉瘤和血管硬化。同时,色觉、暗适应、瞳孔对光反射、视敏度,以及眼睑、眼球能动性等均有改变。眼部病变可以作为慢性 $CS_2$ 毒作用的早期检测指标。

此外,$CS_2$ 对生殖、消化、内分泌等其他系统也有一定影响。

**2. 临床诊断** 急性 $CS_2$ 中毒的诊断主要根据短期内接触较高浓度 $CS_2$,以及典型的神经精神症状和体征。慢性二硫化碳中毒应根据长期密切接触二硫化碳的职业史,具有多发性周围神经病的临床、神经-肌电图改变或中毒性脑病的临床表现,综合分析,排除其他病因引起的类似疾病,方可诊断。现行国家诊断标准为《职业性慢性二硫化碳中毒诊断标准》(GBZ 4-2002)。

(1)观察对象:具有下列任何一项者:①有头昏、头痛、睡眠障碍、记忆力减退,或下肢无力、四肢发麻等症状;②眼底出现视网膜微动脉瘤;③神经-肌电图显示有可疑的神经源性损害而无周围神经损害的典型症状及体征。

(2)轻度中毒:具有下列一项者:①四肢对称性手套、袜套样分布的痛觉、触觉或音叉振动觉障碍,同时有跟腱反射减弱;②上述体征轻微或不明显,但神经-肌电图显示有神经源性损害。

(3)重度中毒具有下列一项者:①四肢远端感觉障碍、跟腱反射消失,伴四肢肌力明显减退,或四肢远端肌肉萎缩者;神经-肌电图显示有神经源性损害,伴神经传导速度明显减慢或诱发电位明显降低;②中毒性脑病;③中毒性精神病。

**3. 中毒处理原则** 急性中毒患者应立即脱离接触,积极防治脑水肿,控制精神症状。确诊慢性中毒者应调离接触 $CS_2$ 的工作。如及时发现和处理,预后良好;一旦出现多发性神经炎或中枢神经受损征象,则病程迁延,恢复较慢。观察对象一般可不调离,但应半年复查一次神经-肌电图;慢性轻度中毒患者经治疗恢复后应调离,可从事其他工作,并定期复查;慢性重度中毒经治疗后,

应调离 $CS_2$ 和其他对神经系统有害的作业。

对 $CS_2$ 中毒目前尚无特效解毒药，主要是根据病人情况，可用 B 族维生素、能量合剂，并辅以体疗、理疗及对症治疗。重度中毒患者同时还要加强支持疗法。

【预防与控制原则】

（1）严格执行我国工作场所空气中 $CS_2$ 职业卫生标准（TWA：$5mg/m^3$；STEL：$10mg/m^3$）。粘胶纤维生产过程应加强生产设备的密闭，并采用吸风装置，使工作场所空气中 $CS_2$ 浓度控制在职业卫生标准以下。

（2）加强作业环境监测，做好职业健康监护，切实搞好职业健康促进，提高工人自我防护意识。

（沈　形）

## 思 考 题

1. 有机溶剂对人体健康有哪些主要危害？
2. 慢性苯中毒与急性苯中毒作用机制及临床表现有何异同？
3. 可采取哪些措施控制有机溶剂职业危害？

## 第六节　苯的氨基和硝基化合物中毒

### 一、概　述

**（一）概念**

苯或其同系物（如甲苯、二甲苯）苯环上的氢原子被一个或几个氨基（—$NH_2$）或硝基（—$NO_2$）取代后，即形成芳香族氨基或硝基化合物，又称为苯的氨基和硝基化合物。因苯环不同位置上的氢可由不同数量的氨基或硝基、卤素或烷基取代，故可形成种类繁多的衍生物，比较常见的有苯胺、苯二胺、联苯胺、二硝基苯、三硝基甲苯、硝基氯苯等，其主要代表为苯胺（aminobenzene）和硝基苯（nitrobenzene）。

**（二）理化特性**

此类化合物多具有沸点高、挥发性低，常温下呈固体或液体状态，多难溶或不溶于水，而易溶于脂肪、醇、醚、氯仿及其他有机溶剂等共同理化性质。如苯胺的沸点为 184.4℃，硝基苯为 210.9℃，联苯胺高达 410.3℃。

**（三）接触机会**

广泛应用于制药、染料、油漆、印刷、橡胶、农药等生产工艺过程中。如苯胺常用于制造染料和作为橡胶促进剂、抗氧化剂、光学白涂剂，照相显影剂等；联苯胺是染料工业的重要中间体，主要用于制造偶氮染料和橡胶硬化剂，也用来制造塑料薄膜等；苯胺除应用于染料工业外，还广泛应用于橡胶促进剂、抗氧化剂、光学白涂剂、照相显影剂等；对苯二胺作为一种化工原料，在合成染料、合成树脂、橡胶防老化剂、环氧树脂固化剂、石油产品添加剂、阻燃剂、染发剂，炭黑处理剂等方面有着极广泛的用途；三硝基甲苯主要在国防工业、采矿、筑路等工农业生产中使用较多；硝基氯苯是生产染料、颜料、医药、农药、橡胶助剂中间体等重要的有机化工原料。

### （四）转运与转化

苯的氨基和硝基化合物在生产条件下，主要以粉尘或蒸气的形态存在于空气中，可经呼吸道和完整皮肤吸收。液态化合物，以皮肤吸收为主要途径。在生产过程中劳动者常因热料喷洒到身上，或在搬运及装卸过程中，外溢的液体经浸湿的衣服、鞋袜沾染皮肤而吸收中毒。

该类化合物吸收进入体内后，经氧化还原代谢后，大部分代谢最终产物从肾脏随尿排出体外。但是，苯胺的转化快，而硝基苯转化慢（图 1-7）。

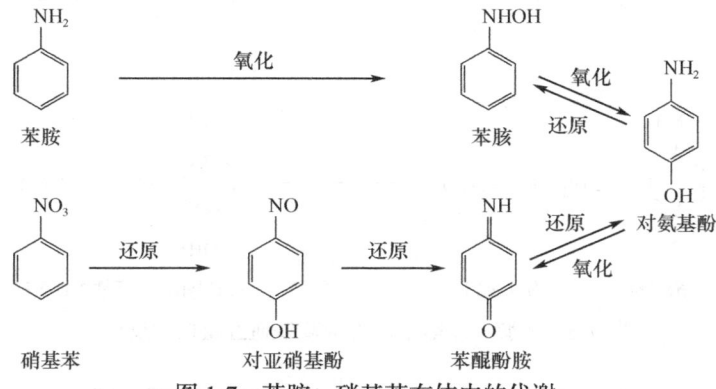

图 1-7 苯胺、硝基苯在体内的代谢

### （五）毒作用

苯的氨基和硝基化合物的毒性与其结构密切相关，不但与苯环本身结构有关，而且与苯环上取代的基团也有关。如：在芳香族苯环上，不同异构体的毒性也有差异。一般认为 3 种异构体的毒性次序为：对位＞间位＞邻位，如甲苯胺、硝基甲苯、硝基苯胺等异构体都具有此规律。但邻硝基苯醛、邻羟基苯醛（水杨醛）的毒性分别大于其对位异构体；取代的氨基或硝基的数目越多，其毒性越大；氨基的毒性大于硝基，带卤族元素基团的毒性大。

由于此类衍生物结构不同，其毒性也不尽相同，主要引起血液及肝、肾等损害，主要毒作用有如下一些共同点。

**1. 血液损害**

（1）高铁血红蛋白（MetHb）形成：在正常生理情况下，红细胞内血红蛋白（Hb）中的铁离子呈亚铁（$Fe^{2+}$）状态，能与氧结合或分离。当 Hb 中的亚铁（$Fe^{2+}$）被氧化成高铁（$Fe^{3+}$）时，即形成 MetHb，这种 Hb 不能与氧结合。体内 Hb 中的铁不断由 $Fe^{2+}$ 氧化成 $Fe^{3+}$，也不断地从 $Fe^{3+}$ 还原成 $Fe^{2+}$，两者处于动态稳定状态。

正常生理条件下，体内只有少量血红蛋白被氧化成 MetHb，约占血红蛋白总量的 0.5%～2%。红细胞内有可使高铁血红蛋白还原的酶还原系统和非酶还原系统。

酶还原系统包括：①还原型辅酶 I（NADH）-高铁血红蛋白还原酶系统，该系统是生理情况下使少量高铁血红蛋白还原的主要途径。②还原型辅酶 II（NADPH）-高铁血红蛋白还原酶系统，该系统仅在中毒解毒过程中，在外来电子传递物如美蓝存在时才发挥作用，在解毒时具有重要意义。非酶还原系统包括还原型谷胱甘肽（GSH）和维生素 C。由于体内有酶和非酶高铁血红蛋白还原系统，正常情况下保持体内血红蛋白与高铁血红蛋白的平衡。若大量生成高铁血红蛋白，超过了生理还原能力，即发生高铁血红蛋白血症（图 1-8）。

形成高铁血红蛋白的该类物质可分为直接和间接两种。前者有亚硝酸盐、苯肼、硝酸甘油、苯醌等。而大多数苯的氨基硝基化合物属间接作用类，该类化合物经体内代谢后产生的苯胲和苯醌亚胺，这两种物质为强氧化剂，具有很强的形成高铁血红蛋白的能力。也有些苯的氨基硝基化合物不形成高铁血红蛋白，如二硝基酚、联苯胺等。

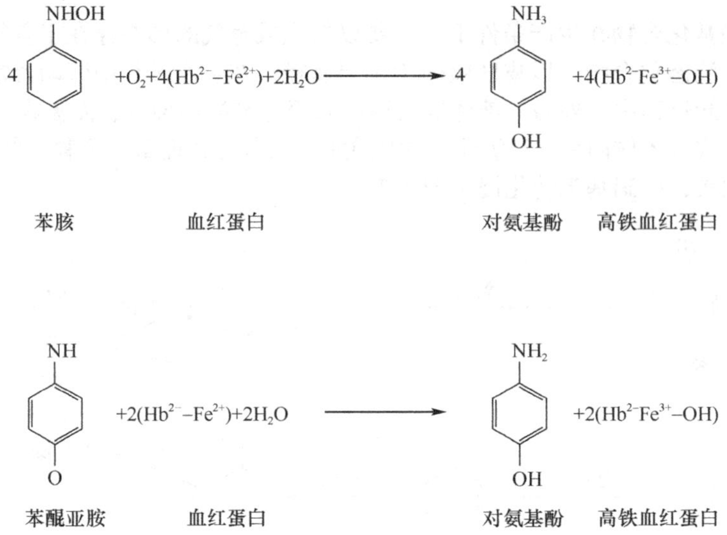

图 1-8　苯胲、苯醌亚胺形成高铁血红蛋白的反应

（2）溶血作用：GSH 具有维持红细胞膜的正常功能，与还原型辅酶Ⅱ一起，防止红细胞内血红蛋白氧化，或促使高铁血红蛋白还原，并可使红细胞内产生的过氧化物分解，从而起到解毒作用。红细胞的存活需要不断供给 GSH。苯的氨基硝基化合物经生物转化产生的中间产物，如苯基羟胺可使红细胞内的还原型谷胱甘肽减少，这样红细胞膜失去保护，发生破裂，产生溶血作用。特别是有先天性葡萄糖 6-磷酸脱氢酶（G-6-PD）缺陷者，更容易引起溶血。

（3）形成赫恩滋小体（Heinz body）：又称变性珠蛋白小体，苯的氨基硝基化合物在体内经代谢转化产生的中间代谢物，除作用于血红蛋白的铁原子和红细胞的 GSH 外，还可直接作用于珠蛋白分子中的巯基（—SH），使球蛋白变性。初期仅 2 个巯基被结合变性，其变性是可逆的；到后期，4 个巯基均与毒物结合，变性的珠蛋白在红细胞内形成沉着物，即形成赫恩滋小体。

赫恩滋小体的形成略迟于高铁血红蛋白，中毒后约 2～4 天可达高峰，1～2 周左右才消失。赫恩滋小体呈圆形，或椭圆形，具有折光性，多为 1～2 个，位于细胞边缘或附着于红细胞膜上，有赫恩滋小体的红细胞极易破裂，引起溶血。

溶血作用和高铁血红蛋白形成虽然两者关系密切，但程度上不呈平行关系，溶血的轻重程度与产生的赫恩滋小体的量也不平行。另外，高铁血红蛋白形成和消失的速度，与赫恩滋小体的形成和消失也不相平行。

**2. 肝脏损害**

（1）直接损害：某些苯的氨基硝基化合物可直接损害肝细胞，引起中毒性肝炎及肝脂肪变性。其中以三硝基甲苯、硝基苯、二硝基苯及 2-甲基苯胺、4-硝基苯胺等化合物较为常见等。肝脏病理改变主要为肝实质改变，早期出现脂肪变性，晚期可发展为肝硬化。严重的可发生急性、亚急性黄色肝萎缩。中毒性肝损害亦可由于大量红细胞破坏，血红蛋白及其分解产物沉积于肝脏，而引起继发性肝细胞损害，此种损害一般恢复较快。

（2）间接损害：有些苯的氨基和硝基化合物，如间苯二胺、硝基苯胺、对氯硝基苯等则由于溶血作用，使胆红素、血红蛋白、含铁血黄素等红细胞破坏分解产物沉积于肝脏，引起继发性肝细胞损害。另外研究表明，长期暴露低浓度的二硝基氯苯、硝基氯苯、二硝基甲苯、二氨基甲苯可见肝微粒体细胞色素 P450 同工酶的活性被抑制，这类物质经代谢生成活性中间产物，引起脂质过氧化作用增强，可能与其肝脏损伤的氧化应激机制有关。

**3. 泌尿系统损害**

（1）直接作用：某些苯的氨基和硝基化合物原型或代谢物直接作用于肾脏，引起肾脏实质性损害，出现肾小管上皮细胞变性、坏死。

（2）间接作用：由于大量溶血，溶血产物血红蛋白及胆红素沉积于肾，间接引起肾损害。部分病人早期出现化学性膀胱炎，邻位及对位甲苯胺可出现一时性肉眼血尿；急性苯胺中毒后，有些人可出现尿频、尿急、排尿后烧灼感、尿痛等刺激症状；对苯胺和5-氯邻甲苯胺可引起严重的出血性膀胱炎。

**4. 神经系损害** 该类化合物难溶于水，易溶于脂肪，进入人体后易与含大量类脂质的神经细胞发生作用，引起神经系统的损害。重度中毒患者可有神经细胞脂肪变性，视神经区可受损害，发生视神经炎、视神经周围炎等。

**5. 皮肤损害及致敏作用** 有些化合物对皮肤有强烈的刺激作用和致敏作用，一般在接触后数日至数周后发病，脱离接触并进行适当治疗后皮损可痊愈。个别过敏体质者，还可发生支气管哮喘，临床表现与一般哮喘相似。

**6. 晶体损害** 三硝基甲苯、二硝基酚、二硝基邻甲酚可引起眼晶状体混浊，最后发展为白内障。

**7. 致癌作用** 目前公认能引起职业性膀胱癌的主要毒物为4-氨基联苯、联苯胺和β-萘胺、等。

## （六）中毒的诊断原则及分级标准

**1. 诊断原则** 根据短期内接触高浓度苯的氨基、硝基化合物的职业史，出现以高铁血红蛋白血症为主的临床表现，结合现场卫生学调查结果，综合分析，排出其他原因所引起的类似疾病，方可诊断。

**2. 接触反应** 接触苯的氨基、硝基化合物后有轻度头晕、头痛、乏力、胸闷，高铁血红蛋白低于10%，短期内可完全恢复。

**3. 诊断及分级标准** 急性中毒根据国家职业性急性苯的氨基、硝基化合物中毒诊断标准GBZ 30-2015进行诊断及分级。

（1）轻度中毒：口唇、耳廓、指（趾）端轻微发绀，可伴有头晕、头痛、乏力、胸闷等轻度缺氧症状，血中高铁血红蛋白浓度≥10%。

（2）中度中毒：皮肤、黏膜明显发绀，出现心悸、气短、恶心、呕吐、反应迟钝、嗜睡等明显缺氧症状，血中高铁血红蛋白浓度≥10%，且伴有以下任何一项者：①轻度溶血性贫血，变形珠蛋白小体可升高；②急性轻-中度中毒性肝病；③化学性膀胱炎。

（3）重度中毒：皮肤黏膜重度发绀，意识障碍，高铁血红蛋白≥10%，且伴有以下任何一项者：①重度溶血性贫血；②急性重度中毒性肝病；③重度中毒性肾病。

## （七）中毒的治疗原则

根据国家职业性急性苯的氨基、硝基化合物中毒诊断标准（GBZ 30-2015）进行治疗。

（1）迅速脱离现场，清除皮肤污染，立即吸氧，严密观察。

（2）高铁血红蛋白血症用高渗葡萄糖，维生素C，小剂量美兰治疗。

（3）溶血性贫血，主要为对症和支持治疗，重点在于保护肾脏功能，碱化尿液，应用适量肾上腺糖皮质激素。严重者应输血治疗，必要时采用换血疗法或血液净化疗法。

（4）化学性膀胱炎，主要为碱化尿液，应用适量肾上腺糖皮质激素，防治继发感染。并可给予解痉剂及支持治疗。

（5）肝、肾功能损害，处理原则同内科。

（6）其他处理 轻、中度中毒治愈后，可恢复原工作。重度中毒视疾病恢复情况可考虑调离原工作。

## （八）中毒的预防和控制

**1. 改善生产设备，改革工艺流程**　加强生产操作过程中密闭化、连续化，采用计算机等自动化控制设备。如苯胺生产，用抽气泵加料代替手工操作，以免工人直接接触。以无毒或低毒物质代替剧毒物，如染化行业中用固相反应法代替使用硝基苯作热载体的液相反应；用硝基苯加氢法代替还原法生产苯胺等工艺。

**2. 重视检修制度，遵守操作规程**　工厂应定期进行设备检修，防止跑、冒、滴、漏现象发生。在检修过程中应严格遵守各项安全操作规程，同时要做好个人防护，检修时要戴防毒面具，穿紧袖工作服、长筒胶鞋，戴胶手套等。

**3. 改善车间生产环境**　加强通风、排毒设施的检查和维修，保证这些设备有效的工作；对车间的建筑及地面可用清水冲洗。定期进行车间毒物浓度监测，保证车间毒物浓度在国家最高容许浓度以下。

**4. 增强个人防护意识**　开展多种形式的安全健康教育，在车间内不吸烟，不吃食物，工作前后不饮酒，及时更换工作服、手套，污染毒物的物品不能随意丢弃，应妥善处理。接触TNT的工人，工作后应用温水彻底淋浴，可用10%亚硫酸钾肥皂洗浴、洗手，该品遇TNT变为红色，将红色全部洗净，表示皮肤污染已去除。也可用浸过9:1的乙醇氢氧化钠溶液的棉球擦手，如不出现黄色，则表示TNT污染已清除。

**5. 做好就业前体检和定期体检工作**　就业前发现血液病、肝病、内分泌紊乱、心血管疾病、严重皮肤病、红细胞葡萄糖-6-磷酸脱氢酶缺乏症、眼晶状体混浊或白内障患者，不能从事接触此类化合物的工作。每年定期体检一次，体检时，特别注意肝（包括肝功能）、血液系统及眼晶体的检查。

# 二、苯　　胺

> **案例1-8**
> 　　某年某月某日上午11时左右，上海嘉定区某市属制药厂退热冰车间工人朱某（男，35岁）在常规操作加入苯胺时，由于管道陈旧，导致管道爆裂，苯胺沾染衣服和皮肤，经洗澡换衣后继续工作，下班后感到头晕、恶心，继而出现口唇、指甲发绀等症状即送医院救治，诊断为急性苯胺中毒。
> 　　问题：
> 　　1. 本案例是职业中毒吗？
> 　　2. 导致这次事故的是什么原因？
> 　　3. 应采取哪些措施？

**【理化特性】**　化学分子式$C_6H_5NH_2$，分子量93.1。苯胺（aminobenzene）又称阿尼林（aniline）、氨基苯（aminobenzene）等。纯品为无色油状液体，易挥发，具有特殊气味，久置颜色可变为棕色。熔点-6.2℃，沸点184.3℃，蒸气密度3.22g/L，苯胺具有脂水双溶性，中等度溶于水，能溶于苯、乙醇、乙醚、氯仿等有机溶剂。

**【接触机会】**　工业生产中以下途径可接触到苯胺。

**1. 苯胺合成**　工业所用的苯胺均由人工合成，硝酸作用于苯合成硝基苯，再还原成苯胺。

**2. 苯胺的应用**　广泛用于印染、染料制造、橡胶（硫化时的硫化剂及促进剂）、照相显影剂、塑料、离子交换树脂、香水、药物合成等工业。

**3. 其他** 在自然界少量存在于煤焦油中。

【毒理】

**1. 吸收** 吸收苯胺可经呼吸道、皮肤和消化道进入,经皮吸收是引起中毒的主要原因。液体及其蒸气都可经皮吸收,其吸收率随室温和相对湿度的提高而增加。

**2. 分布** 经呼吸道吸入的苯胺,少量(<5%)以原形由呼吸道排出,约有1%以原形经尿直接排出,90%滞留在体内。

**3. 代谢转化** 苯胺入血后经氧化先形成毒性更大的中间代谢产物——苯基羟胺(苯胲),然后再氧化生成对氨基酚。

**4. 排泄** 对氨基酚与硫酸、葡萄糖醛酸结合后,经尿排出。吸收量的13%~56%可经此途径排出体外。随苯胺吸收量的增加,其代谢物对氨基酚也相应增加,故暴露苯胺者,尿中对氨基酚含量常与血中高铁血红蛋白的量呈平行关系。

**5. 毒性与毒作用** 造成苯胺主要毒性作用的是其中间代谢产物苯胲,它有很强的形成高铁血红蛋白的能力,使血红蛋白失去携氧功能,造成机体组织缺氧发绀,引起神经系统、心血管系统的一系列损伤。另外红细胞内的珠蛋白变性形成赫恩滋小体,红细胞脆性增加,产生溶血性贫血,继发肝、肾损伤。还可引起皮肤损伤。

苯胺的急性毒性:大鼠吸入4小时$LC_{50}$为774.2mg/m$^3$,小鼠$LC_{50}$为1120mg/m$^3$,人经口MLD估计为4g。但也有口服1g死亡,口服30g获救的报道。

【中毒临床】

**1. 临床表现**

(1)急性中毒:短时间内吸收大量苯胺,可引起急性中毒,以夏季为多见。早期表现为发绀,最先见于口唇、指端及耳垂等部位,其色调与一般缺氧所见的发绀不同,呈蓝灰色,称为化学性发绀。当血中高铁血红蛋白占血红蛋白总量的15%时,即可出现明显发绀,但此时可无自觉症状。当高铁血红蛋白增高30%以上时,出现头昏、头痛、乏力、恶心、手指麻木及视力模糊等症状。高铁血红蛋白升至50%时,出现心悸、胸闷、呼吸困难、精神恍惚、恶心、呕吐、抽搐等;严重者可发生心律失常、休克,以至昏迷、瞳孔散大、反应消失。

严重中毒者,中毒3~4天后可出现不同程度的溶血性贫血,并继发黄疸、中毒性肝病和膀胱刺激症状等。肾脏受损时,出现少尿、蛋白尿、血尿等,严重者可发生急性肾衰竭。少数见心肌损害。

(2)慢性中毒:长期慢性接触苯胺可有神经衰弱综合征,如头晕、头痛、倦乏无力、失眠、记忆力减退、食欲不振等症状,并出现轻度发绀、贫血和肝脾肿大等体征。红细胞中可出现赫恩滋小体。

(3)皮肤损害:皮肤经常接触苯胺蒸气后,可发生湿疹、皮炎等。

**2. 临床诊断**

(1)诊断原则:有明确的苯胺职业暴露史,出现相应的以高铁血红蛋白血症为主的临床表现,并结合现场劳动卫生学调查,参考实验室检查结果(高铁血红蛋白增高、红细胞内赫恩滋小体增加、尿中对氨基酚增高),排除其他因素引起的类似疾病(如亚硝酸盐中毒),方可诊断。

(2)诊断分级标准:急性中毒根据国家职业性急性苯的氨基、硝基化合物中毒诊断标准GBZ 30-2015进行诊断及分级。

慢性中毒目前尚无诊断标准,主要依据血液、肝脏及神经系统的改变进行诊断。

【预防与控制措施】

**1. 改革生产工艺** 苯胺生产用抽气泵加料代替手工操作,以免工人直接接触。用硝基苯加氢法代替还原法生产苯胺。

**2. 重视检修制度,遵守操作规程** 定期进行设备检修,防止跑、冒、滴、漏现象发生。在检修过程中应严格遵守各项安全操作规程,同时要做好个人防护。

**3. 改善车间生产环境** 定期进行车间苯胺浓度监测，保证车间苯胺浓度在国家规定的接触限值以下。

**4. 增强个人防护意识** 开展多种形式的安全健康教育，在车间内不吸烟，不吃食物，工作前后不饮酒，及时更换工作服、手套，污染毒物的物品不能随意丢弃，应妥善处理。

**5. 做好上岗前和在岗期间体检** 上岗前发现血液病、肝病、内分泌紊乱、心血管疾病、严重皮肤病、红细胞葡萄糖-6-磷酸脱氢酶缺乏症，不能从事接触苯胺的工作。在岗期间每年定期体检。

---

**案例 1-8 解析**

本案例属典型的急性职业中毒事故。

1. 病因讨论

（1）从发病的经过与情形看：该病与工作有关，且起病急，在短时间内接触苯胺引起，故属职业性急性吸入中毒。

（2）从发病过程看，以迅速出现严重缺氧表现为主，故判断急性苯胺中毒。

（3）该工人是在工作常规加入苯胺时，由于管道陈旧，导致管道爆裂，苯胺沾染衣服和皮肤导致的。

2. 工作原因 该案例反映工作中设备陈旧，年久失修和缺乏必要的安全检查，未及时发现事故隐患，职工也缺乏安全卫生意识和教育，皮肤污染稍做清洗后认为已无大碍而继续工作，导致重复接触，由于管道爆裂后苯胺气体在车间内逸散又加重了呼吸道的吸收，因而中毒不可避免。

3. 采取的措施

（1）中毒者应迅速脱离中毒现场，到达空气新鲜的地方，进行皮肤的彻底清洗，阻止毒物继续吸收。

（2）企业应重视生产设备的维修，定期进行检查，及早发现生产事故隐患。

（3）企业应定期对工人进行职业安全知识培训，增强自救意识。

---

# 三、三硝基甲苯

**案例 1-9**

2006年3月10日5时许，济南某化工厂TNT生产车间不明原因燃烧起火，3名消防队员和1名工人参与救火，救火时未戴防毒面具以致发生中毒。车间尚未开工，车间通风、除尘设施处于关闭状态。4名患者均为男性，年龄38～46岁，救火现场接触大量TNT粉尘及其烟雾，救火过程约30min。4名患者救火前均身体健康。

4名患者主要表现为头痛、头晕、咳嗽、恶心、乏力、咽部充血；其中3例症状较为严重，主要表现为头痛、头晕、恶心、呕吐、咳嗽、胸痛、心慌、气短、口唇发绀等，2例有睡眠障碍，1例有上腹部疼痛。血压高于正常参考值者1例，眼球结膜充血者2例，口唇轻度发绀者1例，双肺呼吸音低者2例，心率>100次/min者1例。1例白细胞及中性粒细胞计数均偏高；1例尿常规示：尿糖（++），酮体（+）；大便常规无异常；肝功能：丙氨酸转氨酶（ALT）、天冬氨酸转氨酶（AST）活力增高者3例，γ-谷氨酰转肽酶γ-GT活力增高者1例；心电图示，窦性心动过速者1例，下壁心肌供血不良1例；X线胸片示双肺纹理增粗、紊乱；彩色多普勒超声心动图示，局限性心肌损害1例（室间隔厚度正常，回声偏强，欠均匀，中下段运动幅度偏低，其余室壁厚度、回声及运动幅度正常）；腹部B超：肝、胆、胰、脾、双肾均未见异常。

**问题：**
1. 本案例属职业中毒吗？
2. 本案例发生的原因是什么？该如何处理？

【理化特性】 化学分子式 $C_6H_2CH_3(NO_2)_3$，分子量 227.13，三硝基甲苯（trinitrotoluene，简称 TNT）有 6 种同分异构体，通常所指的是 2,4,6-TNT，烈性炸药。为无色或淡黄色针状结晶，又称黄色炸药。熔点 80.65℃，比重 1.65，沸点 240℃（爆炸）。本品极难溶于水，易溶于丙酮、苯、醋酸甲酯、甲苯、氯仿、乙醚等。突然受热容易引起爆炸。

【接触机会】 工业生产中以下途径可接触到三硝基甲苯。

**1. 制造** 甲苯被硝化剂（硝酸和硫酸的混合酸）逐级硝化成一硝基甲苯、二硝基甲苯、TNT。在化学合成、粉碎、过筛、配料、包装生产过程可产生 TNT 粉尘及蒸气；

**2. 使用** TNT 作为炸药，广泛应用于国防、采矿、开凿隧道等方面，还可用以制造硝铵炸药。在粉碎、球磨、过筛、配料、装药等生产工艺过程中都可接触大量 TNT 粉尘及蒸气。在制造、运输、保管及使用过程中，也可以接触 TNT 粉尘。TNT 还用作照相药品和染料的中间体。

【毒理】

**1. 吸收** 三硝基甲苯可经皮肤、呼吸道及消化道进入人体。在生产环境中，主要经皮肤和呼吸道吸收。TNT 有较强的亲脂性，很容易从皮肤吸收，尤其气温高时，经皮吸收的可能性更大。由于手臂等外露，若接触面积大，加上有汗液，附着于手皮肤的 TNT 粉尘量增加，则吸收的量亦增加。在生产硝胺炸药时，由于硝酸铵具有吸湿性，一旦污染皮肤，就能使皮肤保持湿润，更易加速皮肤的吸收。

**2. 代谢转化** 进入机体内的三硝基甲苯（TNT）一部分以原形经尿排出体外，主要转化途径是在肝微粒体和线粒体的参与下，通过氧化、还原、结合等途径进行代谢：①氧化反应包括：TNT 的甲基氧化为羟基，并进一步氧化为羧基及 TNT 的苯环氧化形成酚类化合物。②还原反应表现为 TNT2,4,6-位的硝基基团，经过逐步还原最后形成氨基，代谢物 4-氨基-2,6-二硝基甲苯（4-A）经尿排出。③结合反应为 TNT 的多种代谢产物与葡萄糖醛酸结合后经尿排出。

**3. 排泄** 接触 TNT 工人尿内可以检出 10 余种 TNT 的代谢产物，如 4-氨基-2,6-二硝基甲苯（4-A）、2-氨基-4,6-二硝基甲苯（2-A）、原形 TNT 以及 2,4 和 2,6-二氨基硝基苯（2,4-DA 和 2,6-DA）以及其他代谢物。工人尿内 4-A 含量最多，也有一定量的原形 TNT，因此，尿 4-A 和原形 TNT 含量可作为职业接触的生物监测指标。

**4. 毒性与毒作用**

（1）晶体：晶体损害以中毒性白内障为主要表现。TNT 白内障的发病特点为：①发病缓慢：一般需接触 TNT 2～3 年后发病；②病变范围从周边到中央：初期主要表现为晶状体周边部出现散在点状混浊，逐渐形成尖向中心底向外的楔形混浊体，进而多数楔形混浊体融合而聚集成环形暗影。随病情进展，除晶状体周边混浊外，其中央部也出现环形或盘状混浊，裂隙灯下可见混浊为多数浅棕色小点聚积而成，多位于前皮质和成人核之间。整个皮质部透明度降低。环的大小近于瞳孔直径，此时视力可减退，若再发展则周边混浊与中央混浊融合，视力明显减退；③低浓度可发病：在低 TNT 浓度下可发生晶状体损伤，甚至空气浓度相当低或低于最高容许浓度时仍可发病，发病随接触工龄增长而增多，且损害加重；④病变的持续进展性：一般认为晶状体损害一旦形成，虽脱离接触仍可继续发展（可能是晶状体对 TNT 及代谢物的排除极缓慢）。

但有报道，我国对 113 例脱离接触 17 年的 TNT 白内障患者动态观察结果显示，39 例（34.5%）减轻，其中 7 例（6.2%）恢复透明，无改变 61 例（54%），有进展 13 例（11.5%），研究表明脱离接触数年后部分晶状体混浊可逐渐减轻或透明，晶状体混浊减轻程度与脱离接触前的接触毒物工龄和脱离接触的年限有非常明显的关系。

有关白内障形成的机制尚不清楚，体外试验，TNT与动物晶体匀浆一起孵育，可以检出TNT硝基阴离子自由基与活性氧。目前认为TNT在体内还原为TNT硝基阴离子自由基，并可形成大量活性氧，可能与白内障的形成有关。也有人认为白内障的形成可能与TNT所致的MetHb沉积于晶体或TNT代谢产物沉积于晶体有关。

（2）肝脏：肝脏是TNT毒作用的主要靶器官，接触TNT工人早期体征为肝大和（或）脾大。肝肿大程度与肝损伤严重性并不平行，约25%TNT中毒性肝硬化患者，肝大在1.0cm以内。如果继续接触TNT，则除肝大外，肝脏质地变硬，脾肿大一般在肝肿大之后，严重者可导致肝硬化、萎缩，平均工龄10年左右可诊断出。

对肝脏损害的病理特点是：急性改变主要是肝细胞坏死和脂肪变性；慢性改变主要是肝细胞再生和纤维增生。

肝脏损害机制可能与TNT硝基阴离子自由基有关，它可形成大量活性氧，致使脂质过氧化与细胞内钙稳态失调；也可能是TNT与体内氨基酸结合，导致氨基酸缺乏，致使肝细胞营养不良所致。国内调查表明肝肿大检出率与TNT白内障的病变程度之间并无平行关系。

大量的动物实验显示，TNT具有明显致畸、致突变、致癌作用。另外接触人群中肝癌高发的报道日见增多，近年我国流行病学调查证实，接触作业者肝癌发病与工龄、工种以及接触TNT程度关系明确，值得重视和进一步探讨。

（3）血液系统：TNT可引起血红蛋白、中性粒细胞及血小板减少；也可出现赫恩滋小体。长期高浓度TNT接触可导致再生障碍性贫血，近年我国的调查显示，在目前TNT生产条件下，已较少发生血液方面的改变。

（4）其他：调查发现接触TNT男工出现性功能异常、精液质量差、男工血清睾酮降低，女工出现月经异常等生殖系统损伤；TNT暴露者出现尿蛋白含量增高等肾脏损害表现；长期暴露TNT的劳动者，类神经综合征发生率增高，并伴有自主神经功能紊乱；部分病人可出现心肌损害。

**5. 毒作用机制** 有关TNT毒作用机制还未完全明了，近年的研究表明，三硝基甲苯可在体内多种器官和组织内（肝、肾、脑、晶体、睾丸、红细胞等）接受来自还原辅酶Ⅱ的一个电子，被还原活化为TNT硝基阴离子自由基，并在组织内产生大量的活性氧，使体内还原性物质如还原型谷胱甘肽、还原辅酶Ⅱ明显降低，进一步可影响蛋白质巯基的含量。另外TNT硝基阴离子自由基、活性氧可诱发脂质过氧化，与生物大分子共价结合并引起细胞内钙稳态紊乱，导致细胞膜结构与功能破坏，细胞内代谢紊乱甚至死亡，从而对机体产生损伤作用。

【中毒临床】

**1. 临床表现**

（1）急性中毒：在生产环境中发生急性中毒的情况较少见。一般只有接触高浓度三硝基甲苯粉尘或蒸气，才可引起急性中毒。

轻度急性中毒时，患者可有头晕、头痛、恶心、呕吐、食欲不振。上腹部及右季肋部痛，口唇呈蓝紫色，发绀可扩展到鼻尖、耳壳、指（趾）端等部位。重度者，除上述症状加重以外，尚有神志不清、呼吸浅表、频速，偶有惊厥，甚至大小便失禁，瞳孔散大，对光反应消失，角膜及腱反射消失。严重者可因呼吸麻痹死亡。

（2）慢性中毒：长期接触TNT引起慢性中毒，主要表现出肝、眼晶体、血液等损害。

1）肝损害：患者出现乏力、食欲减退、恶心、肝区疼痛与传染性肝炎相似。体检时肝肿大大多在肋下1.0～1.5cm左右，有压痛、叩痛，多数无黄疸。随着病情进展，肝质地由软变韧，可出现脾肿大，严重者可导致肝硬化。肝功能试验可出现异常，其中包括血清丙氨酸氨基转移酶（ALT）、天门冬氨酸氨基转移酶（AST）、血清肝胆酸（CG）、血清转铁蛋白（TF）和前白蛋白（PA）、色氨酸耐量试验（ITTT）、吲哚氰绿滞留试验（ICG）等。TNT对肝和晶体的损害不完全一致，据全国普查，TNT引起的肝损害早于晶体损害。

2）白内障：慢性中毒患者出现白内障是常见而且具有特征性的体征。形成TNT中毒性白内障，开始于双眼晶状体周边部呈环形混浊，环为多数尖向内，底向外的棋形混浊融合而成，进一步晶体中央部出现盘状混浊。

TNT 白内障的特点：①一般接触 TNT 工龄 6 个月～3 年可发生白内障。工龄越长发病率越高，10 年以上工龄为 78.5%，15 年以上工龄为 83.65%；②白内障形成后，即使不再接触 TNT，仍可进展或加重，脱离接触时未发现白内障的工人数年后仍可发生；③一般不影响视力，但晶体中央部出现混浊，可使视力下降。④TNT 白内障与 TNT 中毒性肝病发病不平行，中毒性白内障患者可伴有肝肿大，但亦可在无肝损伤情况下单独存在。

3）血液系统：TNT 可引起血红蛋白、中性粒细胞及血小板减少，出现贫血，也可出现赫恩滋小体，严重者可出现再生障碍性贫血，但在目前生产条件下，发生血液方面的改变较少。

4）皮肤：有的接触 TNT 工人出现"TNT 面容"，表现为面色苍白，口唇耳廓青紫色。另外手、前臂、颈部等裸露部位皮肤产生过敏性皮炎，黄染，严重时呈鳞状脱屑。

5）生殖功能：接触 TNT 男工有性功能低下，如性欲低下、早泄与阳痿等。精液检查发现精液量显著减少，精子活动率<60%者显著增多，精子形态异常率增高。接触者血清单酮含量显著降低。女工则表现为月经周期异常，月经量过多或过少，痛经等。

6）其他：长期接触 TNT 工人，神经衰弱综合征发生率较高，可伴有自主神经功能紊乱。部分可出现心肌及肾损害，尿蛋白含量及某些酶增高。

**2. 临床诊断**

（1）诊断原则：根据长期三硝基甲苯职业接触史，出现肝脏、血液及神经等器官或者系统功能损害的临床表现，结合职业卫生学调查资料和实验室检查结果，综合分析，排除其他病因所致的类似疾病，方可诊断。

（2）诊断分级标准：慢性 TNT 中毒根据国家《职业性慢性三硝基甲苯中毒的诊断》（GBZ 69-2011）诊断及分级标准：

1）轻度中毒：有乏力、食欲减退、恶心、厌油、肝区痛等症状持续 3 个月以上，伴有至少一项肝功能生化指标异常，并具有下列表现之一者：①肝肿大，质软，有压痛或叩痛；②肝功能试验轻度异常；③腹部超声图像提示慢性肝病改变；④神经衰弱样症状伴肝功能指标任意 2 项异常改变。

2）中度中毒：在轻度中毒的基础上，具有下列表现之一者：①肝功能试验中度异常；②腹部超声图像提示肝硬化改变；③脾肿大；④出现肝硬化并发症食管胃底静脉曲张；⑤溶血性贫血。

3）重度中毒：在中度中毒的基础上，具有下列表现之一者：①肝功能试验重度异常；②腹部超声图像提示肝硬化伴大量腹水；③出现肝硬化并发症食管 胃底静脉曲张破裂、肝性脑病、自发性细菌性腹膜炎中一项者。

【治疗原则】 慢性 TNT 中毒的治疗原则为：

（1）宜进清淡而富有营养的饮食，禁止饮酒和损害肝功能的药物。

（2）保肝降酶。

（3）重症患者出现肝功能衰时，建议采用专科对症治疗。

（4）其他治疗原则与内科相同。

【预防与控制措施】

**1. 改善生产设备，改革工艺流程** 加强生产操作过程中密闭化、连续化，采用计算机等自动化控制设备。如染化行业中用固相反应法代替使用硝基苯作热载体的液相反应；用硝基苯加氢法代替还原法生产苯胺等工艺。

**2. 改善车间生产环境** 加强通风、排毒设施的检查和维修，保证这些设备有效的工作；对车间的建筑及地面可用清水冲洗。定期进行车间 TNT 浓度监测，保证车间 TNT 浓度在国家规定的接触限值以下。

**3. 增强个人防护意识** 开展多种形式的安全健康教育。接触 TNT 的工人，工作后应用温水彻底淋浴，可用 10%亚硫酸钾肥皂洗浴、洗手，该品遇 TNT 变为红色，将红色全部洗净，表示皮肤污染已去除。也可用浸过 9∶1 的乙醇氢氧化钠溶液的棉球擦手，如不出现黄色，则表示 TNT 污染已清除。

**4. 做好上岗前和在岗期间体检** 就业前发现肝病、血液系统疾病或乙型表面抗原携带者，患有心、肾、神经系统或胃气质疾病者，患有较广泛的皮肤病或皮肤过敏者，患眼晶体及眼底病变者不能从事接触 TNT 的工作。从事接触 TNT 的工作者应每年定期体检。

---

**案例 1-9 解析**

本案例属典型的急性职业中毒事故。

1. 原因讨论

（1）从发病的经过与情形看：该病与工作有关，且起病急，在短时间内接触 TNT 粉尘和烟雾引起，属职业性急性吸入中毒。

（2）从发病过程看，以迅速出现严重缺氧和神经系统表现为主，同时肝脏、肾脏和血液系统辅助检查均有异常，故判断急性 TNT 中毒。

（3）4 名人员是在参加 TNT 救火过程中，由于车间尚未启用，通风、除尘设施处于关闭状态，且 4 名救火人员均未佩戴防毒面具。

2. 采取的措施

（1）患者应迅速脱离中毒现场，到达空气新鲜的地方，更换衣服，进行皮肤彻底清洗，阻止毒物继续吸收。

（2）给予患者持续低流量吸氧，2～4 L/min。给予维生素 C 2.5 g、维生素 B 0.2 g 加入 10%的葡萄糖 250ml 中静脉滴注。为预防脑水肿、肺水肿及溶血反应，给予地塞米松 5～10 mg/d 静脉滴注，3～5d 后减量，1 周后停用。

（3）企业应重视安全生产检查，特别对于易燃易爆物品更应该加强防范，防治发生意外，设备的维修，定期进行检查，及早发现生产事故隐患。

（4）企业应按照国家有关要求实行职业病危害预防设施和设备与主体生产的"三同时"，配备相应的应急救援设施和设备，制定相应的应急救援预案并进行演练，定期对工人进行职业安全知识培训，增强自救意识。

---

（刘志宏）

## 思 考 题

1. 染料厂车间发生事故应考虑哪些因素？
2. 苯的氨基化合物和硝基化合物中毒的表现完全相同吗？
3. 苯的氨基和硝基化合物中毒的处理和治疗原则是什么？
4. 应怎样预防和控制苯的氨基和硝基化合物中毒？

## 第七节 高分子化合物生产中的毒物中毒

**案例 1-10**

国家游泳馆"水立方"是世界上最大的膜结构工程，建筑外围采用世界上最先进的环保节能四氟乙烯膜材料。四氟乙烯抗压性极强，如果放上一个汽车都不会被压坏。这种材料的延展性、耐火耐热性也都非常突出，拉到它本身的3~4倍长都不会断裂，而达到715℃以上它才能被烧成一个窟窿，但是不扩散，没有烟，也没有燃烧物掉落。四氟乙烯膜结构屋面这件"外衣"，可保证90%自然光进入场馆，使"水立方"平均每天自然采光达到了9个小时。

问题：
1. 你还知道哪些像四氟乙烯这样的高分子化合物？他们的优点是什么？
2. 高分子化合物的生产过程中，哪些环节能接触到职业性有害因素？他们会对职业人群产生哪些健康危害？

# 一、概　述

高分子化合物（micro-molecular compound）由一种或几种单体（monomer），经聚合或缩聚而成，分子量达数千至数百万的化合物，化学组成简单，又称聚合物（polymer）。聚合是指许多单体连接起来形成高分子化合物的过程，此过程中不析出任何副产品，例如聚乙烯是由许多乙烯分子单体聚合而成。缩聚是指单体间首先缩合析出一分子的水、氨、氯化氢或醇以后，再聚合为高分子化合物的过程，例如酚醛树脂是由苯酚与甲醛缩聚而成。

## （一）来源与分类

高分子化合物依据其来源可分为天然高分子化合物和合成高分子化合物。天然高分子化合物如蛋白质、核酸、纤维素、羊毛、棉、丝、天然橡胶、淀粉；合成的高分子化合物如塑料、合成纤维、合成橡胶、涂料以及离子交换树脂、粘胶剂等。通常所说的高分子化合物主要指合成高分子化合物。

高分子化合物按其骨架和主链的成分，可分为无机高分子化合物和有机高分子化合物。无机高分子化合物的骨架以除碳以外的其他元素为主，如有机硅的骨架由硅、氧构成；聚硅烷骨架则全部由硅构成。有机高分子化合物的骨架以碳为主，间有氧（如聚酯）或氮（如尼龙）等。

## （二）性质与用途

高分子化合物具有高强度、耐腐蚀、绝缘性能好、质量轻、隔热、隔音、透光、成品无毒或毒性很小等许多特性。其应用形式主要包括塑料、合成纤维、合成橡胶、涂料和胶粘等。广泛用于工业、农业、化工、建筑、通讯、国防及生活用品。在医学科学领域中亦广为应用，如一次性注射器，输液装置、各种纤维导管、人工肾、人工心脏瓣膜等。特别是在功能高分子材料，如光导纤维、感光高分子材料、高分子分离膜、高分子液晶、超电导高分子材料、仿生高分子材料等方面的应用、研究、开发迅速发展。

## （三）生产原料及生产助剂

生产高分子化合物的基本原料有煤焦油、天然气、石油裂解气和少数农副产品等。以石油裂解气应用最多，主要有不饱和烯烃和芳香烃类化合物，如乙烯、丙烯、丁二烯、苯、甲苯、二甲苯等。常用的单体多为不饱和烯烃、芳香烃及其卤代化合物、氰类、二醇和二胺类化合物，这些化合物多数对人体健康可产生不良影响。

在单体生产和聚合过程中，需要各种助剂（添加剂），包括催化剂、引发剂（促使聚合反应开始）、调聚剂（调节聚合物的分子量达一定数值）、凝聚剂（使聚合形成的微小胶粒凝聚成粗粒或小块）等。在聚合物树脂加工塑制为成品的成型加工过程中，为了改善聚合物的外观和性能，也要加入各种助剂,如稳定剂(增加聚合物对光、热、紫外线的稳定性)、增塑剂、固化剂、润滑剂、着色剂、发泡剂、填充剂等。

## (四)生产过程

高分子化合物的生产过程,一般可分为四部分,①生产基本的化工原料;②合成单体;③单体聚合或缩聚;④聚合物树脂的加工塑制成成品。例如,腈纶的生产过程,先由石油裂解制备丙烯,丙烯与氨作用生成丙烯腈单体,然后聚合为聚丙烯腈,经纺丝制成腈纶纤维,再织成各种织物;聚氯乙烯塑料的生产过程,先由石油裂解气乙烯与氯气作用生成二氯乙烯,再裂解生成氯乙烯,然后经聚合成为聚氯乙烯树脂,再将树脂加工为成品,如薄膜、管道、日用品等。又如,聚四氟乙烯塑料的生产过程,首先以二氟一氯甲烷为原料,经高温裂解制备四氟乙烯单体,再聚合成聚四氟乙烯粉,最后加工成各类聚四氟乙烯塑料用品。生产工艺过程中的每一环节中,生产工人均有机会接触到各种化学毒物。

## (五)生产过程对健康的影响

在高分子化合物生产过程的每个阶段,作业者均可接触到不同类型的毒物。高分子化合物本身无毒或毒性很小,但某些高分子化合物粉尘,可致上呼吸道黏膜刺激症状;酚醛树脂、环氧树脂等对皮肤有原发性刺激或致敏作用;聚氯乙烯等高分子化合物粉尘对肺组织具有轻度致纤维化作用。

高分子化合物对健康的影响主要来自于三个方面,①生产基本的化工原料、合成单体、单体聚合或缩聚的生产过程;②生产中的助剂;③树脂、氟塑料等高分子化合物在加工、受热时产生的毒物;生产过程中所用原料、单体及助剂绝大多数具有一定毒性、变应原性或致癌性。对人体健康的危害程度主要取决于所用原料、单体及助剂的种类和量。

**1. 生产过程中的健康影响** 高分子化合物生产中的职业危害,多发生于单体制造,如氯乙烯、丙烯腈,对接触者可致急、慢性中毒,甚至引起职业性肿瘤。氯乙烯单体是 IARC 公布的确认致癌物,可引起肝血管肉瘤。

**2. 生产助剂对健康的影响** 在单体生产和聚合过程中,除了在单体生产和聚合或缩聚过程中可接触各种助剂外,由于助剂与聚合物分子大多数只是机械结合,因此很容易从聚合物内部逐渐移行至表面,进而与人体接触或污染水和食物等,影响人体健康。例如,含铅助剂的聚氯乙烯塑料,在使用中可析出铅,因而不能用作储存食品或食品包装。又如,邻苯二甲酸(2-乙基己基)酯(dioctyl phthalate,DEHP)是聚氯乙烯塑料的主要增塑剂,将血液保存在该聚氯乙烯储血袋中 3 周,血液中可检出增塑剂 DEHP 0.50~0.75mg/L。用含增塑剂 DEHP 的聚氯乙烯塑料管作血液透析时,可引起部分病人产生非特异性肝炎,血液中可析出 10~20mg/L 的 DEHP;改用不含 DEHP 增塑剂的塑料管做透析后,肝炎症状和体征消失。助剂的种类繁多,在生产高分子化合物中一般接触量较少,其危害没有生产助剂时严重。助剂中的氯化汞、无机铅盐、磷酸二甲苯酯、二月桂酸二丁锡、偶氮二异丁腈等毒性较高;碳酸酯、邻苯二甲酸酯、硬脂酸盐类等毒性较低;有的助剂如顺丁烯二酸酐、六次甲基四胺、有机铝、有机硅等对皮肤黏膜有强烈的刺激作用。

**3. 高分子化合物在加工、受热时产生的有害因素对健康的影响** 高分子化合物在加工、受热时产生的裂解气和烟雾、残液等含有许多有毒化学物,毒性较大,吸入后可致急性肺水肿和化学性肺炎。例如聚氯乙烯在温度高于 300℃时可裂解为氯化氢和二氧化碳等,600℃时有少量光气、氯气。其中危害较大的有一氧化碳、氯化氢、氰化氢、光气、氯气以及氟化氢、八氟异丁烯等有机氟化合物,吸入后可引起急性中毒。如聚四氟乙烯在高温下可裂解为剧毒的全氟异丁烯、氟光气、氟化氢等,吸入后可致急性肺水肿和化学性肺炎。

**4. 高分子化合物生产中某些化学物质的远期效应** 如致突变、致癌、致畸作用,值得重视。

如氯乙烯为确认人类致癌物，可引起肝血管肉瘤和肝癌；与之化学结构类似的苯乙烯，丙烯腈，2-氯丁二烯，1,1-二氯乙烯等在体内的代谢方式大致类似，均可被氧化为环氧化物，后者具有强烈的烷化作用，主要与核酸共价结合，导致遗传物质 DNA 损伤，进而引起致癌和致突变作用。丙烯腈对动物具有致癌作用。不少化学物还具有致畸和生殖毒性作用。

> **案例 1-10 解析**
>   高分子化合物具有高强度、耐腐蚀、绝缘性能好、质量轻、隔热、隔音、透光、成品无毒或毒性很小等许多特性。其应用形式主要包括塑料、合成纤维、合成橡胶、涂料和胶粘等。广泛用于工业、农业、化工、建筑、通讯、国防及生活用品。
>   高分子化合物对健康的影响主要来自于三个方面：①生产基本的化工原料、合成单体、单体聚合或缩聚的生产过程。②生产中的助剂；③树脂、氟塑料等高分子化合物在加工、受热时产生的毒物。

## 二、氯 乙 烯

> **案例 1-11**
>   黑龙江省某厂聚氯乙烯车间有工人 112 人，其中聚合釜清釜工有 15 人。某年春该车间全体员工进行职业性体验，发现 4 名清釜工患有指端溶骨症。血清钙明显增高。手指发麻，手尖酸痛。X 线手片显示：有手指末端粗隆尺侧边缘膨大，骨质疏松或呈切迹，或呈囊样变，或出现斜行骨折线，或点状溶解。清釜工的指端溶骨症引起了职业医学界和聚氯乙烯制造厂的高度重视。
> 问题：
>   1. 聚氯乙烯车间工人是接触何物质导致肢端溶骨症发生？
>   2. 如何进行聚合釜清釜工氯乙烯中毒的诊断？

【理化特性】 氯乙烯（vinyl chloride，VC）化学式 $H_2C=CHCl$，分子量 62.50。常温常压下为无色气体，略带芳香味，加压冷凝易液化成液体。沸点 -13.9℃。蒸气压 403.5kPa（25.7℃），蒸气密度 2.15g/L。易燃、易爆，与空气混合时的爆炸极限为 3.6%～26.4%（容积百分比，V/V）。微溶于水，溶于醇和醚、四氯化碳等。热解时有光气、氯化氢、一氧化碳等释出。

【接触机会】 氯乙烯主要用作生产聚氯乙烯的单体；也用于与丙烯腈、醋酸乙烯酯、丙烯酸酯、偏二氯乙烯等共聚制得各种树脂；还可用于合成三氯乙烷及二氯乙烯等。在氯乙烯生产过程中，清洗或抢修转化器、分馏塔、储槽、压缩机及聚合反应的聚合釜，尤其是进入聚合釜内清洗或抢修和意外事故时可吸入较高浓度氯乙烯而中毒。目前我国氯乙烯年产量达到几百万吨，生产作业人员的数量也在不断增加。

【毒理】 氯乙烯主要以蒸气形式经呼吸道进入人体；液体氯乙烯污染皮肤时可部分经皮肤吸收。吸入的氯乙烯主要分布于肝、肾，其次为皮肤、血浆，脂肪最少。大部分随尿排出。氯乙烯代谢与浓度有关，低浓度氯乙烯吸入后，主要经醇脱氢酶途径在肝脏代谢，先水解为 2-氯乙醇，再形成氯乙醛和氯乙酸；高浓度氯乙烯吸入时，在醇脱氢酶的代谢途径达到饱和后，主要经肝微粒体细胞色素 P450 酶的作用而环氧化，在该酶作用下，氯乙烯被氧化为具有高度活性的中间产物环氧化物-氧化氯乙烯（chloroethylene oxide，CEO），经自发重排（氧化）生成氯乙醛（chloroacetaldehyde，CAD），CEO，CAD 等中间代谢产物在谷胱甘肽硫转移酶催化下与谷胱甘肽结合生成 S-甲酰甲基谷胱甘肽，随后进一步经水解或氧化生成 S-甲基甲酰半胱氨酸和 N-乙酸-S-（2-羟乙基）半胱氨酸由尿排出。氯乙醛则在醛脱氢酶作用下生成氯乙酸，部分经尿排出，部分与

CSH结合，进一步氧化分解为$CO_2$，形成硫代二乙酸随尿排出。

氯乙烯属低毒类，急性毒性主要为麻醉作用，小鼠吸入10分钟的最低麻醉浓度199.7～286.7g/m³，人的麻醉阈浓度182g/m³。最低致死浓度为573.4～691.2g/m³（22.4%～27%，$V/V$）。

实验动物急性中毒时可见肺水肿，肝、肾肿胀，脏器广泛充血，人吸入极高浓度的氯乙烯亦可有肺损伤的表现，甚至脑水肿的表现。氯乙烯及其代谢产物对肝脏上皮细胞和叶间细胞都有刺激作用，可引起肝细胞代偿反应，导致肝和叶间细胞增生，造成肝损害、肝纤维化和脾大。有报道，CYP2E1 c/c2/c2c2基因型在长期高剂量接触时，可能是氯乙烯致肝损伤遗传易感性的主要原因。实验研究表明氯乙烯长期吸入试验可诱发大、小鼠肝血管肉瘤及肝、肾、肺、乳腺等肿瘤并有明显的剂量效应关系，是确认的人类致癌物。因其代谢产物氯乙醛和氧化氯乙烯为强烷化剂，可直接与体内生物大分子DNA、RNA、蛋白质共价结合，其中形成的DNA加合物，可引起DNA碱基配对错误，导致基因突变，使细胞恶性转化，引起肿瘤。

【中毒临床】

**1. 临床表现**

（1）急性中毒：多因检修设备或意外事故大量吸入所致，多见于聚合釜清釜工和泄漏事故。主要表现为对中枢神经系统的麻醉作用。轻度中毒者有眩晕、头痛、恶心、乏力、胸闷、嗜睡、步态蹒跚等。若及时脱离接触，吸入新鲜空气，症状可减轻或消失。重度中毒者则可出现意识障碍、抽搐、可有急性肺损伤的表现，甚至脑水肿的表现，严重患者可持续昏迷甚至死亡。皮肤接触氯乙烯液体可引起局部损害，表现为局部麻木、红斑、水肿以至组织坏死等。眼部接触呈明显刺激症状。

（2）慢性中毒：长期接触氯乙烯，对人体健康可产生多个系统不同程度的影响，如类神经症、雷诺综合征、周围神经病、肢端溶骨症、肝脏肿大、肝功能异常、血小板减少等。有人将这些症状称为"氯乙烯病"或"氯乙烯综合征"。

1) 神经系统：以类神经征和自主神经功能紊乱为主，其中以睡眠障碍、多梦、手掌多汗最常见。清釜工可见皮肤瘙痒、烧灼感、手足发冷发热等多发性神经炎表现，有时还可见手指、舌或眼球震颤。神经传导和肌电图可见异常。精神方面主要表现为抑郁。有学者认为，神经、精神症状是慢性氯乙烯中毒的早期症状。

2) 消化系统：食欲减退、恶心、腹胀、便秘或腹泻等。部分患者有肝、脾肿大、肝功能异常。氯乙烯对肝脏的损害，早期常表现为乏力、厌食、腹胀、肝区痛等。后期肝脏明显肿大，肝功能异常，并有黄疸、腹腔积液等。临床实验室检查中静脉色氨酸耐量试验（ITTT）、肝胆酸（CG）、γ-谷氨酰转肽酶（γ-GT）、前白蛋白（PA）较为敏感，对诊断慢性中毒极有意义。

3) 血液系统：有溶血和贫血倾向，一般白细胞计数正常，但嗜酸粒细胞增多，部分患者可有轻度血小板减少，凝血障碍等。这些表现与患者肝硬化和脾功能亢进有关。

4) 皮肤：皮肤经常接触氯乙烯，可出现皮肤干燥、皲裂、丘疹、粉刺或手掌皮肤角化及指甲变薄等。部分患者可出现湿疹样皮炎或过敏性皮炎。少数接触者可有脱发。

5) 肢端溶骨症（acroosteolysis, AOL）：是氯乙烯作业人员发生的一种特殊的指骨末端溶解性病变，多发生于工龄较长的聚合清釜工及直接接触氯乙烯的人员。发病工龄最短者仅1年。早期表现为雷诺症表现：手指麻木、疼痛、肿胀、发白或发绀、感觉异常、僵硬等。随后逐渐出现末节指骨骨质溶解性损害。X线常见一指或数指末节指骨粗隆边缘的半月状或锯齿状缺损，进而骨折线形成，逐渐缺损增宽，使粗隆逐渐与骨干分离，也可伴有骨皮质硬化，最后导致指骨变短变粗，呈杵状指；个别也可见趾骨病损。手指动脉造影可见管腔狭窄、部分或全部阻塞。局部皮肤（手及前臂）局限性增厚、僵硬、活动受限，呈硬皮病样损害，活动受限。目前认为，肢端溶骨症是氯乙烯所致全身性改变在指端局部的一种表现。肢端溶骨症的发生常伴有肝、脾大，对诊断有辅助意义。

6) 生殖系统：氯乙烯作业女工和作业男工配偶的流产率增高，胎儿中枢系统畸形的发生率也有增高，作业女工妊娠并发症的发病率也明显高于对照组，提示氯乙烯具有一定的生殖毒性。

7）肿瘤：长期接触高浓度氯乙烯单体的清釜工可出现肝血管肉瘤（hepaticangiosarcoma），但较为罕见。氯乙烯所致肝血管肉瘤在国内早已列入职业病名单。但氯乙烯致肝癌、肺癌及造血系统、胃、脑、淋巴组织等部位的肿瘤的报告则日见增多。氯乙烯作业男工的肝癌发病率、死亡率均显著高于对照组，且肝癌发病年龄显著提前的趋势，且与作业工龄相关，并具有剂量—效应关系，这些情况说明了氯乙烯的致肝癌作用。

8）其他：对呼吸系统的影响主要是可引起上呼吸道刺激症状，长期吸入氯乙烯烟尘可引起尘肺样改变。对内分泌系统的作用表现为暂时性性功能障碍，脱离接触后可恢复；部分患者可致甲状腺功能受损，4小时尿17-羟皮质类固醇降低。

**2. 临床诊断** 按《职业性氯乙烯中毒诊断》（GBZ 90-2002）标准执行。

（1）诊断原则

1）急性氯乙烯中毒：短时间内吸入大剂量氯乙烯气体的接触史，现场职业卫生调查及以中枢神经系统麻醉为主要的临床表现，并排除其他病因，方可诊断为急性氯乙烯中毒。

2）慢性氯乙烯中毒：有长期接触氯乙烯的职业史，主要有肝脏和（或）脾脏损害、肢端溶骨症及肝血管肉瘤等临床表现，结合实验室检查、现场危害调查与评价，进行综合分析。并排除其他疾病引起的类似损害，方可诊断为慢性氯乙烯中毒。

（2）诊断分级标准

1）接触反应：短时间内吸入高浓度氯乙烯气体后出现头晕、恶心、胸闷、乏力而无意识障碍。

2）观察对象：长期接触氯乙烯的人员出现头晕、头痛、乏力、睡眠障碍等神经衰弱综合征及恶心、食欲减退、肝区胀痛等消化功能障碍，但肝功能试验正常者。

3）急性中毒

A. 轻度中毒：出现轻度意识障碍。

B. 重度中毒：具有中度以上意识障碍，呼吸、循环衰竭表现之一者。

4）慢性中毒

A. 轻度中毒：出现乏力、恶心、食欲不振等全身症状且伴有下列表现之一者，①肝脏胀痛、肿大；②肝功能试验轻度异常；③雷诺症。

B. 中度中毒：前述全身症状加重，且具有下列表现之一者，①肢端溶骨症；②肝脏进行性肿大；③肝功能试验持续异常症；④脾脏肿大。

C. 重度中毒：肝硬化。

**3. 中毒处理原则**

（1）治疗原则

1）急性中毒：应迅速将中毒者脱离现场，移至空气新鲜处，脱去被污染的衣物，污染皮肤用大量清水清洗，注意保暖，卧床休息。急救措施和对症治疗原则与内科急救相同。

2）慢性中毒：可给予保肝及对症治疗。符合外科手术指征者，可行脾脏切除术。有肝脏损害或肢端溶骨症者则应尽早脱离接触。

（2）其他处理

1）急性中毒：①轻度中毒者治愈后，可返回原岗位工作；②重度中毒者治愈后，应调离有毒作业岗位。

2）慢性中毒：①轻度中毒者和中度中毒者治愈后，一般应调离有毒有害作业岗位；②重度中毒者应调离有毒有害作业岗位，应予以适当的治疗和长期休息，如需职业病伤残程度鉴定，按GB/T16180-2014处理。

【预防与控制措施】

（1）加强生产设备及管道的密闭和通风，将车间空气中氯乙烯的浓度控制在职业接触限值（PC-TWA 10mg/m$^3$，PC-STEL 25mg/m$^3$）以内。聚合反应容器采用夹套水冷却装置，防止聚合釜内温度剧升及氯乙烯蒸气逸出。加强设备维护、保养，防止氯乙烯气体外逸和防火、防爆。

（2）进釜出料和清洗之前，先应通风换气或用高压水或无害溶剂冲洗，经测试釜内温度和氯乙烯浓度合格，着防护服和佩戴送气式防毒面具，并有他人监护方可入釜清洗。

（3）加强健康监护，每年1次体检，接触浓度高者每1～2年做手指X线检查，并查肝功能。精神、神经系统疾病、肝肾疾病及慢性皮肤患者禁从事氯乙烯作业。

> **案例 1-11 解析**
>
> 聚氯乙烯车间存在生产聚氯乙烯的单体——氯乙烯，工人长期慢性接触氯乙烯导致肢端溶骨症发生。聚合釜清釜工氯乙烯中毒的诊断按 GBZ 90-2002 职业性氯乙烯中毒诊断标准执行。诊断原则：①急性氯乙烯中毒短时间内吸入大剂量氯乙烯气体的接触史，现场职业卫生调查及以中枢神经系统麻醉为主要的临床表现，并排除其他病因，方可诊断为急性氯乙烯中毒；②慢性氯乙烯中毒有长期接触氯乙烯的职业史，主要有肝脏和（或）脾脏损害、肢端溶骨症及肝血管肉瘤等临床表现，结合实验室检查、现场危害调查与评价，进行综合分析。并排除其他疾病引起的类似损害，方可诊断为慢性氯乙烯中毒。诊断分级标准参见 GBZ 90-2002。

# 三、丙烯腈

【**理化特性**】 丙烯腈（acrylonitrile，AN），化学式 $H_2C=CHCN$。分子量 53.06，熔点 83.5℃，沸点 77.3℃。常温常压下为无色、易燃、易挥发性液体。25℃时蒸气压 14.6～15.3kPa，蒸气密度 1.9g/L。具有苦杏仁样特殊的气味。略溶于水，易溶于丙酮、乙醇。易聚合。爆炸极限 3.05%～17%（容积百分比）。

【**接触机会**】 丙烯腈主要由丙烯与氨、氧在触媒催化下氧化制得，是有机合成工业中的重要单体，即制造合成树脂（如 ABS 高强度树脂）、丁腈橡胶、腈纶纤维的重要原材料。我国丙烯腈生产量大，是重要化工产品之一，同时也是十分重要的工业毒物和环境污染物。从事丙烯腈生产和以丙烯腈为主要原料生产腈纶纤维、丁腈橡胶、ABS 塑料等作业的化工、检修工、清理工、装卸工、分析工等有机会接触其蒸气或液体而引起急性或慢性丙烯腈中毒。

【**毒理**】 丙烯腈可经呼吸道、皮肤和消化道吸收。兔染毒实验表明，静脉注射 AN 10mg/kg 后 30～40 分钟后，其中 2%～5%以原形随呼气排出，10%左右以原形随尿排出，15%以硫氰酸盐形式随尿排出，最主要的排除途径是 AN 与谷胱甘肽及其他巯基化合物反应，生成低毒的氰乙基硫醇尿酸从尿排出，其量可占 AN 总进入量的 55%左右。蓄积作用不明显。约 20%左右丙烯腈在肝微粒体混合功能氧化酶作用下，氧化为环氧丙烯腈，可与体内谷胱甘肽、巯基蛋白结合后水解或排出，也可与大分子形成加合物；环氧丙烯腈还可进一步生成氰醇并水解成二醇醛和氢氰酸；丙烯腈及代谢中间产物可与红细胞或其他大分子亲核物质如 DNA，RNA，类脂质等结合，发挥毒性，诱发致突变作用。

丙烯腈属高毒类，大鼠经口 $LD_{50}$ 78～93mg/kg，小鼠经口 $LD_{50}$ 20～102mg/kg，经皮 $LD_{50}$ 35～70mg/kg，小鼠吸入 2 小时 $LC_{50}$ 571mg/m$^3$，经皮 $LD_{50}$ 35～70mg/kg。人口服致死量约 50～500mg/kg，人吸入致死浓度 1000mg/m$^3$（1～2 小时）。

【**中毒临床**】

**1. 临床表现**

（1）急性中毒：因丙烯腈有特殊杏仁气味，初次接触 8～40mg/m$^3$ 即可嗅觉，有一定警告作用；但时间过长，易产生嗅觉疲劳，应予重视。症状与氢氰酸中毒相似，但发病较缓，潜伏期一般为 1～2 小时，有的长达 24 小时。以头痛、头晕、乏力、恶心、呕吐、胸闷、呼吸困难、上腹部不适、手足发麻等较多见。随接触浓度增加和接触时间延长，中毒表现加重，可见面色苍白、心悸、脉搏弱慢、血压下降、口唇及四肢末端发绀、呼吸浅慢而不规则、意识朦胧，甚至昏迷、大小便失禁、全身抽搐，常因呼吸骤停而死亡。

接触丙烯腈后 24 小时，尿中 $SCN^-$ 明显增高，尿中腈乙基硫醇尿酸（CEMA）增高，可作为丙烯腈的接触生物标志，但无诊断分级意义。部分患者可出现血清转氨酶升高，但数周内可恢复正常。

部分急性中毒患者经治疗后会遗留有神经系统损害。有文献报道，急性丙烯腈中毒表现与中暑、乙型脑炎、癫痫、Parkinson 病的临床表现极为相似，常被误诊，应予以注意。有报道，皮肤接触致急性丙烯腈中毒可继发感觉型多发性神经病、精神障碍、迟发性脑病等病例。

（2）慢性中毒：目前尚未定论。但长期接触丙烯腈的人群类神经征发生率较高，主要表现为易激动、颤抖、不自主运动、工作效率低等神经症；还会有消极情绪增加、短期记忆力下降、手部运动速度减慢等神经行为功能改变，且短期记忆力下降、心理运动速度减慢有明显的接触工龄效应关系；另有低血压、甲状腺摄碘率偏低等非特异性表现，故确诊困难。直接接触其液体可致变应性接触性皮炎。其致癌、致突变、致畸作用仍需进一步研究。

**2. 临床诊断**　急性丙烯腈中毒诊断按《职业性急性丙烯腈中毒诊断》（GBZ 13-2002）标准执行。诊断原则：有短时间内吸入或皮肤污染较大量丙烯腈的职业接触史，出现以中枢神经症状为主的临床表现，结合现场劳动卫生学调查结果综合分析，排除其他类似疾患（氰化物中毒等）后方可诊断。

（1）接触反应：头痛、头晕、乏力、咽干、结膜及鼻咽部充血等表现，脱离接触后在短时间内恢复。

（2）轻度中毒：头痛、头晕加重，上腹部不适、恶心、呕吐、手足麻木、胸闷、呼吸困难、腱反射亢进。嗜睡状态或意识模糊，可有血清转氨酶升高、心电图或心肌酶谱异常。

（3）重度中毒：在轻度中毒的基础上，出现以下一项者，①癫痫大发作样抽搐；②昏迷；③肺水肿。

慢性丙烯腈中毒目前尚未定论，仍需进一步积累经验。

丙烯腈所致接触性皮炎的诊断参照《职业性接触性皮炎诊断标准》（GBZ 20-2002）做出。

**3. 中毒处理原则**

（1）治疗原则：基本原则与方法同氰化物中毒。

1）迅速脱离现场，脱去被污染的衣物，用清水或 5% 硫代硫酸钠溶液彻底冲洗被污染的皮肤。

2）积极给氧，可根据病情采用高压氧治疗。

3）接触反应者应严密观察，症状较重者对症治疗。轻度中毒者可静脉注射硫代硫酸钠；重度中毒者使用高铁血红蛋白形成剂（如亚硝酸异戊酯）和硫代硫酸钠，硫代硫酸钠根据病情可重复应用。目前国内外仍以亚硝酸盐、硫代硫酸钠作为急性丙烯腈中毒的首选解毒药物。轻度中毒者静脉注射硫代硫酸钠 5~10g，不需再用高铁血红蛋白形成剂；重度中毒者可先静注 3% 亚硝酸钠 5~10ml 或肌注 10% 4-二甲基氨基苯酚溶液 2ml 再静注硫代硫酸钠 10~15g，用药后 30 分钟病情仍未减轻者，可重复应用硫代硫酸钠 5~10g。

4）对症治疗，如出现脑水肿可应用糖皮质激素及脱水、利尿等处理，有助于防治脑水肿和其他损伤。其他辅助疗法可用含巯基药物（如谷胱甘肽、半胱氨酸和胱氨酸）、护肝药物等。

（2）其他处理

1）轻度中毒者经治疗后适当休息可恢复原工作。

2）重度中毒者如神经系统症状、体征恢复不全，应调离原作业，并根据病情恢复情况需继续休息或安排轻工作。如需劳动能力鉴定者按 GB/T 16180-2014 处理。

**【预防与控制措施】**

（1）加强生产设备及管道的密闭和通风，将车间空气中的浓度控制在职业接触限值（PC-TWA 1mg/m³，PC-STEL 2mg/m³）以内。

（2）丙烯腈容易经皮肤吸收，下班后或皮肤被污染后应用温水和肥皂水清洗皮肤。

（3）心血管和神经系统疾病、肝肾疾病和经常发作的过敏性皮肤病患者禁忌从事丙烯腈作业。

## 四、含氟塑料

【理化特性】　含氟塑料多为白色晶体、颗粒或粉末，多由有机氟化合物经聚合而为不同品种的含氟塑料，如聚四氟乙烯、四氟乙烯和六氟乙烯共聚物（$F_{46}$）、聚全氟乙丙烯、聚三氟氯乙烯（$F_3$）等。氟塑料化学性能稳定，250℃以下基本不分解，但若加热裂解，可产生多种有毒的裂解物，有的甚至是高毒物质。含氟塑料具有耐高温、低温、耐腐蚀、抗酸、防辐射、摩擦系数小等优异特性。因而广泛应用于化工、电子、航空、火箭、医疗和日用品。医学上用来制造各种导管、心脏瓣膜等。

【接触机会】　聚四氟乙烯占含氟塑料总产量的85%～90%，其次是全氟乙丙烯和聚三氟氯乙烯。含氟塑料生产中的有毒物质主要来自单体制备过程和聚合物加工烧结过程。例如，用二氟一氯甲烷（$F_{22}$）高温裂解制备四氟乙烯单体时，可产生四氟乙烯及裂解气（六氟丙烯、八氟正丁烯、三氟氯乙烯、八氟环丁烷、八氟异丁烯和其他未知组分等多种有机氟气体），这些毒物若污染作业环境将成为生产性接触的主要来源；$F_{22}$提取四氟乙烯后的残液中仍含有八氟环丁烷、四氟一氯乙烯、八氟异丁烯等多种有机氟化合物，若处理不当常可致严重中毒事故；聚四氟乙烯等氟聚合物在烧结、热加工以及电焊、高温切割；焊接含氟塑料涂层的管道、阀门、垫圈等操作过程中还有可能接触到氟聚合物热解物，如八氟异丁烯、氟光气和氟化氢等。

【毒理】　有机氟气体以呼吸道吸收途径为主，在体内可与血浆蛋白、糖脂、磷脂和中性脂肪结合，结合后的氟化物主要分布在肺、肝、肾。主要经呼吸道和肾排出。在体内主要经肝脏代谢，在还原型辅酶Ⅱ和氧的参与下进行脱氢反应，生成氟乙醇或氟乙醛，再经辅酶A转化生成氟乙酸；或与葡萄糖醛酸、硫酸结合。

有机氟聚合物本身无毒或基本无毒，但某些单体、单体制备过程产生的裂解气、残液气和聚合物热解物则具有一定毒性，其中以八氟异丁烯毒性最大，小鼠吸入2小时$LC_{50}$ 6.14～12.28mg/m³。其次为氟光气（大鼠吸入4小时$LC_{50}$ 237mg/m³），氟化氢（大鼠吸入4小时$LC_{50}$ 63mg/m³），其余有机氟气体均属低毒类。有机氟聚合物的共同毒作用靶器官是肺，损害作用机制尚不清楚，脂质过氧化作用和免疫机制可能参与其中，损害特征为急性间质性肺水肿、肺炎、支气管肺炎。长期接触尚可致骨骼改变、骨密度增高、骨纹增粗等。

【中毒临床】

**1. 临床表现**　工人在含氟塑料生产环境中吸入过量氟聚合物单体、裂解气、残液气或热解气可致有机氟化合物中毒。

（1）急性中毒：多因意外吸入聚合物单体，如四氟乙烯、六氟丙烯等单体；二氟一氯甲烷等裂解气、残液气；聚四氟乙烯等含氟塑料热解气所致。裂解气一般无明显上呼吸道黏膜刺激症状，因而易被忽视。肺是这类有机氟气体的主要靶器官，其中毒表现以呼吸系统损害为主，可见一过性轻度肝、肾损害。其潜伏期随吸入气的种类而异，一般为0.5～24小时，以2～8小时发病最多，个别可长达72小时发病。按病情可分为轻、中、重度中毒。

1）轻度中毒：主要表现为头晕、头痛、咽痛、咳嗽、胸闷、乏力等症状。可见咽部充血、体温升高、呼吸音粗糙、有散在干或湿啰音，X线检查可见两肺纹理增多，增粗或紊乱。

2）中度中毒：上述症状加重，出现胸部紧束感、胸痛、心悸、呼吸困难、活动后轻度发绀，两肺有较多干、湿啰音，呼吸音减弱。X线检查肺野可见网状纹理或毛玻璃状改变。

3）重度中毒：上述表现加重，出现肺水肿表现：发绀、呼吸困难、咳粉红色泡沫痰，两肺呼吸音降低或有弥漫性湿啰音。X线呈现肺纹理增强、紊乱，肺野透亮度降低，双肺广泛散布有大小不等密度较高的片块状模糊阴影。

严重患者可见急性成人型呼吸窘迫综合征（ARDS），表现为气促、发绀、鼻翼扇动、进行性呼吸窘迫，伴焦虑、烦躁、出汗等症状；或出现心音低钝，心律失常，心电图 ST 段异常等心脏受损表现。高浓度吸入中毒可伴有缺氧引起的震颤、惊厥和脑水肿。

（2）氟聚合物烟尘热（fluoropolymer fume fever）：通常发生于聚四氟乙烯、聚六氟丙烯热加工成型时，烧结温度 350～380℃，吸入其热解物微粒所致。临床表现酷似金属烟热：畏寒发热、乏力、头晕、头痛、恶心、呕吐、呛咳、眼及咽喉干燥、胸闷等。体温多在 37.5～39.5℃，一般在 12～48 小时内消退。检查可见眼及咽部充血或扁桃体肿大，白细胞总数及中性白细胞增高。一般 1～2 天自愈，可反复发作。

（3）慢性中毒：长期接触低浓度有机氟的工人可出现不同程度的类神经症以及以氟离子形式沉积为特征的骨质增生等骨骼改变。

**2. 临床诊断** 根据国家职业病诊断标准及处理原则《职业性急性有机氟中毒诊断》（GBZ66-2002）标准执行。

诊断原则：根据在有机氟生产环境中，短期吸入较高浓度有机氟气体职业接触史，结合临床表现及 X 线胸片、心电图等检查结果、现场劳动卫生学调查资料综合分析，排除上呼吸道感染、支气管炎、急性扁桃腺炎、急性胃肠炎等其他疾病后，方可诊断分级。

（1）观察对象：吸入有机氟气体后出现上呼吸道感染症状，观察 72 小时症状逐渐好转，无心肺损伤者。

（2）急性中毒

1）轻度中毒：有头痛、头晕、咳嗽、咽痛、胸闷、乏力等症状。肺部有散在干啰音或少量湿啰音，X 线胸片两中下肺野肺纹理增强，边缘模糊等征象，符合急性支气管周围炎征象。

2）中度中毒：凡有下列表现之一者，可诊断为中度中毒，①轻度中毒临床表现加重，出现胸部紧束感、胸痛、心悸、呼吸困难、烦躁和轻度发绀。肺局限性呼吸音减低，两肺有较多干、湿啰音。X 线胸片显示肺纹理增强，有广泛网状阴影，并有散在小点状阴影，肺野透亮度降低，或见水平裂增亮、支气管袖口征，偶见 Kerley B 线，符合间质性肺水肿临床征象。②症状体征如上，两中下肺野纹理增多，斑片状阴影沿肺纹理分布，多见于中、内带，广泛密集时可融合成片，符合支气管肺炎临床表现。

3）重度中毒：有下列情况之一者，可诊断重度中毒，①急性肺泡性肺水肿；②成人型呼吸窘迫综合征；③中毒性心肌炎；④并发纵隔气肿，皮下气肿、气胸。

（3）氟聚合物烟尘热：吸入有机氟聚合物热解物后，出现畏寒、发热、寒战、肌肉酸痛等金属烟热样症状，可伴有咳嗽，胸部紧束感、头痛、恶心、呕吐等。一般在 24～48 小时内消退。

**3. 中毒处理原则**

（1）治疗原则

1）脱离接触：凡意外大量吸入有机氟气体者，不论有无自觉症状，应迅速脱离现场，绝对卧床休息，进行必要的医学检查和预防性治疗，并观察 72 小时。

2）早期给氧：氧浓度控制在 50%～60%，慎用纯氧和高压氧。急性呼吸窘迫综合征时可应用较低压力的呼气末正压呼吸（PEEP 0.5kPa 左右）。及时纠正低氧血症是防治 ARDS 的主要措施。

3）尽早、足量、短程应用糖皮质激素：应对所有观察对象及中毒患者现场给予糖皮质激素静注等预防性治疗，可选地塞米松 10mg+25%葡萄糖液 40ml 静脉缓慢注射。中毒者足量短程静脉给药，1～5 天内根据病情，可选地塞米松 20～60mg/d 或氢化可的松 400～1200mg/d 静脉用药。一般用药 3～5 天后逐渐减量。中度以上中毒患者的急性期后，为防治肺纤维化，可继续小剂量口服糖皮质激素 2～4 周左右。

4）维持呼吸道畅通：可超声雾化吸入支气管解痉剂等。咯大量泡沫痰者宜早期使用去泡沫剂二甲基硅油（消泡净）。出现呼吸困难经采用内科治疗措施无效后可行气管切开术。

5）出现中毒性心肌炎及其他临床征象时，治疗原则与内科相同。

6）合理选用抗生素，防治继发性感染。

7）氟聚合物烟热，一般给予对症治疗。凡反复发病者，应注意防治肺纤维化。

（2）其他处理：临床表现消失，胸部X线等有关检查结果基本恢复正常者，可恢复原工作；如患者中毒后遗留肺、心功能减退者，应调离原工作岗位，并定期复查。

【预防与控制措施】

（1）加强设备及管道的密闭、通风和维修保养，防止跑、冒、滴、漏；严格掌握聚合物烧结温度，防止超过450℃，以避免或减少剧毒物质产生；加强作业场所空气中毒物浓度监测，将车间空气中有机氟的浓度控制在职业接触限值（八氟异丁烯 MAC 0.08 mg/m³，六氟丙烯 PC-TWA 4mg/m³，PC-STEL 10mg/m³）以内。

（2）对含氟残液进行焚烧处理时，残液储罐要密闭化，防止曝晒；含有机氟化合物的瓶罐，未经处理不得随意开放或排放。对用聚四氟乙烯薄膜包裹的垫圈、管道、阀门等，如需焊接或高温切割时，应将聚四氟乙烯薄膜去除后方可操作。

（3）加强个人防护，保持良好卫生习惯，在采样、设备检修和残液处理时应戴供氧式防毒面具。

（4）就业前查体和就业后定期体检，凡有明显的呼吸、心血管系统和肝肾疾病者禁忌从事含塑料生产。

## 五、二甲基甲酰胺

【理化特性】 二甲基甲酰胺（dimethyl formamide，DMF），化学式 $HCON(CH_5)_2$，分子量73.1，无色液体，有氨气味，沸点153℃，蒸气压0.49kPa（25℃），爆炸极限2.2%～15.2%，可溶于水和一般有机溶剂，与碱接触可生成二甲胺。

【接触机会】 DMF是一种能与水和多种有机溶剂混溶的溶剂，工业用途较广，是制造聚氯乙烯、聚丙烯腈等合成纤维的优质溶剂；也有用于染料、制药、石油提炼、树脂及皮革生产。从事上述作业的人群均有机会接触二甲基甲酰胺。

近年来因DMF使用量与接触人群逐年增加，急性DMF中毒事件常见文献报告。中毒病例多发生于制衣厂成衣过程的裁剪、缝纫及管理人员。据测定，用聚氨酯面料生产服装时，其作业环境空气中DMF浓度可达0.6～33 mg/m³，甚或更高。皮革面料浸出液中DMF含量可达11.0mg/g。

【毒理】 二甲基甲酰胺以蒸气形式污染生产环境，主要经呼吸道吸入，亦可经皮肤和消化道进入人体而中毒。尿中二甲基甲酰胺的代谢产物甲基甲酰胺（NMF）与空气中二甲基甲酰胺的浓度之间呈线性关系，具有特异性；可作为生物监测接触指标。

DMF属中低毒类，大鼠经口 $LD_{50}$ 4000mg/kg，经皮 $LD_{50}$ 3500mg/kg。大鼠300～500mg/m³染毒6个月出现神经系统、血管紧张度及肝脏合成和解毒功能改变。主要损害消化系统，尤其是肝脏，对皮肤、黏膜有刺激作用。

【中毒临床】

**1. 临床表现**

（1）急性中毒：短时间内吸入大量DMF或严重皮肤污染所致。多见于以聚氨酯面料制衣的裁剪工、缝纫工和整理工等。由于毒物侵入途径与接触量不同，可有6～24小时潜伏期，故短期内接触较大剂量出现接触反应表现者，应观察24小时。临床特点：以消化系统尤其是肝脏损害为主，可有出血性胃肠炎，皮肤黏膜刺激症状，直接接触可出现皮炎或皮肤灼伤。吸入高浓度DMF后可出现眼、上呼吸道症状、头痛、头晕、嗜睡、恶心、呕吐、腹痛和便秘等症状。重症病人可出现肝、肾损害，腹部剧烈灼痛或绞痛，多在上腹及脐周，亦可遍及全腹部，体查可见肝脏肿大、肾区叩痛，上腹及脐周有压痛，无反跳痛和肌紧张。实验室检查可见 SALT，AKP 和黄疸指数增高、肾功能改变。胃十二指肠纤维镜检表现为黏膜充血、水肿、糜烂、小出血点或黏膜脱垂等症状。皮肤污染者局部有麻木、瘙痒、灼痛感，以及丘疹、水肿，甚或水泡、糜烂等改变。上述临床表现中，以消化系统损害最突出，尤其是腹痛，大约 75% 以上患者呈阵发性腹绞痛，常被误诊为胆囊炎。腹痛明显者常伴有 SALT 升高，有较大诊断参考价值。

（2）慢性中毒：长期接触低浓度 DMF 蒸气可出现慢性皮炎、类神经症。部分患者可见肝肿大或肝、肾功能异常。

**2. 临床诊断** 急性二甲基甲酰胺中毒诊断按《职业性急性二甲基甲酰胺中毒诊断》（GBZ 85-2014）标准执行。诊断原则：根据短期内有较大量二甲基甲酰胺的接触史；以肝脏损害为主的临床表现，及实验室检查结果，结合现场劳动卫生学调查，经综合分析，并排除其他原因引起的类似疾病，方可诊断。

（1）接触反应：具有下列一项者。

1）接触后有头晕、恶心、食欲不振等症状，腹部无阳性体征，实验室检查无异常。

2）接触后皮肤、黏膜出现灼痛、胀痛、麻木等刺激症状。

一般在脱离接触后 48 小时内症状减轻或消失。

（2）轻度中毒：具备下列一项者。短期内接触较大量二甲基酰胺后，出现头晕、恶心、呕吐、食欲不振、腹痛等症状，并具有急性轻度中毒性肝病（见 GBZ 59-2010）。

（3）中度中毒：在轻度中毒的基础上，具有下列一项者：

1）急性中度中毒性肝病（见 GBZ 59-2010）。

2）急性轻度中毒性肝病伴急性糜烂性胃炎或急性出血性胃肠炎。

（4）重度中毒：在中度中毒的基础上，具有下列一项者：

1）急性重度中毒性肝病（见 GBZ 59-2010）。

2）急性中度中毒性肝病伴急性糜烂性胃炎或急性出血性胃肠炎。

**3. 中毒处理原则**

（1）治疗原则

1）脱离现场，脱去污染的衣物，皮肤污染时立即用清水冲洗，不能用碱性液冲洗，以免产生二甲胺。

2）无特效解毒药物，主要保护肝脏。治疗出血性胃肠炎等对症治疗。

3）重度中毒者可应用肾上腺糖皮质激素。

（2）其他处理

1）轻度中毒治愈后可恢复原工作；中度中毒治愈后，一般不应从事肝脏毒物作业；重度中毒治愈后，不宜再从事毒物作业。

2）如需劳动能力鉴定，按 GB/T16180 处理。皮肤灼伤者按 GBZ 51-2002 处理。

【预防与控制措施】

（1）加强生产设备及管道的密闭、通风和维修保养，加强作业场所空气中毒物浓度监测，将车间空气中 DMF 的浓度控制在职业接触限值（PC-TWA 20mg/m$^3$，PC-STEL 40mg/m$^3$）以内。

（2）加强个人防护，一旦皮肤被污染，应立即用清水冲洗。

（3）有明显肝、肾疾病者以及 HbsAg 阳性病人，禁忌接触 DMF。

# 六、二异氰酸甲苯酯

【理化特性】 二异氰酸甲苯酯（toluene diisocyanate，TDI），化学式 $CH_3C_6(NCO)_2$，分子量 174.2。有两种异构体，即 2,4-二异氰酸甲苯酯和 2,6-二异氰酸甲苯酯。常温常压下 TDI 为乳白色液体或结晶，存放后成浅黄色，具有强烈刺激性，密度 1.21g/cm² (280℃)，沸点 250℃，蒸气压 0.133kPa (80℃)，蒸气密度 6.0g/L。不溶于水，溶于丙酮、乙醚、苯、甲苯、四氯化碳和煤油等。商品多含 80% 2,4-TDI 和 20% 2,6-TDI。

【接触机会】 主要用于制造聚氨酯树脂及其泡沫塑料。在使用和制造 TDI，尤其是蒸馏、配料、发泡、喷涂、浇铸及烧割操作时，可接触到较高浓度 TDI；成品聚氨酯树脂和塑料遇热时有 TDI 释出；使用聚氨酯清漆、粘胶剂、密封剂，或聚氨酯产品在高温下热解有较多量 TDI 释出污染作业环境，作业者均有机会接触 TDI。

【毒理】 TDI 难经皮肤吸收，经呼吸道吸收是职业中毒的主要途径。对皮肤黏膜有刺激作用和致敏作用，多次接触可致过敏性皮炎和过敏性支气管哮喘。吸入高浓度 TDI 可致化学性肺水肿。

TDI 属低毒类。大鼠经口 $LD_{50}$ 6120mg/m³，吸入 6 小时 $LC_{50}$ 4274mg/m³。小鼠吸入 4 小时 $LC_{50}$ 69.84mg/m³。

【中毒临床】

**1. 临床表现** 制造和使用 TDI，尤其是蒸馏、混合、发泡、喷涂、浇铸等操作工吸入高浓度 TDI 蒸气或皮肤污染可引起急、慢性中毒。

（1）急性中毒：吸入高浓度 TDI 主要表现为眼及呼吸道黏膜刺激症状，咽喉干燥、疼痛、剧咳、气急、胸闷、胸骨后不适或疼痛、呼吸困难等，常伴有恶心、呕吐、腹痛等胃肠症状。严重中毒者可见喘息性支气管炎、化学性肺炎和肺水肿等。有报道，TDI 吸入尚可导致脑电图、肌电图异常以及尿常规异常。

（2）支气管哮喘：部分工人反复多次接触 TDI 后，再次接触时可诱发过敏性支气管哮喘。哮喘发作可在接触 TDI 数分钟至 1 小时内速发，也有迟至接触后 2～8 小时发病者，因此可在工作期间或晚间突然发作。脱离接触或节假日后，症状改善或消失，再次接触，哮喘又发作。主要表现为剧烈咳嗽，伴有胸闷、呼吸困难和喘息，不能平卧。肺部可闻及哮鸣音。部分工人血清可检出抗 TDI 的特异性抗体 IgE。哮喘发作程度与接触 TDI 关系密切。TDI 哮喘可并发自发气胸、纵隔气胸，皮下气肿。反复发作者可继发慢性支气管炎、肺气肿和肺功能不全。职业性 TDI 哮喘患者在脱离接触后大多能恢复。

（3）皮肤病变：TDI 对皮肤有原发刺激作用和致敏作用，接触者可发生荨麻疹、接触性皮炎和过敏性接触性皮炎。

**2. 临床诊断**

（1）急性中毒：根据短时间内吸入高浓度 TDI 的职业接触史，有眼、呼吸道刺激症状为主的临床表现，结合现场劳动卫生调查结果综合分析，一般不难诊断。

（2）职业性 TDI 哮喘的诊断：可参照《职业性哮喘诊断标准》（GBZ 57-2008）进行诊断。主要依据有确切的 TDI 职业接触史和哮喘发作史，结合职业卫生与流行病学调查以及实验室资料综合分析，排除其他原因所致的哮喘或呼吸道疾病、非职业性支气管哮喘、上呼吸道感染、慢性喘息性支气管炎后即可诊断。变应原皮肤激发试验和变应原支气管激发试验阳性可作为诊断参考。

**3. 中毒处理原则**

（1）急性中毒：应立即脱离现场并转移至新鲜空气处；用清水彻底冲洗被污染的皮肤和眼部。吸入 TDI 有黏膜刺激症状者应密切观察；早期吸氧，对症处理，给予糖皮质激素，限制补液量，合理使用抗生素，注意肺水肿预防和处理。

（2）职业性 TDI 哮喘：急性发作时应尽快脱离作业现场，并给予对症治疗。可用平喘药异丙基肾上腺素（喘息定）、氨茶碱、二羟丙茶碱（喘定）等平喘。重者可使用激素（如地塞米松）及抗过敏药物。哮喘反复发作者尚需给予支持疗法，并及时调离 TDI 作业。

【预防与控制措施】

（1）用沸点较高、蒸气压较小的二苯甲烷二异氰酸酯（MDI）或萘二异氰酸酯（NDI）替代 TDI。

（2）加强生产设备及管道的密闭、通风和维修保养，防止跑、冒、滴、漏，加强作业场所空气中毒物浓度监测，将车间空气中 TDI 的浓度控制在职业接触限值（PC-TWA 0.1mg/m³，PC-STEL 0.2mg/m³）以内。喷涂聚氨酯油漆时，操作者应戴送气式防毒面具。

（3）凡有心脏或呼吸系统疾病，以及过敏性疾病者禁忌从事 TDI 作业。

（鲁　彦）

## 思　考　题

1. 在高分子化合物生产中，哪些生产过程工人接触毒物的机会较多？
2. 在高分子化合物生产过程中，会对工人健康产生哪些影响？
3. 试述氯乙烯、丙烯腈、含氟塑料、二甲基甲酰胺、二异氰酸甲苯酯的主要毒作用表现，治疗原则及预防措施。

## 第八节　农药中毒

> **案例 1-12**
> 　　2003 年某市一私营农药厂从外地招收 20 名农民工，在未建立劳动者健康档案、未组织他们进行职业卫生培训、未安排职业健康检查的情况下，要求他们从事农药生产工作。20 名农民工在工作过程中大部分未穿戴任何防护用品。5 月 22～23 日，20 名农民工中有 6 名工人先后有不同程度的头晕、头痛、恶心、呕吐、多汗、胸闷、视力模糊、精神恍惚、四肢无力等症状。厂方将这些不适工人先后送到当地卫生院进行诊治，卫生院给予阿托品、胆碱酯酶复能剂和对症辅助治疗，4 小时左右，6 名中毒病人症状明显减轻，厂方要求他们先后出院。
> 问题：
> 　1. 6 名农民工中毒物质是什么，其进入人体的主要途径是什么？
> 　2. 该毒物的中毒机制是什么？临床表现是什么？
> 　3. 导致该事故发生的原因是什么？

### 一、概　　述

#### （一）农药定义及用途

（1）定义：农药（pesticides）是指用于预防、消灭或者控制危害农业、林业的病、虫、草和其他有害生物以及有目的地调节植物、昆虫生长的化学合成或者来源于生物、其他天然物质的一种物质或者几种物质的混合物及其制剂。

（2）用途：农药不仅广泛使用于农业以保证农作物增产，而且在林业、畜牧和卫生部门中也应用广泛。主要用途为：预防、消灭危害农业、林业的病、虫、草、鼠等有害生物；预防、消灭或者控制仓储病、虫、蚊、蝇、鼠和其他有害生物；调节植物、昆虫生长；用于农业、林业产品防腐或者保鲜；预防、消灭危害河流堤坝、铁路、机场、建筑物和其他场所的有害生物。

#### （二）农药分类

农药的分类方法很多，可以根据来源、防治对象、农药的作用方式等分类。

**1. 根据农药来源分类**　　农药按来源可分为矿物源农药、生物源农药和化学合成农药三大类。

（1）矿物源农药：矿物源农药时指由矿物原料加工而成，如石硫合剂、波尔多液、王铜（碱式氯化铜）、机油乳剂等。

（2）生物源农药：生物源农药时利用天然生物资源（如植物、动物、微生物）开发的农药。由于来源不同，可以分为植物源农药、动物源农药和微生物农药。①植物源农药：植物源农药是天然植物加工制成，如除虫菊素、烟碱、鱼藤酮、川楝素、油菜素内酯等。此类农药一般毒性较低，对人、畜安全，对植物无药害，有害生物不易产生抗药性。植物源农药还包括植物体农药。主要指转基因抗有害生物或抗除草剂的作物，如我国已经大面积推广应用的抗虫棉等。随着生物技术的不断发展，转基因抗病虫害及杂草的园林植物将会被广泛应用。②动物源农药：动物源农药主要分三大类：一是动物产生的毒素，它们对害虫有毒杀作用。如海洋动物沙蚕产生的沙蚕毒素是最典型的动物毒素，已成为杀虫剂的一大类型。二是由昆虫产生的激素，包括脑激素、保幼激素、蜕皮激素等。它们具有调节昆虫生长发育的功能。昆虫信息素又称昆虫外激素，具有引诱、刺激、抑制、控制昆虫摄食或交配产卵等功能。三是动物体农药，指商品化的天敌昆虫、捕食螨及采用物理或生物技术改造的昆虫等。我国对赤眼蜂、蚜茧蜂、丽蚜小蜂等多种天敌昆虫的研究及应用已取得了进展。③微生物农药：微生物农药包括农用抗生素和活体微生物。农用抗生素是由抗生菌发酵产生的，具有农药功能的代谢产物。如多抗霉素、浏阳霉素、阿维菌素等。活体微生物农药时有害生物的病原微生物活体。如白僵菌、苏云金杆菌、核型多角体病毒、鲁保1号等。微生物农药一般对植物无药害，对环境影响小，有害生物不易产生抗药性。

（3）化学合成农药：化学合成农药时由人工研制合成的农药。合成农药的化学结构非常复杂，品种多，生产量大，应用范围广。现已成为当今使用最多的一类农药。目前园艺、果树、花卉生产中使用的农药大都属于这一类。要增加更多适合"无公害产品"和"绿色食品"生产需求的农药新品种，提高质量，更有效地消灭病、虫、草等各类有害生物。

**2. 根据防治对象分类**　　可分为杀虫剂、杀螨剂、杀菌剂、杀线虫剂、除草剂、杀鼠剂和植物生长调节剂等。

（1）杀虫剂：用于防治害虫的药剂。如吡虫啉、敌敌畏等。

（2）杀螨剂：用于防治害螨的药剂。有专一性杀螨剂（如尼索朗、克螨特等）和兼有杀虫作用的杀虫杀螨剂（如甲氰菊酯、哒螨酮等）。

（3）杀菌剂：用于防治植物病原微生物的药剂。如波尔多液、百菌清等。

（4）除草剂：用于防除园田杂草的药剂。如敌草胺、异丙草胺、百草枯等。

（5）杀线虫剂：用于防治植物病原线虫的药剂。如威百亩等。

（6）杀鼠剂：用于防治害鼠的药剂。如敌鼠钠盐、氟鼠酮等。

（7）植物生长调节剂：用于促进或抑制植物生长发育的药剂。如赤霉素、乙烯利等。

**3. 按作用方式分类**

（1）杀虫剂包括：①胃毒剂：通过消化系统进入虫体内，使害虫中毒死亡的药剂。如敌百虫等。这类农药对咀嚼式口器和舐吸式口器的害虫非常有效。②触杀剂：通过与害虫虫体接触，药剂经体壁进入虫体内使害虫中毒死亡的药剂。如大多数有机磷杀虫剂、拟除虫菊酯类杀虫剂。触杀剂可用于防治各种口器的害虫，但对体被蜡质分泌物的介壳虫、木虱、粉虱等效果差。③内吸剂：药剂易被植物组织吸收，并在植物体内运输，传导到植物的各部分，或经过植物的代谢作用而产生更毒的代谢物，当害虫取食植物时中毒死亡的药剂。如乐果、吡虫啉等。内吸剂对刺吸式口器的害虫特别有效。④熏蒸剂：药剂能在常温下气化为有毒气体，通过昆虫的气门进入害虫的呼吸系统，使害虫中毒死亡的药剂。如磷化铝等。熏蒸剂应在密闭条件下使用效果才好。如用磷化铝片剂防治蛀干害虫时，要用泥土封闭虫孔。⑤昆虫生长调节剂：这种药剂通过昆虫胃毒或触杀作用，进入昆虫体内，阻碍几丁质的形成，影响内表皮生成，使昆虫蜕皮变态时不能顺利进行，卵的孵化和成虫的羽化受阻或虫体成畸形而发挥杀虫效果。这类药剂活性高，毒性低，残留少，有明显的选择性，对人、畜和其他有益生物安全。但杀虫作用缓慢，残效期短。如灭幼脲3号、优乐得、抑太保、除虫脲等。

（2）杀菌剂包括：①保护性杀菌剂：在病原微生物尚未侵入寄主植物前，把药剂喷洒于植物表面，形成一层保护膜，阻碍病原微生物的侵染，从而使植物免受其害的药剂。如波尔多液、代森锌、大生等。②治疗性杀菌剂：病原微生物已侵入植物体内，在其潜伏期间喷洒药剂，以抑制其继续在植物体内扩展或消灭其为害。如三唑酮、甲基硫菌灵、乙膦铝等。③铲除性杀菌剂：对病原微生物有直接强烈杀伤作用的药剂。这类药剂常为植物生长不能忍受，故一般只用于播前土壤处理、植物休眠期使用火种苗处理。如石硫合剂、福美肿等。

（3）除草剂包括：①选择性除草剂：这类除草剂在不同的植物间有选择性，即能够毒害或杀死某些植物，而对另外一些植物较安全。大多数除草剂是选择性除草剂。如除草通、敌草胺等均属于这类除草剂。②灭生性除草剂：这类除草剂对植物缺乏选择性，或选择性很小，能杀死绝大多数绿色植物。它既能杀死杂草，也能杀死作物，因此，使用时须十分谨慎。百草枯、草甘膦属于这类除草剂。一般可用于休闲地、田边与坝埂上灭草。用于田园除草时一般采用定向喷雾的方法。

**4. 根据化学结构分类** 根据农药的化学结构与组成不同，可分为有机氯类、有机磷类、有机汞类、有机硫类、氨基甲酸酯类以及拟除虫菊酯类等。

## （三）农药对人体健康的影响

农药的毒性相差悬殊，一些制剂如微生物杀虫剂、抗生素等基本无毒。在我国，依据农药对大鼠急性毒性的大小，将农药分为剧毒、高毒、中等毒、低毒和微毒五类，见表1-2。

表1-2 我国农药的急性毒性分级标准

| 毒性分级 | 经口 $LD_{50}$（mg/kg） | 经皮 $LD_{50}$（mg/kg） | 吸入 $LD_{50}$（mg/m³）2h |
| --- | --- | --- | --- |
| 剧毒 | <5 | <20 | <20 |
| 高毒 | 5～50 | 20～200 | 20～200 |
| 中等毒 | 50～500 | 200～2000 | 200～2000 |
| 低毒 | 500～5000 | 2000～5000 | 2000～5000 |
| 微毒 | >5000 | >5000 | >5000 |

农药对人体的影响主要包括急性中毒和长期接触后的不良健康效应。急性中毒主要取决于农药的急性毒性大小和人群短时间内可能的接触量。农药的慢性危害比较复杂，已经有报告一些农药可以引起致癌、生殖发育和免疫功能损伤等危害。有时农药的活性成分毒性不大，但所用的溶剂或助剂的毒性成为罪魁祸首。如家庭卫生杀虫剂常用增效剂八氯二丙醚（octachlordipropyl ether，S2或S421），目前列为可疑致癌物和持久性有机污染物。其两步合成中间体和分解产物为二氯甲醚，二氯甲醚已列入已知人类致癌物。农业部已通知，2007年3月1日起，撤销已经批准的所有含有八氯二丙醚的农药产品登记。自2008年1月13起，不得销售含有八氯二丙醚的农药产品。此外，还要注意农药生产过程中使用的原料、中间体的毒性问题。

职业性急性农药中毒主要发生在农药厂工人以及施用农药的人员中。以下情况容易出现职业性中毒，如农药生产车间设备工艺落后，出现跑、冒、滴、漏，通风排毒措施欠佳；包装农药时，徒手操作，缺少个人防护等；运输和销售农药时发生包装破损，药液溢漏；使用农药时，违反安全操作规程。配药及施药时缺乏个人防护，配制农药浓度过高，施药器械溢漏，徒手或用口吹处理喷管故障，逆风喷洒，未遵守隔行施药，以及衣服和皮肤污染农药后未及时清洗等。职业性急性中毒，除事故性以外，通常程度较轻，如能及时救治，都能恢复健康。

### (四)预防与控制措施

**1. 严格执行农药管理的相关规定**　农药中毒的预防措施与其他化工产品的原则基本相同。但农药有广泛应用的特征,除《中华人民共和国农药管理条例》外,国家或有关主管部门颁发了《农药安全使用规定》和《农药合理使用准则》(GB 8321.1-87,GB 8321.2-87 和 GB/T 8321.3-2000)以及农村农药中毒卫生管理办法(试行)等法规。生产农药,必须进行产品登记和申领生产许可,农药经营必须实行专营制度,避免农药的扩散和随意购买。限制或禁止使用对人、畜危害性大的农药,鼓励发展高效低毒的农药,逐步淘汰高毒类的农药。农药容器的标签必须符合国家规定,有明确的成分标识、毒性分级和意外时的急救措施等。

**2. 做好宣传教育工作**　向各有关人员宣传、落实预防农药中毒管理办法等,加强领导和普及安全用药知识,提高防毒知识与个人卫生防护能力。

**3. 技术革新**　改进农药生产工艺及施药器械,防止跑、冒、滴、漏;加强通风排毒措施,用机械化包装替代手工包装。

**4. 遵守安全操作规程**

(1)严格遵守农药运输操作规程:农药运输应专人、专车,不与粮食、日用品等混装、混堆。装卸时如发现破损,要立即妥善改装,被污染的地面、包装材料、运输工具要正确清洗,可用1%碱水、5%石灰乳或10%草木灰水处理。

(2)营销部门要做好农药保管及销售管理的工作:剧毒农药要有专门仓库或专柜放置,不与粮食、蔬菜等混放。空瓶和包装要妥善处理,不要随意出售剧毒农药。

(3)严格实施农药安全使用规程:配药、拌种应有专门的容器和工具,正确掌握配置的浓度要求。容器、工具用毕后,要在指定的地点清洗,防止污染水源等。施药工具有专人保管和维修,防止发生泄露。严禁用嘴吹吸喷头和滤网等。喷药时遵守操作规程,防止农药污染皮肤和吸入中毒。

(4)严格按照规定合理使用农药:农药不得用于成熟期的食用作物及果树治虫,食用作物或果树使用农药应严格规定使用期限,严禁滥用农药。

(5)注意个人防护:施药员要穿长衣长裤,使用塑料薄膜围裙、裤套或鞋套。如皮肤受污染要及时清洗。不在工作时吸烟或吃食物。污染的工作服及时、恰当地清洗,不要带回家。

(6)使用过农药的区域要竖立标志,在一定时间内避免进入,以防中毒发生。

**5. 医疗保健、预防措施**

(1)生产工人要进行就业前和定期体检,通常一年一次,除常规项目外,可针对接触的相应农药增加相关指标,如有机磷农药接触工人的全血胆碱酯酶活性指标,患有神经系统疾病、明显肝肾疾病、妊娠期和哺乳期的妇女及其他不适宜从事这类作业的疾病者,要调离接触农药的岗位。

(2)要给予施药人员健康指导:①施药人员穿戴必要的防护用具操作机具时严禁进食、喝水和抽烟,施药后,吃东西前要洗手,避免农药经口入人体。②田间施药前,要检查药械是否完好,以免施药过程中药液跑、冒、滴、漏。③施药时,人要站在上风处,实行作物隔行施药操作。④施药后,要及时更换工作服,及时清洗手、脸等暴露部分的皮肤,及时清洗工作服和施药器械。⑤如果药液沾到皮肤上,应立即停止作业,用肥皂及大量清水(不要用热水)充分冲洗被污染的部位。

**6. 其他措施**　组织专业队伍开展施药工作,减少接触农药的人数和避免农药的流失,积极研究低毒或无毒类农药,在高毒类农药中加入警告色或恶臭剂等,避免错误用途等。

# 二、有机磷酸酯类农药

有机磷酸酯类农药(organophosphorus pesticides,OP)是我国目前生产和使用最广泛的一类农药,绝大部分用作杀虫剂,主要包括敌敌畏、对硫磷、甲拌磷、内吸磷、乐果、敌百虫、马拉硫磷等。

【理化特性】 有机磷农药多为磷酸酯类或硫代磷酸酯类，其结构式中 R1、R2 多为甲氧基（$CH_3O—$）或乙氧基（$C_2H_5O—$）；Z 为氧（O）或硫（S）原子；X 为烷氧基、芳氧基或其他取代基团，可以合成多种有机磷化合物。有机磷农药多呈油状或结晶状，纯品一般为白色，工业品呈淡黄色至棕色，除敌敌畏等少数品种有不太难闻的气味外，大多有类似大蒜或韭菜的特殊臭味。一般不溶于水，易溶于有机溶剂如芳烃、乙醇、丙酮、氯仿等。具有较高的折光率，在常温下，有机磷农药的蒸气压力都很低，但无论液体或固体，在任何温度下都有蒸气逸出，造成中毒。对光、热、氧均较稳定，遇碱易分解破坏，敌百虫例外，敌百虫为白色结晶，能溶于水，遇碱可转变为毒性较大的敌敌畏。

【毒理】 机磷农药可经消化道、呼吸道、完整的皮肤和黏膜进入人体，经呼吸道或胃肠道进入人体时，吸收较为迅速而完全。职业性农药中毒主要由皮肤污染引起。有的还可通过胎盘屏障进入胎儿体内。

有机磷农药被吸收后，随血液和淋巴循环迅速分布于全身各器官，其中以肝脏含量最高，肾、肺、脾次之，可通过血-脑屏障进入脑组织，脑内含量则取决于农药穿透血脑屏障的能力。有机磷农药在体内代谢主要是氧化和水解两种形式，一般氧化产物毒性增强，水解产物毒性降低。例如：对硫磷在体内经肝细胞微粒体氧化酶的作用，先被氧化为毒性较大的对氧磷，后者又被磷酸三酯水解酶水解，分解后的代谢产物对硝基酚等随尿排出；马拉硫磷在体内可被氧化为马拉氧磷，毒性增加，也可被羧酸酯水解酶水解失去活性；乐果在体内也可被氧化成毒性更大的氧化乐果，同时可由肝脏的酰胺酶将其水解为乐果酸，经进一步代谢转变成无毒产物由尿排出。

有机磷在体内经代谢转化后主要通过肾脏排出，少部分随粪便排出快，一般数日内可排完。

有机磷农药毒作用的主要机制是抑制胆碱酯酶（cholinesterase，ChE）的活性。有机磷化合物进入体内后迅速与胆碱酯酶相结合，生成磷酰化胆碱酯酶，使胆碱酯酶丧失了水解乙酰胆碱的功能，导致胆碱能神经递质大量积聚，作用于器官组织，发生与胆碱能神经过度兴奋相似的症状，产生强烈的毒蕈碱样症状、烟碱样症状和中枢神经系统症状。

乙酰胆碱是胆碱能神经的化学递质，胆碱能神经包括大部分中枢神经纤维、交感与副交感神经的节前纤维、全部副交感神经的节后纤维、运动神经、小部分交感神经节后纤维，如汗腺分泌神经及横纹肌血管舒张神经等。当胆碱能神经兴奋时，其末梢释放乙酰胆碱，作用于效应器。按其作用部位可分为两种情况：①毒蕈碱样作用（M 样作用）：乙酰胆碱在副交感神经节后纤维支配的效应器细胞膜上与毒蕈碱型受体（M 受体）结合，产生副交感神经末梢兴奋的效应，表现为心脏活动抑制，支气管胃肠壁收缩，瞳孔括约肌和睫状肌收缩，呼吸道和消化道腺体分泌增多，膀胱及子宫收缩，肛门括约肌松弛等。②烟碱样作用（N 样作用）：乙酰胆碱在交感、副交感神经节的突触后膜和神经肌肉接头的终极后膜上烟碱型受体（N 受体）结合，引起节后神经元和骨骼肌神经终极产生先兴奋、后抑制的效应，这种效应与烟碱相似，称烟碱样作用。乙酰胆碱对中枢神经系统的作用，主要是破坏兴奋和抑制的平衡，引起中枢神经调节功能紊乱，大量积聚主要表现为中枢神经系统抑制，可引起昏迷等症状。有机磷与胆碱酯酶结合后形成两种形式的磷酰化胆碱酯酶。一种结合不稳固，如对硫磷、内吸磷、甲拌磷等，部分可以水解复能。另一种结合稳固，如三甲苯磷、美曲膦酯、敌敌畏、对溴磷、马拉硫磷等，使胆碱酯酶老化，表现为被抑制的胆碱酯酶不能再复能，胆碱酯酶不能复能，可引起迟发影响，如引起周围神经和脊髓长束的轴索变性，发生迟发性周围神经病。

【中毒临床】

**1. 临床表现**

（1）急性中毒：有机磷农药大多数主要是引起急性中毒。有机磷农药急性中毒发病时间与农药药毒性大小、剂量及侵入途径密切相关。自呼吸道吸入或口服者症状发生较快，口服中毒可在 10 分钟至 2 小时内出现症状，经皮肤吸收的一般在接触后 2~6 小时内出现症状，通常发病愈早，病情愈重。本类农药中毒早期或轻症可出现头晕头痛、恶心呕吐、流涎、多汗、视物模糊、乏力等。吸入中毒患者，呼吸道及眼部症状出现较早。口服中毒常先发生胃肠道症状。皮肤接触中毒则以局部出汗和邻近肌纤维收缩为最初表现。毒蕈碱样症状、烟碱样症状和中枢神经系统症状是有机磷农药急性中毒的三类临床综合征：

1）毒蕈碱样症状：由平滑肌收缩和腺体分泌亢进所致，出现较早，主要表现为：口腔、鼻、气管、支气管、消化道等处腺体及汗腺分泌亢进，表现为多汗、流涎、口鼻分泌物增多及肺水肿等；气管、支气管、消化道及膀胱逼尿肌等平滑肌痉挛，表现为呼吸困难、恶心、呕吐、腹痛、腹泻及大小便失禁等；瞳孔缩小，因动眼神经末梢乙酰胆碱堆积引起虹膜括约肌收缩使瞳孔缩小，重症者瞳孔小如针尖；心血管抑制，可见心动过缓、血压偏低及心律失常，但前两种症状常被烟碱样作用所掩盖。

2）烟碱样症状：骨骼肌神经肌肉接头过度兴奋或麻痹时，使面、眼睑、舌、四肢和全身横纹肌发生肌纤维颤动，甚至全身肌肉强直性痉挛，进而由兴奋转为抑制，出现肌无力、肌肉麻痹、全身瘫痪等。呼吸肌麻痹引起周围性呼吸衰竭。可出现血压升高及心动过速，常掩盖毒蕈碱样作用下的血压偏低及心动过缓症状。

3）中枢神经系统症状：常有头晕、头痛、倦怠、乏力等，随后出现烦躁不安、不同程度的意识模糊、惊厥和昏迷等。严重者发生脑水肿，出现癫痫样抽搐、瞳孔放大等，甚至呼吸中枢麻痹而死亡。

4）其他症状：如迟发性神经病，一般在急性中毒症状缓解后8~14天，出现感觉障碍，继而发生下肢无力，直至下肢远端弛缓性瘫痪，严重者可累及上肢，多为双侧，还可出现如中毒性肝病、急性坏死性胰腺炎、脑水肿、中毒性心肌损害等并发症。

（2）慢性中毒：农药厂工人多见，一般症状较轻，突出的表现是类神经症与胆碱酯酶活性降低，长期接触可能对免疫系统功能、生殖功能有不良影响。

（3）致敏作用和皮肤损害：有些有机磷农药具有致敏作用，可引起支气管哮喘、过敏性皮炎等。

**2. 诊断**

（1）急性有机磷农药中毒：根据短时间接触大量有机磷杀虫剂的职业史，以自主神经、中枢神经和周围神经系统症状为主的临床表现，结合全血胆碱酯酶活性测定，参考作业环境的劳动卫生调查资料，进行综合分析，排除其他类似疾病后，方可诊断。国家《职业性急性有机磷杀虫剂中毒诊断标准》（GBZ 8-2002）如下：

1）接触反应具有下列表现之一：①全血或红细胞胆碱酯酶活性在70%以下，尚无明显中毒的临床表现；②有轻度的毒蕈碱样自主神经症状和（或）中枢神经系统症状，而全血胆碱酯酶活性在70%以上。

2）急性中毒

A. 急性轻度中毒：短时间内接触较大量的有机磷农药后，在24小时内出现头晕、头痛、恶心、呕吐、多汗、胸闷、视物模糊、无力等症状，瞳孔可能缩小。全血胆碱酯酶活性一般在50%~70%。

B. 急性中度中毒：除较重的上述症状外，还有肌束震颤、瞳孔缩小、轻度呼吸困难、流涎、腹痛、腹泻、步态蹒跚、意识清楚或模糊。全血胆碱酯酶活性一般在30%~50%。

C. 急性重度中毒：除上述症状外，并出现下列情况之一者，可诊断为重度中毒：①肺水肿；②昏迷；③呼吸麻痹；④脑水肿。全血胆碱酯酶活性一般在30%以下。

3）中间期肌无力综合征：在急性中毒后1~4天左右，胆碱能危象基本消失且意识清晰，出现肌无力为主的临床表现者。

A. 轻型中间期肌无力综合征：具有下列肌无力表现之一者：①屈颈肌和四肢近端肌肉无力，腱反射可减弱；②部分脑神经支配的肌肉无力。

B. 重型中间期肌无力综合征：在轻型中间期肌无力综合征基础上或直接出现下列表现之一者：①呼吸肌麻痹；②双侧第Ⅸ对及第Ⅹ对脑神经支配的肌肉麻痹造成上气道通气障碍者。高频重复刺激周围神经的肌电图检查，可引出肌诱发电位波幅呈进行性递减。全血或红细胞胆碱酯酶活性多在 30%以下。

4）迟发性多发性神经病：在急性重度和中度中毒后 2~4 周左右，胆碱能症状消失，出现感觉、运动型多发性神经病。神经肌电图检查显示神经源性损害。全血或红细胞胆碱酯酶活性可正常。

（2）慢性中毒：长时间接触有机磷农药后出现下列情况之一，可诊断为慢性中毒：①有神经症状、轻度毒蕈碱样症状和烟碱样症状中两项，胆碱酯酶活性在 50%以下，并在脱离接触后一周内连续 3 次检查仍在 50%以下；②出现上述症状一项，胆碱酯酶活性在 30%以下，并在脱离接触后一周内连续 3 次检查仍在 50%以下。

**3. 中毒处理原则**

（1）治疗原则

1）急性中毒：急性中毒的治疗应采取综合措施，包括清除农药和防止农药继续吸收、及早合理应用特效解毒药物以及给予对症和支持治疗。对有症状的接触反应者可给予适当治疗。

A. 清除毒物：立即将患者移离中毒现场，脱去污染衣服，用肥皂水或清水彻底清洗污染的皮肤、头发、指（趾）甲；眼部受污染时，迅速用清水或 2%碳酸氢钠溶液清洗。口服中毒者应及时彻底用 2%碳酸氢钠溶液或清水洗胃。

B. 特效解毒剂：轻度中毒者可单用阿托品等抗胆碱药；中毒和重度中毒者，阿托品和胆碱酯酶复能剂（氯解磷定、碘解磷定等）联合用药。两药合并使用时，阿托品剂量应较单用时减少。用阿托品治疗重度中毒病人的原则是"早期、足量、重复给药"，达到阿托品化而避免阿托品中毒。阿托品化的指征是瞳孔扩大、颜面发红、皮肤干燥、口干、心率增快。当达到阿托品化或毒蕈碱样症状消失时酌情减量、延长用药间隔时间，并维持用药数日。

胆碱酯酶复能剂对内吸磷、对硫磷、甲拌磷、乙硫磷、治螟磷、毒死蜱、苯硫磷、辛硫磷、特普等中毒疗效较好，对敌敌畏、敌百虫、乐果、氧乐果、马拉硫磷、二嗪磷等中毒疗效较差或无效。对复能剂有效的有机磷杀虫剂中毒，除要尽早用药外，应根据中毒程度，给予合理的剂量和应用时间。

对有机磷杀虫剂与拟除虫菊酯混配中毒者，应先按有机磷中毒处理，然后给予对症治疗。对有机磷杀虫剂与氨基甲酸酯混配中毒者，应以阿托品治疗为主；当出现明显的烟碱样症状时，在严密观察下，酌情使用肟类复能剂。

C. 对症和支持治疗：处理原则同内科。中度和重度中度患者临床表现消失后仍应继续观察数天，并避免过早活动，防止病情突变。

2）中间期肌无力综合征：在治疗急性中毒的基础上，主要给予对症和支持治疗；重度呼吸困难者，及时建立人工气道、进行机械通气，同时积极防止并发症。

3）迟发性多发性神经病：治疗原则与神经内科相同，可给予中、西医对症和支持治疗及运动功能的康复锻炼。

（2）其他处理

1）接触反应：应暂时调离有机磷作业 1~2 周，并复查全血或红细胞胆碱酯酶活性。

2）急性中毒和中间期肌无力综合征：急性轻度和中度中度以及轻型中间期肌无力综合征治愈后，1~2 个月内不宜接触有机磷杀虫剂；重度中毒和重型中间期肌无力综合征治愈后，3 个月内不宜接触有机磷杀虫剂。

3）迟发性多发性神经病：应调离有机磷作业。根据恢复情况，安排工作或休息。如需进行致残鉴定，按 B/T 16180-1996 处理。

**【预防与控制措施】**

（1）在健康监护时，就业前体检注意检查全血胆碱酯酶活性；定期体检应将全血胆碱酯酶活性检查列入常规，必要时进行神经—肌电图检查。

（2）职业禁忌证：①神经系统器质性疾病；②明显的肝、肾疾病；③明显的呼吸系统疾病；

④全身皮肤病；⑤全血胆碱酯酶活性明显低于正常者。

（3）其他措施见概述部分。

> **案例 1-12 解析**
>
> 该农药厂主要是生产有机磷农药系列产品，车间面积仅有120m²，生产线均为半自动流水作业。灌装和装瓶处地面散落的农药残液明显可见，并闻到刺鼻气味。农药生产过程中大部分工人未穿戴任何防护用品。车间内职业卫生管理制度内容不全，警示标识不醒目。防毒措施采用10个天窗自然通风和在两个灌装处安装了机械抽风排毒设施，机械抽风装置正常运转。
>
> 通过对中毒事故现场调查、临床表现、实验室检查，结合监测结果进行综合分析，证实该事故为有机磷农药中毒事故。中毒原因为：工厂未对工人进行职业卫生培训，车间内职业卫生管理制度内容不全，警示标识不醒目，导致工人防护意识差，在工作过程中未采取任何防护措施；加之车间面积小，通风效果差，工作环境空气中有机磷农药超标最终导致该事故的发生。工厂对工人未建立劳动者健康监护档案、未进行职业健康检查也是该事故发生的原因之一。

## 三、拟除虫菊酯类农药

拟除虫菊酯类农药（pyrenthrods）是20世纪70年代迅速发展起来的新型农药是模拟天除虫菊酯化学结构合成的，结构上类似天然除虫菊素（pyrethrin）其分子由菊酸和醇两部分组成，具有杀虫谱广、高效、低毒、低残留、光稳定和易生物降解等特点。适宜防治农业害虫，并在防治棉虫、蔬菜、果树虫害等方面取得好的效果，对蚊、蝇、蟑螂和头虱等卫生害虫也有相当满意的效果。近年来拟除虫菊酯类农药与有机磷混配的复剂较多，已成为农用及卫生杀虫剂的主要支柱之一。常见的拟除虫菊酯类农药有溴氰菊酯（敌杀死）、氰戊菊酯（速灭杀丁）、氯氰菊酯、甲醚菊酯、甲氰菊酯、氟氰菊酯、氟胺氰菊酯、氯氟氰菊酯、氯烯炔菊酯、三氟氯氰菊酯、联苯菊酯、氯菊酯、胺菊酯、炔呋菊酯、苯氰菊酯、苯醚菊酯、丙炔菊酯、丙烯菊酯、烯炔菊酯、烯丙菊酯、戊烯氰氯菊酯等。

**【理化特性】** 拟除虫菊酯类农药大多数为黄色或黄褐色黏稠状液体，相对密度1.1左右，在常温下蒸气压低，难溶于水，易溶于有机溶剂（甲苯、二甲苯及丙酮等）。大多不易挥发，在酸性和中性介质中稳定，遇碱则易分解。拟除虫菊酯有很多异构体，可分为Ⅰ型（不含氰基如氯菊酯）和Ⅱ型（含氰基如溴氯菊酯）。目前以Ⅱ型使用较多。按构型不同，可分为顺式和反式异构体。

**【毒理】** 拟除虫菊酯类农药多为中等毒性（Ⅱ型）和低毒类（Ⅰ型）。可经呼吸道、皮肤及消化道吸收。在田间施药时，多为皮肤吸收。

在体内代谢主要通过混合功能氧化酶（MFO）和拟除虫菊酯酶的氧化和水解，拟除虫菊酯在哺乳动物体内被肝脏的酶氧化及水解，反式异构体主要靠水解反应代谢，顺式异构体主要靠氧化反应解毒，反式异构体的水解及排泄较顺式异构体快，毒性相对要小。

拟除虫菊酯代谢产物可直接从胆汁排出，也可与甘氨酸、葡萄糖醛酸结合随尿液排出。除储存在脂肪组织中的以外，一般在数日排出体外。

拟除虫菊酯具有神经毒性，毒作用机制尚未完全阐明。一般认为，它和神经细胞膜受体结合，改变受体痛特性；也可以抑制$Na^+$-$K^+$-ATP酶，引起膜内外离子转运平衡失调，导致神经传导阻滞；此外，还可作用于神经细胞的钠通道，使钠离子通道的m闸门关闭延迟，去极化延长，形成去极化后电位和重复去极化；抑制中枢神经细胞膜的γ-氨基丁酸受体，使中枢神经兴奋性增高。

**【中毒临床】**

**1. 临床表现**

（1）急性中毒：职业性中毒多经皮肤和呼吸道吸收引起，症状较轻，主要表现有：①皮肤、黏膜刺激症状，多在接触后4~6小时出现。流泪、怕光、眼睛红肿、疼痛或有血丝等，有的患者还有呼吸道刺激症状。面部感觉异常是接触拟除虫菊酯后最常见的症状，面部皮肤或其他暴露位瘙痒感，并有蚁走、烧灼或紧麻感，亦可有粟粒样丘疹或疱疹。②全身症状 头晕、头痛、恶心、食欲不振、乏力等，并可出现流涎、多汗、胸闷、精神萎靡等。较重者可出现呕吐、烦躁、视物模糊、四肢肌束颤动等。有些患者可有瞳孔缩小，但程度较急性有机磷农药中毒轻。部分患者体温轻度升高。严重中毒者可因呼吸、循环衰竭而死亡。

（2）变态反应：溴氰菊酯可引起类枯草热症状，也可诱发过敏性哮喘。

**2. 诊断** 根据短期内密切接触较大量拟除虫菊酯的职业史，出现以神经系统兴奋性异常为主的临床表现，结合现场调查，进行综合分析，并排除有类似临床表现的其他疾病后，方可诊断。国家《职业性急性拟除虫菊酯中毒诊断标准及处理原则》（GBZ 43-2002）如下：

（1）接触反应：接触后出现面部异常感觉（烧灼感、针刺感或紧麻感），皮肤、黏膜刺激症状，而无明显全身症状者。

（2）轻度中毒：除上述临床表现外，出现明显的全身症状包括头痛、头晕、乏力、食欲不振及恶心、呕吐并有精神萎靡、口腔分泌物增多，或肌束震颤者。

（3）重度中毒：除上述临床表现外，具有下列一项者，可诊断为重度中毒：①阵发性抽搐；②重度意识障碍；③肺水肿。

**3. 中毒处理原则**

（1）治疗原则

1）立即脱离事故现场，有皮肤污染者立即用肥皂水等碱性液体或清水彻底清洗。

2）急性中毒以对症治疗为主，重度中毒者并应加强支持疗法（参见 GBZ71）。

3）拟除虫菊酯与有机磷混配的杀虫剂急性中毒者，因有机磷杀虫剂的毒性明显高于拟除虫菊酯，中毒者的临床表现一般与急性有机磷杀虫剂中毒相似，故应先检测血胆碱酯酶，参照职业性急性有机磷杀虫剂中毒诊断标准进行诊断。治疗先用阿托品、胆碱酯酶复能剂等药物，而后给予相应的对症治疗。不能排除有机磷杀虫剂中毒时，可用适量阿托品试验治疗，密切观察治疗反应。对重度拟除虫菊酯中毒出现肺水肿者，可用少量阿托品治疗，但是注意避免过量造成阿托品中毒。

（2）其他处理

1）轻度中毒治愈后可从事原工作。

2）重度中毒者根据病情安排休息，治愈后可从事原工作。

**【预防与控制措施】**

（1）拟除虫菊酯作业者应作就业前体检。常年作业人员每年体检一次。季节作业人员，作业结束后体检一次。

（2）凡患有周围及中枢神经系统器质性疾病、暴露部位的慢性皮肤病或有严重过敏性皮肤病史者不宜从事接触拟除虫菊酯作业。

（3）其他预防措施见概述部分。

## 四、氨基甲酸酯类农药

氨基甲酸酯类杀虫剂（carbamates）是一种新型的广谱杀虫、杀螨、除草剂。作为杀虫剂，具有速效、内吸、触杀、残留期短及对人畜毒性较有机磷低的优点，已被广泛用于杀灭农业及卫生害虫，常见氨基甲酸酯类农药有西维因、呋喃丹、速灭威、叶蝉散、灭多威、残杀威、甲丙威、害扑威等。

**【理化特性】** 大多数氨基甲酸酯类农药为白色结晶，无特殊气味，熔点多在 50～150℃，蒸气压一般在 0.04～15mPa，氨基甲酸酯类农药因取代基团不同，可形成多种化合物。一般可分为五大类：①萘基氨基甲酸酯类，如西维因；②苯基氨基甲酸酯类，如叶蝉散；③氨基甲酸肟酯类，如涕灭威；④杂环甲基氨基甲酸酯类，如呋喃丹；⑤杂环二甲基氨基甲酸酯类，如异索威。除少数品种如呋喃丹等毒性较高外，大多数属中、低毒性，大多数易溶于有机溶剂，难溶于水，在酸性环境中对光热稳定，毒性也相对增加，在碱性环境中易分解而失效。温度升高时，降解速度加快。

【毒理】 本类毒物可经消化道、呼吸道和皮肤黏膜进入体内，并很快分布至全身各组织和脏器中，如肝、肾、脑、脂肪和肌肉等。主要在肝脏进行代谢，一部分经水解、氧化或与葡萄糖醛酸结合而解毒，一部分以原型或其代谢产物经肾脏排泄。氨基甲酸酯类代谢迅速，一般在体内无蓄积，主要从尿中排出，少量经肠道排出体外。

氨基甲酸酯类农药的中毒机制与有机磷相似，主要是抑制神经组织、红细胞及血浆内的乙酰胆碱酯酶，但与有机磷农药不一样的是氨基甲酸酯类农药与胆碱酯酶结合是可逆的。氨基甲酸酯类进入体内不需代谢活化，直接与胆碱酯酶活化中心的丝氨酸羟基结合，形成氨基甲酰化胆碱酯酶，使胆碱酯酶活性，造成体内乙酰胆碱大量蓄积。由于氨基甲酸酯与胆碱酯酶的结合是可逆的，氨基甲酰化胆碱酯酶易水解，一般在 4 小时左右胆碱酯酶即可恢复活性。氨基甲酸酯类对胆碱酯酶的抑制速度和复能速度相等均比较迅速。因此，氨基甲酸酯类农药中毒后发病迅速，临床表现较轻，症状消失也快，中毒后如果脱离接触，在几分钟内即开始恢复，在几小时内完全恢复。氨基甲酸酯类对红细胞胆碱酯酶的亲和力明显大于血浆胆碱酯酶，故中毒程度与红细胞胆碱酯酶抑制的程度明显相关。

【中毒临床】

**1. 临床表现** 临床特点是起病急、恢复快、病情相对较轻、中毒治愈后不发生迟发性神经病。口服中毒者可在 10~30 分钟内出现中毒症状，经呼吸道或皮肤吸收者一般在 2~6 小时内发病。一般病情较轻，病程较短，复原较快。临床症状与轻度有机磷农药中毒相似，以毒蕈碱样症状明显，可出现头昏、头痛、乏力、恶心、呕吐、流涎、多汗及瞳孔缩小，血液胆碱酯酶活性轻度受抑制，严重者可出现肌纤维颤动、肺水肿、脑水肿和昏迷。

**2. 诊断** 根据短时间接触大量氨基甲酸酯杀虫剂的职业史，迅速出现相应的临床表现，结合全血胆碱酯酶活性测定结果，参考现场劳动卫生学调查资料，进行综合分析，排除其他病因后，方可诊断。国家《职业性急性氨基甲酸酯杀虫剂中毒诊断标准》（GBZ 52-2002）如下：

（1）轻度中毒：短期密切接触氨基甲酸酯后，出现较轻的毒蕈碱样和中枢神经系统症状，如头晕、头痛、乏力、视物模糊、恶心、呕吐、流涎、多汗、瞳孔缩小等，有的可伴有肌束震颤等烟碱样症状，一般在 24 小时以内恢复正常。全血胆碱酯酶活性往往在 70% 以下。

（2）重度中毒：除上述症状加重外，并具备以下任何一项者，可诊断为重度中毒：①肺水肿；②昏迷或脑水肿，全血胆碱酯酶活性一般在 30% 以下。

**3. 中毒处理原则**

（1）治疗原则

1）迅速离开中毒现场，脱去污染衣服，用肥皂和温水彻底清洗污染的皮肤、头发和指甲。

2）特效解毒药物：轻度中毒脱离接触后缓解较快，治疗可用阿托品 0.6~0.9mg 口服或 0.5~1.0mg 肌内注射，必要时重复 1~2 次，不必阿托品化；重度中毒应尽快阿托品化，但一般所需总剂量比有机磷中毒时小，用药间隔时间可适当延长，维持时间相对较短。

3）对症处理原则与内科相同。

（2）其他处理：中毒治愈后仍可从事原工作。

【预防与控制措施】

**1. 生产过程** 生产设备做到密闭、全自动化，采用自动包装农药，尽量减少人与农药的直接接触，并设置排气通风设备，做好操作者的个人防护。

**2. 使用方面** 选择低毒品种用于瓜果蔬菜，并只允许在收获前 2 周使用，严禁滥用高毒品种。喷药前穿戴好个人防护用品（口罩、长袖衣裤、手套等）操作时禁止吸烟和进食，不要用手擦脸或揉眼睛，喷药后及时更换衣物，洗净皮肤。每天喷药时间不得超过 6 小时，连续喷洒不超过三天。改进施药工具，机械化喷药代替手工操作。

**3. 非生产性中毒预防** 加强宣传教育，防止用农药自杀，注意保管，避免误服。瓜果蔬菜食用前用清水浸泡 1 小时左右，可破坏残留的农药。

## 五、生物农药

生物农药（biopestieide）指用生物活体、或生物代谢过程产生的具有生物活性的物质、或从生物体中提取的物质，作为防治农林作物病、虫、草、鼠的农药制剂，或者是通过仿生合成具有特异作用的农药制剂。关于生物农药的范畴，国内外尚无十分准确统一的界定。按照联合国粮农组织的标准，生物农药一般是天然化合物或遗传基因修饰剂，主要包括生物化学农药（信息素、激素、植物调节剂、昆虫生长调节剂）和微生物农药（真菌、细菌、昆虫病毒、原生动物，或经遗传改造的微生物）两个部分。我国生物农药按照用途可分为生物杀虫剂、生物杀菌剂、生物杀螨剂、生物杀病毒剂、生物杀鼠剂、植物生长调节剂、生物杀草剂等；按生物农药的来源可分为植物源农药、微生物源农药（细菌农药，真菌农药、病毒农药和农用抗生素等）以及动物源农药；按生物农药的活性成分可分为活体生物农药（病毒农药、细菌农药、真菌农药、动物农药等）、生物代谢产物类生物农药（农用抗生素、植物激素等）、生物体内提取农药（植物农药、激素等）。

**【毒理】** 生物农药的毒理学研究资料报道很少，其对人畜的毒害程度可分为急性毒性和慢性毒性。在农药品种中，生物农药的大部分品种都是低毒。具体判断每种生物农药的毒性时，只要根据其 $LD_{50}$ 的数值，对照中国农药急性毒性分级表，即可得出结果。目前我国最常用的 15 种生物农药及其毒性分级见表 1-3。

表 1-3  我国最常用的 15 种生物农药及其毒性分级

| 生物农药种类 | 品种 | $LD_{50}$（经口）（$mg \cdot kg^{-1}$） | 毒性分级 |
| --- | --- | --- | --- |
| 杀虫剂 | 井冈霉素 | >20 000 | 低毒 |
| | 多氧清 | >20 000 | 低毒 |
| | 武夷霉素 | >20 000 | 低毒 |
| | OS-施特灵 | >16 000 | 低毒 |
| | 克菌康 | >5 000 | 低毒 |
| | 农用链霉素 | >4 640 | 低毒 |
| 杀虫剂 | 烟碱 | >50 | 中毒 |
| | 苏云金杆菌 | >10 000 | 低毒 |
| | 白僵菌 | >600 | 低毒 |
| | 阿维菌素 | >10 | 高毒 |
| | 棉铃虫核型多角体毒素 | >2 000 | 低毒 |
| | 赤眼蜂 | — | 无毒 |
| 杀螨剂 | 浏阳霉素 | >10 000 | 低毒 |
| | 华光霉素 | >5 000 | 低毒 |
| 杀毒酶剂 | 菌克毒克 | >5 492 | 低毒 |

**【中毒临床】** 植物杀菌剂乙蒜素属于中等毒杀菌剂，对皮肤和黏膜有强烈的刺激作用。乙蒜素能通过食道、皮肤等引起中毒，急性中毒损害中枢神经系统，引起呼吸循环衰竭，出现意识障碍和休克。微生物杀菌剂灭瘟素对皮肤和眼睛有刺激性，接触者多表现为表皮和黏膜部位急性炎

症，眼睛红肿，并有腹泻现象。

目前，我国尚无生物农药中毒诊断标准。

**【预防与控制措施】** 生物农药虽然对人畜低毒或基本无毒，但毕竟是农药，特别是用量过大或使用方法不当时，也会造成人体中毒，因此生物农药中毒预防措施跟化学农药一样。

（汤　艳）

## 思 考 题

1. 农药中毒预防与控制措施是什么？
2. 有机磷酸酯类农药和拟除虫菊酯类农药的中毒机制及临床表现？
3. 农药职业性急性中毒处理程序是什么？

# 第二章 生产性粉尘与职业性尘肺病

## 第一节 概　　述

**案例 2-1**
　　我国尘肺病现状：根据全国 30 个省、自治区、直辖市（不包括西藏）和新疆生产建设兵团职业病报告，2014 年共报告职业病 29 972 例。其中职业性尘肺病 26 873 例，较 2013 年增加 3721 例。其中，94.21% 的病例为煤工尘肺和矽肺，分别为 13 846 例和 11 471 例。尘肺病报告病例数占 2014 年职业病报告总例数的 89.66%。
**问题：**
　　1. 职业环境中哪些职业易接触粉尘？
　　2. 生产性粉尘对人体有哪些健康损害？
　　3. 如何预防和控制生产性粉尘对人体健康的危害？

　　生产性粉尘是指在生产过程中形成的并能够长时间飘浮在空气中的固体微粒。它是污染作业环境及影响劳动者健康的重要职业性有害因素，可引起多种职业性肺部疾患。尘肺（pneumoconiosis）是在在职业活动中长期吸入生产性矿物性粉尘并在肺内潴留而引起的以肺组织弥漫性纤维化为主的疾病。

## 一、生产性粉尘的来源与分类

### （一）来源

　　生产性粉尘的来源非常广泛，包括固体物质的破碎或机械加工，可燃性物质的不完全燃烧，某些物质加热时产生的蒸气在空气中冷凝或氧化，粉末状物质如水泥的混合、过滤、包装、搬运等。许多工农业生产行业均存在粉尘作业，如采矿、冶金、机械、建材、化学工业、农产品加工等的生产过程中可产生大量的粉尘。例如，采矿业中煤矿、铁矿、石矿等的开采、凿岩、爆破、粉碎、运输等；冶金工业中的原材料准备、矿石粉碎、筛分、配料等；机械制造业中原料的切削、研磨和冶炼、铸造；玻璃、水泥、陶瓷、石棉等工业中原料的开采、加工制造；化学工业中固体原料加工处理、包装物品等；甚至面粉的生产、筛分和包装；宝石首饰的加工等。在这些生产过程中，若生产工艺或防尘、降尘措施不够完善，均会产生大量生产性粉尘。

### （二）分类

生产性粉尘按其性质可分为以下三类：

**1. 无机粉尘**（inorganic dust）　包括矿物性粉尘如石英、石棉、滑石、煤等；金属性粉尘如铁、锡、铝、锰、铅、锌等；人工无机粉尘如金刚砂、水泥、玻璃纤维等。

**2. 有机粉尘**（organic dust）　动物性粉尘如毛、丝、骨质等；植物性粉尘如棉、麻、草、甘蔗、谷物、木、茶等；人工有机粉尘如有机农药、有机染料、合成树脂、合成橡胶、合成纤维等。

**3. 混合性粉尘**（mixed dust） 两种或两种以上上述各类物质混合形成的粉尘，称混合性粉尘，在生产中此类粉尘最为多见。

# 二、生产性粉尘的理化特性及其卫生学意义

粉尘的理化性质不同，对人体的危害性质和程度不同。因此，在实际工作中，评价生产环境空气中粉尘的危害及制订防尘措施时应充分考虑粉尘的理化特性。

## （一）化学组成、浓度和接触时间

作业场所空气中粉尘的化学组成和浓度直接决定其对人体作用的性质和危害程度。矿物性粉尘和植物性粉尘的作用不同：如二氧化硅粉尘常导致肺组织的纤维化，且因其化学形态不同，致纤维化程度的能力也不同。游离型、结晶型较结合型、非结晶型致纤维化作用强、危害大。带有霉菌孢子的植物性粉尘（如草料尘、粮谷尘、蔗渣尘）常导致职业性变态反应肺泡炎。不同的金属粉尘对人体的健康影响各异，如锡、铁、锑粉尘经呼吸道吸入，可沉积在肺组织中，一般不影响呼吸功能，而铅、锰及其化合物粉尘通过肺组织吸收后，进入血循环，可引起铅中毒或锰中毒，吸入铬酸盐、硫酸镍、氯铂酸铵等金属粉尘可引起职业性哮喘。同一种粉尘，作业环境空气中的浓度越高、吸入量越大，危害性越大，尘肺的发病率越高。粉尘浓度以 $mg/m^3$ 表示。

## （二）分散度

分散度（distribution of particulate size）是指固体物质被粉碎的程度，常以粉尘粒径大小（μm）的数量或质量百分组成来表示粉尘的分散度，前者称为粒子分散度，后者称为质量分散度。较小粒径的颗粒愈多，粒子分散度愈高，反之粒子分散度愈低。较小粒径的颗粒占总质量百分比越大，质量分散度越高。粉尘被机体吸入的概率与粉尘的分散度有关。粉尘粒子分散度越高，沉降速度越慢，在空中停留的时间越长，被机体吸入的概率就越大。粉尘粒子的粒径、比重、形态不同，沉积在呼吸道的部位也不同。为便于相互比较，提出空气动力学直径（aerodynamic equivalent diameter，AED）的概念。AED 是指某种粉尘粒子（a），不论其形状、大小、比重如何，如果它在空气中的沉降速度与比重为 1 的球形粒子（b）相同时，则该球形粒子（b）的直径即为这种粉尘粒子（a）的 AED。一般认为，AED 小于 15μm 的粉尘颗粒可进入呼吸道，称为可吸入性粉尘（inhalable dust），其中 10~15μm 的可吸入性粉尘大多数在上呼吸道被阻留，AED 小于 5μm 的尘粒可随呼吸达呼吸道深部和肺泡，称为呼吸性粉尘（respirable dust），但 AED 小于 0.5μm 的粉尘颗粒，因其重力小，可随空气分子运动由呼气排出，其阻留率下降。

## （三）硬度、比重和形状

坚硬和尖锐的粉尘如金属粉尘易引起呼吸道黏膜机械损伤，但进入肺泡内的微细尘粒，由于其质量小，肺泡环境湿润，其机械损伤程度较轻。粉尘的比重和形状在一定程度上也影响其危害程度。当粉尘的大小相同时，比重愈大的尘粒沉降愈快。当粉尘的质量相同时，其形状越接近于球形，沉降速度越快。

## （四）溶解度

粉尘对人体的危害程度尚与其溶解度有关，有毒粉尘（如铅、砷）对人体的毒性作用随其溶解度的增加而增强，有些粉尘（如面粉、糖）在体内容易溶解吸收或排出，对人体危害不大，而有些粉尘（如石英、石棉）溶解度不大，却对人体产生严重危害。

## （五）荷电性

物质在粉碎过程中由于相互摩擦或吸附空气中离子而带电荷，尘粒的荷电量与粒子的大小、比重以及作业环境的温度湿度有关。尘粒的荷电性可影响其在空气中的稳定性，以及其在呼吸道中的阻留率。同性电荷相斥增加了空气中粒子的稳定性，异性电荷相吸使尘粒在撞击中聚集而沉降。一般认为，荷电尘粒易被阻留在呼吸道内。

## （六）爆炸性

爆炸性是高分散度的煤、糖、面粉、亚麻、硫磺、铝、锌等可燃性粉尘所特有的物理特性。当空气中粉尘浓度达到爆炸极限时（如煤尘 $35g/m^3$，面粉、硫磺、铝 $7g/m^3$，糖 $10.3g/m^3$），遇到明火、电火花或放电，会突然发生爆炸。

# 三、生产性粉尘对人体的危害

## （一）人体对粉尘的清除功能（沉积、防御及清除）

含尘气流进入呼吸道后，主要通过撞击（impaction）、截留（interception）、重力沉积（gravitational sedimentation）、静电沉积（electrostatic deposition）和布朗运动（Brownian diffusion）等方式沉积、阻留在呼吸道的各个部位。同时，人体的各种清除功能可将绝大部分粉尘清除。因此，最终只有极少部分粉尘能留在体内。

**1. 粉尘在呼吸道沉积**

（1）撞击：绝大部分直径在 5～10μm 的粒子在弯曲的鼻咽腔和气管、支气管分叉处因撞击作用而被阻留。

（2）截留：纤维状粉尘（如石棉、植物有机粉尘、棉尘、动物有机粉尘丝、毛发等）或不规则粉尘（如云母），在沿呼吸道气流前进时，可被气道纤毛上皮细胞及分泌物截留。

（3）重力沉积：对直径小于 5μm 的粉尘沿支气管流动，随气道变小，气流减慢，因重力作用，而在终末呼吸性细支气管或肺泡壁上沉降，直径大于 1μm 的粒子大部分通过撞击和重力沉降而沉积。

（4）静电沉积：带较多电荷的粉尘粒子易在呼吸道表面产生静电沉积。

（5）布朗运动：直径小于 0.5μm 细微粒子受空气分子的撞击，形成布朗运动，沉积于小气道和肺泡壁。

**2. 人体对粉尘的防御和清除** 粉尘粒子随气流吸入时经撞击、截留、重力沉积和静电沉积作用阻留于鼻腔、喉、气管支气管树表面，减少了进入气体交换区域（呼吸性细支气管、肺泡管及肺泡）的粉尘量。此外，气道平滑肌的异物反应性收缩可使气道截面积缩小，减少含尘气流的进入，并可启动咳嗽和喷嚏反射，排出粉尘。

人体对沉积在呼吸道的粉尘通过黏液纤毛系统的纤毛运动和肺泡巨噬细胞的吞噬作用两种方式清除。

黏液纤毛系统的纤毛运动：阻留在气管、支气管的粉尘，通常粘附在气道表面的黏液层上，呼吸道黏膜上皮纤毛有规律的摆动可将黏液层中的粉尘排出。

巨噬细胞的吞噬作用：巨噬细胞吞噬沉着于肺泡内的粉尘后，形成尘细胞。大部分尘细胞通过自身的阿米巴样运动及肺泡的缩张活动转移至纤毛上皮的表面，再经纤毛运动而排除。少数游离二氧化硅含量较高的粉尘颗粒（如矽尘）所形成的尘细胞，往往崩解死亡，粉尘颗粒又游离出来，可再被有活力的巨噬细胞吞噬。尘细胞或未被吞噬的游离尘粒，能够进入淋巴系统，沉积于肺门或支气管淋巴结，有时也可经血循环，沉积于其他脏器。纤维粉尘（如石棉）还可穿透胸膜进入胸腔，导致间皮瘤。

人体通过各种清除功能，可使呼吸道的 97%～99% 的粉尘排出体外，只有 1%～3% 尘粒沉积在体内。但若长期吸入高浓度的粉尘，可使人体防御功能失去平衡，清除功能受损，尘粒过量沉积，对人体健康产生不良影响，引起疾病。

## （二）生产性粉尘对人体的健康损害

粉尘对人体的危害程度取决于人体吸入的粉尘量、粉尘侵入途径、粉尘沉着部位和粉尘的物理、化学性质等因素。粉尘侵入人体的途径主要有呼吸系统、眼睛、皮肤等，其对人体的损害主要以呼吸系统为主。粉尘对人体的危害表现如下：

**1. 呼吸系统疾患**

（1）尘肺：按粉尘的性质可将尘肺分为以下五类。

1）矽肺（silicosis）：由于长期吸入游离二氧化硅粉尘所引起的尘肺。

2）硅酸盐肺（silicatosis）：由于长期吸入结合状态的二氧化硅粉尘所引起的尘肺。例如，石棉肺（asbestosis）、滑石尘肺（talc pneumoconiosis）、云母尘肺（mica pneumoconiosis）、水泥尘肺（cement pneumoconiosis）等。

3）炭尘肺（carbon pneumoconiosis）：由于长期吸入煤炭、炭黑、石墨等粉尘所引起的尘肺。例如，煤肺（anthracosis）、炭黑尘肺（carbon black pneumoconiosis）、石墨尘肺（graphite pneumoconiosis）、活性炭尘肺（active carbon pneumoconiosis）等。

4）混合性尘肺（mixed dust pneumoconiosis）：由于长期吸入含有游离二氧化硅和其他某些物质的混合性粉尘所引起的尘肺。如煤矽肺（anthraco-silicosis）、铁矽肺等。

5）其他尘肺：包括长期吸入铝及其氧化物所引起的铝尘肺（aluminosis），或长期吸入电焊烟所引起的电焊工尘肺（welder's pneumoconiosis）等。

我国 2013 年公布的《职业病分类和目录》中共有 13 种尘肺病和 6 种其他呼吸系统疾病。其中以致病粉尘的名称命名的有 8 种，即矽肺、石墨尘肺、炭黑尘肺、石棉肺、滑石尘肺、水泥尘肺、云母尘肺和铝尘肺；以工种名称命名的有 4 种，即煤工尘肺、陶工尘肺、电焊工尘肺和铸工尘肺。还有根据《尘肺病诊断标准》和《尘肺病理诊断标准》诊断的其他尘肺。

（2）粉尘沉着症：某些生产性粉尘如锡、铁、锑、钡及其化合物等，主要沉积于肺组织中，呈现异物反应，可继发轻度的肺间质非胶原型纤维增生，但不损伤肺泡结构，肺功能一般不受影响。在脱离粉尘作业后，病变可以不再继续发展，甚至逐渐减轻至肺部 X 线胸片阴影消退。

（3）硬金属肺病：因长期吸入钨、钛、钴等重金属而引起的呼吸系统疾病。该病是中国 2013 年新增法定职业病之一，在我国尚无硬金属肺病的诊断标准。

（4）有机粉尘引起的肺部病变：吸入棉、亚麻或大麻尘等可引起棉尘病；吸烟并吸入棉尘可引起非特异性慢性阻塞性肺病（chronic obstructive pulmonary diseases，COPD）；吸入带有霉菌孢子的植物性粉尘，如草料尘、粮谷尘、蔗渣尘等引起职业性变态反应肺泡炎（occupational allergic alveolitis），患者常在接触粉尘 4～8 小时后出现畏寒、发热、气促、干咳，第二天后症状自行消失。急性症状反复发作可以发展为慢性，并产生不可逆的肺组织纤维增生和 COPD；吸入聚氯乙烯、人造纤维粉尘可引起 COPD。

（5）呼吸系统肿瘤：吸入二氧化硅（结晶型，石英或方石英）、放射性物质、镍、铬酸盐等粉尘可引起肺癌；吸入石棉粉尘可引起肺癌和间皮瘤（mesothelioma）。

**2. 局部刺激**　粉尘侵入呼吸系统后，对呼吸道黏膜可产生局部刺激作用，引起鼻炎，气管炎和支气管炎；若粉尘侵入眼睛，可引起结膜炎、角膜混浊、眼睑水肿和急性角膜炎等症状；粉尘侵入皮肤后，可堵塞皮脂腺、汗腺、造成皮肤干燥，易受感染，引起毛囊炎、粉刺、皮炎等；粉尘进入外耳道混在皮脂中，可形成耳垢。

**3. 中毒**　可溶性有毒粉尘如铅、锰、砷等粉尘进入呼吸道后，能很快被吸收进入血液，引起全身中毒。

**4. 变态反应**　接触棉、大麻、对苯二胺等粉尘可致变态反应，出现支气管哮喘、湿疹等。

## 四、尘肺的诊断

### （一）诊断原则及方法

根据可靠的生产性矿物性粉尘接触史，以技术质量合格的 X 线高千伏或数字化摄影（DR）后前位胸片表现为主要依据，结合工作场所职业卫生学、尘肺流行病学调查资料和职业健康监护资料，参考临床表现和实验室检查，排除其他类似肺部疾病后，对照尘肺病诊断标准片，方可诊断。劳动者临床表现和实验室检查符合尘肺病的特征，没有证据否定其与接触粉尘之间必然联系的，应当诊断为尘肺病。按照《尘肺病诊断标准》（GBZ 70-2015）做出尘肺的诊断和分期。由职业病执业医师组成诊断组，参照《劳动能力鉴定-职工工伤与职业病致残等级》（GB/T 16180-2014），发给尘肺诊断证明书，患者凭诊断证明书可享受国家相应医疗和劳动保险待遇。对于生前有较长时间接尘职业史但未被诊断为尘肺的死者，根据本人遗愿或死后家属提出申请，进行尸体解剖。根据详细可靠的职业史、由具有尘肺病理诊断权的专业人员按照《尘肺病理诊断标准》（GBZ 25-2014）出具的尘肺病理诊断报告、死者历次 X 线胸片、病例摘要或死亡志及现场劳动卫生学资料，可做出诊断。该诊断可作为享受职业病待遇的依据。

### （二）X 线胸片分期标准

**1. 尘肺壹期**　有下列表现之一者：
（1）有总体密集度 1 级的小阴影，分布范围至少达到 2 个肺区。
（2）接触石棉粉尘，有总体密集度 1 级的小阴影，分布范围只有 1 个肺区，同时出现胸膜斑。
（3）接触石棉粉尘，小阴影总体密集度为 0，但至少有两个肺区小阴影密集度为 0/1，同时出现胸膜斑。

**2. 尘肺贰期**　有下列表现之一者：
（1）有总体密集度 2 级的小阴影，分布范围超过 4 个肺区。
（2）有总体密集度 3 级的小阴影，分布范围达到 4 个肺区。
（3）接触石棉粉尘，有总体密集度 1 级的小阴影，分布范围超过 4 个肺区，同时出现胸膜斑并已累及部分心缘或膈面。
（4）接触石棉粉尘，有总体密集度 2 级的小阴影，分布范围达到 4 个肺区，同时出现胸膜斑并已累及部分心缘或膈面。

**3. 尘肺叁期**　有下列表现之一者：
（1）有大阴影出现，其长径不小于 20 mm，短径大于 10 mm。
（2）有总体密集度 3 级的小阴影，分布范围超过 4 个肺区并有小阴影聚集。
（3）有总体密集度 3 级的小阴影，分布范围超过 4 个肺区并有大阴影。
（4）接触石棉粉尘，有总体密集度 3 级的小阴影，分布范围超过 4 个肺区，同时单个或两侧多个胸膜斑长度之和超过单侧胸壁长度的二分之一或累及心缘使其部分显示蓬乱（图 2-1）。

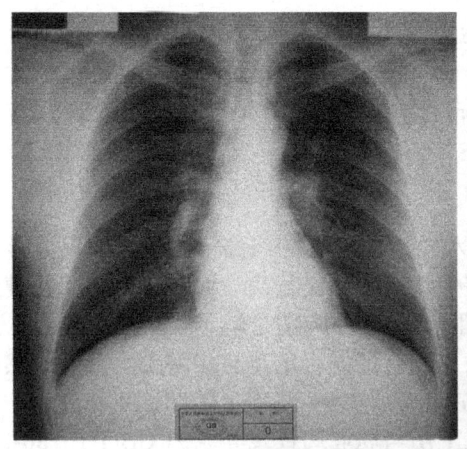
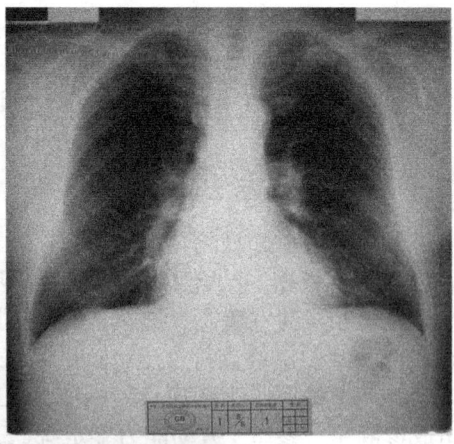
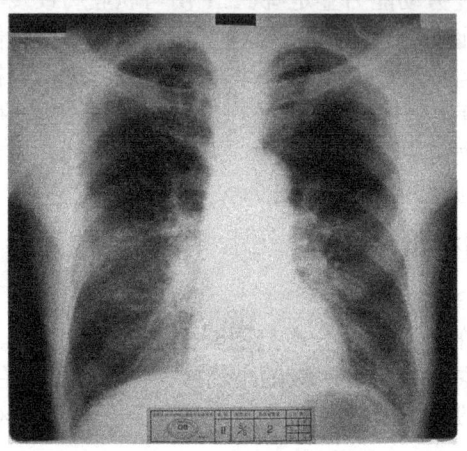

图 2-1 部分尘肺诊断标准片

### (三) 鉴别诊断

某些肺部病变在 X 线胸片上与尘肺很相似,诊断时应注意鉴别,如应将其与急性和亚急性血行播散型肺结核、浸润型肺结核、肺含铁血黄素沉着症、肺癌、特发性肺间质纤维化、变态反应性肺泡炎、肺真菌病、肺泡微石症等相鉴别。

## 五、尘肺的治疗与处理

尘肺是一种进行性疾病,一旦发生,便继续发展且不可逆转。因此,一经确诊,应根据病情的轻重程度积极采取相应的综合医疗保健措施。

### (一) 治疗

尘肺的治疗应采取综合措施,目的是提高病人的抗病能力,积极防治并发症,消除和改善症状,减轻病人痛苦,延长寿命。主要包括:①加强营养和合适的康复锻炼,预防呼吸道感染和并发症的发生。②针对症状及并发症处理。③药物治疗:目前,尚无根治矽肺的药物。我国学者多年研究的数种治疗矽肺药物,如克矽平(聚-2-乙烯吡啶氮氧化物,简称 P204)、柠檬酸铝、汉防己甲素、羟基哌喹、磷酸哌喹等,在动物实验中可看到抑制胶原纤维增生、保护肺泡巨噬细胞的作用,在临床试验中也观察到一定程度的减轻症状和延缓病情进展的疗效,但仍有待进一步的观察和评估。

## （二）职业病致残程度鉴定及患者安置原则

尘肺病人一旦确诊，应立即调离接尘作业，并根据患者全身状况，X线诊断分期及结合肺功能代偿功能等作劳动能力鉴定，同时根据《劳动能力鉴定-职工工伤与职业病致残等级》（GB/T 16180-2014）对患者进行安置处理。

**1. 职业病致残程度鉴定**　《劳动能力鉴定-职工工伤与职业病致残等级》（GB/T 16180-2014）将尘肺致残程度分为6级，由重到轻依次为：

（1）一级：凡符合下列条款之一者均为工伤一级。

1）肺功能重度损伤和呼吸困难Ⅳ级，需终生依赖机械通气。

2）尘肺叁期伴肺功能重度损伤及（或）重度低氧血症[$PO_2$<5.3kPa（40mmHg）]。

（2）二级：凡符合下列条款之一者均为工伤二级。

1）肺功能重度损伤及（或）重度低氧血症。

2）尘肺叁期伴肺功能中度损伤及（或）中度低氧血症。

3）尘肺贰期伴肺功能重度损伤及（或）重度低氧血症[$PO_2$<5.3kPa（40mmHg）]。

4）尘肺叁期伴活动性肺结核。

（3）三级：凡符合下列条款之一者均为工伤三级。

1）尘肺叁期；

2）尘肺贰期伴肺功能中度损伤及（或）中度低氧血症。

3）尘肺贰期伴活动性肺结核。

（4）四级：凡符合下列条款之一者均为工伤四级。

1）尘肺贰期。

2）尘肺壹期伴肺功能中度损伤及（或）中度低氧血症。

3）尘肺壹期伴活动性肺结核。

（5）六级：尘肺壹期伴肺功能轻度损伤及（或）轻度低氧血症。

（6）七级：尘肺壹期，肺功能正常。

**2. 患者安置原则**

（1）尘肺诊断一经确诊，不论期别，均应及时调离接尘作业。不能及时调离的，必须报告当地劳动、安全生产、卫生行政主管部门及工会，设法尽早调离。

（2）轻度伤残者（六级、七级），在调离接尘作业后，可安排在非接尘作业区从事劳动强度不大的工作。

（3）中度伤残者（四级），可安排在非接尘作业区做些力所能及的工作，或在医务工作者指导下进行康复活动。

（4）重度伤残者（一级、二级、三级），不担任任何工作，在医务工作者指导下进行康复活动。

# 六、生产性粉尘危害的预防控制措施

新中国成立以来，我国政府颁布了一系列旨在预防控制粉尘危害，保护工人健康的法令和条例。1956年5月国务院颁布了《关于防止厂矿企业中矽尘危害的决定》，发起了防止矽尘危害的运动；1958年卫生部和劳动部联合颁布了《矿山防止矽尘危害技术措施暂行办法》和《产生矽尘的厂矿企业防痨工作的暂行办法》；1987年国务院颁布了《中华人民共和国尘肺病防治条例》，条例对监督监测、健康管理，以及奖励和处罚做出了规定，对防尘工作起到了推进作用。2002年5月开始实施，2011年12月、2016年7月两次修订的《中华人民共和国职业病防治法》充分体现了预防为主和防治结合的方针，明确分清用人单位、劳动者和政府行政管理部门在职业病防治中的职责，为控制粉尘危害、防治尘肺病提供了明确的法律依据。

作业场所有害物质的卫生标准是法规类的重要技术规范，是评价作业场所劳动卫生条件、管理监督企业的重要依据。为了预防控制粉尘危害，我国相继颁布了相关劳动卫生标准。1963年正式颁布《工业企业设计卫生标准》（GBJ 1-1962），为我国正式颁布的第一个劳动卫生标准，其中包括矿物粉尘和有机粉尘共计11项。该标准经修订后于1979年再版（TJ 36-1979），标准中规定了9种粉尘的最高容许浓度（MAC）。卫生部颁布的《中华人民共和国职业卫生标准-工作场所有害职业接触限值》（GBZ 2.1-2007）规定了47种粉尘的接触限值。卫生部发布的《工作场所空气中粉尘测定 第1部分：总粉尘浓度》（GBZ/T 192.1-2007）、《工作场所空气中粉尘测定 第2部分：呼吸性粉尘浓度》（GBZ/T 192.2-2007）、《工作场所空气中粉尘测定 第3部分：粉尘分散度》（GBZ/T 192.3-2007）、《工作场所空气中粉尘测定 第4部分：游离二氧化硅含量》（GBZ/T 192.4-2007）于2007年起实施，《工作场所职业病危害作业分级 第1部分：生产性粉尘》（GBZ/T 229.1-2010）于2010年起实施。国家安全生产监督管理总局颁布的《工作场所空气中粉尘浓度快速检测方法—光散射法》（AQ/T 4268-2015）于2015年9月起实施。

我国在数十年的尘肺预防控制工作中将职业病防制措施中的法律措施、组织措施、技术措施和卫生保健四大措施具体化，总结归纳出尘肺综合性预防的"八字"方针，即"革、水、密、风、护、管、教、查"。

**1. 革** 即生产工艺、生产过程的技术革新、技术革命。通过工艺改革和生产技术革新来防止粉尘危害，是减少粉尘危害的根本措施。如生产实施自动化、机械化，劳动者在操作室内对生产设备进行监控，将粉尘密闭在生产设备内，使劳动者不接触粉尘。使用风力运输、负压吸砂等消除粉尘飞扬。

**2. 水** 即湿式作业。湿式作业为一种经济易行的防止粉尘飞扬的有效措施，粉尘湿润后就不易向空气中飞扬，如石英磨粉或耐火材料研磨时，采用水磨代替干磨，能有效地清除矽尘飞扬；矿井采用喷雾洒水和湿式凿岩（水电钻）等，可降低环境粉尘浓度，减少粉尘危害。

**3. 密** 密闭尘源。把粉尘密闭在自动化生产的设备内，防止尘粒逸出，避免劳动者接触。密闭尘源与机械化、自动化设备联合使用，效果较好。

**4. 风** 即通风除尘。通风是降低工作场所粉尘浓度最常采用的措施，包括自然通风和机械通风。局部机械通风是指在产尘岗位安装机械排风或送风系统，将工作岗位的含有高浓度粉尘的空气排出，避免其对相邻工作岗位的影响，降低产尘岗位粉尘浓度。全面机械通风是指通过送风与排风系统将新鲜空气输入，排除工作场所污染空气，保证车间或矿井内良好的空气环境。对通过通风除尘排除的含尘空气，不能直接排入大气中，需经除尘设备除尘。

**5. 护** 个人防护。佩带防尘口罩为重要的辅助防护措施。防尘口罩要求滤尘率和透气率高，质轻，易于清洗。包括各种特制防尘口罩及一次性防尘口罩，防护服，防护头盔等。此外，应加强锻炼，增强体质，注意个人卫生。

**6. 管** 包括用人单位自身的防尘管理和职业卫生监督管理部门的监督管理。职业卫生管理制度的建立和执行对于防尘工作至关重要。严格执行《中华人民共和国职业病防治法》及其相关的法律、法规、标准、规范，各部门各司其职，做到有法必依、执法必严、违法必究。用人单位要制定并执行职业卫生十三项管理制度。

**7. 教** 即宣传教育。积极利用各种媒体宣传国家政策及普及防尘知识的教育，使工人了解粉尘的危害性，积极宣传预防尘肺的重要性以及相应的预防方法。保证接尘劳动者和职业卫生管理人员接受每年不少于8学时的职业卫生健康教育。用人单位履行告知义务，保证劳动者对职业危害的知情权。

**8. 查** 即查尘和查体，及时检查、评价和总结。

（1）查体：包括就业前体检、定期体检、离岗时体检和离岗后体检。就业前体检属于一级预防，其目的是发现就业禁忌证，包括活动性肺结核病，慢性阻塞性肺病，慢性间质性肺病，伴肺功能损害的疾病。《职业健康监护技术规范》（GBZ 188-2014）规定的体检周期为：①生产性粉尘作业分级 I 级, 2 年 1 次; 生产性粉尘作业分级 II 级及以上, 1 年 1 次; ②X 线胸片表现为观察对象者健康检查每年 1 次, 连续观察 5 年; ③矽肺患者原则每年检查 1 次, 或根据病情随时检查。离岗后接触矽尘工龄在 10 年 (含 10 年) 以下者, 随访 10 年, 接触矽尘工龄超过 10 年者, 随访 21 年, 随访周期原则为每 3 年 1 次。若接触矽尘工龄在 5 年 (含 5 年) 以下者, 且接尘浓度达到国家卫生标准可以不随访。

(2) 查尘: 定期测定生产环境空气中粉尘的浓度, 及时发现超标的岗位和工种, 以便采取有效措施, 控制粉尘浓度在职业接触限值以下。用人单位应该每月检测产尘岗位粉尘浓度, 并建立台账; 每年委托有资质的职业卫生检测服务机构进行检测 1 次; 每 3 年进行职业病危害现状评价 1 次。

> **案例 2-1 解析**
> 
> 生产性粉尘的来源非常广泛, 包括固体物质的破碎或机械加工, 可燃性物质的不完全燃烧, 某些物质加热时产生的蒸气在空气中冷凝或氧化, 粉末状物质如水泥的混合、过滤、包装、搬运等。如采矿、冶金、机械、建材、化学工业、农产品加工等的生产过程中可产生大量的粉尘。
> 
> 粉尘对人体的危害主要以呼吸系统为主, 包括尘肺病、粉尘沉着症、硬金属肺病、有机粉尘引起的肺部病变 (非特异性慢性阻塞性肺病、职业性变态反应肺泡炎)、呼吸系统肿瘤、局部刺激、中毒、变态反应等。
> 
> 综合运用尘肺综合性预防的"八字"方针, 即"革、水、密、风、护、管、教、查"。

## 第二节 游离 $SiO_2$ 粉尘与矽肺

游离二氧化硅在自然界中分布广泛, 是地壳的主要成分, 约 95% 的矿石中含有游离二氧化硅, 如水晶、石英中游离二氧化硅含量可达 99%, 故通常以石英代表游离二氧化硅。游离二氧化硅按晶体结构分为结晶型、隐晶型和无定型三种。结晶型 $SiO_2$ 的硅氧四面体排列规则, 如石英、磷石英, 存在于石英石、花岗石或夹杂于其他矿物内的硅石; 隐晶型 $SiO_2$ 的硅氧四面体排列不规则, 主要有玉髓、玛瑙、火石和石英玻璃; 无定型 $SiO_2$ 主要存在于硅藻土、硅胶和石英熔炼产生的二氧化硅蒸气和在空气中凝结的气溶胶中。

矽肺 (silicosis) 是由于生产过程中长期吸入含游离二氧化硅较高的粉尘所致的以肺组织纤维化为主的疾病。矽肺病例约占尘肺总病例的一半, 是尘肺中危害最严重的一种, 一旦发生, 即使脱离接触仍可缓慢进展, 迄今无有效的治疗方法, 给患者造成极大的经济负担和精神压力。随着我国经济的迅速发展, 矽尘作业分布面广, 接触人数多, 而不少企业设备简陋、劳动条件差, 不能有效地把粉尘浓度控制在职业接触限值以下, 致使新的矽肺病例不断发生。

### 一、游离二氧化硅粉尘的接触机会

接触含有 10% 以上游离二氧化硅的粉尘作业, 称为矽尘作业。常见的矽尘作业, 如矿山采掘时使用风钻凿岩或爆破、选矿等; 开山筑路、修建水利工程及开凿隧道等; 在工厂, 如玻璃厂、石英粉厂、耐火材料厂等生产过程中矿石原料破碎、碾磨、筛选、配料等作业; 机械制造业中铸造车间的砂型粉碎、调制、铸件开箱、清砂及喷砂等作业。

### 二、影响矽肺发病的主要因素

矽肺发病主要与环境空气中粉尘的浓度、粉尘中游离二氧化硅含量、粉尘分散度、接尘时间及接触者个体因素等有关。

**1. 环境空气中粉尘的浓度与接触时间**　环境空气中粉尘浓度越大，造成的危害越大。一般接触较高浓度矽尘 5~10 年发病，接触较低浓度游离二氧化硅粉尘多在 15~20 年后才发病。若持续吸入高浓度、高游离二氧化硅含量的粉尘，经 1~2 年，最短 6 个月即发病，称为"速发型矽肺"（acute silicosis）。另有部分病例，接触高浓度的粉尘时间不长即脱离矽尘作业，此时 X 线胸片未见明显异常，然而在脱离接尘作业若干年后出现矽结节，并诊断为矽肺，为"晚发型矽肺"（delayed silicosis）。

国外一般根据接尘时间和接触游离二氧化硅浓度将矽肺分为三型：①普通型矽肺（classic silicosis）：接触一定浓度的游离二氧化硅粉尘，接尘 20 年以上发病。②激进型矽肺（accelerated silicosis）：接触较高浓度的游离二氧化硅粉尘，接尘 5~10 年发病。③速发型矽肺（acute silicosis）：接触极高浓度的游离二氧化硅粉尘，在很短时间甚至一年内发病，常导致死亡。此型中矽肺的病理改变以肺泡矽性蛋白沉积为主。

**2. 游离二氧化硅含量**　粉尘中游离二氧化硅含量越高，发病时间越短，病情越严重。

**3. 粉尘分散度**　粒径小的粉尘所占的比例愈大，则分散度愈大，在空气中飘浮的时间愈长，被人体吸入的机会就愈多，越易发生矽肺。

**4. 个体因素**　个体的年龄、健康水平、卫生习惯、营养状况、易感性以及抗病能力等亦是矽肺发病的重要因素。

此外，肺内粉尘蓄积量、作业场所的防尘措施及个人防护措施、粉尘的联合作用等因素也能影响矽肺的发生发展及病变程度。

## 三、矽肺的发病机制

矽肺发病机制的探讨不仅对矽肺的早期诊断，而且对其治疗和预防均有十分重要的意义。

矽肺发病机制的研究从最初的机械刺激学说发展到后来的化学溶解学说、硅酸聚合学说、免疫学说等。目前普遍认为 $SiO_2$ 尘粒表面附有的硅烷醇基团（活性基团，活性部位为羟基—OH）与肺泡巨噬细胞、多核白细胞等构成氢键，产生氢的交换和电子交换，造成细胞膜的通透性改变；石英直接损害巨噬细胞膜，改变细胞膜通透性，促使细胞外钙离子内流，使细胞内钙离子浓度升高，造成巨噬细胞损伤及功能改变；石英在粉碎过程中产生自由基，参与生物膜脂质过氧化反应，引起膜损伤；巨噬细胞受损后释放白细胞介素 1（IL-1）、肿瘤坏死因子（TNF）、转化生长因子β（TGF-β）等各种细胞因子，这些因子参与刺激成纤维细胞增生或网织纤维及胶原纤维的合成；巨噬细胞受损后释放脂蛋白等，可成为自身抗原，刺激产生抗体，形成抗原-抗体复合物沉积在胶原纤维上发生透明变性；肺泡 I 型上皮细胞在矽尘作用下，发生变性肿胀、脱落，当肺泡 II 型上皮细胞不能及时修复时，基膜受损，间质暴露激活成纤维细胞增生（图 2-2）。

矽肺发病机制是一个复杂的过程，与二氧化硅本身的理化特性、巨噬细胞的坏死作用及机体本身的免疫反应作用有关。在整个发病过程中，矽尘与肺泡巨噬细胞之间的相互作用是矽肺发病的关键，矽尘破坏巨噬细胞次级溶酶体膜是矽肺发病的起点，而巨噬细胞释放的多种因子则是形成矽肺的必要条件。

## 四、矽肺的病理改变

矽肺的基本病理改变是肺组织弥漫性纤维化和矽结节形成，其中矽结节是矽肺的特征性改变。粉尘游离二氧化硅浓度较高时，以矽结节形成为主，即肺部的结节型纤维化。

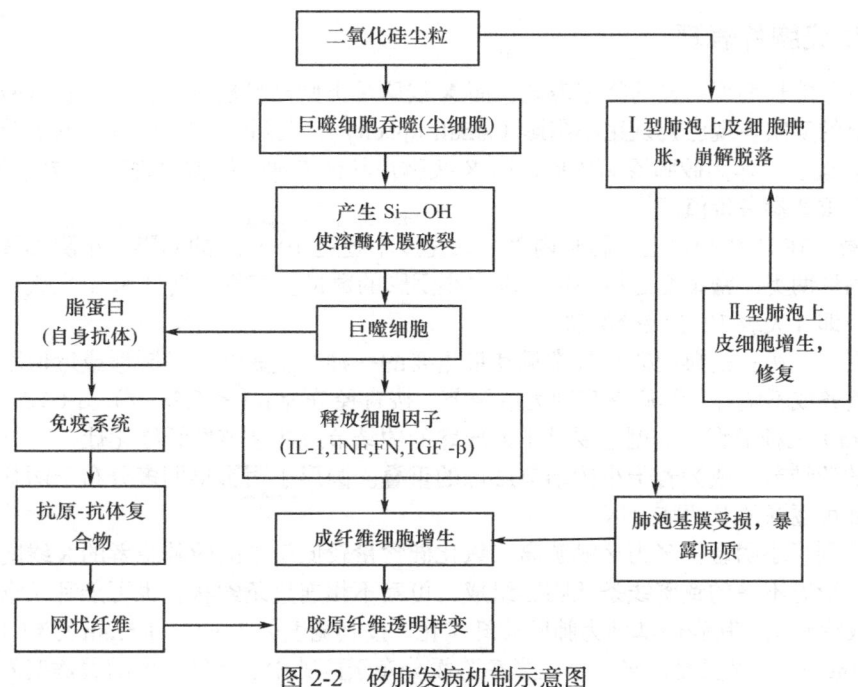

图 2-2 矽肺发病机制示意图

**1. 肉眼观察** 肺呈深灰褐色，质地硬如橡皮，弹性降低，切面可见大小不等的结节，有砂粒感；晚期许多结节可融合成团块，切面上可见米粒至绿豆大小的灰白带黑色结节轮廓，似花岗岩或大理石，若合并结核，则可于融合灶内或结节之间见到干酪样坏死及形成的大小不等的空洞。

**2. 显微镜检查** 典型的矽结节为圆形或椭圆形，由胶原纤维构成，呈同心圆层状排列，并逐渐发生透明性变，类似洋葱切面。矽结节周围和纤维之间，可见数量不等的粉尘颗粒、尘细胞和成纤维细胞，结节愈成熟，细胞成分愈少。结节中央或偏侧常可见一小血管，血管内膜增厚，管腔狭窄甚至闭塞。

矽结节首先在肺门淋巴结内形成，逐渐在肺小叶间隔、肺泡周围和胸膜上出现；病变进一步发展，矽结节不断增大和间质纤维性变，使数个矽结节逐渐连接在一起，最后密集融合而成肿瘤样团块。

长期吸入低含量游离二氧化硅，或游离二氧化硅含量虽高但累计接尘总量较少的病例，则以肺间质弥漫性纤维化为主，主要在肺泡、肺小叶间隔及小血管和呼吸性细支气管周围，纤维组织呈弥漫性增生，相互连接呈放射状，肺泡容积缩小，偶有大块纤维化形成。

# 五、矽肺的临床表现

## （一）症状和体征

肺具有很强的代偿功能，即使 X 线胸片已呈现典型矽肺影像，患者也可长时间无明显症状。早期患者多数无明显的阳性体征，少数病人两肺可听到呼吸音粗糙、减弱或干啰音；支气管痉挛时可听及哮鸣音，合并感染可有湿啰音。随病情进展，或有合并症时，出现气短、胸闷、胸痛、咳嗽、咳痰等症状，但症状的多少和严重程度与 X 线胸片表现的严重程度可能并不平行。

## （二）X 线胸片表现

矽肺患者可能长期无明显的临床表现，而 X 线胸片上则已呈现典型改变，它是矽肺病理改变在 X 线胸片上的反映。现已公认用小阴影（small opacity）、大阴影（large opacity）等术语来描述矽肺 X 线胸片改变，作为矽肺诊断依据，而 X 线胸片其他表现，如肺门改变、肺气肿、肺纹理和胸膜改变等有重要参考价值。

**1. 小阴影** 在 X 线胸片上，肺野内直径或宽度不超过 10 mm 的阴影。小阴影按其形态分为圆形和不规则形两类。密集度是指一定范围内小阴影的数量。密集度划分为 4 大级，每大级再划分为 3 小级，即 4 大级 12 小级分类法。

（1）圆形小阴影：是典型矽肺最常见和最重要的一种 X 线影像，呈圆形或近似圆形，散在、孤立、边缘整齐或不整齐，其病理基础为矽结节。按直径分为 p（＜1.5mm）、q（1.5～3.0mm）和 r（3.0～10mm）三种类型。p 型主要是不太成熟的矽结节或非结节性纤维化灶，q、r 型则是成熟或比较成熟的矽结节，或为若干小矽结节影像的重叠。圆形小阴影早期多分布于两肺中下肺区，随着病变发展可逐渐波及两肺上区。

（2）不规则形小阴影：多为接触游离二氧化硅含量较低粉尘的矽肺患者的 X 线胸片影像，由粗细、长短、形态不一的致密线条状阴影组成，可互不相连呈条索状，也可杂乱无章地交织在一起，呈网状或蜂窝状。其病理基础为肺间质纤维化。按其宽度分为 s（＜1.5mm）、t（1.5～3.0mm）和 u（3.0～10mm）三种类型。早期小阴影多弥漫分布于两肺中、下区，可随着病变发展而逐渐波及两肺上区。

**2. 大阴影** 在 X 线胸片上，肺野内直径或宽度大于 10mm 的阴影。是晚期矽肺的特征性 X 线表现，呈长条形、圆形、椭圆形或不规则形，可由圆形小阴影或不规则形小阴影增多、增粗、集结、重叠而成。其病理基础是团块状纤维化。大阴影常见于两肺上区的外带，典型大阴影在两肺对称呈"八"字，不典型者单侧可见。大阴影周围一般伴有肺气肿带的 X 线表现。

**3. 肺纹理及肺门改变** 肺纹理改变出现较早，但并非特异性改变。表现为肺纹理增多、增粗、扭曲、变形或交叉形成网状。早期肺门增大，密度增加，边缘模糊不清，部分肺门淋巴结增大，甚至钙化，有时在淋巴结包膜下因钙质沉着而呈"蛋壳样钙化"。晚期矽肺时，因肺组织的大量纤维化和团块形成，牵引肺门上举外移，肺纹理减少或消失，仅见肺门较粗大的血管、支气管而呈"残根"样改变。

**4. 胸膜改变** 胸膜黏连增厚，最早出现在肺底，肋膈角变钝或消失，晚期膈面粗糙，由于肺部纤维组织收缩和膈胸膜黏连，呈现出"天幕状"阴影。

**5. 肺气肿** 多数为弥漫性肺气肿，部分为局限性、边缘性、灶周性肺气肿及泡性肺气肿，严重者可见肺大泡，若靠近胸膜，剧烈咳嗽可导致自发性气胸。

## （三）呼吸功能改变

早期矽肺，由于病变轻微，对呼吸功能影响不大，肺功能常无明显改变；随着病变进展，肺组织纤维增多，肺泡弹性下降，肺功能显示肺活量和肺总量减低，病变发展至弥漫性结节纤维化和并发肺气肿时，肺活量进一步降低，当肺泡大量损害和肺泡毛细血管壁因纤维化而增厚时，可引起肺弥散功能障碍。

## （四）并发症

矽肺病人的主要并发症有肺结核、肺及支气管感染、自发性气胸及肺心病等，其中最常见和危害最大的并发症是肺结核。矽肺一旦合并结核，可加速矽肺病情恶化，且结核难以控制。矽肺合并结核是患者死亡的常见原因。

## 第三节　硅酸盐粉尘与硅酸盐尘肺

**案例 2-2**
　　某职业健康体检医疗机构对某市绝缘材料厂云母车间 310 名工人进行体检，发现观察对象 22 例，云母尘肺壹期 2 例。临床症状以咳嗽、气短、胸痛为主。X 线所见肺门改变不明显，肺纹理早期增多增粗、走行紊乱，粗、细网状阴影并存。以上改变以中下肺野为主，呈毛玻璃样外观。中下肺野尚广泛分布大量结节，结节呈针尖样圆形和不规则形，边缘模糊、密度中等。
**问题：**
　　云母尘肺的病理改变与临床表现同矽肺、石棉肺、滑石肺有何异同？

　　硅酸盐是由二氧化硅、金属氧化物和水组成的矿物质，按其来源可分为天然硅酸盐和人造硅酸盐两类。天然硅酸盐广泛存在于自然界中，由二氧化硅与钾、铝、铁、镁、钙等元素以不同形式结合而成（如石棉、滑石、云母、长石、陶土等）。人造硅酸盐是由石英与钙、镁、铝及其他碱类经焙烧化合而成（如水泥、陶瓷、玻璃纤维及其他各种硅酸盐人工合成材料等）。硅酸盐有纤维状和非纤维状之分。石棉、滑石等属于纤维状硅酸盐，云母、水泥和高岭土属于非纤维状硅酸盐。一般认为，纤维是指纵横径之比大于 3∶1 的粉尘。

## 一、硅酸盐尘肺的特点

　　硅酸盐粉尘多数可致尘肺，在生产环境中因长期吸入硅酸盐粉尘所引起的尘肺统称为硅酸盐尘肺。我国现行法定《职业病分类和目录》中列有石棉肺、滑石尘肺、云母尘肺和水泥尘肺、陶工尘肺 5 种。近年有报道，人造硅酸盐（如玻璃纤维、硅酸盐钙、硅酸纤维等）大量吸入肺内，也可引起相应病变。目前研究较多的主要有石棉肺、滑石尘肺、云母尘肺、水泥尘肺和陶工尘肺等。其中，石棉肺最常见且危害最严重。石棉除了可引发石棉肺外，尚可导致肺癌和恶性间皮瘤，同时污染大气、水源和土壤，已成为举世瞩目的公害之一。
　　硅酸盐尘肺具有以下共同的特点：
　　**1. 病理改变**　主要表现为弥漫性肺间质纤维化，组织切片中可见含铁小体（如石棉小体、滑石小体等）。
　　**2. 胸部 X 线表现**　以不规则小阴影为主，呈网状扩展。
　　**3. 自觉症状和体征**　一般较为明显，肺功能改变出现较早，早期为气道阻塞和进行性肺容量降低；晚期出现胸膜黏连、胸痛以及气体交换功能障碍。
　　**4. 并发症**　气管炎、肺部感染、胸膜炎等并发症较多见，但肺结核合并率低于矽肺。

## 二、石　棉　肺

　　石棉肺（asbestosis）是生产过程中长期吸入大量石棉粉尘而引起的以肺组织纤维化为主的疾病。长期吸入石棉粉尘可导致石棉肺、肺癌及间皮瘤的发生。

### （一）石棉的种类及理化特性

　　石棉为两类硅酸盐矿物（蛇纹石类和闪石类）的总称，是一种具有纤维结晶状结构的物质，由镁和少量铁、铝、钙、钠等金属氧化物和结合型二氧化硅组成的矿物。蛇纹石类主要有温石棉，银白色片状结构，并卷成中空的管状纤维丝，柔软可弯曲，具有可织性。使用量占全世界石棉产量的95%以上，主要产于加拿大、俄罗斯和中国。闪石类为硅酸盐链结构，共有6种（青石棉、铁石棉、直闪石、透闪石、阳起石、角闪石），质硬而脆。其中以青石棉和铁石棉的开采和使用量为大，主要产于南非、澳大利亚和芬兰等国。近年发现非纤维型的石棉如叶蛇纹石、钠闪石、铁镁闪石，还有些石棉尚未知其结构和组成。

石棉为纤维性和多丝状结构，其长短、粗细随品种而异，其直径大小依次为直闪石＞铁石棉＞温石棉＞青石棉。不同类型的石棉在不同的温度下可分解碎裂。闪石类石棉纤维为硅酸盐的链状结构，质硬而脆。其中，青石棉的粒径最小，易沉积于肺组织，穿透力强，致癌性最强。石棉已成为国际公认的致癌物。2004年全球东京会议上发出宣言，呼吁全球、全社会动员起来消除石棉危害。禁止对石棉的采掘、使用、贸易和再利用等。我国先后采取关闭、淘汰手工生产或工艺落后的石棉制品生产企业和小石棉矿山，禁止使用青石棉为原料生产建筑材料制品如石棉瓦等，以清除石棉的危害。

### （二）石棉的接触机会

石棉具有耐酸碱、耐热、隔热、保温、坚固、耐拉、绝缘等良好的物理性能和工艺性能，因此在工业上用途很广（3000种以上）。接触石棉纤维机会最多的是石棉加工和处理以及石棉矿开采、选矿和运输等。在石棉加工厂的开包、轧棉、梳棉和织布，造船厂的修造和运输，建筑业的石棉器材制造、废石棉的再生产；石棉制品的粉碎、切割、磨光及钻孔等生产过程均可产生大量的石棉粉尘。此外，在应用石棉制品的行业也有接触石棉粉尘的可能。

### （三）石棉粉尘在体内的过程

石棉纤维粉尘进入呼吸道后，多通过截留方式沉积，较长的纤维易在支气管分叉处截留，直径小于3μm的纤维易进入肺泡。进入肺泡的石棉纤维大多数被巨噬细胞吞噬，＜5μm的纤维可被完全吞噬，较长的石棉纤维只能部分吞噬或由几个巨噬细胞共同吞噬。吞噬后大部分由黏液纤毛系统排出，部分由淋巴系统廓清或仍滞留于肺内，还有部分可穿过肺组织到达胸膜。

### （四）影响石棉肺发病的主要因素

石棉种类、石棉纤维长度、石棉纤维尘浓度、接触石棉时间以及接触者个体差异等均可影响石棉肺的发病。较柔软而易弯曲的温石棉易被阻留于细支气管上部气道并清除，直而硬的闪石类纤维，如青石棉和铁石棉纤维可穿透肺组织并到达胸膜，导致胸膜疾患。粉尘中含石棉纤维量越高，接触时间越长，吸入肺内纤维越多，发生石棉肺的可能性越大，即使脱离粉尘作业后仍可发生石棉肺。此外，接触者个体差异以及生活习惯等也可影响石棉肺的发病。

### （五）石棉肺的发病机制与病理改变

**1. 发病机制**　石棉肺发病机制目前尚不清楚，主要有机械刺激学说和细胞毒性学说。近年来研究认为自由基氧化损伤和自身免疫反应也参与了石棉肺纤维化过程，石棉肺可能是多种因素协同作用的结果，其发病机制远比游离二氧化硅引起的矽肺更复杂。

（1）机械刺激学说：石棉的纤维性和多丝状结构是区别于其他粉尘的最大特点，也是石棉纤维容易以截留方式沉积于呼吸细支气管而引起原发病损的主要原因。进入细支气管和肺泡的石棉纤维可被巨噬细胞吞噬。其中长纤维（＞30μm）被吞噬后，可使尘细胞死亡破裂，释放出被吞噬的石棉纤维，而再次被吞噬。这种过程反复发生，最终导致弥漫性间质纤维化，在壁层胸膜可出现不含细胞的胶原性结缔组织的胸膜斑。短纤维（＜5μm）石棉则因其具有更强的穿透力而大量进入肺深部，甚至聚集于胸膜，因此不仅可致弥漫性纤维化，还可引起严重的胸膜病变（胸膜斑、胸膜积液、间皮瘤）。肺门淋巴结病变不明显。温石棉柔软，易在上呼吸道阻留，所致纤维化较轻。

石棉还可直接刺激成纤维细胞，促使脯氨酸羟化为羟脯氨酸，加速胶原合成，形成纤维化。

（2）细胞毒性学说：研究表明，石棉对巨噬细胞生物膜的作用可能是石棉纤维化的重要机制。温石棉纤维在体内比青石棉、铁石棉更易溶解，其表面上镁离子和正电荷作用于靶细胞（肺泡巨噬细胞、多核白细胞等）膜上的糖蛋白（唾液酸基团），使生物膜功能失调，通透性增高，流动性减低，细胞肿胀崩解释放出多种细胞因子，一旦调控失去平衡，便可导致肺组织纤维化病变。

此外，石棉还可诱导刺激肺泡巨噬细胞产生活性氧、活性氮等自由基，造成染色体 DNA 和细胞膜的氧化损伤，导致整个肺泡结构破坏，造成不可逆性纤维化；石棉肺患者血清中 IgM、IgG、抗核抗体和类风湿因子含量较高，肺内有异常球蛋白沉积，因而推测纤维化的形成可能是巨噬细胞崩解，形成变性蛋白，引起自身免疫反应的结果。

**2. 病理变化**　石棉肺的病变特点是肺间质弥漫性纤维化，其中可见石棉小体以及脏层胸膜肥厚和在壁层胸膜形成胸膜斑。由于吸入肺内的石棉纤维易随气流沿支气管长轴进入肺下叶，故肺病变以两肺下部为重，不同于矽肺病变以两肺中部为重的特点。

石棉肺肉眼观察可见肺缩小、变硬，早期病变主要发生于两肺下部。由于细支气管周围、肺泡壁及小叶间隔内纤维组织增生，双肺切面出现灰黑白色弥漫性纤维化索条和网架，此为石棉肺的典型特征。晚期，肺间质纤维化更广泛而明显，肺组织陷于弥漫性纤维化。两肺显著缩小、变硬，常因伴有明显的肺气肿和支气管扩张，切面呈现典型的弥漫性纤维化并出现蜂窝状改变。镜下观察，病变初期可见呼吸性细支气管及其邻近部位有大量中性粒细胞渗出，伴有浆液进入肺泡腔内，基膜肿胀或裸露，上皮细胞脱落。病变过渡到修复和纤维化阶段后，肺泡腔内巨噬细胞大量集结，与成纤维细胞共同形成肉芽肿，逐渐产生网状纤维和胶原纤维，导致呼吸性细支气管肺泡结构破坏。当病变进展至中期时，纤维化纵深扩延超出小叶范围，致使小叶间隔和胸膜以及血管支气管周围形成纤维肥厚或索条，相邻病灶融合成网架。疾病晚期，胸膜下区广泛严重纤维化伴蜂窝状改变。

石棉小体（asbestoic body）是一种金黄色节段状小体，呈哑铃状或蝌蚪状，长 15～150μm，宽 1～5μm，铁反应阳性（图 2-3）。在弥漫性纤维化的肺组织中查见石棉小体是病理诊断石棉肺的重要依据。

胸膜在石棉作用下可出现胸膜增厚、胸膜渗出和胸膜斑。胸膜增厚以下叶胸膜为主，早期两肺胸膜轻度增厚，晚期肺与胸膜的纤维性增厚更广泛，甚至全肺均为灰白色的纤维瘢痕组织包裹。胸膜斑（plaque）是指在 X 线胸片上，肺野内除肺尖部和肋膈角区以外出现的厚度大于 5

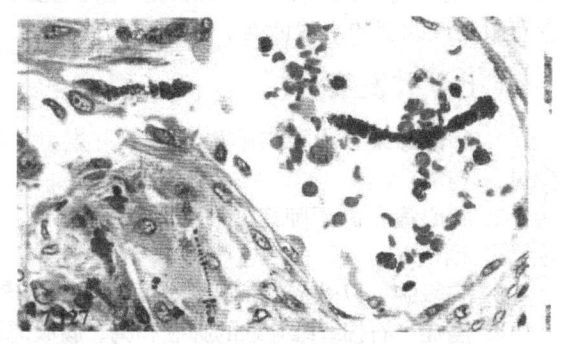

图 2-3　石棉肺
石棉小体呈黄褐色，长形，分节状，哑铃状

mm 的局限性胸膜增厚，或局限性钙化胸膜斑块。一般由于长期接触石棉粉尘而引起。胸膜斑境界清楚，凸出于胸壁，质地坚硬，呈灰白色、半透明而有光泽，状似软骨。胸膜斑常常位于两侧中、下胸壁，呈对称性分布。它是有石棉接触史病人最常见的表现，可作为石棉接触的一种标志。一般没有临床症状或功能损害，常在接触史超过 20 年时，普通胸片检查才能发现。胸膜斑也可以是接触石棉的非石棉肺患者的唯一病变。

### （六）石棉肺的临床表现与诊断

**1. 症状和体征**　自觉症状出现较矽肺早。主要症状有咳嗽和呼吸困难。咳嗽一般为阵发性干咳，有少量黏性痰，难于咳出。发病初期，呼吸困难仅在体力活动时出现，随着病情发展逐渐趋于明显，晚期患者在休息时也可有气急、胸闷。石棉肺若累及胸膜，即有胸痛。若出现持续性胸痛则应考虑并发肺癌或恶性胸膜间皮瘤。吸气时听到双下肺区捻发音，此为石棉肺特征性体征，随病情加重可在肺中区甚至肺上区闻及，并由细小声变为粗糙声。晚期病人或严重病例出现呼吸明显困难、发绀、杵状指以及肺源性心脏病等临床表现。

**2. 肺功能改变**  我国将肺功能作为职业性肺病所致伤残鉴定的指标。主要测定指标有：肺活量（VC）、用力肺活量（FVC）、第一秒用力呼气容积（FEV1）、最大通气量（MVV）、残气量（RV）和肺一氧化碳弥散量（DLCO）。石棉肺病人肺功能改变往往早于X线胸片表现。随着肺组织广泛纤维增生和胸膜增厚，限制肺脏扩张，引起限制性通气功能障碍，导致VC和FVC逐渐降低，RV正常或略升高，FEV1/FVC可不受影响。VC下降是石棉肺肺功能损害的特征，DLCO下降也是早期石棉肺肺功能损害的表现之一。对患者追踪观察可发现VC、FVC明显下降，而FEV1/FVC无变化，预示肺纤维化进行性加重。

**3. X线胸片表现**  主要表现为不规则小阴影和胸膜变化。不规则小阴影是石棉肺X线表现的特征，也是我国石棉肺诊断的主要依据。早期多在两肺下区近肋膈角出现密集度较低的不规则小阴影，随病情的发展，小阴影逐渐增粗、增多，呈网状并逐渐向上扩展，但很少到达肺上区。石棉肺患者X线胸片上有时可见散在的类圆形小阴影，在开采石棉矿的矿工中常见，与矿石中混有游离二氧化硅有关。

胸膜改变主要包括胸膜增厚、胸膜斑和胸膜斑钙化。石棉肺患者X线胸片上可见弥漫性胸膜增厚、黏连。胸膜斑多见于下侧胸壁6~10肋间，因而45°斜位摄片时更易观察，也可发生于膈胸膜和心包膜。胸膜斑是我国石棉肺诊断分期的指标之一，弥漫性胸膜增厚呈不规则形阴影，有时也可见片状、条状或点状密度增高的胸膜斑钙化影。若纵隔胸膜增厚并与心包膜和肺组织纤维化交错重叠，致使心缘轮廓不清，形成"蓬发状心"影像，此为石棉肺叁期的重要诊断依据之一。

**4. 诊断与鉴别诊断**  石棉肺参考《尘肺病诊断标准》（GBZ 70-2015）进行诊断和分期，其依据和矽肺相似，包括职业史、粉尘接触史和临床表现等。对有较长石棉接触史（一般职业工龄在10年以上）的工人，如有典型双侧下肺区捻发音（多在吸气末出现），根据肺功能动态观察（至少有限制性改变的某些证据）和X线胸片改变，可考虑石棉肺诊断。

### （七）并发症

**1. 肺部感染**  为石棉肺患者主要并发症，特别在中、晚期可使纤维化加重。合并肺结核者少见。

**2. 肺心病**  由于肺弥漫性纤维化和肺气肿导致肺心病。如合并感染可引起心肺功能衰竭而致患者死亡。

**3. 肺气肿**  以灶周性或代偿性和小叶性肺气肿为主。

**4. 癌症**  石棉纤维导致的肺癌和胸、腹膜恶性间皮瘤发病率远高于一般人群和其他尘肺患者。

### （八）石棉肺的治疗与预防

目前尚无治疗石棉肺的有效方法，主要采用对症治疗、加强营养、增强机体抵抗力、积极治疗并发症等。其处理原则同矽肺。从源头上消除石棉粉尘的危害，是预防石棉肺的关键。一些发达国家已禁止或尽量控制使用石棉，并力求寻找和选用石棉代用品，如岩棉和玻璃棉。

## 三、其他硅酸盐尘肺

### （一）滑石尘肺

滑石尘肺（talc pneumoconiosis）是长期吸入滑石粉尘引起的慢性肺组织纤维增生为主要损害的疾病。

**1. 滑石粉尘的理化性质与接触机会**  滑石是一种次生矿物，由含镁的硅酸盐或碳酸盐蚀变而成。滑石通常为结晶型，呈颗粒状、纤维状、片状及块状等多种形态。根据性状不同，可分为纤维状滑石和颗粒状滑石，其中纤维状滑石中常含有少量石棉类杂质。纯滑石为白色，不溶水，具有化学性质稳定、耐热、耐酸碱、润滑性、绝缘性及强吸附性等性能。

滑石开采、加工、储存、运输和使用的工人可接触大量滑石粉尘。滑石的工业应用极为广泛，主要应用于橡胶、建筑、纺织、造纸、涂料、陶瓷、雕刻、绝缘材料、医药及化妆品生产等，日常生活接触的机会也较多。

**2. 病理改变** 滑石尘肺患者尸检在肺实质内可见结节型、弥漫性肺间质纤维化和异物肉芽肿三种基本病理改变。这三种病变可单独出现或以不同组合形式存在，取决于所接触滑石粉尘的成分。部分病例可找到滑石颗粒，胸膜改变亦常见。

**3. 临床表现** 滑石尘肺病程长、进展缓慢，发病工龄一般在10年以上。早期无明显症状，随着病情的发展，部分患者可出现咳嗽、咳痰、胸痛、气急等症状。有的异物肉芽肿病例，可出现进行性呼吸困难。早期亦无异常体征，当结节型病例出现融合块时，胸腔扩张度受限，局部呼吸音减弱。弥漫性肺间质纤维化病例可随病情进展伴有不同程度的支气管炎和肺气肿征象。晚期病例可并发呼吸道感染、肺心病、肺结核等。滑石尘肺患者X线表现因病变类型不同，可有不规则的s型、t型小阴影，也可有p型、q型圆形小阴影，晚期可见大阴影出现。在胸壁、膈肌可见滑石斑影。

滑石尘肺根据详细可靠的职业接触史、X线表现和其他临床表现，按照《尘肺病诊断标准》（GBZ70-2015）即可做出诊断。

## （二）云母尘肺

云母尘肺（mica pneumoconiosis）是长期吸入云母粉尘而引起的慢性肺组织纤维增生为主的疾病。

**1. 云母粉尘的理化性质与接触机会** 云母为天然的铝硅酸盐，自然界分布很广，成分复杂，种类繁多，其晶体结构均含有硅氧层。根据云母中含有的铝、铁、镁、钾等成分的不同，将其分为白云母（钾云母）和黑云母（铁镁云母），应用最多的为白云母。云母质地柔软、弹性良好，易剥离呈薄片状，且具有耐酸、隔热、绝缘等性能，因此广泛用于电器材料和国防工业。云母开采、加工和使用过程中可接触大量云母粉尘。

**2. 病理改变** 云母尘肺主要病理改变为肺间质纤维化，表现为肺泡间隔、血管和支气管周围结缔组织增生和脱屑性支气管炎，伴有明显支气管扩张和局限性肺气肿，肺内可见云母小体。

**3. 临床表现** 云母尘肺一般进展缓慢，发病工龄较石棉肺和滑石尘肺更长。发病工龄视工种而异，采矿工平均25年，云母加工工人在20年以上。临床症状主要为胸闷、胸痛、气急、咳嗽、咳痰等，无明显阳性体征，且很少有其他合并症。胸部X线表现为两肺弥漫性不规则小阴影（s型）为主，也可见边缘模糊的圆形小阴影（p型），主要分布于两肺中下肺区，肺门不大，但密度高。胸膜改变不明显。

---

**案例 2-2 解析**

1. **病理改变** 矽肺的基本病理改变是肺组织弥漫性纤维化和矽结节形成，其中矽结节是矽肺的特征性改变。

石棉肺的病变特点是肺间质弥漫性纤维化，其中可见石棉小体以及脏层胸膜肥厚和在壁层胸膜形成胸膜斑。

云母尘肺主要病理改变为肺间质纤维化，表现为肺泡间隔、血管和支气管周围结缔组织增生和脱屑性支气管炎，伴有明显支气管扩张和局限性肺气肿，肺内可见云母小体。

2. **矽肺的临床表现** 矽肺患者可能长期无明显的临床表现，而X线胸片上则已呈现典型改变，它是矽肺病理改变在X线胸片上的反映。包括小阴影、大阴影、肺门改变、肺气肿、肺纹理和胸膜改变等。

石棉肺自觉症状出现较矽肺早。主要症状有咳嗽和呼吸困难。石棉肺若累及胸膜，即有胸痛。吸气时听到双下肺区捻发音，此为石棉肺特征性体征，随病情加重可在肺中区甚至肺上区闻及，并由细小声变为粗糙声。X线胸片表现主要表现为不规则小阴影和胸膜变化。

云母尘肺临床症状主要为胸闷、胸痛、气急、咳嗽、咳痰等，无明显阳性体征，且很少有其他合并症。胸部X线表现为两肺弥漫性不规则小阴影（s型）为主，也可见边缘模糊的圆形小阴影（p型），主要分布于两肺中下肺区，肺门不大，但密度高。胸膜改变不明显。

## （三）水泥尘肺

水泥尘肺（cement pneumoconiosis）是长期吸入高浓度水泥粉尘而引起的慢性肺组织纤维增生的疾病。

**1. 水泥粉尘的理化性质与接触机会** 水泥分为天然水泥和人工水泥两种。天然水泥是将水泥样结构的自然矿物质经过煅烧、粉碎而成；人工水泥也称硅酸盐水泥，它是以石灰石、黏土为主要原料与少量校正原料（如铁粉等）经破碎后按一定比例混合、磨细、混匀而成原料，原料煅烧至部分熔融时即为熟料，再加适量石膏、矿渣等磨细、混匀而成水泥。

水泥原料的化学成分较多，因此水泥生产过程中由水泥原料粉尘引起的尘肺属混合尘肺，水泥成品粉尘引起的尘肺为水泥尘肺。

**2. 病理改变** 病理改变以尘斑和尘斑灶周围肺气肿为主要改变。尘斑弥漫分布于全肺，黑色，呈圆形或不规则形，直径1~5mm，质软。镜下尘斑为粉尘纤维灶，呈星芒状，多位于呼吸性细支气管和小血管周围，灶内可见含铁小体。尘斑灶周围肺气肿主要表现为破坏性小叶中心性肺气肿。呼吸性细支气管及其伴行小血管周围和少数小叶间隔形成间质轻度纤维化，偶见大块纤维化形成。

**3. 临床表现** 水泥尘肺的发病工龄为8~34年，一般在接尘20年以上。临床症状主要以气短为主的呼吸系统自觉症状，其次为咳嗽，急、慢性鼻炎等表现；体征多不明显。肺功能改变以阻塞性肺通气功能障碍为主，这种改变往往先于自觉症状和胸部X线表现。X线检查表现为不规则小阴影改变和圆形小阴影同时存在。

# 第四节　煤尘、煤矽尘与煤工尘肺

### 案例2-3

#### 煤工尘肺患病情况

某煤矿有接尘工人7600人，其中单纯从事岩巷掘进1520人，单纯从事采煤工作2280人，辅助工及混合工种3800人。某年某月对该人群进行职业健康查体，检出煤工尘肺壹期412例，贰期22例，叁期13例。掘进工检出尘肺壹期123例，贰期13例，叁期8例，发病工龄5~15年，胸片以p和q类小阴影为主。辅助工及混合工检出尘肺壹期253例，贰期9例，叁期5例，发病工龄10~20年，胸片可见p类、q类小阴影，其中混有s和t影。采煤工检出尘肺壹期35例，发病工龄20~30年，胸片以p和s类小阴影为主，未见贰、叁期病例。

问题：
1. 各工种工人所患尘肺属于哪种尘肺？
2. 比较各工种尘肺患病情况，探讨其导致患病率差异的原因。
3. 各工种所患尘肺的X线特征有什么不同？为什么不同？

煤矿粉尘（coal mine dust）是指在煤炭生产、运输、加工、利用过程中产生的粉尘。

煤工尘肺（coal workers pneumoconiosis，CWP）是指煤矿工人长期吸入生产性粉尘所引起的尘肺的总称。在煤炭开采过程中由于工种不同，工人可分别接触煤尘、煤矽尘和矽尘，从而引起肺的弥漫性纤维化，统称为煤工尘肺。

我国煤炭生产和消费居世界第一。煤炭在我国一次能源构成中仍将占主导地位，煤炭作为我国的主要能源具有不可替代性。2013年煤炭的产量达39.7亿吨。在煤炭生产、运输、加工、利用过程中会产生大量的粉尘，对接触者的健康造成危害。据统计2014年采矿业就业人数596.5万多人，由于煤炭行业暴露粉尘的人数众多，所以成为粉尘危害较重的行业。截止到2014年底，我国已经累计报告尘肺患病人数777 173例，其中煤工尘肺占尘肺病人总数的50%左右。在我国，煤工尘肺病人的病期构成与国际平均水平相比，贰、叁期病人所占的比例较大。一般来说，无烟煤矿的叁期尘肺构成在10%～15%之间，最高的可达25%以上。有烟煤矿的叁期尘肺构成在5%～10%之间，最高可达到20%。褐煤矿和露天煤矿叁期尘肺非常罕见。

煤工尘肺的患病率与作业环境粉尘性质及粉尘浓度有密切关系。据32个煤矿调查材料，煤工尘肺患病率平均在5.8%左右，由于我国地域广大，地层结构复杂，各地煤工尘肺患病率差异很大，在0.2%～24.1%之间，其中矽肺占11.4%，煤矽肺占87.6%，煤肺占1.0%。

## 一、煤矿粉尘的来源及接触机会

我国幅员辽阔，地质条件复杂，煤炭开采方式依据地形、煤层的几何形状、覆盖岩层的地质性状、煤层距地表的厚度以及环境要求或限制而不同，通常采用井下开采和露天开采两种方式。

在煤矿井下掘进、回采、运输及提升等各生产过程中，几乎所有的作业操作过程中均能产生煤矿粉尘。据统计，井下煤矿粉尘的80%来自采掘工作面。

在露天矿的剥离、采煤过程中的钻孔、装药爆破、电铲装载、卡车运输（少数露天矿采用火车运输）等作业中均能产生煤矿粉尘。现代化程度较高的露天矿采用斗轮机挖掘、皮带运输的剥离方式，产生的粉尘浓度较低。装载、爆破过程产生的粉尘浓度较高。

洗煤厂的原煤破碎、输送、过筛、洗选过程产生大量的煤尘。

以上是煤矿粉尘的主要来源。在实际工作中，工人的工种常有变动，根据煤矿工人实际接触粉尘的情况，在尘肺流行病学调查分析时常采用统计工种。统计工种的划分包括：纯掘工、纯采工、主掘工、主采工、辅助工、混合工（表2-1）。

### 视窗 2-1

**表 2-1 煤矿主要工种及接触粉尘情况**

| 作业岗位 | 工种 | 接触粉尘性质 | 粉尘中游离 $SiO_2$ 含量 |
| --- | --- | --- | --- |
| 掘进工作面 | 凿岩工及其辅助工、装渣工、放炮工、支护工等 | 岩尘 | 30%～50% |
| 采煤工作面 | 电钻打眼工、采煤机手、回采工、皮带运输工、支护工、辅助工等 | 煤尘 | 一般<5% |
| 露天矿剥离 | 钻孔机司机、爆破工、装载机司机、卡车司机、斗轮挖掘机司机等 | 岩尘 | 30%～50% |
| 露天矿采煤 | 钻孔机司机、爆破工、装载机司机、卡车司机等 | 煤尘 | 一般<5% |
| 选（洗）煤厂 | 原煤破碎工、皮带运输看护工、煤尘清扫工、巡检工、煤质检验工、维修工等 | 煤尘 | 一般<5% |

## 二、煤矿粉尘特性及致病性

由于煤矿所在地的地质构造不同，煤种不同，各煤矿产生的粉尘其理化特性各异，致使粉尘的致病性明显不同。

### （一）煤矿粉尘的成分

岩尘中游离二氧化硅（$SiO_2$）含量多数在 30%～50%，$SiO_2$ 含量的多少主要取决于煤矿围岩的组成，砂岩、砾岩、火成岩中游离二氧化硅含量较高，石灰岩、玄武岩中含量较低。岩尘中除含游离二氧化硅外，还含有硅酸盐（长石、云母、高岭土等）、氧化物（$Al_2O_3$、CaO、MgO、$Fe_2O_3$ 等）、金属元素（Ni、Zn、Ca、Al、Ba、Zr等），这些物质对粉尘的致病性都会产生影响。

煤尘中游离二氧化硅含量均在 10%以下，一般将煤尘中游离二氧化硅含量小于 5% 的粉尘称为单纯性煤尘。煤尘的致病性与煤尘的含碳量、灰分和游离二氧化硅含量有关。含碳量与煤种有关，无烟煤含碳量在 92%左右，烟煤在 83%左右，褐煤为 72%左右。灰分全部为矿物质，如黏土、氧化物、硫化物、碳酸岩、石英等。

### （二）煤矿粉尘的浓度和分散度

煤矿井下掘进工作面总粉尘浓度一般在 $10mg/m^3$ 以下，呼吸性粉尘浓度一般在 $3mg/m^3$ 以下。采煤工作面粉尘浓度依采取的作业方式及防尘措施不同差别很大，多数工作面呼吸性粉尘浓度在 $6mg/m^3$ 以下，总粉尘浓度一般在 $20\sim30mg/m^3$，但个别工作面短时间粉尘浓度可超过 $100mg/m^3$。露天矿剥离生产中，不同作业地点岩尘浓度不同，一般在 $5\sim30mg/m^3$，钻机旁粉尘浓度最高。选煤厂破碎站、皮带旁粉尘浓度较高，一般为 $20\sim40mg/m^3$。

掘进工作面粉尘分散度较高，湿式凿岩时 $5\mu m$ 以下的颗粒可达 90%以上。采煤工作面粉尘分散度与机械化程度有关，割煤机产生的粉尘分散度较高，炮采产生的粉尘小于 $5\mu m$ 的颗粒占 35%～60%。

### （三）煤矿粉尘的致病性

**1. 岩尘致病性**　我国制定卫生标准一般以游离二氧化硅 10%为界，划分为矽尘和非矽尘。国际上则认为肺内粉尘中游离二氧化硅含量大于 18%时，其病理形态为矽肺。岩尘的致病性主要取决于粉尘中游离二氧化硅含量。有人用 5mg 石英和 100mg 煤尘分别给大鼠染尘，染尘 3 个月后观察大鼠肺组织病理改变。结果发现，石英组大鼠病理改变严重，而煤尘组大鼠病理改变轻微。动物实验也表明，吸入粉尘中石英含量与肺胶原的含量成正比。流行病学调查也发现，煤工尘肺患病率与煤矿粉尘中游离二氧化硅含量呈正相关。例如，山东甲乙两煤矿作业环境粉尘浓度分别为：$8.4mg/m^3$ 和 $7.9mg/m^3$，粉尘中游离 $SiO_2$ 含量分别为 71.8%和 19.4%，尘肺患病率分别为 14.0%和 4.3%。

**2. 煤尘的致病性**　煤尘的致病性问题长期以来存在着不同看法，有人认为煤尘之所以致病是由于混进了少量的二氧化硅粉尘。由于煤尘的致病性很弱，因此一直没有受到足够重视。甚至有人推测矽尘表面包围或吸附一层煤尘，使矽尘不能直接与肺组织接触，因而延缓或降低了矽尘的细胞毒性。通过大量的流行病学调查和实验研究，认为煤尘确实可以引起尘肺，如炭黑、石墨的成分接近纯碳，也可引起尘肺。影响煤尘致病性的因素有煤尘中的含碳量、煤的变质程度、煤尘灰分、煤尘中氧化物含量、煤尘中金属元素含量、游离二氧化硅含量等。含碳量越高，致病性越强。煤的变质程度越高，致病性越强。仅就煤尘而言，不同煤种粉尘其致病能力不同，由强到弱依次为无烟煤、烟煤、褐煤。

## 三、煤 工 尘 肺

煤矿工人接尘情况较为复杂，可以暴露岩尘、煤尘和两者混合尘，接尘工人可以患矽肺、煤肺和煤矽肺。国外学者还根据肺部是否出现进行性大块纤维化（progressive massive fibrosis，PMF）将煤工尘肺分为单纯性尘肺（simple pneumoconiosis）和复杂性尘肺（complex pneumoconiosis），单纯尘肺不出现大块纤维化，出现大块纤维化者为复杂性尘肺。

### （一）矽肺

煤矿掘进工作面的凿岩工及其辅助工、装岩工、支护工等，露天煤矿剥离过程中钻孔机司机、装载机司机、卡车司机、排土场推土机司机等，他们所接触的是岩石粉尘，所患尘肺在病理上有典型的矽结节改变，故称为矽肺（silicosis）。约占煤工尘肺总数近 20%。特点为发病率较高、发病工龄短（5～10 年）、病变进展快。

矽肺的病理改变、临床表现与诊断见矽肺节。

### （二）煤肺

发生在单纯采煤、选煤、装卸煤的工种，包括采煤机手、回采工、煤仓装卸工、清扫工等，主要接触单纯性煤尘（煤尘中游离二氧化硅含量在 5%以下），其所患尘肺为煤肺（anthracosis）。占煤工尘肺总数 1%左右。特点为发病率低（一般不到 5%）、发病工龄长（20～30 年）、病变轻、进展缓慢、很少发展到叁期。

**1. 病理变化** 基本病变特征为煤尘细胞灶及煤尘纤维灶形成，灶周肺气肿，间质弥漫性纤维化广泛存在。

（1）煤尘灶：又称煤斑，是煤工尘肺最常见的原发性特征性病变。大体改变：见肺胸膜表面有直径大小不等的煤斑，0.5～1cm，呈星形、不整形、多边形、长条形，有的煤斑融合成薄片状，直径可达 2cm，肺实质较软，色乌黑。切片见散在黑色点状或斑灶性病变，煤尘灶周围常伴有气肿。镜下改变：煤尘细胞灶多分布在肺泡腔、肺泡壁、支气管周围和血管周围组织内，主要集聚在Ⅱ级呼吸性支气管的管壁及其周围肺泡。胸膜下可见数量不等的煤尘和煤尘细胞集聚，形成煤尘细胞灶。煤尘细胞灶大小不等，在煤尘细胞灶基础上出现纤维化。早期以网状纤维为主，后期出现少量或中等量纤维组织，呈条索状或不规则排列，构成煤尘纤维灶。煤尘纤维灶形态不规则，呈星芒状，周边呈伪足状。切片灰烬图显示一般没有游离二氧化硅颗粒。

（2）灶周肺气肿：是煤工尘肺病理的又一特征。多见于煤尘纤维灶周围，为散在分布于煤斑旁的扩大气腔，与煤斑共存。由于煤尘和尘细胞在Ⅱ级呼吸性支气管周围堆积，使管壁平滑肌等结构受损，而形成小叶中心性肺气肿。如果病变进一步发展，向肺泡道、肺泡管及肺泡扩展，即波及全小叶形成全小叶肺气肿。

（3）间质弥漫性纤维化：在肺泡间隔、小叶间隔、小血管和细支气管周围和胸膜下，出现程度不同的间质细胞和纤维增生，并有煤尘和尘细胞沉着，间质增宽变厚，晚期形成粗细不等的条索和弥漫性纤维网架，肺间质纤维增生。肺内小血管周围早期有大量的煤尘和尘细胞，成套管样排列，紧接血管壁为增生的纤维组织，外层为煤尘和尘细胞。

（4）其他病变：肺门及气管旁淋巴结轻度肿大，质地较正常稍硬，切片呈黑色，有煤黑的光泽。淋巴结皮质和髓质可有散在的煤尘颗粒及煤尘细胞，其中部分集聚形成煤尘细胞灶。胸膜呈轻度至中度增厚，脏层胸膜下，特别是在与小叶间隔相连处可见数量不等的煤尘、煤尘细胞灶。

**2. 临床表现**

（1）症状、体征和肺功能改变：煤肺患者早期一般无症状，当出现合并症时才会出现相应的症状和体征。晚期可出现气短、胸痛、胸闷、咳嗽、咳痰等。一般寒冷季节咳嗽、咳痰加重。从事稍重劳动或爬坡时，气短加重。煤肺患者由于广泛的肺纤维化，呼吸道狭窄，特别是由于肺气肿导致肺泡大量破坏，肺功能检查显示通气功能、弥散功能和毛细血管气体交换功能都有减退或障碍。

（2）X线胸片影像学改变：煤肺的X线表现以小圆形阴影为主，有的病例表现为针尖样结节阴影，多为p类小阴影，小阴影边缘多不整齐，似星芒状，阴影密度较低。早期分布中下肺区，晚期分布于全肺野。不规则小阴影也是煤工尘肺的主要X线特征。肺间质纤维化是构成不规则小阴影的病理基础。由于间质纤维化发生在细小血管、细支气管周围和肺泡间隔，在X线胸片上不规则小阴影十分纤细，不易清晰显示，常表现为肺野模糊，呈毛玻璃状改变。位于小血管、细支气管、小淋巴管、小叶周围的纤维化，X线上表现为界线模糊不清，边缘不整的索条阴影交织成网，网格索条状影比较粗，密度也较高，网眼常为泡性肺气肿所构成，故网眼密度较低，形成"白圈黑点"影像。随着病变的进展，网影一般不减少，有的甚至进一步增加。另外可见肺门轻度增大，密度轻度增高，很少有肺门形态改变及淋巴结肿大。肺纹理明显增多、增粗、扭曲变形。

**3. 诊断及处理**

（1）诊断原则：煤肺的诊断必须有详细可靠的单纯接触煤尘的职业史，这是诊断的前提；有现场劳动卫生学调查资料作参考；技术质量合格的高千伏X线后前位胸片检查为依据。

（2）诊断标准：按《尘肺病诊断标准》（GBZ 70-2015）进行诊断分期。

（3）处理办法同矽肺。

## （三）煤矽肺

由于煤矿工人工种常有变动，我国多数煤矿工人既在岩巷工作过，也在采煤工作面工作过，他们既接触矽尘，又接触煤尘，其所患尘肺在病理上往往兼有矽肺和煤肺的特征，这类尘肺称之为煤矽肺（anthracosilicosis）。有的煤矿煤层和岩层交杂在一起，另外在开采薄煤层时，煤尘中常混有岩尘，因此煤矽肺是我国煤工尘肺中最常见的类型，占煤工尘肺总数80%以上。特点为发病工龄多在15～20年左右，病情发展较快，可以发展到叁期，危害较重。

**1. 病理变化** 具有矽肺和煤矽肺两种病理特性。

（1）煤矽混合结节形成及煤尘纤维灶弥漫分布：肉眼观察煤矽结节呈圆形或不规则形，大小为2～5mm或稍大，色黑，质地较硬。在肺切面上稍向表面凸起。镜下可观察到两种类型，典型煤矽结节其中心部由旋涡样排列的胶原纤维构成，可发生透明性变，胶原纤维之间有明显煤尘沉着，周边则有大量煤尘细胞、成纤维细胞、网状纤维和少量的胶原纤维，向四周延伸呈放射状；非典型煤矽结节无胶原纤维核心，胶原纤维束排列不规则并较为松散，尘细胞分散于纤维束之间。

（2）煤尘细胞灶伴周围气肿：肺表面有散在黑斑，大小不一，直径1～5mm，圆形或椭圆形，数量多时则融合成片，使胸膜呈黑色外观。煤尘沿小叶间隔与胸膜连接处沉着时，在胸膜上则勾画出小叶的轮廓。切面上肺内黑斑伴有小叶中心性肺气肿，而呈黑色囊泡。在扩张的肺泡旁，形成粟粒大、米粒大或更大的黑色星芒状变实的病灶。

（3）弥漫性间质纤维化：当粉尘及尘细胞损害肺泡壁或经淋巴道进入肺间质时，在胸膜、胸膜下、小叶间隔、肺泡道、肺泡间隔、细支气管和小血管周围集结，引起数量不等的成纤维细胞及胶原纤维增生，致使前述部位增宽变厚，互相连接成网，即为尘性间质纤维化。随着胶原纤维的增多，肺泡间隔不断被胶原纤维代替，肺泡间隔愈加增厚，而肺泡腔亦随之变小；当尘性间质纤维化弥漫而广泛时，可突破小叶界限。肉眼观察肺内形成纤维化条索，似网架状或斑片状，可伴局限性蜂房变；小叶间隔纤维化与小叶内肺组织对比时，增厚的小叶间隔颇似围成之田埂。

（4）大块纤维化（progressive massive fibrosis，PMF）：煤矽肺晚期可形成大块纤维化，又称之为进行性块状纤维化。肉眼观察肺组织内出现2cm×2cm×1cm以上的灰黑色或黑色、质地坚韧，甚至形成大理石样外观的纤维性团块。病灶呈圆形、类圆形、带状或不规则形。多分布于单侧或双侧肺上叶或（中）下叶上部。有时块状病变中可出现裂隙状空洞，空洞内贮满墨汁样坏死物质，实性块状病变中偶见包埋其中的较大的破坏的支气管。切面上进行性块状纤维化呈一致性致密黑色，难以查见结节性病变；而结节融合块则可辨认出结节的轮廓。镜下观察其组织结构有两种类型，一种为弥漫性纤维化，由浓集的粉尘，大量束状胶原纤维及塌陷崩解的肺组织等构成，束间可有或无慢性炎细胞浸润，常无结节或偶见结节，增生的胶原纤维束间常有粉尘、尘细胞沉积，且可发生玻璃样变性及坏死。还可见完全为粉尘充填的无结构区，其间还可见变形毁损的较大血管及支气管、退变坏死的小血管残迹。另一种为结节融合型的块状纤维化，见密集的尘结节或借助于增生的胶原纤维束将结节网络而成，其中亦可有网络尘灶或有非特异性炎症。块状病变的出现意味着尘肺进入晚期阶段。

（5）肺门及胸膜病变：胸膜呈轻度至中度增厚，在脏层胸膜下，特别是与小叶间隔相连处有数量不等的煤尘、煤斑、煤矽结节等。肺门、气管旁淋巴结有不同程度增大。切面黑色、质韧，有的可见灰黑色结节、坚硬、触之有砂粒感，钙化时有白垩样小灶。镜下可见煤尘颗粒、煤尘细胞灶和煤矽结节。

**2. 临床表现**

（1）症状、体征：早期无明显症状和体征，晚期常有胸闷、气短、呼吸困难等症状。合并肺感染、肺心病、肺气肿时可出现相应的临床症状和体征。

（2）X线胸片影像学改变：胸片上的主要表现为圆形小阴影、不规则形小阴影和大阴影，还有纹理和肺门阴影的异常改变。

以圆形小阴影为主者多见，多数为p类和q类小阴影。其病理基础是煤矽结节及煤尘纤维灶。圆形小阴影的形态、数量和大小与患者长期从事的工种，即与接触粉尘的性质和浓度有关。以掘进作业为主的工人接触游离二氧化硅含量较高的粉尘，胸片上以典型的小阴影为主。以采煤作业为主的工人主要接触混有少量岩尘的煤尘，胸片上圆形小阴影不典型，边缘不整齐，呈星芒状，密度较低。圆形小阴影最早出现的部位常见两肺的中、下肺区。随着尘肺病变的进展，圆形小阴影的直径增大、数量增多、密度增加，分布范围扩展，可布满全肺。

在煤矽肺患者中不规则形小阴影较圆形小阴影少见。多呈索条状影交织成网，有的密集呈蜂窝状，或呈"白圈黑点"影，其病理基础主要为弥漫性间质纤维化、细支气管扩张、肺小叶中心性肺气肿。

煤矽肺患者晚期胸片上可见到边缘清楚、密度较高的大阴影，阴影超过20mm×10mm。在系列胸片的观察中，可以看到大阴影多是由小阴影增大、密集、融合而形成。大阴影多对称出现在两肺上肺区，也可出现在一侧。呈长条形、圆形、椭圆形、翼状或八字形。大阴影周边一般有气肿带。

煤矽肺患者常出现肺门阴影增大，密度增高，有时还可见到淋巴结蛋壳样钙化阴影，但较矽肺改变轻（表2-2）。肺纹理增多、增粗、扭曲、变形，成串珠样。晚期纹理紊乱，交错呈蜂窝状，这是煤矽肺的主要特征之一。可见到弥漫性、局限性和泡性肺气肿。泡性肺气肿表现为成堆小泡状阴影，直径为1~5mm，晚期可见到肺大泡。胸膜增厚、钙化改变者较少见，但常可见到肋膈角闭锁及黏连。

表2-2 煤矿矽肺、煤肺、煤矽肺X线表现比较

| X线表现 | 煤矿矽肺 | 煤肺 | 煤矽肺 |
| --- | --- | --- | --- |
| 结节大小 | 粗大者较多 | 细小者较多 | 二者之间 |
| 密度 | 较高 | 较低 | 二者之间 |
| 边缘 | 较整齐 | 较不整齐 | 二者之间 |
| 网状阴影 | 可见，贰期时常少见 | 多见，贰期时常增多 | 较多见，贰期时可增多或减少 |
| 融合团块肺门 | 晚期多见 | 少见 | 晚期常见 |

续表

| X线表现 | 煤矿矽肺 | 煤肺 | 煤矽肺 |
|---|---|---|---|
| 大小 | 增大较多 | 增大较少 | 二者之间 |
| 密度 | 增密 | 增密较少 | 二者之间 |
| 形态 | 改变较明显 | 改变较少 | 二者之间 |
| 淋巴结 | 肿大多见 | 肿大罕见 | 可见 |
| 肺纹理 | 增多、增粗、扭曲、变形显著，绒毛样肺纹理较少 | 绒毛样肺纹理较多，贰期时不减少反而增多 | 二者之间，贰期时不减少反而增多 |
| 泡性肺气肿 | 可见 | 多见 | 较多见 |
| 胸膜改变 | 较多见 | 较少见 | 二者之间 |

**3. 诊断及处理** 煤工尘肺的诊断必须以确切的煤矿粉尘接触史为前提，技术质量合格的高千伏X线或DR后前位胸片为依据，根据国家尘肺X线诊断标准，参考受检者的系列胸片和该单位尘肺发病情况，方可做出X线诊断和分期。按照《劳动能力鉴定-职工工伤与职业病致残等级》（GB/T 16180-2014），由职业病诊断部门进行劳动能力鉴定，发给尘肺病诊断证明书，患者享受国家相应医疗、劳动保险待遇和相应的赔偿。

在诊断煤工尘肺时应注意与下述疾病鉴别：急性和亚急性血行播散型肺结核、肺含铁血黄素沉着症、肺癌、肺霉菌病、肺泡微石症等。因为上述疾病也可在X线胸片上显示为圆形小阴影。

> **案例 2-3 解析**
>
> 单纯从事掘进工作的工人，只接触含游离二氧化硅较高的岩尘，所患尘肺为矽肺，单纯从事采煤的工人接触二氧化硅含量很低的煤尘，所患尘肺为煤肺，辅助工及混合工接触煤矽混合粉尘所患尘肺为煤矽肺（属混合尘肺）。
>
> 岩尘游离二氧化硅含量高，致病纤维化作用强，因此掘进工患病率较高（9.5%），发病工龄较短；煤尘中游离二氧化硅含量一般低于5%，其致纤维化作用较弱，煤工尘肺的患病率较低（1.5%），发病工龄较长（20～30年），且未检出贰、叁期病例。辅助工及混合工接触煤矽混合粉尘，尘肺患病率为7.0%，而且也检出了贰期及叁期病例。
>
> 矽肺胸片以p和q类小阴影为主，晚期出现大阴影，其主要病理基础是矽结节形成和矽结节融合形成的大块纤维化；煤矽肺患者胸片可见p类、q类小阴影，其中混有s和t影，其病理基础是矽结节形成和间质纤维化；煤肺患者胸片以p和s类小阴影为主，主要病理基础是煤尘纤维灶、煤尘细胞灶及间质纤维化。

## 附 类风湿性尘肺结节（Caplan综合征）

类风湿性尘肺结节是接触粉尘的工人在类风湿病的影响下，在X线胸片中出现密度高而均匀、边缘清晰的圆形块状阴影。常伴有类风湿性关节炎的一种特殊类型的尘肺。

1953年Caplan首先在英国南威尔士煤矿工人及尘肺患者中发现，并加以描述，故称Caplan综合征。

**1. 发病情况** 此病多见于煤矿工人，1953年Caplan调查了1.4万接尘工人，发现51例类风湿尘肺（0.4%），占尘肺病人的6.2%。1967年Lindars对英国中部2.1万名接尘工人进行尘肺普查，发现类风湿尘肺55例，占受检人数的0.3%，占尘肺病人数2.3%。国内在煤矿工人中报道了十几例。除煤矿工人外，在陶瓷和铸造工人中也观察到类似的病例。3.7%的煤工尘肺患者合并类风湿性关节炎，比普通人群高出7～9倍。

**2. 病因及发病机制** 本病病因尚不十分清楚，但其发病必须具备 2 个条件：①接触粉尘；②具有类风湿或类风湿体质。

**3. 病理特征** 肺部病理特征是在轻度尘肺的基础上出现类风湿性尘肺结节，其早期为胶原纤维增生，很快转为特殊性坏死，围绕坏死的核心发生成纤维细胞炎性反应而形成类风湿肉芽肿。大结节一般由数个小结节组成，每个结节轮廓清楚，最外为共有的多层胶原纤维所包绕。病理检查结节直径在 3～20mm 之间，融合可达 50mm 以上。结节切面呈一种特殊的明暗相间的多层同心圆排列。浅色区多为活动性炎症，而暗区则为坏死带，较暗区多是煤尘蓄积带（图 2-4）。

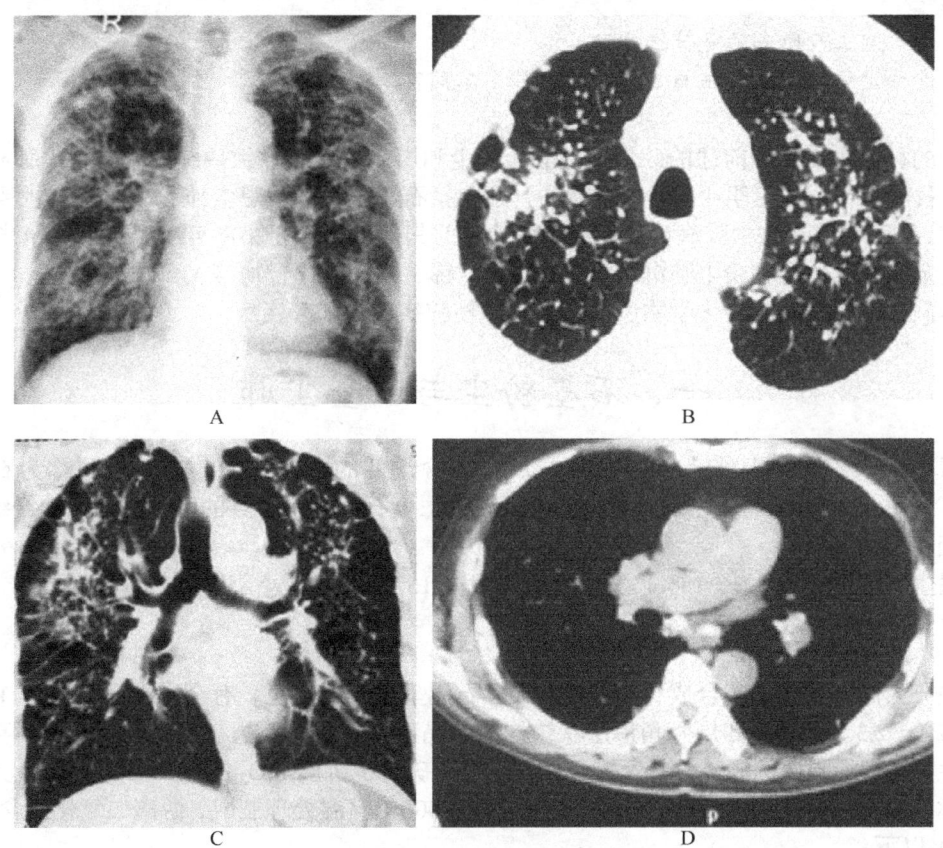

图 2-4 Caplan 综合征病理图

**4. 临床表现及诊断** 类风湿尘肺病变往往突然出现，每隔几个月就有新的病变发生，全身症状和呼吸系统症状较少。

X 线表现为两肺可见散在的圆形或类圆形、密度均匀的结节，直径在 0.5～5cm。结节的分布没有规律，可为单发，更常见的为多发。注意与结核球、转移性肺癌、叁期尘肺等病鉴别。

粉尘作业工人胸片有典型的特殊阴影，并伴有风湿性关节炎，皮下结节和血清试验阳性（类风湿因子阳性可达 80%）即可诊断。

## 第五节 其他粉尘与尘肺

> **案例 2-4**
> 某造船厂是有 50 年历史的老厂，船体车间主要工艺流程就是修理船体和船体焊接。舱内作业 400 人，陆地作业 165 人。舱内作业环境平均粉尘浓度 109mg/m³，陆地作业环境平均粉

尘浓度14.8mg/m³。健康体检发现，舱内接尘工人胸闷、气短、咳嗽、睡眠障碍等症状高于陆地接尘工人。经检查诊断尘肺壹期13例（其中陆地1例），贰期3例（均为舱内作业），平均发病工龄20.3年（8~30年），舱内作业工人尘肺患病率为3.8%，高于陆地作业的电焊工。患者的胸部X线表现以两肺中、下区出现一些s类小阴影为主，交织成网状。也可见圆形p形小阴影，密集度较低，分布较疏散。尘肺贰期患者阴影的密度和密集度增加，分布范围超过4分肺区。

**问题：**
1. 该案例工人所患的是什么尘肺？
2. 这种尘肺的临床特征与石墨尘肺有什么不同？

粉尘的种类很多，除前述的矽尘、硅酸盐粉尘和煤矿粉尘所导致矽肺、硅酸盐尘肺和煤工尘肺外，在我国现行的法定职业病尘肺名单中，还包括石墨尘肺、炭黑尘肺、铝尘肺、电焊工尘肺、铸工尘肺、陶工尘肺及按尘肺病诊断标准可以诊断的其他尘肺。在2015年的《职业病分类和目录》中还包括金属及其化合物粉尘肺沉着病（锡、铁、锑、钡及其化合物等）、硬金属肺病、过敏性肺炎、棉尘病、哮喘、刺激性化学物所致慢性阻塞性肺疾病等肺部疾病。

# 一、石墨粉尘与石墨尘肺

合成石墨及石墨制品工人接触游离二氧化硅含量低的石墨粉尘，所患尘肺称为石墨尘肺（graphite pneumoconiosis），它是一种长期吸入较高浓度石墨粉尘导致的肺部呈弥漫性纤维化和肺气肿病变的尘肺。

石墨尘肺患病率为5%~18%，发病工龄一般在15~20年，病情进展较缓慢。

## （一）石墨粉尘的理化特性及接触机会

石墨分天然石墨和人工合成石墨两种，天然石墨呈银灰或黑色，有金属光泽，硬度1~2，相对密度2.1~2.3。排列为四层六角形层状结构的结晶型碳。天然石墨矿由于与长石、石英、云母等矿共生，含有不同比例的硅酸盐及二氧化硅，石墨矿石中游离$SiO_2$占5%~15%不等。人工合成石墨又称高温石墨，是用无烟煤、焦炭、沥青等经3000℃高温处理制成，游离二氧化硅含量很低，多在0.1%以下。

石墨化学性质较稳定，具有耐高温、耐酸碱、导电、导热、润滑、可塑、黏着力强、抗腐蚀等特性，广泛用于冶金、机械、电力、化工、轻工、国防、核能等工业。石墨矿的开采有露天和井下两种方式，采掘工作面粉尘浓度较高。选矿中的粉碎、过筛、包装等工种均可接触到较高浓度的石墨粉尘。以石墨为原料生产耐火砖、铸造模具、坩埚、电极、电刷、电碳棒、润滑剂、铅笔、油墨、耐腐蚀材料等各种制品的工人可接触石墨粉尘。高碳石墨（高纯度，高密度）可作为核反应堆的减速剂、防核辐射外壳，在原子反应堆、原子能发电站、火箭、导弹等的建造和生产过程中均可接触到石墨粉尘。

## （二）病理变化

石墨尘肺病理形态特征性病变为肺组织内有弥漫性石墨粉尘细胞灶和石墨粉尘纤维灶的形成及灶周肺气肿。

**1. 大体改变** 胸膜表面有密集的、大小不等的灰黑色至黑色斑点，触摸有颗粒感，质地较软。肺门淋巴结呈黑色，轻度增大，质地变硬。肺切面可见肺组织几乎都被染成黑色，可见0.3~3mm大小的石墨尘斑。

**2. 镜下改变** 可见石墨粉尘沉积在小支气管和附近小血管周围及肺泡腔内，以支气管旁的肺泡腔内尤为明显。石墨粉尘多以粉尘团样形式存在，可称"石墨粉尘灶"。粉尘灶大小不等，形状不一，分布呈单个或多个形式。石墨粉尘灶内，由于粉尘量较多，内部结构不清，或见到少量纤维组织。尘灶周围为肺泡壁和轻度增生的纤维组织，尘灶与周围组织界限尚清楚，而相邻的尘灶之间有的分界不清。部分肺泡间隔变宽，呈轻度肺气肿，尤以尘灶周围气肿更为明显。

### （三）临床表现

**1. 症状、体征** 多数患者早期无明显症状，部分患者可出现轻度鼻咽发干、咳嗽、咳黑色黏痰，劳动后有胸闷、气短等症状。晚期特别是出现合并症后，症状比较明显。少数病例有通气功能减退，以阻塞性通气障碍为主。石墨尘肺病人体征少见，少数病人有杵状指。常见的并发症为肺感染，包括结核感染。

**2. X 线表现** 石墨尘肺患者的胸部 X 线表现以 p 类小阴影为主，有时也能见到少量的 s 小阴影，q、t 小阴影少见。常见肺纹理增多和轻微肺气肿。部分石墨尘肺患者肺门阴影密度增高，少数患者有轻度胸膜增厚和肋膈角变钝改变。

## 二、炭黑粉尘与炭黑尘肺

炭黑尘肺（carbon black pneumoconiosis）是指生产和使用炭黑的工人长期吸入较高浓度炭黑粉尘所引起的尘肺。

炭黑尘肺发病工龄平均 24 年，炭黑厂筛粉、包装车间工人，电极厂配料工、成型工，橡胶轮胎厂投料工患病率较高，可达 10% 以上。炭黑尘肺病变进展缓慢，很少进展到贰期。

### （一）炭黑粉尘的理化特性及接触机会

炭黑（carbon black）多半是以石油、焦炭、天然气、松脂等为原料，经炉内燃烧后取其烟尘制成。碳成分占 90%～95%，含游离二氧化硅 0.5%～1.5%。炭黑粉尘质量轻，颗粒极细，直径一般在 0.04～1.0μm 之间，由于其分散度高，极易长时间悬浮于空气中。

炭黑作为生产橡胶、塑料、电极、唱片、颜料、油漆、油墨、墨汁等的原料被广泛应用，还用于着色剂、填充剂、脱色剂、净化剂、助滤器、炭黑纸的制造。从事炭黑生产和使用炭黑的工人均能暴露炭黑粉尘。炭黑厂的筛粉工、包装工，电极厂配料工、成型工，橡胶轮胎厂投料工和制墨厂工人可暴露较高浓度的炭黑粉尘。

### （二）病理变化

**1. 大体改变** 炭黑尘肺的病理改变与石墨尘肺、煤肺极为相似。两肺显著变黑；肺表面及肺切面可见 0.5～5mm 的黑色尘斑，斑点呈多角形、质软且境界不清；有小叶中心性肺气肿。

**2. 镜下改变** 粉尘病变多在肺间质的血管周围，炭黑尘灶由聚集成堆的吞噬炭黑的尘细胞、炭黑尘及数量不等的胶原纤维组成，直径 0.5～1.5mm；呼吸性细支气管周围可见灶性肺气肿。

### （三）临床表现

**1. 症状、体征** 患者症状多不明显，阳性体征很少，一般能参加正常生产劳动。少数患者肺功能有不同程度减退，以阻塞性通气障碍为主。

**2. X 线表现** 与石墨尘肺、煤肺相似。早期可见肺纹理明显增多，病变进展肺野可见到 p 类小阴影，常出现在两肺中、下肺区。有时可见到少量 s 小阴影，肺野透明度降低，呈毛玻璃样。偶能见到肺气肿及轻度胸膜增厚、黏连，很少见到大阴影。

## 三、陶工尘肺

陶工尘肺（pottery worker's pneumoconiosis）是长期吸入大量陶土粉尘而引起的尘肺。主要发生在陶瓷制造工和瓷土采矿工，陶工尘肺发病缓慢，发病工龄约在30年以上。

### （一）粉尘的理化特性及接触机会

陶瓷的生产工艺包括原料粉碎、配料、制坯、成型、干燥、修坯、施釉、焙烧等，各工序都存在粉尘危害。各地陶瓷制品所用原料及配方不同，致使粉尘中游离二氧化硅含量差异很大，一般为8%~65%，小于5μm的颗粒占80%以上。陶瓷生产作业场所多为石英和硅酸盐混合粉尘，不同工种的工人接触粉尘的性质不同。陶瓷工人主要接触黏土、长石、滑石、耐火土及石膏等粉尘；釉料加工及生产主要接触石英、长石及硼砂等粉尘。

### （二）病理改变

**1. 大体改变**　肉眼观察肺脏体积无明显变化，质地软。肺表面及切面可见散在灰褐色尘斑，直径在1~4mm。有时可见到灰褐色、质地较硬的大块纤维化病变。

**2. 镜下改变**　病灶多为尘斑及混合性尘结节，呈星芒状或不整形，位于呼吸性细支气管周围。肺泡、肺泡间隔、小血管和小支气管周围纤维化比较明显。多伴有小叶中心性及灶周肺气肿。胸膜增厚，以两肺上部尤其是肺尖部明显，与煤矽肺、矽肺的病理改变明显不同。

### （三）临床表现

**1. 症状、体征**　早期有轻度咳嗽，少量咳痰，多无呼吸困难。当体力劳动或爬坡时出现胸闷、气短等症状。合并阻塞性肺气肿时，呼吸困难明显。晚期由于肺组织广泛纤维化，肺循环阻力增加，患者出现明显呼吸困难、发绀、心慌等症状，不能平卧。多数患者无阳性体征，当出现合并症时就会出现相应的临床体征。肺功能检查表现轻度肺功能损害，以阻塞性通气障碍为主。陶工尘肺患者也易并发肺结核。

**2. X线表现**　X线胸片上表现以不规则小阴影为主，早期出现在两肺中下肺区，以稀疏的s影为主，随着病变进展，不规则小阴影增粗、密度增加，表现为t影，并相互交织呈网状或蜂窝状。两下肺区常可见到密度较低、边缘模糊的圆形小阴影。陶工尘肺胸片上可见到大阴影，呈圆形、椭圆形或长条形，周边常有肺气肿。肺门阴影扩大，密度增高，结构紊乱，有时可以见到肺门淋巴结钙化。可出现不同程度肺气肿，主要为局限性或弥漫性肺气肿。

## 四、电焊烟尘与电焊工尘肺

电焊工尘肺（welder's pneumoconiosis）是长期吸入高浓度的电焊烟尘而引起的以慢性肺组织纤维增生性损害为主的一种尘肺。电焊工尘肺发病缓慢，发病工龄多在15~25年。

### （一）电焊烟尘的理化特性及接触机会

电焊烟尘取决于焊条种类及被焊接的金属母材。电焊条种类很多，制造焊条药皮主要原料有大理石、萤石、石英、长石、锰铁、硅铁、钛铁、白云石、云母和纯碱等。在焊接过程中生成氧化铁、二氧化硅、氧化锰、氟化物、臭氧、氮氧化物、碳氧化物等有害气体及有害烟尘，有害烟尘含Fe、Mn、Cd、Ni、Si、Cr等金属，因此电焊烟尘是一种混合粉尘。电焊烟尘粒径很小，多在0.4~0.5μm。

电焊工广泛存在于建筑、机械加工、造船、国防等工业部门。在锅炉、油罐、船体内进行电焊作业时，由于通风不良，电焊烟尘浓度较高。

### （二）病理变化

**1. 大体改变** 肺体积增大，重量增加，弹性减低，表面呈灰黑色。可见散在不规则形、大小不等的尘灶，常有局限性胸膜增厚及气肿。

**2. 镜下改变** 两肺散在 1～3mm 黑色尘斑或结节，主要位于细小支气管旁。尘斑由少数单核细胞和大量尘细胞构成，间有少量胶原纤维，分布在肺泡腔、肺泡间隔、呼吸性细支气管和血管周围，常伴有灶周肺气肿。支气管黏膜下肺组织和肺泡间隔纤维组织弥漫增生，胶原纤维沉积，部分融合形成纤维结节，结节较大，一般 2mm 左右，其中粉尘较少，胶原纤维成分较多。尘粒呈棕褐色，铁染色呈深蓝色强阳性反应，证明主要是氧化铁粉尘。支气管和肺泡上皮轻度增生，肺间质少量淋巴细胞浸润。偏光显微镜观察见支气管黏膜下和肺泡间隔有双折光的粉尘颗粒，普鲁士蓝铁颗粒反应阳性。

### （三）临床表现

**1. 症状、体征** 电焊工尘肺发病缓慢，临床症状轻微，一般在 X 线胸片已有改变时仍无明显自觉症状和体征。随病程发展，尤其是出现并发症后，可出现相应的临床症状。肺功能检查早期基本在正常范围，晚期可出现肺活量、第一秒用力呼气量和最大通气量降低，残气量增加。少数病例在脱离电焊作业后，病情可逐渐减轻。但少数长期从事接触高浓度电焊烟尘工人也可发生尘肺叁期。

**2. X 线表现** 早期以不规则形小阴影为主，首先在两肺中、下区出现一些 s 类小阴影，交织成网状。圆形小阴影出现较晚，以 p 形小阴影为主，密集度较低，分布较疏散，随病情发展密集度逐渐增加。个别病例晚期可出现大阴影。肺门改变轻微，少数见到肺门阴影增大和密度增高。很少有胸膜黏连和肺气肿。

> **案例 2-4 解析**
> 电焊烟尘是一种混合粉尘，所致尘肺为电焊工尘肺。其临床症状轻微，一般在 X 线胸片已有改变时仍无明显自觉症状和体征。早期 X 线胸片以不规则形小阴影为主，首先在两肺中、下区出现一些交织成网状的 s 形小阴影。圆形小阴影出现较晚，以 p 形小阴影为主，分布较疏散，密集度较低，随病情发展密集度逐渐增加。多数石墨尘肺患者早期无明显症状。胸部 X 线表现以 p 形小阴影为主，有时也能见到少量的 s 形小阴影，q、t 形小阴影少见。

## 五、铸造粉尘与铸工尘肺

铸工尘肺（foundry worker's pneumoconiosis）是指铸造工人吸入游离二氧化硅含量很低的黏土、高岭土、石墨、煤粉、石灰石和滑石等混合性粉尘而引起的尘肺。铸工尘肺发病比较缓慢，发病工龄一般在 20 年以上，病情进展也比较缓慢。

### （一）粉尘的理化特性及接触作业

铸造生产包括型砂配制、砂型制造、砂型干燥、合箱、浇铸、打箱和清砂等过程。型砂原料主要是天然砂，其次是黏土或树脂。砂中二氧化硅含量一般在 70% 以上，黏土主要成分是硅酸铝。铸件常分为铸钢、铸铁和有色合金铸件。铸钢的型砂中有时要加入 15% 左右的石英粉和 2%～4% 的耐火泥；铸铁型砂中常加入 3%～8% 的煤粉。型砂中二氧化硅含量虽然很高，但应用时要搅拌成湿料，且砂的颗粒较大。而砂型中的黏土和陶土颗粒小，极易漂浮在空气中。另外，型砂表面上的涂料如石墨粉比重轻，分散度高，易飞扬。因此铸工尘肺主要指型砂制造工吸入二氧化硅含量很低的混合粉尘所患的尘肺，不包括在型砂粉碎、搅拌、运输、使用及开箱、清砂、清理铸件等生产中吸入二氧化硅含量很高的粉尘所患的尘肺。

### （二）病理变化

**1. 大体改变** 肺脏表面与切面可见数量不等的尘斑，可见少量结节性病变，除少数病例胸膜表面有局限性黏连外，多数光滑。有时在铸造工肺组织切片和消化过滤后可见到石棉小体和（或）石棉纤维，其原因是在铸造工艺中有时使用石棉，如用石棉绳密封砂型以及含有石棉废砂重复利用而接触石棉。

**2. 镜下改变** 多数病例在细支气管、呼吸性细支气管周围和小血管周围有大量黑色粉尘沉着，可游离散在或在尘细胞内，伴不同程度的纤维增生，形成粉尘纤维灶。在粉尘灶周围常伴有小叶中心性肺气肿。有部分病例除粉尘纤维灶外，尚可见少量典型或不典型矽结节。呼吸性细支气管扩大，小血管扩张、充血，附近肺泡壁由于粉尘沉着、细胞浸润、纤维增生而增厚，或者肺泡腔扩张呈小叶中心性肺气肿。上述粉尘沉着处或纤维化灶内有时可见典型石棉小体，或在肺泡腔内积聚成堆或单个散在。它们与石棉工人肺内的石棉小体和石棉纤维在形态上完全一致。

### （三）临床表现

**1. 症状、体征** 早期多无自觉症状，随着病变的进展出现胸闷、胸痛、咳嗽、咯痰、气短等症状。病变初期肺功能改变不明显，随病变进展逐渐出现轻微的阻塞性或以阻塞为主的通气功能障碍。患者常可并发慢性支气管炎和肺气肿。

**2. X线表现** 两肺中、下肺区出现不规则形小阴影，以 t 影为主，s 影相对较少，形成粗网状或蜂窝状。随着病情的进展，不规则形小阴影逐渐增多，并向中、上肺区扩展。在不规则小阴影背景上，出现少量、密度较淡的圆形小阴影，以 p 为主。

## 六、铝粉尘与铝尘肺

铝尘肺（aluminosis）是因长期吸入较高浓度金属铝尘或氧化铝粉尘所致的尘肺。发病工龄一般为 10～30 年。

### （一）铝粉尘理化特性及接触机会

铝是一种银白色轻金属，金属铝及其合金比重轻、强度大，作为轻型结构材料广泛用于航空、船舶、建筑材料和电器等工业部门。自然界中无单质铝存在，铝矾土（$Al_2O_3 \cdot nH_2O$）是铝在自然界存在的主要矿石。冶炼铝和生产铝粉等过程中可产生金属铝粉尘和氧化铝粉尘。

生产片状铝粉的球磨工、抛光工、烟花工、铝厂电解工，棕刚玉磨料工等均可接触金属铝粉尘和氧化铝粉尘。

### （二）病理变化

铝尘肺的病理改变主要为肺部弥漫性间质纤维化。

**1. 大体改变** 两肺大小正常或略缩小，外观呈灰黑色，质地较硬，胸膜广泛增厚，表面有少量干性纤维素渗出。切面见散在、境界不清的灰黑色纤维块、纤维索条、黑色斑点和尘灶。

**2. 镜下改变** 可见铝尘大量沉着于终末细支气管壁、呼吸性细支气管及其所属肺泡间隔，肺间隔增宽，肺间质纤维化的改变主要限于肺小叶内。伴灶周肺气肿的尘斑也较为突出，呈星芒状，圆形或不规则形，这些尘灶孤立分布或相互融合。肺泡内有大量粉尘及尘细胞沉积，粉尘沉着部位有程度不同的纤维化，管腔和所属的肺泡腔扩张，形成小叶中心性肺气肿。

### (三)临床表现

**1. 症状、体征** 患者早期的症状较轻,主要表现为轻微的咳嗽、气短、胸痛、胸闷、心悸、倦怠、乏力等。早期多无体征,少数患者可有呼吸音减弱、干性啰音等。早期肺功能出现小气道功能降低,严重病例可见明显限制性肺通气功能障碍。晚期可并发自发性气胸,并可致呼吸衰竭。

**2. X 线表现** 两肺中下肺区可见较细而广泛的不规则形 s 小阴影,呈网状或蜂窝状,其特点为比较均匀、广泛的弥漫性小阴影,网格宽度均在 1.5mm 以下。在不规则影广泛增多基础上,亦可见到密度较低的圆形小阴影,多为 p 阴影。随着病情进展,小阴影可遍布全肺。叁期患者在上、中肺野可见到融合团块大阴影。肺纹理紊乱、增多,可有中断和扭曲变形。

## 七、有机粉尘及其危害

> **案例 2-5**
>
> 某棉纺厂生产棉纱和棉布,主要工序包括前纺、细纱、络筒、织布。调查发现,粉尘浓度 $2.4\sim10.3mg/m^3$,其中前纺工序抓棉和梳棉粉尘浓度最高,各车间空气中细菌、真菌污染严重,尤以前纺车间为重。302 名接尘女工中咳嗽或咳痰、气短、胸闷阳性率分别为 38.4%、46.0% 和 60.3%,而对照组则分别为 10.9%、3.2%和 14.1%,差异有统计学意义($P<0.01$)。86 名棉纺女工中 X 线胸片异常者 20 例,占拍片人数的 23.3%,主要表现两中、下肺区中外带出现网状影,部分可见中等密度的 1~2mm 大小不规则点状影。肺功能 FVC、FEV1、FEF25~75 各指标班前班后下降值均较对照组明显。接尘女工肺功能 FEV1 异常率为 52.2%,对照女工为 9.4%,差异有统计学意义($P<0.01$)。
>
> 问题:
> 1. 长期接触棉尘对健康的损害有哪些?
> 2. 出现胸闷、气短、肺功能下降的原因是什么?

有机粉尘(organic dusts)是指以有机物质为主、具有一定生物活性、吸入后能引起一系列反应的粉尘。国际职业卫生委员会(international commission of occupational health,ICOH)定义为:有机粉尘系指在空气中飘浮的有机物颗粒,包括植物、动物和微生物源性的颗粒和微滴。随着各种种植业、养殖业、粮食加工业、皮毛加工业等产业的迅速发展,接触有机粉尘的人群迅速增加。在农业生产和农产品加工过程中常产生大量的有机粉尘,有机粉尘成分复杂,并常夹杂具有不同生物学效应的病原微生物、动物蛋白及排泄物、无机物等。有机粉尘引起的肺部疾患主要有:非特异性呼吸道刺激、呼吸道炎症、慢性阻塞性肺疾病、职业性哮喘、变态反应性肺泡炎及由发霉植物的霉菌引起的肺部疾病等。还可以引起尘肺和肿瘤,如木材加工粉尘引起的木尘肺、皮毛工混合性尘肺、木工鼻腔癌等。

### (一)有机粉尘的来源及分类

**1. 来源** 有机粉尘主要来源工农业生产及农产品加工业。如温室大棚种植、家禽饲养、粮食加工、农产品运输储藏、烟草加工、茶叶生产加工、木材砍伐加工、棉麻纺织机加工、皮毛及羽毛加工、动物屠宰加工、骨质加工、榨糖、造纸、垃圾处理等。

**2. 分类** 有机粉尘种类繁多,按其来源分为三类。

(1)植物性粉尘(vegetable dusts):粮食、烟草、茶叶、棉麻收获加工产生的粉尘,饲料制作、蔗渣加工、木材加工、木器制造和造纸产生的粉尘。

(2)动物性粉尘(animal dusts):家禽饲养、动物皮毛的加工处理产生的粉尘,骨质处理、加工和利用产生的粉尘，蚕丝加工及纺织、奶制品加工、动物屠宰及加工、垃圾处理等产生的粉尘。

（3）人工合成有机粉尘：塑料、合成橡胶、合成纤维、有机染料的生产、储存、运输及其使用过程产生的粉尘。

## （二）有机粉尘对健康的危害

**1. 棉尘病**（byssinosis） 是由于长期吸入棉花、亚麻、软大麻等植物性粉尘引起的以支气管痉挛、呼吸道阻塞为主的疾病，多在周末或放假休息后再工作时发生。曾被称为星期一热、纱厂热、棉尘肺、棉尘症、棉屑沉着症等。该病已列入我国法定职业病名单，其患病率报道不一，梳棉工患病率25%～60%，纺织工患病率为21%～24%。

（1）病因及发病机制：棉花、亚麻、软大麻粉尘可能为主要病因，此外，棉花托叶及其他植物碎片及微生物对棉尘病发病也有影响。棉尘病的病因和发病机制尚不完全清楚，有以下三种学说。

1）组胺释放学说：研究发现，棉尘的水溶性提取物可使组织释放组胺的量增加，引起支气管平滑肌痉挛。该学说可以解释棉尘病的急性期症状如支气管痉挛，但抗组胺药物不能抑制棉尘接触所引起的反应。因此，组胺的释放可能是一般炎症反应的结果，而非直接原因。

2）内毒素学说：研究发现，棉尘受革兰阴性细菌及内毒素污染，内毒素激发的炎症反应是棉尘病发病的基础。棉尘提取液加热杀死所有的细菌后，其生物活性仍存在，说明生物活性为内毒素所致。内毒素可激活巨噬细胞并使其产生生物活性物质，引起中性粒细胞聚集和一系列生物学效应，从而引起肺部的急性或慢性炎症反应。

3）免疫学说：近年研究发现，棉尘浸出液可激活肺泡巨噬细胞、肥大细胞或血小板，使之分泌生物介质，引起气道平滑肌痉挛、发热反应以及炎症反应。这些介质介导的炎性反应可解释棉尘接触产生的呼吸系统的反应。

（2）临床表现：临床上具有特征性的胸部紧缩感、胸闷、气短症状，可伴有咳嗽，偶有咳痰，并有急性通气功能下降。长期反复发作可导致慢性通气功能损害，但肺部病理并无类似尘肺的纤维化改变。

1）症状及体征：棉尘病的特征性临床症状是胸部发紧或称胸部紧束感。疾病早期上述症状出现在假日或周末休息后，第一天上班接触棉尘2～3小时后，一般在工作的第二天后症状减轻乃至消失，故称为"星期一症状"。随工龄延长，发病逐渐频繁，持续时间延长，发病症状逐渐加重。工作周内其他时间，甚至每天都出现症状。除有胸部紧束感、气急或胸部压迫感外，并有咳嗽及咳痰等呼吸道刺激表现，还有发热、畏寒、恶心、乏力等症状。晚期可出现慢性气道阻塞性症状、支气管炎、支气管扩张及肺气肿。

棉尘病体检常无特殊体征，X线胸片一般无特殊形态学改变。

2）肺功能检查：接触棉尘后能引起肺功能损害，表现为阻塞性通气障碍。其特征是工休后的第一个工作班时，FEV1班后测定值显著低于班前，即肺功能明显下降，在没有症状的棉尘接触者也能见到。早期此种下降是可逆的，晚期发展为慢性肺功能损害，FEV1持续下降。

（3）诊断分级：依据棉、麻、软大麻等植物性有机粉尘接触史，具有特征性呼吸系统症状及急性或慢性通气功能损伤。结合现场劳动卫生学调查资料，排除吸烟等其他原因引起的阻塞性呼吸系统疾病，按《棉尘病诊断标准》（GBZ 56-2002）做出诊断分级。

1）观察对象：偶尔有胸部紧束感和（或）胸闷、气短等特征性呼吸系统症状；出现第一秒用力肺活量FEV1下降，但工作班后与班前比较下降幅度不超过10%。

2）棉尘病Ⅰ级：经常出现公休后第一天或工作周内几天均发生胸部紧束感和（或）胸闷、气短等特征性的呼吸系统症状；FEV1班后与班前比较下降10%以上。

3）棉尘病Ⅱ级：呼吸系统症状持续加重，并伴有慢性通气功能损害，FEV1或用力肺活量FVC小于预计值的80%。

(4) 处理原则

1) 治疗原则：无特殊治疗，以对症治疗为主。症状明显者可给支气管扩张剂和抗组胺药物。观察对象应定期健康检查，注意病情变化。棉尘病Ⅰ级患者必要时调离粉尘作业。棉尘病Ⅱ级患者应调离接触棉、麻等植物性粉尘的工作，并进行对症治疗。

2) 预防措施：控制生产场所棉尘浓度是防止棉尘病的关键。棉花应储存在干燥地方，以防污染。接触者应选用高效防尘口罩，养成不吸烟的习惯。对接触棉尘职业人群每2~3年进行1次体检；对新工人必须进行就业前体检。有慢性呼吸系统疾病的人不宜从事接触棉尘工作。

**2. 职业性变态反应性肺泡炎**（occupational lergic alveolitis） 是在职业活动中吸入被霉菌、细菌或血清蛋白污染的有机粉尘而引起的可逆性间质肉芽肿性肺炎。如果长期接触反复多次发作则可能导致不可逆性的病变。

病变主要发生在肺泡间质，影响肺的气体交换功能，长期反复发作可导致纤维化，形成蜂窝状肺。常见的有"农民肺"、"甘蔗肺"、"蘑菇肺"、"鸟饲养工肺"等，以农民肺为常见。

(1) 病因及发病机制：研究证实引起变态反应性肺泡炎的病原体主要为嗜热性放线菌孢子，还有人认为烟曲霉菌也有致病作用。温度在50~60℃，湿度＞80%环境条件适合嗜热放线菌的生长。放线菌孢子直径3~7μm，悬浮在空气中呈烟雾状，可随呼吸进入肺泡。农民在翻晒、粉碎以及运输发霉的谷物、干草时，吸入嗜热性放线菌或含嗜热性放线菌的霉变枯草粉尘可引变态反应性肺泡炎。

变态反应性肺泡炎发生、发展是一个复杂过程，发病机制尚不完全清楚。以往有很多研究证实，肺泡炎时有抗原抗体复合物形成，认为变态反应性肺泡炎是因菌类孢子体引起Ⅲ型超敏反应所致。近年研究证实Ⅳ型变态反应即细胞免疫起主要作用，细胞因子（IL-1、IL-6、IL-8等）与免疫细胞相应受体结合，通过免疫细胞信使分子发挥免疫细胞效应。此外，患者肺组织活检中有明显的肺肉芽肿性炎症，其临床表现与细胞免疫介导的反应相符。

(2) 临床表现

1) 症状及体征：急性期一般于接触霉变枯草粉尘后4~8小时发病，患者出现畏寒、发热、咳嗽、气急、胸闷、全身不适、头痛、食欲减退、四肢关节酸痛等症状。查体体温一般在38.5℃左右，双肺底可闻捻发音或细小湿性啰音。常于脱离接触后2~3天症状自行消失，易误诊为感冒。

绝大部分患者表现为亚急性，接触霉变枯草粉尘2~3个月或急性期症状反复发作后，患者出现咳嗽、气急、胸闷加重，并伴有头痛、低热、食欲减退、体重下降等。常因呼吸困难加重而就诊。体检见发绀和轻度肺气肿，两肺可闻及湿性啰音及捻发音。X线胸片可见两肺弥漫性网织阴影和密度较低的细小结节阴影。若长期接触霉变枯草粉尘和症状反复发作，肺组织可出现弥漫性纤维化，形成不可逆性病变。X线胸片出现弥漫性网状阴影，呈蜂窝状，可见到代偿性肺气肿、肺大泡等。

2) 肺功检查：肺功能表现为限制性通气功能障碍、弥散功能损害，肺活量、肺总量、一氧化碳弥散量和肺反应性减低。

3) 血清沉淀素测定：血清沉淀素抗体试验阳性可作为近期接触指标。

(3) 诊断分级 依据接触发霉枯草粉尘的职业史，结合现场卫生学调查结果和临床表现，参考肺功能和血清沉淀抗体测定结果，排除其他病因引起的类似疾病，按《职业性过敏性肺炎的诊断》（GBZ 60-2014）进行诊断分级。

1) 接触反应：吸入变应原4~8小时后出现畏寒、发热、咳嗽、胸闷、气急，胸部X线检查未见实质性改变。上述症状可在脱离接触后1周内消退。

2) 轻度：有中、重度咳嗽，伴有胸闷、气急、畏寒、发热；两下肺可闻及捻发音；X线检查可见双肺纹理增强，并有1~5mm大小的边缘模糊、密度较低的点状阴影，其病变范围不超过2个肺区；血清沉淀反应可阳性。

3) 重度：上述临床表现加重，体重减轻、乏力；胸部捻发音增多；胸部显示有斑片状阴影，分布范围超过 2 个肺区，或融合成大片模糊阴影。血清沉淀反应可阳性。

（4）处理原则

1）治疗原则：接触反应者应暂时脱离作业环境，进行必要的检查和处理，要密切观察 24～72 小时；轻度患者应暂时脱离接触，并给予止咳、平喘、吸氧等对症处理及适量的糖皮质激素治疗，注意随访患者肺部体征和胸部 X 线的变化。重度患者要卧床休息，早期足量使用糖皮质激素治疗，并注意给氧、抗感染和支持疗法。

2）预防措施：防止枯草堆霉变是预防的关键；不使用霉变枯草，或改枯草饲料为精饲料或其他饲料；采取间断作业（控制在 1 小时内）或轮换作业，减少接触机会；佩带滤过效率高的氯伦布、弹性尼龙布制成的防尘口罩，以阻止嗜热放线菌孢子吸入；对作业场所中粉尘浓度和霉菌、嗜热放线菌污染程度进行定期监测，采取有效控制措施；对接触者进行就业前及定期查体，及早处理。

**3. 有机粉尘毒性综合征**（organic toxic syndrome，ODTS） 是短时间暴露高浓度有机粉尘引起的非感染性呼吸道炎症。以往称之为"枯草热"、"谷物热"等均属于有机粉尘毒性综合征。有报道粮仓工人中谷物热的患病率在 6%～39%。

（1）病因及发病机制：吸入被病原菌及内毒素污染的有机粉尘为其主要病因。所引起的呼吸道炎症被认为是非变态反应性，粉尘直接激活巨噬细胞，使肺组织释放组胺和白细胞趋化因子，介导中性粒细胞在呼吸道和肺组织浸润，引起呼吸道炎症。并可激活补体，刺激巨噬细胞非特异性释放水解酶等，引发毛细血管壁和肺泡水肿，使肺间质增宽，导致弥散功能降低。

（2）临床表现：多为一次性接触高浓度有机粉尘后 4～6 小时发病。表现为上呼吸道黏膜、眼睛和皮肤刺激症状，出现咳嗽、鼻塞、鼻痒、流涕、流泪、皮肤瘙痒。并有头痛、发热、寒战、肌肉关节疼痛、乏力等全身症状。病程较短，一般持续 1～2 天症状可自行消失。暴露后 4～8 小时白细胞升高达 $24.3 \times 10^9$/L。肺功能改变一般较轻，可见班后通气功能较班前下降。多数患者血清沉淀素抗体阴性。

（3）诊断：依据明确的有机粉尘暴露史和临床表现进行诊断。暴露后 4～6 小时发病，出现发热、鼻塞、流涕等类似流感样症状，体温一般在 37～38℃之间，或体温更高，出现寒战。白细胞一过性增高。肺通气功能轻度下降。以往有类似接触史、疾病史可支持诊断。

（4）处理原则：一般症状经 1～2 天自行消失，症状较重时对症处理。

---

**案例 2-5 解析**

长期吸入棉花、亚麻、软大麻等植物性粉尘可引起以支气管痉挛、呼吸道阻塞为主的疾患，主要表现咳嗽或咳痰、气短、胸闷，X 线胸片主要表现两中、下肺区中外带出现网状影，部分可见中等密度的 1～2mm 大小不规则点状影。肺功能 FVC、FEV 1、FEF 25～75 各指标班前、班后下降值均较对照组明显。其原因可能是棉尘受革兰阴性细菌及内毒素污染，内毒素可激活巨噬细胞并使其产生生物活性物质，引起中性粒细胞聚集和一系列生物学效应，从而引起肺部的急性或慢性炎症反应。也有研究发现棉尘浸出液可激活肺泡巨噬细胞、肥大细胞或血小板，使之分泌生物介质，引起气道平滑肌痉挛及炎症反应。

（沈福海）

# 思 考 题

1. 哪些行业部门是我国目前尘肺防治工作的重点？
2. 要达到 ILO/WHO 提出的消除矽肺的目标，我国应该采取哪些举措？

3. 煤肺、煤矽肺X线表现的病理学基础是什么？

4. 某冶金矿山机械厂生产大型矿山设备，主要工艺为砂型制造、砂型干燥、合箱、浇铸、打箱和清砂，生产过程中工人可能会接触什么粉尘？会发生哪种尘肺？其临床特征和病理学基础是什么？

5. 有机粉尘会导致哪些健康损害？

# 第三章 物理性有害因素及其所致职业病

## 第一节 概 述

随着工农业生产自动化程度的提高，机械化生产设备的使用越来越多，物理因素对人体健康的影响越来越引起人们的重视。生产环境中与劳动者健康密切相关的物理性有害因素有异常气象条件、生产性噪声与振动、电离辐射和非电离辐射等。物理因素与化学因素相比，具有以下特点：

（1）物理因素一般多为自然存在的因素，有些是人体生理功能所必需的外界条件，如强度低、作用时间短则对人体无害；但强度大、作用时间长则对机体产生不良影响。

（2）作业环境中的物理因素来源明确，在生产状态时，可出现这些因素并对劳动者健康造成影响。一旦工作结束，生产设备停止运转，相应的物理因素消失。

（3）物理因素对人体的作用，常表现为在某一强度范围内是人体生理功能所必需，如强度过高或过低，则会危害人体健康，而不是呈现一般的接触水平-反应关系。例如气温过高可引起中暑，气温过低则引起冻伤。

（4）绝大多数物理因素在停止接触后，体内不再存留。对物理因素造成损害的治疗，主要采取对症治疗。

（5）机体在接触物理因素时，多会产生适应现象，如高低温、噪声等。这是机体的自我保护现象，但这种保护作用有一定限度，长期接触大强度的这些因素，就可对机体健康造成损害。

（6）对物理因素采取的预防措施，不是消除或减少到越低越好，而是将其控制在一定的适宜范围内。如采取预防措施后仍不能达到要求时，可采用缩短接触时间的办法以保护劳动者健康。

## 第二节 不良气象条件与中暑

> **案例 3-1**
> 患者，男，25岁，为某公司门架电焊工，工龄3年，该患者于2009年8月27日17：00左右在连续从事焊接作业近10小时时，自感发热、头晕头痛、全身疲乏、心悸、注意力不集中去医院就诊。
> 体格检查：患者面色潮红、脉搏细弱。体温40.1℃，心率108次/分，血压120/54 mmHg，心肺听诊无异常。
> 留医院观察室输葡萄糖盐水1000毫升，75%乙醇溶液擦浴，并经口补充冰镇饮料。2小时后症状减轻，测体温37.1℃。继续观察1小时后出院，回家休息。
> 问题：
> 1. 该病的病因是什么？
> 2. 作为职业病医师，你做何诊断？诊断依据是什么？

气象条件主要包括气温、气湿、气流、气压和热辐射。其中生产环境中的气温、气湿和气压与劳动者健康密切相关。

# 一、生产环境中的气象条件

生产环境中的气象条件是指空气的温度、湿度、风速和热辐射。

**1. 气温**（air temperature） 气温是生产环境中空气的温度,其取决于自然环境中的气温、太阳辐射和生产工艺过程中的热源（如冶金工业的冶炼炉、陶瓷制造的窑、化学反应釜等）、机器转动产热、人体散热等。生产性热源通过传导和对流,加热生产环境空气,并通过辐射加热周围物体,形成二次热源,使气温升高。

**2. 气湿**（humidity） 气湿是表示大气干燥程度的物理量,常用绝对湿度（absolute humidity）和相对湿度（relative humidity）表示。生产环境中的气湿常以空气中测定时的水蒸气分压力与同一温度下空气的饱和水蒸气分压力之比,即相对湿度来表示。相对湿度80%以上为高气湿,低于30%为低气湿。高气湿主要是由于生产过程中产生大量水蒸气或生产上要求车间保持较高湿度所致,常见于印染、缫丝、纺织、造纸、制革、屠宰和矿井、隧道等作业。低气湿可见于冬季高温车间中的作业。

**3. 气流**（airflow） 流动的空气称为气流。通过合理组织气流,可以控制或消除生产过程中产生的粉尘、有毒气体、高温和高湿等职业性有害因素。生产环境中的气流除受自然风力和机械通风系统的影响外,生产中的热源产生的热压也是其动力源之一。热源使车间空气温度升高,体积膨胀,密度下降,车间外空气温度低,密度大,形成车间内外空气重力差,即热压。使室外的冷空气从车间门窗和下部通风口进入室内,车间内热空气从上部天窗排出,形成气流。室内外温差愈大,形成的气流也愈强。

**4. 热辐射**（thermal radiation） 物体因本身的温度而以电磁辐射（主要是红外线和部分可见光的形式）向外散发的能量称为热辐射。太阳辐射和生产环境中的各种熔炉、燃烧的火焰、融化的金属均可产生大量的热辐射。当周围物体表面温度超过人体体表温度时,周围物体向人体传递热辐射而使人体受热,称为正辐射。相反,人体体表温度高于周围物体表面温度时,人体向周围物体辐射散热,称为负辐射。热辐射的辐射能量与辐射热源绝对温度的4次方成正比,与辐射源距离的平方成反比。这表明生产性热源的温度愈高,表面积愈大,距离辐射源愈近,辐射热量就愈大。辐射热除加热于人的体表外,还能加热人的深部组织,因而对人体的加热作用更快更强。热辐射强度以每分钟每平方厘米表面接受多少焦耳热量表示（$J/cm^2 \cdot min$）。

生产环境中的气象条件受厂房建筑布局、通风系统、生产工艺过程中的热源和地理位置、气候类型和昼夜变化等影响。不同地区和不同季节的生产环境气象条件差异很大,同一车间的不同作业点、同一作业点在一日内不同时间,气象条件都可存在明显差异。在进行职业病危害评价时应综合考虑多种因素。

# 二、高温作业

## （一）高温作业的类型及特点

高温作业（work in hot environment）是指工作地点有高气温,或有强烈的热辐射,或伴有高气湿（相对湿度≥80%）相结合的异常作业条件,湿球黑球温度指数（wet bulb globe temperature index,WBGT指数）超过规定限值的作业。高温作业可分为下列三种类型：

**1. 高温、强热辐射作业** 在绝大多数高温作业中,高温与强热辐射常同时存在,如冶金工业的炼钢、炼焦、炼铁、轧钢和机械制造工业的铸造、锻造、热处理等车间；玻璃、陶瓷、搪瓷、砖瓦等工业的窑炉车间；发电厂、煤气厂和轮船的锅炉间等。这些生产场所的气象特点是气温高、热辐射强度大,相对湿度较低,形成干热环境。

**2. 高温、高湿作业** 在印染、缫丝、造纸等工业中的液体加热或蒸煮车间，放散大量热蒸气，夏季车间气温一般在35℃以上，相对湿度常达90%以上；在深井煤矿中，由于煤层产热以及水分蒸发，矿井内气温可达30℃以上，相对湿度可达95%以上。这些工作场所的气象特点是高气温、高气湿而热辐射强度不大，形成湿热环境。

**3. 夏季露天作业** 常见于夏季劳动者在高温自然气象环境下进行的作业，如夏季的农田劳动、建筑工地和码头搬运等露天作业。此类作业的特点是除受太阳直接辐射作用外，劳动者还受到加热的地面和周围物体的二次热辐射作用，易形成高温与热辐射的联合作业环境。

## （二）高温作业对机体生理功能的影响

高温作业时，人体可出现一系列生理功能变化，主要表现为体温调节、水盐代谢、循环系统、消化系统、神经系统和泌尿系统等的适应性变化。如超过一定限度，可对机体产生不良影响。

**1. 体温调节** 正常人的体温维持相对恒定，是保证机体新陈代谢和生命活动正常进行的必要条件。机体与环境的热量交换，是通过蒸发、辐射、对流和传导来进行的，可以热平衡公式表示。

$$S = M - E \pm R \pm C_1 \pm C_2 \qquad (公式3-1)$$

式中，$S$（storage）为热蓄积的变化，$M$（metabolism）为代谢产热，$E$（evaporation）为蒸发散热，$R$（radiation）为经辐射的获热或散热，$C_1$（convection）为对流的获热或散热，$C_2$（conduction）为传导的获热或散热。

高温作业劳动者的体温调节主要受生产环境的气象条件和劳动强度两个因素的共同影响，人体从高温环境获得的辐射和对流附加热以及劳动时体内代谢产生的热量，在中枢神经系统（下丘脑）体温调节中枢调节下，经血液转移到体表，主要通过皮肤的散热使体温保持在很小的变化幅度内。皮肤散热以对流、热辐射和汗液蒸发的方式进行。当环境温度超过皮肤温度（一般以平均皮肤温度35℃为界）时，对流和热辐射都失去了散热的作用，此时机体只能通过汗液蒸发散热，而湿热环境可以降低蒸发散热的效率。当环境获热和体内代谢产热明显超过散热时，会使体内蓄热量不断增加，以致体温明显升高。如蓄热过度，超出人体体温调节能力，则可因机体过热而发生中暑。

**2. 水盐代谢** 高温环境中汗液的蒸发是机体散热的主要途径，机体为保持体温的恒定会大量出汗，出汗量与劳动强度呈正相关。在高温高湿风速小的环境中，汗液不易蒸发，往往成汗珠淌下，不利于散热。机体出汗量取决于气温、气湿、热辐射和劳动强度，因此出汗量是高温作业劳动者受热程度和劳动强度的综合指标。汗液是低渗性液体，固体成分不到1%，大部分为氯化钠以及少量的氯化钾、尿素和水溶性维生素等。大量出汗可造成水盐大量丢失，导致水盐代谢障碍。一般认为，一个工作日出汗量6L为生理最高限度，一个工作日完毕，失水不应超过体重的1.5%。高温作业劳动者每日随汗液排出盐量可达20～25g。正常人每天摄取食盐约为10～20g，故易出现体内缺盐。体内缺盐时，尿液中盐量减少，因此，尿盐可以作为判断体内是否缺盐的指标。在正常饮食条件下从事轻劳动的人，尿盐量为10～15g/24h，如果尿盐含量降至5g/24h以下，则表示体内有缺盐的可能。高温作业人员在补充水分的同时，应及时补充盐分及维生素等营养物质。

**3. 循环系统** 高温作业时，体内血液因散热需要而重新分配。内脏血管收缩血流减少，皮肤血管网扩张，皮肤血流量增加，使体内蓄积的热量易于向外界环境放散。同时，为了保证工作状态下肌肉的活动，需要向工作肌群输送足够的血液。由于机体出汗丧失大量水分，使血液浓缩，血黏稠度加大，有效循环血量减少。这种供求矛盾使体内循环系统处于高度应激状态，引起心跳加快，心输出量增多，使心脏负荷加重，长期暴露可出现心肌代偿性肥大。心率可受环境高温和劳动强度的影响，而后者影响更为明显。高温作业时，由于皮肤血管扩张，末梢阻力下降，血压降低；同时体力劳动又可以使收缩压升高，舒张压一般不升高，甚至稍有下降，因此，机体常出现脉压差增大的表现。

**4. 消化系统** 高温作业时，由于出汗散热以及工作肌群的需要，体内血液重新分配，引起消化系统血流减少,胃肠蠕动减慢,胃液分泌减少,酸度降低,唾液分泌明显减少,淀粉酶活性降低。高温条件下常因口渴而大量饮水,又可造成胃液稀释,从而造成机体消化功能降低,出现食欲不振和消化不良,胃肠道疾病增多,且工龄愈长,患病率愈高。

**5. 泌尿系统** 高温作业时机体大部分水分经汗腺排出,导致尿量减少,尿液浓缩,肾脏负荷加重。如不及时补充水分,可出现肾功能不全,尿中可出现蛋白、红细胞、管型等。

**6. 神经系统** 高温作业可使中枢神经系统出现抑制,从而使肌肉工作能力下降,机体产热量因肌肉活动减少而下降,热负荷得以减轻。这种抑制可看作是保护性反应。但由于动作的准确性和协调性、反应速度及注意力等下降,不仅使工作效率降低,而且易引发工伤事故。

### (三) 热适应

热适应(heat acclimatization)是指人在热环境工作一段时间后对热负荷产生适应的现象。一般在高温环境中工作数周后,机体可产生热适应。主要表现为体温调节、水盐代谢、心血管功能方面的改善。从事同等强度的劳动,代谢率下降,产热减少,体温调节能力提高。排汗功能的改善是热适应的重要表现。排汗量增加,可增加30%甚至100%,汗液中无机盐含量减少1/10;皮肤温度降低;心率明显下降。研究发现细胞在机体热适应后可诱导合成一组蛋白质即热休克蛋白(heat shock proteins,HSP),可增加机体对热负荷的耐受能力,保护机体免受一定范围高温的致死性损伤,有助于减轻热损伤和防止中暑的发生。但机体热适应存在个体差异,且有一定限度,长时间在高温环境中从事重体力劳动,超过机体适应能力,仍可引起生理功能紊乱,甚至中暑。热适应状态不稳定,停止高温接触一周左右即回到适应前状态,即脱适应。

### (四) 中暑

中暑(heat illness)是在高温环境下机体因热平衡和(或)水盐代谢紊乱等而引起的一种以中枢神经系统和(或)心血管系统障碍为主要表现的急性热致疾病(acute heat-induced illness)。职业性中暑是在高温作业环境下,由于热平衡和(或)水盐代谢紊乱而引起的以中枢神经系统和(或)心血管障碍为主要表现的急性疾病。作业环境高气温、高气湿、强热辐射、风速小、劳动强度大、持续劳动时间过长是职业性中暑的主要致病因素。体弱、肥胖、过度疲劳、睡眠不足、尚未产生热适应等个体因素可促进中暑发生。

**1. 发病机制与临床表现** 中暑按发病机制和临床表现不同,可分为三种类型:即热射病(heat stroke,含日射病 sun shroke)、热痉挛(heat cramp)和热衰竭(heat exhaustion)。一般都以单一类型出现,亦可多种类型同时并存,我国职业病目录中通称为中暑。

(1)热射病:是中暑最严重的一种,病情危急死亡率高,多见于强干热型或湿热型高温作业,是由于人体在高温环境下产热和受热超过散热、引起体内蓄热、体温不断增高,致使体温调节功能发生障碍。其临床特点是在高温环境中突然发病,体温可高达40℃以上,开始时大量出汗,随后出现皮肤干燥、灼热而"无汗";有不同程度的意识障碍,表现为嗜睡谵妄、昏迷、抽搐、脉搏快而无力。重症患者可有肝、肾功能异常,如抢救不及时可死亡。

(2)热痉挛:多发生在干热型高温作业,是由于水和电解质平衡紊乱所致,人体大量出汗造成钠、氯、钾等严重丢失,而发生肌痉挛。其临床特点是明显肌肉痉挛伴收缩痛。肌痉挛以活动较多的四肢肌肉、咀嚼肌和腹肌,尤以腓肠肌为明显。痉挛常呈对称性,时而发作、时而缓解。轻者不影响工作,重者疼痛感甚剧。患者神志清醒,体温多正常。

(3)热衰竭:也称热晕厥、热虚脱。多发生于高气温、强热辐射的气象条件下。其发病机制尚不明确,一般认为是由于热引起外周血管扩张和大量失水造成的有效循环血量减少,而导致脑部暂时性血供不足所致。其临床特点为起病急,主要表现头昏、头痛、心悸、多汗、口渴、恶心、呕吐、面色苍白,继之可出现皮肤湿冷、血压短暂下降、脉搏细弱、晕厥等。患者体温多不高,一般不引起循环衰竭。

**2. 诊断** 根据高温作业人员职业史(主要指工作时的气象条件)及体温升高,肌痉挛或晕厥等主要临床表现，排除其他疾病，方可诊断。职业性中暑诊断标准（GBZ 41-2002）如下：

（1）中暑先兆（观察对象）：是指劳动者在高温作业场所劳动一段时间后，出现头昏、头痛、口渴、多汗、全身疲乏、心悸、注意力不集中、动作不协调等症状，体温正常或略有升高。

（2）轻症中暑：除中暑先兆的症状加重外，出现面色潮红、大量出汗、脉搏快速等表现，体温升高至 38.5℃以上。

（3）重症中暑：出现热射病、热痉挛或热衰竭的主要临床表现之一者，或出现混合型者可诊断为重症中暑。

**3. 中暑治疗** 主要依据其发病机制和临床表现进行对症治疗，体温升高者应迅速降低体温。

（1）中暑先兆：暂时脱离高温现场，并予以密切观察。

（2）轻度中暑：迅速脱离高温作业环境，到阴凉通风处休息，给予含盐清凉饮料及对症处理。必要时给予葡萄糖生理盐水静脉滴注。

（3）重症中暑：其治疗原则为迅速降低过高的体温，纠正水、电解质平衡紊乱和促进酸碱平衡，积极防治休克、脑水肿等。

1）物理降温：冰水浸浴是降低体温的有效措施，须不断摩擦四肢皮肤，以保持皮肤血管扩张，促进散热。全身敷以冷水湿透的毛巾，不断洒冷水并用毛巾摩擦皮肤；头部、腋下及腹股沟处放置冰袋或用乙醇溶液擦身，加电扇吹风等。为防止因体表受冷刺激而引起皮肤血管收缩和肌肉震颤，物理降温宜与药物降温同时进行。

2）药物降温：首选吩噻嗪类药物氯丙嗪降温，其药理作用主要为：影响体温调节中枢，使产热减少；扩张周围血管，加速散热；松弛肌肉、减少肌震颤；增强机体耐受缺氧能力等。

使用方法：氯丙嗪 25～50mg 加入 500ml 生理盐水中静脉滴注，视病情于 1～2 小时内滴注完毕。病情危重者，可用氯丙嗪 25mg 和异丙嗪 25mg 溶于 100～200ml 生理盐水中静脉滴注，10～20 分钟滴注完毕。如 2 小时体温没有下降，可按上述方法重复给药一次。在降温过程中，必须加强护理，密切观察体温、血压和心脏情况，一旦肛温降至 38℃左右应立即停止降温措施，以免发生虚脱。

3）纠正水电解质平衡紊乱：按病情适当补充水和盐，补液量 24 小时内控制在 1000～2000ml 为宜，一般不超过 3000ml，静脉滴注不可过快。热射病时严重失水和电解质紊乱较少见，除非有明显的脱水，不宜大量输液，以免发生肺水肿、脑水肿和心功能不全。

4）其他：适量补充维生素 C 和维生素 $B_1$；积极防治休克，脉细弱者应立即注射中枢兴奋剂，并给予升压药物，维持收缩压在 12kPa（90mmHg）以上。对重症患者应及时吸氧和预防继发感染。

## （五）防暑降温措施

**1. 高温作业卫生标准** 高温作业时，人体与环境的热交换和平衡既受气象因素，又受劳动代谢产热的影响。我国在制定高温作业卫生标准（工作场所有害因素职业接触限值 GBZ 2.2-2007）中，以湿球黑球温度（wet bulb globe temperature index，WBGT 指数）作为综合评价人体接触作业环境热负荷的基本参数，同时考虑劳动强度（表 3-1）。WBGT 为湿球温度、黑球温度和干球温度的加权平均值。

表 3-1 工作场所不同体力劳动强度 WBGT 限值（℃）

| 接触时间率 | 体力劳动强度（强度指数） | | | |
|---|---|---|---|---|
| | Ⅰ（≤15） | Ⅱ（～20） | Ⅲ（～25） | Ⅳ（>25） |
| 100% | 30 | 28 | 26 | 25 |
| 75% | 31 | 29 | 28 | 26 |
| 50% | 32 | 30 | 29 | 28 |
| 25% | 33 | 32 | 31 | 30 |

注：接触时间率指劳动者在一个工作日内实际接触高温作业的累计时间与 8 小时的比率。本地区室外通风设计温度≥30℃的地区，表中规定的 WBGT 指数相应增加 1℃

**2. 技术措施**

（1）合理设计工艺过程：科学合理地设计生产工艺，改进生产设备和操作方法，提高生产的机械化、自动化水平，使作业人员远离热源，是防暑降温的根本措施。如炼钢、轧钢、陶瓷、搪瓷等生产的进出料工艺实行自动化生产等。合理布置热源，尽可能地设置在车间外；利用热压为主的自然通风车间，热源应尽可能地布置在天窗的下方；采用穿堂风为主的自然通风车间，热源应尽量布置在夏季主导风向的下风侧；热源布置应便于采用各种有效的隔热及降温措施。放散大量热量的设备宜布置于单层厂房内，当厂房是多层建筑物时，宜布置在建筑物的高层。工人操作岗位的设置应便于采取降温措施。

（2）隔热：隔热（heat isolation）是防暑降温的一项重要措施，是降低热辐射的有效方法。隔热的作用在于隔断热源的辐射热作用，同时还能相应减少对流散热，将热源的热作用限制在某一范围内。高温车间对热设备采取的隔热措施，一般可分为热绝缘和热屏挡两类。热绝缘是采用石棉、草灰、硅藻土、玻璃纤维等导热系数小的阻燃材料，包覆在热源体外，使热源通过对流和热辐射散发的热量减少。热屏挡是利用水或导水屏挡、石棉板进行隔热，可有效地降低热辐射强度，如瀑布水幕、循环水炉门等。

（3）通风降温

1）自然通风：自然通风是充分利用自然的风压（air dynamic pressure）和热压（heat pressure）差的综合作用使室内外空气进行交流换气。为加强自然通风、防止气流出现逆风倒灌，科学合理地设置车间的进、出风口，以充分利用热压和气压，使自然通风发挥最大效能。对于热源集中或单一的车间，可在热源的上方设置排气罩，使受热的空气直接经排气管和风帽排出。排气罩口与热源距离愈小，散热效果愈佳，排气管应直、粗、光滑，风帽高出房顶。

2）机械通风：在自然通风不能满足降温需求或生产上要求保持车间一定温湿度情况下，可使用机械通风（mechanical ventilation），提高局部工作地点的风速或将冷空气直接送至工作地点，改善局部工作地点的气象条件。常用的局部送风降温设备有风扇、喷雾风扇、空气淋浴等。

**3. 保健措施**

（1）供应含盐饮料和补充营养：含盐饮料是高温作业工人补充水分和盐的最佳方法，补入量应与出汗所丢失的水、盐量相等。一般每人每日供水 3～5L，盐 20g 左右，如三餐膳食中已供盐 12～15g，饮料中只需补盐 8～10g。对于 8 小时工作日内出汗量小于 4L 者，不一定需从饮料中补盐。饮料含盐量以 0.15%～0.2%为宜，饮水应少量多次。高温作业者热能消耗较大，故热能供给应较一般作业人员增加 10%。蛋白质供给应增加到占总热量的 14%～15%为宜。应适量补充水溶性维生素等。

（2）加强个人防护：尤其是特殊高温作业劳动者，应使用适当的防护用品，如防热服装及特殊防护眼镜等。高温作业的工作服应用耐热、导热系数小而透气性好的织物制成。工作服宜宽大而不影响操作。在热辐射强的环境工作，应穿白帆布或铝箔制的工作服。按不同作业要求，可配戴工作帽，防护眼镜、手套、面罩、鞋盖、护腿等个人防护用品。

（3）加强医疗预防工作：对高温作业工人进行岗前和入暑前的健康检查，建立、健全高温作业工人健康档案，发现有心血管系统器质性疾病、持久性高血压、中枢神经系统器质性疾病，明显呼吸系统、消化系统或内分泌系统以及明显肝、肾疾病者均不宜从事高温作业。在高温季节，做好现场巡回医疗保健工作，大力开展防暑降温健康宣教活动。

**4. 组织措施**　我国防暑降温已有较成熟的经验，关键在于加强领导，改善管理，严格遵守国家有关高温作业卫生标准，搞好厂矿防暑降温工作。根据当地气候特点，适当调整夏季高温作业劳动和休息制度。尽可能缩短劳动持续时间，增加工间休息次数，延长工休，特别是午休时间等，保证高温作业工人夏季有充分的睡眠和休息，这对预防中暑有重要意义。

**案例 3-1 解析**

1. 中暑的原因主要是在高温环境下，从事重体力劳动，体内过多的热量散发不出来，造成机体过热，体温升高。
2. 诊断中暑的主要依据是明确的接触高温职业史，有体温升高和肌肉痉挛、热衰竭等临床表现。
3. 中暑的处理原则为降低过高的体温，对症治疗。

# 三、异常气压

有些特殊职业需要在异常气压下工作，如潜水或潜涵（沉箱）作业属高气压作业，高空、高原或高山作业属低气压作业。在异常气压下工作，如防护不当，可对人体健康产生不利的影响。

## （一）高气压

**1. 高气压作业**

（1）潜水作业：水下施工、打捞沉船或海底救护均需潜水作业。潜水员每下沉 10.3m，压力增加 101.33kPa（1 个大气压）。

（2）潜涵作业：是指在地下水位以下潜涵内进行的作业，又称沉箱作业，如建造桥墩时，将潜涵逐渐下沉，到一定深度时需通入等于或大于水下压力的高压空气，以保证潜涵不渗入水，此时潜涵内的气压属于高气压。

（3）其他：如临床治疗用的高压氧舱和加压治疗舱、气象学上高气压科学研究舱的作业。

**2. 高气压对人体的影响** 在压力增加的过程中，可引起鼓膜内陷而产生内耳闭塞感、耳鸣和头晕等症状，甚至鼓膜破裂。处于高气压环境下，气压小于 709.3kPa（7 个标准大气压）时，可引起心跳和外周血液流速减慢；气压大于 709.3kPa 时，可出现麻醉作用，如酒醉样、意识模糊等，以及对心血管运动中枢的刺激作用，如血压升高、血液流速加快等。

**3. 减压病**（decompression disease） 减压病是指在高气压下工作一定时间后，在转向正常气压时，因减压过速所致的职业病。此时人体的组织和血液中产生大量的气泡，导致血液循环障碍和组织损伤。

（1）发病机制：在高气压环境中，空气各成分的分压都相应升高，经过呼吸和血液循环，溶解在机体内的气体量也随之增加。如严格执行减压操作规程，分段逐渐脱离高气压环境，则体内溶解的氮可由组织中缓慢释放进入血液，经肺泡逐渐呼出，对机体无不良影响，若减压过速或发生意外事故，外界压力下降幅度太大，体内溶解氮气在几秒至几分钟内迅速形成气泡，游离于组织和血液中。

在脂肪较少、血管分布较多的组织中，气泡多在血管内形成而造成栓塞，引起一系列症状。在脂肪较多、血管分布较少的组织中，气泡多积聚于血管壁外，产生压迫症状。同时，由于血管内外气泡继续形成，可引起组织缺氧和损伤、血管平滑肌麻痹、微循环血管阻塞等。由此可见，减压病的发病机制，原发的因素是气泡形成，尚有其他理化因素与之相互作用，继而引起一系列生理生化反应，使减压病的临床表现更趋复杂。

（2）临床表现：急性减压病绝大多数（90%）是在 1 小时内发病，一般减压速度愈快、幅度愈大，发病愈早，病情也愈重。

1）皮肤：较早较常见的症状为奇痒，搔之如隔靴搔痒，并伴有灼热感、蚁走感和出汗。主要是由于气泡对皮下感觉神经末梢直接刺激所致。若皮下血管有气栓，可见发绀，呈大理石样斑纹。此外，严重者可出现浮肿或皮下气肿。

2）肌肉、关节、骨骼系统：气泡形成于肌肉、关节、骨膜等处，可引起疼痛。关节痛为减压病常见症状,约占病例数的90%。轻者出现酸痛。重者可呈跳动样、针刺样、撕裂样剧痛,迫使患者关节呈半屈曲状态,称"屈肢症(bends)"。骨质内气泡所致远期后果可产生减压性或无菌性骨坏死,好发于股骨和肱骨上端。

3)神经系统:大多发生在供血差的脊髓,可产生截瘫、四肢感觉和运动功能障碍及直肠、膀胱功能麻痹等。若脑部受累,可发生头痛、感觉异常、运动失调、偏瘫。若视觉和听觉系统受累,可出现眼球震颤、复视、失明、听力减退及内耳眩晕综合征等。

4)呼吸循环系统:若有大量气泡在肺小动脉和毛细血管内,可引起肺梗死、肺水肿等,表现为剧咳、呼吸困难、咯血、发绀、胸痛等。若有大量气泡栓塞在血循环时,可引起心血管功能障碍,表现为脉搏细数、血压下降、心前区紧压感、皮肤和黏膜发绀、四肢发凉。若淋巴系统受累,可产生局部浮肿。

5)消化系统:若大网膜、肠系膜和胃血管中有气泡栓塞时,可引起腹痛、恶心和呕吐等。

(3)诊断:根据我国职业性减压病诊断标准(GBZ 24-2006),其诊断及分级分期如下:

1)急性减压病:分为轻度、中度和重度。轻度为皮肤表现,如瘙痒、丘疹、大理石样斑纹、皮下出血、浮肿等;中度为四肢大关节及其附近的肌肉骨关节痛;重度出现神经系统、循环系统或呼吸系统明显障碍。

2)减压性骨坏死:根据骨骼X线改变分期,Ⅰ期在股骨、肱骨或胫骨见有局部的骨致密区、致密斑片、条纹或小囊变透亮区;骨改变面积上肢或下肢不超过肱骨头或股骨头的1/3;Ⅱ期骨改变面积超过肱骨或股骨头的1/3或出现大片的骨髓钙化;Ⅲ期病变累及关节,并有局部疼痛和活动障碍。

(4)处理原则:减压病的唯一根治手段是及时加压治疗以消除气泡。将患者送入特制的加压舱内,升高舱内气压到作业时的程度,停留一段时间,待患者症状消失后,按减压操作规程逐渐减至常压,然后出舱。及时正确运用加压舱,急性减压病的治愈率可达90%以上,对减压性骨坏死也有一定疗效。此外,尚需辅以其他疗法,如吸氧,补液和电解质以及对症和支持治疗。

(5)预防

1)技术革新:建桥墩时,管柱钻孔法代替沉箱作业,使工人在水面上即可工作。

2)加强安全卫生教育,严格遵守安全操作规程:加强安全卫生教育,高气压作业后,须遵照安全减压时间表逐步返回到正常气压状态,目前多采用阶段减压法。

3)卫生保健措施:作业前严禁饮酒,防止过劳。对潜水员应保证高热量、高蛋白、中等脂肪量饮食,并适当增加各种维生素,如维生素E有抑制血小板凝集作用。作业时注意防寒保暖,作业后进热饮料,洗热水澡等。做好就业前体格检查,包括肩、髋、膝关节及肱骨、股骨和胫骨的X线片检查;以后每年应做1次体格检查,并继续到停止高气压作业后3年止。职业禁忌证:凡患神经、循环、呼吸、泌尿、血液、运动、内分泌、消化系统的器质性疾病和明显的功能性疾病者;患眼、耳、鼻、喉及前庭器官的器质性疾病者;凡年龄超过50岁者、各种传染病未愈者、过敏体质者等不宜从事此项工作。

## (二)低气压

**1. 低气压作业** 高山、高原与高空均属低气压环境。在医学上,高山与高原是指使人体产生明显生物学效应的海拔3000米以上地域,海拔越高,氧分压越低。在海拔3000m时,气压为70.66kPa,氧分压为14.67kPa;而当海拔达到8000m时,气压降至35.99kPa,氧分压仅为7.47kpa,此时肺泡气氧分压和动脉血氧饱和度仅为前者的一半。在高山与高原作业,还会遇到强烈的紫外线和红外线,日夜温差大,温湿度低,气候多变等不利条件。低气压下进行的作业主要见于高原考察、地质勘探、登山等。

**2. 低气压对人体的影响** 在高海拔低氧环境下,人体为保持正常活动和进行作业,机体首先发生功能的适应性变化,逐渐过渡到稳定的适应称为习服(acclimatization),约需1~3个月。人体习服能力，个体差异很大，一般在海拔3000m以内，能较快适应和习服。3000～5330m部分人表现出缺氧症状，部分人需较长时间才适应；5330m为人的适应临界高度。

低气压对机体的影响，主要决定于人体对缺氧适应能力的大小及其他影响因素。初期，由于低氧刺激外周化学感受器，大多数人肺通气量增加，心率增加，部分人血压升高，并见血浆和尿中儿茶酚胺水平增高；适应后，心输出量增加，大部分人血压正常。由于肺泡低氧引起肺小动脉和微动脉的收缩，造成肺动脉高压，可使右心室肥大。血液方面，红细胞和血红蛋白增多、血细胞比容的均值、血液比重和血液黏滞性也增加。此外，初登高山者可因外界低气压，而致腹内气体膨胀，胃肠蠕动受限，消化液如唾液、胃液、胆计均减少，常见腹胀、腹泻、上腹疼痛等症状。轻度缺氧可使神经系统兴奋性增高，反射增强；但海拔继续升高，反应性则逐步下降。

**3. 高原病** 职业性高原病（high altitude disease）是在高海拔低氧环境下从事职业活动所致的一种疾病。高原低气压性缺氧是导致该病的主要病因，机体缺氧引起的功能失代偿和靶器官受损是病变的基础。目前国内外对高原病命名和分型尚无统一标准，我国仅将在高原低氧环境下从事职业活动所致的急性高原肺水肿、急性高原脑水肿、慢性高原心脏病和慢性红细胞增多症定为职业性高原病。

（1）临床表现

1）急性高原反应：由低海拔进抵海拔3000m以上地区数小时到数天内发病。常有头痛、头昏、恶心、呕吐、心悸、胸闷、气短、发绀、乏力、食欲不振、睡眠障碍、外周水肿、尿少等。一般经休息或对症处理后数日内即可缓解或消失。急性高原反应单独列为一个类型，不作为急、慢性高原病诊断，类同职业病诊断中的"观察对象"。

2）急性高原病：急性高原病（acute mountain sickness，AMS）包括高原脑水肿（high altitude cerebral edema，HACE）和高原肺水肿（high altitude pulmonary edema，HAPE）。

高原脑水肿是以脑昏迷为主要特征的急性高原病。发病急，多发生在海拔4000m以上地区，多为未经习服者，少数人可在海拔3000m以上发病，以初次进入高原者多发。由于缺氧，引起大脑血流和脑脊液压力升高，血管通透性增强，而产生脑水肿；缺氧还可直接损害大脑皮层。患者可出现一系列神经精神症状，如剧烈头痛、兴奋、失眠、恶心和呕吐、共济失调、瘫痪、幻觉、癫痫样发作、木僵和昏迷。

高原肺水肿是指初到高原或重返高原者因快速暴露于高原低氧环境，加之寒冷、劳累和感冒等诱因，使肺动脉压升高、肺血容量增加、肺循环障碍和微循环内液体渗至肺间质和肺泡而引起的一种高原特发病。一般在到达高原后6～96小时发病，以3500m以上多见。症状包括干咳、发绀、多量血性泡沫状痰、呼吸极度困难、胸痛、烦躁不安，两肺广泛性湿啰音。X线检查见两肺中、下部密度较淡，云絮状边缘不清阴影，尤其右下侧严重。

3）慢性高原病：慢性高原病（chronic mountain sickness，CMS）是长期生活在海拔2500m以上高原的世居者或移居者，对高原低氧环境逐渐失去习服而导致的临床综合征，主要表现为红细胞增多，血红蛋白增高。

此类疾患是由于肺泡过低通气所致，表现为发绀、红细胞过度生成、非常低的动脉氧饱和度、肺动脉高压及右心扩大，心脏功能减退。可出现头痛、头晕、气喘和（或）心悸、失眠、乏力、局部发绀、手脚心发热、静脉曲张、肌肉关节疼痛、厌食、注意力不集中、健忘等症状。红细胞增多（女性Hb≥190g/L，男性Hb≥210g/L）。

慢性缺氧所致的中枢性肺通气抑制，呼吸速度提高（潮气量减低）加重了肺泡过低通气。动脉血氧明显不足常见于睡眠中，这强烈地刺激红细胞生成。当患者移居到低海拔地区后，其临床症状逐渐消失，如果再返回高原则病情复发。

高原心脏病，是因低氧直接或间接累及心脏而引起的一种心脏病，有显著肺动脉高压、右心室增大和右心功能不全。临床经过缓慢，偶有突发病例，多发生在海拔3000m以上地区。

高原红细胞增多症，是以体内红细胞和血红蛋白代偿性增多为临床特征的慢性高原病，严重影响劳动力，病程迁延，多发生在海拔 3000m 以上地区，随海拔升高而增加，男性高于女性。

（2）处理原则

1）急性高原病：

A. 早期发现、早期诊断、适当休息并就地给予对症治疗。

B. 大流量给氧、高压氧、糖皮质激素、钙通道拮抗剂等治疗或转至低海拔区。

2）慢性高原病：转至低海拔区治疗，一般不宜再返高海拔地区工作。可针对性采用静脉放血疗法、血液等容稀释疗法、高压氧治疗等。

（3）预防

1）促进和加快对高原环境的习服措施和手段

A. 适当控制登高速度与高度：由平原向高山攀登者，应坚持阶梯式升高的原则，逐步适应。为防止或减少高原病的发生，以每日平均登高速度小于 1000m 为宜。

B. 适应性锻炼：在进驻高原前，必须充分进行心理和体力方面的适应性锻炼，以促进机体对高原低氧环境的全面适应。如先在海拔相对较低的区域进行一定的体力锻炼，以增强人体对缺氧的耐受能力。对初入高原者，应适当减少体力劳动，以后视适应情况而逐渐增加其劳动量。

C. 营养与高原耐缺氧食品：机体在缺氧条件下的有氧代谢是以糖为主，故人们在高原上应多食用高糖、适量蛋白、低脂肪食物以及新鲜蔬菜水果，适当多饮水。

D. 预缺氧：缺氧预适应作为一种新的促习服措施，正日益成为高原习服研究的热点。预缺氧是指机体经短暂时间的缺氧后，对后续更长时间或更严重缺氧性损伤具有强大的抵御和保护效应。

2）减少氧耗，避免机体抵抗力下降：过重过久的体力劳动、寒冷、感染、吸烟和饮酒都会加重机体的氧耗，诱发高原病。因此，降低体力劳动强度，防止疲劳，注意保暖，防止上呼吸道感染，节制吸烟和饮酒，可有效地预防急性高原病发生。

3）增加供氧，提高劳动能力：提高室内氧分压或间歇式吸氧有显著改善体力和睡眠作用。

职业禁忌证：凡患有明显的心、肺、肝、肾等疾病、高血压Ⅱ期、各种血液病、红细胞增多症者等，不宜进入高原地区。

（张春芝　张　璟）

## 思 考 题

1. 高温作业的类型有哪些？
2. 中暑的临床分型及主要表现有哪些？
3. 防暑降温措施有哪些？
4. 高气压作业的主要危害有哪些？
5. 高原作业有哪些危害？如何预防？

## 第三节　噪　声

**案例 3-2**

患者，男，47 岁，因双耳听力下降 8 年伴双耳耳鸣加重 2 年入院。

患者于 2002 年 5 月至今，一直在某面粉公司制粉车间，从事磨工、风运工作。患者自述听力下降 8 年余，伴耳鸣，近 2 年加重，需配带助听器对话。实验室检查：电测听双耳感音神经性聋，声阻抗为双耳鼓室功能曲线正常。

现场劳动卫生学调查发现，患者工作场所的噪声强度为 85~98dB（A），每天工作 8~10 小时，无任何个人防护。同一车间还有 6 名工友，有 2 名自述也出现耳聋，但不严重未引起注意，其余 4 名无明显耳聋的感觉。

**问题：**
1. 对就诊的患者如何做出诊断，诊断的依据是什么？
2. 对其余 6 名工友应如何处理？

噪声是影响范围很广的一种职业性有害因素，也是社会公害之一，在许多生产过程中均可产生。超过一定强度的噪声可对人体健康产生不良影响。

# 一、基本概念

## （一）声音与噪声

物体受振动后，振动能在弹性介质中以波的形式向外传播，传到人耳引起的音响感觉称为声音（sound）。这种振动波称为声波。物体每秒钟振动的次数称为频率（frequency），用 f 表示，单位为赫兹（Hz）。人耳能感受到的声音频率在 20~20 000Hz 之间，这一频率范围的振动波称为声波（sound wave）。低于 20Hz 属次声波（infrasonic wave），高于 20 000Hz 属超声波（ultrasonic wave）。

噪声通常是指频率和强度无规律的杂乱组合所形成的使人感到厌烦的声音。但从卫生学的角度讲，凡是使人感到厌烦、不需要的或有损健康的声音都为噪声（noise）。

## （二）生产性噪声

生产过程中产生的频率和强度没有规律，听起来令人厌烦的声音称为生产性噪声或工业噪声。生产性噪声具有强度高、高频音所占比例大、持续暴露时间长等特点，并常与其他职业性有害因素形成联合作用。

按其来源可分为：

**1. 机械性噪声** 由于机械的撞击、摩擦、转动等产生的噪声，如织布机、球磨机、冲压机等产生的声音。

**2. 流体动力性噪声** 是指由于气体压力突然变化或流体流动所产生的声音，如空压机、汽笛等产生的声音。

**3. 电磁性噪声** 指由于电机交变力相互作用而产生的声音，如电动机、变压器发出的声音。

根据噪声强度随时间而出现的变化，生产性噪声可分为连续噪声和间断噪声。连续噪声按其随时间分布过程中声压级波动是否<3dB，又分为稳态噪声和非稳态噪声。间断噪声也称脉冲性噪声（impulsive noise），是指声音持续时间≤0.5 秒、间隔时间＞1 秒、声压有效值变化＞40dB 的噪声。对于稳态噪声，根据其频率组成特性分为低频（频率在 300Hz 以下）、中频（频率在 300~800Hz）和高频（频率在 800Hz 以上）噪声。还可以根据频率范围大小分为窄频带噪声和宽频带噪声。不同的生产性噪声具有各自特殊的频谱，其中以宽频带、中高频噪声为多见（表 3-2）。

表 3-2 某些噪声源的声级和频谱特性

| 噪声源 | A 声级（dB） | 频谱特性 |
| --- | --- | --- |
| 晶体管装配 | 75 以下 | 低中频 |
| 上胶机、蒸发机 | 75 | 低频 |

续表

| 噪声源 | A声级（dB） | 频谱特性 |
|---|---|---|
| 针织机、挤塑机 | 80 | 高频、宽带 |
| 机床、制砖机 | 85 | 高频、宽带 |
| 梳棉、并条机、空压机、轧钢机 | 90 | 中高频、宽带 |
| 细纱机、轮转印刷机 | 95 | 高频、宽带 |
| 织毛机、鼓风机 | 100 | 高频 |
| 有梭织布机、破碎机 | 105 | 高频 |
| 电锯、喷沙机 | 110 | 高频 |
| 振动筛、振捣台 | 115 | 高频、宽带 |
| 球磨机、加压制砖机 | 120 | 高频 |
| 风铲、铆钉机、锅炉排气放空 | 130 | 高频 |

接触噪声的作业种类甚多，主要有机械制造、矿山、建筑、建材、纺织、发动机制造与维修、运输等行业，就我国职业性接触噪声的强度和接触人数而言，以使用风动工具和纺织机械工种为甚。

## 二、声音的物理特性及评价

### （一）声强与声强级

声波具有一定的能量，单位时间内垂直于传播方向的单位面积上通过的声波能量称声强（sound intensity），常用 I 表示，单位为瓦/平方米（W/m²）。正常青年人耳 1000Hz 纯音听阈声强为 $10^{-12}$ W/m²，痛阈声强为 1W/m²，两者相差 $10^{12}$ 倍。为了计算方便，用对数来表示声强的等级，即声强级，用 $L_I$ 表示，单位为分贝（dB）。

$$L_I = 10\lg I/I_0 \quad \text{（公式 3-2）}$$

式中：$L_I$ 为声强级（dB），$I$ 为被测声强（W/m²），$I_0$ 为基准声强（1000Hz 纯音的听阈声强，$10^{-12}$ W/m²）。

在实际工作中，测量声强比较困难，常采用测量声压的方法表示声音强度。

### （二）声压与声压级

声波在空气介质中传播时，使空气产生疏密变化，这种由于声波的传播而对空气介质产生的压力称为声压（sound pressure），其数值是测量垂直于声波传播方向上单位面积所受的压力来表示的，单位为帕（Pa），1Pa=1N/m²。

声压愈大，音响感愈强，声压小则音响感弱。正常人耳刚能引起音响感觉的声压称为听阈声压或听阈（threshold of hearing）。声压增大至对人耳开始产生疼痛感觉时称为痛阈声压或痛阈（threshold of pain）。对于 1000Hz 的纯音，听阈声压为 20μPa，痛阈声压为 20Pa。从听阈声压到痛阈声压的绝对值相差 1 000 000 倍。为便于计算，在实际工作中常用声压级（sound pressure level，SPL）表示声音强度，单位为 dB。以 1000Hz 纯音的听阈声压为基准声压，被测声压与听阈声压的比值取对数，即为声压级。

$$SPL = 20\lg P/P_0 \quad \text{（dB）} \quad \text{（公式 3-3）}$$

式中：SPL 为声压级（dB），$P$ 为被测声压，$P_0$ 为基准声压（即 1000Hz 纯音听阈声压，20μPa）。从上述公式可计算出，听阈和痛阈之间声压级相差 120dB。普通谈话约为 60～70 dB，载重卡车行驶声约 80～90 dB，球磨机的声压级为 120dB 左右，喷气式飞机附近可达 140～150dB 甚至更高。

1000Hz 纯音的听阈声压级为 0 dB。

### (三) 声压级的合成

在生产场所中，常有多个声源同时存在。声压级是按对数进行计算的，因此在有多个声源同时存在的情况下，生产场所的声压级不是各个声源声压级的总和，而应是对数值相互叠加。如果作业场所各声源的声压级是相同的，则总声压级的计算公式为：

$$L_{总}=L+10\lg n \qquad (公式 3-4)$$

式中：$L_{总}$ 为总声压级（dB），$L$ 为单个声源的声压级（dB），$n$ 为声源的个数。

在实际工作中，各个声源的声压级往往不同，这时计算总声压级需将各声源的声压级从大到小排列，按两两合成的办法逐一计算。计算时先算出声压级的差值 $L_1-L_2$，根据差值从增值表（表3-3）中查出 $\Delta L$，较高声压级与增值 $\Delta L$ 的和就是总声压级，即 $L_{总}= L_1+\Delta L$。例如，某车间三个声源的声压级分别是 92dB、90dB 和 89dB，$L_1-L_2$=92dB-90dB=2dB，查表知 $\Delta L$=2.1dB，则 $L_1$ 与 $L_2$ 的合成声压级 $L_{合}$=92dB+2.1dB=94.1dB，而 $L_{合}-L_3$=94.1dB-89dB=5.1dB，查表知 $\Delta L$=1.2 dB，则 $L_{总}=L_{合}+\Delta L$=94.1dB+1.2dB=95.3dB。

表 3-3 声压级（dB）相加时的增值表（$\Delta L$）

| 声压级差（$L_1-L_2$） | 0 | 1 | 2 | 3 | 4 | 5 | 6 | 7 | 8 | 9 | 10 |
|---|---|---|---|---|---|---|---|---|---|---|---|
| 增加值 $\Delta L$（dB） | 3.0 | 2.5 | 2.1 | 1.8 | 1.5 | 1.2 | 1.0 | 0.8 | 0.6 | 0.5 | 0.4 |

### (四) 频谱

由单一频率组成的声音称纯音，而各种频率组成的声音称复合音。把复合音的频率从低到高进行排列所形成的频率谱称为频谱（frequency spectrum）。

在实际工作中，不需要也不可能对每一频率进行测量，常人为地把声频范围划分为若干小频段，即频带或频程（octave band）。工作中常用倍频程，有时也可用 1/2 倍频程或 1/3 倍频程。倍频程按倍比关系将声频划分为若干小段，每个频段的上限频率是下限频率的 2 倍，即 $f_{上}=2f_{下}$，每一频段用中心频率代表。

$$f_{中}=\sqrt{f_{上}f_{下}} \qquad (公式 3-5)$$

### (五) 等响曲线

人耳对声音的感觉不仅与强度有关，而且还与频率有关，即声压级相同而频率不同时，人耳听到的音响感觉也不同。为使不同频率的声音产生的音响感觉能互相比较，则以 1000Hz 的标准声产生的音响感觉为基准，与之产生同样音响感觉声音的响度均以此标准音的声压级表示，称之为响度级，其单位为昉（phone）。如频率为 100Hz，强度为 50dB 的声音，其响度与 1000Hz 标准音的 20dB 声音相同，则前者的响度级为 20昉。

利用与基准音比较的方法，可测出听阈范围内各声频的响度级，将响度相同的各频率声压级数值连接，可绘出各种响度的曲线图，称为等响曲线（equal loudness curves，图3-1）。从等响曲线可看出人耳对不同频率声音的响应特性，即对于高频声特别是 2000～5000Hz 声音敏感，而对低频声相对不敏感。

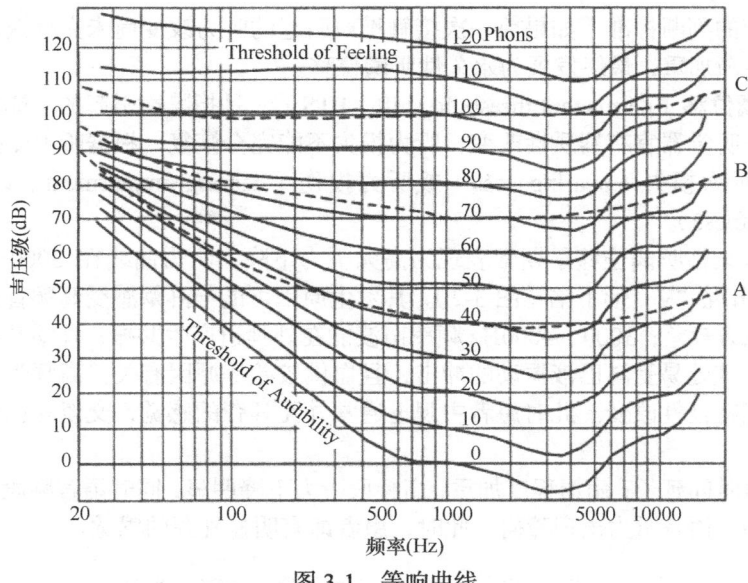

图 3-1　等响曲线

### （六）声级

为准确地评价噪声对人体影响，根据人耳的感音特性，测量噪声的声级计中设置了 A、B、C 三种类型的滤波器，形成不同的计权网络。有时还需要 D 计权网络，用于飞机噪声的测量。A 计权网络模拟人耳对 40 呐的响应曲线，对低频音有较大衰减，对高频音不衰减，符合人耳感音特性；B 计权网络模拟人耳对 70 呐纯音的响应曲线，对低频音有一定程度的衰减；而 C 计权网络模拟人耳对 100 呐纯音的响应特点，所有频率声音几乎都不衰减。经频率计权网络滤波后所测得的声压级称为声级，分别以 dB（A）、dB（B）、dB（C）表示。其中 A 声级是由国际标准化组织（ISO）推荐用作噪声卫生学评价的指标。C 声级可作为总声级。

## 三、噪声对人体健康的影响

噪声对人体健康的影响是全身性的，主要是对听觉系统的损害，也可对心血管系统、神经系统以及全身其他组织器官产生不良影响。这些影响在早期表现为生理性改变，长期接触较强噪声可引起病理性改变。

### （一）听觉系统

听觉系统功能是评价噪声危害的主要依据。声音主要经空气传导，由外耳道进入，引起鼓膜的振动，通过听骨链传至内耳，引起淋巴液震荡，作用于基底膜上的毛细胞，将振动转变为神经信号，经听神经传到中枢，引起音响感觉（气传导）；也可由颅骨直接传入耳蜗（骨传导）。噪声对听觉器官的损伤，是一个逐步发展的过程，先出现暂时性听阈位移，再发展成永久性听阈位移。

**1. 暂时性听阈位移**（temporary threshold shift，TTS）　指接触噪声引起的听阈改变，在脱离噪声环境后经过一定时间可恢复到原来水平。

短时间暴露于强烈噪声，感觉声音刺耳、不适，听觉器官的敏感性下降，听阈可提高 10～15dB，脱离噪声环境后数分钟内即可恢复正常，这种现象称为听觉适应（auditory adaptation）。听觉适应是一种生理保护现象。较长时间暴露于强噪声，听力可出现明显下降，听阈提高超过 15～30dB，脱离噪声环境后，需数小时甚至数十小时听力才能恢复，此现象称为听觉疲劳（auditory fatigue）。在实际工作中，常以前一天下午下班到第二天早晨上班时间段内（约 16 小时）工人听力是否恢复正常作为听觉疲劳的判断标准。如果前一次接触噪声引起的听力改变尚未完全恢复便再次接触噪声,听觉疲劳则逐渐加重,最终发展为永久性听阈位移。

**2. 永久性听阈位移**(permanent threshold shift,PTS) 是指噪声引起的不能恢复到正常水平的听阈升高。此时听觉器官有器质性改变,听力损失不能完全恢复。根据听力受损程度,永久性听阈位移可分为听力损失(hearing loss)或听力损伤(hearing impairment)以及噪声性耳聋(noise-induced deafness)。

噪声所致的永久性听阈位移早期常表现为高频听力下降,听力曲线在3000～6000Hz(多以4000Hz为中心)出现"V"形下陷(图3-2)。其发生原因可能与耳蜗感受高频音的耳蜗基底部毛细胞较少,代偿能力较差;3000～4000Hz频率声波能在外耳道产生共振;耳蜗基底部在感受高频段处有一狭窄部,该处易受淋巴液振动的冲击,且血供较差等原因有关。高频听力下降是噪声引起听力损伤的早期特征性改变。此时患者主观上通常并无耳聋的感觉,交谈和社交活动大多能正常进行。

随着接触噪声时间延长,病损程度加重,高频段听力下降明显,同时语言频段(500～2000Hz)听力也会受到影响,语言听力出现障碍。此时,患者即有明显耳聋的感觉。

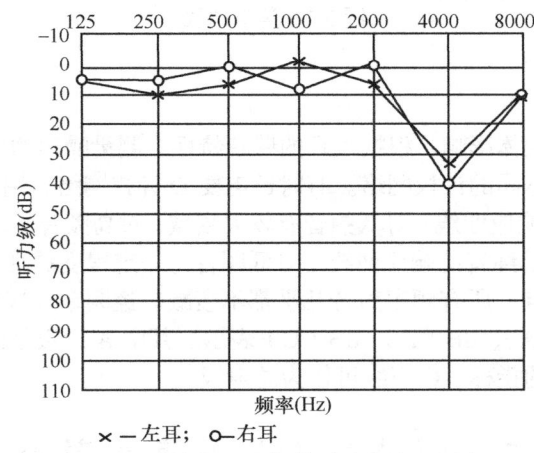

图3-2 噪声性听力损伤(高频段凹陷)

**3. 噪声性耳聋**(occupational noise-induced deafness) 职业性噪声聋是指劳动者在生产活动中,由于长期接触噪声而发生的一种渐进性感音性听觉损害,是我国法定职业病。其诊断需根据确切的噪声职业接触史,有自觉听力损失或耳鸣的症状,纯音测听为感音性损伤,结合现场职业卫生调查,排除其他原因致聋,方可做出诊断。

**职业性噪声聋的诊断** 根据国家卫生标准《GBZ49-2014 职业性噪声聋的诊断》,诊断及分级标准如下:

符合双耳高频(3000Hz、4000Hz、6000Hz)平均听阈≥40dB($HL$)者,根据较好耳语频(500Hz、1000Hz、2000Hz)和高频4000Hz听阈加权值进行诊断和诊断分级:

轻度噪声聋:26dB～40dB($HL$)
中度噪声聋:41dB～55dB($HL$)
重度噪声聋:≥56dB($HL$)

双耳高频平均听阈及单耳听阈加权值,按下列公式计算。计算结果按四舍五入修约至整数。

$$BHFTA = \frac{HL_L + HL_R}{6} \quad \text{(公式3-6)}$$

式中:BHFTA为双耳高频平均听阈,单位为dB;$HL_L$为左耳3000Hz、4000Hz、6000Hz听力级(即听阈提高的dB值)之和,单位为dB;$HL_R$为右耳3000Hz、4000Hz、6000Hz听力级之和,单位为 dB。

$$\mathrm{MTMV} = \frac{HL_{500\,Hz} + HL_{1\,000\,Hz} + HL_{2\,000\,Hz}}{3} \times 0.9 + HL_{4\,000\,Hz} \times 0.1 \quad (\text{公式 3-7})$$

式中：MTWV 为单耳听阈加权值，单位为 dB；HL 为 hearing loss，听力损失或听力级，单位为 dB。

**4. 爆震性耳聋**（explosive deafness） 是指强烈的爆炸所产生的振动波造成的听觉器官急性损伤，引起听力丧失。发生强烈爆炸时，听觉器官在强大的声压和冲击波气压的作用下，可出现鼓膜破裂，听骨链断裂或错位，内耳组织出血以及柯蒂器的毛细胞损伤。患者出现耳鸣、耳痛、眩晕、恶心、呕吐、听力严重障碍或完全丧失。轻症可部分或大部分恢复，重症可致永久性耳聋。

噪声所致的听力损伤和噪声聋尚无特效的治疗方法。对急性听力损伤，应及时给以促进内耳血液循环和改善营养及代谢状况的药物；有鼓膜、中耳、内耳外伤的应防止感染并及时给予对症治疗。

### （二）听觉外系统

噪声可对神经系统造成影响，表现为头痛、头晕、心悸、睡眠障碍、全身乏力、记忆力减退和情绪不稳等一系列神经症状。在噪声作用下，心率可表现为加快或减慢，血压不稳，长期接触噪声者可以引起血压升高，心电图 ST 段或 T 波缺血性改变。消化系统可出现胃肠功能紊乱，食欲不振，胃紧张度降低，胃蠕动减慢，胃液分泌减少等。此外还可导致肾上腺皮质功能改变，免疫功能降低，脂质代谢紊乱以及女性功能紊乱等。噪声还可影响工作效率，当噪声达 65dB 以上，可干扰普通谈话，达 90dB 时大声叫喊也不易听见。在噪声环境下工作，人的注意力不易集中，反应迟钝，且易烦躁，对工作效率，尤其是脑力劳动工作效率影响较大。在某些作业场所，噪声还可掩盖各种信号，易引发工伤事故。

## 四、影响噪声危害的因素

**1. 噪声强度和接触时间** 噪声强度大、频率高则对人体危害大。现场调查表明，接触噪声强度越大，工人耳鸣、耳聋等检出率也越高。噪声强度一定，接触时间越长对人体危害越大，噪声聋检出率与工龄有密切关系。连续接触要比间断接触的危害大。

**2. 噪声的性质** 脉冲噪声比稳态噪声的危害大。接触脉冲噪声工人无论噪声聋、高血压及中枢神经系统调节功能失调等检出率均显著高于接触稳态噪声人群。

**3. 与其他因素的联合作用** 振动、低温或有毒物质共同存在时，可加重噪声的不良作用，表现为对听觉器官和心血管系统等方面的影响更明显。

**4. 个体敏感性与个体防护** 对噪声敏感和机体健康状态不良，特别是有耳病者会加重噪声的危害程度。配戴防声耳塞等可推迟或减轻噪声性听力损伤。

## 五、防止噪声危害的措施

**1. 工业企业噪声卫生标准** 完全消除生产性噪声既不经济，也不可能，因此制订合理的卫生标准，将噪声控制在一定范围之内，是防止噪声危害的重要措施之一。我国《工作场所有害因素职业接触限值第 2 部分：物理因素》（GBZ 2.2-2007）规定，工人每周工作 5 天，每天工作 8 小时，稳态噪声限值为 85dB（A），非稳态噪声等效声级的限值为 85dB（A）。每天接触时间不是 8 小时者，需计算 8 小时等效声级，每周工作不是 5 天者，需计算 40 小时等效声级，限值为 85dB（A）。脉冲噪声工作场所的接触限值规定，脉冲次数≤100、101～1000、1001～10000 所对应的声压级峰值分别为 140 dB（A）、130 dB（A）、120 dB（A）。

**2. 控制噪声源** 通过技术手段改革工艺过程和生产设备，控制和消除噪声源是防制噪声危害的根本措施。如采用无声的液压代替噪声高的锻压、以焊接代替铆接，加强设备维护检修，减少其运行中部件的撞击和摩擦，减低振动等。

**3. 控制噪声的传播** 采用吸声的多孔材料装饰在车间的内表面，如墙壁或屋顶，或在工作场所内悬挂吸声体，吸收辐射和反射的声能，以降低工作环境噪声强度。消声方法是控制流体动力性噪声的主要措施。如在风道、排气管口等部位安装各种消声器，以降低噪声传播。在某些情况下，使用一定的材料和装置将噪声源封闭或将工人经常操作地点（如球磨机操作控制台）封闭成一个较小的隔声空间，如隔声罩、隔声墙、隔声门窗等。

**4. 个体防护** 由于各种原因，生产环境噪声暂时得不到有效控制或需要在特殊高噪声环境工作时，使用个人防护用品是保护听觉器官的一项有效措施。最常用的是耳塞，隔声效果可达20～30dB。此外还有耳罩、帽盔等，其隔声效果优于耳塞，耳罩隔声可达30～40dB，但配戴时不够方便，且成本较高。同时应加强宣传、教育工作，在工人中普及基本的噪声危害、噪声防护知识。

**5. 健康监护** 定期对接触噪声工人进行以听力检查为重点的健康检查，可及时发现出现高频听力损失者，并应采取措施防止听力继续下降。对参加噪声作业的工人应进行上岗前体检，凡有听觉器官疾患、中枢神经系统、心血管系统器质性疾患或自主神经功能失调者，不宜参加强噪声作业。

**6. 合理安排劳动和休息** 噪声作业时间应避免过长，可适当安排工间休息，休息时间应减少或避免接触高强度的噪声，保证充足睡眠。

---

**案例 3-2 解析**

1. 就诊患者的初步诊断为噪声性耳聋。诊断依据有长期在高强度噪声环境中工作，有自觉耳聋的表现，电测听检查出现双耳听阈的升高。要对本例患者进行噪声性耳聋的诊断及分级，尚需排除其他原因造成的耳聋，且要测定双耳高频平均听阈、双耳语频听阈，并计算双耳高频平均听阈及单耳听阈加权值。

2. 对其余 6 名工友应进行同样的检查，以确定其是否出现噪声性耳聋及级别。由于噪声对听力影响的早期呈现高频听力的损伤，此时尚未累及语频听力，患者通常主观上无耳聋的感觉，因此 4 名感觉听力正常的工友，应重点测定其高频段的听力，以早期发现噪声对听力的损伤。

---

（张春芝　林　立）

## 思 考 题

1. 影响噪声对人体健康损害的因素有哪些？
2. 噪声性耳聋的临床表现特点有哪些？

## 第四节　振　动

**案例 3-3**

某市高尔夫球头厂 2 名工人，从事打磨工作。工作时，需用双手握持工件在高速转动（1500～2000 r/min）的砂轮上打磨，无任何个人防护用品，每天工作 8 小时或更长，工龄 6～8 年。具体情况如下：

案例1：患者，男，30岁。2008年5月至今一直从事打磨工作。主诉：2014年开始自觉双手中指、食指及无名指麻木、变冷、感觉迟钝，并感觉到耳聋。体检：双手中指和食指从中间指节至远端苍白，双手痛觉和触觉呈手套样明显减退，振动觉消失。双手掌正位X线摄片未见异常。神经肌电图检查示：轻微神经性损害，以远端潜伏期延长为主。冷水复温试验结果：5 min复温率左手20.0%、右手29.4%；10 min复温率左手40.0%、右手60.0%。

案例2：患者，男，39岁。2011年2月至今一直从事打磨工作。主诉：2013年以来双手中指、食指和左手拇指麻木。神经肌电图检查示：尺神经、正中神经感觉传导速度减慢，远端潜伏期延长。手部检查示：白指累及左手食指、中指、无名指全部指节，以及右手食指、中指的全部指节；握力减弱，双食指、中指痛觉、触觉、音叉振动觉减弱。冷水复温试验结果：5 min复温率左手5.9%、右手6.3%，10 min复温率左手17.6%、右手38.8%。

问题：
1. 患者最有可能患有何种职业性疾患？
2. 诊断依据还需要进行怎样的完善？
3. 案例1感觉耳聋，其可能的原因是什么，确诊还需要哪些依据？

振动（vibration）是指质点或物体在外力作用下沿直线或弧线围绕于一平衡位置的来回重复运动。振动普遍存在于自然界中。由生产工具或生产设备产生的振动称为生产性振动或职业性振动，长期接触该类振动可对机体产生不良影响，甚至引起职业病。

# 一、振动的物理参量

评价振动的物理参量包括频率、位移、振幅、速度和加速度。单位时间内完成的振动次数称为频率，单位为赫兹（Hz）。振动物体离开中心位置的瞬时距离称为位移（displacement），单位为mm。振动物体离开中心位置的最大距离称为振幅（amplitude）。振动物体单位时间位移变化的量称为速度（velocity），单位为m/s。振动物体单位时间速度变化的量称为加速度（acceleration），单位为$m/s^2$。

振动频率、加速度和振幅是决定职业性振动危害的主要参数。频率相同的振动，其加速度和振幅愈大，危害性也愈大。我国目前用于生产性振动卫生学评价的强度指标是4小时等能量频率计权加速度有效值[four hour energy equivalent frequency weighted acceleration rms, $a_{hw(4)}$]。该指标是在固定每天4小时接振时间的原则下，用1/3倍频程测定各频段的振动加速度有效值，乘以相应的频率计权系数（表3-4），算出的加速度有效值来表示人体接振强度。若每天接触时间不是4小时，需用公式换算成$a_{hw(4)}$。但当前国际上越来越倾向于用8小时等能量频率计权加速度有效值（$a_{hw(8)}$）作为评价职业性振动强度的指标。

表3-4 振动频率计权系数（Ki值）

| 中心频率（Hz） | Ki值 | 中心频率（Hz） | Ki值 |
| --- | --- | --- | --- |
| 6.3 | 1.0 | 100 | 0.16 |
| 8.0 | 1.0 | 125 | 0.125 |
| 10.0 | 1.0 | 160 | 0.1 |
| 12.5 | 1.0 | 200 | 0.08 |
| 16.0 | 1.0 | 250 | 0.063 |

续表

| 中心频率（Hz） | Ki 值 | 中心频率（Hz） | Ki 值 |
| --- | --- | --- | --- |
| 20.0 | 0.8 | 315 | 0.05 |
| 25.0 | 0.63 | 400 | 0.04 |
| 31.5 | 0.5 | 500 | 0.03 |
| 40.0 | 0.4 | 630 | 0.025 |
| 50.0 | 0.3 | 800 | 0.02 |
| 63.0 | 0.25 | 1000 | 0.016 |
| 80.0 | 0.2 | 1250 | 0.0125 |

根据振动作用于人体的方式，分为全身振动（whole body vibration）和手臂振动（hand-arm vibration）。全身振动是指工作地点或坐椅的振动，人体足部或臀部接触振动，通过下肢或躯干传导至全身，如各种机动车的司乘人员所承受的振动。有意义的频率范围约为 2~100Hz。手臂振动又称手传振动或局部振动，是指手部接触振动工具、机械或加工部件，振动通过手臂传导至躯体。有意义的频率范围大约在 8~1500Hz 之间。

## 二、接 触 机 会

有的工种所受的振动以手臂振动为主，有的以全身振动为主，有的同时受两种振动的作用（如摩托车驾驶等）。在一般的生产过程中，最常见和危害性较大的是手臂振动。

### （一）全身振动的接触机会

1. **运输工具** 汽车、火车、船舶、飞机、摩托车等。
2. **农业机械** 拖拉机、收割机、脱粒机等。

### （二）手臂振动的接触机会

1. **风动工具** 凿岩机、风铲、铆钉机、气锤、砂型捣固机、雕刻机等。
2. **电动工具** 电锯、电钻、电刨、砂轮机及油锯、抛光机等其他高速转动工具的作业。

## 三、振动对人体的危害

小强度的振动是一种对机体有利的刺激，具有解除疲劳、促进代谢和循环功能、改善组织营养的作用；但在职业环境中，当接触振动强度加大到一定程度、接触时间长，则会对机体产生不良影响，甚至引起病损。

### （一）全身振动

全身振动一般为低频率、大振幅振动，普遍存在于人类生活工作环境，适宜振动有益身心健康。超过一定强度的全身振动可影响人的舒适感，使人感觉不快，甚至难以忍受。大强度的全身振动可引起内脏移位，甚至造成机械性损伤。全身振动可使交感神经处于紧张状态，出现血压升高，心率加快，心输出量减少，心电图出现异常改变。全身振动可抑制机体胃肠蠕动和胃酸分泌，各种车辆驾驶员胃肠症状和疾病高发。坐姿接触全身振动（如驾驶拖拉机等）者脊柱肌肉劳损和椎骨退行性变、椎间盘脱出等高发。女性接触全身振动，可出现经期延长，经量过多和痛经以及子宫下垂、流产及异常分娩率上升。全身振动还可引起姿势平衡和空间定向障碍，注意力不集中等神经系统反应，影响工作效率，甚至造成工伤事故高发。

运动病或称晕动病，是作业人员在车、船或飞机等交通工具上工作，由于颠簸、摇摆或旋转等不同方向的振动加速度反复过度刺激前庭器官所引起的一系列急性反应症状。患者有疲劳感、出冷汗、面色苍白等，继之出现眩晕、恶心、呕吐，甚至血压下降、视物模糊、频繁呕吐，严重者可出现休克。

## （二）手臂振动

手臂振动对人体的不良影响是全身性的，但以神经系统、心血管系统、骨骼-肌肉系统所受的影响最明显，听觉器官、免疫系统和内分泌系统等也可能受到损伤。

手臂振动对神经系统的影响，常以手臂末梢神经功能障碍为主要表现，如皮肤感觉迟钝，振动觉和痛觉减退，神经传导速度减慢，反应潜伏期延长等，还可致自主神经功能紊乱，出现血压、心率不稳，手多汗等。40~300Hz的振动可引起末梢毛细血管形态和张力发生改变，表现为血管收缩甚至痉挛，局部血流减少，血压上升，手部皮肤温度降低，重者手指遇冷变白等。心电图可出现心动过缓、窦性心律不齐、T波低平、房室传导阻滞等。振动对肌肉骨骼系统的损伤表现为手部肌肉萎缩（多见于鱼际肌和指间肌）、手握力和手指捏合力下降。40Hz以下大振幅冲击性振动可引起骨和关节改变，以指骨、掌骨、腕骨和肘关节多见，主要表现为脱钙、囊样变、骨皮质增生，骨岛形成，无菌性骨坏死以及骨关节变形等。振动和噪声共存时，可加重噪声对听力的损害。

手臂振动对人体的主要危害是手臂振动病（hand-arm vibration disease），或称手臂振动综合征（hand-arm vibration syndrome）。手臂振动病属我国法定职业病，是由于长期从事手传振动作业而引起的以手部末梢循环和（或）手臂神经功能障碍为主的疾病，并能引起手臂骨关节-肌肉的损伤，其典型表现是振动性白指（vibration-induced white finger，VWF）。

**1. 发病机制**　手臂振动病的发病机制目前尚未阐明。目前提出的学说，包括自主神经功能紊乱、内皮细胞的内分泌功能失调、免疫功能异常等。交感神经功能亢进、迷走神经功能下降，以及内皮细胞所释放的血管收缩因子（如内皮素等）增多等，可引起血管内膜增厚、管腔变窄，抗血小板凝聚功能减低，血液黏稠度增加，容易造成血管阻塞，与振动所致的周围血管收缩痉挛的表现一致。但这些学说均未能解释振动性白指发作呈一过性的特点，也无法解释振动性神经损伤的发病机制。

**2. 临床表现**　手臂振动病患者的主诉多为手部症状和类神经征，手部症状主要为手麻、手痛、手胀、手凉、手指变白等，严重者可影响作业能力和日常活动。类神经征表现为头痛、头昏、失眠、乏力、记忆力减退等。

手臂振动病的典型表现为手指间歇性发白或发绀，即振动性白指，是诊断手臂振动病的主要依据。手指发白一般由指尖向近端发展，界限分明，色如白蜡，重者可累及多个手指甚至全手。发作过程为全身或局部受冷，出现明显的手部症状，继之手指变为白色，持续几分钟至数十分钟，可转为紫绀，伴有刺痛，然后手部发红、发胀，逐渐恢复常态。白指发作一般从手指远端（指尖）向近端累及，并按指节分布，且与正常皮肤界限分明。白指以中指多见，其次是无名指和食指，拇指、小指一般不受累，偶见足趾变白。白指的判定依据应为专业医务人员检查所见为主。患者主诉白指，又有同工作场所人员相符的旁证，也可作为重要判定依据。必要时可做白指诱发试验，但一般诱发率较低。

严重或晚期病例可见指关节变形、手部肌肉萎缩及手部肌力下降等。手臂振动病患者中腕管综合征的发病率也较高。

冷水负荷试验是专门用于检查振动性血管损伤的实验方法，可出现复温率下降、皮肤温度降低等。浅感觉神经功能检查可见振动觉和痛觉阈值升高。神经电生理检查可显示前臂感觉和运动神经传导速度减慢，远端潜伏时延长，肌电图检查为神经源性损害。振动所致骨关节系统损伤的病人可有相应的 X 线征象，如脱钙、骨质疏松、关节退行性变等。

**3. 诊断**　手臂振动病的诊断原则为具有长期从事手传振动作业的职业史，出现手臂振动病的主要症状和体征，结合末梢循环功能、周围神经功能检查，进行综合分析，排除其他疾病，并依据我国《职业性手臂振动病诊断标准》（GBZ 7-2014）做出诊断及分级。

（1）轻度手臂振动病：出现手麻、手胀、手痛、手掌多汗、手臂无力、手指关节疼痛，可有手指关节肿胀、变形、痛觉、振动觉减退等症状体征，可有手部指端冷水复温试验复温时间延长或复温率降低，并具有下列表现之一者：

1）白指发作未超出远端指节的范围。

2）手部神经-肌电图检查提示神经传导速度减慢或远端潜伏期延长。

（2）中度手臂振动病：在轻度的基础上，具有下列表现之一者：

1）白指发作累及手指的远端指节和中间指节。

2）手部肌肉轻度萎缩，神经—肌电图检查提示周围神经源性损害。

（3）重度手臂振动病：在中度的基础上，具有下列表现之一者：

1）白指发作累及多数手指的所有指节，甚至累及全手，严重者可出现指端坏疽。

2）出现手部肌肉明显萎缩或手部出现"鹰爪样"畸形，并严重影响手部功能。

**4. 处理原则**　手臂振动病目前尚无特效疗法，可根据病情进行综合治疗。患者应调离振动作业岗位，适当应用扩张血管及营养神经的药物、具有活血通络作用的中药、物理疗法、运动疗法等综合治疗，必要时进行外科治疗。如需做劳动能力鉴定，参照相关条文。患者应加强个人防护，减少白指发作，同时定期复查。

## 四、影响振动危害的因素

**1. 频率与振幅**　大振幅、低频率的振动主要引起内脏移位和前庭器官的兴奋；而小振幅、高频率的振动主要作用于神经末梢。同一频率的振动，振幅越大，对机体危害也越大。40～300Hz 的高频率振动对末梢循环和神经功能损害明显。

**2. 加速度**　振动的加速度越大危害也越大，振动性白指的发生率越高。

**3. 接触振动时间**　接振时间和工龄越长，振动性白指的检出率越高，病情也越严重。

**4. 体位和操作方式**　人体对振动的敏感程度与体位有关。就全身振动而言，立姿对垂直振动敏感，卧位则对水平振动敏感。用肩、腹和下肢紧贴振动物体的操作，会使身体自然缓冲振动传导的作用降低，加大振动的危害性。工具的重量和被加工物体的硬度通过影响操作体位和肢体紧张度而影响振动的危害性大小。

**5. 环境条件**　寒冷季节或寒冷的工作环境可增加手臂振动病的发生率。寒冷是促使手臂振动病发病的重要致病条件之一，所以其发病多在寒冷地区和寒冷季节。全身和局部受冷可诱发振动性白指的发生。

## 五、预　防　措　施

控制振动危害的措施主要包括消除和减低振动、限制接振时间、改善寒冷等不良作业条件、进行健康查体、采取个体防护措施等。

**1. 消除或减低振动源的振动**　进行工艺改革，消除或减轻振动源的振动是控制振动危害的根本措施。如用水爆清砂代替风铲清砂，用液压、焊接工艺代替锻压、铆接工艺等。

**2. 限制作业时间和振动强度**　我国《工作场所有害因素职业接触限值第 2 部分：物理因素》（GBZ 2.2-2007）规定，使用振动工具或工件的作业，工具手柄或工件的 4 小时等能量频率计权加速度有效值不得超过 5.0m/s²，当振动工具的振动暂时达不到标准限值时，可按振动强度大小相应缩短日接振时间（表 3-5）。我国尚未制订全身振动的卫生标准，如工作需要，可参考国际标准化组织（ISO）发布的《全身振动评价标准》。

表 3-5　振动容许值和日接振时间限值

| 频率计权加速度（m/s²） | 日接触容许时间（h） |
| --- | --- |
| 5.00 | 4.0 |
| 6.00 | 2.8 |
| 7.00 | 2.0 |
| 8.00 | 1.6 |
| 9.00 | 1.2 |
| 10.00 | 1.0 |
| >10.00 | <0.5 |

**3. 改善作业环境，加强个体防护**　加强作业过程或作业环境中的防寒、保温措施，控制气湿、毒物和噪声。工作间隙用 40~60℃ 热水浸手，或做一些促进血液循环的工间操等，有助于振动性血管损伤的预防。专门为司乘人员设计的减振座椅则有减少全身振动的作用。配戴手套虽有保暖的作用，但其对手部的减振作用很小或无作用，反而会加大手部的握力，且降低操作的灵活性，现已不主张手臂振动作业时为减振而配戴手套。

**4. 预防保健及组织措施**

（1）加强就业前和定期检查：其目的是发现职业禁忌证和早期发现健康损害。

（2）加强保暖：对接触振动工人应加强保暖措施，车间气温应不低于 16℃。

（3）加强宣传教育：将手臂振动病及其防护的基本知识在从事振动作业的人员中普及，以预防和早期发现振动危害。

---

**案例 3-3 解析**

患者长期从事磨光作业，这是一种较为典型的手臂振动作业。结合病人的职业史、手部出现白指等症状以及神经肌电图检查和冷水负荷试验检查，初步诊断为手臂振动病。诊断依据中尚需完善的资料：现场劳动卫生学的调查，应实测工人在磨光过程中所接触振动在三个轴向上的加速度及每天实际的接触振动时间，计算出四小时等能量频率计权加速度有效值；排除其他原因导致的血管神经的疾病；应根据病人白指发作累及的范围、神经传导功能的损害程度做出具体手臂振动病的分期。

案例 1 患者出现耳聋，可能的原因是其在从事的磨光作业中伴有高强度的噪声，手臂振动对噪声所致的听力损伤也有协同作用。要确诊是噪声性听力损伤，应到现场实测工人接触噪声的强度、时间，并对工人进行听力测定以明确其听力损伤的程度，还要排除其他可能导致听力损伤的因素等。

---

（张春芝　林　立）

## 思　考　题

1. 手臂振动对人体的主要危害有哪些？
2. 振动性白指的发作特点？
3. 影响振动对人体危害的因素有哪些？

## 第五节　非电离辐射

> **案例 3-4**
> 案例 1：我国曾对多省市高频热处理中工作人员进行健康查体。发现其工作场所的电场强度为 20～120V/m，磁场强度为 2～10A/m。有 1/4 的被检查者出现头痛、乏力、嗜睡、失眠、多梦、记忆力减退、胸闷、多汗症状，女工出现月经紊乱、性欲下降，男工出现阳痿等，血压水平下降，心电图检查出现窦性心动过缓。经 2～3 年随访观察，工人在脱离接触后症状减少或消失。
> 案例 2：某国外学者对在超短波电磁场工作的人员进行了健康查体。工作场所电场强度为 40～160V/m。工人出现头痛、无力、嗜睡、易激动、忧郁、多汗、脱发等症状，心电图示窦性心动过缓、心室内传导减慢，消化系统出现胃液分泌减少，眼晶状体出现混浊点增多，肾上腺皮质功能下降。
>
> 问题：
> 1. 什么是非电离辐射？其波谱如何划分？
> 2. 射频辐射对人体的主要影响有哪些？如何进行防护？

非电离辐射（non-ionizing radiation）与电离辐射（ionizing radiation）均属电磁辐射，电磁辐射是指能量以电磁波的形式通过空间传播。电磁辐射具有波的一切特性，其波长（λ）、频率（f）和传播速度（c）之间的关系为 λ=f/c。电磁辐射在介质中的波动频率，用"赫"（Hz）表示，常采用千赫（kHz）、兆赫（MHz）和吉赫（GHz），其相互关系为：1kHz=1000Hz，1MHz=1000kHz，1GHz=1000MHz。波长短、频率高、辐射能量大的电磁辐射，生物学作用强；反之，生物学作用弱。当电磁辐射量子能量达到 12eV 以上时，对生物体有电离作用，这类辐射称为电离辐射。量子能量低于 12eV 时，不足以引起生物体电离，称为非电离辐射，如射频辐射、可见光、红外线、紫外线、激光等，其中紫外线的量子能量介于非电离辐射与电离辐射之间。

## 一、射频辐射

射频辐射（radiofrequency radiation）指频率在 100kHz 至 300GHz 的电磁辐射，包括高频电磁场、超高频辐射和微波（表 3-6）。超高频辐射，又称超短波，指频率为 30 至 300MHz 或波长为 10m 至 1m 的电磁辐射，包括脉冲波和连续波。高频电磁场，频率为 100kHz 至 30MHz，相应波长为 3km 至 10m 范围的电磁场。射频辐射是具有危害作用的电磁辐射，是电磁辐射中量子能量较小、波长较长的频段，波长范围为 1mm 至 3km。射频辐射的辐射区可划分为近场区和远场区，离开辐射源 $2D^2/\lambda$（D 为辐射源口径，λ 为波长）的距离作为两区场的分界。近区场又以 λ/2π 为界又分为感应场和辐射场。在感应近区场，电场和磁场不成一定比例，所以需分别测定电场强度（V/m）和磁场强度（A/m）。

表 3-6　射频辐射波谱的划分

| | 高频电磁场 | | | 微波 | | | |
|---|---|---|---|---|---|---|---|
| 波段 | 长波 | 中波 | 短波 | 超短波 | 分米波 | 厘米波 | 毫米波 |
| 频谱 | 低频（LF） | 中频（MF） | 高频（HF） | 甚高频（VHF） | 特高频（UHF） | 超高频（SHF） | 极高频（EHF） |

续表

| 波段 | 高频电磁场 | | | 微波 | | | |
|---|---|---|---|---|---|---|---|
| | 长波 | 中波 | 短波 | 超短波 | 分米波 | 厘米波 | 毫米波 |
| 波长 | 3km～ | 1km～ | 100m～ | 10m～ | 1m～ | 10cm～ | 1cm～1mm |
| 频率 | 100kHz～ | 300kHz～ | 3MHz～ | 30MHz～ | 300MHz～ | 3GHz～ | 30～300GHz |

**1. 高频电磁场** 高频电磁场（high frequency electromagnetic field）是指频率从 100kHz 至 300MHz 的频段范围的高频电磁辐射。存在高频电磁场的作业主要有：①高频感应加热：表面淬火、金属熔炼、热扎工艺、钢管焊接等，使用频率在 300kHz 至 3MHz。②高频介质加热：塑料热合、高频胶合、木材与电木粉加热、粮食干燥与种子处理。纸张、布匹、皮革、棉纱及木材烘干、橡胶硫化等，使用频率在 1～100MHz。

高频辐射对人体组织的作用分为两种：一种是致热效应，即生物体组织接受一定强度的射频辐射能后，组织或系统产生的直接与热作用有关的变化。另一种是非致热效应，即吸收电磁辐射能后，组织或系统产生的与直接热作用没有关系的变化，但会引起人体细胞膜的共振，使细胞的活动能力受限，接触人员有一系列的主观诉述。

高频电磁场对人体健康的影响主要表现为类神经症，可出现全身无力、易疲劳、头晕、头痛、胸闷、心悸、睡眠不佳、多梦、记忆力减退、多汗、脱发和肢体酸痛等。女工有月经周期紊乱，以年轻者为主；少数男工有性功能减退。体格检查除部分工人有自主神经系统功能紊乱的征象外，很难有明确、特殊的客观体征。个别接触场强较大的工作人员心电图检查显示窦性心动过缓或窦性心律不齐。检查所发现的阳性体征多无特异性。

对于上述症状，无需特殊处理，一般给予脱离作业岗位、对症处理、休息即可，绝大多数症状或体征均可减轻或消失。

高频电磁场的防护措施主要有场源屏蔽和接地、距离防护、合理布局等，同时要定期检测高频作业场所场强和磁场，严格执行国家职业卫生标准等，还要做好个人防护和接触人员健康监护。

**2. 微波** 微波（microwave）是指频率为 300MHz 至 300GHz、波长为 1m 至 1mm 范围内的电磁波，包括脉冲微波和连续微波。微波又分为固定微波辐射与非固定微波辐射。微波的强度常用功率密度表示，其单位为毫瓦/平方厘米（mw/cm$^2$）或微瓦/平方厘米（μW/cm$^2$）。

存在微波的行业和场所主要有：①应用微波导航、测距、探测雷达和卫星通讯等方面；②用微波加热干燥粮食、木材及其他轻工业产品；③医学上使用微波进行理疗。家庭用微波炉多为 2450MHz 和 915MHz 固定频率。

与高频电磁场比较，微波的波长短、频率高、量子能量大，因此其生物学效应较大。其影响因素主要有微波源的发射功率、设备漏泄情况、辐射源的屏蔽状态以及防护措施是否得当等。微波对人体的影响主要有：

（1）类神经症：与接触高频电磁场的工作者类同。一般情况下，主诉较多，症状较为明显，持续时间也较长，脱离后恢复较慢。脑电图检查，少数人可出现较多的 δ 波和 Q 波，但无特征性改变。

（2）心血管系统：副交感神经兴奋性增强导致的血压下降、心动过缓或过速等病状。主诉有心悸、心前区疼痛或胸闷感。心电图检查常可发现窦性心动过缓或窦性心律不齐，有时 ST—T 改变，偶见右束支传导阻滞。

（3）造血系统：对血液生成产生影响，引起白细胞、红细胞、淋巴细胞数量下降。这种外周血象的改变，在脱离接触后一段时间后会恢复到正常状态。

（4）生殖内分泌系统：引起内分泌平衡的失调、女性月经周期紊乱、男性阳痿等现象。一般在脱离照射后 3 个月，多数人都可恢复。此外还有关于甲状腺功能亢进和血中性激素含量波

（5）免疫系统、致畸和致突变作用：可能引起免疫能力的下降，但尚无定论。

（6）对眼晶状体的影响：少数微波接触者可出现晶状体浑浊，严重者可发展为白内障。

受微波影响者以中西医结合对症治疗为主，类神经症可获良好疗效。疑似眼晶状体混浊者，转眼科处理。明确微波引起的白内障患者，应脱离微波接触。功率密度相同时，脉冲微波的危害更大。微波防护措施的基本原则是屏蔽微波源、加大辐射源与作业点的距离、用吸收材料防止微波辐射、合理的个人防护等，由于微波的积累效应的存在，还要尽量缩短接触照射的时间。职业卫生接触限值：我国2007年颁布的《工作场所物理因素职业接触限值》（GBZ 2.2-2007）见表3-7。

表3-7　工作场所微波职业接触限值

| | 类型 | 日剂量（$\mu W \cdot h/cm^2$） | 8小时平均功率密度（$\mu W/cm^2$） | 非8小时平均功率密度（$\mu W/cm^2$） | 短时间接触功率密度（$\mu W/cm^2$） |
|---|---|---|---|---|---|
| 全身照射 | 连续微波 | 400 | 50 | 400/t | 5 |
| | 脉冲微波 | 200 | 25 | 200/t | 5 |
| 肢体局部照射 | 连续微波或脉冲微波 | 4000 | 500 | 4000/t | 5 |

# 二、红外辐射

红外辐射（infrared radiation），即红外线、热射线。可分为长波红外线（远红外线）、中波红外线及短波红外线。凡温度高于绝对零度的物体，都能发射红外线。物体温度愈高，辐射强度愈大，其辐射波长愈短（即近红外线成分愈多）。例如，某物体温度为1000℃时，波长短于1.5μm的红外线为5%；当温度升至2000℃，则波长短于1.5μm的红外线增加至40%。黑体（理想热辐射体）的温度与其峰值辐射波长的关系可用 $\lambda_{max} T = C$ 表示，式中 $\lambda_{max}$ 表示峰值辐射波长，$T$ 表示绝对温度（°K），$C$ 为常数（2897米·度）。

自然界的红外线辐射以太阳为最强。在生产环境中，主要红外线辐射源包括熔炉、熔融态金属和玻璃、强红外线光源以及烘烤和加热设备等。职业性损伤多发生于使用弧光灯、电焊、氧乙炔焊的操作工。

红外线辐射对机体的影响主要是皮肤和眼。红外线照射皮肤时，大部分可被吸收，只有1.4%左右被反射。较大强度短时间照射，皮肤局部温度升高，血管扩张，出现红斑反应，停止照射后红斑消失。反复照射，局部可出现色素沉着。过量照射后，特别是近红外线（短波红外线），除发生皮肤急性灼伤外，还可透入皮下组织，使血液及深部组织加热。

长期暴露于低能量红外线下，可引起眼的慢性损伤，常见为慢性充血性睑缘炎。短波红外线能被角膜吸收产生角膜的热损伤，并能透过角膜伤及虹膜。诱发白内障的波段主要是0.8~1.2μm和1.4~1.6μm。早期患者除自觉视力逐渐减退外，无其他主诉。晶状体后皮质外层可出现边界清晰的混浊区，小泡状、点状及线状混浊，逐渐发展为边界清晰而不规则的盘状混浊，然后从晶状体轴线方向深入皮质，或形成板状混浊，最终导致晶状体全部混浊，与老年性白内障相似。上述改变一般两眼同时发生，但进展缓慢，多见于工龄较长的工人。波长<1μm的红外线和可见光可到达视网膜，主要损伤黄斑区。处理措施主要以对症治疗为主。疑似眼晶状体浑浊者，转眼科处理。明确红外线辐射引起的白内障患者，应脱离红外线接触。

红外线辐射防护措施主要有用反射性铝制遮盖物防止红外线辐射引起的损伤、降低熔炼工、热金属操作工的热负荷，同时应做好个人防护，如严禁裸眼观看强光源、热操作工应戴能有效过滤红外线的防护眼镜等。

## 三、紫外线辐射

紫外辐射（ultraviolet radiation），又称紫外线，指波长为100~400nm的电磁辐射。太阳辐射是紫外线的最大天然源，根据生物学效应可分成三个区带：①远紫外区（短波紫外线，UV-C），波长100~290nm，具有杀菌和微弱致红斑作用，为灭菌波段；②中紫外区（中波紫外线，UV-B），波长290~320nm，具有明显的致红斑和角膜、结膜炎症效应，为红斑区；③近紫外区（长波紫外线，UV-A），波长320~400nm，可产生光毒性和光敏性效应，为黑线区。波长短于160nm的紫外线可被空气完全吸收，而长于此波段则可透过真皮、眼角膜甚至晶状体。

凡物体温度达1200℃以上时，辐射光谱中即可出现紫外线。随着温度升高，紫外线的波长变短、强度增大。从事下列工种会受到紫外线的过度照射。冶炼炉（高炉、平炉），炉温在1200~2000℃时，产生紫外线的波长在320nm左右。电焊、气焊、电炉炼钢，温度达3000℃时，可产生波长短于290nm的紫外线。乙炔气焊及电焊温度达3200℃时，紫外线波长可短于230nm。探照灯、水银石英灯发射的紫外线波长为220~240 nm。

紫外辐射对机体的影响主要也是皮肤和眼。皮肤可吸收紫外线，其吸收量随波长而异。波长在200nm以下，几乎全部被角质层吸收；波长在220~330nm间，可被深部组织吸收。强烈紫外线辐照可引起皮炎，表现为红斑，有时伴有水泡和水肿。停止照射后，一般经过24小时可消退，伴有色素沉着。接触300nm波段，可引起皮肤灼伤，其中297nm的紫外线对皮肤的作用最强，可引起皮肤红斑并残留色素沉着。这些反应常出现在暴露紫外线较多的部位，如躯干和腿部。长期暴露，由于结缔组织损害和弹性丧失，可致皮肤皱缩和老化，更严重的是诱发皮肤癌。

波长为250~320nm的紫外线可被角膜和结膜上皮大量吸收，引起急性角膜结膜炎，常见于电焊辅助工，故称为电光性眼炎（electric ophthalmia）。在阳光照射的冰雪环境下作业、行军时，会受到大量反射的紫外线照射，引起急性角膜、结膜损伤，称为雪盲症（snow blindness）。其发作需经过一定的潜伏期，一般为6~8小时，故常在夜间或清晨发作。早期、轻症电光性眼炎仅有双眼异物感或轻度不适；重度则有眼部烧灼感或剧痛，伴有高度畏光、流泪和视物模糊。检查可见球结膜充血、水肿，瞳孔缩小，对光反应迟钝，眼睑皮肤潮红。严重时，角膜上皮有点状甚至片状剥脱，对荧光素着色。电光性眼炎一般在1~2天内即可痊愈，不影响视力，因此症状较轻的病人无需特别处理。症状较重者，可用0.5%丁卡因液滴眼，有镇静、止痛作用。新鲜人奶、牛奶滴眼，也有明显效果。

紫外线辐射的防护以屏蔽和增大与辐射源的距离为原则，包括屏障紫外线辐射源，电焊工操作时应使用移动屏障围住操作区，以免其他工种工人受到紫外线照射，电焊时产生的有害气体和烟尘，宜采用局部排风加以排除。加强个人防护，如工作时必须穿戴个人防护服、手套和防护眼镜。电焊工及其辅助工必须佩戴专门的面罩和防护眼镜，以及适宜的防护服和手套。非电焊工禁止进入操作区域裸眼观看电焊。接触低强度UV源（如低压水银灯、太阳灯、黑光等）操作，可使用玻璃或塑料护目镜、风镜，以保护眼睛。

## 四、激　　光

波长为200nm至1mm之间的相干光辐射称为激光（laser），它也是物质受激辐射所发出的光放大。它是一种人造的、特殊类型的非电离辐射，具有高亮度、方向性和相干性好等优异特性。

激光在工业、农业、国防、医疗和科学研究中有广泛的应用。在使用激光器激光的作业，军事和航天事业上的激光雷达、激光通讯、激光测距、激光制导、激光瞄准等，医学上眼科、外科、皮肤科、肿瘤科等多种疾病的激光治疗，以及在生命科学、核物理学等领域的研究中应用激光进行科研活动的场所等，均可能使相关人员接触到激光。

激光与生物组织的相互作用，主要表现为热效应、光化学效应、机械压力效应和电磁场效应。激光对人体组织的伤害及损伤程度，主要决定于激光的波长、光源类型、发射方式、入射角度、辐射强度、受照时间及生物组织的特性与光斑大小。激光伤害人体的靶器官主要为眼和皮肤。

可见光以及近红外波段（400~1400nm）的激光辐射会损伤视网膜，因为激光经角膜、水晶体等眼屈光介质的会聚作用，会使到达视网膜的激光辐照量比角膜处高出约10万倍。400nm以下的紫外激光辐射大部分被角膜吸收，其致伤的机制主要是光化学效应。而眼屈光介质对1400nm以上的中远红外激光辐射一般不透过，几乎完全被角膜吸收，其中99%集中在角膜前部100μm内上皮层和基质上，其损伤机理主要为光热效应。暴露于250~380nm波长激光中的皮肤会发生灼伤、皮肤癌和皮肤加速老化等现象，尤其是280~315nm紫外到蓝光波段的激光对皮肤的损伤最为严重。暴露于280~400nm波段的激光中的皮肤会加速色素沉积，310~610nm波段的激光会使皮肤产生光敏反应。700~1000nm波段的激光会使皮肤灼伤或角化。最严重的激光对皮肤的损伤主要由热效应所致。强烈的激光通常会干扰人体的生物钟，导致人体生态平衡紊乱和神经功能失调。

受到照射后除迅速脱离外，应保持安静，充分休息，眼睛避光保护。对于出血和渗出，可使用维生素、能量制剂，必要时采用糖皮质激素治疗，也可采用活血化瘀的中药治疗。激光辐射防护措施包括激光器、工作环境及个体防护三方面。激光器与实验台固定要牢靠，光束应该被封闭，凡光束可能漏射的部位，应设置激光封闭罩。工作室围护结构应用吸光材料制成，色调宜暗。工作区采光要充足，室内不得有反射、折射光束的用具和物件。作业场所应确定操作区和危险带，要有醒目的警告牌。所有参加激光作业的人员，必须先接受激光危害及安全防护的教育。严禁裸眼观看激光束，防止激光反射至眼睛。佩带防护眼镜。穿长袖的由防燃材料制成的工作服。工作人员就业前和在岗期间和离岗时应作健康检查，以眼睛为重点。我国《工作场所有害因素职业接触限值》（GBZ 2.2-2007）中规定了8小时眼直视激光束的职业接触限值和8小时激光照射皮肤的职业接触限值。

> **案例 3-4 解析**
>
> 上述两个案例可以帮助理解高频电磁场、微波对工人健康影响的异同，在类神经症、心血管系统表现等方面二者相似，但微波可导致晶状体浑浊，严重的可致白内障。其防护的要点，包括场源屏蔽、距离防护、合理布局等。对出现明显症状的患者，应将其调离原岗位，相应的症状可以缓解或消失。

## 第六节 电 离 辐 射

> **案例 3-5**
>
> 某市发生 $^{60}Co$ 源辐射事故，源强 318 万 Bq，两位病人受到意外照射。
>
> 案例 1：受照射后 3 分钟即感头痛、乏力、视物不清及严重的上消化道症状，受照后 2 小时先后转入县、省医院。查体见病人嗜睡、烦躁不安，体温 39.4℃，心率 98 次/分，颜面部及双手潮红，腮腺压痛，全腹压痛。给予改善微循环及对症治疗后，病情未见明显改善。第 2 天白细胞快速升高至 $17.24 \times 10^9/L$，第 6 天降至 $0.02 \times 10^9/L$。照后 55 小时，淋巴细胞降至 $0.11 \times 10^9/L$。第 1 天和第 3 天，骨髓细胞学检查均显示骨髓增生极度减低，三系血细胞完全缺如。照后 55~62 小时，血清胆红素、血清铁、C 反应蛋白、尿淀粉酶、尿素氮等短暂升高后恢复正常。

于第 33 天死于严重感染和多脏器衰竭。尸检示：小肠、大肠黏膜腺体全部坏死，肠腺细胞基本消失；真菌性脓毒血症；肺出血、水肿伴透明膜形成。

案例 2：受照剂量约为 9～15Gy。受照后 10 分钟出现头痛、乏力、视物不清及严重的上消化道症状，腹泻 2 次。受照后 2 小时先后转入县、省医院。查体见病人嗜睡、烦躁不安，体温38℃，面、颈、胸部呈弥漫性充血。给予改善微循环及对症治疗后，病情未见明显改善。受照后 55 小时转入解放军某医院。查体见面部轻度充血，双侧腮腺肿胀、压痛，上腹部轻度压痛，肠鸣音活跃，四肢肌张力增高。第 1 天白细胞快速升高至 $18.69 \times 10^9$/L，第 8 天降为 $0.01 \times 10^9$/L。照后 55 小时，淋巴细胞降为 $0.117 \times 10^9$/L。第 1 天、第 3 天骨髓细胞学检查均显示骨髓增生极度减低，淋巴细胞占 7%～14%。照后 55～62 小时，血、尿淀粉酶等短暂升高后恢复正常。第 75 天死于心衰为主的多脏器衰竭。尸检示：心、脑、肾、肾上腺皮质等器官实质性放射性损伤，严重的全身混合性感染，严重的全身多脏器出血。

**问题：**
1. 超剂量外照射所致放射病的类型和临床特征是什么？
2. 急性外照射性放射病的处理原则包括哪几个方面？
3. 如何预防电离辐射危害？

能使受作用物质发生电离的辐射称为电离辐射。电离辐射的量子能量水平达到12eV以上，它可由不带电荷的光子组成，具有波的特性和穿透能力，如 X 射线、γ 射线和宇宙射线；而另一类属于能引起物质电离的粒子辐射，如 α 射线、β射线、中子、质子等。电离辐射可对生物产生电离作用，导致机体严重损伤。

# 一、概　　述

## （一）接触机会

（1）核工业系统：放射物质的开采、冶炼和加工，以及核反应堆的建立和运转。
（2）射线发生器的生产和使用：加速器、X 射线和 γ 射线的医用和工农业生产用辐射源。
（3）放射性核素的加工生产和使用。
（4）天然放射性核素伴生或共生矿生产：磷肥、稀土矿、钨矿等开采和加工。
（5）医源性接触。

## （二）常用电离辐射剂量和单位

**1. 放射性活度**（radioactivity）　单位时间内放射性物质衰变的次数。SI 单位专用名为"贝可（Bq）"，原专用单位为"居里（Ci）"。1 Ci=3.7×10¹⁰Bq=3.7×10¹⁰ 次核衰变/秒，1 Bq=$2.703 \times 10^{-11}$ Ci。

**2. 照射量**（exposure，X）　单位质量空气的照射量（仅用于 X 射线或 γ 射线），保留使用的单位名称为"伦琴"。

**3. 吸收剂量**（absorbed dose）　表示被照射介质吸收的辐射能量的多少，适用于任何类型的电离辐射。SI 单位为"戈瑞（Gy）"，原用单位"拉德（rad）"，lGy=100rad。

**4. 剂量当量**（dose equivalent）　为衡量不同类型电离辐射的生物效应，将吸收剂量乘以若干修正系数，即为剂量当量（H）。SI 单位为"西沃特（Sv）"。原单位名称为"雷姆（rem）"。1 Sv=100rem。H=DQN，D 为吸收剂量，Q 为不同辐射的品质因子，N 暂定为 1。

## 二、影响电离辐射对机体损伤作用的因素

### (一)电离辐射因素

**1. 辐射的物理特性** 辐射的电离密度和穿透力,是影响损伤的重要因素。例如,α粒子的电离密度虽较大,但穿透力很弱,其主要危害是进入人体后的内照射,而外照射的作用很小;β粒子电离能力较α为小,但高能β粒子具有穿透皮肤表层的能力;X射线和γ射线的穿透力远较β粒子强,尤其是高能X射线或γ射线可穿透至组织深部或整个人体组织,具有强大的贯穿辐射作用。

**2. 剂量与剂量率** 电离辐射的照射剂量与生物效应间的普遍规律是,剂量愈大,生物效应愈强,但并不完全呈直线关系。剂量率是单位时间内机体所接受的照射剂量,常以Gy/d、Gy/h或Gy/min表示。一般情况下,剂量率大,效应也大。

**3. 照射部位** 照射的几何条件不同,使机体各部位接受不均匀照射,而影响吸收剂量。以腹部照射的反应最强,其次为盆腔、头颈、胸部和四肢。

**4. 照射面积** 受照面积愈大,作用愈明显。同样的照射量,局部照射作用不明显,若全身接受照射面积达1/8,则可产生明显的辐射效应。

### (二)机体因素

种系演化愈高,机体组织结构愈复杂,辐射易感性愈强。组织对辐射的易感性与细胞的分裂活动成正比,与分化程度成反比。辐射敏感性还与细胞间期染色体的体积成正比,即与细胞的DNA含量有关。具有增殖能力的细胞,所处的细胞周期不同,辐射敏感性也不同,以DNA合成期敏感性最高。不同种类细胞的辐射敏感性,由高至低可依次排列为:淋巴细胞、原红细胞、髓细胞、骨髓巨核细胞、精细胞、卵细胞、空肠与回肠的腺窝细胞、皮肤及器官的上皮细胞、眼晶状体上皮细胞、软骨细胞、骨母细胞、血管内皮细胞、腺上皮细胞、肝细胞、肾小管上皮细胞、神经胶质细胞、神经细胞、肺上皮细胞、肌细胞、结缔组织细胞和骨细胞。

## 三、电离辐射生物效应

电离辐射按剂量-效应关系分类,可分为随机性效应(stochastic effect)和确定性效应(deterministic effect)。随机性效应是指发生几率(而不是严重程度)与剂量有关,但不存在剂量的阈值。主要有致癌效应和遗传效应。确定性效应,也称非随机性效应,是指严重程度随剂量而变化的效应。对于这种效应存在着剂量阈值,低于这个阈值,不会发生有害效应。确定性躯体效应表现为机体机能的改变,例如形成白内障、皮肤的良性损伤、骨髓中细胞的减少、生育能力的减退、血管或结缔组织的损伤等,这些效应不会表现在后裔身上,所以不属于遗传效应。电离辐射按效应发生的个体分类可分为躯体效应和遗传效应。出现在受照者本人身上的称为躯体效应;出现在受照射者后裔身上的称为遗传效应。当损伤发生在性腺生殖细胞,则可能将错误的遗传信息传递给后代而引起遗传效应,从而对胚胎或子代产生影响。其中显性突变和伴性隐性突变主要导致先天畸形。而伴性显性致死突变表现为流产、死产和不育。胎儿宫内受照射发生的胚胎和胎儿效应是一种特殊的躯体效应。

## 四、电离辐射对机体的损伤作用

放射病(radiation sickness)是指一定剂量的电离辐射作用于人体所引起的全身性或局部性放射损伤,是电离辐射所致不同类型和不同程度的损伤和疾病的总称,也是指劳动者在职业活动中

由电离辐射引起的职业病。临床上分为急性、亚急性和慢性放射病。

**1. 外照射急性放射病**（acute radiation sickness from external exposure） 是指人体一次或短时间（数日）内分次受到大剂量外照射，吸收剂量达到 1Gy 以上所引起的全身性疾病。多见于事故性照射和核爆炸。病程具有明显的时相性，即初期、假愈期、极期和恢复期四个阶段，假愈期是该病的显著特征。根据其临床特点和基本病理改变分为三种类型。①骨髓型（1～10Gy）：最为多见，主要引起骨髓等造血系统损伤。临床表现为白细胞数减少和感染性出血。口咽部感染灶最为明显。时相性特征多见于此型。②胃肠型（10～50Gy）：表现为频繁呕吐、腹泻，水样便或血水便，可导致失水，并常发生肠麻痹、肠套叠、肠梗阻等。③脑型（＞50Gy）：受照后病人短时出现精神萎靡，很快转为意识障碍、共济失调、抽搐、躁动和休克。

根据明确的大剂量照射史、初期表现、血象检查结果和估算受照剂量，按照 GBZ 104-2002 标准进行分类诊断和处理。对急性放射病的治疗，主要包括抗放射药物、改善微循环、防感染、防治出血、造血干细胞移植和应用细胞因子等。

**2. 外照射亚急性放射病**（subacute radiation sickness from external exposure） 是指人体在长时间（数周到数月）内受到电离辐射连续或间断较大剂量外照射，累积剂量大于 1Gy 时所引起的一组全身性疾病。

造血功能障碍是亚急性放射病的基本病变，主要病理变化为造血组织破坏、萎缩、再生障碍；骨髓细胞异常增生；骨髓纤维化。

诊断根据受照史，受照剂量、临床表现和实验室检查，并结合健康档案综合分析，并在排除其他疾病的基础上做出诊断。治疗原则是保护和促进造血功能恢复，加强营养，改善全身状况，预防感染和出血等并发症。

**3. 外照射慢性放射病**（chronic radiation sickness from external exposure） 是指放射工作人员在较长内连续或间断受到超剂量当量限值（0.05Sv）的外照射而引起的全身性疾病，达到一定累积剂量（＞1.5Sv）后，出现以造血组织损伤为主并伴有其他系统改变的症状。

早期临床症状主要为无力型神经衰弱综合征。表现为头痛、头昏，睡眠障碍，疲乏无力，记忆力下降等，伴有消化系统障碍和性功能减退。早期可无明显体征，后期可见腱反射、腹壁反射减退等神经反射异常。妇女可表现有月经紊乱、经量减少或闭经。

实验室检查可见外周血细胞有不同程度的减少，并与辐射损伤的严重程度和受照射的累积剂量密切相关。一般来说，血细胞减少的顺序是白细胞、血小板、红细胞。白细胞总数先增加，后进行性下降是辐射损伤最早出现的变化之一。白细胞分类显示，中性粒细胞百分比减少，淋巴细胞百分比相对升高，并在 40%～61% 之间波动。

外周血淋巴细胞染色体畸变率是辐射效应的一个灵敏指标。长期慢性小剂量照射时，染色体畸变的特点是：以断片为主；双着丝点加环不伴断片；染色体畸变率和畸变细胞率相等；稳定性畸变（臂间倒位、易位）增加；畸变率与剂量的关系不明显。骨髓造血细胞检查是外照射慢性放射病诊断的主要依据，可见增生活跃；增生低下；骨髓造血某一系统，特别是粒细胞系统成熟障碍。

外照射慢性放射病诊断的原则是：①具有接触射线和超当量剂量限值职业史。②接触射线的剂量记录。③出现临床症状和体征。④有阳性实验检查结果。⑤结合既往体检情况，并排除其他疾病等进行综合分析。

本病的治疗原则是，尽早脱离接触，增强患者信心，改善全身健康状况。采取中西医相结合的治疗措施促进患者造血功能的恢复，是外照射慢性放射病治疗中的主要环节。

**4. 内照射放射病**（internal radiation sickness） 是指大量放射性核素进入体内而引起的全身性疾病。内照射放射病比较少见，临床工作中见到的多为放射性核素内污染，即指体内放射性核素累积超过其自然存量。

放射性核素可随污染的饮食经口进入消化道，或以气态、气溶胶或粉尘状态经呼吸道进入体内。大部分放射性核素不易透过健康皮肤,但有一些气(汽)态的放射性核素(氚、氡、碘等)和某些可溶性的放射性核素(如磷、铝等),可透过健康皮肤进入体内。皮肤破损时,可大大增加吸收的速度和吸收率。$^{147}$Pm 经擦伤的皮肤吸收率较正常皮肤高几十倍。

内照射放射损伤的特点是,放射性核素在体内持续起作用,新旧反应或损伤与修复并存,且时间迁延,造成临床上无典型的分期表现;靶器官的损伤明显,如骨髓、单核-吞噬细胞系统、肝、肾、甲状腺等;某些放射性核素本身放射性很弱,但有很强的化学毒性,如铀对机体的损伤即以化学毒性为主;可导致远期效应。

诊断时要全面掌握职业史、临床表现、体征和实验室检查,放射性核素沉积器官功能检查和体内放射性核素测定,包括现场污染水平、呼出气、排出物(痰、尿、粪)、血液等放射性定性和定量测定,体外全身放射性测量等,并推算出污染量及内照射剂量。

放射性核素内污染所致疾病,除了一般治疗与外照射急性放射病相同外,主要通过减少放射性核素的吸收,加速放射性核素的排除,治疗"沉积器官"损伤,常用的络合剂包括喷替酸钙钠、喹胺酸和二巯基丙磺酸钠(DMPS)。

**5. 放射性复合伤**(combined radiation injury) 放射性复合伤是指在战时核武器爆炸及平时核事故发生时,人体同时或相继出现以放射损伤为主的复合烧伤或冲击伤等的复合伤。受照剂量超过 1Gy,烧伤多为皮肤烧伤,也可同时发生呼吸道烧伤或眼烧伤。放冲复合伤是指人体同时或相继发生的放射损伤为主复合冲击伤的一类复合伤。其中间接冲击伤,与很多创伤类同。

放烧复合伤的伤情可分为轻度、中度、重度及极重度四级,中、重度放烧复合伤的病程经过可分为休克期、局部感染期、极期及恢复期,轻度病程经过轻,分期不明显,极重度病程经过极重,往往休克期过后即进入极期。放冲复合伤的伤情可分为轻度、中度、重度及极重度四级。病程一般可经休克期、局部感染期、极期及恢复期 4 个期。

放烧复合伤依据受伤史、个人剂量监测记录或现场受照个人剂量调查结果提供的受照剂量、烧伤伤情、临床表现、实验室检查结果在综合分析的基础上做出复合伤及其伤情诊断。放冲复合伤可依据受伤史、个人剂量监测记录或现场受照个人剂量调查结果提供的受照剂量,查明冲击伤的部位和严重程度,结合临床表现及实验室检查结果,参照健康档案,进行综合分析,做出正确判断。

治疗方面,对于放烧复合伤,可根据其伤情和病期不同,采取综合救治措施;对于放冲复合伤,应根据整体伤情和不同的受伤部位采取综合治疗,包括现场急救、全身治疗和局部处理等。对有较重的内脏伤者,应卧床休息,避免负荷,以防加重肺出血、肺水肿、内脏血肿破裂和发生心力衰竭等。涉及外科治疗者一般按外科治疗原则进行,但在手术时应尽量选择局部麻醉或针刺麻醉而少用全身麻醉,以避免加重急性放射病病情。对于开放性骨折,应尽早手术,力争在极期前转为闭合性骨折,固定治疗的时间也应适当延长。

**6. 电离辐射的远后效应**(delayed effect of ionizing radiation) 是指受照后几个月、几年、几十年或甚至终生才发生的慢性效应。这种效应可以显现在受照者本人,也可出现在后代,前者称为躯体效应,后者称为遗传效应。远后效应可以发生在一次大剂量的急性照射之后,也可发生于长期小剂量累积作用。

(1)电离辐射诱发恶性肿瘤:电离辐射可诱发人类恶性肿瘤,是在发现 X 射线后不久就被认识的辐射生物学效应,属于随机效应。已知电离辐射诱发的人类恶性肿瘤,包括白血病、甲状腺癌、支气管肺癌、乳腺癌和皮肤癌等。在辐射诱发的恶性疾病中,白血病的发病率较高、潜伏期短,且诱发剂量低。除慢性淋巴细胞型白血病外,其他各种类型的急、慢性白血病的发病率,都可因电离辐射照射而增加。辐射诱发的甲状腺癌,主要是乳头增生型,其死亡率相对较低(10%~15%)。有资料表明,自 1990~1997 年俄罗斯、白俄罗斯、乌克兰 3 国受污染报告,事故当时不满 18 岁的儿童和青少年中,共发现甲状腺癌 1420 例,按发病率计,比事故前增加了 5~10 倍。而在辐射诱发的支气管肺癌中,未分化小细胞肺癌较多,其中主要是燕麦样细胞癌,其恶性程度高、生长快、易转移。潜伏期在外照射引起者比内照射引起者短，分别为 5~24.9 年和 21~24 年。矿井中高浓度的氡及其子体是一个确定的致癌因素。辐射与吸烟对肺癌的发病有明显的联合作用，主要是缩短发病的潜伏期。乳腺对辐射致癌有很高敏感性，特别是对青年妇女。有报道 0.1Gy 剂量就可引起乳腺癌发生。辐射诱发骨肉瘤，主要来自内照射，而外照射引起骨肉瘤发病率的增高，则需要相当大的剂量。在职业性慢性放射性皮炎的基础上，可发生皮肤癌，发生率可达到 10%~28%，常为扁平细胞癌。铀矿工人的皮肤癌多为基底细胞癌，主要发生在面颊部和前额部。

（2）电离辐射引起的其他远后效应：白内障是电离辐射引起的确定性效应，当辐射达到一定剂量后便可发生。出现白内障的时间可从受照射后数月至数年不等。照射量越大、年龄越小者潜伏期也越短。多见于核事故中、重度急性放射病恢复后以及头面部放疗的病人。

生长发育障碍是指母体在妊娠期受照射，对胎儿、新生儿的生长发育产生的不良影响。可表现为智力发育不全，出现迟钝、脑积水、脊柱裂、肢体畸形、斜视、先天盲等，且随剂量的增加发生率增高，在身高、体重等方面也劣于正常人。

性腺是对电离辐射敏感的器官。男性全身或睾丸局部照射，可使精子数量显著减少、活动降低及畸形精子增加。受照剂量越大精子数减少越明显，并可引起永久性不育。妇女则可引起月经失调甚至绝经。

电离辐射对造血系统的损伤已在广岛、长崎地区原子弹爆炸幸存者调查中得到证实。确诊的再生障碍性贫血患者的发病率比一般日本人高 50 倍。真性红细胞增多症发病率也较未受照者明显增高。电离辐射可通过诱发肿瘤等原因导致寿命缩短，但是否引起人的非特异性寿命缩短目前尚有争议。

## 五、电离辐射防护措施

电离辐射防护的目标是旨在使剂量保持在有关的阈剂量以下以防止确定性效应的发生，保证采取所有合理的措施以减少随机性效应的诱发，并使照射剂量达到可接受的安全水平。我国从 1974 年起就颁布一系列放射卫生防护规定和标准。2002 年所制定的《电离辐射防护与辐射源安全基本标准》（GBI 8871-2002）是我国现行的放射防护标准，它包括行为准则和剂量限值两个部分。

**1. 防护要点** 执行辐射防护三原则，即任何照射必须具有正当理由、防护应当实现最优化、应当遵守个人剂量限值的规定。

外照射防护，必须具备有效的屏蔽措施，与辐射源保持一定的安全距离以及合理的工作时间。

内照射防护，主要考虑阻断放射性物质经呼吸道、皮肤和消化道进入人体的一系列相应措施，同时应十分重视防治核素向空气、水和土壤的逸散。

**2. 辐射监测** 是指为公众及工作人员所受辐射剂量而进行的测量，它是辐射防护的重要组成部分，也是衡量公众和工作人员生活环境条件的重要手段。分为个体剂量监测和放射性场所检测。

个人剂量检测：是指对个人实际所受照射剂量大小的监测，包括个人外照射剂量监测、皮肤污染检测和体内污染检测。

放射性场所检测：包括工作场所β射线、γ射线、X 射线和中子外照射水平监测，工作场所表面污染监测，以及空气中气载放射性核素浓度监测。监测结果应予归档并及时进行分析和评价，其主要目的是保证场所的辐射水平及放射性污染水平低于预定要求。

**3. 放射工作人员的健康检查** 可分为就业前检查、就业后的定期检查、脱离放射工作后的检查和其后的随访，并应建立个人健康档案。检查内容除常规体检项目外，应根据接触放射线的种类、性质及产生辐射生物学效应的特点，进行有针对性的检查，如对接触β射线、γ射线、X 射线和中子照射的人员应注意眼晶状体的检查，对参加产生放射性气体、气溶胶和放射性粉尘作业的人员，应注意其呼吸系统的检查，必要时做痰涂片的细胞学检查等。

放射性工作人员除按一般工作人员健康标准要求外，具有下列情况者，不宜参加放射性工作。若已参加，可根据情况建议减少接触、短期治疗、疗养或调离。

血红蛋白低于110g/L（男）或100g/L（女）；红细胞低于$4×10^{12}$/L（男）或$3.5×10^{12}$/L（女）；血红蛋白高于180g/L或红细胞数超过$7×10^{12}$/L。就业前白细胞数持续低于$4.5×10^9$/L者；已参加放射人员，白细胞数持续低于$4×10^9$/L，或高于$11×10^9$/L者；血小板持续低于$100×10^9$/L者；严重的心血管、肝、肾、呼吸系统疾患、内分泌系统疾患、血液病、皮肤疾患和较重的晶状体混浊或高度近视者；神经、精神异常，如癫痫等。其他器质性或功能性疾患，卫生部门可根据病情或放射性的具体情况、本人工作能力、专业技术和需要等酌情处理。

## 六、核事故、放射性事故及其处理原则

核事故是指大型核设施（如核燃料生产厂、核反应堆、核电厂、核动力舰船及后处理厂等）发生意外事故，可造成厂内人员受到放射性损伤和放射性污染。严重时，放射性物质泄漏到厂外，污染周围环境，对公众健康造成严重危害。国际上比较严重的核事故是发生于前苏联时期的切尔诺贝利核电站事故和发生于日本的福岛核事故，两次核事故均造成严重的核污染和多量人员的放射损伤、放射复合伤。放射性事故是指放射性核素、放射线直接或间接对工作人员或公众的健康、安全造成危害的事故。其性质可分为责任事故、技术事故和其他事故三种，级别可分为一般事故、重大事故和特大事故三级。放射性事故的类别可分为人员受超剂量照射事故、撒、漏、丢失放射性物质事故、超过年摄入量限值事故、超过表面污染控制水平事故和其他事故。

事故处理原则包括：①事故发生后，当事单位要及时采取妥善措施，尽量减少和消除事故危害和影响，并迅速呈报，接受相关部门指导。②处理事故时，应先考虑工作人员和公众的生命安全，防止污染扩大。③认真收集相关资料，分析事故原因、判定事故级别。处理事故措施要得当，力求将事故损失降到最低。④发生场所、地面、设备污染时，要确定污染的核素、范围、水平后，再采取相应的措施。⑤发生放射性气体、气溶胶和粉尘污染空气事故时，要根据监测数据，采取相应的通风、换气、过滤等净化措施。⑥当人员皮肤、伤口被污染时，要迅速予以去污染和医学处理措施，对摄入体内者应采取相应的医学处理措施。需要药物促排时，要在专业人员的指导下进行。⑦对事故中受照人员，可以通过个人剂量仪、模拟实验、生物及物理检测等方法迅速估算其受照射剂量。⑧事故照射人员剂量、医学处理及有关资料，均应有发生事故的单位及放射事故业务管理部门立档存查。⑨对一次受照有效剂量超过0.05Sv者，应给予医学检查；对一次受照有效剂量超过0.1Sv者，应及时给予医学检查和必要的处理；对一次受照有效剂量超过1.0Sv者，应有放射病临床部门负责处理。

> **案例3-5解析**
> 　　两例均成功进行了HLA半相合及全相合的外周血造血干细胞移植，这是治疗超大剂量外照射性放射病的重要手段。但病人最终死于感染和多脏器功能衰竭，表明超大剂量外照射性放射病救治手段仍显薄弱。应加强对促进辐射损伤修复和多脏器功能衰竭的救治研究。

（张春芝　林　立）

## 思 考 题

1. 什么是电离辐射的随机效应和确定性效应？
2. 电离辐射对机体的影响有哪些？
3. 外照射和内照射的防护措施有哪些？

# 第四章 生物因素与职业性传染病

## 第一节 概 述

生物性有害因素是指生产原料和生产环境中的对职业人群的健康存在有害影响的一类生物因素。

### 一、常见的生物性职业危害因素

**1. 微生物、寄生虫** 如附着于动物皮毛上的炭疽杆菌、布氏杆菌、蜱媒森林脑炎病毒、钩端螺旋体、支原体、衣原体、孳生于霉变蔗渣和草尘上的真菌或真菌孢子之类致病微生物及其毒性产物，医院或屠宰场污水中的各种肠道致病菌和寄生虫等。

**2. 昆虫** 常见的有蚊、蝇、蜱、螨等，可叮咬人致伤外，还会传播多种疾病（如蚊叮咬可以传播疟疾、登革热，蜱叮咬可以传播森林脑炎等）。

**3. 动物、植物** 一些动物如蛇类、鼠类及野生动物可以致人伤害，并可能传播某些疾病（如鼠类咬伤可传播狂犬病等），某些动物的鳞片、毛发、粪便、毒性分泌物、酶或蛋白质，植物的茎叶、花粉及其附着的真菌可致变异反应，引发接触性皮炎、过敏性哮喘。

### 二、接触生物性危害因素的主要职业

**1. 工业** 皮毛加工、食品工业（屠宰、鱼肉食品加工、奶制品生产）、纺织业（粗纺中棉尘）。
**2. 农林牧业** 农业、林业工人野外作业、牧区放牧、家禽家畜饲养、屠宰、兽医工作等。
**3. 渔业** 海洋捕捞、水产养殖等。
**4. 地质勘探** 筑路、森林与矿产资源调查。
**5. 医药卫生** 卫生防疫消毒、污水处理、生物制品生产。
**6. 其他** 实验动物饲养、动物园管理、驯兽、农村集体及个体专业户从事水貂等养殖、皮毛收购与制作等。

### 三、接触途径

职业环境中的病原微生物可以通过多种途径侵入人体而致病，这些途径包括经呼吸道感染、经消化道感染、经直接接触感染、经间接接触而感染等。某些致病微生物可以通过上述多种途径侵犯人体，如炭疽杆菌和结核杆菌既可以通过直接接触传播，也可以通过呼吸道的吸入和消化道的食入而传播；艾滋病病毒可以通过直接接触感染者的血液而传播，也可以通过间接接触带有艾滋病病毒的医疗用品而传播。而某些病原体则必须通过直接接触而导致人体致病，如人体只有与含有血吸虫尾蚴的水体直接接触才会发生血吸虫感染。

## 四、生物因素所致的职业危害

在我国现行的法定职业病中，由生物因素所致的职业病有职业性传染病（包括炭疽、森林脑炎、布氏杆菌病、莱姆病和医疗卫生人员及人民警察在职业活动感染的艾滋病）、职业性变态反应性肺泡炎、职业性皮肤病（如接触性皮炎）和职业性哮喘。

**1. 职业性传染病** 职业性传染病是指在生产过程中，接触某种传染病病原体而引起的疾病。职业性传染病涉及范围很广，可见于许多行业，但通常以从事畜牧业及畜产品加工生产者发病较多。职业性传染病，依其病原体的不同，一般可分为：① 职业性细菌传染病，如炭疽、鼻疽、布氏杆菌病、兔热病等；② 职业性病毒传染病，常见者有森林脑炎、口蹄疫、鸟疫、挤奶工结节病、牧民狂犬病等；③ 职业性真菌病，如放线菌病、皮肤真菌病等；④ 职业性螺旋体传染病，如钩端螺旋体病、莱姆病等；⑤ 职业性寄生虫病，常见的有牧民包囊虫病、绦虫病、矿工钩虫病等。职业性传染病在农林牧业中有时可引起暴发流行。在工业生产中，病例多为散发。随着畜牧业发展，开展野生动物饲养，开发森林等建设中，将会有更多职工接触生物性有害因素，也可能会发生一些新的职业性传染病。

**2. 咬伤** 主要是指被饲养动物或野生动物（如蛇）咬伤等。

**3. 工作有关疾病** 工人、农民如在血吸虫病疫区生产劳动，有可能感染血吸虫病，在森林野外作业时，可感染流行性出血热和钩端螺旋体病，医务工作人员及处理污水的环卫工人，乡村粪便运输人员可感染肠道传染病、甲型肝炎等。尤其是近年流行的传染性非典型肺炎、人类禽流感和猪链球菌等新的传染性疾病对禽、畜类相关职业人群的健康造成了较大影响。这些疾病虽然未列为法定职业病，但受危害人群面广量大，可严重影响劳动者健康，应引起重视。

21世纪是生命科学的时代，生物基因工程技术的发展在为人类创造巨大财富的同时，基因重组和基因突变可能产生新的生物致病原的潜在危害。基因产品对人类安全性问题也是值得关注的。而且由于工农业科学技术的进步和经济体制改革的深入，畜牧业、养殖业、食品加工业、酿造业以及第三产业将有更大发展，接触生物性有害因素的人数会越来越多，其对人群的健康危害日益突出。

## 五、生物因素所致的职业危害特点

（1）生物因素所致职业病由致病微生物感染所致，多数情况下为急性发病，有发热、意识障碍及呼吸系统、消化系统、皮肤黏膜等方面损害的表现。

（2）不同种类的生物因素所致职业病，临床表现各不相同。

（3）生物因素所致职业病的发病，与病原体接触密切程度和人体易感性有关，通常不存在剂量－反应关系。

（4）针对致病微生物的实验检测指标对诊断具有重要意义。

（5）生物因素所致职业病的发病具有地区和行业聚集特点，主要集中在畜牧业、生物制品行业和野外作业人员。与其他职业性危害一样，为确定疑难传染病的病因，职业暴露史常可提供有价值的线索。医务保健人员是传染病发生的高危职业人群，据不完全统计，我国目前约有600万活动性肺结核患者，数十万艾滋病病毒感染者，在未被检出前，对接触者的健康威胁很大，尤其是医护人员，更应注意防止感染。此外，日常工作中频繁接触动物的工作人员如兽医和动物实验室研究人员，接触禽畜或禽畜制品的工作人员，从事开垦、挖土、伐木等野外工作的职业人群，农牧民和渔民等均可因职业暴露而不同程度地受到相关生物因素的危害。

## 六、职业性传染病的一般预防措施

预防职业性传染病，除运用预防职业病的常规措施外，还要运用预防传染病的常规措施，这些措施包括：①注意管理传染源；②有效切断传播途径；③要保护好易感人群。

以上三个方面的措施，应在可能发生职业性传染病的生产过程中始终注意贯彻执行。

# 第二节　炭疽杆菌与炭疽

**案例 4-1**

患者，男性，43 岁，汉族，已婚，农民，河北赤城县人。患者于 2005 年 6 月 30 日无明显诱因出现发热，体温达 38.5 ℃，伴明显乏力、多汗，以夜间为著。双侧膝关节疼痛，呈游走性，关节无红肿及活动障碍、无晨僵及皮疹。曾在当地医院就诊，按"风湿热"给予"青霉素"静脉滴注及解热镇痛药物口服，效果不佳。仍间断发热，无规律性。8 月 20 日症状加重，高热，体温最高达 39.5℃。伴寒战、头痛，并出现阴囊肿大疼痛，双下肢剧烈疼痛，到普外科就诊。B 超检查提示：右侧睾丸增大，伴鞘膜积液。化验血沉 86mm/h，抗链"O"1∶250 以下，考虑"睾丸炎"，给予"左氧氟沙星、甲硝唑"静脉滴注治疗 5 天，效果不显著；因双下肢剧烈疼痛又就诊于神经内科，遂以"坐骨神经痛"收住院治疗。发病以来食欲减退，体重轻度下降，无咳嗽及咳痰，精神、睡眠及大小便正常。

**问题：**
1. 上述资料中，你认为病史还应补充哪些内容？
2. 该患者最有可能患什么疾病？怎样治疗？
3. 分析多次误诊的原因。

炭疽（anthrax）是由炭疽杆菌引发的一种人兽共患的急性传染病。这种疾病通常发生在动物之间，草食家畜是主要易感动物，猪、狗、猫等杂食动物，虎、狮、豹、狼等肉食动物也可因误食炭疽病畜肉而感染死亡。人因接触患炭疽病的牛、马、羊、猪等病畜、死畜及其产品或食用病兽的肉类或污染炭疽杆菌芽孢的皮、毛、粪土而发生感染。

## 一、生物学特点

炭疽杆菌（Bacillus anthracis）于 1876 年被德国的科学家 Robert Koch 首次证明为炭疽病的病原。炭疽杆菌为需氧或兼性厌氧、无鞭毛、革兰染色阳性的粗大杆菌，两端平切，镜下观察呈长链竹节状，不能运动。在人和动物体内，以及在含血清和碳酸氢钠的培养基中能形成荚膜，是毒力的标志。在人工培养基或外界环境中可形成芽孢。有氧条件下普通培养基上生长良好。本菌繁殖体的抵抗力弱，对日光、热、消毒液均较敏感，在 56℃时 2 小时、60℃时 30 分钟、75℃时 1 分钟即可杀灭，常用浓度的消毒剂也能将其迅速杀灭。但由于芽胞位于菌体中心，抵抗力很强，一般消毒方法均不能将其杀死，在土壤中可存活数十年，在皮毛制品中可生存 90 年；煮沸 40 分钟、140℃干热 3 小时、高压蒸气 120℃10 分钟、20%漂白粉和石灰乳浸泡 2 天、5%苯酚 24 小时才能将其杀灭；但它对氧化剂较为敏感，用 4%高锰酸钾溶液 15 分钟可杀死芽孢，对碘特别敏感。酒精、来苏儿对其基本上无杀灭作用。

## 二、职业接触机会

接触病畜,如在喂料、修毛或屠宰时;接触污染的皮革、皮毛,羊毛,猪鬃或病畜的肉;接触受炭疽菌污染的物品(畜粪、破烂物品等)。炭疽病发病与劳动条件及劳动过程关系很大,如剪羊毛工,剪毛时两前臂紧靠羊身,常在前臂发生皮肤炭疽;搬运作业时将皮毛扛在肩上,颈部可发生皮肤炭疽;制革厂发生的炭疽病,以接触生皮的工人多见;工作环境的灰尘浓度高,发生内脏炭疽(如肺炭疽)的机会增加。

## 三、致病机制

炭疽杆菌的毒力取决于其外毒素和抗吞噬作用的荚膜。

炭疽菌有三个毒力因子:荚膜和两个毒素,分别由 PX01 和 PX02L 两种质粒编码。荚膜在体内有抗吞噬作用,有利于细菌的繁殖扩散;在体外,荚膜能掩盖嗜菌体受体,阻止嗜菌体裂解菌体。炭疽杆菌芽孢进入人体后,其形成的荚膜即成为抗原,能抑制调理素作用,使细菌不被吞噬;其产生的外毒素可引起明显的水肿反应和组织坏死,细菌被局部巨噬细胞吞噬后,向局部淋巴结蔓延,并进一步产生毒素,引起出血性、坏死性和水肿性淋巴结炎。炭疽菌在生长过程中合成毒素,毒素由水肿因子(EF)、致死因子(LF)和保护性抗原(PA)三种组分构成。EF 是腺苷环化酶,使体内 ATP 转化成 cAMP,对动物引起水肿反应;LF 是 Zn-依赖内肽酶,底物为促分裂原活化蛋白激酶 12(MAPKK12),裂介 MAPKK、阻断 MAPK 信号传导途径和使细胞溶解;PA 是结合单位,对动物具有明显免疫原性,与宿主吞噬细胞表面受体结合后寡聚化形成离子通道,使 EF、LF 组分得以进入胞质溶胶而发挥毒性作用。所以单个毒素组分无毒性,但 EF 与 PA 同时作用构成水肿毒素,可产生皮肤坏死和水肿反应;LF 与 PA 同时作用构成致死毒素,则可使动物致死。炭疽外毒素主要损害主要损伤微血管内皮细胞、增强血管壁的通透性,减少有效血容量和微循环灌注量,增加血液黏稠度,从而导致弥散性血管内凝血(DIC)和感染性休克而引起死亡。

炭疽杆菌不能侵入完整的皮肤。炭疽感染是由炭疽杆菌的芽孢直接经破损的皮肤进入皮下或经吸入肺部或经食入进入黏膜,被局部存在的巨噬细胞吞噬,在适当的环境下芽孢开始发育形成繁殖体,在细菌大量繁殖的过程中产生外毒素和抗吞噬作用的荚膜物质。外毒素引起感染部位的组织细胞坏死和水肿。荚膜能阻止吞噬细胞作用,使细菌易于扩散,引起邻近淋巴结炎,甚至进入血液循环引起败血症。如食入带菌肉类,可引起急性出血性肠系膜淋巴结炎。吸入性炭疽的病理过程与皮肤炭疽略有不同。炭疽芽孢经呼吸道进入肺泡后,被肺部的巨噬细胞吞噬,部分炭疽芽孢死亡,但存活的芽孢被巨噬细胞带到纵隔和肺门淋巴结,在此处炭疽芽孢发育成繁殖体,产生大量毒素,导致巨噬细胞溶解死亡。同时,在局部淋巴结炭疽杆菌的大量繁殖和细菌所产生的荚膜和毒素对宿主免疫应答的抑制作用,致使炭疽杆菌突破宿主的免疫系统进入血循环引起严重败血症,甚至感染性休克。此外,由于毒素的作用,可引起感染部位和或全身性的组织细胞坏死、水肿、血管损伤及血浆外渗及出血和血栓形成,引发弥散性血管内凝血(Disseminated Intravascular Coagulation DIC)的发生。

## 四、临床表现

潜伏期因侵入途径不同而异。一般为 1~5 天,也有短至 12 小时,长至 2 周。

## （一）皮肤炭疽

最多见，约占炭疽病例的 95%，可分为炭疽痈和恶性水肿两型。

**1. 炭疽痈** 病变多见于头、面、颈、肩、手和脚等易接触到污染物的裸露部位的皮肤。一般只有一个病灶。感染部位初起似虫咬的红斑，继之发痒、变成坚硬的丘疹或斑疹，次日出现水疱，内含淡黄色液体，周围组织硬而肿胀，不断扩大，呈现非凹陷性肿胀。第 3~4 天中心区呈现出血性坏死，稍凹陷，四周集簇成群小水疱，水肿区继续扩大。第 5~7 天坏死区破溃形成小溃疡，有出血渗出物凝固而形成似炭块的黑色结痂，痂下有肉芽组织形成（即炭疽痈）。黑痂坏死区的直径大小不等，自 1~2cm 至 5~6cm，其周围皮肤浸润及水肿范围较大，直径可达 5~20cm，病变部位由于周围淋巴液积聚，肿胀虽很明显，但局部皮肤不发红，无发热，因局部神经麻木，故无明显疼痛，故称无痛性溃疡，这是皮肤炭疽的特征。病变部位淋巴结常有不同程度的肿大与压痛，此后水肿消退，约经 1~2 周脱痂。再经数日愈合成瘢痕，局部症状出现 1~2 天后，常出现发热（38~39℃）、头疼、恶心、呕吐、全身不适、局部淋巴结及淋巴管炎等中毒性症状；并发败血症者，可发生中毒性休克。

**2. 恶性水肿型** 少数病例局部无水疱形成，而呈现大片状水肿，局部肿胀明显，透明而坚韧，微红或苍白色，扩展迅速，可致大片坏死而不结痂。累及部位大多见于组织疏松的眼睑、颈、股内侧等软组织。全身毒血症明显，病情危重，并继发肺炎及脑膜炎。

## （二）肺炭疽

较少见，占炭疽病例的 5%。大多为原发性，由吸入炭疽杆菌芽孢所致，也可继发于皮肤炭疽病。起病急，病情进展快。临床表现分两期，初期有 2~4 天感冒样症状、短暂低热、寒战、干咳、头痛、全身不适、呕吐等症状，体征和实验室检查亦无特异性，常误诊为上呼吸道感染。部分病人可有短暂的症状减轻。一旦进展为第二期则表现为严重呼吸窘迫症状，表现为突然高热、咳血性痰、呼吸困难、胸痛、发绀、血性胸腔积液以及全身中毒症状严重并进展快，胸部出现少量湿啰音及喘鸣音。胸片以纵隔增宽、支气管肺炎和胸腔积液为特征。吸入性炭疽患者病情大多危重，易并发败血症、感染性休克或脑膜炎，若不及时给予诊断与抢救，则常于 24~48 小时因呼吸、循环衰竭死亡。

## （三）胃肠型炭疽

极罕见，占炭疽病例 1%。其临床表现因炭疽感染的部位而表现有所不同。若肠道感染炭疽，则以腹部表现为主。主要症状有恶心、呕吐、食欲消失、高热、腹痛、血便等，进展迅速，有的患者腹部可有明显的压痛、反跳痛，甚至腹肌紧张，极似外科急腹症，易并发败血症和感染性休克。部分病人可因出血性肠系膜淋巴结炎而表现大量血性腹水。随着病情进一步发展出现严重毒血症、休克而死亡。早期表现无特异性，诊断困难，病死率很高。此外，炭疽芽孢可在食道黏膜定居引起食道炭疽，但少见。其临床表现高热、颈部水肿、局部淋巴结肿大、吞咽困难、咽痛、呼吸困难，检查可见食道溃疡，口腔后壁、硬腭和扁桃体及食道有假膜覆盖。注意要与严重的链球菌咽炎鉴别。

## （四）败血症型炭疽

多继发于肺、肠和严重皮肤炭疽，除原发部位表现外，可伴有高热、寒战、头痛、出血、呕吐、毒血症、感染性休克、DIC 等。

## （五）脑膜炎型炭疽

大多继发于伴有败血症的各型炭疽，原发性少见。临床起病急剧，表现为剧烈头疼、呕吐、发热、谵妄、昏迷、抽搐、明显脑膜刺激征，脑脊液大多呈血性，少数为黄色。病情凶险，发展迅速，患者可于发病2~4天内死亡。

## 五、实验室检查

**1. 血常规** 白细胞数升高，一般为（10~20）×10$^9$/L 最高可达（60~80）×10$^9$/L。中性粒细胞显著升高，淋巴细胞不升高。

**2. 病原学检查** 根据临床分型，可以取水疱内容物、分泌物、痰液、粪便、血液和脑脊液等作直接染色镜检，可见粗大的革兰阳性杆菌，呈竹节状排列；或取标本做细菌分离培养，阳性可作为诊断依据。

**3. 血清学检查** 由于重型炭疽病人常于短期内死亡，临床诊断价值较小，主要用于炭疽的回顾性诊断和流行病学调查。但对未及时获得病原学诊断依据的病例，采用针对荚膜抗原的酶联免疫吸附试验，或针对外毒素蛋白抗原的免疫印迹实验可协助诊断。

**4. 动物接种** 将标本或培养物接种于家兔、豚鼠或小白鼠的皮下，出现局部肿胀、出血等阳性反应。接种动物多于48小时内死亡，其血液与组织液内可查见或培养出炭疽杆菌。

**5. 鉴别试验** 用以区别炭疽杆菌与其他各类杆菌（枯草杆菌、蜡样杆菌、蕈状杆菌、嗜热杆菌等），主要有串珠湿片法、特异性荧光抗体（抗菌体、抗荚膜、抗芽孢、抗噬菌体等）染色法，W 噬菌体裂解试验、碳酸氢钠琼脂平板 $CO_2$ 培养法、青霉素抑制试验、动物致病试验、荚膜肿胀试验、动力试验、溶血试验、水杨酸苷发酵试验等。上述各种检查宜在有专门防护的实验室内进行。

## 六、诊　　断

患者的职业和新近有无接触病畜及畜产品的历史，结合临床表现以及病原学和特殊的实验室检查结果，综合分析，排除其他原因所致的类似疾病方可确诊。皮肤炭疽需与痈、丹毒、蜂窝织炎、恙虫病的焦痂、兔热病的溃疡鉴别；肺炭疽需与各种肺炎、钩端螺旋体病、肺鼠疫鉴别；肠炭疽需与急性菌痢及沙门菌肠炎、出血坏死性肠炎、肠套叠及其他原因所致的急性腹膜炎等鉴别；脑膜炎型需与各种脑膜炎、蛛网膜下腔出血相鉴别。根据我国《职业性传染病诊断标准》（GBZ 227-2010），职业性炭疽诊断标准如下：

（1）从事密切接触炭疽杆菌的相关职业，如皮毛加工、屠宰、兽医、畜牧、肉食品加工、疫苗和诊断制品生产及从事炭疽防治的工作人员等。

（2）炭疽诊断应同时具备下列各项（按WS283执行）：

1）具备某一病型炭疽（如皮肤炭疽、肠炭疽、肺炭疽、脑膜炎型炭疽、败血症型炭疽）的临床表现。

2）显微镜检查，发现皮肤溃疡的分泌物、痰、呕吐物、排泄物、血液、脑脊液等标本中大量两端平齐呈串联状排列的革兰阳性大杆菌，同时细菌分离培养获炭疽芽孢杆菌或血清抗炭疽特异性抗体滴度出现4倍或4倍以上升高。

---

**案例 4-1 解析**

入院时经详细询问病史，患者家中养羊数十只，患者每日外出牧羊，于发病前1个月一只羊因"进食塑料地膜"消瘦死亡。患者进行了剥皮处理。因此初步考虑布氏杆菌病。即刻采集血标本送本地疾控中心，查布氏杆菌血清凝集试验（++++）1：400；虎红缓冲液玻片凝集试验（+），诊断为布氏杆菌病。

本例误诊原因分析如下：① 在非疫区，由于发病率低，临床医生尤其非感染科医生对该病的认识不足，警惕性不够，是导致误诊的主要原因。② 布氏杆菌病又称"波浪热"。典型的热型为"波状热"，但由于患者在早期发热时退热药物及抗生素的应用，使热型不典型，掩盖了病情，而造成误诊。③ 病史采集不系统，遗漏了重要的职业接触史，给正确诊断造成困难。患者为内地农民，在多次就诊过程中，均未曾被问及有无牲畜（牛羊等）饲养史，以致遗漏了患者养羊、牧养及宰杀病羊等重要接触史，而延误了诊断。

## 七、防治原则

### （一）治疗

本病的预后视临床类型、诊断与治疗是否及时而不同。炭疽病死率较高。一般在适当治疗时皮肤型炭疽的病死率为5%~11%，如未经治疗或治疗不及时重症化后死亡率可达20%~25%。其他临床型，由于病情发展迅速而又较难及早确诊，病死率较高：肺炭疽死亡率在80%以上，肠炭疽的死亡率为25%~75%，炭疽败血症病死率为80%~100%，所以炭疽病的治疗首先应该尽早、及时。主要有下面几点：

**1. 一般治疗**　本病患者应严密隔离，对其污染物和排泄物按芽孢的消毒方法进行消毒处理或焚毁。患者卧床休息，补足足够的营养和液体。

**2. 病原治疗**　炭疽杆菌对青霉素敏感，临床上常作为首选药物应用。如皮肤炭疽，成人常用剂量为（160~320）万U，分2~4次肌注，疗程7~10天。若感染部位在颈部或伴有严重水肿者、吸入型炭疽、胃肠型炭疽、脑膜炎及败血症者，需用大剂量青霉素治疗，且疗程延长至60天。青霉素（1000~2000）万U/d，分次静脉滴入。同时加用1~2种其他抗菌药物如强力霉素、环丙沙星、氯霉素、克林霉素、红霉素、庆大霉素、万古霉素等，疗程2~3周。但用大剂量抗生素时杀灭大量细菌，释放出毒素，可导致中毒而突然死亡，故大量使用抗生素时，应同时给予抗炭疽血清治疗，每日80~160ml，用到体温恢复正常2~3天后才停用抗血清。

**3. 对症治疗**　对呕吐、腹泻或进食不足者给予适当静脉补液，对有出血、休克和神经系统症状者，应给与相应处理。对严重病例，可应用肾上腺皮质激素，对控制局部水肿的发展及减轻毒血症有效，一般可用氢化可的松 100~300mg/d，分次静滴，但必须在青霉素的治疗下采用。有DIC者，应及时抗DIC治疗。皮肤炭疽局部可用1:2000高锰酸钾液冲洗，敷以无刺激性抗生素软膏（如四环素软膏、磺胺软膏），用消毒纱布包扎。患部除取标本作检查外，切忌挤压，也不宜切开引流，以防感染扩散而发生败血症。肺炭疽患者宜吸氧，肠炭疽及严重毒血症者应输液及维持水电解质平衡。

**案例4-1解析（续）**

患者经正确诊断后，给予利福平、链霉素、多西环素联合治疗8天症状缓解出院，回家继续疗养。

### （二）预防

炭疽的预防主要针对构成炭疽传播的三个条件采取综合性措施。

**1. 严格管理传染源**　炭疽为乙类传染病，肺炭疽应按甲类传染病进行管理。加强兽医监督，发现动物有炭疽，应禁止屠宰作为肉食或工业用品。炭疽感染的病、死畜严禁剥皮、解剖，必须整体深埋（2m以下）并覆盖生石灰。对可疑病畜进行隔离观察，对疫区草食动物进行包括动物减毒疫苗接种、动物检疫等在内的广泛兽类医疗措施。皮肤炭疽患者应隔离至创口痊愈，痂皮脱落或症状消失为止。其他类型患者应待症状消失，分泌物或排泄物培养持续 3 次阴性（每 3 天 1 次）后，方可出院。对病人的衣服、用具、废敷料、分泌物、排泄物等分别采取煮沸、漂白粉、环氧乙烷、过氧乙酸、高压蒸气等消毒灭菌措施。对工业、农牧业人群接触的污染物进行甲醛消毒处理。

**2. 切断传播途径，必要时封锁疫区** 对从事可疑污染物接触人群加强劳动保护。牧畜收购、调运、屠宰加工要有兽医检疫，被污染的畜厩或土壤需进行消毒，铲除表面的泥土，埋入深坑中，防止水源污染，加强饮食饮水监督。加工兽皮、毛的制品，用高压蒸气消毒；皮毛加工生产过程机械化，如用刮皮机、洗皮机代替人工操作，以传送带代替手工搬运等；作业场所有防尘设备。

**3. 保护易感人群** 个人的卫生防护对职业性接触家畜及畜产品者十分重要。加强卫生宣传教育，无论皮毛加工厂工人、牧场处理皮毛及其他接触人员，均应了解有关预防炭疽病的知识，供给防尘工作服、口罩、防护眼镜、帽及手套；换下来的工作服、帽等应进行高压消毒，防护眼镜、鞋等用漂白粉液消毒；工作后洗手消毒并淋浴，洗手消毒可用 0.1%的升汞溶液浸泡 1～8 分钟；养成良好卫生习惯。工作中如有皮肤破损，应立即停止工作，并立即涂擦 3%～5%碘酒，以免引起感染，注意对伤口的观察。因肺炭疽早期与感冒症状相似，发现有感冒病人时，应有专人跟踪访视病人；发现病人立即送传染病院治疗。

炭疽减毒活菌苗对易感职业人群有一定预防效果，即对从事畜牧业、畜产品收购、加工、屠宰业等工作人员和疫区人群，每年接种炭疽杆菌减毒活菌苗 1 次，目前采用皮上划痕法，每次用菌苗 0.1ml，滴于上臂外侧皮肤，划一"井"字即可，免疫力维持半年。对易感职业接触人员进行就业前及定期体格检查，凡患有呼吸道疾病、皮肤病、年老体弱者不宜分配接触感染机会较多的工作。

# 第三节 布氏杆菌与布氏菌病

布氏杆菌病（Brucellosis）是由布氏杆菌引起的临床发热，多处关节受损为主要特征的急性或慢性传染病，属自然疫源性人畜共患疾病。因其明显的职业特点和传染性，故称职业性传染病。该病主要发生在以畜牧产品为原料的加工及屠宰业中。

布氏杆菌病为全球性疾病，本病分布很广，几乎遍及世界各地，凡有牲畜的地区都有此病流行，来自 100 多个国家每年上报 WHO 的布氏菌病超过 50 万例。我国主要流行地区为内蒙古、吉林、黑龙江、新疆、西藏等省、自治区的牧区和半农牧区。其他各省也有病例发生。近年来，农区、乡镇、小城市甚至大城市的病例有逐年升高的趋势。

## 一、生物学特点

布氏杆菌（Brucella）是一组微小的球状、球杆状、短杆状革兰阴性菌，没有鞭毛，不形成芽孢和荚膜。布氏杆菌染色后油镜下形态及菌落形态比较有特点，因为它是革兰阴性一短小杆菌，两端钝圆，油镜下染色弱，呈细沙样，有人称之为沙滩细沙样排列，这个特点对初步诊断很有帮助。布氏杆菌生长繁殖对营养要求较高，生长需要硫胺、烟酸胺和酵母生长素，生长缓慢，分裂一次时间约 132～227 分钟。尤其初代分离的野生株生长更慢，通常需 5～7 天，有的甚至需 20～30 天才生长出可见的菌落。生长最适温度为 37℃，个别种型初代生长需一定浓度 $CO_2$。布氏杆菌对常用的物理消毒方法和化学消毒剂敏感。60℃ 30 分钟可杀灭，100℃立即死亡，3%漂白粉和甲醛皂溶液数分钟内能将其杀灭，但其在外界环境有较强的抵抗力，土壤中能存活 24～40 天，在畜尸肉制品中可存活 40 天，羊毛中可存活 40～120 天，衣物中可存活 14 天。

## 二、职业接触机会

接触布氏杆菌病的各种污物及食物均可成为传播因素。兽医为病畜接生、处理难产及流产，检查牲畜；农牧民放牧，接触病畜的排泄物、剪羊毛、挤奶；畜产品加工人员屠宰病畜、加工肉类；实验人员在采集胎牛血、人工授精、进行细菌培养、制备生物制剂等，均可经皮肤黏膜感染。畜产品及皮毛加工人员可吸入被污染的飞沫、尘埃而经呼吸道感染。例如，某厂鞣皮工人中布鲁氏杆菌感染率达 13%。病畜排泄物污染的水源、土壤等也可作为传播因素，疫区的皮毛往往是收购、加工职业人员的危险传播因素。近年来，非职业人群的感染率呈上升趋势，推测可能与某些不良的饮食习惯及某些宠物有关，如生食动物源性食品。

## 三、致病机制

本病的发病机制较为复杂。细菌和毒素作用以及不同抗原组分的变态反应均不同程度地在疾病的发生和发展中起作用。

根据储存宿主、生化、代谢和免疫学的关系，世界卫生组织布氏菌病专家委员会把布氏菌属分为 6 个种 19 个生物型：羊种菌（3 个型），牛种菌（8 个型），猪种菌（5 个型），犬种菌、绵羊附睾种菌及沙林鼠种菌各 1 个型。本菌属分型对临床和流行病学有重要意义，不同的种型菌属有不同的致病力，其中羊布氏杆菌致病力最强，猪布氏杆菌次之。布氏杆菌含有 20 余种蛋白抗原和脂多糖，其中脂多糖（内毒素）在致病中起重要作用。近些年，对布氏杆菌的分子生物学研究发展较快，有研究表明，ery、$H_2O_2$ 酶基因、SOD、RecA、groE、HtrA 等基因都与布氏杆菌的毒力有密切关系，这些工作为布病的病原学研究展示了良好的前景。

侵入人体的布氏杆菌随淋巴液进入局部淋巴结，被吞噬细胞吞噬。如吞噬细胞未能将其杀灭，则细菌再次大量生长繁殖，形成局部原发病灶。细菌在吞噬细胞内大量繁殖导致吞噬细胞破裂，随之大量细菌进入淋巴液和血液循环形成菌血症。在血流中生长繁殖的布氏杆菌，受机体各种因素的作用下，菌体破坏释放出内毒素和菌体其他成分，导致毒血症的出现。内毒素在病理损伤、临床症状方面起着重要作用。机体免疫功能正常，通过细胞免疫及体液免疫清除病菌而痊愈；如果免疫功能不健全，或感染的菌量大，毒力强，则部分细菌逃脱免疫，又被血流中的单核细胞吞噬，并随血流带至全身，在肝、脾、淋巴结、骨髓等处的单核吞噬细胞系统内繁殖，引起细胞的变性、坏死，形成多发性病灶。当病灶部位的 T 淋巴细胞被细菌致敏并再次接触抗原后，能释放细胞因子，趋化和激活巨噬细胞聚集于布氏杆菌周围，不断吞噬和杀灭布氏杆菌；当病灶内释放出来的细菌，超过了吞噬细胞的吞噬能力时，则在细胞外生长繁殖再次入血，导致疾病复发。布氏杆菌抗原不断使机体过敏，致敏的 T 淋巴细胞在抗原作用下释放淋巴因子，引起各组织变态反应性病变，即布氏杆菌病的慢性病变。

## 四、临床表现

布氏杆菌病的临床症状多种多样，病情轻重的差别也很大。一般情况下，牛型对人致病力较轻；羊型致病力较强，大多出现典型的临床症状和体征；猪型致病力介于羊型和牛型之间，大多数病人无急性期临床表现。

布氏杆菌病的潜伏期长短不一，一般 1～3 周，短者 3 天，最长可长达数月。临床上可分为急性期、亚急性期和慢性期。

## （一）急性期、亚急性期

病程在 3 个月以内为急性期，3 个月到 1 年为亚急性期。多数病人缓慢发病，约 10%～30% 突然发病。发病初期症状与感冒相似，出现发热、乏力、失眠、头痛、食欲不振及上呼吸道症状。主要临床表现为：

**1. 发热**　是最常见的临床表现，95%以上病人表现为发热，热型不定，变化多样，常见的热型由波浪型、不规则型、间歇型、弛张型和长期低热型。典型的热型呈波浪型，每次发热一至数周（平均 2～3 周），然后逐渐退热，经过一段无热期后体温再次上升，如此反复数次，状似波浪。在抗生素普遍应用以前，波浪型最为多见，因此布氏杆菌病曾被称为"波浪热"。但近年来，典型的波浪热已不常见，而以不规则热多见。患者在高热时神志清楚，无明显的不适，但体温下降后自觉症状加重，主诉增多，这种高热与症状相矛盾的现象是布氏杆菌病所特有的，具有一定的诊断意义。

**2. 多汗**　是急性期主要症状。每于夜间或凌晨退热时大汗淋漓，还可有盗汗，有的病人不发热时也有大汗，汗液酸臭。可湿透衣裤，使患者烦躁不安，全身疲乏，头痛。大量出汗后可发生虚脱。

**3. 骨、关节疼痛**　70%以上患者可有骨、关节疼痛。关节痛是本病非常多见的症状，呈多关节痛，且多发生于负重的大关节，如腰、膝、肩、肘等，单个或多个，非对称性，有的亦发生在小关节，不对称。急性期病人呈游走性多关节痛，慢性期表现为易受气候影响的固定性关节痛。有些患者肌肉会发生疼痛，尤其下肢肌及臀肌，重症者呈痉挛性疼痛。疼痛性质初为游走性，有的疼痛十分剧烈，如锥刺样或顽固性钝痛，一般镇痛剂不能缓解，以后疼痛固定在某些关节。除关节炎外，还有关节周围软组织炎、滑膜炎、腱鞘炎和脊柱炎。脊柱炎多发生在腰椎部位。除关节疼痛外，全身长骨如胫骨、肱骨等处常有剧痛，两侧臀部肌肉常呈痉挛性疼痛。

**4. 神经系统症状**　患者常因神经根或神经干受累出现神经系统症状，以腰骶神经根受累最多见，表现为腰部及两下肢剧痛。神经干受累以肋间神经、坐骨神经最多见。

**5. 生殖系统症状**　男性常发生睾丸炎、附睾炎以及睾丸肿瘤，肿瘤多为单侧，个别病例可伴有鞘膜积液、肾盂肾炎，女性可发生卵巢炎、输卵管炎及子宫内膜炎及乳房肿痛，个别发生流产。

**6. 肝脾及淋巴结肿大**　约半数患者可出现肝肿大和肝区疼痛。牛布氏杆菌感染者肝损害为非特异性肝炎或肉芽肿大。常见浅表淋巴结肿大，肿大的淋巴结一般无明显疼痛，可自行消散，偶见化脓、破溃。

## （二）慢性期

病程持续 1 年以上为慢性期，可以是由于急性期不恰当治疗和局部病灶的持续感染而来，也可缺乏急性病史由无症状感染者或轻症者逐渐变为慢性。慢性期症状多不明显，也不典型，呈多样性表现。主要表现为疲乏无力、出汗、头痛、低热、抑郁、烦躁、关节和肌肉疼痛。98%以上有关节病变，X 线检查显示关节边缘骨质硬化、增生，关节端与关节缘呈疏松样改变。肝脾可有轻度肿大，多种症状体征反复发作并逐渐加重，或仅因气候变化、劳累而加重。病变不仅侵犯内脏、骨关节、神经、泌尿生殖系统，甚至侵犯所有组织器官，常是几个系统同时受累。

目前，布氏杆菌病症状有减轻倾向，不典型病例多见，而神经系统、运动系统和泌尿生殖系统受损较少见，可能与疫区预防接种、抗生素应用及人群生活条件改善有关。

# 五、实验室检查

## （一）血常规

白细胞计数在正常范围或轻度减少，淋巴细胞增多，分类可达 60%以上，有时可见到异型淋巴细胞。部分患者有血小板减少。血沉各期均增速。久病患者有轻或中度贫血。

## （二）病原学检查

血培养是急性期诊断的重要方法，对慢性期患者的阳性率则较低。骨髓培养可用于慢性病人。淋巴结、脑脊液等的培养阳性率不高。菌培养需特殊培养基，而且生长缓慢，需10天以上才能有阳性结果。有人提出把标本接种在鸡蛋的卵黄中，经37℃ 5天培养后，再转种培养基，可以提高阳性率，特别适宜用于慢性布氏菌病。

## （三）血清学检查

**1. 凝集试验** 常用的是血清试管凝集法（SAT）或平板凝集试验（RBPT），主要检测特异性抗体。前者有较高特异性，常用于诊断，滴度≥1:160有意义；后者操作简单，常用于普查。凝集试验的高抗体滴度持续时间较长，不能区别复发或既往感染。

**2. 酶联免疫吸附试验** 检查各类抗体，1:320为阳性，灵敏度高，特异性也好。

**3. 其他** 包括免疫荧光抗体检测、抗人球蛋白试验[1:160（++）为阳性，急、慢性期阳性率均较高，特异性也较强，但操作较复杂，故仅用于凝集反应阴性者]、补体结合试验（1:16以上为阳性，急、慢性病人阳性率均较高，特异性也强）、皮内变态反应试验（如果皮内试验阳性持续时间很长，只能说明受过感染，而不能区别出既往感染和现症病人）等。

## 六、诊断

急性、亚急性感染病例通过职业接触史、临床表现和实验室病原学和血清学检查不难作出诊断。慢性感染者和一些不典型病例诊断较为困难，获得细菌培养结果最为可靠，PCR检测其DNA阳性有较高的辅助诊断价值。急性期需与风湿热、伤寒、副伤寒、肺结核、败血症、疟疾等相鉴别；慢性期主要与骨、关节损害疾病及神经官能症等鉴别。

根据我国《职业性传染病诊断标准》（GBZ 227-2010），职业性布氏菌病诊断标准为：

（1）从事密切接触布氏菌的相关职业，如兽医、畜牧、屠宰、肉食品加工、皮毛加工、疫苗和诊断制品生产及从事布氏菌病防治的工作人员等。

（2）布氏菌病诊断应同时具备下列各项（按WS 269执行）：

1）出现持续数日乃至数周发热（包括低热），多汗，乏力，肌肉和关节疼痛等；多数患者淋巴结、肝、脾和睾丸肿大，少数患者可出现各种各样的充血性皮疹和黄疸；慢性期患者多表现为骨关节系统损害。

2）实验室检查：血清学检查（试管凝集试验、补体结合试验、抗人球蛋白试验）任何一项为阳性或从病人血液、骨髓、其他体液及排泄物等任一种培养物中分离到布氏菌。

## 七、防治原则

### （一）治疗

治疗布氏杆菌病的重点是阻止疾病的进展，防止由急性期转为慢性并减少复发，因此应早期用药，彻底治疗。

**1. 急性和亚急性感染**

（1）一般治疗和对症治疗：病人应卧床休息，适当增加营养，补充B族维生素、维生素C和水分。高热患者可用物理降温。出汗过多者静脉补充电解质溶液。头痛、失眠可用止痛剂和镇静剂。关节疼痛剧烈者可用5%～10%硫酸镁局部湿热敷，中毒症状明显和睾丸炎严重者，可适当应用肾上腺皮质激素。

（2）病原治疗：布氏杆菌可在细胞内生长，因此应选择能进入细胞内的抗菌药物。世界卫生组织推荐用利福平 600～900mg/d 和多西环素 200mg/d 联用，疗程 6 周。亦有认为多西环素 200mg/d 用 6 周加氨基糖甙类如链霉素 1g/d 肌内注射 2 周，效果亦佳，复发率低。复方磺胺甲硝唑（TMP-SMZ）对急性期患者退热较快。布氏杆菌脑膜炎患者可以应用第三代头孢菌素与利福平联用。

**2. 慢性感染**

（1）病原治疗：与急性和亚急性感染治疗相同，必要时需反复治疗几个疗程。

（2）特异性抗原疗法：目前认为被布氏杆菌致敏的 T 淋巴细胞是引起机体损害的基础。采用少量多次注射布氏杆菌抗原，即可避免激烈的组织损伤，又可消耗致敏 T 淋巴细胞，临床上一般应用布氏杆菌菌体疫苗、溶菌素和水解素等，用于皮下、肌肉或静脉注射。

（3）对症治疗：根据病人的具体临床表现采用相应的对症治疗措施。并发脑膜炎可以氯霉素、链霉素联合或羟羧氧酰胺菌素与利福平联合治疗。并发心内膜炎施以瓣膜置换，合用链霉素、四环素、利福平治疗。

## （二）预防

布病的防治既要考虑布病的流行规律和特点，又要考虑经济条件、技术条件，贯彻预防为主的卫生工作方针。我国是采取因地制宜、分类管理的原则，以畜间免疫、检疫、淘汰病畜和培育健康畜群为主的综合防治措施。

**1. 管理传染源** 加强疫区、运输、海关及皮毛市场等的检疫；及时发现病畜，彻底消灭传染源，建立检疫隔离制度，是根除传染源的先决条件。要定期检疫，健康畜群（牛、羊群）每年至少检疫 1 次，对污染群，每年至少检疫 2～3 次。检出的阳性病畜，若数量不多，宜采取淘汰法处理；如数量较大，应成立病畜群，严格控制与健康动物直接或间接接触，并制定相应的消毒制度，防止疫病扩散。污染畜群所产的子畜，应分别设群饲养，喂以健康乳或消毒乳，每隔 2～3 个月检疫 1 次，连续 1 年呈阴性反应的，即可认为是健康幼畜。外地输入的牲畜需经血清学和细菌学检查证实无病，方可合群放牧。布病患者应住院隔离治疗，直至症状消失，血培养阴性为止。病人的尿液需消毒处理。

**2. 切断传播途径** 加强粪、水管理，防止病畜或病人的排泄物污染水源；污染的场地、用具均须严格消毒处理，可采用 3%～5% 甲酚皂溶液、酚、漂白粉等；为病畜接生人员、屠宰厂及皮、毛、乳、肉加工厂等工作人员应穿工作服、戴口罩及手套，做好个人防护。家畜流产胎儿等物应加生石灰深埋或焚烧；各种奶及奶制品需经消毒后方可食用。禁止销售及食用病畜肉类，把好"病从口入"这一关。自疫区收购的皮毛需检验或消毒处理才可出售。

**3. 保护易感人群及家畜，增强免疫力** 如果动物群经过多次检疫并将患病动物淘汰后仍有阳性动物不断出现，则可应用菌苗进行预防接种。对健康牲畜的预防接种应有连续性（连续免疫 3～5 年）和连片性。牧民、兽医等相关职业人员、实验室工作人员及疫区人群均应进行预防接种，用减毒活菌苗皮肤划痕法，每年需加强接种 1 次，疫区人群在产羔季节 2～4 个月接种。

**4. 加强健康教育，提高群众自我防病意识** 尤其是牧民、饲养工、挤奶工、屠宰工、皮毛处理工等易感职业人群应加强个体防护，加强自身的学习，不断更新相关防治理论。

# 第四节　森林脑炎病毒与森林脑炎

**案例 4-2**

患者，女，1978 年 11 月 10 日出生，系某林场造林工。2012 年 4 月 30 日下午 13 时 20 分与工友在上山造林时感觉右耳有点儿痛，马上让工友帮忙检查，发现右耳被蜱叮咬，工友马上把蜱拔掉并进行挤血排毒，前后大约 1 分钟的时间，期间一直无明显不适感觉。2012 年 5 月 10 日该感觉身体发热伴畏寒，5 月 11 日自觉头部及双上肢活动受限，伴有头晕、恶心、呕吐，遂就诊于当地医院治疗。未见好转并出现双下肢活动不灵，于2012年5月13日到省医院住院。入院查体神清语明，平车推入病房，体温38.0℃，脉搏110次/min，呼吸20次/min，血压110/80mmHg。查体不合作，颜面潮红，头不能抬起，右耳后可见1大小约2cm×1cm结痂疹，无触痛，无瘙痒感，颈项3横直，肺部听诊呼吸音粗，无啰音，四肢肌张力弱，双上肢肌力0级，双下肢Ⅱ级，膝腱反射未引出，双侧Babinski征弱阳性。入院后患者呼吸困难进行性加重，颜面、口唇、指甲发绀明显，经皮血氧饱和度为65%，考虑存在呼吸肌麻痹，行气管切开术治疗，术后患者生命体征好转，发绀明显改善，术中被诊断为双肺肺炎。给予抗感染、改善循环、保护重要脏器、抑制炎症进展、支持对症治疗。在省医院住院103天后回当地医院进行康复治疗。

根据被蜱叮咬的职业接触史、临床症状及体征、辅助检查结果，结合既往史，排除其他因素所致疾病，依据我国《职业性传染病诊断标准》（GBZ 227-2010）（按GBZ 88执行），该患者被诊断为职业性重度森林脑炎。

**问题：**
1. 森林脑炎的病因是什么？
2. 如何预防本病的发生？

职业性森林脑炎（forest encephalitis）是劳动者在森林地区的职业活动中，因被蜱叮咬而感染的中枢神经系统急性病毒性传染病，由森林脑炎病毒引起，由蜱传播，所以又称之作蜱传脑炎（tickborne encephalitis），因好发于春夏季，因而又被称作春夏脑炎。

本病目前在世界范围内广泛存在，包括欧洲的波兰、保加利亚、奥地利、匈牙利、德国、芬兰、法国、罗马尼亚、英国等国和亚洲的马来西亚、印度尼西亚和中国均有发病。主要高发区为原苏联远东地区。1934年5～8月间在苏联东部的一些森林地带首先发现本病，故又称苏联春夏脑炎。在我国主要见于东北及西北地区，以黑龙江省、吉林省为主，四川、云南、河北、新疆等省、自治区也有发生。

## 一、生物学特点

蜱媒脑炎病毒（tick borne encephalitis virus，TBEV）是主要侵害中枢神经系统的一类小型嗜神经病毒。病毒外膜有类网状脂蛋白包裹，呈"绒毛"状棘突，病毒内部有包绕蛋白壳体的核心，为单股RNA。

病毒对外界因素的抵抗力不强，对高温及消毒剂敏感，在牛乳中加热至50～60℃，20分钟可以灭活，加热至60℃10min灭活，煮沸100℃时2分钟死亡，对紫外线照射也很敏感。对乙醚、丙酮和脱氧酸钠均敏感，在5%来苏液中只需1分钟灭活。本病毒耐低温，在脑组织中可保存70天，在50%甘油中可保存3个月以上（4℃），在0℃50%的甘油中可存活1年，在-20℃时能存活数月。

## 二、职业接触机会

本病主要见于森林有关的人员，例如森林调查队员、林业工人、筑路工人、地质工人、勘探人员、猎户、野生中草药采集人员、松脂采割、野生果品采摘、蘑菇采摘、放养蜜蜂人员等。尤其对于林业工人、筑路工人、边防军人、林区居民属于高危职业人群。在林业工人中，采伐工和集材工的发病率高于其他工种，其中，使用畜力（牛、马）的集材工发病率最高。林业工人多为男性青壮年，患者多为20～40岁青壮年男子。新工人的发病率高于老工人。近年因旅游事业发展，旅游者感染及儿童感染也屡有报告。

## 三、致病机制

蜱传脑炎病毒侵入人体后是否发病，取决于侵入人体的病毒数量和人体的免疫功能状态，如果侵入的病毒量少且人体抵抗力较强，由于特异性抗体的形成，即形成隐性感染或表现为轻微的不典型病例，如长住林区人群由于常被蜱叮咬，使病毒得以少量多次进入而获得免疫力，轻度感染者虽症状不重也能获得较持久免疫力。但如果侵入的病毒量多或人体免疫功能低下，多引起中枢神经系统广泛性炎症病变。

森林脑炎经携带病毒的蜱叮咬侵入人体，在局部淋巴结、脾、肝及其他单核吞噬细胞系统中复制。复制的病毒不断释放入血液，引起病毒血症，可出现一般病毒血症症状。病毒随血流侵入神经细胞，亦可通过淋巴及神经途径抵达中枢神经系统而产生广泛性炎症性病变，临床上表现为脑炎症状。

## 四、临床表现

**1. 潜伏期**　一般为 10～15 天，最短 4 天，也有长达 1 个月者。

**2. 前驱期**　一般为数小时至 3 天，急性起病，主要表现为低热、头昏、头痛、乏力、全身不适、四肢酸痛，有些患者的前驱期不明显。

**3. 急性期**　病程一般为 2～4 周。

（1）全身感染症状：常有高热，一般在 38℃ 以上，大多数持续 5～10 天，可有头痛、全身肌肉痛、无力、恶心、呕吐等。面部充血、结膜充血，严重者可以突发心功能不全、急性肺水肿等。

（2）脑膜刺激征：是本病最早出现和最常见的症状和体征，伴有不同程度的意识障碍。脑膜刺激征最常见的症状是剧烈头痛，部位不定，但以颞部及后枕部持续性钝痛多见，有时呈撕裂样全头痛，头部稍加活动即可加剧。伴恶心、呕吐、颈项强直，脑膜刺激征一般持续 5～10 天，意识清楚后仍可存在 1 周左右。

（3）肌肉瘫痪：如果病毒侵犯脊髓颈段，就会出现肌肉瘫痪。一般颈肌、肩胛肌与上肢肌联合瘫痪最多见，下肢肌和颜面肌瘫痪较少，瘫痪呈弛缓型。大多数病人 2～3 周后逐渐恢复，少数留有后遗症而出现肌肉萎缩致残。颈肌瘫痪出现的头无力、头部下垂和肩胛肌瘫痪出现的手臂呈摇摆无依状态，是森林脑炎的特异性症状。大部分均发生于起病 2～5 天，经 2～3 周逐渐恢复。

（4）其他表现：部分患者可有锥体外系受损症，如震颤、不自主运动等。如病变累及延脑，可有语言障碍、吞咽困难，甚至呼吸衰竭，重症病人可因呼吸或循环衰竭等延髓性麻痹症状而死亡，偶有出血性皮疹，部分病例出现心肌炎症状。

**4. 恢复期**　此期平均持续 10～14 天，体温下降，肢体瘫痪逐渐恢复，神志转清，各种症状消失。有少数患者可留有后遗症，如失语、痴呆、吞咽困难、不自主运动；还有少数病情迁延可达数月或 1～2 年之久，患者表现为迟缓性瘫痪、癫痫及精神损害等。

## 五、实验室检查

**1. 血常规**　急性发热期病人血白细胞数增高，一般为 $(10～20) \times 10^9/L$，分类以中性粒细胞增高显著，嗜酸粒细胞消失，血沉增快。

**2. 脑脊液**　色清、透明，脑脊液压力增高，细胞数增多，一般在 $0.2 \times 10^9/L$ 以下，以淋巴细胞为主，糖与氯化物正常，蛋白正常或稍增高。

**3. 血清学检测**　补体结合试验（CFT）及血凝抑制试验（HIT），可作为回顾性诊断。双份血清效价增加4倍以上有诊断意义，CFT单份血清效价＞1：16或HIT单份血清效价＞1：320可诊断。目前尚有用酶联免疫吸附试验检测森林脑炎病毒IgG抗体的方法，动物实验表明，特异性IgM于病毒感染后1周内即可产生，IgG在10～61天产生，较CFT和HIT分别敏感50～200倍及10～80倍，特异性与重复性均好，还有用间接荧光免疫法检测血清和脑脊液中特异IgM抗体，可做早期诊断。还可用聚合酶链反应（PCR）方法直接检测病毒帮助确诊。

**4. 病原学检测**　有条件者可取脑脊液做病毒分离，但病初阳性率较低。

## 六、诊　　断

本病诊断主要依据发病季节（5～8月，6月为高峰）、职业、发病地区等流行病学资料，结合临床表现和实验室检查不难确诊。职业性森林脑炎需与中枢神经系统感染、急性脑血管病、颅脑外伤、代谢障碍疾病、癫痫、急性药物中毒、心因性精神障碍等鉴别。根据我国《职业性传染病诊断标准》（GBZ 227-2010）进行诊断：

（1）从事接触森林脑炎病毒相关职业，并有蜱叮咬史。

（2）诊断分级标准（按GBZ 88执行）

1）轻度森林脑炎：突然起病，发热，伴头痛、恶心、呕吐等症状，体温多在一周内恢复正常；血清特异性抗体IgM或IgG阳性。

2）中度森林脑炎：前述表现加重，并出现颈项强直及阳性Kernig征、Brudzinski征等脑膜刺激征。

3）重度森林脑炎：上述表现加重，并具有下列情况之一者：①颈肩部或肢体肌肉迟缓性瘫痪；②吞咽困难；③语言障碍；④意识障碍或惊厥；⑤呼吸衰竭。

## 七、防 治 原 则

### （一）治疗

森林脑炎的治疗主要为一般性的对症治疗和支持治疗。对于病情严重者，需积极采用呼吸支持、维持水盐平衡和控制颅压增高等措施。

患者应早期卧床休息，补充液体及营养，并加强护理等。森林脑炎患者一般不为传染源，故不需隔离。

**1. 对症治疗**　高热宜应用综合降温措施，使体温保持在38℃左右。物理降温：使室温降至25℃以下，30%～50%的乙醇溶液擦浴，躯干体表可用冰袋，头部用冰帽，冰盐水灌肠。药物降温：成人用消炎痛栓剂，每次50～100mg塞入肛门内，小儿可用安乃近滴鼻。亚冬眠疗法：适用于持续性高热反复抽搐者，有降温、镇静及止痉作用，但可抑制呼吸及咳嗽，使呼吸道分泌物排出不畅，不宜长时间应用。对中枢性呼吸衰竭患者，气管切开可延长患者生命，但严重的病灶性延髓损害则难以恢复，预后很差。对脑膜炎型所致反复惊厥、脑水肿、呼吸衰竭患者，可早期短程使用肾上腺皮质激素以减轻炎症反应，降低毛细血管通透性，再配合使用脱水剂20%甘露醇或50%葡萄糖或呋塞米脱水，及时降低颅内压，有着明显疗效。可适当用神经细胞营养剂，如ATP、辅酶A、细胞色素$c$等。

**2. 病原治疗**　目前，尚无治疗森林脑炎的特效抗病毒药物，近年来国内报告早期应用利巴韦林静脉滴注，疗程为21～28天，疗效较好。国外采用核酸酶制剂包括核糖核酸酶和脱氧核糖核酸酶，能对病毒的核酸合成起选择性破坏作用有助于缩短病程。也有报告干扰素及干扰素诱导剂聚肌胞在动物实验中获得满意疗效，但临床上还有待于进一步观察。

**3. 免疫疗法**　森林脑炎患者细胞免疫功能显著低于正常人，可选用人用免疫血清、静脉注射型免疫球蛋白或免疫促进剂，如免疫核糖核酸、胸腺素、转移因子等治疗。

**4. 后遗症处理** 有瘫痪后遗症者可用针灸、按摩、推拿、热疗、电疗、体疗等综合治疗措施。

## （二）预防

本病有严格的地区性，凡进入有该病流行的森林地区活动时，严格防止被蜱叮咬，监控自然疫源，对高危疫区人群进行预防接种。

**1. 加强个人防护** 防止或减少蜱叮咬是减少人类感染和死亡的核心途径，因此要加强个人防护，进入林区应穿着浅色和尽量光滑的长袖衣裤，应穿戴"五紧"的防护服：即扎进领口、袖口、裤脚口及长筒胶靴，戴防虫帽，以防止蜱的叮咬，领口可撒喷杀虫剂。防护服或防虫帽均应用药物喷洒或浸泡。效果最明显的是涂邻苯二甲酸二甲酯（简称 DMP），每套防护服用量约 2000ml，有效期为 10 天。优质防虫油中也含有 DMP，可涂擦于裸露的皮肤。身体外露部分如手、颈、耳后等处，可涂驱避剂，如硫化钾，每隔 2~3 小时涂擦一次。提高职业人群对于蜱媒传染病的认识，并掌握遭蜱叮咬时的一些应急处置措施。在森林地区野外活动时，每 3~5 小时要互相检查一次衣服、身体上有无蜱，尤其注意颈、腋、腰、阴部，发现后立即杀灭。因为蜱攀附宿主后，先到处爬行 2 小时才叮刺，缓慢吸血。如果发现蜱已刺入皮肤，不可猛拉，以免蜱的刺器断于皮肤内。可用烟头烫蜱的尾部使之退出，也可用油类或乙醚滴于蜱体致死，然后轻轻摇动，缓缓拔出。

**2. 灭蜱及灭鼠** 在森林地区住地及工作所在地周围，搞好环境卫生，清除杂草、枯叶，减少来往人、兽受蜱侵袭的机会，加强灭鼠、灭蜱工作。蜱类多停留在道路两旁的草端，所以清除路边杂草，开阔道路，便可减少人畜受蜱侵袭的机会。大面积灭蜱可采用药物，例如向地面喷洒 5% 来苏儿，经一昼夜后蜱可绝迹。

**3. 预防接种** 预防注射对象为准备进入疫源地所有人员，因疫苗产生免疫约需 1~2 个月，因而接触疫苗应在每年 3 月份以前完成。其有效期约为一年，故林区工作者每年均需重复注射疫苗。

---

**案例 4-2 解析**

职业性森林脑炎，是劳动者在森林地区的职业活动中，因被蜱叮咬而感染的中枢神经系统急性病毒性传染病，由森林脑炎病毒引起，由蜱传播。本病有严格的地区性，凡进入有该病流行的森林地区活动时，严格防止被蜱叮咬，监控自然疫源，对高危疫区人群进行预防接种。

---

# 第五节　伯氏疏螺旋体与莱姆病

莱姆病（Lyme disease）是由伯氏疏螺旋体（Borrelia burgdorferi）感染而引起的一种自然疫源性疾病，是最常见的蜱传播疾病之一。主要传播媒介是蜱，宿主动物有鸟类、小型啮齿类动物和大型哺乳类动物。莱姆病是 1977 年在美国康涅狄格州莱姆镇（Lyme, Connecticut）首次发现，故称莱姆病。

莱姆病分布广泛，除南北极外，各大洲均有病例报告。全球五大洲 70 多个国家均有病例报道，每年约有 85 500 例确诊病例，主要集中在北半球，如欧洲、北美（从南部的墨西哥边境一直到北部的加拿大各省）和北非的部分地区（马格利布）和亚洲北部（俄罗斯西伯利亚和远东地区、库页岛、日本、中国以及韩国），其中欧美的发病情况最为严重。1992~2006 年美国 CDC 调查报，美国共有 248 074 例莱姆病例，年患病率正在以 101% 的速率上升。专家通过对 2008~2013 年美国近 6 年临床记录、实验室报告和社会调查数据等进行全面的分析后发现，美国平均每年有 300 000 例莱姆病病例出现，远远超过该年的报告病例数。

我国首次莱姆病病例在 1985 年黑龙江省海林县林区发现。我国疫区主要集中在西北部、东北部和华北部林区，目前北京、天津、河北等29个省（市、自治区）已有确诊病例，吉林、辽宁、黑龙江等20个省（市、自治区）被证实存在莱姆病的自然疫源地。

## 一、生物学特点

伯氏疏螺旋体是一个单细胞疏松盘绕的左旋螺旋体，一般有4～10个稀疏而不规则的螺旋，螺距为1.8～2.4μm，呈波浪式，两端稍尖，其基本结构类似于细菌。菌体长20～30μm，宽0.2～0.3μm。革兰染色阴性，但不易着色。Giemsa或Wright染色均佳。常用BSKⅡ培养基（Barbour Stoenner-Kelly Ⅱ medium）培养。电镜下可看到端鞭毛有7～15根。微需氧，属发酵型菌，5%～10% $CO_2$促进生长。最适生长温度为33～35℃。生长缓慢，从动物标本新分离的菌株一般需4周才可在暗视显微镜下查到镜下可见有数个疏螺旋，呈旋转、扭曲的方式活泼活动，能通过0.22μm的滤膜。

蜱为伯氏疏螺旋体的储存宿主和莱姆病的主要传播媒介，目前全球已从全沟硬蜱等数十种蜱的体内分离或检测出莱姆病螺旋体。我国病原学调查发现，不同种类的蜱其体内的带菌率不同，我国主要疫区（北方）莱姆病的主要传播媒介全沟血蜱的带菌率为20%～45%，显著高于南方主要传播媒介粒形硬蜱和二棘血蜱的带菌率（16%～40%和24%）。若蜱和成蜱叮咬才可引起人体伯氏疏螺旋体的感染，幼蜱不造成人体感染。

## 二、职业接触机会

人群对莱姆病普遍易感，无种族、性别及年龄的差异，以少年及青壮年感染率最高，男性多于女性，与接触宿主动物及媒介机会多少有关。莱姆病的发生与职业密切相关，野外工作者、林业工人、旅游者、牧民及猎人的感染率较高，这与他们在林区活动多，被蜱叮咬机会较多有关。

## 三、致病机制

伯氏疏螺旋体含有100余种不同的蛋白质，有重要结构和功能的蛋白包括：①41kD的鞭毛蛋白，它具有属特异性和强免疫原性，与其他疏螺旋体有交叉反应。人感染伯氏疏螺旋体1周内即可出现对41kD的特异性IgM抗体，持续数周；随后出现抗41kD的IgG抗体也可持续数周。因此，41kD可作为莱姆病的早期诊断。应用41kD鞭毛蛋白作为抗原用于莱姆病的早期诊断，可以提高敏感性和特异性。②39kD的bmpA，是螺旋体细胞表面脂蛋白，与莱姆关节炎的发生有密切关系。③外膜表面蛋白（Osp），有OspA、OspB、OspC等抗原，具有高度免疫原性。基因组分析未发现明显的毒力因子。有的学者认为伯氏疏螺旋体致病机制主要是因菌株中含有与人体交叉反应的抗原成分，机体感染产生抗体后，形成免疫复合物沉积于组织中引起机体的慢性炎症和组织损害。

螺旋体血症可由螺旋体本身激活补体引发抗体反应和吞噬效应。螺旋体血症期为Ⅰ型和Ⅱ型变态反应，可诱发Arsas反应，患者可出现发热和皮疹、关节痛；自身免疫反应期则为Ⅲ型变态反应，患者可有循环免疫复合物增多、补体减少。

神经莱姆病的发病机制可能是螺旋体激活白细胞及神经胶质细胞分泌细胞毒性物质；螺旋体对神经细胞直接的毒性作用；通过分子模拟触发自身免疫反应。

莱姆关节炎致病机理与其他细菌引起的关节炎有所不同，主要原因可能是螺旋体脂蛋白在感染早期引起机体固有免疫应答，随后引起适应性免疫应答，从而造成关节炎症和损伤。多种炎性细胞因子与莱姆病的致病机理有关。伯氏疏螺旋体的脂蛋白可激活Toll样受体2（TLR2），导致关节组织的巨噬细胞活化，释放炎前细胞因子，包括白细胞介素-1（IL-1）、白细胞介素-8（IL-8）

和肿瘤坏死因子-α（TNF-α），引起中性粒细胞渗出和浸润，启动炎症过程。

## 四、临床表现

人感染伯氏疏螺旋体后，伯氏疏螺旋体可在人体内长时间生存，同时引起多器官、多系统的损害。临床症状的多样性主要与患者的年龄、病原体的基因型和其他一些因素有关。流行病学研究发现，埃氏疏螺旋体（B.afzelii）主要引起皮肤病变，伽氏疏螺旋体（B.garinii）与神经系统症状有关，狭义伯氏疏螺旋体（B.burgdorferi sensu stricto）与关节炎有关。

由于伯氏疏螺旋体有较强的穿透能力，侵犯人体后引起螺旋体血症弥漫全身，临床表现多种多样，潜伏期为3~32天，平均7天，临床症状分为早、中、晚三期：早期主要表现为特征性皮肤损害（慢性游走性红斑）和全身感染症状（发热、头痛、恶心、呕吐和淋巴结肿大等）；中期主要表现为心脏和神经系统疾病；晚期主要表现为复发性关节炎及慢性萎缩性肢皮炎，部分患者有精神异常的表现。

### （一）皮肤损害

**1. 游走性红斑** 人被蜱叮咬后，伯氏疏螺旋体由蜱的唾液及肠反流物等侵入皮肤并在局部繁殖。经7~10天潜伏期，出现一个或数个移行性红斑（erythema chronicum migrans，ECM），是本病早期和最常见的特征性症状，同时也是莱姆病一种可靠的临床诊断标准。常见被蜱叮咬处出现红色丘疹和斑疹，以平均直径15cm以上的环形红斑多见。随着病原体在叮咬部位增殖红斑向四周呈环形扩大，外缘有鲜红边界，中央呈退行性变，似枪靶形。皮损逐渐扩大直径可达5~50 cm，扁平或略隆起，表面光滑。游走性红斑的局部症状一般包括痒、痛、灼烧感、水泡、溃疡以及结痂等，同时伴有疲劳、发热、头痛、淋巴结肿大、颈部轻度强直、关节痛、肌痛等。慢性游走性红斑一般发生在蜱叮咬后3~30天，某些患者的红斑不仅发生在蜱叮咬处，还可发生于其他部位。成年患者的游走性红斑常出现在大腿、腹股沟以及腋窝和脚，而儿童患者中上半身感染频率比成人高，儿童的游走性红斑多见于耳后发际。

**2. 莱姆淋巴细胞瘤** 莱姆淋巴细胞瘤是由于B淋巴细胞受损而出现的一种比较罕见的皮肤症状，由皮肤和皮下组织的密集淋巴细胞组成的1~5 cm单个的蓝-红色肿包。对莱姆淋巴细胞瘤的诊断靠是否有过游走性红斑或血清学检测阳性或两者同时具备来确定。莱姆淋巴瘤在儿童中多见于耳部，成年妇女多见于乳晕，阴囊和腋窝部位比较少见。临床上鉴别诊断主要包括皮肤的淋巴瘤、异物肉芽肿、结节病、瘢痕疙瘩和乳腺癌等，真皮外的体征和症状较罕见。

**3. 慢性萎缩性肢皮炎** 慢性萎缩性肢皮炎是莱姆病晚期一种罕见的皮肤损害表现，皮损为紫癜样皮疹，逐渐融合成片状损害，又有萎缩，呈瓷白色。好发于下肢末端，多见于肘部和膝盖，起初为红色或淡黄色皮疹，随之演变成硬化性肢端皮炎，需与硬皮病相鉴别。

### （二）神经系统的损害

大约10%~15%的莱姆病患者在皮疹同时或皮疹消退后1~6周会出现神经系统损害症状（也可发生在无皮疹史者），常见的临床表现包括淋巴细胞性脑膜（脑）炎、颅神经炎和疼痛性神经根炎，晚期患者会出现神经系统的并发症，如脊髓炎、末梢神经炎、舞蹈症、小脑共济失调或大脑假性肿瘤（良性颅内压增高）、痴呆及人格障碍等，这些表现可单独或联合出现。脑膜（脑）炎、颅神经炎和疼痛性神经根炎常并称为神经系统损害的"三联征"。症状持续数月，大多数患者可以痊愈。

淋巴细胞性脑膜（脑）炎一般出现于感染后几周或几月，是莱姆病神经系统损害早期的典型特征。其表现类似无菌性脑膜炎，患者多表现为发作性头痛和轻度颈强直，头痛程度不等，伴有疲劳和关节疼痛，无发热，颅内压不高，无病理反射，常伴有面神经麻痹。脑膜炎可演变为慢性复发性或轻度脑炎，主要表现为嗜睡、记忆力下降和情感障碍。

颅神经炎典型的表现是面神经麻痹，50%～60%的患者可造成单侧或双侧的外周面部瘫痪，伴随脑脊液细胞增多。少数患者会累及三叉神经和动眼神经。病程一般持续数周至数月不等。有时也可出现其他损害症状如复视、视神经萎缩、听力减退等。

疼痛性神经根炎是在成人中患急性莱姆病的主要症状。常表现为胸、腹部的带状剧烈疼痛，夜间发作，可移行至其他部位，严重者影响睡眠，症状持续数周至数月不等。

### （三）莱姆关节炎

在蜱叮咬几个月后，60%未经治疗的莱姆病患者可出现关节病变，发展为莱姆关节炎。莱姆关节炎是莱姆病晚期最常见且最严重的临床表现，危害也最大。常表现为间隙性关节肿胀和疼痛，但很少出现发红，有水波感，不对称，反复发作，可有少量积液，严重者可引起肌肉炎、肌腱炎等。部分患者可出现持续性关节炎，伴有软骨和骨组织的破坏。少数病例可发生骨髓炎、脂膜炎或肌炎。其与类风湿性关节炎的主要区别是莱姆关节炎多为间断发作的单关节炎，或者一侧关节病变重另一侧关节病变轻，而类风湿性关节炎的两侧关节均会累及且病变较重。

### （四）莱姆心脏病

4%～10%未经治疗的成年莱姆病患者，发病几周后可能出现急性心脏病变，房室传导阻滞最常见，约50%的患者发展成完全性房室传导阻滞。伯氏疏螺旋体寄居于房室结，影响房室结传导功能，严重者出现Ⅲ度房室传导阻滞。此外急性心肌心包炎、轻度左心室功能衰竭、心脏扩大和死亡性全心肌炎等也可见。通常在6周内，患者的症状和ECG异常会消失。

### （五）罕见和非特异的症状

据报道有些患者会出现肌炎、骨髓炎、局限性硬皮病或感觉不舒服、疲劳、神经过敏、精神症状、头痛、纤维肌痛等。

### （六）莱姆病治疗后综合征（post-treatment Lyme disease syndrome，PTLDS）

大约有10%～20%的患者经过2～4周的推荐抗生素治疗后，于发病6个月以内出现的、持续存在的广泛骨骼肌肉疼痛、疲倦、乏力、认知或记忆障碍等症状，可持续6个月以上，此种情况被称为"慢性莱姆病"或"莱姆病治疗后综合征"，病因目前尚不明确。

## 五、实验室检查

1. **血常规** 白细胞多在正常范围，偶有升高伴核左移者。
2. **脑脊液** 特征表现为淋巴细胞增高，蛋白增高，糖含量正常。研究发现，80%～90%的患者脑脊液检查可见特征性的IgG和IgM，血清学检查可见IgG。
3. **血清学检测** 间接免疫荧光（IFA），酶联免疫吸附试验（ELISA），蛋白印记（WB）方法检测病人体内特异性抗体（IgM、IgG）。美国疾病预防控制中心（CDC）建议疑诊莱姆病患者，采用两步血清法检测，第一步使用酶免疫测定法（EIA）或者间接免疫荧光法（IFA）进行初筛，如果第一步检测结果阴性，则没有进一步测试的必要，如果检测阳性或者可疑，则需进行第二步确证，即免疫印迹法（WB）。诊断标准建议：IgM阳性者，至少出现24kD（OspC）、39kD（BmpA）和41kD（Fla）3条中2条蛋白条带可判阳性患者。IgG阳性者，至少出现18kD，21kD（OspC），28kD，30kD，39kD（BmpA），41kD（Fla），45kD，58kD（非Groel），66kD和66kD 10条中至少出现5条蛋白条带可判阳性患者。
4. **病原学检查** 病原体的直接检测包括组织或外周血螺旋体直接光学显微镜检测，以及临床样本中螺旋体的分离培养。由于临床样本中螺旋体数目稀少，螺旋体生长周期长，分离培养不仅耗时，价格昂贵，阳性率低，而且需要在特定的环境中进行。因此病原体的直接检测在临床应用中受到了限制。聚合酶链反应（PCR），不仅能检测出病原 DNA，还能区别其基因种属，灵敏度特异度较高，快速方便，需要样本量少，中国 CDC 传染病所已成功地用于检测病人尿液中的莱姆病螺旋体 DNA。

## 六、诊　　断

本病诊断主要依据病史（发病的前 30 天内到过疫区并有疫区暴露史或蜱叮咬史），结合临床表现（早期皮肤出现游走性红斑有诊断价值，对其他有神经、心脏或关节症状的患者亦应考虑本病之可能）和实验室检查（从感染组织或体液检测特异件抗原及特异性 IgM 和 1gG 抗体有助于诊断）。但临床上应注意排除下列可引起莱姆病血清学抗体检测出现假阳性的情况，如水痘-带状疱疹病毒、EB 病毒、巨细胞病毒、单纯疱疹病毒 2 型、梅毒螺旋体等感染和自身免疫性疾病。

## 七、防 治 原 则

### （一）治疗

抗生素治疗是莱姆病最重要也是最有效的治疗措施。目前莱姆病的治疗因其临床阶段的表现不同而有所不同，在各个临床阶段，由于其发病机制及病理生理的不同，抗生素的选择就必须适应不同的临床表现，在每个临床阶段选择最佳的抗生素治疗，一般治疗越早预后越好。在疾病早期，大多数抗生素都是有效的，最常用的 3 种抗生素是β-内酰胺类（主要是阿莫西林和头孢曲松钠）、四环素类（主要是多西环素）和大环内酯类，疗程 14～21 天。在疾病中晚期特别是有神经系统损害和心脏传导障碍的患者应静脉滴注大剂量β-内酰胺类（青霉素或Ⅲ代头孢类抗生素），且治疗至少持续 1 个月。晚期莱姆病表现为关节炎和慢性神经莱姆病者，首选头孢呋辛，次选头孢噻肟及青霉素静滴，疗程为 14～28 天。

### （二）预防

我国地理环境多样，生态系统复杂，伯氏疏螺旋体分布较广，在媒介蜱和宿主动物中的感染率较高。室外活动如狩猎、垂钓和旅游等可增加莱姆病感染的危险性，因此做好莱姆病的预防至关重要。

**1. 环境的治理**　在流行地区清理居住区灌木、木屑等杂物、及时修剪草坪等。

**2. 蜱及宿主动物的管理**　住宅区使用杀蜱剂控制蜱数量的增长，家养宠物要多注意动物的卫生等。

**3. 病例的监测**　及时识别病例并进行治疗，杀灭感染环境中的蜱等。

**4. 个人防护**　减少在蜱出没地区的活动频率、避免被硬蜱叮咬，如野外活动穿防护服，皮肤搽驱蜱剂等、活动后及时检查身体有无蜱叮咬、使用杀蜱剂、叮咬后及时使用强力霉等防控措施。国外已开发出疫苗用于特异性预防，灭活疫苗已获准在家犬中使用。人用疫苗仍在临床试验中，重组蛋白疫苗（OspA）在莱姆病的预防中起着至关重要的作用。近年来开发了一批新的疫苗，例如 OspC、BBK32 和 DbpA，而且研究发现，预防莱姆病，联合使用多种疫苗比单独使用某一种疫苗的效果更明显。

## 第六节　人类免疫缺陷病毒与艾滋病

艾滋病即获得性免疫缺陷综合征（acquired immunodeficiency syndrome，AIDS），由人类免疫缺陷病毒（human immunodeficiency virus HIV）感染引起的病毒性传染病。其特征是HIV特异性的攻击$CD4^+$T淋巴细胞造成$CD4^+$T淋巴细胞数量和功能进行性破坏，患者出现各种机会性感染或肿瘤，至今为止尚无特效的治疗方法。

医疗卫生人员及人民警察在职业活动或者执行公务中，感染艾滋病已被纳入职业性传染病范围，可享受工伤保险等待遇。根据卫生部门2011年的统计，我国艾滋病"职业暴露"事件中近七成是由医疗机构为病人提供手术或其他医疗操作所致。美国疾病预防与控制中心估计，美国每年至少发生38万次意外针刺伤或其他锐器伤，平均每天约1000次。截至2010年，美国已有57名医务人员因职业暴露被确诊感染了HIV，另有143人可能因为职业暴露而感染。

### 一、生物学特点

人类免免疫缺陷病毒（HIV）为球形有包膜病毒，包膜上有糖蛋白刺突。衣壳20面体立体对称，核心为两条相同的正链RNA并带有逆转录酶。HIV主要抗原成分有：①GP120：为包膜表面糖蛋白刺突，可吸附T淋巴细胞表面的CD4分子，并刺激机体产生中和抗体。但GP120极易变异，逃避已产生的中和抗体和其他免疫因素的识别和攻击，造成感染的持续和疫苗制备的困难。②GP41：为跨膜蛋白，可固定GP120并通过使病毒包膜和细胞膜的融合介导HIV进入细胞。③P24：为衣壳蛋白，抗原特异性最强，有诊断价值。

### 二、职业接触机会

艾滋病职业暴露是指卫生保健人员及人民警察，在职业工作中与艾滋病病原HIV感染者的血液、组织液、体液或HIV污染的医疗器械及设备接触，而具有感染HIV的危险。现在确定有传染性的暴露源包括血液、体液、精液和阴道分泌物。脑脊液、关节液、胸腔积液、心包积液、腹水、羊水也有传染性，但是引起感染的危险程度不明确。由于HIV一般存在于感染者的血液和体液中，加之其抵抗力较弱，因此日常生活的一般接触不会传播HIV。

### 三、致病机制

HIV主要攻击人的免疫系统，特别是对血液系统的淋巴细胞敏感。HIV的主要靶细胞是CD4细胞，即T辅助细胞。HIV感染CD4细胞后，HIV-RNA在逆转录酶作用下转变为前病毒DNA，在整合酶作用下与细胞DNA整合，以后CD4细胞逐步被破坏，当其数量由正常的$800\sim1050/mm^3$减少到$200/mm^3$以下时，患者因免疫功能严重缺陷而出现机会感染及肿瘤。HIV攻击的是免疫细胞本身，故细胞免疫受损，不足以清除细胞内病毒。机体一旦感染HIV，便终生带毒。

### 四、临床表现

AIDS临床特点表现为潜伏期长、严重的免疫系统损伤及继发各种致死性机会感染和肿瘤。人体从感染HIV到发展成为AIDS，一般要经历8~10年，其中可以包括以下几个阶段：

**1. 急性感染期** 感染HIV后2~6周。大多数感染者有一短暂的病毒血症期，表现为发热、乏力、腹泻等急性感染症状。至2~3个月后血清出现抗体，清除血液中的病毒，很快进入无症状的潜伏期。潜伏期长短不等，平均为8~10年左右。

**2. PGL** 是持续性全身淋巴结肿大（persistent generalized lymphadenopathy）的英文缩写。HIV感染者在经历了急性期进入潜伏期后，有一部分患者可表现为持续性的全身淋巴结肿大，若干年后再发展成为AIDS。

**3. ARC** 是AIDS相关综合征（AIDS related syndrome）的英文缩写，即AIDS前期。HIV感染者在潜伏期末出现一系列与AIDS有关的症状和体征，如发热、长期腹泻、疲倦、消瘦、频繁感染、CD4细胞数减少、P24抗体下降等。

**4. AIDS** HIV感染者在经历了潜伏期、PGL期和ARC期后，最终进入AIDS期。患者表现为全身衰竭、极度消瘦、持续发热、严重腹泻、伴有各种类型严重的机会感染或肿瘤。HIV也可侵犯包括神经系统在内的多个系统和组织，表现为瘫痪、失明等。患者最终死于衰竭和感染。

## 五、实验室诊断

**1. 检测HIV抗体** 用ELISA方法检测体内抗HIV的抗体，可用于HIV感染者的初步筛查和血液安全性检测。对阳性结果的可疑病例需进一步用WB试验证实HIV特异性抗体的存在。

**2. 检测HIV或其抗原** 临床主要是用ELISA方法检测感染者血液中HIV的P24抗原。

## 六、治　　疗

抗病毒治疗（HARRT）：高效联合抗反转录病毒治疗（highly active antiretroviral therapy，HAART）俗称"鸡尾酒疗法"，是目前已被证实的针对艾滋病病毒感染最有效的治疗方法。我国一线治疗方案中最常用的药物包括奈韦拉平（NVP）、齐多夫定（AZT）、拉米夫定（3TC）和司坦夫定（D4T），常见组合：AZT+3TC+NVP、D4T+3TC+EFV、D4T+3TC+NVP、AZT+3TC+EFV。

## 七、职业防护措施

艾滋病的职业防护措施如下。

（1）提高防范意识，提高专业素养。
（2）制定防护措施指南，规范工作流程。
（3）暴露处理。

1）紧急局部处理：肥皂水清洗被污染的皮肤并用生理盐水冲洗黏膜；如有伤口，则尽可能将伤处的血液挤出，并用肥皂水或清水进行反复冲洗；如伤口较大则用消毒液浸泡并包扎。如溅入口腔、眼睛等部位，用清水、自来水或生理盐水长时间彻底冲洗。暂时脱离工作岗位并接受药物治疗，接受专家对暴露级别进行评估，同时按时进行各项传染源的血样检查。

2）CDC负责感染风险评估，目前依据暴露程度和暴露源情况分为三个暴露级别：①暴露源是体液或含有体液、血液的医疗器械、物品，较短时间少量沾染到黏膜或不完整的皮肤，属于一级暴露；②暴露源不变，较长时间较大量沾染到黏膜或不完整的皮肤，或是轻度刺伤、割伤及擦伤皮肤，属于二级暴露；③皮肤受到较重的刺伤、割伤，伤口深或是割伤物有血液，属于三级暴露。暴露源是晚期艾滋病病人，特别是未经治疗的患者，带病毒量大，暴露的级别较高。

根据暴露级别确定基本用药方案或是强化用药方案。基本用药方案采用齐多夫定与拉米夫定组合，或替诺福韦与拉米夫定组合。强化用药方案是在基本用药方案基础上增加洛匹那韦利托那韦软胶囊（克力芝）或依非韦伦。最理想的用药时机在暴露后 2 小时内，最晚不超过 24 小时，对于受到 HIV 血液污染的针刺伤，在几小时内使用叠氮胸苷有效率可达 75%。以常规治疗量连续使用 28d。艾滋病疫苗研究依然行进在曲折的道路上，因此采用药物进行暴露前预防是共识。

感染管理部门还要尽快采集暴露者血样作 HIV 抗体本底检测，排除既往感染；如检测结果阴性，在事故发生后第 4、8、12 周和 6 个月复检。定期随访 12 个月，及时了解职业暴露者的健康状况，观察 HIV 感染的急性期临床症状，了解药物副作用发生情况及机体对药物的耐受情况，估计感染可能性，及时调整处理措施或用药方案。了解暴露后是否存在 HIV 感染以外的危险，如外伤、感染引起的败血症等，并给予相应的治疗。

（4）心理安慰。

（王洪艳）

## 思 考 题

1. 生物性有害因素对职业人群的危害有哪些特点？
2. 职业性传染病有哪几种？怎样预防控制职业性传染病的发生？
3. 牛奶厂工人由于其工作的特殊性和自身防护不当，很容易患上职业性人畜共患传染病。就所学知识分析其在工作中可能患哪几种人畜共患病，临床表现各是什么？

# 第五章 职业心理、社会、行为因素与健康

## 第一节 概 述

随着医学模式的多元化发展，人们逐步认识到，除传统的作业性有害因素外，政治经济等社会、心理、行为因素，以及非职业性因素（如个人生活方式、行为习惯、机体状况等）等，也会对劳动者的健康及其职业生命质量产生综合影响。近几十年以来，经济及高科技的快速发展，对多种劳动方式、劳动强度和工作环境等产生了深刻的影响。首先感受到这一变革的是职业人群，他们正面临许多新的问题，如：创新与高新技术带来的职业技能要求，与产业结构调整密切相关的"关停并转"所带来的失业、再就业等不确定因素的威胁，以及房价、物价不断上升所带来的生活压力以及工作家庭冲突等。因此，职业性有害因素除了化学因素、物理因素和生物因素外，还包括职业带来的心理问题，同时社会因素和不良行为方式等因素，也会对职业人群产生相关的健康危害，影响劳动者的生命质量。

## 一、职业性有害心理因素

心理因素与健康之间的密切关系早已为人所共知。良好的心理状态是健康的基础，而长期处于不良的心理状态则可能损害健康，导致疾病，影响康复甚至危及生命。在劳动生产过程中，由于生产工艺的要求、或技能的要求、或劳动组织与制度的要求，或由于生产环境与劳动条件所限，劳动者（如高空作业者、公共汽车司机、宇航员、护士、作战士兵、危险作业者等）常常可能因为从事该职业而持续处在某种不良的心理状态，如厌倦、恐惧、紧张、孤独、亢奋、消沉、耗竭等，导致劳动者身心健康危害和工作能力与效率的下降。

## 二、职业性有害社会因素

影响健康的社会因素很多，包括社会经济、政治及法律体系等，伴随生产力的发展，社会因素与人类健康的关系日益紧密，如社会政治制度、宗教、文化、教育、住房、家庭收入、战争、社会秩序等。由于国家法律制度不完善（如劳动者权益保障不够）、职业卫生监督管理不力（如职业卫生标准的执行不力）、劳动组织和管理不当（如"三班倒"轮班作业、末位淘汰管理制度）以及职业歧视、企业不良文化等职业相关的社会因素对作业人员健康的影响不容忽视。

## 三、职业性不良行为因素

职业性行为方式是人们在生产劳动过程中有意识的活动方式及习惯。不良的职业性行为方式，如视频终端工作者长期的键盘操作工作方式、计算机软件程序员持续的脑力劳动方式、教师和歌唱演员持续的发声方式、执勤警察的长时间站立以及各种职业不良的工作体位（如芭蕾舞演员的单腿站立）等，均可致健康损害。

另外，劳动者不良的机体状态与职业性有害因素的联合作用，对劳动者健康会产生更大风险。劳动者不良的机体状况主要包括不良的健康状况、特殊的生理状态（年龄、性别、女性妊娠期、经期、哺乳期等）、不良的行为方式和生活习惯、不良的心理反应状态、不良的营养状态等。此外，尚有许多因素使机体处于对有害因素损害作用的敏感状态，如：不同的激素水平、参与毒物代谢的酶（如Ⅰ、Ⅱ相酶等）的遗传多态性、机体损伤修复能力的差异以及受体作用敏感性差异等。

## 第二节 职业紧张与健康危害

**案例 5-1**

**某市铁路分局乘警支队心身疾病原因的调查**

某市铁路分局乘警支队有工作人员170人，其中负责铁路旅客安全的一线乘警136人，均为男性，平均年龄42岁，平均工龄24年。近十年的追踪调查显示，长期处于一线工作的乘警，与该铁路分局某2个路队组的男性列车员（平均年龄40.7岁，平均工龄21.9年）相比，各类心身疾病的患病率明显高于列车员。2006~2007年调查与体检结果，乘警与列车员高血压患病率分别为41.7%、21.9%；高血脂患病率分别为48.2%、17.1%；在情绪反应上，乘警与列车员抑郁症状[抑郁自评量表（SDS）]发生率分别为46.4%、37.2%；焦虑症状（STAI）分别为38.4%、32.6%。进一步调查还发现，刚参加工作的乘警的行为、情绪反应以及高血压、高血脂患病率与列车员无统计学差别，但是，随着工龄的增大，乘警暴露于肥胖、吸烟、饮酒习惯、外出应酬等危险因素的比例高于列车员。

问题：

1. 根据案例报告，你如何考虑引起乘警心身疾病以及情绪反应的问题？与职业紧张关系如何？
2. 如与职业紧张有关，如何识别职业紧张程度？职业紧张程度除与职业因素暴露有关外，还受哪些因素（调节因素）的影响？
3. 在探讨乘警心身疾病以及情绪反映问题时，以列车员为对照人群，研究职业社会心理因素有何优势？
4. 随工龄的增加，乘警吸烟、饮酒习惯等行为习惯明显高于乘务员，原因可能包括哪些？
5. 该铁路分局乘警是否需要开展职业紧张干预？如何开展干预活动？

职业性心理因素在生产和劳动过程中是一个几乎无处不在而又较复杂的问题。人是生活在社会环境中的有各种心理活动的高级动物，职业环境中的各种因素必然影响人的一切心理活动，导致情绪变化，当职业或工作的需要与作业者的生理适应、完成能力和认知之间出现可觉察的不平衡时，作业者可因此产生不适应的心理和生理反应，此时的社会心理因素可成为工作中的社会心理刺激，工作中的社会心理刺激所产生的身心紧张状态及其反应亦称为职业紧张（occupational stress）。

职业紧张（occupational stress）或称职业应激，一般是指在某种职业条件下，客观需求与主观反应之间失衡而出现的（可感受到的）生理变化和心理压力，以及由于不能满足需求而引起相应的（可察觉的）功能性紊乱。

## 一、职业紧张来源及影响因素

在劳动过程中，持续存在的职业性紧张因素是最常见的职业性有害因素之一。职业紧张的发生及其程度，是职业紧张源的性质、机体对紧张源的认知、个体对紧张源的适应等多方面综合作用的结果。

## （一）职业紧张源

工作组织中以及职业环境和生产过程存在各种引起紧张的职业因素，主要有以下几个方面：

**1. 角色特征** 近年来有人提出角色理论来理解职业紧张和测试角色压力如何导致职业紧张的问题。角色特征表现在任务模糊（任务不清，目的不明），任务超重（工作的数量和质量超重，前者是指工作量大，无足够时间完成任务，后者是由于个体能力或技能低下而不能完成任务）；任务不足（个体能力强，而工作任务少）；任务冲突（即表现在两个体需求之间的冲突，个体同时接受多个任务的冲突）和个体价值（如大材小用的冲突及角色间的冲突等方面）。

**2. 工作特征** 与职业紧张有关的工作特征表现在四个方面。①工作进度（包括机器的进度和人的进度，进度越快越紧张）；②工作重复（重复愈多，愈单一，愈易紧张）；③工作轮班（不合理的轮班制度可影响人的生物钟，导致紧张）；④工作属性（工作种类，所需知识和技巧不足，均可导致情感和行为反应异常）。

**3. 人际关系** 个体间或上下级间关系较差，会降低相互信任和支持，影响情感和工作兴趣，这是造成紧张的重要原因。领导作风对下级克服紧张方面最为重要。

**4. 组织关系** 与职业紧张有关的组织关系特征包括：组织结构、个体地位、文化素质等。Donnelly 研究了高、中和低层组织机构中，个体满意度和紧张水平，认为在低层组织结构中个体更有满意感。如组织能给职工更多决策权，职业紧张反应明显降低，满意度更高，工作效率更好。若使职工认识到自己工作的意义，则会增加工作责任感和主人翁感。当比较组织结构中不同职位的职工时，发现文化水平、业务地位较低的普通工、操作工、秘书和低级管理员、技术员等有更为强烈的紧张感，主要由于在定级、晋升和技能培训等方面的不公平和强烈竞争。

**5. 人力资源管理** 这是职业卫生管理体系中又一重要的紧张源，包括培训、业务发展、人员计划、工资待遇和工作调离等。缺乏培训是产生紧张的重要原因。即使是老职工对新技术也渴望再学习，才能适应强烈的社会竞争机制。所以业务的提高和发展是职工，尤其是中年职工最为关心的问题，这与职业紧张密切相关。同时职工福利、待遇、人员安排、调离、解雇、离退休、失业等都是众所周知的与职业紧张发生密切相关的。

**6. 工作环境** 不良工作环境中的物理或化学因素，如噪声、振动、湿度、光、有害气体、作业的装备条件以及空气污染等不仅可直接影响职工身体健康，而且还可扰乱心理活动，成为职业紧张因素。

### 视窗 5-1

#### 表 5-1 工作场所中有害的社会心理因素（ILO）

| 危害 | 实例 |
| --- | --- |
| 工作内容 | 缺少变化或工作周期很短，工作无连续性或没有意义，工作过于简单，变化无常，工作中不断牵涉进社交人事 |
| 工作量和工作速度 | 工作超负荷或没活干，与机器同步工作，高水平的时间压力，不停面临最终期限 |
| 工作进度 | 换班工作、值夜班、刻板的工作进度、可能突然发生的工作安排、长期因工作缺乏社交活动 |
| 自主程度 | 参与决策的程度低，不能控制工作量、工作速度和换班等 |
| 工作环境和设备 | 实有用的设备不够、不配套和缺乏维护，工作环境条件恶劣，比如空间狭小、光线昏暗，人声鼎沸等 |
| 企业的文化和功能 | 缺乏交流，对解决问题和个人发展的支持偏低，对企业目标的共识或定义不明确 |
| 在工作中人际关系 | 社会或自身隔离，与上级关系不好，人与人之间的冲突，缺少社会支持 |

## (二)影响因素

个体对紧张源刺激的反应,还受到个体对客观事件的认知、评估的影响。对紧张源的认知、评估是一个内在的心理过程,直接影响个体的应对活动和紧张反应,是影响紧张源造成个体紧张反应的关键因素之一。个体特征、社会支持、应对方式、家庭及日常生活事件均可影响认知、评估过程。

**1. 个体特征** 不同个体在面临相同紧张源时反应有差异,在紧张产生过程中不同程度地直接或间接地影响着紧张反应的程度,成为重要的影响因素。个体特征主要包括个性心理特征(如A型行为、气质、情绪、能力等)、性别和支配感。

(1) A型特征(或A型行为):研究资料表明,具有A型特征的人更容易感受较大的心理紧张。A型特征主要有时间紧迫感强,行为急促,工作速度快,脾气急躁,缺乏耐心,争强好胜、目标远大,竞争意识强,有很强的他人和环境控制欲。

(2) 性别:妇女参加职业活动后,能增强自尊感,增强应对能力,但增加了职业紧张,如压力增大,冲突明显,每周职业任务超重的平均频率2~3倍于丈夫。同时造成职业与家庭之间的冲突。

(3) 支配感:支配决策权对职业紧张的发生有重要意义,对于被支配或低支配状况下,或无决策权者,则倾向于发生职业紧张。

**2. 应对方式** 应对是个体面对有压力的情境和事件时所采取的认知和行为方式,应对被认为是紧张系统重要的中间因素。职业人群对紧张源的应对包括应对资源和应对方式两方面。

应对资源是指能增强个体应对能力的因素。应对方式则可以简单地理解为个体为了应对各种职业紧张源而采用的方法、手段或策略。应对的方式多种多样,可以归结为两类,一类是积极应对,另一类是消极应对。不同的应对方式在不同的时间、情境,对不同的个体会产生不同的效果。

# 二、职业紧张及其基本特征

紧张(stress)一词广泛用于多个领域,如工程学上称为应力,将其定义为外部的(环境的)影响特征,并提出应力阈值;生理学上的称为应激,着重于个体对外部因素刺激的生物学反应;劳动心理学称为紧张,也常常称为工作压力,强调个体内外环境的相互作用,即既有紧张因素的作用,又有个体对客观事件的认知和评估,紧张可以理解为:在某种职业条件下,客观需求与个人适应能力之间的失衡所带来的生理和心理压力;是个体对内外因素(或需求)刺激的一种反应,当需求和反应失衡时,就会产生明显的(能感觉到的)后果(如功能变化)。目前在探讨劳动心理时,对有关概念业已获得如下共识:职业紧张(occupational stress)是个体特征与职业(环境)因素相互作用,导致工作需求超过个体应对能力而发生的紧张反应;紧张因素(stressor)是使劳动者产生心理紧张的环境事件或条件,也称紧张源;紧张反应(strain or stress reaction)指紧张引起的短期生理、心理或行为的表现;调节或称修饰因素(modifier)指影响紧张反应的个体特征或环境因素以及应对方式等。

职业紧张的基本特征有:

**1. 紧张源的社会性** 职业环境与包括社会体制、社会文明和科技进步等诸多元素的社会状况密切相关。职业紧张源往往因社会发展状况的变革及其相关的职业结构的改变而发生构成和影响力的变化,并直接导致职业疾病谱的变化。

**2. 紧张强度的持续性** 职业环境所导致的紧张强度往往是持续的和较长期的,而这种紧张强度使机体较长时间处于一种较高程度的紧张反应状态,其产生的累积效应可导致多种慢性疾患的发生。

**3. 紧张机体的群体性**　任何一种职业的从业者都是一个具有相当数量的群体,一种职业紧张源影响的往往是一个人群。尽管由于个体因素的差异,其中一部分人只有轻度紧张反应,或不会发生由于紧张导致的疾病,但不同职业人群紧张相关疾病的发生率有着明显的差异。

## 三、职业紧张模式

理想的职业紧张模式应能从理论和因果关系上阐明产生紧张的源头(作业环境)、易感者(个体特征)和制约紧张反应因素(家庭及社会支持)间的交互作用、过程及紧张效应后果。目前较有代表性的两个基本模式为 NIOSH 模式和生态学模式。

美国国立职业安全与健康研究所(NIOSH)模式中将职业紧张视为作业条件或综合的作业环境存在的职业紧张因素与个体特征交互作用,并考虑在相关制约因素影响下所导致的急性(短暂)心理或生理学自稳状态的失衡和扰乱。久而久之,这些急性(短暂)反应或心理、生理状态的失衡可导致一系列与紧张有关的心身疾病,如高血压、冠心病、心理障碍等。

Salarza 等运用"人类生态学"(human ecology)理论,着眼于人类发展所需要的微观和宏观环境,探讨个体或群体对作业环境生态学的生理、心理、人文和社会政治条件的需求与适应,来阐明职业紧张构成的生态学模式(ecological model of occupational stress)。作者将职业紧张源的源头分为四个层次相嵌的作业生态学环境体系:①微观环境体系(Microsystems):指与作业者直接联系的环境,包括作业场所的具体环境、作业结构、作业内容、作业条件等,以及作业与工人技能的适应性;②相关的支持性环境体系(organizational system):指工会及班组管理系统的组织结构、服务功能、文化政策取向;③相应的周边组织环境体系(peri-organizational system):指影响工人的区域内经济情况、政治气候、社会风尚,以及直接相关的社区状况;④宏观的社会政治组织环境体系(extra-organizational system):指直接或间接影响工人利益的文化、社会制度、传统,以及政治和经济政策。

此外,还有起着"调控作用"的修饰因素,包括个性特征,个人应对紧张对策,婚姻、家庭状况以及个人因素与紧张源的交互作用等,它可缓解也可加剧机体对紧张源的不良反应。从而,构成一个"紧张源(在调控因素影响下)→紧张反应→健康效应"的职业紧张生态学模式。

## 四、职业紧张对机体的影响

来源于机体外部及内部的紧张源通过感受器达到大脑皮层→对信息进行分析及整合→引起一系列生理或病理的改变。机体的紧张反应主要以自主神经系统、神经内分泌系统及免疫系统等作为介导。

适度的紧张是有益的,对个体可成为一种挑战、刺激,是社会进步和人们工作、生活所必需的。只是长期过度紧张才对个体不利,甚至是有害的。

---

**视窗 5-2**

**至少你需要知道**

➢ 压力有多种形式,并不是所有的形式都容易识别。

➢ 存在好的压力和坏的压力之分。好的压力自然对你有益,只需减少坏压力对你的影响。

➢ 因为独特的背景、教养方式和经历,你个人经受的压力也是独特的。

➢ 把压力视为最好的朋友到学会释放一些控制力,减轻压力的方法都很简单,也适用于任何人。

> **视窗 5-3** 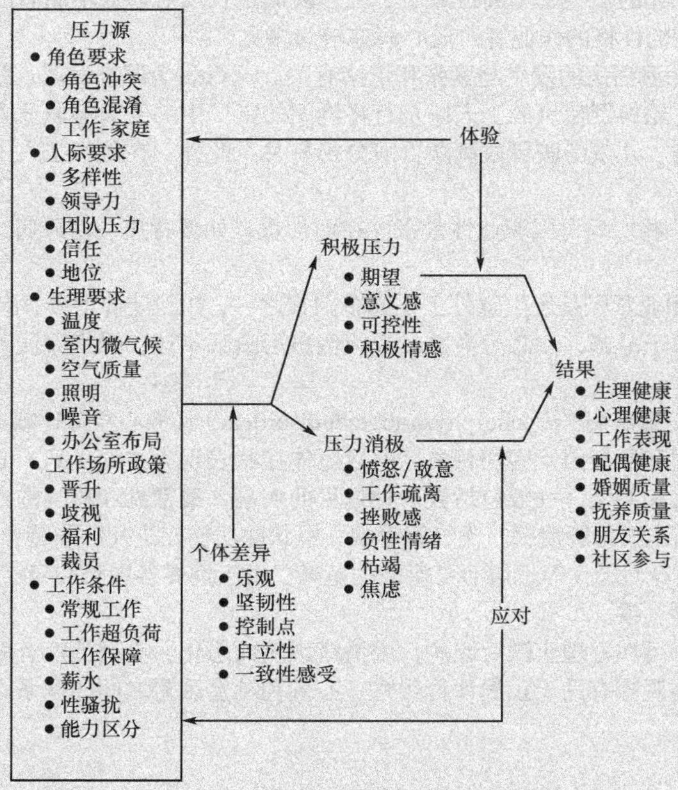
>
>
>
> 图 5-1　压力的整体化模型

## （一）职业紧张反应

**1. 心理反应**　过度紧张可引起人们的心理异常反应，主要表现在情感和认知方面。例如工作满意度下降、抑郁、焦虑、易疲倦、感情淡漠、注意力不集中、记忆力下降、易怒、回避社会活动，个体应对能力下降。

**2. 生理反应**　主要是躯体不适，血压升高，心率加快，血凝加速，皮肤生理电反应增强，血和尿中儿茶酚胺和17-羟类固醇增多，尿酸增加。对免疫功能可能有抑制作用，可致肾上腺素和去甲肾上腺素的分泌增加，导致血中游离酸和高血糖素增加。

**3. 行为表现**　行为异常主要表现在个体和组织两个方面。个体表现是逃避工作，怠工，酗酒，频繁就医，滥用药物，食欲不振，敌对行为；组织上表现为旷工，缺勤，事故倾向，生产能力下降，工作效率低下等。

**4. 精疲力竭**（burnout）　Pines 和 Aronson 认为精疲力竭的发生是职业紧张的直接后果，是个体不能应对职业紧张的最重要的表现之一。

## （二）职业紧张相关疾病

长期、持续或反复的职业紧张，在引起心理的、生理的和行为的反应并失代偿后，可促使若干疾病发病或加重。

**1. 精神疾患**　职业性紧张的精神效应可从轻微的主观症状到明显的精神病。较常见的症状如焦虑、恐惧、情绪低落和抑郁、慢性疲劳综合征等。

**2. 心血管疾病** 已有较多资料反映职业紧张是一些心血管疾病的危险因素之一，如 Karasek 等研究发现，职业紧张可使心血管疾病增加 1～3 倍，使高血压病的发生危险增加 3～5 倍；工作负荷过重可使心肌梗死的发生率增高；兼职、工作时间过长及对职业不满者的冠心病较对照组多见等。具有进取好胜的性格的作业者，冠心病亦较为多见。

**3. 胃肠道疾病** 溃疡病的发生与紧张和情绪有关。流行病学调查发现，溃疡病在领导干部、医师、飞机调度员、轮换倒夜班的工人以及行将倒闭的工厂中的工人等职业人群中较为多见。这可能与交感神经兴奋、儿茶酚胺释放刺激胃酸分泌有关。此外，在倒班工人中，食欲减退和便秘亦颇为常见。

**4. 其他疾病** 一些疾病可因职业性紧张存在而加重，如腰背痛、糖尿病、各种头痛、哮喘、甲状腺疾患等。

**5. 意外工伤** 职业紧张是发生意外工伤的多因素之一，如因计件工资，追求产量，工作紧张，忽视安全；或工作过于单调，注意力涣散；或因倒班后睡眠不佳，操作失误等。上述情况下，发生意外工伤者较多。

**6. 心身疾病** 心身疾病（psycho-physiological disorders）又称心身障碍或心理生理障碍，心身疾病是指一组与心理和社会因素密切相关，但以躯体症状表现为主的疾病。心身范围广泛，可以累及人体的各个器官和系统，一般包括数十种常见的疾病，最常见和典型的心身疾病有冠心病、原发性高血压、胃与十二指肠溃疡、支气管哮喘、甲状腺功能亢进症、非特异性结肠炎等。此外，糖尿病、肥胖症、神经性厌食等也属心身疾病的范畴。由于世界各国对心身疾病分类的方法不同，包括的疾病种类很不一致。

上各类疾病，均可在心理应激后起病，因情绪影响而恶化。心理治疗有助于病情的缓解，目前这种对疾病的整体观念有助于正确评价生物、心理和社会因素之间的联系，已成为临床上认识和处理疾病的方向。

## 五、职业紧张的控制和干预

在职业紧张与紧张效应模式中，起"病因学"作用的是职业紧张因素，主要来自作业环境、劳动条件和劳动组织方面存在的问题；而个人素质、个性特征以及社会支持，则起着缓解或加剧紧张效应的"制约因素"作用。因此，控制职业紧张应针对"病因学"因素从源头抓起，实施"第一级预防"，以期达到根本控制"病因学"因素；注意发挥"制约"因素的积极作用，"双管齐下，综合治理"。病因学控制涉及改善作业环境、劳动条件和劳动组织，包括合理安排作业内容及负荷、明确工作职责、适当的参与及自主、宽松和谐的人际关系等；而"制约"因素优化则涉及提高个人素质、增强应对能力、改善社会环境和支持体系，包括医务照料、心理咨询、作业场所健康促进、未来保障等。

据此，职业紧张的控制规程（occupational stress management program）可分为两大部分：组织措施（organizational approaches）与个人对策（individual strategies）。

### （一）紧张控制的组织措施

作业环境中存在的慢性紧张因素，个人对其控制的能力是有限的，必须由企业领导和管理部门，针对劳动组织过程所存在的"紧张产生因素"（stress-producing factors），建立多水平干预体系加以控制。例如，在工业化国家，许多公司都有涵盖内容广泛的职业生命质量规程（extensive quality-of-work-life programs）或保护作业能力规程（workability maintenance program），着眼于控制紧张源，提高工人参与、自主、自尊和工作热情，以促进工人健康、提高工作效率和职业满意度。

## （二）个人对策

紧张控制系统的主旨是保护工人不成为职业紧张的受害者，虽然有许多紧张因素工人无力改变，但企业管理部门应采取整合的健康促进措施，提高职工应对或减少职业紧张的方法和自我控制技巧。

实施全面的紧张控制规程，需要组织（企业领导、管理和安全卫生部门、工会等）来承担，并有员工个人的积极参与和配合，将其纳入企业管理和作业场所健康促进规划（workplace health-promotion program）。改善作业环境，控制职业紧张的"病因学"因素；提高员工应对环境压力的技能，加强社会支持，优化职业紧张的"制约因素"，双管齐下，才能有效减少和控制职业紧张。

### 视窗 5-4

当你把压力看成一件好事，压力就会失去它的力量；当你把压力看成一件坏事，你就会陷入困境；但是当你把压力看成是改善自己的感受而采取行动的一个暗示，那么它就成为你获取机会的一个晋升台阶。

### 案例 5-1 解析

1. 乘警职业特殊，工作时间长，需要处理的事情繁杂，且多无规律，时常要应对难以预料的紧急事件，这一工作特点迫使其处于长期紧张状态。一旦有紧急事件发生，乘警需立刻做出行为抉择，这种"战时"状态所必须的瞬间判断使得乘警在原有的慢性紧张状态下又承受急性应激压力，表明该市铁路分局乘警可能是高度职业心理紧张倾向典型代表的职业人群。对该人群进行职业紧张与紧张相关疾病的研究，对于进一步揭示职业紧张对心身疾病发生、发展的影响是一个适宜的研究对象。

2. 心身疾病是一类与社会心理因素密切相关的多病因疾病，因此混杂因素的控制成为研究的关键问题之一。列车员与乘警有共同的作业环境暴露、轮班制度以及工作时饮食起居安排，以年龄构成相似的男性列车员作为对照，可以控制年龄、性别以及作业环境、劳动类型和强度、作息安排，甚至部分饮食等因素的影响。

3. 职业紧张对心身疾病的影响，除了直接作用外，还可通过紧张反应如心理、行为等改变产生间接作用，这也是分析职业人群心身疾病不可忽略的问题。

# 第三节  劳动组织管理不当与健康危害

劳动组织管理不当是不良的职业性社会因素的一类，如单调作业、夜班作业、末位淘汰管理制度、劳动时间过长、劳动负荷过大、劳动保护制度不健全等。

## 一、单调作业

单调作业（monotonous work）是指千篇一律、平淡无奇，重复、刻板的劳动（工作）过程。在现代化工业生产中极为常见，主要有二类：一是作业简单，如标签粘贴工；二是任务平淡，如仪表观察员等。

各种各样的单调作业都能导致不同程度的单调状态。多数学者认为，单调状态发生与长时间单调刺激引起相应部位的大脑皮层神经细胞产生的保护性抑制有关，还可能与单调作业引起中枢神经抑制系统占优势有关。

劳动者出现单调状态时，其主观感觉为不同程度的倦怠感、无聊感、情绪不稳、瞌睡、中立态度等。从劳动者的心理和生理特征出发，依据其对单调作业的态度，将劳动者分为三种类型：第一种类型的人能顺利适应单调作业，工作积极，完成任务较好。第二种类型者不能适应单调作业，工作消积，很想调离该作业。第三类者对单调工作淡然处之，能勉强完成任务。属于第二、三类的人对单调工作常产生一种刻板、厌烦和淡漠的感觉，他们对工作不感兴趣，注意力难集中，甚至想睡觉。上班1~2小时后，就出现警惕性下降，神经系统的兴奋性降低。此时，某些生理指标也发生了改变，如血压下降，心率和呼吸次数减少等。作业者为了继续工作，需高度紧张以提高警惕性和增强坚持工作的意力。因此，看起来从事单调作业的人工作较轻松，但实际上作业者却感到很费力，易于疲劳。

长期从事单调作业的劳动者，除产生疲劳症状外，常导致劳动能力与生产效率降低，工伤事故增多，因病缺勤率增高等，工人的身心健康水平下降，下班后不愿参加社会活动。因此，从职业心理学角度看，单调作业作为一种职业性有害因素应认真加以研究，通过合理组织和安排劳动减少单调作业对劳动者健康的影响。

## 二、轮班作业

轮班作业（shift work）是一种生产劳动活动组织管理形式，指通常的工作时间安排不同于标准日间工作时间的作业。采用轮班工作体制的组织通过使用连续的工人班组延长了过去每天八小时的工作时间。由于工艺流程的要求及工作的需要，许多行业的生产需要不间断进行，这样劳动工人需采用轮班作业，常见的行业有冶金、化工、煤炭、陶瓷、铁路运输等。有些特殊职业，如医生、护士、警察等，也需要轮班工作。

轮班作业是一个普遍的职业紧张因子，导致生理和心理压力，可影响生理节律，如血压、基础代谢率、血糖水平、思维效率及工作情绪，由此可以导致紧张相关的疾病。有研究发现经常在非常规工作时间工作的员工比在常规的工作时间工作的员工更易遭受身心病损的风险。调查发现，倒班护士的缺勤率明显高于白班护士。Tenkanen等发现倒班工人与白班工人比较，调整年龄、生活方式因素、血压、血脂后，冠心病的危险增加（RR=1.4）。国外研究资料表明，约有5%~20%的轮班劳动者由于不良的轮班劳动制度导致睡眠质量差、难于入睡、失眠；休息后仍感疲倦、易激动、技能下降、身体不适、过量吸烟等行为改变；导致消化不良、食欲差、上腹部疼痛等症状的发生。并将这些症状称为"轮班劳动不适应综合征"（shift-work inadaptation syndrome，SMS）。

2005年英国政府委托两位研究人员对"轮班工作制"进行调查，发现这种工作制度会影响人体生物钟，并使患病几率大大升高，也给工作场所带来了安全隐患。因此，倒班带来的生理影响不仅是睡眠问题，轮班工作不符合人体的生物节律，不利于健康，夜间工作还容易发生事故。

夜班作业（night work）是轮班劳动中对劳动者身心影响最大的，有人进行神经行为测试表明，在夜间人的跟踪行为的质和量都发生了改变，对复合信号刺激的反应时间明显延长。在凌晨4:00~6:00点之间，劳动者的警惕性较之白天14:00~16:00点之间明显降低。夜班作业对社会和家庭生活也有明显影响，长期上夜班者，白天需要休息导致较少参加社会活动，影响其娱乐及自主安排的活动，从而使其充当适应社会要求的角色能力下降。此外，由于与家庭成员的作息时间表不同，减少与家人团聚、组织家庭生活的时间，影响家庭生活。

## 视窗 5-5

采用 SCL-90 对 60 例轮班作业工人进行调查，其中男、女各 30 名，平均年龄 34.3±6.6 岁（23～40 岁），现工种平均工龄 10±6.7 年。调查结果与国内常模进行比较发现，倒班工人的心理健康水平显著低于一般人群，其中常见的心理问题为敌对、躯体化、抑郁、人际关系敏感、焦虑等，其发生率为 5.0%～28.3%，女性工人躯体化、抑郁、焦虑等尤为突出。

最常见的轮班方式是"三班三轮转"或"四班三轮转"。有的特殊作业，如计算机控制中心，也有"五班三轮转"的。轮班间隔的时间各地不一，有的一周一轮换，有的两周一轮换，有的一个月一轮换。有研究认为，轮班频率越高，人体越不容易适应，对健康的影响越大。至今尚无公认的合理的轮班作业方式，各部门应根据地理位置、气候条件、作业特点、劳动性质、劳动负荷等因素，做出合理安排。

# 三、劳动时间不合理

劳动时间常涉及一个国家的劳动制度，劳动时间不合理也可能是一种不当的劳动组织管理方式，如劳动时间过长或工间休息时间过短。合理安排劳动和休息时间，是提高工作效率、消除疲劳的重要措施。

## （一）劳动时间限定

各国、各时期制定的劳动时间不同。根据我国国务院第 174 号令发布的《国务院关于修改〈国务院关于职工工作时间的规定〉的决定》，从 1995 年 5 月 1 日起实行职工每日工作 8 小时、每周工作 40 小时。《劳动法》第四十一条规定：用人单位由于生产经营需要，经与工会和劳动者协商后可以延长工作时间，一般每日不得超过 1 小时；因特殊原因需要延长工作时间的，在保障劳动者身体健康的条件下延长工作时间每日不得超过 3 小时，但是每月不得超过 36 小时。因工作性质或生产特点限制，不能实行标准工时制度的企业，可以根据实际情况，经劳动保障行政部门批准后，实行不定时工作制或综合计算工时工作制。

## （二）工间休息

劳动过程中，随着劳动时间延长，劳动者会逐渐感到疲劳，并出现作业能力下降。适当安排工间休息，可以有效地减轻疲劳程度。工间休息时间长短和次数，根据劳动强度、工作性质和作业环境等因素而定。例如，重体力劳动时工间休息次数相对多一些，如果在高温环境中从事重体力劳动，更要增加工间休息的次数，以免机体蓄热过多。我国依据不同工作地点温度、不同劳动强度条件，对高温作业持续工作时间和工间休息规定了允许持续接触时间限值。精神紧张的作业，如脑力劳动，休息次数也要适当多些。轻体力劳动一般上下午各安排一次工间休息即可。

工间休息方式应根据工作特点确定，如重体力劳动可以采取安静的休息方式，脑力劳动和轻体力劳动，可适当安排工间操或娱乐活动，这样更有利于解除疲劳。

## （三）劳动时间不合理对健康的影响

常见的是工作时间过长，尽管政府对劳动时间做出法律规定，但许多企业职工工作时间超出规定范围，有的企业职工工作时间长达十几个小时。长时间工作可引起疲劳，工作效率下降。长期超时间工作导致相应的病损，如长时间在电脑前工作，不但使颈肩腕综合征发病率增加，而且会影响视力。长时间从事一种姿势的活动，使肌肉处于长期紧张状态，导致肌肉骨骼损伤。

### （四）合理组织劳动

就业时应根据所从事作业的特点和要求确定录用标准，对作业人员进行选择。并依据工作性质对人员进行相应的技术培训，提高作业人员从事该项作业的能力。有些生产过程需要连续作业，必须采用轮班作业，轮班工作不符合人体的生物节律，不利于健康，应根据作业特点、性质、劳动负荷等因素做出合理安排。随着劳动时间延长，人们会逐渐感到疲劳，作业能力下降。依据劳动强度、工作性质和作业环境安排工作时间和适当安排工间休息，可以有效地减轻疲劳程度。在组织生产劳动时，作业人员的劳动定额要适当。

## 第四节　职业性不良体位、姿势、操作方式与健康危害

由于生产工艺、劳动过程组织管理的要求或职业属性、专业技能和岗位任务的需要，人们在从事生产劳动过程中常常不得不长时间地保持某种体位、姿势或持续某种动作、行为等有意识的活动方式。如视频显示终端（VDT）工作者长期的键盘操作工作方式；教师和歌唱演员因为职业而长时间的、不良的发声方式；执勤警察的长时间站立；芭蕾舞演员因为专业的要求而长时间的单腿站立；程序员、软件开发者长时间、过度的脑力劳动方式等，这些不良的职业性行为方式均可致劳动者的健康损害。

### 一、视频显示终端作业及其健康危害

随着信息技术的高速发展，特别是互联网的全球普及，电子计算机广泛地应用于社会各领域，接触视频显示终端（visual display terminal，VDT）的人员日益增多，VDT对操作者健康的危害受到关注，比如计算机程序员、软件开发、设计或图形文字处理及电脑监控等都离不开视频显示终端作业，对于长期（每天大于6小时）使用视频终端者，可导致以"视频终端综合征"为主要表现的健康危害。

"视频终端综合征"是指从事光学显示器终端作业（包括计算机终端显示器、阴级射线管、进行数据输入的键盘以及电视机、电子游戏机之类）所引起的一系列症候群。"视频终端综合征"造成眼睛损害，出现发红、充血、干涩、有异物感、分泌物多等症状。在其所有症状中，眼部症状出现的概率最高（72.1%），然后依次是颈肩部（59.3%）、背部（30%）和手臂（13.9%）。

**1. 常见职业**　有些作业如计算机录入、文字校对、细小零件装配、钟表制作及维修、刺绣、应用显微镜观察的科研人员等，工作时长时间用眼，使视觉器官长期处于紧张状态。

**2. 临床表现**　长期过度用眼后，出现眼睛干涩、疼痛、视物模糊、复视等症状，并可出现眼睛流泪、结膜充血、眼睑浮肿、视力下降等临床表现。严重者发生黄斑性脉络视网膜炎，甚至视网膜脱落。还可引起颈、肩、腕等功能障碍方面，VDT综合征患者因经常用手指叩击键盘，致使手指和腕关节僵硬且有酸痛感。长期坐位低头、看字的固定姿势，使颈部、腰背部也感不适，进而疼痛。可导致精神疲劳，长期固定姿势作业，会使人感到单调乏味。有的出现烦躁不安、劣性情绪等症状。对女性生殖功能的影响：有研究显示VDT作业的女性月经异常明显高于对照组，其对女性月经的影响主要表现为经前紧张综合征、周期缩短、经期延长和痛经等；但对妊娠结局及子代的影响还存在争议。

**3. 防治措施**　改善工作环境，避免环境中的光线太强或者是太弱，导致荧光屏与外界产生强烈的反应，容易对眼睛造成刺激。室内要保持通风和一定的湿度。调整显示器的高度，让眼睛的肌肉处于比较松弛的状态。通常可使眼睛、显示屏及文稿之间的距离大致相等，宜保持在50厘米以上。还要调节好显示屏的亮度，避免光线过强造成视神经高度紧张或减退，操作时最好配戴防

护眼镜,以减少荧屏对眼睛的刺激。每工作1~2小时,休息15分钟,闭目或远视。觉得眼睛干涩疲劳时,有意识地多眨眼睛,使眼泪均匀地分布在角膜结膜表面。工作期间多伸展肢体活动。

## 二、不良作业姿势导致的疾病

人在劳动时需要保持一定姿势,常见的是站位和坐位两种姿势。站位状态时人体活动比较灵活,利于用力,但站姿下肢负重较大,血液回流差。坐姿时下肢处于比较放松状态,能量消耗较立姿少,不易疲劳。另外坐姿时身体比较稳定,适合于从事精细作业。但坐姿状态下腹肌松弛,脊柱的生理弯曲变为后凸,使身体相应部位受力发生改变引起损伤。在某些情况下作业者需采取跪姿、卧姿等。如作业环境狭小,作业者常需采取不自然的作业姿势或强迫体位才能完成工作,长期处于不良的作业姿势会导致多种疾病。

> **案例 5-2**
> 护士是患腰背痛的高危人群,护士和辅助护士患腰背痛的危险性是其他女性职业人群的 2.5 倍。对某市 3 所医院工龄满一年及一年以上的 486 名护理人员进行 Nodic 问卷调查。调查对象均为女性,平均年龄为 33.1 岁,平均工龄为 13.4 年。结果表明:护理人员下背痛的年患病率为 60.3%。
> **问题:**
> 1. 为什么护士职业易患下背痛?
> 2. 如何进行预防?

### (一)下背痛

下背痛(low back pain,LBP)是肌肉骨骼损伤中最常见的一种,半数以上的劳动者在工作年龄都曾患过下背痛。美国各种产业人员中,背及脊柱疾患占 45 岁以前年龄组影响生活原因中的第一位。多数研究结果表明,全世界人口中有 60%~80%在他们的一生中有过腰背痛,且程度不同的丧失过劳动能力。国内对冷库作业工人、护士、飞行员、司机和坐位工作人员等职业调查的数据显示,职业性腰背痛的患病率为 9.8%~66%。东南亚的一些国家职业人群的患病率为 30%~68%。

站姿作业和坐姿作业均可发生下背痛,因此许多作业均可引起这种疾病,其中以站立负重作业发病率最高,如搬运工。

**1. 职业因素及接触作业** 凡可破坏腰椎骨间稳定性的因素,皆可引起腰背痛。

(1)负重及用力不当:负荷过大可使腰部肌肉、骨骼和椎间盘等支撑系统发生损伤。常由于抬举或用力搬运重物,或在弯腰、扭转时突然发生。在负重过程中突然转身是造成损伤的常见原因,工作时用力要自然、顺畅,避免突然用较大的力。

(2)作业姿势:长时间保持某种姿势,为了支撑人体上部的重量,使腰部处于持续紧张状态,如果不能保持自然姿势,使姿势负荷加大,更增加了腰部负担。人类为完成各种工作,需要随时变换各种体位,包括站、坐、卧及难以避免的各种非生理性姿势,这就要求脊椎及椎间盘应随时承受各种不同的外来压力。椎间盘内压力随体位改变而变化,从站位到无支撑坐位,椎间盘内压力增加 30%~50%。长期椎间盘内压力增高,可使椎间盘受损,椎体的稳定性受到破坏,这是姿势负荷引起腰痛的潜在原因。Biering 等研究发现,65%的受检者下背痛的加重因素是前倾姿势,其次是坐位占 30%,行走姿势使 36%的患者减轻。经常搬举重物者下背痛发病率较高,而且是最不良的预后因素,如重复搬举 20kg 以上重物,使腰背痛加重者占 55.3%。卡车司机、搬运工、护士、建筑工人等为发生腰背痛的高危险人群。

（3）振动及外伤：长期接触振动可引起骨骼、肌肉损伤，脊柱及背部肌肉损伤导致腰背痛发生。腰部肌肉、韧带的反复轻微损伤也是与工作有关的慢性腰背痛的主要原因。如超出其承受能力，则可遭受累积性损伤。

（4）其他因素：精神紧张增加腰背痛发生率。寒冷使腰部肌肉中血管收缩、局部乳酸增加，刺激神经，引起疼痛。另外，寒冷使人对疼痛的耐受力降低。潮湿使传热力加快，散热也加快，导致冷刺激加重，使原有疼痛加剧。吸烟者易患下背痛，可能与吸烟引起慢性支气管炎，经常咳嗽引起椎间盘内压增高有关。动物实验证实，给动物注射尼古丁，可减少锥体血容量从而影响椎间盘的营养，使椎间盘发生退行性变。

**2. 临床表现**

（1）腰功能不全：表现为下背部疲劳、发紧、酸痛、沉重感。清早起床、向前弯腰、持久保持站或坐的姿势均可引起发作，发作时腰不能伸直，休息后疼痛减轻或消失。

（2）腰痛：腰部剧烈疼痛，活动受限，严重时身体呈固定姿势，腰背倾斜向前弯，甚至丧失劳动能力。腰部检查可有局部压痛点。多发生于突然用力或转身等动作后，呈慢性反复发作特点。

（3）坐骨神经痛：腰背部酸痛，僵硬。疼痛从腰部向一侧臀部、大腿后面、腘窝、小腿外侧直至足背外侧放射。咳嗽、打喷嚏、用力排便增加腹压时，疼痛加剧。小腿外侧及足背有刺痛和麻木感。患者常采取强迫体位以减轻疼痛，如向健侧卧、患侧膝屈曲，脊柱往往向患侧弯曲。病变部位的脊柱有压痛。直腿抬高试验阳性，加强试验可引起剧烈疼痛。小腿外侧和足背可出现感觉减退。跟反射减弱甚至消失。

上述几种情况可以单独出现，也可以一种以上同时发生。下背痛一般呈间歇性，严重发作时可丧失劳动力，间歇期数月至数年不等，不发作时症状消失且能进行正常活动。

**3. 防治措施** 依病情轻重休息或卧床休息。采用热疗法和药物治疗。

对就业前人员和工作人员进行健康检查，有腰背疾患的人不宜从事负重作业。宣传有关脊柱的解剖知识，工作时应采取的正确姿势，抬举重物的技巧等，使其在工作中采取正确姿势，合理用力，减少腰背疾患的发生。使工作环境和劳动条件符合职业卫生学和人类工效学要求。提高机械化和自动化程度，减轻劳动强度。尽量避免抬、举、背、扛过重物体。

## （二）颈肩腕综合征

颈肩腕综合征（neck-shoulder-wrist syndrome）系指与工作有关的以颈、肩、腕疼痛、不适及（或）功能障碍为主要特征的一类慢性肌肉骨骼损伤。主要见于坐姿作业，调查发现视屏作业人员和缝纫流水线作业工人的颈、肩、腕疼痛、疲劳及局部压痛等明显高于对照人群。

**1. 职业因素及接触作业**

（1）不良作业姿势：长时间保持一种姿势，特别是不自然或不正确的姿势下工作容易发生，如工作台高度不合适使前臂和上臂抬高，造成肩部肌肉过度紧张。流水线生产工人、伏案工作者头部过分前倾，增加了颈部肌肉负荷。常见的作业有电子元件生产、仪表组装、食品和药品包装、伏案工作等。

（2）小肌群频繁活动：工作中进行重复、快速的操作，手部反复曲、伸，作业中反复用力引起肌肉损伤。接触作业有秘书、打字员、视屏作业、计算机操作人员、键盘操作者、钢琴师、手风琴演奏者等。

（3）工效学设计不合理：工作台高度、座椅高度不合理，工人长期处于过度低头、向前弯腰的坐位姿势；颈、肩长时间处于相对静止位置；工作时间过长、工间休息时间过短；这些也是颈、肩、腕疼痛和不适高发的主要原因。常见的作业有银行出纳、制鞋、刺绣、缝纫等。

**2. 临床表现** 主要为颈、肩、腕部疼痛、疲乏、感觉过敏或麻木、活动受限及局部压痛等，严重者只要处于工作姿势即产生剧烈的疼痛，以至于不能坚持工作。除局部症状外，同时可有头昏、头胀、失眠、眼睛胀痛、视力疲劳及其他慢性肌肉骨骼损伤。检查可见肌张力减弱、活动受限，腕部损伤严重者还可以引起手部肌肉的萎缩等。

**3. 防治措施**

（1）工作条件符合人类工效学要求：工作台椅设计应符合人类工效学原则，如视屏作业，键盘高度以离地 70～75cm、屏幕的最高点应低于眼水平，所视物的角度在正常视距内，倾角不小于 15°，眼与荧屏的夹角在 3°～35°，距离为 41～80cm。座高 42～45cm 为宜，右臂应有支持以减少由于臂的重量所产生的力矩。

（2）合理安排工作时间：持续工作时间不宜过长，如视屏工作者以每天总工作时间不超过 4～5 小时，工作 1～2 小时后休息 10～15 分钟。键盘操作者一天击键总数控制在 40 000 次以内，每小时不超过 10 000 次为宜。

（3）锻炼和练习：适当的体育锻炼有助于改善局部血液循环，防止疲劳和损伤的发生。通过练习增加工作熟练程度、提高工作效率，减少静态作业和姿势负荷。

## （三）下肢静脉曲张

**1. 职业因素及接触作业** 下肢静脉曲张多见于长期站立或行走的作业，如警察、纺织工、售货员、装卸工等，如果站立的同时还需要负重，则发生这种疾患的机会更多。

**2. 临床表现** 发病工龄一般 6～8 年，且随工龄延长而增加，女性比男性更容易患病。该病的发生除与体位及负重有关外，还与静脉的结构、慢性感染、血管功能有关。

常出现在大隐静脉与皮下静脉吻合处，在小腿内上侧可见明显的皮下静脉曲张和小腿、脚部水肿。工作时感到下肢及脚部肌肉疲劳、坠胀或疼痛，下肢发凉、皮肤发痒和腓肠肌胀痛，严重者可出现水肿、继发顽固性小腿溃疡、化脓性血栓性静脉炎。

立位负重作业还可见睾丸静脉曲张、妇女外阴静脉曲张和痔等。

## （四）扁平足

**1. 职业因素及接触作业** 常见于足部长期承受较大负荷的作业，如立姿作业、搬运行走、需要用力足脚控制器者。

**2. 临床表现** 扁平足形成比较缓慢。骨化尚未完全的青少年从事这类作业更易发生。足部长期承受较大负荷，可以使胫部肌肉过劳，韧带拉长、松弛，导致足弓变平，成为扁平足。其早期表现为跖骨头和足跟疼痛。随着病情进展，出现下肢肌肉疲劳、坐骨神经痛、腓肠肌痉挛和步态改变等症状。严重时，站立及步行即出现剧烈疼痛，并伴有胫部水肿。

## （五）滑囊炎

**1. 职业因素及接触作业** 滑囊炎是一种常见疾患，其发生的原因主要是局部长期受到强烈的压迫和摩擦，很多工种都可以发生，尤其多见于快速，重复性操作的作业工人。如煤矿工人、编制工人、包装工人、打字员、网球运动员等。尤其在薄层矿脉采煤的工人，由于工作环境狭窄，工人有时整个工作日内只能采取弯腰、蹲位或跪卧位作业，肘部和膝部滑囊长期受到摩擦、压迫和碰撞等，导致髌前滑囊炎和鹰嘴滑囊炎，又称"矿工膝"、"矿工肘"。煤矿井下工人滑囊炎已列入我国法定职业病名单中。

**2. 临床表现** 职业性滑囊炎呈急性、亚急性和慢性过程，一般症状较轻，表现为局部疼痛，肿胀，对功能影响不大。检查可见边界清楚的囊肿。滑囊炎发生在长期受机械摩擦和受压的部位，如长期用肘支撑着匍匐爬行、蹲、跪、侧卧和肩扛等作业的工人，多发于髌前、膝外侧、鹰嘴和肩峰下。包装工、打字员常发生在腕部，网球运动员常表现为"网球肘"。

依据急性外伤史和局部长期摩擦和压迫的职业史，典型的临床表现，结合劳动卫生学调查，排除其他疾病后综合分析做出诊断。

**3. 防治措施** 急性滑囊炎以休息为主，防止继发感染。亚急性病例可穿刺抽液，囊内注入肾上腺皮质激素并加压包扎。慢性滑囊炎以理疗为主。

防止局部组织受压迫和摩擦是预防滑囊炎发生的根本措施，工具、把手应形状适宜、软硬适度、导热性较差，在工具经常接触机体的部分包衬软垫，采用适当的个人防护用品。

> **案例 5-2 解析**
>
> 护士属高职业紧张人群，多为女性，她们肩负生活和工作双重重担，加之经常上夜班，影响休息和睡眠。最主要是在护理病人、对病人进行治疗过程中，需要弯腰或腰部负重。研究表明，护士腰背痛的主要危险因素为体力负荷、不良或重复的劳动姿势、搬抬病人、弯腰时间长、工作紧张、工作疲劳等。
>
> 为预防腰背痛的发生，要掌握抬举重物的技巧，在工作中采取正确姿势，合理用力。另外要注意工间休息，加强营养，改善睡眠，创造和谐的工作氛围和家庭气氛等都有利于减少腰背疾患的发生。

## 三、劳动负荷过大对健康的影响

劳动负荷过大包括体力劳动强度过大和脑力劳动过度或两者兼而有之。工作超负荷（如工作难度太大或工作量太大或工作时间持续太长）可导致中枢神经系统的过度刺激，使神经处于高度紧张状态。虽在一定范围内作业人员会产生适应，但在强烈和重复的作用下能促使情绪恶化和产生神经精神障碍，而且还与某些不良行为相联系。工作负荷过大也是导致疲劳和引起骨骼肌肉损伤的重要原因。

### （一）疲劳

在劳动过程中，当作业能力出现明显下降时称为疲劳（fatigue）。疲劳也可理解为一种状态，即原来可轻松完成的工作，现在却感到要花费很大精力才能应付，且取得的成果越来越小。疲劳状态（fatigue-like states）也可以被理解为是由工作任务或环境变动大小所致个体的应激状态，包括单调乏味、警觉性降低和厌烦。停止工作或环境变化后，疲劳状态可迅速消失。目前认为疲劳是体力和脑力功效暂时减弱，经适当休息又可恢复。疲劳是劳动者在从事职业活动中经常出现的现象，它与工作负荷强度和持续工作时间有关。它是机体正常的生理反应，是机体预防过劳的警告，当出现疲劳时，要暂时停止工作，进行适当休息，避免过劳。

**1. 疲劳发生阶段及表现** 疲劳的发生大致可分为三个阶段。第一阶段：出现轻微疲倦感，作业能力不受影响或稍下降。此时，浓厚工作兴趣、强烈外界刺激和个人主观意志等能战胜疲劳，维持工作效率。但再继续工作有导致过劳的危险。第二阶段：除有疲倦感外，作业能力下降趋势明显，但仅影响工作质量和产品质量，对产品的产量影响不大。第三阶段：出现强烈疲倦感，作业能力急剧下降，此时若劳动者试图完成工作任务会使作业能力出现起伏，最终作业者感到精疲力竭，操作发生紊乱而无法继续工作。

**2. 疲劳发生机制** 短时间大强度体力劳动和静力作业所引起的疲劳主要是乳酸在肌肉和血液中蓄积所致。较长时间轻或中等强度劳动所出现的疲劳主要与糖原消耗有关，但也有人观察到日常 8 小时工作后也感到疲劳感，此时肝糖原及血糖水平并没有变化。强烈、单调的劳动刺激会引起大脑皮层细胞储存的能源迅速消耗，导致恢复过程加强，当消耗占优势时就出现保护性抑制，以保证皮层细胞不至于遭受进一步耗损，此时就出现疲倦感和疲劳。内环境平衡破坏，如肌肉活动时 ATP 消耗、糖原消耗，致使血糖下降、乳酸增加、pH 下降，这些因素也会导致疲劳的发生。

## (二)腹疝

**1. 常见职业** 长期从事重体力劳动者,由于负重,使腹肌紧张,腹内压升高,久之可形成腹疝。常见于搬运工、人工装卸工等。腹壁肌发育不良者及青少年从事重体力劳动更容易发生。

**2. 临床表现** 临床以脐疝和腹股沟疝比较常见,其次是股疝。一般无疼痛,对身体影响不大。劳动中突然发生的腹疝称为创伤性疝,出现剧烈疼痛,但很快可缓解或转为钝痛。

**3. 防治措施** 训练工人提举重物时身体应尽量靠近物体,缓慢平稳地举起重物,不要突然猛举。控制搬举物体的重量,如飞机行李重量的限制对预防搬运工的职业损伤具有重要意义。

值得一提的是,我们还要重视非职业性心理因素(如其他原因引起的抑郁、消极情绪等)、社会因素(如贫困、环境污染、宗教、文化等)、行为因素(如吸烟、酗酒、不良的卫生习惯等)与职业性有害因素间的交互作用对劳动者健康的影响。

(朱建林　张文昌)

## 思 考 题

1. 什么是职业紧张?对机体健康产生哪些影响?
2. 常见的不良作业姿势对机体健康的影响主要有哪些?
3. 常见的职业性社会因素有哪些?对健康的影响主要有哪些?

# 第六章 职业性有害因素所致的其他职业病

**案例 6-1**

患者，男，44岁，在某铜冶炼厂工作24年，近一个月出现干咳、胸部不适、偶有痰中带血，近日咳嗽加重、并出现咯血伴胸痛症状而就诊。体格检查：体温37.5℃，脉搏72次/分，血压130/85mmHg，胸部听诊可闻及干湿啰音，心音正常，可见胸膜凹陷征。胸部正位X线片：左肺上叶可见3.0cm×2.5cm的密度略高、轮廓清晰的团块阴影。

经调查了解得知，该患者为冶炼车间反射炉熔炼工，有吸烟史26年。生产方式为半自动化非密闭操作。工作场所空气中砷浓度检测，平均在0.2~0.3mg/m³。夏季天热个人防护往往被忽视。车间以往也有1例类似病例出现过。

问题：

1. 如果患者所患疾病与职业有关，可能的致病因素是什么？最可能的诊断是什么？还应提供哪些依据？
2. 本例患者具备了职业性肿瘤的哪些特点？
3. 本案例给你提出了怎样的启示？对目前企业应如何加强管理？

## 第一节 职业性肿瘤

职业性肿瘤（occupational tumor）在指在工作环境中长期接触致癌因素，经过较长的潜伏期而患某种特定肿瘤，称职业性肿瘤或职业癌（occupational cancer）。能引起职业性肿瘤的致病因素，称职业性致癌因素（occupational carcinogen）。职业性致癌因素可包括化学因素、物理因素和生物因素。职业性致癌因素中最常见的为化学性因素，占90%。

职业性肿瘤历史可追溯到1775年，从英国外科医生P.Pott首先报告扫烟囱童工，成年后易患阴囊癌开始，至1895年德国医生Rehn发现染料业工人的膀胱癌，这些都成为发现肿瘤的职业线索。

由于职业肿瘤和非职业肿瘤在发展过程和临床症状上没有差异，加上诊断职业肿瘤具有职业病的法律补偿性质，根据本国实际情况是否把某种致癌物所致肿瘤列为职业病各国有所不同，因此规定的职业肿瘤名单也有所不同。我国于1982年在全国对职业性致癌因素进行调查研究的基础上，确定的职业病名单中职业性肿瘤有8种，于1987年列入职业病名单的有：石棉所致肺癌、间皮瘤；联苯胺所致膀胱癌；氯乙烯所致肝血管肉瘤；苯所致白血病；氯甲醚、焦炉逸散物、铬酸盐制造业所致肺癌；砷所致肺癌和皮肤癌。2002年在职业性放射疾病中将职业性放射性肿瘤列入职业病范畴。2014年最新的职业病名单中，职业性肿瘤增加了3种：毛沸石所致肺癌、胸膜间皮瘤；煤焦油、煤焦油沥青、石油沥青所致皮肤癌；β-萘胺所致膀胱癌。

### 一、职业性肿瘤的特征

#### （一）潜伏期

动物实验和对人类已知致癌物的研究表明，在首次接触致癌物到肿瘤发生有一个明显的间隔期，称为潜伏期。有证据表明，肿瘤是从 DNA 一个碱基对发生突变的非正常细胞引发的，但最终是否发展或何时发展成为肿瘤，受一系列因素影响，如细胞损伤的修复能力，肿瘤发生的内、外源促进因子以及免疫系统的有效性等。因此，不同的致癌因素有不同的潜伏期。对人类，潜伏期最短 4~6 月，如放射线致白血病；最长达 40 年以上，如石棉诱发间皮瘤；但大多数职业肿瘤的潜伏期较长，约为 12~25 年。尽管如此，由于职业性接触程度较强，职业肿瘤发病年龄比非职业性同类肿瘤提前，如芳香胺引起的泌尿系统癌症，发病年龄以 40~50 岁多见，较非职业性的早 10~15 年。我国湖南某砷矿职工中肺癌发病年龄比所在省居民小 10~20 岁。

## （二）阈值

大多数毒物的毒性作用存在阈值或阈剂量，即超过这个剂量时才可引起健康损害。但是，对职业致癌因素来说，是否存在阈值尚有争论。有证据表明，肿瘤是 DNA 一个碱基对发生突变的非正常细胞引发的，但最终是否能发生肿瘤或何时发生，则受到一系列因素的影响。主张致癌物无阈值的理由是，在一个单个细胞内的 DNA 改变就可能启动肿瘤发生过程，那么这个细胞只要一次小剂量接触致癌物，甚至于一个致癌物分子就可能导致 DNA 改变，启动肿瘤发生，即所谓"一次击中"学说（one hit theory）。目前多数学者主张有阈值，理由是：即使单个致癌物分子可能诱导细胞的基因改变，但是这个分子能对它的靶器官起作用的可能性在小剂量时是很小的；这种致癌分子还可以与细胞其他的亲核物质如蛋白质或 DNA 的非关键部分作用而被代谢；而且，细胞有修复 DNA 损伤的能力，机体的免疫系统又有杀伤癌变细胞的能力，若 DNA 损伤被修复或癌变细胞被杀灭，就可能存在"无作用水平"值；此外，大多数致癌物的致癌作用发展过程均有前期变化（增生、硬化等），肿瘤是"继发产物"，这使确定阈值就更可能。一些国家已据此规定了"尽可能低"的职业致癌物接触的"技术参考值"。但阈值问题并没有被解决。

## （三）好发部位

职业性肿瘤有比较固定的好发部位或范围，多在致癌因素作用最强烈、最经常接触的部位发生。由于皮肤和肺是职业致癌物进入机体的主要途径和直接作用的器官，故职业性肿瘤也多见于皮肤和呼吸系统。但有时可能累及同一系统的邻近器官，如致肺癌职业致癌物可引起气管、咽喉、鼻腔或鼻窦的肿瘤；亦可发生在远隔部位，如皮肤接触芳香胺，导致膀胱癌；同一致癌物也可能引起不同部位的肿瘤，如砷可诱发肺癌和皮肤癌。此外，还有少数致癌物引起肿瘤范围广，如电离辐射可引起白血病、肺癌、皮肤癌、骨肉瘤等。

## （四）病理类型

职业性致癌因素不同而各自具有不同特定的病理类型，例如铀矿工肺癌大部分为未分化小细胞癌；铬多致鳞癌；家具木工和皮革制革工的鼻窦癌大部分为腺癌。接触致癌物强度不同而具有不同特定的病理类型，一般认为，接触强致癌物及高浓度致癌物所致肺癌为未分化小细胞癌，反之则为腺癌。但是上述病理学特点并不是绝对的，仅供与非职业性肿瘤作鉴别时参考。

## （五）病因

职业性肿瘤病因明确，都有接触致癌因素的职业接触史。如：苯致白血病，石棉、砷、氯甲醚、铬酸盐致肺癌，石棉致肺癌和间皮瘤，联苯胺致膀胱癌。

职业性肿瘤要在一定条件下才能发病。如金属镍微粒有致癌性，而块状物无致癌性；苯胺的同分异构体中 β 位异构体为强致癌物，而 α 位异构体则为弱致癌物。还与吸烟有关，如接触石棉且吸烟者，其肺癌发病率增加 40~90 多倍。

### （六）发病年龄

职业性肿瘤的发病年龄通常在 40~50 岁，与非职业性肿瘤相比，发病年龄提前 10~15 年，可能与接触致癌物较早和致癌物作用较强有关。

## 二、职业性致癌因素的识别和确认

目前，识别与确认职业因素的致癌作用，主要通过以下三种途径：

### （一）临床观察

对许多职业性肿瘤的发现首先是从临床观察开始的，如 Pott 医生从大量病例中揭示出阴囊癌与扫烟囱工作之间的联系；1964 年英国耳鼻喉科 Hadfield 医生发现家具制作工人中工龄较长者多发鼻窦癌，怀疑与职业有关；同时陆续出现的报道如接触煤焦油的工人易患皮肤癌；接触放射性物质人员多发肺癌、白血病；生产品红染料的工人好发膀胱癌等，这些实例均来源于临床观察，可见临床观察对病因探索往往能提供重要线索，成为进一步研究的起点，但不能成为确定病因的依据，需要大量流行病学资料提供依据。

### （二）实验研究

由于肿瘤的潜伏期很长，所以单从流行病学调查去发现致癌物比较困难，并且在道义上和实际中也不能等待 10~20 年取得以人生命代价换来的流行病学资料。只能采取用可疑致癌物做动物的诱癌实验，观察能否诱发与人类肿瘤相似的肿瘤，这是研究职业致癌因素的首选方法。至今已肯定的职业性肿瘤除砷、苯外，都已在实验动物中复制成功，所以严格的动物实验结果对推断化学物对人的致癌性是有重要价值的。

**1. 动物实验**　目前，IARC 已有标准的动物实验设计的基本要求，严格的动物实验设计是获得可靠实验结果的保证，从而判定某种化学物是否对被试动物具有致癌性。IARC 对动物实验设计的基本要求如下（表 6-1）：

表 6-1　IARC 对动物实验设计的基本要求

（1）要用 2 种动物（一般为小鼠和大鼠），每组雌雄各半。
（2）每个实验组和相应对照组要求有足够动物数，每种性别至少 50 只。
（3）染毒和观察时间必须超过该种动物期望寿命的大部分（小鼠和大鼠一般为 2 年）。
（4）在实验组中，施加的剂量至少有 2 个（高、低剂量组），高剂量组应接近最大耐受剂量（MTD），如条件允许最好设 3 个剂量组。
（5）结果的确定要有足够量的病理学检查。
（6）采用合适的统计学方法对资料进行分析。

由于动物与人的种属差异，人寿命比动物寿命要长，实验条件与生产环境的不同，以及实验中的大剂量给予和实际工作中少量多次接触之间的差异，所以，不能简单地从动物实验外推到人。如果已经证明对动物致癌的该化学物也能引起人类肿瘤，引起动物致癌剂量对人也同样有效，表明动物实验结果与人类致癌有较好的相关性。即使在动物和人的致癌性上有较强的相关性，但靶器官和发癌部位在啮齿类动物和人可能是不同的，如联苯胺可使大鼠、仓鼠及小鼠发生肝脏肿瘤，但对人和狗则发生膀胱肿瘤。总之，还要结合流行病学资料才能最后下结论。如已经证明无机砷对人类可致皮肤癌和肺癌，但动物实验未能成功。而 DDT 可诱发动物肿瘤，但人群至今尚未见有关病例报告。因此，用动物实验预测人类致癌性要慎重。

**2. 体外试验**  即用体外试验的方法，不需要长期观察和随访就可以检测某些化学物质是否具有致突变或诱导染色体损伤的能力，从而推断其致癌性。用这类试验判断和识别致癌物的依据是：由于 DNA 突变引起肿瘤，故可以用短期试验检测化学物是否具有致突变性。如有致突变性则可认为该化学物有致癌的可能性。至于该化学物是否致癌需进一步用动物实验和流行病学调查加以验证。其优点是快速、费用少，但其结果仅有初筛意义，单一短期试验结果不足以作为判断和识别致癌物的证据。

常用的体外试验有：①Ames 试验，可检测化学物诱导 DNA 基因突变；②DNA 修复试验，可用来证明 DNA 暴露于一种化学物时发生的损伤；DNA 加合物试验，用以检测和 DNA 共价结合的化学物质；③染色体畸变分析，用来检测化学物质对细胞染色体损伤作用；④姊妹染色单体互换试验，用来判定化学物对遗传物质影响；⑤哺乳类细胞恶性转化试验，用于判定加入培养基中的化学物质是否具有使培养的细胞向恶性转化的能力。

目前多数学者主张体外试验应选用一组而不是单一某种短期试验来测试化学物的致突变性。原则上既要包括低等动物也要包括高等动物，既有体外试验也要有体内实验，既有体细胞也要用生殖细胞。最常用的组合有 Ames 试验、体外微核试验、体细胞染色体畸变试验和生殖细胞染色体畸变试验等。

## （三）职业流行病学调查

流行病学调查的研究对象是人，所以其对于识别和判定某种物质对人的致癌性可提供最有力的证据。其意义在于致癌因素对人类的作用结果最终从人群中得到证实。要确定某种职业性致癌因素，仅靠临床观察、实验研究尚显不足，必须通过流行病学调查，在人群中得到确切的证据。运用分析流行病学研究可对致癌的因果关系得出结论，通过大量的队列研究或病例-对照研究产生的阳性结果，可为识别和判定致癌物提供有力证据，发现足够数量的具有共同特性的肿瘤病例，才能确定其与职业接触的联系。如出现异常聚集肿瘤病例、癌症高发年龄提前、肿瘤发病性别比例异常、某种肿瘤的发病均与某一相同因素有关、存在接触剂量-反应关系、出现罕见肿瘤高发现象，提示可能具有某种致癌因素存在的危险。

**1. 确定流行病学研究的阳性结果是否表明是因果关系，要遵守下列判定标准：**

（1）因果关系的强度：指接触组与对照组其相对危险度的比较，相对危险度（relative risk，RR）越高，提示发病率或死亡概率越大，该种接触的因果关系建立的可能性越大。如云南云锡矿井下矿工肺癌发病率达 250.19/10 万，为非井下工人的 13.58 倍，提示肺癌发生与井下作业有关。需要指出的是，在调查因果关系的强度研究中，要以工种作为基数进行分析，不能以全厂工人为基数进行统计，以免掩盖实际接触人群中的高发现象。

（2）因果关系的一致性：是指某致癌因素引起的因果关系调查研究的广度，即在不同的接触情况下，具有重复性。如不同厂矿接触同一物质或因素的人群，其发生肿瘤的结论是否一致。这些结论的一致性越强，对识别和判定该致癌物的因果关系提供的证据越有力。如关于接触砷致癌问题的调查，在 1948~1975 年间先后调查了 13 个工厂和居民区，包括 8 个铜冶炼和生产三氧化二砷的工厂，3 个含砷农药厂，1 个应用含砷农药现场和一批冶炼厂周围的居民，结果发现共同的致癌因子是砷，并见到肺癌死亡率都明显上升，从而说明砷是引起肺癌高发的致癌物。

（3）接触水平-反应关系：如癌症发病率随接触可疑物质的剂量或水平增高而增高，提示很可能存在接触水平-反应关系。例如上海市关于氯甲醚作业工人的肺癌调查，发现肺癌的发病随接触年限的增加而增加，支持了氯甲醚致肺癌的病因推断。

（4）生物学合理性：研究结果符合生物学的合理性，就是说所得出的结论应建立在对研究物质产生危害作用机制有较充分了解和判断基础上。例如，某冶炼厂调查发现近十年肺癌发病率明显升高，经统计学分析表明肺癌发病与空气中砷的浓度及工人文化水平呈正相关关系。显然，生物合理性的结论应是肺癌增加与空气中的砷浓度较高有关，而与文化水平的提高无关联性。

（5）时间的依存性：接触职业有害因素必须在作为结果的"效应"之前。即接触在先，发病在后。

**2. 根据流行病学研究和动物实验结果，职业致癌物可分为 3 类：**

（1）确认致癌物（proved carcinogen）：流行病学调查及动物实验都有明确证据者，表明对人有致癌性的理化物质和生产过程。

（2）可疑致癌物（suspected carcinogen）：有 2 种情况，一是动物实验证据充分，但人流行病学调查结果有限。二是动物致癌试验阳性，特别是与人类血缘相近的灵长类动物中致癌实验阳性，对人类致癌可能性很大，但缺少对人类致癌的流行病学证据。是目前流行病学研究的重点。

（3）潜在致癌物（potential carcinogen）：动物实验已获阳性结果，而人群中尚无流行病学调查资料表明对人有致癌性，如钴、锌、铅、硒等。

另外，IARC 将化学物对人类致癌性资料（流行病学调查和病例报告）和对实验动物致癌性资料分为四组（2006 年资料，对 931 种可疑致癌物进行分组）：

（1）1 组，对人类是致癌物（carcinogenic to humans，100 种）。对人类致癌性证据充分者属于本组。

（2）2 组，对人类是很可能或可能致癌物。又分为两组，即 2A 组和 2B 组。

2A 组：很可能对人类致癌（probably carcinogenic to humans，68 种）是指对人类致癌性证据有限，对实验动物致癌性证据充分。

2B 组：可能对人类致癌（possible carcinogenic to humans，246 种），指对人类致癌性证据有限，对实验动物致癌性证据并不充分；或指对人类致癌性证据不足，对实验动物致癌性证据充分。

（3）3 组，为对人致癌性暂无法分组的物质（unclassifiable as to carcinogenicity to humans，516 种）。

（4）4 组，可能无致癌性物质（probably not carcinogenic to human，1 种）。

## 三、常见的职业性肿瘤

在生产过程中最多见的职业性肿瘤是肺癌和皮肤癌，其次是膀胱癌。

### （一）职业性呼吸道肿瘤

在职业性肿瘤中，呼吸道肿瘤占极高的比例。常见的致癌物质有砷、石棉、煤焦油类物质、氯甲醚类、铬、镍、芥子气、异丙油、放射性物质、硬木屑、氯丁二烯、甲醛等。吸烟对呼吸道肿瘤有明显的影响。宣传教育接触者戒烟，也是预防和控制呼吸系统肿瘤发生的有效措施。

**1. 石棉所致肺癌、间皮瘤** 1934 年首次报道石棉致肺癌，1955 年被确认。在石棉的开采、筛选、包装、运输、加工和石棉制品的使用过程中，产生大量粉尘，吸入石棉粉尘能导致肺部纤维化，也能诱发支气管肺癌、胸膜间皮瘤，国际癌症研究机构已将石棉列为人类的致癌物之一。石棉粉尘的纤维形状如纤维长度、直径及二者之比与致癌性有关。肺癌的发病工龄主要在 10 年以上。接触石棉又同时吸烟者，增加了肺癌的发病率。肺癌的好发部位以下叶为多，位于周边部位，进而侵及胸膜，以鳞癌和腺癌多见。

接触石棉的工人还可并发胸膜和腹膜间皮瘤。间皮瘤多数在接触石棉后 15～40 年期间发生。间皮瘤的发生与石棉类型有关，青石棉的致癌性最强。石棉纤维诱发间皮瘤的机制主要是物理作用。与石棉纤维的粒径、其纤维性状、多丝结构和容易断裂成巨大数量的微小纤维作用于胸膜有关。石棉纤维的耐久性和表面活性也是致癌的重要因素。

胸膜上的间皮瘤，可把肺组织包围起来，而不侵入，若有石棉接触史，出现胸膜渗出液者，应定期抽胸水检查肿瘤细胞。如在 X 线胸片上有肿块时，可施人工气胸术，对胸膜间皮瘤的诊断需经病理证实。

**2. 砷（arsenic，As）所致肺癌**　1980年IARC根据大量流行病学资料确定，砷为人类致癌物。但依据均属接触可溶性无机砷化物，并存在明显的接触水平-反应关系。不溶性砷化物和有机砷尚未发现致癌。我国1982年的资料，接触砷的工人中肺癌粗发病率为248/10万，标化死亡比（SMR）为6.84，平均潜伏期为22.5年。发生肺癌的工人多集中在有色金属冶炼和开采含砷矿。$As^{3+}$有致癌作用，少数人认为$As^{5+}$也致癌，砷致癌是由于砷化物取代DNA链上的磷，使DNA形成弱键，抑制DNA合成和引起DNA损害，造成细胞癌变。但也有不同的报道。

**3. 铬酸盐制造业工人肺癌**　铬（chromium，Cr）工业上最重要的是金属铬和$Cr^{3+}$、$Cr^{6+}$的铬化合物，其中$Cr^{6+}$对人体危害性较明显，致癌的危险性也得到肯定。1911年首次报道了铬酸盐致肺癌，1948年美国报道7个铬冶炼厂工人中，有197人死于癌症，其中42例为肺癌，几乎高出一般居民的30倍。各国进行了大量流行病学调查后，认为铬铁矿和可溶性铬酸盐致肺癌发病率低，而接触酸溶性和不溶性铬化物致肺癌危险性较高，并与吸烟有协同作用。

**4. 氯甲醚类所致肺癌**　氯甲醚类工业接触有两种，二氯甲醚和氯甲甲醚，多用于生产离子交换树脂，是甲基化的原料。氯甲醚类是强烷化剂，具有直接致癌作用。体外试验不需经代谢活化即产生致癌作用。此类物质属强致癌物，引发的肺癌多为未分化小细胞癌。对皮肤、黏膜有强烈的刺激作用。我国对10个主要生产或使用单位调查，915名工人中肺癌者占18例，平均死亡年龄49.7岁，平均接触时间9.86年，肺癌SMR为15.5。研究表明，二氯甲醚主要通过与DNA的腺嘌呤和鸟嘌呤结合而导致细胞突变，工作场所中甲醛、盐酸及水蒸气共存时产生二氯甲醚。

## （二）职业性皮肤癌

职业性皮肤癌是最早发现的职业肿瘤，约占人类皮肤癌的10%。职业性皮肤癌与致癌物的关系，往往是最直接、最明显的，经常发生在暴露部位和接触局部。能引起皮肤癌的主要化学物质有煤焦油、沥青、蒽、木馏油、页岩油、杂酚油、石蜡、氯丁二烯、砷化物等，煤焦油类物质所致接触工人的皮肤癌最多见。在煤焦油类物质中，主要含致癌性最强的苯并[a]芘及少量致癌性较弱的其他多环芳烃。扫烟囱工人的阴囊皮肤癌是最早发现的皮肤癌，是由于阴囊皮肤直接接触煤焦油类物质所引起，它可由乳头状瘤发展而成，并以扁平细胞角化癌较为常见。

页岩油、煤焦油、沥青、木馏油等在引起职业性皮肤癌前可出现癌前皮损，表现为接触部位产生煤焦油黑变病、痤疮和乳头状瘤（或称煤焦油软疣），最常见于面、颈、前臂和阴囊。其他前驱性皮损还可有皮肤炎症、红斑疹、指甲变形、白斑症、角化过度和局限性侵蚀性溃疡等。

接触无机砷化物可诱发皮肤癌。早期可见四肢及面部皮肤出现过度角化、色素沉着、溃疡形成、Bowen病。这些变化可能属于癌前病变，可发展成扁平细胞角化癌或腺癌。湖南某砷矿1976~1998年间共发现皮肤癌16例，占恶性肿瘤病例的8%；而肺癌并发皮肤癌约占四分之一。

长期接触X射线，又无适当防护的工作人员患皮肤癌增多，潜伏期为4~17年，多见于手指。早期见皮肤呈局灶性增厚，有较深的皱纹与擦损、局部萎缩、皮肤色素加深或减退、毛细血管扩张、指甲变脆、甲面成沟并凹陷，有时可出现溃疡，称为X线皮炎。在皮炎的基础上，有时可出现癌变。但目前认为，电离辐射引起皮肤癌，其剂量需高达30Sv，在一般职业条件下不常见。

## （三）职业性膀胱癌

职业性膀胱癌在职业肿瘤中占有相当地位，膀胱癌的死亡病例中有20%~27%可找出可疑致癌物的接触史。主要致膀胱癌的物质为芳香胺类。联苯胺为白色或淡红色粉状或片状结晶，可溶于乙醇及乙醚，微溶于水。联苯胺主要用作染料中间体，还可用于有机化学合成、橡胶、塑料、印刷工业，它还是实验室常用试剂。

联苯胺可经呼吸道、消化道、皮肤进入人体，主要危害是引起膀胱癌。流行病研究表明，接触联苯胺者膀胱肿瘤的发生率与接触的工种有关，联苯胺生产者明显高于联苯胺的使用者。联苯胺致膀胱癌的潜伏期从1~46年，平均为16~21年。潜伏期的长短主要取决于暴露强度，首次接触年龄与发病年龄呈正相关，本职业工龄也与膀胱癌的发病呈正相关。吸烟对联苯胺致膀胱癌有协同作用。

对职业性膀胱癌应加强早期发现和早期诊断，减少其发病。对危险人群，可用血尿筛检膀胱癌的方法，膀胱癌在未向深部侵犯前已产生血尿，因而血尿对无症状的高危人群筛检是有价值的。血尿是膀胱癌常见的首发症状，尿脱落细胞检查及细胞核流式细胞术是早期诊断膀胱癌的有效方法。对联苯胺接触者做到健康监护，存在有膀胱癌危险而无症状人群做到筛检，做出早期诊断和治疗。并且加强对联苯胺的生产和使用的监管。进一步研究其致癌性及潜在性危害，提出相应的预防措施。

### （四）其他职业性肿瘤

**1. 苯致白血病**（occupational leucocythemia） 多见于接触苯后数年至20年，短者仅4~6个月，长者达40年，以急性粒细胞性白血病最常见，也可引起红白血病。病初多有白细胞减少或慢性苯中毒的表现，苯致白血病的机制参见苯中毒章节。

**2. 氯乙烯所致肝血管肉瘤**（angiosarcoma of liver，ASL） 是一种极其罕见又很难诊断的高度恶性肝肿瘤，在一般人群中只占原发性肝肿瘤的2%，多为先天性，常见于婴儿，偶见于老年人。职业性肝血管肉瘤主要与接触氯乙烯有关，多见于接触氯乙烯的清釜工，潜伏期10~35年不等。氯乙烯在常温常压下为无色有芳香气味的气体，加压或在12~14℃时易液化或冷凝为液体。本品合成于30年代，主要用于聚氯乙烯的单体，可作为化学中间体和溶剂，制造塑料、绝缘材料、纺织合成纤维。在生产和使用本品过程中，接触者可引起神经衰弱、肝脾肿大、肢端溶骨症及硬皮样改变，称之为氯乙烯综合征。国内外许多学者研究表明，大量的动物实验证实本品有诱变作用，可引起染色体畸变率增高。大鼠吸入氯乙烯$12.8mg/m^3$，$6h/d$，每周6天，历时一年可诱发肝血管肉瘤。发病机制是氯乙烯在体内的代谢产物不断产生，烷化代谢产物氯乙醛和氧化氯乙烯与细胞内RNA、DNA呈共价结合，形成DNA加合物，引起DNA碱基配对错误，诱导基因突变，从而导致肿瘤发生。

肝血管瘤多为单发，也可多发。肿瘤生长缓慢，瘤体长大后引起肝肿大、上腹部不适、腹胀、嗳气、腹痛等症状。经B超、肝动脉造影和CT等检查，易做出诊断。手术切除是治疗的有效方法。

**3. 职业性放射性肿瘤**（occupational radiation tumour） 是指接受职业性电离辐射照射后发生的与所受该照射具有一定程度病因学联系的恶性肿瘤，辐射可诱发白血病、皮肤癌、肺癌、胃癌、乳腺癌、甲状腺癌以及多发性骨髓瘤。诊断依据按放射性肿瘤病因判断标准（GBZ 97-2009）进行诊断。

## 四、职业性肿瘤的预防原则

### （一）加强对职业性致癌因素的控制和管理

**1. 改革工艺流程，加强卫生技术措施** 改革生产工艺，减少粉尘烟雾，降低环境中有害物质浓度，不断提高生产自动化、机械化、密闭化的程度，生产者避免或减少直接接触已知的致癌因素。加强原料选用，降低其中致癌物含量。

**2. 建立严格的致癌物管理制度** 有些国家把致癌物分为两大类：一类为可避免接触的，应停止生产与使用；另一类为目前仍然需使用的工业化学物，可根据现有资料，提出暂行技术标准严格控制接触水平。不接触或减少接触致癌物是预防职业癌的上策，属于一级预防，其效果最好。

（1）建立致癌物的管理登记制度。

（2）加强环境定期监测的管理登记制度，使其浓度控制在国家规定的阈值以下，并尽最大能力使之降至最低水平。

（3）禁止使用的和暂时仍需使用的致癌物要严格按照国家有关规定执行。

(4) 处理致癌物时，应严防污染厂外环境。

对公认的职业致癌物明确在生产环境中致癌物浓度，使其不超过容许浓度，加强工人个体防护，即可取得效果。致癌因素不明时，加强生产环境通风排毒和个体防护。

## （二）健全医学监护制度

对肿瘤高危人群进行健康监护，是早期发现、早期诊断、早期治疗的有效手段，属于二级预防。对肿瘤高危人群进行医学监护包括：

**1. 就业前体检** 筛检高危人群，肿瘤发生有明显的种族、家族和个体差异，部分是由于遗传决定的代谢活化/降解酶系的多态性。与国外比较，我国人群肝癌高发与谷胱甘肽转移酶缺陷或低下有关。而膀胱癌低发与NAT的慢型比例低有关，通过就业前体检，筛检出易感者，会有效控制高危人群的患病率。

**2. 定期健康检查** 早期发现肿瘤前期的异常改变或早期阶段的肿瘤。由于职业性肿瘤以肺癌、膀胱癌及皮肤癌为主，可安排定期检查痰、尿沉渣中的脱落细胞及膀胱肿瘤抗原（BTA）和核基质蛋白22（NMP-22），观察全身皮肤的变化，做到早期发现，及时诊断，及时治疗。

**3. 建立快速致癌危险性预测** 研究致癌物筛选方法，识别和鉴定新出现的致癌物。

**4. 其他** 制定有关预防职业性肿瘤的法规和职业致癌因素的控制和管理办法，确保对致癌剂的限制与管理能有效的实施。

## （三）加强健康教育，保持身心健康

**1. 减少接触致癌物机会** 工作服应集中清洗、去除污染，禁止穿回家。

**2. 开展戒烟及职业健康促进教育** 许多致癌物与吸烟有协同作用，应在接触人群中宣传戒烟。

**3. 其他** 锻炼身体，合理膳食，加强锻炼身体，劳逸结合，保持心情开朗，生活规律，达到自我约束、自我保护，增强抗病能力，提高自身防癌抗癌的能力。合理膳食，避免吃烟熏、霉烂和含致癌物的食物，多吃低脂肪、高蛋白、富含膳食纤维的食物，研究发现葱蒜类对防癌有一定作用。

---

**案例 6-1 解析**

最可能的致病因素是接触无机砷化合物，铜主要是由砷黝铜矿（$3Cu_2S \cdot AsS_3$）和硫砷铜矿（$Cu_3AsS_4$）开采后经冶炼所得，熔炼中由于高温，砷大部分进入冶炼烟气中，并以$As_2O_3$形式存在，长期吸入引发肺部肿瘤。最可能的诊断是周围型肺癌，患者有明确的职业接触史24年，有吸烟史，吸烟与无机砷致癌有协同作用；有典型肺癌的临床表现（咳嗽、咯血、胸痛、低热）；胸部X线片有占位病变，胸膜凹陷征是肿瘤方向牵拉和局部胸膜黏连的结果，对周围型肺癌有重要诊断价值。工作场所空气砷浓度超过PC-TWA 0.01mg/m³限值20～30倍。个人防护不够，同工种中有同样病例出现。

还应进一步做痰脱落细胞检查，明确诊断。排除肺结核的可能，因为结核的表现也有咳嗽、咯血、胸痛、低热。

本例患者具备了职业性肿瘤的特点有：①病因明确，可找到致癌因素。②致癌物质在接触最强烈、最经常进入体内的部位——肺部发生。③有一定的作用条件：长期高浓度接触，肿瘤的发生有一定的潜伏期；吸烟是促发因素。④发病年龄较年轻。暴露出该企业问题的严重性，如果不能及时加以控制，会有更多人发生职业性肿瘤。对个人和家庭、对企业和国家都将造成直接经济损失。消除和控制致癌因素就能有效预防肿瘤发生。有关部门要做好经常性卫生监督工作，尤其是存在致癌物的工作场所，严格控制空气中致癌物质浓度，加强通风排毒。对工人进行戒烟教育，提高自我保护意识；定期对工人健康体检；企业要遵守职业病防治法，以人为本，保护劳动者的合法权益，积极预防职业性肿瘤的发生，做好职业性肿瘤预防工作，为工人创造安全的工作环境。

## 第二节 职业性皮肤病

> **案例 6-2**
> 患者，女，39 岁，某玻璃厂配料工。主诉从事该作业后暴露的皮肤感到瘙痒，脱离接触后瘙痒好转。反复接触后瘙痒越来越重，手抓后见皮面隆起红色抓痕，出现少量小红点。1 周左右面、颈、双手皮肤出现散在粟粒大小红色丘疹，且一天比一天多，逐渐波及非暴露皮肤。20 天左右皮疹波及全身，全身瘙痒明显，伴红色丘疹，因影响睡眠而就医。
> 　　体格检查：体温、脉搏、血压正常。面、颈、双手皮肤密集分布粟粒大红色丘疹，部分融合成片。面、肘弯、踝部呈湿疹样变。四肢伸侧及臀、胸、背部皮损边缘清晰，境界分明，但互相交错、重叠。
> 　　实验室检查：白细胞（WBC）$8.2 \times 10^9$/L，中性粒细胞（N）0.64，淋巴细胞（L）0.28，单核细胞（M）0.02，嗜酸性粒细胞（E）0.06。氧化钴皮肤斑贴试验为阳性。
> 　　经调查了解，该患者从事的工作是配制绿色玻璃生产中所用的颜料，在每天的 8 小时工作中需用 3.0kg 氧化钴、加几倍量的三氧化二铬、铁红 3 种混匀后，分装成 40 袋，再将每袋颜料手工放到运料的皮带上。工作中只带一双线手套，无其他防护措施。同工种中也有人有类似症状。
> **问题：**
> 1. 怀疑该患者的疾病与职业有关，其依据是什么？要明确诊断还需要补充哪些资料？
> 2. 最可能的诊断是什么？依据是什么？
> 3. 应如何预防与治疗？

## 一、职业性皮炎

### （一）职业性接触性皮炎

**【概述】** 皮肤直接或间接接触致病物引起的皮肤炎症性改变，主要是化学性因素，如溶液、粉尘、烟雾等各种形态的致病物均可引起接触性皮炎。刺激性皮炎主要发生于直接接触刺激物的露出部位，发生于腰部、股内、外阴等处的皮损多系由于工作服被污染等手搔痒等原因间接接触所致。接触致病物后局部首先出现瘙痒或烧灼感，继而发生红斑、水肿、丘疹、水疱，以及渗出、糜烂、结痂等。皮损的演变可停止在任何阶段，轻者可只有红斑、瘙痒，几天后脱屑而愈；重者在红肿基础上迅速发生丘疹、水疱及大疱，疱破后又渗出以致结痂。过敏性皮炎，是由致敏物引起的变态反应，即由 T 淋巴细胞介导的细胞免疫反应，属迟发型接触过敏反应，其发病过程分为诱导和激发两个阶段，诱导期大致需要 5~14 天。因此本病的特点是初次接触致敏物时并不引起皮肤反应，在经过一定的潜伏期后，再接触该致敏物时则很快在接触部位发生炎症反应。反应的程度与接触致敏物的量有一定的关系，但不成正比，本病有明显的个体差异，同样条件下接触者中只有少数人发病。

职业性接触性皮炎（occupational contact dermatitis）是指在劳动或作业环境中直接或间接接触具有刺激性和（或）致敏作用的职业有害因素引起的急、慢性皮肤炎症性改变。根据发病机制的不同通常将其分为刺激性接触性皮炎（irritant contact dermatitis, ICD）和变应性接触性皮炎（allergic contact dermatitis, ACD），诊断时应尽量分开，以便于劳动能力鉴定。但某些致病物既具有刺激作用，也具有过敏作用，当临床上难以分型或两种作用同时存在时，可诊断为职业性接触性皮炎，并按职业性变应性接触性皮炎处理。

【接触机会】 在生产过程中，由于接触对皮肤产生刺激或过敏作用的物质，皆可导致职业性接触性皮炎。常见的毒物有：

**1. 常见的刺激物**

（1）脱水剂：强酸、强碱等。

（2）氧化剂：铬酸及盐类、游离碘、溴、次氯酸盐、硝酸盐等。

（3）蛋白沉淀物：鞣酸、重金属盐等。

（4）角质溶解剂：水杨酸、间苯二酚等。

（5）油剂：乙醇、酚、氯仿、三氯乙烯等。

（6）其他：农药、除草剂、杀虫剂、肥皂、合成清洁剂、助焊剂、脱毛剂、润滑油等。

**2. 常见的致敏物**

（1）金属及其盐类：六价铬酸盐、镍盐、钴盐、汞盐等。

（2）树脂：大漆、环氧树脂、酚醛树脂、脲醛树脂、三聚氰胺、甲醛树脂等。

（3）染料：偶氮染料、苯胺染料、分散染料等。

（4）橡胶组分：巯基苯并噻唑类、氨基甲酸酯类、萘胺类、秋兰姆类、二苯胍、对苯二酚及其衍生物等。

（5）植物：坚果壳油、某些花和植物的浸出液等。

（6）清洁剂：肥皂添加剂、合成清洁剂等。

（7）香料：肉桂醛、氢化香茅醛等。

（8）其他：甲醛、二硝基氯化苯、二硝基氟化苯、胺类固化剂、松香、松节油、照相显影剂等。

【临床表现】

**1. 刺激性接触性皮炎** 接触刺激物后所发生的皮肤炎症。表现为红斑、水肿、丘疹、水疱、大疱甚至坏死，伴有不同程度的瘙痒、疼痛或烧灼感。皮疹形态一致，边缘清楚。

**2. 变应性接触性皮炎** 皮损表现与刺激性接触性皮炎相似，常呈湿疹样表现。皮疹可呈多形化，边缘可弥散不清；罕见大疱或坏死。

【诊断】 依据职业性接触性皮炎诊断标准（GBZ 20-2002）进行诊断。

皮肤斑贴试验（详见 GBZ 18-2002）是目前检测变应性接触性皮炎致敏物的重要方法之一，皮肤斑贴试验不适用于刺激性皮炎，职业性接触性皮炎目前尚无特异辅助检查指标，诊断主要依靠临床资料。

**1. 职业性刺激性接触性皮炎** 急性皮炎呈红斑、水肿、丘疹，或在水肿性红斑基础上密布丘疹、水疱或大疱，疱破后呈现糜烂、渗液、结痂。自觉灼痛或瘙痒。慢性改变者，呈现不同程度浸润、增厚、脱屑或皲裂。具有下列条件者可诊断：

（1）有明确的职业接触史。

（2）自接触至发病所需时间和反应程度与刺激物的性质、浓度、温度、接触方式及时间有密切关系。接触高浓度强烈刺激物，通常立即出现皮损。

（3）在同样条件下，大多数接触者发病。

（4）皮损局限于接触部位，界限清楚。

（5）病程具有自限性，去除病因后易治愈，再接触可再发。

**2. 职业性变应性接触性皮炎** 皮损表现与刺激性接触性皮炎相似，但大疱少见，常呈湿疹样表现，自觉瘙痒。具有下列条件者可诊断：

（1）有明确的职业接触史。

（2）初次接触不发病，一般情况下接触到被致敏约需 5~14 天或更长些，致敏后再接触常在 24 小时内发病。反应程度与致敏物的致敏强度和个体素质有关。

（3）在同样条件下，接触者仅少数人发病。

（4）皮损初发于接触部位，界限清楚或不清楚，可向周围及远隔部位扩散，严重时泛发全身。

（5）病程多迁延，再接触少量即能引起复发。
（6）以致敏物做皮肤斑贴试验常获阳性结果。

【处理原则】
（1）及时清除皮肤上存留的致病物。
（2）暂时避免接触致病物及其他促使病情加剧因素。
（3）按一般接触性皮炎的治疗原则对症治疗。
（4）ICD 治愈后可恢复工作，加强防护，防止复发。
（5）ACD 反复发病，长期不见好转者，可调换工作，脱离致敏物的环境。

## （二）职业性光接触性皮炎

职业性光接触性皮炎（occupational photosensitive dermatitis）是指在职业活动中，接触光敏物质（如煤焦沥青、煤焦油、蒽、氯丙嗪及其中间体、苯绕蒽酮等），并受到日光（紫外线）照射而引起的皮肤炎症性病变。通常分为两类：一类为职业性光毒性接触性皮炎，属于非免疫反应。另一类为职业性光变应性接触性皮炎，属于免疫反应，发生于少数过敏体质的人。

【接触机会】 常见的光敏性物质有：煤焦油、沥青及沥青中所含的吖啶、蒽和菲，药物如氯吩噻嗪、氯丙嗪、卤化水杨酰苯胺、氨苯磺胺、异丙嗪，植物衍生物如呋喃香豆素等。

【临床表现】

**1. 职业性光毒性接触性皮炎** 主要发生于夏季，皮损发生在与光敏性物质接触并受到照射的部位。同工种、同样条件下大多数人发病。一般在接触光敏物及光照后数分钟到数小时发病。皮损局限于面部、颈部、手指、手背、手腕、前臂等暴露部位，有明显的光照界限。呈急性炎症表现，轻者出现局限性片状红斑、水肿伴烧灼感或疼痛。重者在红斑基础上出现水疱，常伴有眼结膜炎及头痛、头晕、乏力、口渴、恶心等全身症状。脱离接触光敏物质或避免日光照射后，皮炎消退较快，局部留有不同程度的色素沉着，这是光毒性皮炎的特点之一。急性皮炎消退后，如在原来条件下工作，皮损可复发，但红斑、水肿较前为轻，而局部皮肤色素沉着则日益加深。反复发病后，皮肤干燥、粗糙，有轻度苔藓化等慢性皮炎征象。

**2. 职业性光变应性接触性皮炎** 发病前有职业性光敏物质接触史，并受到日光照射。同工种、同样条件下仅少数人发病。皮损开始发生在接触部位，以后可向周围扩散，蔓延到身体的其他部位。皮损在接触光敏物质和日晒后 5~14 天或更久出现，皮损为水肿性红斑，边缘不清楚，上有小丘疹或水疱，有不同程度的瘙痒。致敏后再接触时一般在 24 小时内发病。病程迁延，在脱离接触后，一般要两周左右治愈。有时持续数月，愈后一般无明显的色素沉着。必要时可做光斑贴试验，呈湿疹样反应（表 6-2）。

表 6-2 职业性光毒性接触性皮炎与光变应性接触性皮炎的鉴别

| | 光毒性接触性皮炎 | 光变应性接触性皮炎 |
| --- | --- | --- |
| 代表物 | 煤油沥青、煤焦油 | 氯丙嗪 |
| 潜伏期 | 数小时 | 5~14 天致敏再接触 24 小时内 |
| 发病人数 | 同样条件下，多数人发病 | 同样条件下，仅少数人发病 |
| 皮损部位 | 局限于接触部位 | 始发于接触部位，可扩展至全身 |
| 局部症状 | 烧灼感 | 瘙痒感 |
| 皮损 | 局限性红斑、水肿、水疱、界限清楚 | 水肿、红斑基础上密集小丘疹、小水疱、或有渗出、界限不清 |
| 色素沉着 | 明显 | 不明显或无 |

【诊断】 依据职业性光接触性皮炎诊断标准（GBZ-2006）进行诊断。皮肤光斑贴试验是目前检测光变应原的重要方法之一，也是诊断职业性光变应性接触性皮炎的重要手段，但必须结合职业接触史、临床表现、现场调查资料等综合分析，才能做出正确判断。光毒性皮炎与光变应性皮炎有着不同临床症状，处理原则（包括劳动能力鉴定）应当有所区别。但有些光敏物质可以既具有光毒作用又具有光敏作用，在临床症状难以区分时，不强求分型，可统称为职业性光敏性皮炎。处理原则按光变应性皮炎处理。

**1. 职业性光毒性接触性皮炎** 皮损呈局限性片状红斑，有烧灼感或疼痛，严重时可出现水肿和水疱。常伴有眼结膜炎及全身症状，如头痛、头晕、乏力、口渴、恶心等，同时具备下列条件方可诊断：

（1）接触光敏物并受日光（紫外线）照射后即发病。

（2）皮损多发生于曝光部位，界限明显。

（3）同工种、同样条件下多数人发病。

（4）脱离接触光敏物或避免日光（紫外线）照射后，炎症消退较快，局部常留有不同程度色素沉着。

**2. 职业性光变应性接触性皮炎** 皮损为水肿性红斑，边缘常不清楚，伴有不同程度瘙痒，同时具备下列条件方可诊断：

（1）初次接触致敏物后需5～14天或更久被致敏，致敏后再接触常可在24小时内发病。

（2）皮损初发于接触部位，边缘不清，以后可扩展至全身。

（3）同工种、同样条件下仅少数人发病。

（4）脱离接触后，病程一般历时两周左右，愈后无明显色素沉着。

（5）皮肤光斑贴试验结果常为阳性。

【处理原则】

**1. 治疗原则**

（1）及时清除皮肤上存留的致病物。

（2）避免接触光敏性物质及日光（紫外线）照射。

（3）根据病情按急性皮炎治疗。

**2. 其他处理**

（1）严重的职业性光毒性皮炎，在治疗期间可根据病情需要给予适当休息。治愈后，改善劳动条件和加强个人防护或避免在日光（紫外线）下操作，可从事原工作。

（2）严重光变应性皮炎反复发作者，除给予必要的休息和治疗外，可调换工种，避免接触光敏物质。

## （三）职业性电光性皮炎

职业性电光性皮炎（occupational electroflash dermatitis）为接触人工紫外线光源，如电焊器、碳精灯、水银石英灯引起的皮肤急性炎症，见于电焊工及其辅助人员，在无适当防护或防护不严的情况下发病。电光性皮炎一般于照光后数小时内发病。

【临床表现】 呈急性炎症，皮损发生在面、手背和前臂等暴露部位，其反应程度视光线强弱、照射时间长短而定，轻者表现为界限清楚的水肿性红斑，有灼热及刺痛感；重者除上述症状外，可发生水疱或大疱，甚至表皮坏死，疼痛剧烈。常伴有电光性眼炎。

【诊断】 依据职业性电光性皮炎诊断标准（GBZ 19-2002）进行诊断。根据职业接触史、发病部位、临床表现、有无防护措施及作业环境调查等综合分析，排除非职业因素引起的类似皮炎及职业性接触性皮炎。

除临床表现外，本病常伴有电光性眼炎。具备下列条件可诊断：

（1）在无适当的防护措施或防护不严的情况下，于照射数小时内发病。

(2) 皮损发生在面、手背和前臂等暴露部位。

【处理原则】

(1) 按一般急性皮炎的治疗原则，根据病情对症治疗。

(2) 轻者暂时避免接触数天，适当安排其他工作；重者酌情给予休息。

(3) 治愈后，在加强防护条件下可从事原工作。

(4) 三氯乙烯致职业性药疹样皮炎。

## (四) 职业性药疹样皮炎

职业性药疹样皮炎 (occupational medicamentose-like dermatitis) 是指在职业活动中接触三氯乙烯、硫酸二甲酯、丙烯腈、甲胺磷或乐果等化学物引起的以急性皮肤炎症性反应为主要表现的全身性疾病。临床上以重症多形红斑、大疱性表皮坏死松解或剥脱性皮炎等皮肤损害、伴有发热和内脏损害为主要表现，发病机制属Ⅳ型变态反应。类似于某些药物通过体内各种途径进入人体后引起的药物性皮炎。三氯乙烯药疹样皮炎 (trichloroethylene-induced medicamentosa-like dermatitis) 是我国近年出现的新职业病，国内报告的三氯乙烯致职业性药疹样皮炎发病率急剧上升，仅广东省就报告了 500 多例，其中严重剥脱性皮炎 270 例，病死率高达 15%～50%。

【接触机会】 三氯乙烯是常用的有机溶剂，广泛应用于医药、五金、电镀、玩具、印刷等行业，主要用于电路板和金属表面的去污清洁、衣服干洗、印刷油墨斑点去污等。

【临床表现】 接触三氯乙烯后经 5～40 天或更长的潜伏期（不超过 80 天）才发病。急性起病，常伴发热和皮肤瘙痒，早期皮损常见于直接接触或暴露部位，如手、前臂、颜面部、颈或胸部等，以后迅速蔓延至全身，呈对称性和泛发性；但也有起病即呈现泛发分布者。肝脏常同时受累。病愈后可遗留色素沉着。严重者头发、指（趾）甲可脱落。同工种、同样工作环境下仅个别人发病。

根据皮损特点及黏膜损害情况，将三氯乙烯药疹样皮炎分为四种临床类型：

**1. 剥脱性皮炎** 皮疹开始为对称性、散在性红色斑丘疹，于一至数天内发展至全身。皮疹处可肿胀、部分可融合呈片状红斑。严重病例皮疹达高潮时，全身都有鲜红色水肿性红斑，可以达到体无完肤。面部肿胀显著，常有溢液结痂，口腔黏膜间亦累及，约 1～2 周皮疹转暗，脱屑增多。鳞屑大小不等，可从细糠状到片状，掌跖处由于皮肤较厚，脱屑可像戴破手套、穿破袜子样；皮肤干燥绷紧，颈、口角、关节和前胸等处皮肤常发生皲裂、渗出和继发感染，皮疹和表皮脱落可反复多次，逐渐减轻，最后呈糠麸样，病情逐渐恢复正常。

**2. 多形红斑** 皮损为红斑、丘疹、水疱等，典型皮疹呈暗红或紫红色斑片，周围有淡红色晕，中央的表皮下可有水疱。除口腔外，一般不累及其他部位的黏膜。

**3. 重症多形红斑** (Stevens-Johnson syndrome) 一种严重的大疱性多形红斑，并有口、眼、生殖器黏膜损害。

**4. 大疱性表皮坏死松解症** 皮疹开始为鲜红或紫红色斑片，很快增多扩大，融合成棕色大片，重者体无完肤，黏膜亦不例外。很快皮疹上出现巨形松弛性大疱，发展成全身性、广泛性、或多或少对称性的表皮松解，形成很多 3～10cm 左右的或多或少平行或带扇形的皱纹，可从一处推到几厘米或十几厘米以外。触之表皮极细极嫩，似腐肉一样，稍擦之即破，呈现红色腐烂面，但很少化脓。眼、鼻、口腔黏膜亦可剥脱。

【诊断】 根据明确的三氯乙烯职业接触史，皮肤急性炎症性反应、发热、肝损害和浅表淋巴结肿大为主的临床表现及相应的实验室检查结果，结合现场职业卫生调查，进行综合分析，并排除其他原因所致的类似疾病，依据职业性三氯乙烯药疹样皮炎诊断标准 (GBZ 185-2006) 进行诊断。

皮损表现为急性皮炎，多呈剥脱性皮炎，部分为多形红斑、重症多形红斑或大疱性表皮坏死松解症，具体见临床表现；常伴有发热、肝损害和浅表淋巴结肿大，并同时具有下列条件者：

（1）有明确的职业性三氯乙烯接触史。
（2）一般情况下需经过 5～40 天或更长的潜伏期才发病，但常不超过 80 天。
（3）同工种、同样工作环境下仅个别人发病。

【处理原则】
（1）立即脱离原岗位，及时清洗污染皮肤、更换污染衣服。
（2）应住院治疗，避免再接触三氯乙烯及其他促使病情加剧的因素。
（3）尽早、足量使用糖皮质激素，逐渐减量。
（4）加强护肝治疗（见 GBZ 59-2002）。做好消毒隔离和皮肤、黏膜护理。积极控制感染，加强营养支持及对症处理。
（5）用药应力求简单，尽量避免交叉过敏。
（6）治愈后不得再从事接触三氯乙烯的工作。

## 二、职业性痤疮

职业性痤疮（occupational acne）是职业原因接触致痤疮物引起的外源性痤疮，在生产中接触到的致痤疮物主要有两大类，即矿物油类和某些卤代烃类。前者如煤焦油、页岩油、原油及其高沸点的分馏产品，沥青等引起的痤疮统称为油痤疮；后者如某些卤代芳烃、多氯酚及聚氯乙烯热解物等引起的痤疮统称为氯痤疮。

【临床表现】 职业性痤疮易发生于脂溢性体质的人。任何年龄、任何接触部位均可发病。潜伏期大约 1～4 个月。

**1. 油痤疮** 主要发生于面部、四肢、外阴等直接或间接接触油的部位。一般于接触数月后逐渐发生，皮损呈毛囊性，表现为毛孔扩张、毛囊口角化、毳毛折断及黑头粉刺。常有炎性丘疹、毛囊炎、结节及囊肿。较大的黑头粉刺挤出栓塞物后，常留有特殊形态的"压模样"瘢痕。

**2. 氯痤疮** 氯痤疮的皮损以黑头粉刺为主，炎性丘疹较少见。初发时在眼外下方及颧部出现密集的针尖大小黑点，日久在接触较多的部位均可发生黑头粉刺。耳周围、腹部、臀部及阴囊等处可有较大的黑头粉刺及草黄色囊肿。有的可出现粟丘疹样皮损。

【诊断】 依据职业性痤疮诊断标准（GBZ 55-2002）进行诊断。诊断时要注意与寻常痤疮相鉴别。油痤疮和氯痤疮均发生于经常接触致病物的部位；任何年龄均可发病；同工种、同样劳动条件下可有较多的同类患者，脱离接触致病物一段时间后，病情可减轻或痊愈。但囊肿不易消退；恢复接触致病物一段时间后，病情又可加重或复发。寻常痤疮有固定的好发部位（面、胸、背、肩）及好发年龄（15～25 岁），这在鉴别诊断上具有重要意义。对青年工人在工作中发生的痤疮，如皮损只限于面部，则鉴别其是职业性痤疮还是寻常痤疮有一定困难；若四肢、阴囊等处同时有皮损，则可明确诊断为职业性痤疮。

## 三、职业性黑变病

职业性黑变病（occupational melanosis）是指作业环境中存在的有害因素引起的慢性皮肤色素沉着性疾病。

【接触机会】 主要有三大类：即煤焦油、石油及其分馏产品；橡胶防老剂及橡胶制品；某些颜料、染料及其中间体。

【临床表现】 临床表现有以下特点：色素沉着前或初期，常有不同程度的阵发性红斑或瘙痒，待色素沉着较明显时，这些症状即减轻或消失；皮损多呈网状式斑（点）状，有的呈现以毛孔为中心的小片状色素沉着，有的融合呈大片弥漫性斑片；色调呈深浅不等的灰黑色、褐色和紫黑色，表面往往有污秽的外观；以面部为主也可发生于四肢、躯干以至全身；有些病人可伴有乏力、头昏、食欲不振等全身症状。本病呈渐进性慢性经过，多在半年以上，有时可长达20～30年。

**【诊断】** 依据职业性黑变病诊断标准（GBZ 22-2002）进行诊断。根据职业接触，在接触期间内发病，特殊的临床表现，病程经过，动态观察，参考作业环境调查等综合分析，除外非职业性黑变病，排除其他色素沉着性皮肤病和继发性色素沉着症。

本病呈渐进性慢性经过，呈现以暴露部位为主的皮肤色素沉着，严重时泛发全身。可伴瘙痒及轻度乏力等症状。具有下列条件者可诊断：

（1）色素沉着前或初期，常有不同程度的红斑和瘙痒，待色素沉着较明显时，这些症状即减轻或消失。

（2）皮损形态多呈网状或斑（点）状。有的可融合成弥漫性斑片，界限不清楚；有的呈现以毛孔为中心的小片状色素沉着斑。少数可见毛细血管扩张和表皮轻度萎缩。

（3）颜色呈深浅不一的灰黑色、褐黑色、紫黑色等，在色素沉着部位表面往往有污秽的外观。

（4）色素沉着部位以面部等露出部位为主，可以发生在躯干、四肢或呈全身分布。

（5）可伴有轻度乏力、头昏、食欲不振等全身症状。

**【处理原则】**

（1）避免继续接触致病物，对症治疗。

（2）停止接触后一般消退较慢，恢复接触仍可复发，故确诊后调换工种，避免继续接触致病物，必要时可调离致病环境。

## 四、职业性皮肤溃疡

职业性皮肤溃疡（occupational ulcers）是指生产中直接接触某些铬、铍、砷等化合物所致具有特殊形态的病程较慢的皮肤溃疡。

由铬（主要是六价铬）的化合物和可溶性铍盐引起的具有特殊形态的皮肤溃疡，其外观颇似鸟眼，又称为"鸟眼状溃疡"。铬化物引起的溃疡俗称铬疮，多见于镀铬行业或铬盐生产的工人。皮损多发于四肢远端，特别是指、腕、踝关节处，可能是这些部位易被碰伤之故。溃疡多呈圆形，直径为2～5mm，中心坏死凹陷，早期多呈漏斗状，日久则周围组织增生隆起呈堤状，中央则向深处溃烂而形成典型的鸟眼状溃疡。

**【诊断】** 依据职业性皮肤溃疡诊断标准（GBZ 62-2002）进行诊断，有明确的职业接触史，上述特征性皮肤表现，结合作业环境劳动卫生调查资料，排除其他类似的皮肤损害，方可诊断。

**【处理原则】**

（1）目前以对症治疗为主，治疗时，强调反复清洁创面及上覆不透水敷料固定，这样既能隔绝致病物、提高药效，又能在不脱产条件下进行治疗。

（2）破损的皮肤接触致病物后，应立即流水冲洗，并保护创面，防止溃疡形成。

（3）在加强防护的情况下，可继续从事原工作。

## 五、化学性皮肤灼伤

化学性皮肤灼伤（chemical skin burns）是常温或高温的化学物直接对皮肤刺激、腐蚀作用及化学反应热引起的急性皮肤损害，可伴有眼灼伤和呼吸道损伤。某些化学物可经皮肤、黏膜吸收中毒。

**【接触机会】** 常见的直接对皮肤有刺激腐蚀作用的化学物有：硫酸、盐酸、硝酸、冰乙酸、氨水、石碱、氯磺酸、苯酚、三氯化磷、对硝基氯苯、二甲基氯硅烷等。某些化学物如黄磷、酚、热的氯化钡、氰化物、丙烯腈、四氯化碳、苯胺等还可经皮肤吸收，合并该化学物中毒。

【临床表现】 皮肤灼伤的深度不同，其临床表现也不同。皮肤灼伤深度的估计（三度四分法）见表 6-3。

表 6-3 皮肤灼伤分度

| 深度分类 | 损伤深度 | 临床表现 |
| --- | --- | --- |
| Ⅰ° | 表皮层 | 红斑，轻度红、肿、热、痛，感觉过敏，无水疱、干燥 |
| 浅Ⅱ | 真皮浅层 | 剧痛，感觉过敏，水疱形成，水疱壁薄，基底潮红、明显水肿 |
| 深Ⅱ | 真皮深层 | 可有或无水疱，撕去表皮见基底潮湿、苍白，上有出血水肿明显，痛觉迟钝。数日后如无感染可出现网状栓塞血管 |
| Ⅲ° | 全层皮肤，累及皮下组织或更深 | 皮革样、蜡白或焦黄炭化，感觉消失，干燥，痂下水肿，可出现树枝状静脉栓塞 |

【诊断】 依据职业性化学性皮肤灼伤诊断标准（GBZ 51-2009）进行诊断。根据皮肤接触某化学物后产生的急性皮肤损害，如红斑、水疱、焦痂，即可诊断为该化学物灼伤。

【处理原则】 迅速移离现场，脱去被化学物污染的衣服、手套、鞋袜等，并立即用大量流动清水彻底冲洗。冲洗时间一般要求 20~30 分钟。碱性物质灼伤后冲洗时间应延长，因为碱性物质可由细胞中吸出水分并皂化脂肪，使细胞发生溶解性坏死。应特别注意眼及其他特殊部位如头面、手、会阴的冲洗。灼伤创面经水冲洗处理后，必要时可进行合理中和治疗。化学灼伤创面应彻底清创，剪去水疱，清除坏死组织，深度创面应立即或早期进行切（削）痂植皮或延迟植皮。常见化学物灼伤急救处理参见职业性化学性皮肤灼伤诊断标准（GBZ 51-2009），见附录 D。

职业性皮肤病是皮肤直接或间接接触致病物引起的，因此预防的关键是隔断这种接触。其预防原则如下：

1. 改善劳动条件是防止发病的根本措施，同时必须加强生产设备的管理、清洁和维护。杜绝跑、冒、滴、漏等现象，防止污染作业环境。

2. 为防止或减少皮肤接触致病物，要根据工作性质配备防护用品，在使用中必须保持清洁。皮肤防护剂作为综合性预防措施之一可以起到一定的保护皮肤作用。常用的防护剂是乳膏类，它是油和水在乳化剂的作用下形成的膏状物，因乳化剂不同可以配成水包油型或油包水型。前者可防油溶性刺激物，后者可防水溶性刺激物。

3. 做好生产环境和个人卫生是有效的预防措施。

---

**案例 6-2 解析**

该患者皮肤症状的出现与加重，是发生在职业接触之后，脱离接触症状减轻，再次接触逐渐加重。氧化钴皮肤斑贴试验阳性，工作中所接触的物质中就有氧化钴，所以认为与职业有关。要明确诊断还需参考作业环境卫生学调查和同工种的其他人的发病情况，排除非职业因素引起的皮肤损害，方可诊断。

最可能的诊断是职业性变应性接触性皮炎，其依据有：有明确的职业接触史，发病部位、临床表现符合职业性变应性接触性皮炎的表现。实验室检查：白细胞分类 E（嗜酸粒细胞）增高为 6%（正常值 0.5%~3%）。氧化钴皮肤斑贴试验阳性，说明是过敏性皮炎，致敏物质是职业中每天都接触到的颜料配料成分氧化钴。

预防原则：就业前体检，皮肤斑贴试验阳性者，应视为职业禁忌证。改善劳动条件，有条件的情况下采用自动化配料装料设备，避免人的直接接触；没有条件的情况下，要加强个人防护，不裸露皮肤，班后淋浴，换上清洁衣服。车间空气要经常通风。

治疗原则：对症、脱敏治疗。皮损处涂用氟轻松软膏。痊愈后调离作业环境。

# 第三节 职业性五官疾病

> **案例 6-3**
>
> 患者，男，32岁，电焊工，晚9点因眼剧痛、畏光、流泪、有异物感、睁眼困难前来就诊。
>
> 体格检查：双眼红肿，面部皮肤有暗红色灼伤斑，精神烦躁。用荧光素钠染色后，裂隙灯下观察见双眼球混合充血，双瞳孔缩小，角膜点状染色面积>2/3，左眼角膜10点处有0.4mm×0.4mm黑色异物，角膜后沉积物（－），双眼视力 5.0。
>
> 经详细了解患者发病前情况得知，该患者是某家庭装修公司职工，患者发病当天下午4时左右参加安装防盗网的电焊工作，在没有任何防护措施的情况下，持续操作大约30分钟，当时无不适感，4个多小时后出现上述症状。
>
> 问题：
> 1. 如果患者所患疾病与职业有关，可能的病因是什么？推测的根据是什么？
> 2. 本案例的诊断是什么？本病如果不注意预防其后果如何？
> 3. 为防止本病的发生应该如何做好预防工作？

## 一、职业性眼病

2013年12月颁布的《职业病分类与目录》中规定的职业性眼病（occupational eye disease）包括：①化学性眼部灼伤；②电光性眼炎；③职业性白内障（含放射性白内障、三硝基甲苯白内障）。

### （一）化学性眼部灼伤

化学性眼部灼伤（chemical eye burns）主要是由于工作中眼部直接接触碱性、酸性或其他化学物的气体、液体或固体所致眼组织的腐蚀破坏性损害。

在生产过程中，强烈的化学物质接触眼部后可致严重的眼部烧伤。眼部暴露在强烈的化学气体中，如砷及其化合物、硫化氢、氨气等；化学液体溅入眼内，如强酸（硫酸、硝酸及其他酸类）、强碱（氢氧化钠、氢氧化钾、氨水、液态氨、硫化碱溶液等，其中液态氨除腐蚀外尚有冷冻作用，破坏力大）；化学性粉尘，如染料、化肥等。化学物质进入结膜囊后，立即引起剧烈的刺激症状，如畏光、流泪、疼痛、烧灼感、异物感，使眼睑痉挛、视力减退。检查可见眼睑和结膜充血、水肿，甚至坏死。损伤程度与化学物质的性质和浓度有关。一般酸性物质较碱性物质损害轻。酸性烧伤者，眼表层组织受烧后其蛋白质结合凝固，不再向周围和深处扩散，易修复。而碱性烧伤者，因碱溶于水，水溶液中的氢氧离子与组织内的脂肪结合，起皂化作用，使组织软化、蛋白质溶解，致使碱性物质继续向深部扩散，甚至可使角膜穿破、虹膜萎缩，继发青光眼、白内障等，危害严重。

【临床表现】 强酸与角膜、结膜接触，可即与组织蛋白质作用，生成酸蛋白化合物，此系不溶于水的灰白或淡黄色凝固物，使组织凝固坏死；碱既能与组织蛋白质作用，生成碱蛋白化合物，又能皂化脂肪。生成水溶性半透明胶状物，使组织软化坏死。故碱的渗透力比较强，不但引起表层坏死，还渗入深层组织，最后透过角膜进入眼球内。

因化学物性质种类、浓度及接触时间长短的不同，可以起不同程度的眼组织损害。

(1) 化学性结膜、角膜炎：主要表现有明显的眼刺激症状，如眼疼、灼热感或异物感、流泪、眼睑痉挛等。眼部检查有结膜充血、角膜上皮损伤，用荧光素染色可见散在的或较密集的点状上皮脱落。视力一般不受影响，也可有视物模糊。

(2) 眼睑灼伤：一只眼或双眼睑缘皮肤充血、水肿、起水泡，睑肌、睑板灼伤者常遗留瘢痕性睑外翻、睑裂闭合不全等并发症。

（3）眼球灼伤：轻者表现为结膜、角膜水肿，出血，角膜浑浊。重者角膜缘缺血，角膜缘及其附近血管广泛血栓形成，角膜溃疡、穿孔，巩膜坏死，引起一系列内眼并发症，后果严重，视力常受到严重影响以致完全失明。

【诊断】 根据职业性化学性眼灼伤诊断标准（GBZ 54-2002）进行诊断。依据明确的眼部接触化学物或在短时间内受到高浓度化学物刺激的职业史，和以眼睑、结膜、角膜和巩膜等组织腐蚀性损害为主要临床表现，参考作业环境调查，综合分析，排除其他有类似表现的疾病，方可诊断。

【处理原则】
（1）化学性结膜角膜炎和眼睑灼伤应积极对症处理，必要时脱离接触。
（2）眼球灼伤者应立即拉开眼睑，就近以生理盐水或清洁水彻底冲洗结膜囊，其用量每只眼至少 500ml，冲洗时间一般为 5～10 分钟；仔细检查结膜穹隆部，去除残留化学物。迅速注射缓冲液。
（3）预防感染，加速创面愈合，防止睑球黏连和其他并发症。严重眼睑畸形者可施成形术。
（4）为防止虹膜后黏连，可用 1%阿托品溶液散瞳。

【预防】 广泛开展宣传教育，加强预防，掌握紧急处理办法，学会自救、互救。接触酸碱者，需戴防护面罩、眼罩或防护眼镜。有酸碱的场所，需备有洗眼器、水盆浸洗等急救设备。

## （二）电光性眼炎

波长在 250～320nm 的紫外辐射可引起急性角膜结膜炎。常因电弧光引起，故称为电光性眼炎（electric ophthalmia）。常见于电焊作业人员及从事接触紫外线辐射的作业人员。电焊弧所产生的紫外线是导致眼紫外线损伤最多、最直接的原因。角膜和结膜对紫外线的耐受力比皮肤低，3/4 的皮肤红斑剂量，即可引起紫外线角膜结膜炎。角膜和结膜上皮水肿和脱落，结膜红肿。引起这种损害的紫外线为短波部分，穿透力弱，只能穿透到角膜和结膜的表层，不致引起深部组织的损害。

【发病机理】 紫外线眼损伤多为光电性损害，这种损害短波紫外线较长波紫外线强。紫外角膜结膜炎的最大效应波长是 270nm。核酸和蛋白质吸收紫外线的能力强，角膜上皮细胞中存在核酸和蛋白质，因此其对紫外线吸收造成光电性损害的结果。

【临床表现】 早期、轻症仅有双眼异物感和轻度不适；重症患者有眼部烧灼感或剧痛，并伴有高度畏光、流泪和睑痉挛。检查时，可见眼球充血，球结膜水肿，瞳孔痉挛性缩小，眼睑及皮肤潮红。严重时，可有水疱形成，角膜上皮有点状甚至片状剥脱，荧光素染色阳性。一般在受照后 6～8 小时发病。潜伏期的长短主要取决于照射剂量，最短为 30 分钟左右，最长不超过 24 小时，常在夜间或清晨发病。分四个阶段。

**1. 曝光阶段** 在有紫外线的场所作业时，一定强度的紫外线从光源直射或由物质反射到眼部，经过一定时间，即可发生电光性眼炎。紫外线照射到眼部时，不引起任何感觉，一般不回避。距光源愈近、照射时间愈久，发病愈重。

**2. 潜伏阶段** 电焊工的电光性眼炎，潜伏 0.5～24 小时，一般 6～12 小时，故多在晚间入睡前后发病。

**3. 发作阶段** 开始有眼部不适，如眼干、眼胀、异物感及灼热感等。随即症状增剧，出现剧烈的异物感和灼痛或刺痛，强烈畏光和流泪。眼部检查见两眼痉挛紧闭，结膜充血、水肿、睑裂外角膜和结膜密布无数点状上皮脱落缺损。滴荧光素着色，上下眼睑及相邻面部皮肤潮红。重症者瞳孔缩小，房水内有少量点状渗出物，眼痛持续数小时，与曝光时间成正比。

**4. 恢复阶段** 角膜和结膜上皮缺损逐渐恢复，异物感和眼痛逐渐减轻。一般发作后一日内大部分症状可减退，部分充血和轻度异物感约 2～3 日消失。

【诊断】 根据职业性急性电光性眼炎（紫外线角膜结膜炎）诊断标准（GBZ 99-2002）进行

诊断。依据眼部受紫外线照射史和以双眼结膜、角膜上皮损害为主要临床表现，参考作业环境调查综合分析，排除其他原因引起的结膜角膜上皮损害，方可诊断。

【处理原则】

（1）暂时脱离接触紫外线作业。

（2）急性发作期应局部止痛，预防感染，促进角膜上皮恢复。用0.5%～1%丁卡因溶液点眼，以麻醉止痛。用抗生素软膏或眼药水预防感染。用牛奶，最好是人奶，特别是初乳，除含有能保护黏膜的优质蛋白外，还含有抗体、补体等具有杀菌作用的物质，用其点眼，对电光性眼炎急性期具有很好的治疗作用。如眼痛可忍受，少用甚至不用丁卡因，以利于角膜上皮细胞修复。

【预防】　加强个人防护用品的应用，电焊工防护镜不仅能完全防止紫外线透射，还要能防止红外线透射。

## （三）职业性白内障

根据职业性白内障诊断标准（GBZ 35-2010），按病因不同，职业性白内障（occupational cataract）可分为四类：中毒性白内障、电离性白内障、非电离性白内障和电击性白内障。

**1. 中毒性白内障**（toxic cataract）　主要是由于长期接触三硝基甲苯、萘、铊、二硝基酚等所引起的以眼晶状体混浊改变为主要表现的眼部疾病。以三硝基甲苯白内障最为常见。其特点是在晶状体前后皮质内有多数大小不等的灰黄色细小点状混浊，重者在中央部出现与瞳孔直径大小相等的环形或盘状混浊，透照法检查时可见晶状体周边部由多数楔状混浊连接而成的环状阴影。

（1）诊断：职业性三硝基甲苯白内障按《职业性三硝基甲苯白内障诊断标准》GBZ 45-2010进行诊断。

（2）处理原则

1）治疗原则：按白内障常规治疗处理。如晶体大部分或完全混浊，可行白内障摘除、人工晶体植入术。

2）其他处理：观察对象每年复查一次，诊断为三硝基甲苯白内障者应调离三硝基甲苯作业。需进行劳动能力鉴定者，按GB/T 16180处理。

**2. 电离辐射性白内障**（ionizing radiational cataract）　由X线、γ线、中子流等电离辐射所致的眼晶状体混浊。此部分内容请参照放射卫生学中有关章节。

（1）诊断：按照放射性白内障诊断标准（GBZ 95-2002）执行。非放射工作人员的放射性白内障也按本标准诊断。

（2）处理原则：按白内障常规治疗处理。如晶体大部分或完全混浊，可行白内障摘除、人工晶体植入术。

（3）预防：①防电离辐射，佩戴铅玻璃防护眼镜；②改善防护设备；③定期做晶状体检查。

**3. 非电离辐射性白内障**（non-ionizing radiation cataract）　主要有微波白内障、红外线白内障、紫外线白内障。

（1）微波白内障（microwave cataract）：是指电磁波中300MHz至300GHz频率范围或1m至1mm波长辐射所致眼晶状体损伤。混浊始于晶状体后极部后囊下皮质，早期呈细小点状混浊，进一步发展，点状混浊融合为线条状或圆形，线条状交织成网，圆形混浊相互重叠，再发展于后囊下皮质形成蜂窝状混浊，间有彩色斑点，同时前囊下皮质出现薄片状混浊，最终整个晶状体混浊，与其他原因所致白内障不易鉴别。

微波的生物学作用，主要为热效应。可损伤晶体，引起白内障。根据发病的缓急可分为：急性、亚急性及迟发性三种类型的微波白内障。急性者是在多次重复接触大剂量微波，数星期至数月后发生的白内障；亚急性者是反复接触亚临床剂量数月后发生的白内障；而照射5～30年内缓慢发生者称为迟发性白内障。微波白内障始于晶体后极部后囊下皮质，最早为细小点状混浊，进一步发展成为圈形和线状混浊，相互套叠，继续发展，与后囊下皮质内形成蜂窝状，或称"锅巴底状"混浊，间有彩色发光点，同时前囊下皮质可出现薄片状混浊。最后整个晶体完全混浊。

1）处理原则：口服维生素 C、E、$B_1$、$B_2$，滴卡他灵（白内停）、谷胱甘肽溶液等治疗白内障的眼药水，对阻止和延缓白内障具有一定作用。晶体完全混浊，可白内障摘除、并进行人工晶体植入术。

2）预防：微波作业岗位要屏蔽发生源；微波作业人员佩戴微波防护衣、防护眼镜。微波防护眼镜有两种：一种是玻璃镜面，表面有半导电的透光膜；另一种是直径 0.07～0.14mm 的黄铜丝特别制成的网，网眼为 560～186 孔/cm² 的防护眼镜；为防止微波的绕射和反射，应将防护眼镜做成风镜式样，将四边也加以屏蔽。

（2）红外线白内障（infrared cataract）是指高温作业环境下热辐射，即波长为 0.8～1.5μm 短波红外线辐射所致眼晶状体损伤。其损害是由于晶状体及其周围组织吸收辐射能，导致晶状体温度升高之故。一般经 10 年以上反复照射，病变始于晶状体中轴部，故早期即可影响视力。前囊膜状剥脱是其临床特征，可作为鉴别诊断。

红外线来源于高热物体，如融化的玻璃和钢、铁等。红外辐射对眼的损伤主要表现在晶体和视网膜黄斑部。目前认为致白内障的波长为 1.2～0.8μm 和 1.6～1.4μm 的短波红外线。这部分的红外线可穿透角膜，被晶体吸收，晶状体无血液循环，散热差，产生热效应，造成晶体蛋白质变性、晶体变混浊；也有人认为系葡萄膜吸收红外线的热量，使房水温度增高，从而影响晶体酶系统代谢紊乱，致使晶体变混浊。波长<1μm 的红外线和可见光可到达视网膜，主要损害黄斑区。

处理原则：同其他白内障。

预防：接触红外线人员佩戴红外线防护镜，红外线热源加防护屏，缩小炉口，减少开放时间。定期眼科检查。

（3）紫外线白内障（ultraviolet cataract）：是指波长大于 290nm 的长波紫外线，可使晶状体发生光化学反应，导致蛋白变性、凝固而混浊。开始在皮质周边部，逐渐向中心发展，类似老年性白内障。紫外线辐射致眼组织损伤的病理效应分为随机效应和非随机效应。非随机效应与辐射线直接相关，主要为速发的电光性眼炎，迟发的效应为白内障。

处理原则：同其他白内障。

预防：电焊、气焊工操作时，必须佩带防护面罩，辅助工应戴好防护眼镜；电焊场所周围若有其他人工作，应在周围放置防护屏。定期眼科检查。

**4. 电击性白内障** 主要指检修带电电路、电器、或因电器绝缘性能降低所致漏电等电流接触体表后发生的晶状体混浊。电击性损伤应记录遭受电击时的电压强度、持续时间及电击部位。

## 二、职业性耳鼻喉疾病

2013 年 12 月卫计委修订的《职业病分类和目录》中，职业性耳鼻喉口腔疾病包括：噪声聋、铬鼻病、牙酸蚀病和爆震聋。

### （一）职业性噪声聋

职业性噪声聋（occupational noise-induced deafness）是在职业环境中，由于长期接触强噪声，听觉感受器发生退行性病理改变，导致以高频听力下降为主的永久性听阈位移，并发生语言听力障碍者，是长期接触噪声而发生的一种渐进性感音性听力损伤，是我国法定职业病。另外，还有爆震性耳聋（explosive deafness），是指在某些生产劳动中，由于违犯操作和爆破事故等原因，强烈爆炸所产生的振动造成急性听觉系统的严重外伤，引起听力丧失，称为爆震性耳聋。

【临床表现】 接触噪声可引起听力损伤，听力损失是由生理功能反应到组织病理改变的过程。噪声对人耳听力的影响用听阈位移来描述，是指噪声暴露前后的听阈差值。在脱离噪声环境一定时间后听力可逐渐恢复称为暂时性听阈位移（temporary threshold shift，TTS），如短时间暴露在强烈噪声环境中，体位听觉器官敏感性下降，听阈提高 10~15dB，脱离噪声接触后对外界的声音有"小"或"远"的感觉，离开噪声环境 1 分钟之内即可恢复，此现象称作听觉适应（auditory adaptation）。若较长时间停留在噪声环境中，引起听力明显下降，听阈提高 15~30dB，离开噪声环境后，需要数小时甚至数十小时听力才能恢复，此现象称作听觉疲劳（auditory fatigue）。若长期受到强噪声刺激，听力损失逐渐加重，脱离噪声环境以后，听力也不能恢复，形成不可逆位移，称为永久性听阈位移（permanent threshold shift PTS）。

噪声聋是一种渐进性感音性听力损伤，起病缓慢，逐渐加重，听力图呈现典型的感音性聋的改变。多双侧发病，听力测定可见气导听阈与骨导听阈升高。早期主观上无听力异常，听力图表现为以 3000~6000Hz 处出现高频听力损失。随病程进展，语言听力也受到影响，有时听电话声音感到困难，听不清远距离或一般距离的低声讲话，严重时难以听清近距离大声讲话。听力图上除高频听力明显凹陷外，语言频段（500、1000、2000Hz）也见下降。此外，常伴有耳鸣与耳痛症状，对噪声敏感者可有持久性耳鸣。

爆震性耳聋根据损伤程度不同可出现鼓膜破裂，听骨损坏，内耳软组织出血。患者主诉耳鸣、耳痛、恶心、眩晕，听力检查严重障碍或完全丧失，可致永久性耳聋。

【诊断】 根据《职业性噪声聋诊断标准及处理原则》（GBZ 49-2007）执行。见物理因素章节。

【预防】 控制和消除声源是噪声治理的根本措施。根据声音的传播特性，采用吸声、消声和隔声的办法，以降低噪声的能量。对于暂时还不可能将噪声控制在较低水平的场所，加强个人防护是保护工人免受噪声危害的重要措施之一。防护耳塞、耳罩或隔声头盔可不同程度降低噪声进入耳的强度，起到保护听力的作用。

## （二）职业性铬鼻病

铬鼻病（occupational chromium-induced nasal disease）是指铬酐、铬酸、铬酸盐及重铬酸盐等六价化合物引起的鼻部损害。铬化合物具有刺激和腐蚀作用，在接触铬作业的车间，铬性鼻炎的发病率可达 29%~88%。当接触铬酸酐的浓度超过 $0.1mg/m^3$ 可出现上呼吸道刺激症状，浓度达到 $0.15mg/m^3$ 时，经过一定时间可形成鼻中隔穿孔。

【临床表现】 生产环境中的铬酸雾和铬酸盐粉尘对鼻黏膜有刺激作用，引起海绵组织肿胀，出现鼻腔刺激，表现有流涕、鼻塞、鼻出血、鼻干燥、鼻灼痛、嗅觉减退等症状，鼻中隔前下部局限性轻度充血、肿胀、干燥或萎缩等体征。严重者出现鼻中隔黏膜或鼻甲黏膜糜烂、溃疡或鼻中隔软骨部穿孔。

【诊断】 依据职业性铬鼻病诊断标准（GBZ 12-2014）进行诊断。

铬鼻病患者可有流涕、鼻塞、鼻出血、鼻干燥、鼻灼痛、嗅觉减退等症状，及鼻黏膜充血、肿胀、干燥或萎缩等体征。凡有以下鼻部体征之一者，即可诊断为铬鼻病。

（1）鼻中隔黏膜糜烂，少数情况为鼻甲黏膜糜烂（糜烂面积累计≥$4mm^2$）。

（2）鼻中隔或鼻甲黏膜溃疡。

（3）鼻中隔软骨部穿孔。

【处理原则】

**1. 治疗原则** 以对症治疗为主。局部可应用硫代硫酸钠溶液或溶菌酶制剂；对鼻中隔穿孔者，必要时可行鼻中隔修补术。

**2. 其他处理** ①鼻黏膜糜烂较重者，可暂时脱离铬作业。②鼻黏膜溃疡患者应暂时脱离铬作业，久治不愈者可考虑调离铬作业。③凡出现鼻中隔穿孔，应调离铬作业。

**【预防】**

（1）改革生产工艺是关键，采用机械自动化、密闭化、管道化生产，防止毒物扩散。降低生产环境中铬化合物的浓度。

（2）加强通风排毒，把有害物浓度控制在国家卫生标准限制的范围内。

（3）做好个人防护，自觉配戴防护用具。工作时穿好工作服，戴防护口罩。鼻腔内可用棉花蘸液体石蜡、凡士林、氧化锌软膏涂抹。工作后用硫代硫酸钠溶液或肥皂水清洗，保持鼻腔卫生。工作结束后沐浴更衣。

（4）就业前体检和定期体检，把握就业禁忌证和早期发现病损。

### （三）职业性牙酸蚀病

职业性牙酸蚀病（occupational dental erosion）是长期接触各种酸雾或酸酐所引起的牙齿硬组织脱钙缺损，是酸作业者较常见的口腔职业病。

**【临床表现】** 主要损害无唇颊覆盖、直接暴露于含酸空气的上、下颌的前牙，以中切牙和侧切牙唇面为主，其次是犬牙，早期病变多在唇侧切端 1/3，下切牙唇面是酸雾最容易接触的部位，其损害程度往往最为严重。临床症状与牙体损害程度有关，早期出现对冷、热、酸、甜或碰触等刺激发生酸痛感觉的牙本质过敏症状；继续发展可累及深层牙本质，发生髓腔暴露、压痛，继发牙髓病变；严重者牙冠大部分缺损或仅留残根。可伴有牙龈炎、牙龈出血、牙痛、牙齿松动等。

**【诊断】** 依据职业性牙酸蚀病诊断标准（GBZ 61-2015）进行诊断。

**【处理原则】**

**1. 治疗原则** 有牙本质过敏症状者，可给予含氟或防酸脱敏牙膏刷牙或含氟水漱口，必要时可用药物进行脱敏治疗。一度牙酸蚀病是否要做牙体修复，可视具体情况决定；二度牙酸蚀病应尽早作牙体修复；三度牙酸蚀病可在牙髓病及其并发症治疗后再进行牙体修复。

**2. 其他处理** 观察对象每半年复查一次，不需作特殊处理。一、二、三度牙酸蚀病治疗修复后，在加强防护条件下，可不调离酸作业。

**【预防】**

（1）改善劳动条件，消除和降低车间空气中酸雾浓度，是预防牙酸蚀病的根本措施。

（2）加强个人防护，坚持配戴防酸口罩，下班漱口。经常使用含氟防酸牙膏，讲究正确的刷牙方法，用碱性液体漱口，具有一定的防护作用。养成不用口呼吸、不说话时闭口的良好个人习惯。

（3）定期口腔检查，发现问题及时治疗。

### （四）爆震聋

具体见"第三章物理性有害因素及其所致职业病"。

### （五）职业性喉病

职业性喉病（professional voice，occupational larynx disease）是指用嗓音为主要职业的演员、教师、讲解员和经常在噪声环境中工作被迫大声讲话者易发生的喉病，以失音、声音嘶哑为主要症状。目前该病尚未列入法定职业病名单中。

**【临床表现】** 以声音嘶哑为主，轻者仅有音色改变，重者可近似失声。有时轻时重表现，逐渐发展为持续性。伴有喉干、异物感、疼痛等不适症状。喉镜检查：可见声带边缘不整、肥厚、充血、水肿或声带小结和息肉、喉肌疲劳或喉肌无力等。一般认为与用嗓过度有关，如大声喊叫，超过声带张力强度，或持续用声时间过长，易出现声嘶。亦可因发音方法不当引起，如不恰当地运用共鸣腔，增加声带负担，亦易损伤声带。全身性疾病如内分泌功能紊乱、甲状腺功能减退可引起声带水肿。自主神经功能失调，精神过分紧张，月经期或妊娠期，均可影响喉部。呼吸道炎性疾病如慢性鼻窦炎、慢性咽炎等可使发声之共鸣受到不良影响，使发声费力，易患职业性喉炎。

【诊断】 根据职业特点、声音嘶哑表现和临床检查，可做出诊断。

【预防】 纠正不正确发音方法，避免刺激性饮食，感冒时或过劳时噤声。

## （六）鼻窦气压伤和耳气压伤

鼻窦气压伤和耳气压伤（nasal sinus barotraumas and aural barotraumas）是由于外界气压的急剧变化，致使鼻窦或鼓室内气压与外界气压产生悬殊的气压差而引起的鼻窦或中耳损伤。多见于飞行员、潜水、隧道作业等高气压作业人员。目前该类疾病尚未列入法定职业病名单中。

【临床表现】

**1. 鼻窦气压伤** 在外界气压增高时，鼻窦口受外界气压压迫而关闭，造成窦内负压，致使黏膜充血、水肿、渗出或出血，甚至黏膜剥离形成血肿，形成鼻窦气压伤。主要表现为额部或面颊部胀痛，上列牙疼痛或麻木，偶有鼻出血、眼痛、流泪和视力模糊等。鼻镜检查可见黏膜充血、肿胀、浆液性或血性分泌物。鼻窦拍片或 CT 检查，可见鼻窦黏膜增厚或有液平，血肿者可见半圆形阴影。

**2. 耳气压伤** 咽鼓管软骨部有单向活门的作用，当外界气压急剧增高时，咽鼓管口受压，外界气压不易进入鼓室，中耳呈负压状态，致使鼓膜内陷，黏膜血管扩张，血清外渗，黏膜水肿，鼓室内积液，甚至黏膜下出血或鼓室内积血，鼓膜充血、内陷甚至破裂。轻者表现症状不明显，重者骤然出现耳内刺痛、耳闷、耳鸣、耳聋。症状随鼓室负压增加而加重，耳痛可放射至额及面颊，可伴有眩晕、恶心、呕吐。若鼓室膜破裂，鼓室负压消失，则疼痛缓解。检查见鼓膜内陷充血，尤以松弛部及锤骨柄等处明显，鼓膜表面可有血泡、淤斑、裂隙状鼓膜穿孔。听力检查呈传导性耳聋。

【诊断】 根据职业特点、临床表现和检查，可做出诊断。

【预防】 严格选拔飞行员和潜水员，预防感冒，及时处理咽鼓管通气不良的疾病；主动做咽鼓管通气动作，常用的有吞咽法、捏鼻鼓气法和运动下颌法等。定期体检，发现有鼻腔、鼻咽部疾病或中耳感染者应暂停飞行或潜水，并应积极治疗。平时应进行咽鼓管开放运动训练。如吞咽、提喉、软腭运动与下颌运动等。

---

**案例 6-3 解析**

该患者临床症状出现在接触电焊作业之后，工作时无任何防护措施，电焊时产生的紫外线的生物效应为光化反应，使蛋白质变性、凝结，会导致上述临床症状，符合电光性眼炎（紫外线角膜结膜炎）的发病规律，因果关系明确，故认为本病的发生与职业有关。

根据确切的职业接触史，结合典型的角膜结膜炎症状、荧光素染色阳性，裂隙灯下观察见双眼球混合充血，双瞳孔缩小，角膜点状染色面积＞2/3，左眼角膜 8 点处有 0.4mm×0.4mm 黑色异物，面部皮肤有暗红色灼伤斑，诊断为急性电光性眼炎，合并角膜异物（左）。

急性电光性眼炎在电焊作业人员中比较常见，发病率较高，虽然不是很严重的眼部疾病，但是长期反复接触电弧光可造成角膜知觉减退、慢性结膜炎及角膜薄翳，最终导致视力下降。

预防电光性眼炎的发生，建议采取以下措施：

1. 加强对工人宣传教育，提高自觉防护意识。
2. 加强监督管理，工作时必需戴防护面罩和防护眼镜，减少电弧光的照射。
3. 作业前后滴用防治灵或吲哚美辛眼水，可降低发病率。

## 第四节 其他职业病

除了上述各章节的职业病以外，我国2013年卫计委颁布的新《职业病的分类和目录》中还包括有：金属烟热、滑囊炎（限于井下工人）和股静脉血栓综合征、股动脉闭塞症或淋巴管闭塞症（限于刮研作业人员）。

### 一、金属烟热

金属烟热（metal fume fever）是吸入金属加热过程中释放出的大量新生的金属氧化物烟所引起的典型性骤起体温升高和血液白细胞增多等为主要表现的全身性疾病。

【临床表现】 呈急性发病，无慢性进展过程和后遗症。常在接触高浓度金属铍、镁、锰、铁、铜、锌和锑等金属氧化物烟雾后，患者6~12小时内出现口内金属味，咽干、口渴，伴有头晕、疲劳、乏力、胸闷、气急、关节肌肉痛，之后发热、体温升高至37.5℃以上，患者脉搏和呼吸加快，肺部可闻干性啰音。血液白细胞增多除$20 \times 10^9$/L以上者往往要持续24小时外，一般经4~12小时恢复正常。

【发病机制】 吸入金属烟雾后，被体内多形核白细胞吞噬，释放出内源性热源，刺激体温调节中枢使机体产生发热反应。也有人认为金属烟雾可引起呼吸道黏膜细胞的破坏与脱落，与蛋白形成复合体，这种变性蛋白被吸收，引发快速免疫反应，而使机体发热。

【诊断】 根据金属烟热诊断标准（GBZ 48-2002）进行诊断，有明确的金属氧化物烟接触史，典型骤起的临床症状，特殊的体温变化及白细胞增多，参考作业环境，综合分析，排除类似疾病，方可诊断。金属烟热应与疟疾、感冒、急性气管炎、急性支气管炎等疾病相鉴别。金属烟热在发病前的12小时内，有密切金属氧化物烟接触史；在发病期间有典型的体温升高，并伴有白细胞增多，病情在一天内不经特殊处理可自愈。

【处理原则】
1. **治疗原则** 一般不需特殊药物治疗，较重者，根据病情给予对症治疗。
2. **其他处理** 经适当休息，痊愈后可继续从事原工作，定期复查。

【预防】 冶炼、铸造作业应尽量采用闭密化生产、加强通风以防止金属烟尘和有害气体逸出，并回收加以利用。在通风不良的场所焊接、切割时，应加强通风，操作者应配戴送风面罩或防尘面罩，并缩短工作时间。

### 二、煤矿井下工人滑囊炎

煤矿井下工人滑囊炎（underground coalminers'bursitis）是指煤矿井下工人在特殊的劳动条件下，致使滑囊急性外伤或长期摩擦、受压等机械因素所引起的无菌性炎症改变。井下矿工劳动强度大，在薄煤层作业时，工作采取弯腰、蹲位和跪卧位操作，使关节等部位经常受到机械刺激，或是长期强烈的压迫及摩擦，有些频繁而强烈的动作造成关节处轻微损伤而引起滑囊炎。除了煤矿工人易发生滑囊炎外，金属和化工矿山开采、隧道开凿等工人也可发生创伤性滑囊炎。

【临床表现】 煤矿井下工人在劳动时因跪、爬行、侧卧、肩扛等所致的滑囊损伤，是一种创伤性、无菌性炎症病变。由于煤矿井下工人劳动条件和较为特殊的作业姿势，本病更为常见。在跪位和爬行时，膝关节较易受累，髌前滑囊炎多见。在侧卧和爬行时，膝、肘关节较易受累，膝外侧滑囊炎和鹰嘴滑囊炎多见；在肩扛时，肩关节较易受累，肩峰下滑囊炎多见。

在关节或骨突出部位逐渐出现圆形或椭圆形包块，表浅者可扪及边缘清楚、有波动感，皮肤无炎症。当受到较大外力后，包块可增大，伴剧烈疼痛。包块穿刺，为清澈黏液，急性损伤后变为血性黏液。化验血沉正常，类风湿因子为阴性。

根据患者关节外伤和摩擦或压迫的职业史、典型的临床症状和体征以及滑囊穿刺液的性质把煤矿井下工人滑囊炎分为急性、亚急性和慢性三期。分期的确定直接关系到滑囊炎患者的处理和预后。在煤矿井下工人中，以亚急性和慢性滑囊炎最为多见。

**1. 急性煤矿井下工人滑囊炎** 外伤后或在关节局部受摩擦、压迫的初期，关节周围出现有固定、表面光滑、有波动感、界限清楚、压之疼痛的囊性肿物，穿刺液为血性渗出液，病程一般10～14天。

**2. 亚急性煤矿井下工人滑囊炎** 关节局部有反复摩擦、压迫史，或急性滑囊炎史，局部有不适感，压之疼痛较轻，见有边界清晰的囊肿，常反复发作，穿刺液为淡黄色透明黏液，病程一般1～3个月。

**3. 慢性煤矿井下工人滑囊炎** 关节有长期反复摩擦、压迫史，或亚急性滑囊炎经多次穿刺及药物注射后，局部皮肤有痛痒、皱襞感、粗糙和胼胝样变，穿刺液为少量淡黄色黏液，病程3个月以上。

【诊断】 根据煤矿井下工人滑囊炎诊断标准（GBZ 82-2002）进行诊断，工人有滑囊炎外伤和长期摩擦或压迫的职业史、典型的临床表现、结合现场劳动卫生调查，综合分析，并排除其他类似表现的疾病，方可诊断。需注意与骨关节炎、腱鞘囊肿、滑膜瘤、滑膜囊肿、Baker囊肿、纤维瘤、脂肪垫以及化脓性滑囊炎、类风湿性滑囊炎和结核性滑囊炎等疾病相鉴别。

【处理原则】

**1. 治疗原则** 急性滑囊炎患者受伤后滑囊内有急性炎症变化，一般经1～2周可以自愈，故以休息为主，但患处应防止继续受伤或受摩擦、压迫，尤应防止继发感染；亚急性滑囊炎穿刺抽液，囊内注入肾上腺皮质激素并加压包扎。患者在保守治疗无效时可行滑囊切除术，为制定手术方案可借助于X线平面检查和（或）滑囊造影术；慢性滑囊炎患者以理疗为主，滑囊逐渐萎缩，当皮肤出现胼胝样变时，不宜进行手术治疗，以免伤口不愈合或因术后瘢痕形成而影响关节功能。

**2. 其他处理** 急性、亚急性滑囊炎治愈后可恢复原工作，亚急性患者久治不愈或反复发作者以及慢性患者应调离原岗位。

【预防】

**1. 改善工人的作业条件** 提高机械化自动化水平，降低工人特殊体位作业的强度，是预防本病的主要措施。

**2. 减轻局部摩擦、受压的负荷** 如可在膝前、肘部佩戴可缓冲压力的护垫，缩短持续工作的时间。

（金焕荣）

# 思 考 题

1. 职业性肿瘤的特征有哪些？
2. 从哪些环节入手，控制和消除职业性肿瘤？
3. IARC动物诱癌实验设计，对动物种属、数量、给药剂量等是如何要求的？
4. 试述接触性皮炎、光接触性皮炎、电光性皮炎、药疹样皮炎的发病特点。
5. 从事冶炼、电镀作业的工人，皮肤出现"鸟眼状"溃疡时，应考虑致病因素是什么？

# 第七章 职业性外伤与职业安全

**案例 7-1**

2002年6月20日9时45分黑龙江某煤矿发生瓦斯爆炸事故,发生地点为煤矿立井西二采区3全煤回风道。死亡124人,伤24人,直接经济损失约984.8万元。该煤矿1938年建井,核定生产能力160万吨/年,2002年1~5月共生产原煤49.7万吨。该矿采用立井开拓,抽出式分区通风。该矿为高瓦斯矿井,矿井的绝对瓦斯涌出量41.75 m³/min,相对瓦斯涌出量22.6 m³/T.d,煤尘浓度超过国家标准。发生事故地点是该煤矿的主要采区,共有2个采煤工作面,3个掘进工作面,另有一个排水巷。经调查发现发生事故点水巷局部通风机停风,造成瓦斯积聚达到爆炸浓度(瓦斯浓度达到7.21%以上),工人启动连锁开关送电时,由于潜水泵插销开关虚插失爆,产生电弧引起瓦斯爆炸,局部煤尘参与了爆炸。

问题:
1. 分析该煤矿发生特大安全事故发生的原因。
2. 应采取哪些改进和预防措施?

伤害(injury)是当今世界上重要的公共卫生问题,2000年世界卫生组织据死亡率贡献和经济负担对疾病分为三大类,即传染性疾病、非传染性慢性疾病和伤害。伤害是各种蓄意和非蓄意因素造成人体损伤,影响了正常活动、需要医治和护理的事件。实际上伤害是各种能量,如机械能、热能、化学能、电能及放射能等传递或干扰超过人体的耐受性,导致机体组织器官发生突发损伤,影响健康功能甚至死亡,也包括窒息引起的缺氧。广义的伤害还包括各种刺激引起的精神创伤。伤害的预防策略与传染性疾病、非传染性慢性疾病的预防策略既有联系,又有其特点。从三级预防来看,伤害的第一级预防是指应用全人群策略和高危人群策略,强化主动保护和被动防护措施,防止和减少伤害的发生。伤害的第二级预防旨在降低伤害的死亡率和致残率,现场紧急救护,包括伤害发生后的自救互救、院前救护和医院急救是提高生存机会和减少后遗残疾的关键。伤害的第三级预防主要是使伤者恢复正常功能和社区康复。另外,也应通过制订变革社会和环境的政策对伤害进行原生级预防(primordial prevention)。Haddon W.J从伤害发生的阶段、宿主(人)、媒介物和环境分析研究伤害,提出伤害预防模型(Haddon Matrix),并总结出 Haddon 伤害预防的十项对策。也有学者强调伤害的"六 E 干预"措施,即工程技术干预(engineering intervention)、教育干预(educational intervention)、经济干预(economic intervention)、强制干预(enforcement intervention)、环境措施(environmental intervention)和紧急救护措施(emergency care and first aid)。这些措施都在职业伤害的预防和控制中得到应用。

## 第一节 概 述

### 一、职业安全的意义和任务

职业安全(occupational safety),也称劳动安全,是研究预防和控制职业伤害事故的一门专业,是指在生产过程中,为避免人身或设备事故,创建安全、健康的生产和操作环境而采取的各项措施及相应的活动,最终促进经济发展,提高职业生命质量。

职业伤害(occupational injuries)又称工作伤害,简称工伤,指在生产劳动过程中,由于外部因素直接作用而引起机体组织的突发性损伤,如因职业性事故(occupational accidents)导致的伤亡及其急性化学物中毒。职业伤害轻者引起缺勤,重者可导致残废和死亡,且罹难者大都是青壮年劳动力。职业伤害是劳动人群中重要的安全和健康问题,也是在发达国家和发展中国家都存在的重要公共卫生问题之一。

国际劳工组织(international labor organization, ILO)2002年5月发表的公告称:全球每年发生职业伤害事故2.7亿起,其中造成人员死亡的有36万起,大约有1.2万童工在这些事故中丧生。职业伤害给职工本人、家庭、企业和社会造成了巨大的经济损失,用于受伤职工本人的缺勤补偿、治疗费用、残疾护理及康复费用、抚恤费用、停产等费用占全球生产总值的4%。据美国卫生研究所(national institute for occupational safety and health, NIOSH)发表的数字,美国每年发生职业伤害100万人次,死亡约5214人(2008年);在发展中国家,职业伤害死亡率相对更高。2001年,我国企业职工伤亡事故的平均死亡率为$3.82/10^6$工人,高于世界平均水平;2008年,伤事故的平均死亡率则上升至$4.76/10^6$工人。据统计,全国近10年各类伤亡事故死亡人数每年接近10万人,其中煤矿、公路交通、水路交通、建筑事故和其他矿山事故发生频次最高。从维护劳动者的安全、健康和保障生产发展来说,职业安全和职业卫生是同一目标中的两个方面。职业卫生工作者结合自身工作特点,应大力支持和积极参与职业安全工作,在职业卫生领域开拓职业安全工作,为了国家、单位和劳动者的利益携手合作,共同完成保障劳动者安全与健康的崇高使命。

在美国、澳大利亚、日本等发达国家将"职业安全"与"职业卫生"合二为一,形成"职业安全与卫生"的综合概念。如在美国,既有隶属于卫生部门的"国家职业安全与卫生研究所",又有劳工部所属的"职业安全与卫生管理署"(occupational safety and health administration, OSHA),但其研究和管理内容均涵盖职业卫生和职业安全两部分工作,职业安全和卫生都得到高度的重视。由于历史的原因,我国的职业安全和职业卫生工作,自建国后一直分属国家劳动部和卫生计生委管辖。2010年国家调整了职业卫生监管职责,形成了由卫生计生委、安全监管总局、人力资源社会保障部、全国总工会共同负责监督管理职业卫生的机制。这使得安全与卫生专业的互相融合、渗透和互补,将有助于学科的发展,更有利于生产环境的改善和劳动者的健康。通过各方的共同努力,调动各方面的积极性共同做好职业病和职业伤害的预防和康复工作,保障生产的发展和顺应国际潮流。

## 二、职业伤害的范围、分类

### (一)职业伤害的范围、认定及其报告系统

我国2015年发布的《新工伤保险条例》对职业伤害的范围及其认定作了明确规定。职工有下列情形之一的,应当认定为工伤:

职工有下列情形之一的,应当认定为工伤:
(1)在工作时间和工作场所内,因工作原因受到事故伤害的。
(2)工作时间前后在工作场所内,从事与工作有关的预备性或者收尾性工作受到事故伤害的。
(3)在工作时间和工作场所内,因履行工作职责受到暴力等意外伤害的。
(4)患职业病的。
(5)因工外出期间,由于工作原因受到伤害或者发生事故下落不明的。
(6)在上下班途中,受到非本人主要责任的交通事故或者城市轨道交通、客运轮渡、火车事故伤害的。

（7）法律、行政法规规定应当认定为工伤的其他情形。

职工有下列情形之一的，视同工伤：

（1）在工作时间和工作岗位，突发疾病死亡或者在48小时之内经抢救无效死亡的。

（2）在抢险救灾等维护国家利益、公共利益活动中受到伤害的。

（3）职工原在军队服役，因战、因公负伤致残，已取得革命伤残军人证，到用人单位后旧伤复发的。

职业伤害的认定：职工发生事故伤害或者按照职业病防治法规定被诊断、鉴定为职业病，所在单位应当自事故伤害发生之日或者被诊断、鉴定为职业病之日起30日内，向统筹地区社会保险行政部门提出工伤认定申请。遇有特殊情况，经报社会保险行政部门同意，申请时限可以适当延长。用人单位未按前款规定提出工伤认定申请的，工伤职工或者其近亲属、工会组织在事故伤害发生之日或者被诊断、鉴定为职业病之日起1年内，可以直接向用人单位所在地统筹地区社会保险行政部门提出工伤认定申请。应当由省级社会保险行政部门进行工伤认定的事项，根据属地原则由用人单位所在地的设区的市级社会保险行政部门办理。

报告系统：国外的职业伤害报告登记系统主要包括：国家或地方职业伤害赔偿报告、国家或地方安全生产部门、国家或地方职业伤害监测系统、医疗卫生部门的登记报告、工矿企业职业伤害登记报告等。

（1）职业事故报告系统和报告信息：职业性事故流行病学研究的目的不外乎是预防事故的发生，因此职业伤害事故报告系统应满足下列要求：①表现出不同类型的事故和伤害的重要性。②对生产过程中存在的致害危险性提出警告。③存在的职业伤害对工人健康和社会造成的危害。④有利于识别职业伤害事故的高危人群，并对潜在的灾难事故提出预告。

（2）特殊的事故报告：在调查过程中除一般职业伤害事故外，还有以下几种特殊事故，①死亡事故：死亡报告可以获得全面深入的调查研究资料，此资料的完整性和信息的全面性，对于死亡事故的流行病学调查是非常有价值的。对于死亡事故应收集下列资料：人口统计资料、职业分类资料、经济获得工业分类资料、伤亡原因与部位等资料。②危险事件的报告：通常指会引起重大伤亡事故的事件。积累此类信息资料，经过分析，可以得到许多危险事件怎样导致职业伤害事故有价值的预兆性信息。③预兆事故的报告：事故的危险识别中，时间是最重要的因素，最好在事故发生之前识别出危险。收集全面可靠的预兆事故资料要讲究方法，可采用研究人员现场观察、与工人交谈及工人自我报告等方法，在轻微事故、预兆事故以及在危险识别的基础上预测出个体及群体更为严重的危险性。我国由各级安全生产监督管理部门逐级上报，目前只要求上报职业伤害死亡和重伤的，单纯的轻伤事故只报告到企业负责人和企业安全技术部门即可。在我国的居民病伤死亡登记系统中尚没有明确列为职业伤害的记录项。

按照《生产安全事故报告和调查处理条例》规定，伤亡事故发生后事故现场有关人员应当立即向本单位负责人报告；单位负责人接到报告后，应当于1小时内向事故发生地县级以上人民政府安全生产监督管理部门和负有安全生产监督管理职责的有关部门报告。情况紧急时，事故现场有关人员可以直接向事故发生地县级以上人民政府安全生产监督管理部门和负有安全生产监督管理职责的有关部门报告。安全生产监督管理部门和负有安全生产监督管理职责的有关部门接到事故报告后，应当依照下列规定上报事故情况，并通知公安机关、劳动保障行政部门、工会和人民检察院：

（1）特别重大事故、重大事故逐级上报至国务院安全生产监督管理部门和负有安全生产监督管理职责的有关部门。

（2）较大事故逐级上报至省、自治区、直辖市人民政府安全生产监督管理部门和负有安全生产监督管理职责的有关部门。

（3）一般事故上报至设区的市级人民政府安全生产监督管理部门和负有安全生产监督管理职责的有关部门。

安全生产监督管理部门和负有安全生产监督管理职责的有关部门依照前款规定上报事故情

况，应当同时报告本级人民政府。国务院安全生产监督管理部门和负有安全生产监督管理职责的有关部门以及省级人民政府接到发生特别重大事故、重大事故的报告后，应当立即报告国务院。必要时，安全生产监督管理部门和负有安全生产监督管理职责的有关部门可以越级上报事故情况。每级上报的时间不得超过 2 小时。

## （二）分类

职业伤害目前没有统一的分类方法。下列是按不同目的进行的一些分类：

**1. 按受伤程度分类**　一般分为轻伤和重伤。有的则分为轻伤，中度伤，无生命危险的重伤，有生命危险的重伤，危重、存活和不明五大类。

日常工作中为便于报告、登记和管理，分为工伤死亡（工亡）、重伤和轻伤，而微伤则不予报告。工伤死亡指在劳动过程中发生事故后至少 1 人死亡或在 30 天内死亡的受伤人员（排除医疗事故致死）；重伤指造成职工肢体残缺或视觉、听觉器官受到严重损伤；能引起长期功能障碍或劳动能力有重大损伤，一般职工负伤后休 105 个工作日以上者；轻伤指造成工人损失一个工作日的伤害。

**2.　按致伤因素分类**

（1）机械性损伤：如锐器造成的切割伤和刺伤、钝器造成的挫伤、建筑物倒塌造成的挤压伤、高处坠落引起的骨折等。

（2）物理性损伤：如烫伤、烧伤、冻伤、电损伤、电离辐射损伤等。

（3）化学性损伤：如强酸、强碱、磷和氢氟酸等造成的灼伤。

（4）按受伤部位可分为颅脑伤、面部伤、胸部伤、腹部伤和肢体伤等。

（5）按皮肤或黏膜表面有无伤口分为闭合性和开放性损伤两大类。

（6）按受伤组织或器官多寡分为单个伤和多发伤。多发伤系指两个系统或脏器以上的损伤。

美国标准研究所（american national standards institute，ANSI）按致伤原因分类并进行管理（表 7-1），我国劳动安全和劳动保护工作者总结实际工作经验，提出我国职业伤害的管理分类，见表 7-2。

表 7-1　美国按致伤原因的职业伤害分类

| 物体打击伤 | 车辆事故 | 摩擦伤 |
|---|---|---|
| 移动部件挤压伤高处坠落 | 电击伤 | 辐射、化学腐蚀伤、中毒 |
| 平地摔倒 | 碰撞伤 | 公共交通事故 |
| 用力过度（也可列入工效学内） | 灼伤/冻伤 | 其他伤 |

表 7-2　我国的职业伤害事故分类

| 序号 | 事故类别 | 序号 | 事故类别 |
|---|---|---|---|
| 1 | 物体打击 | 11 | 冒顶片帮 |
| 2 | 车辆 | 12 | 透水 |
| 3 | 机械伤害 | 13 | 放炮 |
| 4 | 起重伤害 | 14 | 火药爆炸 |
| 5 | 触电 | 15 | 瓦斯爆炸 |
| 6 | 淹溺 | 16 | 锅炉爆炸 |
| 7 | 灼伤 | 17 | 容器爆炸 |
| 8 | 火灾 | 18 | 其它爆炸 |
| 9 | 高处坠落 | 19 | 中毒和窒息 |
| 10 | 坍塌 | 20 | 其他伤害 |

一般说来，工业企业的职业伤害死亡事故以物体打击、高处坠落、车辆伤害、机械伤害、起重伤害、触电、坍塌、爆炸和火灾等类别为主要构成，兼有毒物中毒等。农业劳动过程中伤害以农业机械伤害、触电、车辆（拖拉机）伤害、农药中毒等类别为主要构成。

## 三、职业安全事故预防对策

职业安全事故与自然灾害不同，原则上都是可以预防的，要立足于防患于未然。故不能只考虑"事后型"对策，而应强调"事前"预防措施。如在项目设计阶段，就应考虑安全措施，包括配备现场安全技术员，熟悉意外事故发生的危险因素，进行工种危害分析，意外事故的快速分析处理和完善操作规程项目预算应包括新工人的培训和职业安全与卫生教育培训项目等。加强职业安全健康管理与事故预防是杜绝职业安全事故发生的根本。

**1. 我国安全生产管理的方针政策** 为加强安全生产监督管理，防止和减少生产安全事故，保障人民群众生命和财产安全，促进经济发展，2014年8月第十二届全国人大常委会第十次会议通过了修订的《中华人民共和国安全生产法》，并于同年12月1日实施。该法律的修订和实施对于全面加强我国安全生产法制建设，强化安全生产监督管理，规范生产经营单位的安全生产，遏制重大、特大事故，促进经济发展和保持社会稳定，具有重大而深远的意义。

该法明确了"安全生产工作应当以人为本，坚持安全发展，坚持安全第一、预防为主、综合治理的方针"，强化和落实生产经营单位的主体责任，建立生产经营单位负责、职工参与、政府监管、行业自律和社会监督的机制。为政府和企业的生产安全管理，提供了宏观的策略导向。作为WTO成员国，共同的目标都是促进社会的可持续发展，体现"以人为本"的宗旨和现代社会文明。为了全面提高企业的竞争力，企业经营者应在思想上重视、理论上提高、行动上落实，企业的职业安全健康管理工作要以国际通用的OHSAS18000"职业安全和健康管理体系（OSHMS）"为标准，职业安全健康管理体系和质量管理体系使企业在生产经营活动中把产品的质量和安全生产紧密地结合在一起。

**2. 职业安全事故预防策略**

（1）一级预防：其目标是通过减少能量传递或暴露机制来预防导致工伤发生的事件，即在工伤发生之前采取的措施，使工伤事故不发生或少发生。一级预防通过以下策略实现：

1）全人群策略：通过对全民，包括各级政府官员、企业法人代表、企业员工，至社会民众、学生等的安全培训教育，以提高全民的素质，包括意识、知识、技能、态度、观念等综合素质。

2）高危人群策略：对职业人群有针对性地开展职业伤害预防教育、培训训练、督导强制等方式达到安全促进的效果。例如，生产经营单位必须对所有从业人员进行必要的安全生产技术培训。其主要负责人及有关经营管理人员、重要工种人员必须按照劳动安全卫生法律法规的规定，接受规范的安全生产培训，持证上岗，有效提高劳动者的业务技术素质和处理事故、故障的应变能力。

3）健康促进策略：如针对工作场所的工伤事故伤害现象，就可以采取工作场所健康促进措施。即通过：①把工伤事故预防纳入企业政策；②由雇员和雇主共同讨论建立安全的工作环境；③通过岗位培训和职业教育加强工人的工伤事故预防能力；④通过投资改善不合理的生产环境；⑤明确雇主和雇员在职业工伤事故预防中的责任；⑥共同参与工伤事故预防活动等，使工作场所的工伤事故得到有效控制。

（2）二级预防：其目的是当工伤事故发生时，减少工伤事故的发生及其严重程度，采取自救护救、院前医护、院内抢救和治疗，最大限度地降低工伤事故的死亡率和致残率。

（3）三级预防：指工伤事故已经发生后，控制工伤事故的结果。其主要任务使工伤者恢复正常功能，早日康复和残疾人士得到良好的医治和照顾。

**3. 职业伤害控制措施** 职业安全事故由多种因素造成，职业伤害发生时的人（如操作行为、心理状态等）、物（如设备、原料等）和环境（如气象条件、作业空间安排等）的状态常是直接原因；而间接原因则与技术、教育和管理状况密切相关。安全科学中也把引起安全事故的直接原因与间接原因按"人、机、环境"分析，这三者构成了安全管理的 3 个基本要素。带有"缺陷"的"人-机-环境"系统，是构成事故发生的潜在必然因素，系统开始动作后，当某两种"缺陷"一旦发生意外的耦合，则会带来灾难性的后果。因此，国内外学者把职业伤害的控制措施称为"6E 干预措施"及采取工效学干预、技术校正、行为校正等予以综合防制。"6E 干预措施"即采用教育措施（education）、经济措施（economic）、强制措施（enforcement）、工程技术措施（engineering）、环境措施（environment）和紧急救护措施（emergency care and first aid）。

（1）工程技术措施（engineering approach）：工程技术措施的目的在于通过工程干预措施影响媒介及物理环境对发生职业伤害的作用。机械设备的本质安全化是做好安全管理工作的基础。机械设备生产运行过程中所产生的位移、热能、势能、动能、噪声、压力等发生能量失控转移时，易对人体造成伤害，对环境造成影响。在设计机械、设备或建筑工程时，应对机械设备对人、环境可能产生的影响进行充分的预见和评估，运用安全工程学和人类工效学原理在人机的结合面上进行最优化设计，以易于人体接受和适应的形式使人机融为一体，减少人机失误，使人和机械设备的相互作用达到最佳配合。技术上运用高新电子技术产品，提高机械设备的自动化水平，实施自动化工程序化操作。机械设备的操作自动化，可减少机械设备工作过程中人的直接介入，消除错误操作而引起的事故保持有效和规范的作业行为，也是明显减少事故发生概率的途径，如对机械设备要有日常安全管理、定期安全检测制度，并应对其建立一套检查、监督和维修保养制度。在使用新设备过程中要对其安全状况进行持续的监控，以便及早发现安全缺陷问题。对于那些无法通过机械设备设计而达到自动化、程序化的环境，如必须暴露在外的皮带轮、飞轮、明齿轮、砂轮、电锯、传动带等危险部分，安装防护装置；起重设备、锻压设备等应安装有信号装置或警告系统等，压延机、冲击机等压力机器的施压部分要有安全装置等。通过这些附属的技术装置使"人-机-环境"处于良好的运行状态，使潜在的危害降到最低程度。这是从源头控制职业伤害的有力措施。

（2）教育措施（educational approach）：通过普及安全知识和安全教育影响人们的行为，对预防职业伤害的发生具有重要意义，而且具有显著效果。安全教育要"从娃娃抓起"以培养其对安全的正确观念和良好习惯；各级学校，应设有相关课程，以进行安全教育和技能训练；师范院校应开设安全教育课程，以培养合格的、能对学生进行安全教育的教师；高等工科院校，则应结合专业特点，设置相应的安全技术及管理课程。职业安全教育的主体应是职工，特别是新工人。在市场经济条件下，劳动用工制度的多样性，使生产人员的用工形式发生了很大的变化。在一些脏、苦、累、险的行业中大量使用文化素质低、流动性大、专业技能低下的人员，因缺乏安全操作技能的培训和自我保护意识，现场操作人员的不安全行为是造成事故发生的主要原因。因此，规范和控制人的不安全行为是减少伤亡事故的主要途径。人的安全行为主要来源于安全意识，安全意识主要基于个人所具有的安全知识即安全文化素质。要提高这种安全文化素质，就必须从操作人员的知识、技能、意识、观念、态度、认知、伦理、修养等方面开展职业安全健康教育的培训和培养。《安全生产法》第二十五条规定："生产经营单位应当对从业人员包括派遣劳动者和实习学生进行安全生产教育和培训，保证从业人员具备必要的安全生产知识，熟悉有关的安全生产规章制度和安全操作规程，掌握本岗位的安全操作技能。了解事故应急处理措施，知悉自身在安全生产方面的权利和义务。未经安全生产教育和培训合格的从业人员，不得上岗作业"。第二十六条规定"生产经营单位采用新工艺、新技术、新材料或者使用新设备，必须了解、掌握其安全技术特性，采取有效的安全防护措施，并对从业人员进行专门的安全生产教育和培训。"第二十七条规定："生产经营单位的特种作业人员必须按照国家有关规定经专门的安全作业培训，取得特种作业操作资格证书，方可上岗作业。"

根据我国有关规定用人单位应当对劳动者进行职业安全健康的上岗前培训和在岗期间的定期

培训，普及相关知识，督促劳动者遵守安全生产和职业病防治的法律、法规、规章和操作规程；对特殊工种的工人，如从事电气、起重、锅炉、受压容器、焊接、车辆驾驶、爆破、瓦斯检查等，必须进行专门的安全操作技术训练，经考试合格后、才能上岗；用人单位必须建立安全活动日和班前班后的安全检查制度，对职工进行经常性安全教育，定期举行安全员和高危工种职工有关安全、工业卫生知识及安全操作、自救互救竞赛评比活动，组织各车间安全员定期对口安全检查。建立良好的企业安全文化氛围；在采用新生产方法、添设新技术设备，制造新产品或调换工种时，必须对工人进行新操作和新岗位的上岗培训和安全教育。

在职业安全健康教育过程中，除对生产工人进行强化教育外，也是应在全企业范围内进行安全文化建设。在企业中，从领导到员工都应接受安全法律、法规、安全标准等宣传教育，建立完善安全监督和奖罚制度。另外，还应关注员工的心理健康教育，经常对企业员工从思想情绪、态度、兴趣、习惯等心理因素进行分析和诱导，树立"不伤害自己，不伤害他人，不被他人伤害"的安全心理防线。经常开展灾害防治教育和培训企业新录用的员工，在安全继续教育过程中，职业灾害知识与防治措施的教育要制度化，对于突发事故应急处理过程中的操作程序和我保护措施要定期进行演练，使员工熟悉突发事故应急处理程序。

（3）经济措施（economic approach）：目的在于用经济鼓励手段或罚款影响人们的行为。如工伤保险的差别费率制和浮动费率制。差别费率制对职业伤害风险大，职业伤害事故容易发生的用人单位多征收保险金；对风险小、职业伤害事故少的少征收。以保证该用人单位职业伤害保险基金的收付平衡，同时适当促进和鼓励企业重视改进劳动安全保护措施，预防职业伤害事故发生，从而降低职业伤害赔付成本。浮动费率制能够对用人单位每年的职业卫生安全状况和职业伤害保险费用支出状况进行分析评价，并根据评价结果，及其实际事故发生率和严重程度，职业伤害基金管理部门决定该用人单位的职业伤害保险费率上浮或下浮若干个百分点，即扣减或增收保险费。这样，职业伤害事故预防措施的成功与否直接体现在缴费上，这对企业积极预防职业伤害事故也是直接的经济刺激。

（4）强制措施（enforcement approach）：安全法规是国家法律规范的重要组成部分，其主要任务是调整生产劳动过程中人与人之间和人与自然的关系，保障职工在生产过程中的安全和健康，提高企业的经济效益，促进生长发展。现代化的大生产条件下，要使所有员工按照统一意志共同协调工作而又不发生事故，必须制定相应的安全法则，限制人们不正确的行为。

建国以来，我国和地方政府陆续颁布的安全法规、规章和其他有关安全方面的行政规范已有29类2000多项。如1956年国务院就颁布了劳动保护的"三大规程"，即《工厂安全规程》、《建筑安装工程技术规程》和《工人职员伤亡事故报告规程》。特别是1995年颁布的《中华人民共和国劳动法》成为保护劳动者合法权益的大法；2002年5月1日实施和2014年8月31日修订的《中华人民共和国职业病防治法》，对职业危害的预防和控制提出了系统和具体的要求；2014年12月1日实施的新《中华人民共和国安全生产法》。这些法规颁布和实施使我国职业安全健康管理逐步制度化、法制化。所以，强制措施是职业伤害预防控制"六E干预"的基础和依据。

职业事故预防的法制对策是建立在实施各类安全法规、规章和其他有关安全方面的行政规范基础上的政府行为，具有国家和地方的强制性，也是职业安全事故预防"六E措施"的基础、依据和保证。各地区、各部门和各单位要依照《安全生产法》等法律法规，健全和完善安全生产责任制，明确各级地方人民政府在安全生产工作方面的责任，逐级抓好责任落实，保证"六E措施"的法制对策在安全事故预防中起到有效的作用。

（5）环境措施（environmental approach）：对生产环境的措施主要有：加强对生产设备的维修和安全防范；生产和使用危险化学物质的设备和过程实施密闭化、自动化；在潜在的事故环境树立醒目标志，配备自动报警设备；定期进行环境监测，消除事故隐患；定期检修生产设备、安全防护装置和个人防护用品；定期对急救设备和防毒面具进行维修和有效性检验。

（6）紧急救护措施（emergency care and first aid）：紧急救护措施也称"第一时间的紧急救护"，

指在职业伤害发生时，尽早进行发生现场和院前的紧急救护，是减少死亡和伤残的关键。如在职业事故现场维持伤害者的生命体征（如呼吸、心跳、血压等）对减少死亡是不言而喻的。

"6E 措施"的实施、评价与改进，有赖于完善的管理对策。目前，系统论、控制论、信息论、人机工程等新兴管理科学已在职业安全健康管理中广泛地应用，并建立了科学的职业安全管理体系，使职业安全的管理逐步由传统的安全管理模式转变到质量管理与安全管理的高度统一。如企业要使自己的产品进入市场，并取得良好效益，首先应使企业在质量管理和职业安全健康管理上能通过质量管理体系（ISO9000）和职业安全健康管理体系（OHSA518000）认证，从而为职业安全事故的预防提供了良好的管理环境。职业安全的管理，除坚持"预防为主"观点外，还应倡导：①系统观点，即运用系统工程理论和方法，将职业安全与卫生问题，视为一个整体，建立职业安全卫生管理体系（OSHMS），运用安全检查和事故树（fault tree analysis，FTA），系统记录和分析不安全因素，预测事故发生概率等管理方法。②科学观点，生产是人类利用和改造自然的活动，必须按自然规律办事，否则必将受自然规律惩罚，酿成事故；在管理中应充分运用现代检测手段和信息技术，进行定量评价，改变仅依靠感官检查的落后做法。③发展观点，目前系统论、控制论、信息论、人机工程等新兴管理科学已在职业安全管理中应用，应以发展观点研究和管理职业安全问题。④人文观点，即重视劳动者对职业安全的文化、概念、态度、知识、技能、行为等人文因素的作用，树立"以人为本"理念，塑造"企业安全文化"氛围，促使人人参与职业安全与健康工作。

> **案例 7-1 解析**
> 1. 没有正确处理安全与生产的关系，对安全监察机构和安全大检查中提出的问题不认真整改。
> 2. 矿井用工制度混乱，安全培训不到位，该煤矿大量使用外包工从事采掘等作业活动，但没有建立有效的安全管理制度。没有将外包工纳入矿井正规管理，以包代管。
> 3. 技术管理混乱，瓦斯检查员不严格执行瓦斯检查制度，不在现场交接班。矿井隔爆设施不齐全、通风设施不完善。
> 4. 矿井机电管理制度形同虚设，责任制不落实不按规定安装和使用送电设备。
> 5. 安全欠账严重，通风系统改造、安全监控、防治瓦斯和矿井防尘方面抗灾能力差。
>
> 防范措施如下：
> 1. 深刻吸取瓦斯爆炸事故教训，认真贯彻落实安全生产责任制，强化矿井质量标准化建设。
> 2. 加强矿井机电管理工作，严格落实各项机电管理制度和各工种岗位责任制。
> 3. 加强矿井通风瓦斯管理工作，加大瓦斯治理力度，完善瓦斯治理措施。
> 4. 加强矿井技术工作，提高采掘工程布局的合理性。
> 5. 加大矿井安全质量标准化建设力度，提高矿井的防灾、抗灾能力。
> 6. 加强对作业人员安全教育培训工作，提高现有煤矿从业人员的素质。

## 第二节 物体打击

物体打击是指失控的物体在惯性力或重力等其他外力的作用下产生运动，打击人体而造成人身伤亡事故，不包括主体机械设备、车辆、起重机械、坍塌等引发的物体打击。物体打击会对工作人员的安全造成威胁，容易砸伤，甚至出现生命危险。特别是在施工周期短，劳动力、施工机具、物料投入较多，交叉作业环境下高发。物体打击具有以下特点：①范围广，大多数工作场所、工种均有发生物体打击事故的可能。特别是野外作业的钻探机台，由于实行流动作业，所使用的机械设备、装置、工具等的安全性欠佳，安全防护装置固定性不良，发生物体打击事故的可能性最大，约占整个事故率的 70%~80%。在其他工作场所，物体打击事故也占有相当大的比例。

②原因多,物体打击事故既可以由一种原因诱发,也可以由多种原因综合诱发。③突发性强,物体打击事故的发生,往往事前没有预兆,特别是从事繁重的、零星的手工作业,更为明显,预防难度更大。 ④立体性,人体的各个部位都可能遭受物体的打击。⑤后果严重,由于物体打击作用在人体上的能量较大,造成的伤害也较为严重,轻则伤残,重则致死。

## 一、影响物体打击伤害事故的因素

导致物体打击事故的原因有,物的不安全状态、人的不安全因素以及不良的工作环境等,具体表现为:

(1)由于机械设备装置的安全附件(或装置)不齐全,欠有效,或者在设计和制造上存在缺陷,使用单位又没有对其采取有效的防护措施等,都为物体打击事故的发生埋下了隐患。

(2)擅自更改机械设备、装置的结构或部件,破坏了其整体的可靠性,使安全性能下降。

(3)从事吊装及野外搬运作业时难以采取完全符合要求的防护措施,某些作业方法不符合安全要求。

(4)不懂或不遵守操作规程,抱有侥幸心理,违章作业或冒险作业。

(5)技术不熟练,操作水平低。

(6)误操作,使机械设备、装置的安全附件或装置失灵,或者由于误操作而直接发生物体打击。而误操作有时是由于时间紧迫,为赶进度思想过度紧张而造成的。

(7)注意力不集中,该采取的措施未采取或采取的措施不当。

(8)生产所用的原料、工具、材料及边角废料等物放置不当。

(9)工作场地狭窄,工作人员相对集中,使安全防护距离和空间变小,一旦发生物体飞出,极易击伤人。

(10)采光和照明不足,使操作人员视觉容易疲劳,工作时间过长,便易于因操作失误而导致物体打击事故发生。

(11)管理制度不完善,如规章制度不健全,操作规程不细,忽视对操作人员的安全教育,操作人员安全意识差,安全检查不严不细,事故隐患不能及时发现和排除等,都可导致物体打击事故。

另外操作人员的心理因素、社会因素等,也是导致物体打击事故的间接原因。

## 二、常见物体打击伤害事故的类型

物体打击伤害是生产制造业最常见的职业伤害,按照发生原因分为:

(1)工具零件、砖瓦、木块等物从高处掉落致人伤害。

(2)人为乱扔废物、杂物致人伤害。

(3)设备带病运转致人伤害。

(4)设备运转中违规操作致人伤害。

(5)压力容器爆炸的飞出物致人伤害。

(6)起重吊装、拆装、拆模时,物料掉落伤人。

(7)放炮作业中乱石伤人等。

## 三、物体打击伤害的预防

为预防物体打击伤害事故发生,需深入开展安全标准化管理,建立健全安全生产岗位责任制度，认真执行现行的安全技术规范、规程和标准，制订并采取相对应的预防措施，具体为：

（1）加强机械设备的维修检查，机械设备一旦投入使用，随着时间的推移，各部件的磨损会相应增加，发生事故的危险也逐步增加，因此必须加强机械设备的维修保养，及时更换不合格的零部件，但不能降低机械设备的整体安全性。

（2）完善安全防护装置，必要的防护栏杆、网、罩等应配齐，性能可靠。

（3）配齐个人的防护用品，并检查其穿戴是否符合要求。

（4）明确安全教育的目的，安全教育的内容，可分为安全知识教育、安全技术教育、安全思想教育。可采用三级安全教育、经常性的安全教育、特殊工种的安全教育等方式。为使安全教育多样化，可配合安全活动日，采用广播、墙报、电视录像、事故现场会等对操作者进行全面教育。

（5）建立健全安全管理机构，层层配备专兼职安全员，加强信息反馈。

采用科学的安全管理方法和技术，同时安全管理人员应对本单位生产系统可能发生物体打击事故的危险部位和事故发生的原因进行分析，制定相应的措施，加强安全检查和事故隐患的整改，以预防和控制物体打击事故的发生。

# 第三节　高处坠落

据我国 2008 年发布的《高处作业分级》规定，凡在坠落高度 2m 以上（含 2m）有可能坠落的高处进行作业，均称为高处作业（work at heights）。在生产现场，有些作业有时必须在高空条件下进行，有时又必须在坑道的边沿进行，在这些情况下，作业人员都是在以地面或坑道底部作为作业高度的基准面，此时作业人员都具有与高度成比例的势能。人在高处坠落时是否受到伤害与作业高度（highness of work）有直接关系，据统计，从 1m 高处坠落，约有 50% 的人受伤；从 4m 高处坠落，100% 的人会受伤，甚至死亡；从 12m 高处坠落，约有 50% 的人死亡；从 15m 以上高处坠落，约 100% 的人死亡。作业高度指作业区各作业位置至相应坠落高度基准面的垂直距离中的最大者。高处作业分四段：2～5m、5m 以上至 15m、15m 以上至 30m 及 30m 以上。

## 一、影响坠落伤害事故的因素

诱发坠落事故的原因很多，造成伤害严重程度主要取决于以下因素：坠落体自身质量及发生坠落时的相对高度以及诱发坠落事故的外部施加力的大小；有无诸如防护栏杆、防护安全网或安全带等防护设施及其可靠程度；发生坠落时落着点的松软或坚硬程度；坠落体姿势、状态等。常见的能够直接引起坠落的客观危险因素有：

（1）阵风风力五级（风速 8.0 m/S）以上。

（2）《高温作业分级》Ⅱ级或Ⅱ级以上的高温作业。

（3）平均气温等于或低于 5℃ 的作业环境。

（4）接触冷水温度等于或低于 12 ℃ 的作业。

（5）作业场所有冰、雪、水、油等易滑物。

（6）作业场所光线不足，能见度差。

（7）作业活动范围与危险电压带电体的距离小于表 7-3 的规定。

表 7-3　作业活动范围与危险电压等电体的距离

| 危险电压带电体的电压等级（kV） | 距离（m） |
| --- | --- |
| ≤10 | 1.7 |
| 35 | 2.0 |
| 63～110 | 2.5 |
| 220 | 4.0 |
| 330 | 5.0 |
| 500 | 6.0 |

（8）摆动，立足处不是平面或只有很小的平面，即任一边小于 500mm 的矩形平面，直径小于 500mm 的圆形平面或具有类似尺寸的其他形状的平面，致使作业者无法维持正常姿势。

（9）《体力劳动强度分级》规定的Ⅲ级即以上的体力劳动强度作业。

（10）存在有毒气体或空气中含氧量低于 0.195 的作业环境。

（11）可能会引起各种灾害事故的作业环境和抢救突然发生的各种灾害事故。

## 二、高处坠落事故类型

（1）临边作业坠落事故。作业者位于作业面的边沿，如基坑、楼边、阳台、屋面、窗台等边沿进行作业时，若无防护设施，都有可能坠落而造成伤亡事故。

（2）洞口作业坠落事故。洞口作业包括建筑施工过程中的各类留孔洞、井巷施工过程中的各类井口以及其他生产过程中的通道口、上料口、楼梯口、电梯井口等，作业人员在附近进行作业时，都有可能发生坠落事故。

（3）悬空作业坠落事故。悬空作业是指构件吊装、管道安装、支拆模板、绑扎钢筋、门窗安装、机器安装和维修等类型。此类作业所使用的索具、脚手架、吊笼、吊篮、平台和塔架等设备，一旦出现故障，就有可能造成坠落事故。

（4）攀登作业高处坠落事故。在施工现场，常常借助于登高用具或登高设施，在攀登条件下进行的高处作业，如借助于建筑结构和脚手架上的登高梯道或载人的垂直运输设备，如施工用电梯等，都有可能发生坠落事故。

（5）操作平台作业或者交叉作业高处坠落事故，如在剪叉式高空作业平台、拖车式高空作业平台作业，违反操作规程就有可能发生坠落事故。

## 三、高处坠落事故预防

预防坠落事故发生可以依次从创造安全环境、技术措施、个体劳动保护等方面采用积极有效的措施。

（1）单位工程施工负责人应对工程的高处作业安全技术负责并建立相应的责任制。

（2）高处作业的安全技术措施及其所需料具，必须列入工程的施工组织设计。高处作业中的安全标志、工具、仪表、电气设施和各种设备，必须在施工前加以检查，确认其完好，方能投入使用。

（3）攀登和悬空高处作业人员及搭设高处作业安全设施的人员，必须经过专业技术培训及专业考试合格，持证上岗，并必须定期进行体格检查。

（4）施工中对高处作业的安全技术设施，发现有缺陷和隐患时，必须及时解决；危及人身安全时，必须停止作业。施工作业场所有坠落可能的物件，应一律先行撤除或加以固定。高处作业中所用的物料，均应堆放平稳，不妨碍通行和装卸。工具应随手放入工具袋；作业中的走道、通道板和登高用具，应随时清扫干净；拆卸下的物件及余料和废料均应及时清理运走，不得任意乱置或向下丢弃。传递物件禁止抛掷。

（5）雨天和雪天进行高处作业时，必须采取可靠的防滑、防寒和防冻措施。凡水、冰、霜、雪均应及时清除。对进行高处作业的高耸建筑物，应事先设置避雷设施。遇有六级以下强风、浓雾等恶劣气候，不得进行露天攀登与悬空高处作业。暴风雪及台风暴雨后，应对高处作业安全设施逐一加以检查，发现有松动、变形、损坏或脱落等现象，应立即修理完善。

（6）因作业必需，临时拆除或变动安全防护设施时，必须经施工负责人同意，并采取相应的可靠措施，作业后应立即恢复。防护棚搭设与拆除时，应设警戒区，并应派专人监护。严禁上下同时拆除。

（7）高处作业安全设施的主要受力杆件，力学计算按一般结构力学公式，强度及挠度计算按现行有关规范进行，构造上应符合现行的相应规范的要求。

## 第四节　机　械　伤　害

机械伤害（mechanical injury）是指机械设备运动（静止）、部件、工具、加工件直接与人体接触引起的挤压、碰撞、冲击、剪切、卷入、绞绕、甩出、切割、切断、刺扎等伤害。全世界机械事故约占事故总数的 1/3 左右。机械设备是现代化生产中各行各业不可缺少的生产设备。不仅工业生产要用到各种机械，其他行业也在不同程度上用到各种机械，如食品机械、农用机械、林业机械、渔业机械、运输机械、建筑机械等。机械如果因故（操作失误、外界干扰作用或因自身质量出现故障等）出现危险而又没有及时排除，一旦发生事故，它所造成的伤害相对而言比较严重。各类转动机械的外露传动部分（如齿轮、轴、履带等）和往复运动部分也都有可能对人体造成机械伤害。机械事故与其他事故不同，它是由机械的一个或几个运动部件所传递的力而造成的。有时也可以是一个人或人体的某一部分与机械的某一部分相接触而引起的。在国家标准《企业职工伤亡事故分类》规定的 26 种事故类别中，前 4 位是物体打击、车辆伤害、机械伤害和起重伤害。这 4 种伤害都与机械有关。在事故的 27 种起因物中，与机械有关的起因物有锅炉、压力容器、起重机械、发动机、企业车辆、船舶、动力传送机械、非动力手动工具和其他机械等 11 种。为预防机械事故，必须首先了解机械设备本身存在的危险和有害因素。

## 一、影响机械伤害事故的因素

管理的不安全状态、人的不安全行为和机械的不安全状态是造成机械伤害事故的直接原因，在日常生产中存在这些方面的不安全因素，就可能直接诱发事故发生。

（1）人的不安全行为是造成机械伤害事故的直接原因：①在实际工作过程中，操作者操作失误，忽视安全，轻视规章制度，缺乏应有的安全意识和自我防护意识，思想上麻痹大意；②操作人员不正确操作，导致机器设备安全装置失效或失灵，造成设备本身处于不安全状态；③操作者在作业过程中由于习惯或者是熟练程度等原因，手工代替工具操作或冒险进入危险场所、区域，有的工人为了节省时间，擅自跨越明令禁止跨越的机械传动部位；④操作者在机械运转时进行加油、维修、清扫等明令禁止的作业，或者操作者进入危险区域进行检查、安装、调试作业时，虽然关停了设备，但未能开启限位或保险装置，又在无他人在场监视情况下，将身体置身于他人可以启动设备的危险之中；⑤操作者忽视佩戴或使用劳动保护用品；⑥不良的生理状态直接表现为生理缺陷，如视力、听力不佳及其他生理功能失常等都会使作业者在工作中判断失误或动作失调。

（2）机械的不安全状态主要表现在机械设备在质量、技术、性能上的缺陷以及在制造、维护、保养、使用、管理等诸多环节上存在的不足，是导致机械伤害事故的又一个直接原因：①机械设备在设计制造上就存在缺陷，有的设备机械传动部位没有防护罩、保险、限位、信号等装置；②设备设施、工具、附件有缺陷，加之有的企业擅自改装、拼装和使用自制的不符合行业标准的设备，使得设备安全性能难以保证；③设备日常维护、保养不到位、机械设备并不是安全无隐患的运转、运行，企业对设备的使用、维护、保养、安全性能的检测缺少强有力的监管；④工业者个人防护用品、工具缺少或缺陷，导致工人在操作中将身体置身于机械运转的危险之中；⑤生产作业环境并不安全，有的企业设备安装布局不合理，机械设备之间的安全间距不足，工人操作空间不符合要求，更有少数单位现场管理混乱，生产成品乱堆乱放、无定置、无通道。

（3）管理的不安全状态，日常安全管理中没有落实好规章制度、教育培训、技术措施、隐患整改等方面工作，由于这些管理方面的缺陷，安全生产管理不到位，使人的安全意识淡薄，产生麻痹思想和侥幸心理，引起违章作业，使机械设备存在隐患，形成不安全状态。具体表现为：①企业本身的安全机构设置不健全，企业缺乏专职安全员或安全员数量不足、职责不明；②企业的安全培训不到位，缺乏安全操作技术知识的情况下，存在边学边干的现象，对企业的安全现状产生极大的隐患；③安全生产制度、操作规程不健全；④对事故隐患整改不力，有的企业虽然定期进行安全检查，但对发现的问题和隐患，往往一查了之，不能跟踪督查整改到位，思想仍停留在发现问题后再去解决，缺少从根本上杜绝问题产生的思想；⑤安全宣传不到位，企业没有从思想上认识到安全宣传工作的重要性，未意识到安全文化的建立才是安全工作最有效的方式。

## 二、机械伤害事故类型

机械的构造不同，它所带来的危险性也不同，按照产生机械事故的危险来源分为：

（1）机械转动部分的绞入、碾压和拖带伤害。

（2）机械工作部分的钻、刨、削、锯、击、撞、挤、砸、轧等的伤害。如键、固定螺钉等，尤其是露头固定螺钉，在生产中，有可能将人的衣服卷住，而发生伤害。

（3）滑入、误入机械容器和运转部分的伤害。如工作服划入朝相反方向旋转的两个轧辊之间或相互啮合的齿轮。

（4）机械部件的飞出伤害，由于发生断裂、松动、脱落或弹性位能等机械能释放，使失控物件飞甩或反弹对人造成伤害，如车床卡盘夹不牢，在旋转时就会将工件甩出伤人。

（5）机械失稳和倾翻事故的伤害。

（6）其他因机械安全保护设施欠缺、失灵和违章操作所引起的伤害。

## 三、机械伤害事故预防

机械伤害的风险取决于机器的类型、用途、使用方法、人员的知识、技能、工作态度以及作业人员对危险的了解程度和所采取的避免危险的技能，因此预防措施应从以下方面进行：

（1）加强对于操作人员的安全管理，建立并健全安全操作规程和规章制度，加强对于机械作业人员安全教育包括作业人员的安全意识教育、安全知识教育、安全技能教育与安全应急能力、对于安全制度的理解、对安全规章制度的执行、安全行为准则等相关知识的培训。做好三级安全教育和业务技术培训，从根本上提高员工的自身安全意识，变"要我安全"为"我要安全"。

（2）确保机械处于安全状态，企业要从最开始就注重机械设备对于安全的基本要求。首先，要确保投入生产的机械是本质安全性的机械，在机械设备进入工厂后要确保其在车间内部布局合理，并给需要的设备提供必要的防护设施，如自动安全装置，更要确保配套的机械设备零部件的可靠性。

（3）制定机器安装、使用、维修的安全规定并设置标志、以提示或指导操作程序而保证安全作业。对于工作场所的环境问题，安全意识要十分重视，并积极对其改善，如场所中的照明要适宜，温、湿度要适中，噪声和振动要小，具有良好的通风设施等。

充分认识和掌握机械伤害事故的原因，可以从根本上发现和消除事故与危害的隐患，防止误操作及设备故障可能发生的伤害，从而采取全面的预防措施，加强设备安全管理，建立完善的管理责任体系，以确保设备的安全运行，防止设备及人员伤亡事故的发生。

## 第五节 电击伤害

电击伤害（electrical shock injury）是指人体与电源直接接触后电流进入人体，造成机体组织损伤和功能障碍，临床上除表现在电击部位的局部损伤，尚可引起全身性损伤，主要是心血管和中枢神经系统的损伤，严重的可导致心跳、呼吸停止。此外，以电能起因导致易燃物或可燃物燃烧而引起的火灾与爆炸事故也会造成间接伤亡。电气伤亡事故，不仅可由流动的电流引起，也可由静电引起。

电流对人体的伤害机理是以产生热、电解、机械（电动力）和生物效应形式作用的。电流的热效应表现为人体局部灼伤，电流所流经的血管、神经、心脏、大脑以及其他器官热量骤增，导致上述器官的功能发生障碍。受到轻度电击人体会出现头晕、心悸、皮肤脸色苍白、口唇发绀、肌肉抽搐、惊恐、四肢无力等症状，敏感者可晕厥、短暂意识丧失。重度电击会出现持续抽搐、肢体骨折、休克、昏迷、室颤、呼吸停止、呼吸麻痹、昏迷、死亡。同时局部也可能会出现烧伤、或者创面出现坏死、感染、出血、肢体坏死等。

## 一、影响电击伤害程度的因素

### （一）通过人体的电流强度大小

人触电时，通过人体的电流是主要伤害因素。其伤害程度与电流大小、电流通过的持续时间和电流频率等密切相关。不同的电流会引起人体不同的反应和损害程度，通常把电击电流分为感知电流、安全电流、黏着电流、致颤电流。

**1. 感知电流** 通过人体时能引起感觉兴奋但无生理反应的电流，称为感知电流。当人体通过交流电流（50Hz）1.1mA，直流电流 6mA 时，开始感觉到有电流的作用。皮肤有轻微瘙痒感和微弱的针刺感。只有当这种电流较长时间通过人体，才可能对健康产生不良影响。但是，当人感觉到电流作用后，有可能做出不正确的动作，尤其是在毫无防备的情况下，就会增加在带电部分附近、高空以及其他危险场所作业时发生事故的可能性。

**2. 安全电流** 可以长时间（几个小时）通过人体而没有伤害，也不会引起任何痛感的电流，称为安全电流。实际应用中常取 50~70μA 作为 50Hz 交流电的安全电流最大值；取 100~125μA 作为直流电的安全电流最大值。

**3. 黏着电流** 指电流流过人体时，使握住导体的手产生不可抗拒的痉挛性肌肉收缩的电流。黏着电流不会立即对人体造成伤害，但长时间通过时，可能使心肺的机能受到严重的破坏。

**4. 致颤电流** 经过机体时引起心脏纤维性颤动的电流称为致颤电流。大于 5A 的电流，无论是交流或直流，均会引起心脏停止跳动，还会引起呼吸麻痹。通电时间越长，造成重伤或死亡的概率越大。另外，电流通过人体的途径对触电后果起决定性作用。电流由其他途径通过人体时，可引起这些重要器官起反射作用。但如果流经心、肺、脑等重要器官时，危险性极大，甚至可引起死亡。

## （二）电阻大小

人体电阻与生理因素和周围环境因素之间的关系十分密切。如通常女性的人体电阻比男性小，青少年的人体电阻比成人小，这显然是由于前者的皮肤薄而细嫩所致。在密闭房间内，空气中氧气分压比露天低，在其他条件相同的情况下，人体电阻相应降低，因而增加了触电的危险性。

人体电阻与皮肤状况的关系密切，当人体皮肤表面潮湿时，因水分具有较大的导电率而使皮肤电阻大大降低。因此，当手或皮肤的某部分在潮湿情况下操作电气设备时，容易酿成触电事故。汗液的导电能力很强，这是因为汗液中含有水和溶解于水中的矿物盐以及某些物质代谢产物。因而在出汗条件下使用电气设备时，增加了触电的危险性。皮肤受到污染时（特别是导电性好的物质，如金属粉末、炭墨尘、煤尘等黏附于皮肤上时），将会使皮肤电阻大为降低，在这种情况下使用电气设备或工具时，触电危险性大为增加。人体不同部位的皮肤电阻值各异。这是由皮肤角质层的厚度不一、表面汗腺分布不匀、皮肤血管充血程度不同等所决定的。面部、颈部、手掌以上部位（臂）、腋窝和手背的皮肤电阻最小。当人体皮肤处于干燥、洁净和无损伤的状态时，人体电阻可高达 40~100kΩ；而当皮肤处于潮湿状态，如湿手、出汗、人体电阻会降到 1000Ω 左右；如皮肤完全遭到破坏，人体电阻将下降到 600~800Ω 左右。

人体电阻还与电路参数，例如所接触的电压、电流的种类（交流、直流）和频率，电流大小与通过电流的持续时间以及带电体接触人体部位等诸多因素有关。人体对于直流电的电阻比其对于任何频率的交流电的电阻都大。

## （三）施加人体的电压

当电压在 500V 以下时，直流电比交流电安全得多。当电压超过 50V 时，直流电将比 50Hz 交流电更危险。

## （四）电流通过人体的持续时间

电击时间越长，电流对人体引起的热伤害、化学伤害及生理伤害就愈严重。特别是电流持续时间的长短和心室颤动有密切的关系。另外，电击时间长，人体电阻因出汗等原因而降低，导致电击电流进一步增加，这也将使电击的危险性随之增加。

除上述因素之外，人体素质对触电后果也有影响，如健康状况、心理状态、精神准备以及技术水平和训练有素与否都与触电后果有明显关系。

# 二、电击伤害类型

## （一）局部电击伤害

局部电击伤害是指在电流或电弧的作用下，人体部分组织的完整性明显地遭到损伤。有代表性的局部电击伤害包括电灼伤、电标志、机械损伤、电光眼等。

**1. 电灼伤**  电灼伤可分为接触灼伤和电弧灼伤。前者是人体与带电体直接接触，电流通过人体时产生热效应的结果；后者是指电气设备的电压较高时产生强烈的电弧或电火花，灼伤人体，甚至击穿部分组织或器官，并使深部组织烧死或四肢烧焦及致死。

**2. 电标志**  电流流过人体时，在皮肤上留下青色或浅黄色斑痕，其形状多为圆形或椭圆形，有时与所触及的带电体形状相似。受雷电击伤的电标志图形颇似闪电状。电标志经治疗后皮肤上层坏死部分脱落、皮肤恢复原来色泽、弹性和知觉。

**3. 机械损伤**  电流通过人体时产生的机械-电动力效应。在这种情况下，肌肉发生不由自主的剧烈抽搐性收缩、致使腱、皮肤、曲、管以及神经组织断裂，甚至使关节脱位或骨折。

## （二）全身性电击伤害

全身性电击伤俗称电击，电击是电流流经人体的结果。遭受电击后，人体维持生命的重要器官和系统的正常活动会受到破坏，会出现休克、昏迷、室颤、呼吸停止、呼吸麻痹、昏迷、甚至导致死亡。

# 三、电击伤害事故预防

局部电击伤害和全身性电击伤害均是因为人体接触了带电导体才发生，所以必须设法防止触电。预防措施包括：第一，将电气设备从人的活动范围内隔离开来，以排除人体接触机会；第二，人体一旦触电，应该使通过人体的电流限制在安全界限之内。

## （一）采用安全电压

安全电压是制定电气安全规程和一系列电气安全技术措施的基础数据，它取决于人体电阻和人体允许通过的电流。我国的安全电压为36V和12V。如无特殊安全结构和安全情施，危险环境的局部照明、手提照明灯等、其安全电压应为 36V；工作地点狭窄，周围有大面积接地导体环境（如金属容器内）的手提照明灯，其安全电压应采用12V。

## （二）认真做好绝缘

通常采用的绝缘材料有陶瓷、橡胶、塑料、云母、玻璃、木制、布、纸、矿物油，以及某些高分子合成材料等。绝缘材料的性能受环境条件影响较大，温度、湿度都会改变其电阻率，机械损伤和化学腐蚀等也会降低绝缘材料的绝缘电阻值。对于一些高分子材料，还存在由于"老化"导致的绝缘性能逐步下降的问题。绝缘材料所具备的绝缘性能一般是指其承受的电压在一定范围内所具备的性能。当承受的电压超出相应的范围时，便会出"击穿"现象。固体绝缘材料击穿后，其绝缘性能一般不能恢复；而液体和气体绝缘材料击穿后其绝缘性能在撤除电压后还能有所恢复。

## （三）严格屏护

某些开启式开关电器的活动部分不便绝缘，或高压设备的绝缘不能保证人在接近时的安全，应采取屏蔽保护措施，以免触电或电弧伤人等事故。屏护装置的形式有围墙、栅栏、护网、护罩等。所用材料应有足够的机械强度和耐火性能，若采用金属材料，则必须接地或接零。屏护装置应有足够的尺寸，并与带电体保持足够的距离。在带电体及屏护装置上应有明显的警告标志，必要时还可附加声光报警和联锁装置等，以最大限度保证屏护的有效性。

## （四）保持安全间距

在带电体与地面之间，带电体与其他设备之间，带电体之间，均需保持一定的安全距离，以防止过电压放电和各种短路事故，以及由这些事故导致的火灾。

## （五）电气安全保护措施

为避免电器设施发生触电事故，目前还广泛地采用了接地保护、接零保护和漏电保护等电气保护措施。保护接地是广泛应用的安全技术措施之一，主要适用于三相三线制中性点不宜接地的电力系统中。保护接零是将电气设备正常运行时不带电的导电部分与电网地零线连接起来，用以防止触电事故的发生。保护接零通常用于中性点直接接地、380/220V 的三相四线制电网中，还要与其他安全措施如熔断器、断路器等配合使用，才能达到目的。漏电保护装置是在电气设备或线路漏电时用以保证人身及设备安全的保护装置,又称触电保安器。漏电保护装置在故障时测得零序电流(或电压)或对地电压,经相应转换,使接触器跳闸,切断电源,实施保护作用。

### (六)静电预防

静电的产生过程及方式是相当复杂的,主要有感应起电、介质的极化起电、温差起电、压力起电、吸附起电、电解起电和相接触起电等,有时几种起电方式同时存在。生产中常见的物体经接触和分离过程而产生静电的现象如下:摩擦起电;冲流起电;剥离起电;喷雾起电;碰撞起电;溅泼起电。静电放电可导致各种生产故障。可使半导体元件遭受破坏,使用这些元件制作的电子装置有可能发生误动作而出现故障;静电噪声可引起信息误差;可引起火灾和爆炸;以及对人体产生静电电击,引起皮炎或皮肤烧伤等伤害。为了防止液体、粉体输送作业中使用的软管、带、薄膜、绕线骨架、旋转机的转子等受到静电感应,都必须进行静电接地。

由于静电引起的最严重危害是火灾和爆炸。因此,静电安全防护的重点主要就是对火灾和爆炸的防护。主要措施有:①控制静电的产生和积聚。消除静电的危害,首先应采取技术措施,从工艺上限制或避免静电的产生和积聚。如在材料的选用上或生产设备材质的选用上加以注意;改善作业方式,防止溅泼起电、冲流起电等,并尽量降低摩擦速度或流速;灌装溶液时先清除罐底杂质,并净化石油制品,有助于消除附加静电;也可以采取泄漏法和中和法消除静电。②个体防护。人在行走、穿脱衣服或从座椅上起立等活动过程中,由于衣着等固体物质的接触和分离以及静电感应等原因,均可使人体产生静电。人体与其他物体之间放电时,其放电火花足以引燃石油蒸气及许多气体。因此在易爆易燃环境中,作业人员必须穿着用导电纤维制成的防静电工作服和用导电橡胶制作的防静电鞋。

## 第六节　主要矿井安全问题

我国的能源消耗结构中,煤炭占我国一次性能源生产量的76%,占一次性能源消费量的69%,并且在未来30年内,煤炭占能源消费的比例仍将超过50%。近年来,我国煤矿事故有所好转,事故导致的死亡人数有所下降,但我国的死亡人数仍占全世界煤矿的60%左右。改善井下作业环境,对煤矿井下安全生产加强管理,阻止矿井违规生产,降低煤矿的事故发生,是保障矿井安全生产和煤炭行业健康发展的前提条件。煤矿面临着瓦斯涌出、地下水患、通风安全、煤尘火灾、巷壁片帮等许多安全问题。

## 一、矿井瓦斯事故

矿井瓦斯主要来源于煤矿进行开采时,从煤层和煤岩中放出的自由气体,而非煤矿山井下瓦斯含量极少,其浓度造成事故的可能性极小。瓦斯矿井分为低瓦斯矿井(相对瓦斯涌出量≤$10m^3/t$,且绝对瓦斯涌出量≤$40m^3/min$ 的矿井)、高瓦斯矿井(相对瓦斯涌出量>$10m^3/t$ 或绝对瓦斯涌出量>$40 m^3/min$)、煤(岩)与瓦斯(二氧化碳)突出矿井。我国煤矿约一半煤矿是高瓦斯。大中型煤矿中,高瓦斯矿井占20.3%,瓦斯突出矿井占19.8%,小型矿井中,高瓦斯矿井占15%左右。据统计在国有重点煤矿的609个矿井中,高瓦斯矿井占26.8%,煤与瓦斯突出矿井占17.6%,低瓦斯矿井占55.6%。

### (一)矿井瓦斯概况

**1. 矿井瓦斯成分**　矿井瓦斯的主要成分是甲烷。甲烷是一种单纯性窒息性气体,无色、无味、无臭、难溶于水,易于燃烧和爆炸。在多数情况下,矿井瓦斯是甲烷与二氧化碳、氮气、氢气、乙烷、硫化氢、二氧化硫以及一氧化碳等组成的混合气体。

**2. 矿井瓦斯扩散性**　矿井瓦斯的比重为 0.554，比空气轻，在空气中易于扩散，其扩散速度是空气扩散速度的 1.6 倍，所以瓦斯极易透过多孔的隔墙，并且很容易积聚在巷道的上部。

**3. 瓦斯的燃烧和爆炸性**　瓦斯是可燃性气体，遇到明火时易于燃烧和发生爆炸。

**4. 矿井瓦斯含量**　矿井瓦斯含量是指在单位时间内（每昼夜）矿井所放出的瓦斯量。矿井的瓦斯含量分为绝对量和相对量。绝对瓦斯量是指单位时间内涌入采掘空间的瓦斯量，单位是 $m^3/min$；相对瓦斯量是在开采过程中，单位质量的煤所生成的瓦斯量，单位是 $m^3/t$。

**5. 矿井煤层瓦斯含量**　煤层与岩层的瓦斯含量是指单位质量煤内或岩内所含瓦斯的体积，单位为 $m^3/t$。根据煤层瓦斯含量可确定矿井瓦斯涌出量的大小，从而为矿井通风和瓦斯抽放的设计提供依据。

### （二）矿井瓦斯危害

**1. 中毒或窒息**　由于矿井瓦斯有多种有毒、有害气体，如二氧化碳、硫化氢、二氧化硫、一氧化碳等。这种瓦斯气体能够使作业面空气中的含氧量降低，当空气中的含氧量降低到 12%以下时，作业面的人员就会受到伤害，甚至死亡。

**2. 燃烧爆炸**　矿井瓦斯能够燃烧，而与空气混合后即可形成爆炸性混合气体，当矿井瓦斯发生燃烧或爆炸时，与空气发生化合反应，所放出的热量和产生的爆炸力最大，严重威胁人的生命和财产安全。

## 二、矿山水灾事故

在矿井建设和生产过程中，如果地表水渗入或井下水涌入矿井及巷道内，当进入矿井的水超过正常排水能力时，井巷和采场就会被水淹没，造成水灾，矿井一旦发生水灾，不仅给矿井建设和生产造成很大损失，而且还会使人员生命安全受到严重威胁，甚至会造成人员伤亡。常见的有矿井渗水事故，矿井透水事故，矿山泥石流事故，尾矿坝溃坝事故。我国煤矿水文地质条件相当复杂。大中型煤矿中，水文地质条件属于复杂和极复杂类型的占 25.0%，华北、华东地区煤矿 80%的国有重点煤矿受奥陶灰岩岩溶水威胁且时常有突水淹井事故发生。

矿山水灾事故主要是由于以下原因造成：勘探资料不详细，对矿井地质构造和水文情况不清楚；对采空区的分布、范围、深度等状况不清楚；没有执行探水放水制度，防水设备不完备；作业人员缺乏安全意识，在危险区域违章作业；另外矿山地形对矿山水灾影响较大，如矿床位于河谷凹地及地形低洼地区，洪水可能会大量涌入井巷。矿山围岩性质、结构、厚度等因素，如松散的矿砾层、裂隙、溶洞等构成的矿床，可能贮存大量水并与矿井沟通口，具有向斜、断层破碎等地质构造的矿床通常含有大量水，若与地表水或含水层相沟通，则会形成溺水通道。另外崩落采矿法形成的塌陷区、老空区、采空区勘探钻孔也是造成地表水进入矿井通道的主要原因。

## 三、矿山火灾事故

据 2002 年统计，国有重点煤矿中有煤层自然发火危险的矿井占 51.3%。按火灾发生的地点，矿山火灾分为地面火灾和矿内火灾。若地面火灾蔓延至井下，或地面火灾的烟气随风流进入井下时，这种火灾也称为矿内火灾。按火灾发生的原因，矿内火灾可分为外因火灾和内因火灾。外因火灾是外界热源引起燃烧而造成的，内因火灾是可燃物质在一定环境和条件下自身氧化而引起自燃的。我国有些煤矿和含硫高的金属矿山具有发生矿内火灾的危险性较大。矿内外因火灾主要是物质如木材、油类、橡胶、塑料、电缆、炸药等遇到明火时引起的。矿内外因火灾一旦发生，就会在短时间内产生大量的有毒有害气体，对矿工生命安全造成严重威胁。

矿内外因火灾可能出现的引火源有以下三种类型：

**1. 明火** 如火焰灯、未熄灭的烟头、爆破作业、焊接工作、煤矿汇总的瓦斯和煤尘爆炸等。

**2. 电火** 如井下电气设备产生的电弧或电火花，瞬间温度可达几千度，会使可燃物质引燃。

**3. 摩擦过热着火** 各种机械、电器运行机构因摩擦发热而温度升高会引燃易燃物着火，如引燃瓦斯、矿尘、润滑油、木料等。

## 四、矿山爆破、冒顶片帮事故

### （一）矿山爆破事故

矿山爆破是利用炸药在一定条件下发生激烈的化学反应，并释放出大量的热和气体，对矿岩产生强烈的机械作用，使矿岩破碎。爆破常用的炸药有水胶炸药、硝化甘油炸药、乳胶炸药等，其中硝酸铵类炸药应用较广泛。

爆破事故主要有有毒气体中毒、炸药爆炸伤害等。

**1. 有毒气体中毒事故** 有毒气体中毒类型：炸药在井下爆炸以后，产生大量的有毒、有害烟气，其主要成分是一氧化碳、氮氧化合物和硫化物。如果将爆破后产生的二氧化氮折合成一氧化碳计算，则每公斤炸药爆破后所产生的有毒气体为 80～120L（相当于一氧化碳的量）。主要为：一氧化碳中毒、二氧化氮中毒、硫化氢中毒、二氧化硫中毒。

**2. 炸药爆炸伤害事故** 炸药爆炸伤害事故原因有：

（1）起爆材料质量不良：如导火索、雷管等质量不符合安全要求，或因使用过期变质的导火索等材料，引起炸药早爆或迟爆。

（2）点火方法错误：在爆破作业过程中，采用逐个点火法，点火数目超过规定数量，或因点火不顺利拖延了点火时间，不等全部点燃时，第一个点火的炮眼爆炸。

（3）打残眼：由于残眼中残存炸药当受到钎头撞击时引起爆炸，此类事故在所有事故中所占比例较大。

（4）爆破飞石：爆破时，由于对炸药的最小抵抗线掌握不准，装药量过多等原因，造成爆破飞石超过允许的安全范围，击中作业人员、建筑、设备等。

（5）过早进入爆破作业面或者看回火：采用点火方法，点燃多个炮眼，没有记清点火数目与炮眼响过的次数是否相符，便过早进入作业面或准备再次点火爆破时发生爆炸事故。

（6）对爆破材料性能不了解：黑火药、雷管、炸药与明火接触，氯酸盐类炸药受到摩擦、折断等都会发生爆炸。

（7）电气爆破发生早爆：用非爆破专用电表检测雷管时，因电表输出电流大于雷管安全电流，或因电表漏电引起炸药爆炸；雷电、杂散电流、静电干扰都会引起炸药爆炸。

### （二）矿山冒顶片帮事故

冒顶片帮事故原因如下：

**1. 采场地压作用** 矿体在没有开凿巷道之前，原岩应力处于平衡状态。开凿巷道以后，原岩初始压力平衡状态受到破坏，引起原岩应力重新分布，从而引起巷道围岩变形和移动，这种状态一直持续到岩体内形成新的应力平衡为止。在岩石应力重新分布的过程中，巷道顶板会下沉，至坍塌、底板鼓起、片帮、支护设施变形和损坏；露天矿边坡坍塌等都是应力重新分布作用的结果。除受地压作用外，还与岩体的地质构造、岩体结构和强度、采掘强度等因素有关。

**2. 生产管理方面** 冒顶片帮事故源自生产管理方面的约占 45.6%，主要是安全意识不强，作业前没有认真检查顶板状况，对松动岩体的处理方法和措施不当。

**3. 生产技术方面**
（1）选择采矿方法不合理或回采顺序不合理。
（2）无支护或支护不及时，支架质量不良或不及时维护。
（3）对顶板浮石处理方法不当，或对间柱放顶的方式、方法不合理等。

## 五、矿井安全事故预防

为了把预防煤矿生产安全事故进一步纳入法制化轨道，及时发现并排除煤矿安全生产隐患，落实煤矿安全生产责任，保障职工的生命安全和煤矿的安全生产，国务院公布施行了《国务院关于预防煤矿生产安全事故的特别规定》和《中华人民共和国安全生产法》，对预防煤矿生产安全事故的发生实行更加严格的制度和更加严厉的措施。把煤矿安全生产的关口前移，狠抓事故预防这个煤矿安全生产的关键，通过发现隐患，排除隐患，达到消灭事故的目的。明确了将安全生产工作的重点放在及时发现并排除煤矿安全生产隐患上来，强调要防患于未然，要更加重视预防煤矿生产安全事故。进一步强调落实煤矿安全生产责任，企业是安全生产的责任主体，煤矿企业是煤矿安全生产的责任主体，承担主体责任，地方人民政府及有关部门要落实监督管理责任，做到各负其责，层层落实。保障职工的生命安全和煤矿安全生产，体现以人为本的理念，要求做到生产必须安全，安全才能生产。

（1）应该引导煤矿企业进行安全生产文化建设。煤炭行业是高危行业。煤矿安全管理是企业的第一管理，安全生产文化是第一企业文化。要从宏观层面树立安全第一的理念。例如在企业业绩考核指标设定、安全生产成本核算、事故责任人处理、事故伤亡人员赔偿标准等方面进行引导。

（2）加强煤矿事故机理与防治方法研究，提高煤矿企业科技水平。开展煤矿科技的基础理论研究，揭示煤矿事故的原因和灾害发生机理，摸清事故发生发展及演化过程，寻找防止事故发生的方法。以瓦斯、火灾、水灾和顶板等为重点研究对象，开展瓦斯及煤尘爆炸机理、煤自然发热物理特性及火源点探测方法技术、矿井突水治理与预防技术、顶板管理与支护技术等，从源头防止矿井安全事故发生。

（3）加强安全管理，优化管理模式，各级煤炭行业管理部门、煤矿安全监察机构要加强对职工培训和特殊工种持证情况的监督检查，切实将职工培训和持证上岗落到实处。对于现场的管理，要确保安全技术措施落到实处，对于在现场检查发现的事故隐患，要及时整改；企业领导要轮流现场带班并与工人同时下井、升井；各煤矿坚决取缔井下外包队，组建外包队重点检查组；要严格规范劳动组织管理体系，煤矿企业要根据形势的发展选择先进的安全管理模式，建立适合煤矿灾害治理要求的安全管理机构和责任体系。

（4）加强安全技术培训，提高管理人员专业技术水平和职工素质。对安全管理专业人员实行专门培训，持证上岗；各煤矿必须按规定配备或聘请煤矿采掘或通风专业的工程技术人员担任技术负责人；煤矿企业要加强技术人员的培训和教育，切实提高他们的专业技术水平，强化职工的安全培训和教育，加大安全监管力度，采取定期与不定期进行检查评价，全面提高煤矿从业人员的安全素质和安全意识，切实提高职工的安全意识和自我保护能力，实现减少和消除事故的最终目标。

通过采取综合措施，建立预防煤矿生产安全事故的长效机制。强化源头监管，突出对煤矿生产安全事故的预防。在煤矿安全监督管理的事前预防、事中监管、事时应急和事后惩处的整个过程中，重视和加强事前预防，及时消除事故隐患，防患于未然。抓住关键环节，落实安全生产责任，特别是突出煤矿企业在预防煤矿生产安全事故中的主体责任，明确和加重地方人民政府及其煤矿安全监管部门和煤矿安全监察机构在预防事故中的责任，实行严格的责任追究制度。继而达到排除隐患，达到消灭事故的目的。

（连玉龙）

## 思 考 题

1. 预防与控制职业伤害应采取哪些措施？
2. 坠落伤害事故类型及预防措施有哪些？
3. 机械事故伤害危险因素及预防措施有哪些？
4. 矿井瓦斯性质、危害及预防措施有哪些？

# 第八章 常见行业和人群的职业卫生问题

**案例 8-1**

近年来我国混配农药产品的品种和产量剧增，混配农药中毒的病例也逐渐增多，并且成为当前广大农村劳动人群重要的职业卫生与公共卫生问题。在混配农药中毒的流行病学研究中，研究者对山东嘉祥县和江苏如东县共 2179 名混配农药（有机磷+拟除虫菊酯）施药人员和 2615 名有机磷单剂施药员进行了大规模横断面调查。结果发现混配农药中毒率为 10.10‰，显著高于单剂农药中毒率（2.29‰）；接触混配农药发生中毒的危险性比有机磷单剂中毒率高 4.4 倍。根据这一调查结果，研究人员提出接触混配农药是农药中毒的重要危险因素，并为广大农民有针对性地预防混配农药中毒提供了重要的科学依据。在对 8 种有机磷杀虫剂、6 种拟菊酯杀虫剂和 3 种氨基甲酸酯杀虫剂相混配的 13 种二元混合制剂进行的联合毒性实验中，发现绝大多数混剂呈增毒效应或协同作用；经毒代动力学研究证实，混配农药在生物体内的代谢消除速率明显减慢，半衰期延长。

**问题：**

1. 上述案例中配制单一成分农药和混配农药发生中毒的几率具有显著差异，其可能的解释是什么？
2. 混配农药中的不同成分之间是否发生了某种作用？

在生产劳动过程中，劳动者通常同时暴露于多种职业性有害因素中，这包括物理性的、化学性的以及生物性有害因素等。例如在冶金工业中，存在有高温、噪声等物理因素，同时还伴有生产工艺中产生的 $CO$、$CO_2$、$NO_x$ 等有毒气体，甚至存在有多环芳烃等。在职业活动中，同时或相继地作用于机体的两种或两种以上的职业性有害因素统称为混合性职业性有害因素（mixed occupational adverse factors）。当这些因素共存时，可在机体内外发生相互作用，而产生复杂的联合作用，改变单一因素对机体作用的性质和强度等。除此之外，作业人员的性别、年龄、吸烟、饮酒、不良卫生习惯、营养情况、疾病、精神、社会因素等都会与职业性有害因素发生联合作用，从而产生不同水平的职业损伤。

当前，矿山、纺织、农业生产、化工、印刷、建筑等行业，从业者常常同时暴露于多种有害因素，这对从业者的健康造成的危害可能不同于单一职业性有害因素造成的危害。同时，一些新兴的职业，如 IT 业、纳米工业等方面，又增加了人们对职业性有害因素的认识。

## 第一节 概 述

### 一、职业性有害因素的联合作用

职业性有害因素可以在体外环境中相互作用而产生物理、化学、生物性质等方面的变化而产生不同于单一职业有害因素的作用机制；也可以同时或相继被机体吸收后，在体内代谢过程中产生交叉作用。在外环境中，含硫、砷和金属的物质遇到酸就会发生反应，可能由液态、固态转化为有毒的气态物质，如硫化氢、砷化氢、锑化氢等，进而被劳动者吸入后发生急性中毒事件。一些酸、碱或具有较强活性的化学物质可能在外界环境中发生中和，降低本身的毒性，同时产生新的无毒或有毒单质、化合物。许多化学物质遇到压力、高温等物理因素，其毒性会成倍增强，高温可加快易挥发毒物挥发，使环境中毒物浓度明显增高。

职业性有害因素进入生物体后在体内相互作用多是间接作用，通常通过改变机体的功能状态，或者参与相关或相同的代谢途径、作用于相同的靶器官而产生联合作用，进而增强或减弱毒性。这种联合作用可能发生在毒物的摄入、吸收、分布、代谢转化、排泄过程中，通常是非常复杂的毒性过程。两种或多种毒物参与相同的代谢过程，主要是通过对代谢酶的抑制或阻遏而产生。

目前较普遍被接受的职业性有害因素联合作用类型包括独立作用、协同作用和拮抗作用。多因素作用于机体，产生的效应互不相关，其联合作用为独立作用（independent action）。这种作用下，不同有害因素各自对机体产生不同的危害作用，它们的作用途径或作用方式不同，对机体的影响互不关联。如果多因素的联合作用效应大于单因素作用的总和，称为协同作用（synergism action）。协同作用可以分为两种：①如果多因素所产生的效应和单个因素分别所产生的效应总和相等，称为相加作用（additive joint action）；如作用于机体的各个化学物结构相近，靶器官相同，对机体的作用机制类似，大多容易发生相加作用。②如果多因素产生的效应大于单个因素分别所产生的效应总和称为相乘作用（synergic action），如几种化学物同时进入机体后会发生增毒作用，它们各自的作用机制或靶器官不同，但最终效应是一致的，还有的化学物质对人体无毒，但如果与另一种毒物同时进入人体，可明显增加另一毒物的毒性作用。如果多因素共同作用所产生的效应小于单个因素分别所产生的效应总和称为拮抗作用（antagonism action）。拮抗作用可以分为减轻作用和中和作用。

由于多种有害因素的联合作用非常复杂，与有害因素的接触剂量、接触时间等都关系密切。关于联合作用的判定方法，国内外尚未形成统一的认识体系，主要有等效应线图法、联合作用系数法、等概率和曲线法等。每种方法均有各自的使用条件和优缺点，因此需要选择合适的方法进行职业性有害因素的联合作用评价。在实际工作中，能及时发现职业性有害因素联合作用的方式和类型，对人体的健康保护和职业病防治均有重要意义。

### 案例 8-1 解析

职业活动中，同时或相继地作用于机体的两种或两种以上的职业性有害因素合称为混合性职业性有害因素。职业性有害因素的联合作用类型有独立作用、协同作用和拮抗作用。在上述案例中，混配农药的两种或多种成分属于多种独立的职业性有害因素，混配农药时则成为同时接触的多种职业性有害因素，这些职业性有害因素在机体内产生了相加或协同作用，增强了单一成分的毒性，较单一成分的农药发生中毒的剂量降低，增加中毒概率。

### 【视窗 8-1】
### 如何判定多种因素的联合作用类型

1. **等效应线图法** 原理是将两种物质的剂量分别设定为横纵坐标，然后将两种物质的 $LD_{50}$ 值或 $ED_{50}$ 值和 95% 可信限上、下限值连接成三条直线，再在此坐标内画出两种物质的混合物的 $LD_{50}$、$ED_{50}$ 值。当混合物的 $LD_{50}$ 或 $ED_{50}$ 值在两种物质的可信限上、下连线之间则判断为相加作用，在上限以上则为拮抗作用，下限以下则为相乘作用。该方法结果直观，适用于对两种物质的联合作业的初步预测观察。由于其涵盖的数据量的局限性，只能对两种物质进行探讨，并且不适用于非概率型效应指标资料。

2. **联合作用系数法** 该方法是在求出各物质各自的 $LD_{50}$ 值后，以各物质的联合作用是相加作用为假设的前提，计算出混合物的预计 $LD_{50}$，然后实际检测混合物的 $LD_{50}$，最终得出预计 $LD_{50}$ 与实际 $LD_{50}$ 的比值，即联合作用系数 $K$ 值。当 $K>2.5$ 表示相乘作用，$K<0.4$ 为拮抗作用，$0.4<K<2.5$ 则为相加作用。该方法能够较好地预测和评价联合毒性而被广泛应用，并以此为基础演变出改良的 Q 值计算方法。

3. 等概率和曲线法　由于等效应线图法并未考虑到两种物质的斜率和截距的差异，可能会低估联合毒性，因此人们又提出了按效应相加的等概率和曲线法判断物质的联合作用。两种或多种物质发挥作用的概率（$P_A$、$P_B$ 等）是不同的，两种物质共同作用的理论预期效果（$P_{A+B}$）可以通过等概率和的方法求出：$P_{A+B}=P_A+P_B-P_A·P_B$。Q=实际合并效果/理论预期效果。实际应用时，当 $Q>1.15$ 时为相乘作用，$Q<0.85$ 时为拮抗作用，$0.85<Q<1.15$ 时为相加作用。通常使用 $LD_{50}$ 或 $ED_{50}$ 进行表示，此时 $Q_{50}$ 的计算中，实际合并效果为0.5，即一半的效果，分母依然为理论相加预计效果，则 $Q_{50}=0.5/$理论预期效果。

**案例 8-2**

机械制造生产和矿山开采中，很多生产需要进行焊接、铆接等操作，在这一操作过程中会接触电焊烟尘和机械性噪声等职业危害。包括金属和非金属物质在过热条件下产生的蒸气经氧化和冷凝而形成的气溶胶和臭氧、一氧化碳、氮氧化物等有害气体。电焊烟尘不仅会对肺功能造成危害，锰烟、锰尘等的吸入还可能引起机体的锰中毒，表现为神经系统中锥体外系的神经功能障碍。同时噪声也会对作业工人的听觉系统、中枢神经系统、心血管系统等造成危害。当电焊烟尘和噪声等同时存在于作业场所中，可能会发生联合作用。研究人员对某钢铁企业金属构件厂同时接触电焊烟尘与噪声的作业工人的听力情况进行了检测和分析，发现联合作用组（锰+噪声）65人（130只耳）中有61.54%（80只耳）的工人听力下降，比单一噪声组48人（96只耳）听力下降比例32.29%（31只耳）要高1.9倍，高频听力损伤率为60.00%，比单一噪声接触组的28.13%的损伤率高2倍以上。随着工龄的延长，联合作用组的工人听力损伤检出率升高，并且较同工龄段单一噪声组的工人听力损伤率出现早、频率高、程度重。这说明电焊烟尘与噪声同时接触加重了作业人员的听力损伤程度，二者对听力损伤具有协同效应。除此之外，还有研究表明铅烟与噪声的联合作用造成的听力损失检出率均明显高于单纯噪声组，一氧化碳和噪声同时暴露可能加重永久性噪声性听力损伤。

**问题：**

电焊烟尘中的锰与噪声是否对机体产生了联合作用？其可能的联合作用类型是什么？

# 二、混合性职业性有害因素对人群健康的影响

职业人群因为生产过程、生产工艺、劳动组织、防护措施等不同，接触混合性职业性有害因素种类也有所不同。迄今为止，以化学因素之间联合作用、体力劳动和化学因素、化学因素与物理因素、物理因素与物理因素、化学因素与生物因素等联合作用研究得较多。除此之外，心理因素在职业卫生上越来越受到重视，其与化学、物理、生物因素等方面之间的联合作用也在逐渐开展研究。不管哪几方面的联合作用，对于揭示诸多因素对机体的效应具有重要意义，为制定综合防治措施提供了科学依据。

## （一）化学因素与化学因素联合作用

生产环境中，多种化学物质通常同时存在，这些共存的化学物质在外部环境中或者在接触者体内都会产生相互作用，从而改变其本身对机体的毒性。多种不同的刺激性气体对机体产生的刺

激作用多为相加作用,具有麻醉作用的毒物在麻醉作用方面也是表现为相加作用。能够使血液携氧能力降低的一氧化碳和抑制细胞呼吸作用的硫化氢,或者与刺激呼吸道引起呼吸功能障碍的氮氧化物同时存在时,均可出现相乘作用,前者毒性增加1.5倍,后者毒性增加3倍。

混合性有机溶剂具有引起机体出现反复的短期记忆缺失、反应迟缓、外周神经疾患等神经毒性作用。多种有机溶剂混合实验证实,有机溶剂毒性之间具有协同作用。人们发现在一些实验中添加了乙醇后,会造成原有实验效果增强,即目标的实验性行为增效。在毒理学研究中发现,有机溶剂混合物的吸收、清除和代谢过程都不同于单一有机溶剂。当接触重金属和有机溶剂时,可反复出现严重的中枢神经系统和外周神经系统损害。长年接触有机溶剂可能会引起"脑器官性精神综合征"。高浓度混合性有机溶剂或窒息性气体(如甲烷、一氧化碳等)与有机溶剂(如苯、甲苯等)的混合物的急性暴露可引起混合性中毒事故。

粉尘作业环境中大部分是多种粉尘共存的,很少有单纯粉尘存在。两种或两种以上的粉尘称为混合性粉尘,如金属研磨尘、合金加工尘、煤矿矿井中的粉尘等。研究混合性粉尘对机体的联合作用对于预防和治疗尘肺更具有现实意义。在煤矿的粉尘中,除了游离二氧化硅外,还有煤尘和其他物质。铁矿开采中,粉尘中包括二氧化硅、铁、氧化铝、镁、磷等化合物,钨矿开采的粉尘有钨、锰、铁等矿石粉、二氧化硅、白云母、方解石、长石等粉尘。由于长期吸入游离二氧化硅和其他粉尘的混合性粉尘可以引起混合性尘肺(mixed dust pneumoconiosis),如煤工矽肺。有研究表明,在相同含量的游离二氧化硅存在的粉尘暴露中,陶瓷厂的矽肺发病率远远低于金属开采矿山,潜伏期较钨矿、锡矿长,这可能是由于陶瓷厂的粉尘中的黏土的存在造成的,黏土包裹在游离二氧化硅粉尘颗粒表面后,延缓了二氧化硅的生物学作用。

### (二)化学因素与物理因素联合作用

物理因素与化学元素联合作用日益受到重视。在高温或低温环境下接触毒物时,由于机体的代谢速率、耗氧量等有改变,对于毒物的吸收与代谢转化有明显的影响。一般在高温或低温环境下,化学有害因素的毒性作用比常温条件下大。

高温作业环境中,毒物挥发增加,使空气中毒物的浓度增大,同时机体皮肤毛细血管扩张,血液循环和呼吸加快,因而增加毒物的吸收量,代谢速率上升可能会加快中毒反应现象的出现,并降低中毒表现暴露的阈剂量。在高温环境中,甲醛、苯、汞等易挥发物质挥发速度加快,在空气中的化学物浓度高于常温状态,这就增高了机体吸入中毒的几率。研究中发现,暴露于低浓度苯的工人,在高温作业环境中出现重度苯中毒的速率比常温苯暴露速率要高出2~3倍。在炼焦等作业中,CO与高温存在共同的联合作用。调查结果表明,夏季工人血液中HbCO的含量(7.89±0.48%)明显高于冬季(3.75±0.91%)。这些都说明高温可以增强化学物质对机体的毒作用。另外,高温条件下,硫、磷等物质经皮吸收增加,致使毒作用加剧。

一些能引起代谢低下、体温下降的毒物,在低温条件下毒性作用会增强。如在寒冷的环境中接触四氯化碳会增加四氯化碳的毒性;有机磷、有机氯等类的农药在低温寒冷的环境中,会引起急性中毒症状加重;低温还会使机体对氰化钾敏感性增强,降低机体对氰化钾的暴露阈限值。

在高湿度环境中,氯化氢、氟化氢等易溶于水的气体对人体刺激性和毒性明显增强。除了温度、湿度以外,气流方向也影响作业环境和作业人员的安全。在喷洒农药时,作业者农药中毒危险性与喷洒行进方向和风向关系密切,在上风向或后退喷洒中,中毒的危险性降低。这些物理因素对是否发生和加剧或减弱化学物质的中毒情况有明显的作用。

### (三)物理因素与物理因素联合作用

实际工作环境中,通常也是多种复杂的物理因素同时存在的,多种物理因素同时作用于机体,产生物理因素之间的联合作用。例如噪声与高温、振动联合作用会加剧噪声对听力的损害,使作业者的高频和语频听阈明显提高。高温与噪声可以对作业人员的心电图产生联合作用。物理因素之间的联合作用研究比较多的是振动与低温的联合作用。已经证实的是在寒冷环境中使用振动工具，手指的雷诺症发生率显著升高，说明低温是手臂振动病发生的因素之一。在炎热地区的振动病发病率非常低，甚至没有发病，说明了温度与振动有重要关系。不同类型的电离辐射的联合作用、电离辐射与紫外线和激光的联合作用，电离辐射与非电离辐射的联合作用也日益受到人们关注，但是这些方面的研究较少，无法阐明其联合作用的机制。多数学者认为，电离辐射与非电离辐射的联合作用主要为协同作用，少数认为是拮抗作用，这主要是与联合作用的先后顺序、时间间隔、辐射的类别和剂量、电磁辐射的波长强度有重要关系。

### （四）职业因素与非职业因素的联合作用

不同个体的自身素质，包括体质、营养、病史、遗传背景等，都能影响机体对职业有害因素的敏感性和损害程度。有些毒物的作用与遗传缺陷有关。例如对苯胺类化学物质敏感者，往往有葡萄糖-6-磷酸脱氢酶的先天缺陷。α-抗胰蛋白酶（α-SAT）缺陷的人群，对刺激性气体的作用特别敏感。因为α-SAT可以抑制蛋白酶的作用，防止蛋白酶对组织的降解破坏。缺乏α-SAT时，一旦吸入刺激性气体引起肺部组织破坏时，蛋白酶不但分解受损组织，还会损伤周围正常组织，造成毒性作用加剧。近年来发现铅中毒与ALAD基因多态性有关，苯中毒与P450代谢酶的多态性有关。呼吸道对粉尘的过滤作用及皮肤对水溶性毒物的屏障作用，毒物在体内的转化解毒和排泄，以及人体对所发生的生理生化改变，或脏器受损后的代偿恢复能力等因素的差异，都影响人体对毒物的耐受能力。

长期接触毒物后，机体会产生一定的耐受性，对毒物的耐受能力有所提高。例如，短期接触大量的有机磷农药后，胆碱酯酶活性降低至70%以下时，会出现急性中毒症状，但是如果长期接触小剂量的有机磷农药，有时胆碱酯酶降低至30%，也可能不表现出中毒症状。这种耐受性的提高，也有人称之为"适应性"，可能是由于肝脏产生相适应的毒物转化酶，或对毒物的代偿能力提高的缘故。

不同性别的职业人群对化学毒物的毒作用反应也不尽相同。在相同接触条件下，女性对化学物质的敏感性高于男性。女性在月经期、怀孕期、哺乳期内生理功能都会发生改变，在这些特殊生理时期对某些毒物的敏感性增高，如月经期对苯、苯胺、硝基苯等的敏感性较高。怀孕期及哺乳期不可以参加汞、铅等作业，以保护胎儿和婴儿的健康。未成年人由于各个器官、系统发育尚不完整，其代谢能力较弱，并且处于生长发育的重要时期，如果接触毒物，易于发生中毒，并且会对发育产生不可预期的负面影响，所以未成年人不允许参加有毒作业。

职业接触与不良生活习惯和方式也存在一定的联合作用。这一方面主要是职业性有害因素接触与吸烟的联合作用研究较多。吸烟与氡的同位素、砷、石棉、双氯甲基醚和联苯胺等职业性有害因素都有一定的关联。这些因素中，砷、石棉、双氯甲基醚皆可以导致肺癌的发生，氡同位素和联苯胺分别会导致肝癌和膀胱癌的发生。特别是易诱发肺癌的职业性有害因素与吸烟共同作用时，会产生协同作用。另外，接触铅、汞、四氯化碳、氨基和硝基苯等，都会因为饮酒时乙醇的摄入而增加这些有害因素的作用，所以接触这类毒物的作业者不宜饮酒。

除了上述遗传因素、健康状况、性别等因素外，还有很多复杂的因素影响人体对毒物的敏感性，这还需要在实际工作中发现和研究，其具体原因尚需要在科学研究中加以阐释。

### （五）其他联合作用

臭氧、氮氧化物、二氧化硫等空气污染物引起的呼吸道感染发病率升高、病情加重、病程延长等表明化学因素与生物因素对机体健康的影响存在联合作用。不良的工作环境会加剧工作要求和工作强度，以协同的方式加重疾患，因而工作者对其他紧张因素的耐受降低，劳动效率下降。噪声、通风不良、光线过亮或过暗、温度不适，以及工效学设计缺陷都会影响工作者的心理健康、态度和行为。但是对于心理因素与其他因素之间联合作用，以及两种以上的因素联合作用研究更加复杂，人们对这些的了解还非常少，可以肯定的是这些作用要比单一因素或两种因素要复杂得多。

总之，了解混合性职业性有害因素之间相互作用规律，可以全面考虑和评价混合性职业性有害因素与健康之间的关系，采取综合防控的措施，控制和消除作业环境中的有害因素，更好地预防职业性有害因素对人群健康的危害。

> **案例 8-2 解析**
>
> 电焊烟尘中的锰与噪声都会降低机体的听觉感受，噪声会降低耳对声音的敏感性，锰会损伤听觉神经，使机体听力受损，二者分别为物理性职业性有害因素和化学性职业性有害因素，其共同作用的听力下降水平大于单个因素的作用之和，在损害机体听觉上产生了联合作用，可能作用类型是相加或协同作用。

## 三、有害因素联合作用卫生标准的制定

考虑到化学因素之间、物理因素之间以及两者之间的相互作用，制定有害因素联合作用的卫生标准就会很复杂。除了这些已知的有害因素以外，还要考虑到通过大气、饮水、食物等摄入毒物，以及个体因素的联合作用。实际工作中，同时接触接近容许值的多种有害因素，比接触单一有害因素更快地引起机体功能和病理改变，在制定职业卫生标准时，需要考虑多因素联合作用。但是联合作用的机制和病理情况远远比单一因素复杂得多，比较完整地阐明联合作用的中毒机制和修订出一个比较合理的卫生标准，还需要不断地深入研究和探讨。

有害物质的独立作用中，尤其是作用于不同的效应器官，在理论上可以尽量采用单个物质所属的最高容许度值（MAC）。而在相加作用中，根据科学观点，应该采用总和规则。工作场所存在的多种化学物质的接触限值由同时存在的作用相似的化学物质的各自接触限值累积而成。美国工作场所限度值制定委员会（即美国政府工业卫生学家委员会，ACGIH）规定毒作用相似的多种化学物质同时存在时，每一种化学物质各自的浓度与相应的阈限值（threshold limit values，TLV）比值只允许小于 1。如果缺乏多种物质联合作用机制研究，不能确定多种有害物质是独立作用或拮抗作用，并且这些有害物质作用于同一靶器官或系统，则视这些有害物质为相加作用。计算多种有害物质的相加作用时，采用公式：

$$I_{MAK} = \frac{C_1}{T_1} + \frac{C_2}{T_2} + \ldots + \frac{C_n}{T_n} \quad \text{（公式 8-1）}$$

式中 $I_{MAK}$ 为评定指数，$C_1$、$C_2$、$C_n$ 为单一有害物质的浓度，$T_1$、$T_2$、$T_n$ 为对应的有害物质的阈限值。要求工作场所中 $I_{MAK}$ 值必须小于等于 1，才是安全的可允许的工作环境。对于这种方法要求确定混合物质中单一成分的浓度，才能最终判断出是否符合标准。美国工作场所限度值制定委员会规定该相加公式同样适用于同时接触具有时间加权平均浓度（TLV-TWA）、短时间接触阈限值（TLV-STEL）及阈限值上限（TLV-C）的有害物质。但是当有一种 TLV-STEL 或 TLV-C 物质与一种有 TLV-TWA 但无 TLV-STEL 的物质混合时，可以将后者的 TLV-STEL 等同于该物质可适用的漂移上限，这里漂移上限定义为 5 倍 TLV-TWA。根据这一设定，可以将相加作用的公式修正为 $I_{MAK}=C_1/T_{STEL}+C_2/5T_2$。在实际工作中，可能会同时接触几种不同的阈限值规定物质的混合物的情况，这时要根据不同的组合来进行公式的修正和计算。但是这一公式不适用于对 TLV-C 的连续接触。

我国在 GBZ 2.1-2007《工作场所有害因素职业接触限值第 1 部分：化学有害因素》和 GBZ 2.2-2007《工作场所有害因素职业接触限值第 2 部分：物理有害因素》中给出了多种因素联合作用

的相应计算和评价方法。当两种或两种以上的有毒物质共同作用于同一器官、系统或具有相似的毒性作用（如刺激作用）时，或已知这些物质可能产生相加作用，则应按照下列公式计算结果，并进行评价。公式如下：

$$\frac{C_1}{L_1}+\frac{C_2}{L_2}+\frac{C_3}{L_3}+\cdots+\frac{C_n}{L_n}=1 \qquad (公式8-2)$$

式中 $C_1$、$C_2$、$C_3$……$C_n$ 为各化学物质的浓度；$L_1$、$L_2$、$L_3$……$L_n$ 为各化学物质相应的容许浓度限值。

根据此公式计算出的比值>1 时，表示超过接触限值，不符合卫生要求；当比值≤1 时，表示未超过容许接触限值，符合卫生要求。但是如果缺乏联合作用的毒理学资料，则应该分别测定个化学物质的浓度，并按照各个物质的职业接触限值（occupational explosure limits，OELs）进行评价。

在执行国家卫生标准及制定防治措施时，一定要考虑到职业性有害因素的联合作用。在进行职工健康监护同时，应用流行病学调查的方法来观察分析职业有害因素联合作用，有针对性地加强工业卫生防护和治理，以更好地保护职工的健康。

总之，混合性职业性有害因素的联合作用目前还了解很少，对这方面的调查和研究还需要进一步地开展，为制定相关卫生标准提供依据，也对职业病的防治工作具有重大的指导意义。

## 第二节 常见行业的职业危害和特点

我国职业病发病形势严峻，接触职业性有害因素人数数以亿计，煤炭、纺织、农业机械、化工、冶金等行业人群接触职业性有害因素最为突出，并且都暴露于多种混合性职业有害因素。由于不同行业职业性有害因素各有特点，因此掌握不同行业职业性有害因素及其危害是进行作用场所职业性有害因素识别、评价、卫生监督管理的必要基础。

### 一、矿山作业

矿山是指在一定的开采区域采掘矿石的生产单位。根据开采位置可以分为地下开采的矿井和露天开采的露天矿。根据开采的矿石类型，又可以分为煤矿、金属矿、非金属矿、建材矿等等。从事采矿作业的劳动者，特别是井下作业的工人在从事繁重的体力劳动的同时，面临着多种职业性有害因素。包括狭小的通风不良的环境中光照不足、高湿度、高温度、噪声、振动、粉尘、有毒气体等。在这以外还要面临潜在的落石、塌方、渗水、瓦斯爆炸等方面的意外伤害。露天开采生产的劳动条件基本属于户外作业。接触不同类型矿山的劳动者所面临的职业性有害因素也不尽相同。比如煤矿作业中，除了粉尘外，会有高温、甲烷、煤尘爆炸等危险；金属矿和非金属矿中，其开采的矿石可能存在有毒物质（铅、汞、砷、锰、石棉）或放射性物质（铀）等，并且某些矿石会与石英共生，致使粉尘中二氧化硅的含量会很高，更容易产生矽肺等职业病。

#### （一）基本生产过程

**1. 井下开采** 井下采矿基本可以分为掘进、采矿、运输和充填几个基本过程。

（1）掘进：掘进工作是指在岩层或矿层中挖掘巷道的过程，由掘进工担任，其主要工序是凿岩、爆破、装岩、运输和支护等。目前开凿巷道仍然以爆破的方法为主，也有使用大型凿岩机，或者数字化开凿，这是巷道掘进的一个主要工序。爆破开凿方法中，首先需要用风钻或电钻在岩石或矿石、煤层中钻眼，然后装上炸药，将岩石爆碎下落，用矿车运出爆破落下的岩石后，架上巷道支架，形成开采巷道。

（2）采矿：采矿是指把含有矿石的岩层采掘下来。开采矿石的工作面称为掌子面。在金属矿或石灰岩开采中，该作业与掘进类似，沿着矿脉打眼、爆破，然后运输出井。在煤矿采矿中，这一过程又称为回采。薄煤层与中厚煤层可以一次性把整个煤层采出，但是厚煤层需要逐层开采。回采工作由采煤工担任。工序分为落煤、装煤、运煤、支架和顶板管理。由于机械化程度的不同，劳动条件差别很大，可分为手工采煤、机械采煤和水力采煤。其中水力采煤会增加作业环境湿度，粉尘含量会相对降低，但是由于大量地下水的使用会造成周围的环境地表水、地下水水位下降，破坏生态系统。

（3）运输：采掘的矿石、岩石等经运输巷道运到车厂，再使用提升机、绞车或履带运输机等运送到地面。由于作业环境的狭窄和密闭，这一阶段工作的主要危害在于噪声和振动。

（4）充填：金属矿开采后一般不必充填，但是煤矿开采后需要使用砂石等材料代替开采的煤层，防止开采空区发生塌陷。常用的方法是水砂充填，即利用水力将砂石等填充材料从管道中输送到采矿空区进行充填。

**2. 露天开采** 当矿藏露出地面或接近地表时，采用露天采矿的方式进行开采。这一过程主要为使用推土机、电铲等剥离表面覆盖层，露出矿层后进行采掘。露天采矿的生产效率高，并且作业环境和条件相对较好。

### （二）矿山作业中主要的职业性有害因素及对健康的危害

矿山开采工作中，主要的职业性有害因素有生产性粉尘、不良气象条件、有害气体、噪声和振动等。在矿井狭小的空间中，伴随着高强度的劳动作业，还有照明不足、不良作业姿势，以及容易发生意外伤害等。

**1. 生产性粉尘** 矿井内许多生产工序都会产生大量的粉尘，如凿岩、放炮、采矿及运输等。作业环境中的粉尘浓度、分散度及二氧化硅含量取决于开采方式和岩层的地质构成。掘进工人采用干式钻孔所产生的粉尘浓度最大，能够达到 800～1400mg/m$^3$，远远高于湿式凿岩。一般岩石中游离二氧化硅的含量在 30%～50%之间，在一些金属矿、石棉矿、石英矿等矿山开采中，粉尘中二氧化硅的含量较高，煤尘中二氧化硅的含量较低，一般不超过 10%。随着机械化程度提高和湿式作业的加强，在规模较大的矿山，作业区的粉尘浓度合格率有很大提高，但是在一些小型矿山中，由于机械化程度低，安全防范措施投入不够，粉尘浓度超标率非常高，致使劳动者的健康难以得到保障。矽肺、煤工尘肺等是采矿工人的主要职业病。由于各种矿井中劳动条件、粉尘中游离二氧化硅含量、粉尘浓度和工种、工龄等不同，煤矿工人尘肺的发病率变动很大。掘进工的矽肺和煤工尘肺的发病率比采煤工的发病率高。

**2. 不良气象条件** 矿井深处作业面的气象条件基本特征是气温高、湿度大，不同地点气流大小不等，并且温差大。

（1）气温：高气温是矿井内的不良气象条件之一。气温的增加来源有多个方面，包括岩层温度、气体压缩热、机械工作产热等。一般矿井巷道每深入地下100m，空气因密度增加而产生的压缩热可以增温1℃；地下每深入 30～35m，岩层温度增加 1℃，岩层温度的变化与地区也有一定的关联。温度每升高 1℃所需要增加的深度称为地温级，以米表示；深度每增加 100m 所升高的温度称为地热梯度或地热增温率，以℃表示。除了这些自然因素造成的温度增加以外，矿井中的机器产热，人员的体热也是促使气温升高的因素。井深 1000m 以上的通风不良矿井中，气温甚至可以达到 35～40℃以上，在这样的环境中进行高强度的体力作业，极易发生中暑。长期在这种高温环境下作业，会对人体的水盐代谢、消化系统、泌尿系统等产生影响，随着高温作业工龄的增加，高血压、胃肠道疾病、肾脏疾病等发病率也会随之上升。

（2）湿度：井下气体湿度主要来源于巷道内的积水、流入空气的湿度和岩层的湿度。采矿时矿井内会有地下水不断渗出和蒸发，相对湿度一般在80%以上，采煤的工作面常常可达95%以上的湿度，但在800m以上的深矿井中，由于渗出水量显著减少，气温较高，湿度反而会降低。

（3）气流：矿井内气流主要是由人工通风引起的。由于通风口位置和矿井形状结构的不同，在不同位置可能有很大的气流差别，如在竖井或斜井内气流较大，巷道深处和掌子面气流较小。

这些不良的气象条件可能会诱发工人风湿性疾病、上呼吸道疾病、感冒、湿疹等疾病。有调查显示煤矿工人上呼吸道感染及风湿性疾病的发病率一般比其他工厂企业高。这就需要工厂加强通风降温、除湿等措施改善作业环境，减少职业病的发生。

**3. 有害气体** 由于矿井中空气流动较慢，可能通过微生物发酵、岩石理化性质的改变、机器工作以及其他很多种原因，会产生和积累沼气、一氧化碳、二氧化碳、氮氧化物、硫化氢等有害气体。这些气体的积累可能会造成急性或慢性的职业危害，在实际工作中一定要注意。

（1）沼气：俗称瓦斯，主要成分为甲烷，为无色无臭的可燃性气体。其在矿井中的含量与矿山的地质结构、矿产种类有关。一般在煤矿中产生的瓦斯较多，主要存在于煤层中，在煤块崩落时排放出来，一般每采煤一吨会释放出30m$^3$沼气，而在深矿井中可以达到60m$^3$。沼气的危害主要在于它可以排挤空气中的氧气，并且无色无臭，难以察觉，一定条件下可造成缺氧甚至窒息。由于沼气的易燃性，与一定比例的空气混合后会发生爆炸，当其浓度为5%～6%时，遇明火即可发生爆炸。

（2）一氧化碳和氮氧化物：在井下作业时，使用硝化甘油类炸药进行爆破作业时会产生一氧化碳，而使用硝铵类炸药则会产生大量的氮氧化物；此外煤层自燃产生一氧化碳和二氧化碳，个别矿区煤层中含有一氧化碳。这两种气体都会引起急性中毒。

（3）硫化氢：巷道的立柱大多采用木材或金属材料，木材腐烂及酸性矿井水与硫铁矿作用会产生硫化氢，长期封闭的废弃巷道内也会存在硫化氢；煤矿中比较少见硫化氢气体，一般存在于煤层一定区域的"鸡窝煤"和在长期封闭的废弃巷道内。由于硫化氢具有刺激性气味，大多数职业危害为急性中毒。

（4）二氧化碳：巷道中的二氧化碳主要来源于木材腐烂、人群呼吸以及爆破，煤矿中则主要来源于煤层和煤块内，在采煤过程中和沼气一起释放。由于二氧化碳的密度较大，多聚集于巷道低处及通风不良的废弃巷道中，其危害类似于沼气，当浓度达到10%时，就会造成劳动者窒息死亡。

**4. 噪声和振动** 矿井中的噪声和振动主要来源于机械化生产，如风动工具、电动工具、运输机、传送带等。由于空间的狭窄和较高的温度，都会一定程度上增加噪声的作用。噪声和振动的程度取决于生产过程、开采方法和使用的工具。长期在强烈的噪声和振动作用下会造成听力下降，引起噪声性耳聋和振动病。

**5. 高强度劳动和姿势不良及意外伤害** 矿山工人的劳动强度普遍较大，如掘进工岩石装车操作，属于重体力劳动，极易疲劳。矿井内作业区多为狭窄空间，工人身体需要保持长时间的弯腰、蹲位或跪卧等姿势进行作业，这些不良体位会造成工人易患腰腿痛、关节炎，尤其容易引发滑囊炎。煤矿井下工人滑囊炎已经列入国家职业病名单中。

井下作业工人还要面临生产性外伤、运输事故、机械或工具创伤，以及触电、爆炸、冒水、火灾等意外伤害。在作业时，如发生岩层或矿层的倒塌、石块或矿石的坠落、井内运输事故、工作面或巷道阻塞、人行道失修、炸药爆炸、触电等，都会造成伤亡事故。资料统计显示，煤矿工人生产性外伤原因中，石块或矿石的坠落事故居首位，其次是运输事故和机械或工具引起的外伤。此外，由于矿井内作业场所的特殊性，如不见阳光、潮湿、通风不均、饮水供应不良、饮食制度不合理等，井下工人常见上呼吸道感染、风湿性疾病、胃肠疾病、化脓性皮肤病等等。

## 二、农业生产

农业生产是我国最主要的生产活动之一,据 2012 年国家统计局统计居住在乡村的人口为 64 222 万人,占总人口的 47.42%,其中的半数以上居住人口全部或部分地从事农业生产,这类人群是接触职业性有害因素最大的人群。

### (一)农业生产特点

我国地域辽阔,自然环境复杂,南北东西气候相差悬殊,地域和气候使得我国的农业生产活动具有多样性、地域性和季节性的特点。农业生产不仅包括传统的耕作,也包括林业、牧业、渔业和副产品业的生产。农业劳动的作业场所、条件、方式、工具、机械化程度千差万别。以水稻耕种为例,在插秧、施肥、除草、收割、脱粒等过程中,有的机械化程度很高,有的完全为手工劳动,并且不同地区同样的农产品生产也有不同的生产作业方式。

随着经济和科技的发展,农业生产的机械化、自动化程度在提高,蔬菜大棚、无公害和有机化生产、干旱地区实施节水灌溉工程等高科技技术的应用也在扩大。但是由于我国农村人口基数大,经济相对落后,特别是以家庭式作业方式为主,农业职业卫生问题仍然突出。农业生产作业的共同点可以概括如下:

(1)野外作业:农业生产的耕地都在距离居住地点一定距离的户外环境中,从事农业生产的劳动者在作业时,可能会直接曝晒在太阳下;水田生产中四肢皮肤可能会直接接触到农田中的积水;有的作业地点在林地中,有的在塑料大棚中。

(2)多数的农业生产会使用农药、除草剂等,畜牧生产和渔业生产会接触到消毒剂等。

(3)接触生物性职业有害因素机会较多。

(4)部分地区和生产过程会使用到机械设备,如脱粒机、收割机、铡草机等。

(5)特殊作业需要强迫体位,如插秧、收割、采摘棉花、茶叶等。

(6)农业生产大多为高强度体力劳动,其职业卫生预防和保护条件较差。

需要注意的是由于农闲时期出外务工的劳动者的不断增加,我国逐渐形成了规模宏大的农民工群体,农民工在农忙时参与农业生产,农闲时进入工厂或工地转变为工人,使得这类人群在不同时期接触到不同的职业性有害因素,并且由于可能对农民工群体岗前培训和规范化培养不充分,其发生危险和职业病的几率更高。

### (二)职业性有害因素

**1. 农药、化肥和有害气体** 农作物种植、栽培、除草、杀虫、促进生长、成熟等过程经常使用农药、化肥,可能引起农药中毒及其他损伤。在渔业养殖、牧业养殖中对鱼塘的消毒和对牲畜的消毒,如对绵羊药浴过程,都会接触到不同类型的有毒药品,一旦操作不当、清洁不净,很容易造成经口鼻、经皮肤等吸收,引起中毒。

在使用生产机械设备时,汽油机柴油机工作产生的废气中含有一氧化碳、二氧化硫等,储存蔬菜水果等的地窖、储藏室可能因腐败和氧化分解产生二氧化碳、硫化氢、一氧化碳等有害气体,造成入窖人员中毒。沼气室、粪坑、燃煤保温的塑料大棚可能接触甲烷、硫化氢或一氧化碳等窒息性气体,浓度高时可以引起"电击样"中毒,甚至死亡。

**2. 农业粉尘** 农民的生产和生活环境,常常存在不同类型的有机粉尘、气溶胶态悬浮物和有害气体。这些因素可引起过敏性、刺激性和感染性肺部疾患。未经充分晒干或雨淋后堆贮的饲草,由于植物细胞呼吸产热,促使干草小多芽孢菌与普通嗜热放线菌的生长。作业时,这类菌的孢子随同饲料粉尘吸入肺内,引起农民肺。接触蓖麻、大麻、茶、烟草及各种动物粉尘可引起有机粉尘所致的慢性阻塞性呼吸道疾患。

**3. 生物因素**　林、牧民及兽医技术人员在生产活动中常接触野生动物及饲养禽畜，因此易于感染炭疽病、布氏菌病、类丹毒、钩端螺旋体病、沙门菌病、破伤风、狂犬病等人畜共患病。此外，由于生产及农村条件所限，容易罹患某些寄生虫病和虫媒疾病，如出血热、病毒性脑炎、麻疹、丝虫病、血吸虫病等。在血吸虫病区的水田作业时，禽兽类血吸虫尾蚴侵入皮肤会引起尾蚴皮炎。在施用未经无害化处理的有机肥、农家肥的园田（如桑园、果园、菜园等）作业时，可发生手、足钩蚴皮炎。在玉米、小麦脱粒或棉花采摘搬运时，因接触寄生在这些作物上的蒲团虫、米粉恙螨可引起瘙痒性皮炎（谷痒症）。在人工摘除附有三化螟虫卵的稻叶时，接触卵块鳞毛可引起三化螟卵块皮炎。在桑果林中接触桑毛虫脱落飘荡的毒毛，可引起桑毛虫皮炎。养蚕工作者手部易接触柞蚕分泌物，可能因腐蚀而导致局部症状，并易发生感染，称为蚕沙病。

**4. 不良气象条件**　农业生产的生产场所大多为户外，常受到高温和太阳辐射的影响，特别是在南方炎热地区，白天室外气温常在35℃以上，甚至可达到40~43℃，太阳辐射强度也大，故有可能发生中暑。旱地作业环境的气温和热辐射较湿地作业更高，尤其是在气温和相对湿度较高而风速较小的密植高秆作物（高粱、玉米、甘蔗等）大田劳动时，由于蒸发散热较困难，更易发生中暑。机械化作业时除了受到作业场所气候条件的影响，发动机也是一个非常可观的热源，驾驶室在夏季的温度可达到40℃以上。

**5. 噪声和振动**　主要来源于使用机械化生产的作业环境，如拖拉机、联合收割机、脱粒机等。据调查，强度为80~106dB（A）的噪声就可以使操作人员的听力暂时性减退、耳鸣、注意力不集中，并妨碍操作人员与周围人员的交流，从而引发外伤事故。除了受到噪声的危害外，操作这些设备的人员还会收到全身振动作用、局部振动作用，引起腰、背、肩酸痛、手腕肿胀、全身无力，以及内脏下垂。

**6. 不良体位和局部紧张**　与手工操作有关的工效学问题主要为强迫体位和局部紧张所致的急性、慢性劳损。例如插秧中，腕伸肌单一活动骤然增加可导致腱周围组织的急性劳损。轻者可见右腕骨背及前臂下1/3处轻度肿胀、疼痛；重者肿痛明显，桡侧前1/3可见有突出小肿块、腕关节伸屈活动时有捻发音，类似"腕管综合征"。割麦、割稻、拾棉花等弯腰农活，由于局部肌肉过度紧张，可致腰肌劳损，引起腰骶骨痛和腰腿痛。

**7. 意外伤害和其他**　农业劳动中还可能遇到电击、牲畜暴力伤、蜂蜇蛇咬、水蛭叮咬等意外伤害。在农作物收割、捆绑、运输、脱粒等作业中，由于麦芒、谷物粉末、沙砾等异物入眼，常常会导致眼外伤。农机作业所致的外伤以拖拉机操作者为主，脱粒机、收割机、播种机、割草机等操作者也时有发生。损伤类型包括闭合性软组织挫伤、开放性割伤、穿刺伤、压砸伤等。

在水产品养殖、水稻种植的拔秧插秧和耕耘季节，作业者都会长时间处于水浸环境，表皮与防水服或异物发生机械摩擦可以引起浸渍糜烂型皮炎。割麦、捆麦、脱粒时，裸露部位或褶皱较多部位的皮肤接触尖锐的麦芒可引发麦芒皮炎。农业劳动中，妇女和未成年劳动力由于性别和年龄的特点，可能会遇到一些特殊的卫生问题，如妇女从事某些负担过大的劳动，或经期接触冰冷的水等，可能会引起盆腔淤血、月经不调等症状。

# 三、纺　织　工　业

纺织工业是将纺织纤维加工成各种纱、丝、线、绳、织品及其染整制品的工业。主要有棉纺织、毛纺织、麻纺织、丝纺织、合成纤维纺织及针织和纺织复制等工业。我国是世界上最大的纺织品、服装生产国，并且是我国出口的重要产品，其在国内经济体系中占据重要地位，提供的就业岗位也在居于前列。从事纺织生产的工人也是一个庞大的群体，其职业卫生问题值得关注。

## （一）主要生产过程

纺织原料有棉花、羊毛、羊绒、蚕丝、苎麻、亚麻等天然纤维，还有很多种化学纤维，因原料的不同,生产工业略有差异,基本的生产工艺为:原料处理→纺纱→织布和整理→染整。

(1)原料处理:在棉纺织时需要将棉花充分展开除杂清棉,经过开棉、混棉、清棉后,制成棉圈,这些都由一系列的机械完成。毛纺织则需要经过选毛、打土、洗涤、烤干梳毛、和毛等步骤。麻纺织需要打麻、梳麻。丝纺织需要煮茧、缫丝、烘干、整理、检验、包装等。

(2)纺纱:各种纺织原料经过梳理、并条、粗纺和精纺过程,将棉、麻、毛等纺织成纱。

(3)织布和整理:细纱分别经过络筒、整经、上浆、穿综与穿筘(统称经纱准备)及络筒、卷纬、给湿(统称纬纱准备),最后在纺织机上交织成布。织成的布需要经过验布、修理、拉幅及包装等进行整理。

(4)染整:织布厂出来的坯布在经过烧毛、退浆、漂白、干燥(统称为漂炼)等过程后,用不同性质的染料在轧浆机上进行染色。对于需要印花的布匹,首先要按花样设计要求雕刻花筒,另将染料调煮印浆,然后上印花机印刷。印好的布匹经干燥、汽蒸、水洗等过程最终成为产品。

## (二)职业性有害因素

在纺织工业中,原料处理和纺纱等阶段会接触到粉尘、生物性有害因素;染整过程会接触到有毒的化学药品;使用机械的过程中会长期暴露于噪声环境下,生产车间内的温度和湿度普遍较高,同时还会有照明问题和不良工作体位造成的职业性危害存在。

**1. 化学毒物** 纺织加工中常常使用各种各样的染料和助剂。染料按性能可以分为直接染料、活性染料、酸性染料、阳离子染料、不溶性偶氮染料、分散染料、还原染料、硫化染料、缩聚染料和荧光增白剂等;按照化学结构分类可以分为偶氮染料、蒽醌染料、靛族染料、芳甲烷染料等。这些大多为有机溶剂,对皮肤、呼吸系统都会造成危害。助料为除染料之外的另一大类应用于纺织业的化学物质,主要为表面活化剂和功能性助剂,这些助剂中有的含有铅化合物、锰化合物、氨、甲苯、二甲苯、四氯化碳等,有的为强酸、强碱,这些助剂有时危害性比染料本身更严重。

**2. 粉尘和生物性有害因素** 棉纺织的整个生产过程中都有产生粉尘的可能,特别是在原料加工过程中,如开棉、混棉、清棉及梳棉均会产生大量棉尘。原毛处理的拣选毛过程、打麻和梳麻过程、缫丝选剥过程,以及在化纤材料处理过程中,均会产生大量粉尘。长期吸入棉麻等粉尘可能引起棉尘症(byssinosis),也称为"星期一热"。此外接触棉花的工人还有两种过敏性疾病:"纺织热"(mill Fever)和"织工咳"(weavers' cough)。毛尘可引起"毛纺热"(shoddy fever)。在打麻和梳麻的工人可能发生过敏性疾病"梳麻工热病"(hackling fever, combers' fever)。收集来的原料可能已经存放很久,一旦发生霉变,拣选人员可能会接触有害的孢子粉尘,造成过敏或呼吸道疾病。

**3. 高温、高湿** 纺织工艺都要求一定的湿度、温度,例如在棉织品纺织中,为了防止棉蜡变硬,温度要求在18.3℃以上,空气中的水气可以中和纤维上的电荷,可以使纺纱坚固并且有一定弹性、润滑性及减少断头等,所以车间的湿度一般都维持在45%~80%之间。在夏季时,较高的气温和机器运转时产生的热量,以及人体本身的散热,通常能够使车间内温度达到40℃以上。在浆纱、炼麻车间,高温、高湿(车间内夏季相对湿度达到80%以上)和高强度的体力劳动是主要的职业性有害因素。印染过程中水洗、汽蒸、煮漂、烘干等工艺温度都在100℃以上,焙烘、热熔、染色等温度参数在200℃以上,高温是印染工人的一个主要物理有害因素。

**4. 噪声和照明问题** 产生生产性噪声最大的车间是织布车间,可达90~105dB(A),多为织布机高速运转时梭心与梭壳撞击而发出的高频噪声。其次是细纱车间,达到90~97dB(A)。纺织需要视力紧张的工种很多,照明不足或不合理会使工作人员视力紧张程度增加,加重视力疲劳。

**5. 不良工作体位和个别器官紧张** 不良体位和个别器官紧张是纺织工业中较为普遍的职业性有害因素,大多数纺织工种需要工人来回走动或站立工作,工作相关疾病有下肢静脉曲张、痔疮等。穿筘工的工作为长期坐姿、屈肘、两腕下垂,可能造成腕部和手指的肌肉过度紧张。坐姿不适会诱发腰痛。落纱工则因为需要快速更换纱筒,两手肌肉不断处于紧张状态,易发生腱鞘炎。

## 四、其他一些职业的职业卫生问题

除了上述的三种行业以外,还有其他很多行业都接触混合职业性有害因素,包括冶金行业、机械制造业、化工行业等方面,以及新兴的一些高新技术产业。表 8-1 中列举出了这些行业的基本生存过程、生产特点,以及其可能接触的职业性有害因素及危害。

传统的冶金行业、机械制造业、化工行业接触的职业性有害因素很多已经制定了防治办法和安全措施,对于新兴产业中接触的职业有害因素,大多都没有明确的毒理学研究结果,其对机体造成的危害是有是无、暂时的还是永久的都是未知数。这种待定的有害因素需要谨慎对待,采取必要的措施减少接触机会,防止中毒和职业病的发生。一些已经确定的,诸如不良体位造成的危害,则应该及时调整作业人员的工作方式和地点,合理安排作息,并对员工定期体检,做到预防为主、治疗结合,减少职业性有害因素对作业人员的危害。

**表 8-1 其他行业生产过程或生产特点和主要职业性有害因素及其危害**

| 行业 | 生产过程或特点 | 主要职业性有害因素及其危害 |
|---|---|---|
| 冶金工业 | 可分为黑色冶金工业和有色冶金工业。黑色冶金工业也称钢铁工业,一般包括采矿、选矿、烧结、炼焦、轧钢等。<br>有色冶金工业包括出钢铁以外的各种金属矿藏的开采、选矿、冶炼、精炼、电解、合金加工等。一般经过选矿后,将矿粉经过制炼,包括使用燃料的熔炼炉和电炼炉,生产过程基本上为加料、送入燃料和助熔剂、制炼、出炉、铸锭、电解和回收矿渣等。 | (1)黑色冶金:高温、热辐射、粉尘、有毒气体、噪声等。<br>(2)有色冶金:金属粉尘、烟,可引起金属毒物中毒、金属烟尘热等;高温、热辐射;其他一些二氧化硫、一氧化碳、氟化物以及一些高频电磁场等。 |
| 机械制造业 | 包括各种类型机械的制造。基本生产过程为:锻造→锻压→热处理→机械加工→装配。 | (1)粉尘:主要存在于铸造车间。<br>(2)高温和热辐射:熔炉、干燥炉、熔化的金属、铸件等。<br>(3)有害气体和蒸气:一氧化碳、二氧化硫、甲醛、氨等。<br>噪声、振动。<br>(4)其他:紫外线、高频磁场等。 |
| 化学工业 | 一般分为无机和有机化工两类。<br>基本操作过程:原料预处理、化学反应、精制和提纯产品。 | (1)外伤和急性中毒:生产性危害因素很多,许多原料和产品都有易燃易爆腐蚀性等性质,生产条件多为高温高压等,发生外伤、急性事故的概率相对其他行业较高。<br>(2)慢性中毒和致癌:慢性苯的氨基硝基化合物中毒、有机溶剂中毒、农药中毒等;苯、联苯胺、氯乙烯、多环芳烃等物质是致癌物,引起职业肿瘤。<br>(3)其他:粉尘、高温、噪声、振动等。 |
| 高新技术产业 | 主要包括信息技术、生物技术、新材料技术三大领域。这些产业具有相类似的几个特点,包括特殊要求的作业场所和工作环境、高度自动化、使用的材料为新化学物质和材料、作业人员处于高度精神紧张状态等。 | (1)与信息技术、计算机有关的职业有害因素:照度低、屏幕眩光闪烁、空气负离子少、电磁辐射、不适的工效学关系、精神紧张、工作强度大。通常表现有视疲劳、颈部、肩部、腕部等疾病发生,俗称"鼠标手",精神疲劳萎靡或视屏终端综合征。高强度的工作下甚至引发猝死。<br>(2)与工作环境有关的有害因素:室内小气候、高频、电磁场、微波、高低温、振动等不良环境。<br>(3)新材料带来的潜在危害:新型纤维、超微颗粒等。<br>(4)生物工程生物医学相关的行业:接触的多数生物制剂都会对 DNA、细胞产生毒害作用,一些技术方法会涉及病毒等操作,都是潜在的职业危害。 |

## 第三节　妇女职业卫生

妇女参加社会生产劳动的人数不断增多，几乎涉及各个行业领域。我国职工中女职工人数约占一半，其中青年女职工的比例更大，妇女已经成为经济发展中不可缺少的力量。妇女在生产劳动中不可避免地暴露于一种或多种职业性有害因素，而且女性自身的生理特点与职业性有害因素常存在联合作用，因此职业性有害因素对妇女的健康损害有特殊之处，妇女劳动存在着一些特殊的职业卫生问题。目前我国女性参加的职业覆盖面非常广，除了少数的强体力劳动（矿山井下作业）、高空等特殊作业外，在工业、农业、科技等各个领域都有女性的一席之地，相对比较集中的生产部门有农业、纺织、电子装配、玩具、制药、医疗卫生、科技等部门。

### 一、职业性有害因素对妇女健康影响的特点

女性与男性在肌肉、骨骼、脂肪等方面都有差异，本身的基础代谢水平也比男性低，在月经期、妊娠期及更年期等特殊时期，生理状况会发生改变，往往会对某些职业性有害因素耐受能力降低。如在妊娠期时，肺通气量增加，吸入的毒物量随之增加；血液循环量增加，促进毒物的吸收；肝脏解毒能力减弱，机体对毒物的敏感性增加。特别是在生殖方面，职业性有害因素对于妊娠期和哺乳期女性和胎儿，甚至婴儿都会产生影响。如噪声、铅、苯、汞等可影响月经，对妊娠过程及妊娠结局有不良影响。许多工业毒物都可以经乳汁排出，已知的有铅、汞、钴、氟、溴、碘、苯、二硫化碳、多氯联苯、烟碱、有机氯、三硝基甲苯等，经由乳汁排出的毒物是婴儿接触毒物的重要来源。

女性由于特殊的生理和解剖特点决定了职业性有害因素对女工影响的特点。职业性有害因素对女工的影响可以概括为以下几个方面：

（1）有些职业性有害因素对健康的影响无性别差异：如游离二氧化硅粉尘对男女都可以引起矽肺，并不会因为性别差异而产生致病程度的不同。

（2）女性对某些职业性有害因素较男性易感。如铅对造血系统的影响女性较男性易感，镉在肾脏中蓄积也比男性多。一些职业性有害因素对男性的影响较小，而对女性的影响较大。

（3）处于特殊时期（月经、妊娠、更年期）的女性对职业性有害因素更敏感，可能引起月经紊乱、不良妊娠结局，以及对胎儿、婴儿产生毒害。

### 二、职业性有害因素对妇女的影响

成年女性有与生殖相关的一些生理特点，包括月经、妊娠、分娩、哺乳和绝经期等生理过程。这些生理时期，生殖系统、神经内分泌系统和其他一些生理功能都发生了一系列变化，职业性有害因素对机体的作用程度也会发生转变，应该予以充分注意。

#### （一）重体力劳动对女工的不良影响

女性盆底组织除了尿道和直肠外，还有阴道穿过，导致其支持力量较弱，分娩时盆底组织还容易受到损伤，使盆底组织松弛。当女性从事重体力劳动时，会导致腹压增加，影响盆腔内器官的位置和功能。同时女性的骨骼和肌肉承受能力较男性弱，进行同等强度的体力劳动时，女性的机体负担较男性大。具体表现为：

（1）从事重体力劳动，特别是负重作业时，由于腹压增高，盆腔内生殖器可能受压迫位移，会导致子宫后倾、子宫下垂，严重者发生子宫脱垂。这种情况多发于农村。

（2）长期参加重体力劳动的未成年女子以及自幼参加体育训练的女性运动员，可能发生骨盆的异常发育，引起骨盆狭窄或扁平骨盆。

（3）孕妇从事负重或较重的体力劳动，易导致流产、早产的发生，同时影响到胎儿的发育，可能会造成胎儿的发育迟缓或新生儿死亡率增高。

（4）长期负重可引起女工月经失调，表现为月经过多、周期不规则、痛经等症状。

（5）负重作业女工多发慢性肌肉关节劳损及关节疾病，如慢性腱鞘炎、肩周炎、腰痛等。

我国《女职工禁忌劳动范围》中规定：连续负重（每小时负重次数6次以上）每次超过20kg，间断负重每次超过25kg的作业为女职工禁忌从事的劳动。除了按规定限值负重以外，还应根据搬运距离和持续时间适当减轻工作量，患有子宫位置不正、慢性附件炎、痛经、功能性子宫出血和关节痛等疾病的妇女，不宜参加负重作业。

### （二）不良体位对女性生理功能的影响

长期站立，影响静脉回流，可引起下肢及盆腔血液淤滞，诱发妇女痛经等病症。长期坐位的女工也可因下肢静脉回流不畅，引起盆腔内器官的充血，容易发生痛经和加剧盆腔炎症，其骨盆部肌肉缺乏锻炼，松弛无力，分娩时容易发生会阴撕裂。一些刺绣工长期坐位、低头、背部屈曲或侧弯，可能引起职业性肩、颈、腕综合征。

### （三）物理因素对女工的不良影响

**1. 噪声** 噪声可使女性中枢神经系统功能失调而导致内分泌功能紊乱，出现月经周期紊乱，经量过多或过少，以及痛经等。长期在90dB（A）以上环境作业的女工的月经量改变最为明显，100dB（A）以上作业环境工作的女工，妊娠恶阻、妊娠高血压综合征发病率明显提高。同时在孕期的妇女，噪声同样会对胎儿的智力发育、听觉发育造成危害。

**2. 振动** 全身振动对女工的影响较大，主要表现为经期时间增加、经量增加和痛经。长期暴露于全身振动这一不良因素下，还会导致盆腔内器官位移，加剧盆腔炎症，增加孕妇的自然流产率。

**3. 温度** 女性对高温和寒冷的作业都不适宜。长期在高温下作业，会影响生殖功能，特别是孕期妇女长期暴露于高温环境中会导致胎儿的先天缺陷和发育异常，尤其是与胎儿的神经系统缺陷的发生有关；低温下作业的女工会因内脏淤血引起痛经和白带增多等症状。

**4. 辐射** 电离辐射损伤生殖细胞，影响妊娠，使胚胎发育不良、死亡，并导致流产、死胎或出现胎儿的畸形。各种波长的射线，如X射线、γ射线、中子线等，都会对性腺造成损伤，小剂量长期作用的结果可引起生殖细胞的遗传物质突变，作用于性腺则会造成月经功能障碍、周期延长、经量减少等症状；一次大剂量的暴露则可能引起染色体畸变，形成不可逆的损伤。非电离辐射会造成女性月经紊乱、性功能减退。例如高频作业女性可出现月经周期延长或缩短、月经量增多等症状。孕期妇女接触高频电磁场或导致妊娠高血压综合征、自然流产等。哺乳期的女性接触微波会导致乳汁分泌量减少。

### （四）化学毒物对女工的不良影响

生产劳动中，工人会广泛地接触各种化学毒物，一般男女中毒的危险性没有大的差别，但是处于特殊生理时期的女性对毒物的敏感性会增加，要特别注意。

**1. 对月经的影响** 月经失调是化学毒物对女性健康影响中最常见的症状。目前已知的对女性月经功能有影响的物质有七十余种，包括苯、甲苯、二硫化碳、有机磷农药、甲醛等有机物质，也有诸如硒等无机化合物，这些有毒物质都会导致月经周期延长或缩短、月经持续时间改变，甚至会导致闭经。例如接触苯系物的女工会出现月经量增多，接触铅的女工月经量会减少。

**2. 对妊娠的影响** 某些化学物质会损伤卵细胞、抑制受精或导致不孕，或者使胚胎和胎儿发育异常。如接触铅、汞、镉、砷、染料的妇女，不孕率增高，接触氯乙烯、二硫化碳、铅、甲苯的女工妊娠中毒发病率上升。毒物进入孕期妇女体内后，会干扰胚胎和胎儿的正常发育，引起流产、早产或畸胎。

**3. 对哺乳期女性的影响** 很多毒物都会经乳汁排出，包括铅、汞、溴、碘、砷、苯、二硫化碳等，经乳汁排出的毒物易导致哺乳期婴儿中毒。我国母源性哺乳期婴儿铅中毒已屡见不鲜。

## 三、妇女职业保护的主要措施

### （一）贯彻执行国家的妇女劳动保护政策

我国对妇女劳动保护非常重视，建国以来颁布了一系列与女职工劳动保护相关的法律法规和条例，例如 1990 年劳动部颁布了《女职工禁忌劳动范围的规定》，2005 年我国颁布了《中华人民共和国妇女权益保障法》，2012 年国务院颁布了《女职工劳动保护特别规定》。认真贯彻执行国家保护妇女的法律法规、条例等，是做好妇女劳动保护工作的重要保证。

### （二）妇女职业保护的特殊要求

在执行国家政策的同时，用人单位还需要合理地安排妇女工作，并在妇女"五期"（月经期、孕前期、孕产期、哺乳期和更年期）期间对妇女的职业卫生保健侧重加强。

**1. 月经期** 避免久坐久站和在过冷的作业环境中工作，对于患有重度痛经、月经过多的女工，经医疗卫生机构确诊后，经期可以给予 1~2 天的休假。禁忌从事冷库冷水等低温作业、《体力劳动强度分级》中规定的Ⅲ级体力劳动作业、《高处作业分级》中规定的Ⅱ级以上高处作业，以及野外流动作业。

**2. 孕前期** 对于已婚待孕的女工，禁忌从事《有毒作业分级》中规定的Ⅲ级、Ⅳ级工作，包括暴露于铅、汞、苯、镉等有毒物的工作。患有射线病、慢性职业性中毒或近期内发生过急性中毒的女工，暂时不宜受孕，需要经过治疗并痊愈后怀孕。从事铅作业或有过铅作业史的女工，即使没有出现铅中毒表现，也要经过驱铅实验后，确定是否适宜受孕。对于接触过某些有性腺毒性物质后，发生两次流产史的女工，最好暂时脱离有害作业。

**3. 孕期** 处于不同孕期（孕早期、孕中期、孕晚期、生产前后期）需要注意的卫生保健各有不同的侧重点。

孕早期的妇女禁忌从事接触空气中有毒物质浓度超过国家卫生标准的作业、抗癌药物及己烯雌酚生产作业、放射性作业、人力进行的土方石方作业、Ⅲ级体力劳动作业、全身振动作业、高处作业以及工作中需要频繁攀高、弯腰、下蹲的作业。

孕中期妇女需要定期进行产前检查，并辅以系统的内科检查，必要时进行职业性体检。对于铅作业的妊娠女工可以进行补钙，接触镉的女工可以补充锌，都能很好地降低这些职业性有害因素的危害。

孕后期要注意合理安排工作，减轻工作量和调换不适宜的工作。一般工种的女工妊娠满 7 个月后，应该在劳动时间内安排一定的工间休息，对于生产中接触具有发育毒性作用物质的女工应按照高危妊娠对待。

**4. 生产前后** 2012 年颁布的《女职工劳动保护特别规定》规定女工的产假为 98 天，其中产前休息 15 天。难产的，增加产假 15 天；生育多胞胎的，每多生育 1 个婴儿，增加产假 15 天。女职工怀孕未满 4 个月流产的，享受 15 天产假；怀孕满 4 个月流产的，享受 42 天产假。分娩后，生殖器官及盆底组织的恢复需要 6~8 周，产后休息不足会对母体健康和乳汁分泌都产生影响，并可因此影响乳儿的发育和健康。

**5. 哺乳期** 必须设法保证哺乳期女工的乳汁质量，使其不受到污染，并能够按时哺乳。我国法律规定，有不满 1 周岁婴儿的女职工，其所在单位应该每班劳动时间内给予其两次哺乳时间，每次 30 分钟，同时不得延长劳动时间，不得安排夜班劳动。哺乳期乳母避免从事铅及其化合物、汞及其化合物、锰、镉、铍、砷、氰化物、氮氧化物、二硫化碳、氨、苯、环氧乙烷、甲醛等多种有毒物质浓度超过国家卫生标准的作业，避免从事Ⅲ级体力劳动作业。

**6. 更年期** 为了适应更年期女性出现的生理、心理变化，需要注意劳逸结合，对于症状较重者，适当减轻工作，更年期综合征患者则应及时治疗，并调离不适合从事的工作岗位。

### （三）改善生产环境

通过技术改革和管理，从根本上消除职业危害，改善劳动条件，使作业环境更安全。这一点也是解决所有职业卫生问题的重要方面。

### （四）建立健全女职工劳动保护机构

妇女劳动保护工作与妇幼保健工作的目标是一致的，将二者结合起来，使妇女劳动保护的要求贯彻到经常性的妇幼保健工作中，才能够达到保护女工及其下一代健康的目的。同时辅以对女职工的宣传教育，指导妇女认识到职业有害因素，提高自我防范意识。

（赵宇航　王素华）

## 思 考 题

1. 简述混合性职业性有害因素的联合作用及其类型。
2. 简述农业生产中常见的职业性有害因素及其对健康的影响。
3. 简述职业性有害因素对妇女职工的危害特点及防治措施。

# 下篇　职业性健康危害的预防与控制

## 第九章　职业性环境监测与生物监测

### 第一节　概　　述

暴露评价（exposure assessment）是研究人体暴露于环境介质中某种化学性、物理性或生物性有害因素，对暴露强度、暴露频率、暴露持续时间、暴露方式与途径进行测量、估算或预测的过程，是进行健康风险评价的定量依据和基础。准确而全面的暴露评价是研究职业性有害因素与健康关系的重要基础，也是采取卫生干预措施、评价卫生干预措施有效性的重要依据。图 9-1 给出了暴露评价在职业卫生管理工作中的地位及意义。

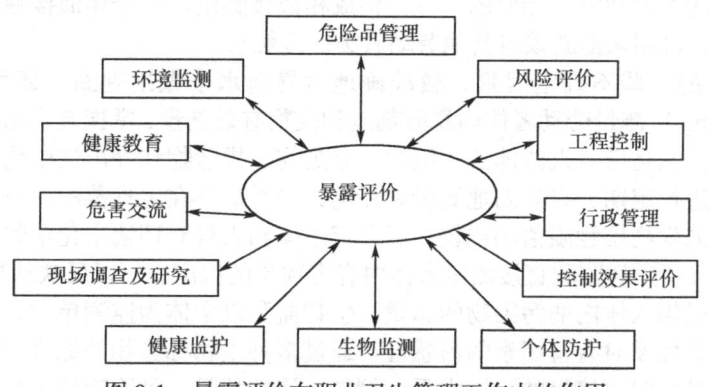

图 9-1　暴露评价在职业卫生管理工作中的作用

职业暴露评价（occupational exposure assessment）是根据劳动者的职业接触史，结合相关生产资料，采用问卷、采样及分析方法，定性或定量评价其在职业环境中，通过多种途径接触一种或多种物质（或因素）的程度或强度，是职业卫生工作的重要组成部分。它主要包括三个部分：问卷及现场调查、环境监测及生物监测。

问卷调查（questionnaire）及现场调查（field survey）是接触评估的最常用手段，也是评估的重要依据之一。问卷调查主要包括职业史（occupational history）、接触人群特征、接触方式、接触途径、接触时间等。职业史是指按时间先后顺序列出的全部职业情况，主要包括工种、起止日期、操作岗位、操作过程、所接触的职业有害因素的种类及其浓度（强度）、实际接触时间、防护设施、上岗前和定期健康检查结果，以及职业活动中所发生的事故和伤害等情况。可靠的职业史是接触及累积接触评估的基础，也是进行定性、定量评估的第一步。询问内容主要为劳动者的自我接触报告，劳动者在上岗前大多接受了职业卫生知识培训，同时中国职业病防治法也要求，企业要在作业场所明示有害因素的种类，因此，原则上劳动者应该能识别在工作中接触的有害因素及所采取的控制措施。另一方面，劳动者工作中实际接触的有害因素强度会随生产状况、季节、工作时间和地点发生变化，劳动者也常常缺乏可比较的或客观的标准，因此在设计时，还需通过其他多种途径收集职业史资料，如工厂记录、体检记录、人事档案、生产物料使用及产量等。现场调查主要包括：①工作过程中使用的原料、辅助材料，产品、副产品和中间产物等的种类、用（产）量、主要成份（浓度）及其理化性质等；②生产工艺、生产方式、劳动组织及工种（岗位）定员等；③各工种作业人员的工作状况，包括人数、在各工作地点停留时间、工作方式、接触有害物质的程度、频度及持续时间等；④工作地点空气中有害物质的产生和扩散规律、存在状态等；⑤工作地点的卫生状况和环境条件、卫生防护设施及其使用情况、个人防护用品及使用状况等。调查掌握上述内容，是做好职业环境监测的基础和保证。

职业环境监测（occupational environmental monitoring）是对劳动者作业环境进行有计划、有目的的系统性检测，分析作业环境中有毒有害因素的性质、强度及其在时间、空间的分布及消长规律，以评价工作场所职业卫生状况和劳动者接触有害物质的程度及可能的健康影响。环境监测根据采样方法不同，可分为定点采样（area sample）和个体采样（personal sample）。定点环境监测是指在职业环境中，根据国家标准和采样目的，选择若干个具有代表性的监测点，安置采样仪器，对现场空气中的化学物浓度或物理因素强度进行测定。定点监测数据所测的是作业场所化学物的瞬时环境浓度。在实际操作中，也常常通过历年环境监测数据来计算劳动者化学物接触总量和累积接触量。个体采样，指将个体采样器佩戴在劳动者胸前，靠近劳动者的呼吸带，可以随着劳动者操作连续监测，可以反映劳动者呼吸带空气中毒物浓度。目前，发达国家普遍采用个体采样器全程测量，通过计算时间加权平均浓度来反映劳动者毒物接触水平或强度。在实施过程中，通常选择具有相同接触特征的一组工人进行监测，他们在一定时间范围内，以相似方式执行相似的任务，接触相同的物质和完成相似的过程，构成相似接触组。一个相似接触组中某一个或几个劳动者的接触水平，可用来推断该组其他劳动者类似接触水平。

为降低评价中的一些不确定因素，较准确地对暴露水平做出判断，还可以通过生物监测（biological monitoring），测量劳动者体内暴露剂量和生物有效剂量，掌握有害物质实际进入或作用于人体的量。生物监测是指对人体体液、组织、分泌物、排泄物和呼出气中化学物或其在体内的代谢产物的含量，进行定期、有计划地测量和评定，并对机体在生理范围内所产生的生物效应，与适当的参考标准或生物接触限值相比较，以评定个体和人群对环境中化学物的接触程度，预测其对健康的危害程度。生物监测直接测定人体内有害物质的浓度，可以反映从呼吸、食物、饮水、药物及皮肤等多途径摄入体内的污染物的总量。生物监测以个体为监测单位，同时照顾到了不同个体代谢水平的多样性及对有害因素的易感性。通过多种生物标志物的综合应用，还可以评价有害因素近期接触和较长时间接触的不同水平。例如，铬酸盐是一种明确的致癌物，对于铬酸盐职业接触者，可以用外周血全血铬、红细胞或白细胞内铬含量来分别反映机体近 3 个月以内或更长时间铬酸盐的接触情况，进入细胞内的铬可以直接反映六价铬的接触情况，而尿铬可以反映劳动者近期接触的情况。因此，生物监测在评价有害因素实际接触水平方面比空气监测更接近真实暴露情况，二者联合应用，可以更为精确地描述职业人群有害因素接触，获得更多职业暴露与健康效应关系的数据，为制定和修改卫生标准、评估个体防护效果、保护高危人群发挥重要作用。国际暴露分析学会前主席美国 Ken Sexton 博士曾指出，对人体生物材料中化学物的测定，是评价污染物暴露水平的金标准。

工作场所的环境监测和生物监测，相辅相成，互为补充，是职业病防治的一项基础性工作。目前职业卫生领域开展的建设项目职业病危害预评价、建设项目职业病危害控制效果评价、职业病危害现状评价、职业病防护设施及防护用品评价、职业病危害事故评价、职业性健康监护评价、职业流行病学调查、职业卫生服务评价等，均离不开职业有害因素评价。通过评价来判断职业病危害控制的效果，发现接触水平与健康损害的关系，了解职业病防护设施及防护用品是否符合职业卫生要求，有利于事故的科学调查和处理；通过评价可以开展职业有害因素风险评估，找出职业性损害发生和发展的规律，为制定和修订职业卫生标准、改善劳动条件和预防职业病提供科学依据。

## 第二节 作业场所环境有害因素监测

我国职业有害因素按其来源一般可分为生产工艺过程中产生的有害因素、劳动过程中的有害因素和生产环境中的有害因素三大类。其中，生产工艺过程产生的有害因素包括化学因素、物理因素和生物因素；劳动过程中的有害因素包括劳动组织和制度、精神（心理）性职业紧张、劳动负荷、器官和系统紧张和长时间处于不良体位及工具使用不合理等；生产环境中的有害因素包括自然环境、厂房建筑或布局不合理和不合理生产过程所致的环境污染。职业性环境监测是按照国家有关法律、法规、标准、规范的要求，利用采样设备、检测仪器、评价量表等，对生产过程中产生的职业性有害因素进行定期、有计划地识别、检测与鉴定，掌握工作场所中职业性有害因素的性质、浓度（强度）及分布情况，评价工作场所作业环境和劳动条件是否符合职业卫生标准的要求，为制定卫生防护对策和措施、改善不良劳动条件、预防控制职业病、保障劳动健康提供基础数据和科学依据。职业性有害因素检测主要包括：①工作场所物理因素测量；②工作场所化学性有害物质的空气检测；③工作场所生物性有害因素的检测；④劳动过程中产生的有害因素如职业紧张或不良工效学负荷等评价。物理性有害因素如噪声、高温、振动、辐射、紫外光、激光等，可以依据我国职业卫生标准《工作场所物理因素测量》以及《工作场所有害因素职业接触限值：物理因素》，利用相应的仪器设备对其强度进行测量，结合暴露时间和卫生标准，对其暴露水平进行评价，这里不做详细介绍，具体内容可参考实习手册。本节主要介绍化学性有害因素环境监测，并就有关进展做简要介绍。

## 一、化学性有害因素环境监测

作业场所化学性有害因素种类繁多，大多数情况下，劳动者主要经呼吸道，以吸入方式接触到有害因素，如粉尘、挥发性气态污染物等。但也有一些化学物，可以经皮肤吸收，如苯、三硝基甲苯等，它们既可以通过呼吸道进入体内，也可以经裸露的皮肤进入体内。对于可以经皮吸收的化学物质，除了要进行空气暴露评价外，有条件时，还需要对皮肤接触进行评价，比如通过测量皮肤接触面积及化学物质经皮吸收规律，估算化学物质经皮吸收的量，目前我国经皮暴露评价工作开展得尚不充分。

一般情况下，环境监测还是针对作业场所空气中化学性有害因素浓度以及理化特征进行评价。根据化学物质在空气中存在的形式不同，比如煤尘等固体颗粒物以及苯等挥发性气态污染物，需要利用不同的采样方法来进行。现将化学性有害因素空气采样策略、基本程序等介绍如下。

### （一）主要参考依据及基本原则

化学性有害因素监测，可以参考现行的《中华人民共和国职业病防治法》、《使用有毒物品作业场所劳动保护条例》、《职业病危害项目申报办法》、《建设项目职业卫生"三同时"监督管理暂行办法》、《职业病分类和目录》、《职业病危害因素分类目录》、《高毒物品目录》、《工作场所有害因素职业接触限值》、《工作场所空气中有害物质监测的采样规范》、《工作场所空气有毒物质测定》以及《工作场所空气中粉尘测定》等法律、法规、标准和规范。评估过程应注意以下3个基本原则：①客观性原则，以收集到的各种资料为依据进行评估，尽量减少主观性；②相似接触组原则，这有利于减少错分偏倚，提高接触评估的代表性和精确度；③识别、评估混杂因素的原则，避免对所研究的有害因素的干扰。作业场所有害因素暴露往往是多种多样的，正确区分主要有害因素以及混杂因素，采取正确的采样方法，才有可能准确了解作业场所有害因素对健康的影响。比如，混合型苯系物暴露，甲苯和二甲苯在作业场所空气中所占比例可能较高，但混合物中微量的苯暴露，可能就是造成劳动者血液系统出现变化的致病因素，因此在测定甲苯和二甲苯的同时，还需要了解苯的浓度。再比如，石棉职业接触者，假如同时吸烟，其患肺癌的风险会明显增加，在计算劳动者石棉累积接触量与肺癌发生关系时，需要同时考虑吸烟这一混杂因素。

## （二）监测类别及采样策略

**1. 评价监测**　适用于建设项目职业病危害因素预评价、建设项目职业病危害因素控制效果评价和职业病危害因素现状评价等。应选定企业正常生产或工作条件下，有代表性的采样点，连续采样3个工作日，其中应包括空气中有害物质浓度最高的工作日。

**2. 日常监测**　适用于对工作场所空气中有害物质浓度进行的日常定期监测。应选定有代表性的采样点，在空气中有害物质浓度最高的工作日采样1个工作日。

**3. 监督监测**　适用于安全生产监督管理部门对用人单位进行监督时，对工作场所空气中有害物质浓度进行的监测。应选定具有代表性的工作日和采样点进行采样。

**4. 事故性监测**　适用于对工作场所发生职业危害事故时进行的紧急采样监测。根据现场情况确定采样点。监测至空气中有害物质浓度低于短时间接触容许浓度或最高容许浓度为止。

评价监测、日常监测、监督监测均应在正常生产情况下进行。异常工作情况下的检测，应注明检测时工作场所的生产状况。在易燃、易爆工作场所采样（测量）时，应使用防爆型采样（测量）设备。可能影响监测结果的异常天气不应进行样品采集。

## （三）工作场所职业卫生调查及职业病危害因素的识别

**1. 工作场所职业卫生调查**　包括以下主要内容：①工作过程中使用的原料、辅助材料，生产的产品、副产品和中间产物等的种类、用（产）量、主要成份（浓度）及其理化性质等；② 生产工艺、生产方式、劳动组织及工种（岗位）定员等；③ 各工种作业人员的工作状况，包括人数、在各工作地点停留时间、工作方式、接触有害物质的程度、频度及持续时间等；④工作场所空气中有害物质的产生和扩散规律、存在状态等；⑤工作场所卫生状况和环境条件、卫生防护设施及其使用情况、个人防护用品及使用状况等。

**2. 职业病危害因素的辨识**　在工作场所职业卫生调查基础上，对职业病危害因素的辨识。主要根据生产工艺及使用原辅材料，结合工作场所设置的各工种作业人员的工作方式、活动范围等实际情况，参照《职业病危害因素分类目录》，仔细辨识出各工种或岗位接触的职业病危害因素和种类。

## （四）空气样品采集

化学物质在空气中以不同形态存在，它们在空气中飘浮、扩散的规律各不相同，需要选用不同的采样方法和采样设备。选择的主要依据是采样效率（sampling efficiency）。采样效率指能够被采样仪器采集到的待测物的量（一般是质量）占通过该采样仪器空气中待测物总量的百分数，采样效率是衡量采样方法的主要性能指标。对气态和蒸气态毒物来说，液体吸收法的采样效率主要取决于所用的吸收管、吸收液和采样流量；固体吸附剂法的采样效率主要取决于所用固体吸附剂和采样流量。不同的滤料在不同的采样流量下，对不同粒径的颗粒采样效率不同。在一定的采样流量下，小颗粒因扩散沉降和静电吸引作用、大颗粒因直接阻截和惯性碰撞作用被有效地采集，而有一部分中等大小的颗粒，采样效率较低；并随采样流量的增加，较小颗粒的采集也会受到影响。因此，采样时还应注意采样流量。

作业场所空气中的化学物质，大多来源于工业生产过程中逸出的废气和烟尘，一般以气体、蒸气、雾、烟和尘等不同形态存在，有时则以多种形态同时存在于空气中。依据车间空气中有害物存在形式，可以分为气体（蒸气）和颗粒物两类采集方式。如车间空气中两种形式的有害物同时存在时，可以采用串联方式，或对采集颗粒物的滤膜进行特别处理，增加其吸附、吸收气体或蒸气中有害物质的功能。此外，在一些特定情况下，需要对车间中某一个区域表面的污染程度进行分析，如分析残留物、浮灰中某一化学物含量，进而评价污染源的污染性质和范围，评价作业环境质量和劳动者可能接触状况。

**1. 主动采集**（active sampler） 指以一定的流量采集空气样品的仪器，通常由抽气动力和流量调节装置等组成。通过动力系统，主动收集一定量空气，富集其中污染物。应用动力系统的主动采集，可以从大量空气样品中，将有害物质吸收、吸附或阻留下来，使原来低浓度的物质得到浓缩，适合于检测空气中含量较低的有害物质。由于车间空气中有害物浓度通常较低，主动采集较为常用。主动采样装置一般由采集器、流量计和采气动力三部分组成。采气动力设备迫使现场空气通过采样器，有手抽桶、离心泵、薄膜泵等多种；流量计按采样所需空气流速和采气量选用适当的装置，多采用转子流量计，需先校正。空气收集器（air collector）指用于采集空气中气态、蒸气态和气溶胶态有害物质的器具，如大注射器、采气袋、各类气体吸收管及吸收液、固体吸附剂管及采样夹和采样头等，通过各种收集器可将现场空气中的化学物吸收、吸附或阻留下来。不同采样方法主要是采集器不同，有以下主要几类。

（1）液体吸收：用液体吸收、溶解或过滤被测物质，用于气体、蒸气和部分气溶胶采集。因携带不便，主要用于定点采样。用于采集被测物的液体称为吸收液，依被测物的理化性质选择有良好吸收效果的液体，同时需满足分析方法的要求。常用的有水、有机溶剂和易与被测物结合、反应的试剂溶液。吸收液装在吸收管中。

常用的吸收管有气泡吸收管和多孔玻板吸收管两种（图 9-2A、B）。气泡吸收管用于采集气态、蒸气态物质，有大小两型，大型气泡吸收管可盛 5~10ml 吸收液，采样气体流量一般为 0.5L/min。小型气泡吸收管可盛 3ml 吸收液，采样气体流量一般为 0.3L/min。通常将同样两支吸收管串联，保证被测物完全吸收。多孔玻板吸收管是 U 型吸收管，可用于采集烟雾状气溶胶物质，其粗管底部有一片玻砂烧结的滤板，可盛 5~10ml 吸收液，采样气体流量一般为 0.5L/min。

（2）固体吸附法：将固体吸附物装入一定粗细和长短的玻璃管中，使现场空气通过玻璃管时，被测物被吸附阻留，适用于气体、蒸气物质采集。常用的吸附物质有颗粒状吸附剂、纤维状滤料和筛孔状滤料等。

颗粒状吸附剂为多孔性物质，表面积大，各种颗粒吸附剂由于表面积和极性不同，吸附能力和吸附物质也不同。常用的有硅胶、活性炭和高分子多孔微球。硅胶对极性物质有强吸附作用，因吸附水分后吸附能力降低甚至失去，所以适宜在较干燥的环境中采样，采样时间不宜过长。活性炭属非极性吸附剂，用于非极性和弱极性有机气体和蒸气采集，吸附容量大，吸附力强。高分子多孔微球通气阻力较小，有利于用较大采气流量采集低浓度、分子较大、沸点较高的有机物，如多环芳烃等。

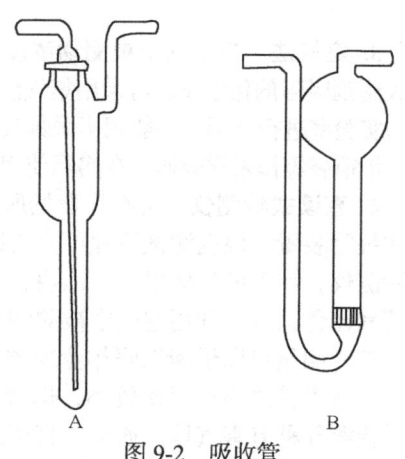

图 9-2 吸收管
A：气泡吸收管；B：多孔玻板吸收管

筛孔状滤料包括微孔滤膜、聚氨酯泡沫塑料、石英滤膜、特氟龙滤膜等。常用的微孔滤膜由硝酸纤维素同少量乙酸纤维素基质混合成筛孔状薄膜，质轻色白，表面光滑。滤膜的厚度约为 0.15mm，在通常情况下，机械强度较好，较耐热。用于工作场所空气中气溶胶采集的滤膜孔径常为 0.80μm，微孔滤膜具有惯性碰撞、扩散沉降、直接阻截和静电吸引等采集性能，因此，采样效率高，即使采用较大孔径的滤膜来采集小颗粒气溶胶，也能获得满意的采样效率。它的灰分低，即金属元素的含量少，很适宜于采集和测定金属性气溶胶，它能溶于丙酮、乙酸乙酯、甲基异丁酯等有机溶剂，也易溶于浓酸，加热促进溶解，这有利于样品的消解处理，但在稀酸中，微孔滤膜几乎不受影响，这有利于样品的酸洗处理。聚氨酯泡沫塑料表面积大，通气阻力小，适用于较大采气流量采集某些分子量较大的有机化合物，如有机磷农药。

颗粒状吸附剂、筛孔状滤料、纤维状滤料，均可涂以某种化学试剂，增强表面吸附性，以提高采样效率。将固体吸附剂管与纤维状滤料采集器串联，可同时采集气体、蒸气和气溶胶，通常称两级采样。

（3）冷冻浓缩又称冷阱。低沸点、易挥发物质，在常温下不易采集，将采集器置于冷冻剂中，在低温下采样。常用冷冻剂有冰水、干冰、液氮等。

**2. 被动采集**（passive sampler） 又称无泵型采样器，被动采集有扩散和渗透两种原理类型。被动采集方法不需抽气泵和流量计，依靠被测气体分子扩散采集到样品，有徽章式和笔式两种（图9-3）。体积小，重量仅几克至 30 克，可戴于作业人员领口或胸前，适合于个体采样，被动采样器可持续工作几小时甚至几天，获取污染物的时间加权平均浓度，能准确地反映人体的暴露水平；主动采样需要电力支撑，不适合长时间采样。

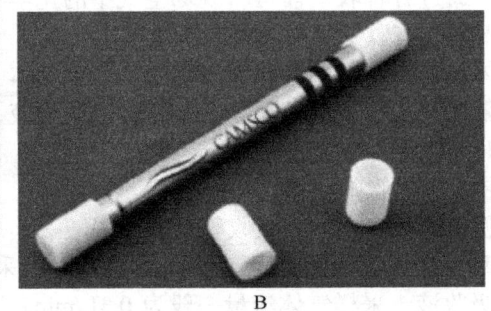
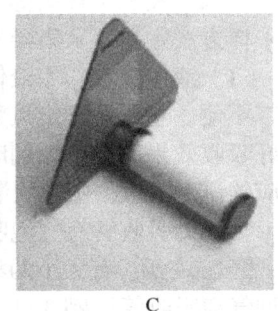

图 9-3　不同类型被动采样器
A：徽章式，B：管式轴向，C：管式径向

**3. 集气法** 当空气中被测物浓度较高，或测定方法的灵敏度较高，或采集不易被吸收液及固体吸附剂吸附的化学物，可采用集气法。集气法是将被测空气收集在特定容器（如大容量注射器）中带回实验室进行分析。一般用于采集气体或蒸气态物质，可用集气瓶置换或真空采样，也可用大注射器、铝箔袋等作采样容器。在实际使用时要注意采样容器内壁对所采样品的吸附，而影响分析。

**4. 直读式检测仪** 可在作业场所直接显示空气中被测化学物浓度，有的还有自动记录浓度变化和报警装置。根据测试原理可分为以下几种：①光学气体检测仪，如 CO 检测仪；②热化学气体检测仪，如可燃气体甲烷、乙炔、汽油等测爆仪；③电化学气体检测仪，如 $SO_2$ 检测仪；④检气管和比色试纸，利用空气中被测物与某种化学试剂反应产生颜色的原理制作而成。

实时测量可以迅速知晓作业现场是否存在可疑的有害物，也常用在预防急性中毒及事故调查中。一些直读式检测仪比较小，携带方便，有些只能检测一种有害气体，有些直读式检测仪可以同时检测几种有害气体。通常，直读式检测仪检测的灵敏度低于常规采样所开展的实验室检测。

所有采样的准备工作应在无污染区进行，原则上不应在采样现场灌装吸收液、吸附剂或装滤料，特别是采样时间非常短的时候。在现场采样前，应检查采样用的收集器有无污染，整套采样装置连接是否漏气以及流量计的流量是否准确，采样时采样流量不能随意调整或改变。用注射器或采气袋采样时，应先用样品气置换 3~4 次后再采样，同时需要准备空白样品。使用挥发性大的吸收液采样时，应避免吸收液的挥发（必要时，应加以冷却）。

样品采集后，要妥善保存。样品在运输和保存过程中，应防止样品的污染、变质和损失。滤膜样品应将滤膜的接尘面朝里对折两次,再放入清洁袋;含油样品应放入铝箔袋,再置于塑料袋中;有滤膜盒的则装在盒内保存。采样后的注射器和吸收管密封后,应直立放在采样架上,防止破损。采样后的固体吸附剂管应密封两端,无泵型采样器则应将吸附炭片取出保存在原包装盒内。送交实验室检测时要做好记录,认真交接,避免差错。

## (五)采样方式

目前,常用的采样方式有定点区域采样(area sampling)和个体采样(personal sampling)两种(图9-4)。定点区域采样是指将空气收集器放置在选定的采样点、劳动者的呼吸带进行采样,是该区域环境质量的直接反映。由于采样系统固定,未考虑作业者的流动性,定点区域采样很难反映作业者的真实接触水平。个体采样是将样品采集头置于作业者呼吸带内,可以用采样动力或不用采样动力(被动扩散)。通常采样仪直接佩戴在作业者身上,其进气口尽量接近呼吸带。个体采样跟随作业工人,是反映工人实际接触水平的最佳方式。个体采样一般对采样动力要求较高,需要能长时间工作、且流量要稳定的个体采样仪。因采样泵流量有限或被动扩散能力限制,个体采样不适用于采集空气中浓度非常低的化学物。一般来讲,定点区域采样结果与个体采样结果并不一致,两者之间并无明显的联系。但可以结合工时法,记录作业者在每一采样区域的停留时间,再结合定点区域采样结果,估算作业者接触水平。

图9-4 常见的个体采样器和定点采样器
A:个体采样器,B:定点采样器

**1. 定点区域采样策略**

(1)采样点的选择原则:选择有代表性的工作地点,其中应包括空气中有害物质浓度最高、劳动者接触时间最长的工作地点;在不影响劳动者工作的情况下,采样点应尽可能靠近劳动者;空气收集器应尽量接近劳动者工作时的呼吸带;在评价工作场所防护设备或措施的防护效果时,应根据设备的情况选定采样点;采样点应设在工作地点的下风向,应远离排气口和可能产生涡流的地点。

(2)采样点数目的确定:要尽可能满足采样点的代表性,能涵盖最高浓度点。工作场所按生产工艺流程、生产设备数、逸散物质种类、劳动者工作地点等,以满足采样点代表性为前提,确定采样点的数目;仪表控制室和劳动者休息室也需要设置采样点。

(3)采样时段的选择:采样必须在正常工作状态和环境下进行,避免人为因素的影响;空气中有害物质浓度随季节发生变化的工作场所,应将空气中有害物质浓度最高的季节选择为重点采样季节;在工作周内,应将空气中有害物质浓度最高的工作日选择为重点采样日;在工作日内,应将空气中有害物质浓度最高的时段选择为重点采样时段。

**2. 个体采样策略**

(1)采样对象及数量的选定:在现场调查的基础上,根据检测的目的和要求,选择采样对象;在工作过程中,凡接触和可能接触有害物质的劳动者都应列为采样对象范围,采样对象中必须包括不同工作岗位的、接触有害物质浓度最高和接触时间最长的劳动者，其余的采样对象应随机选择，满足代表性要求。采样对象的数目确定，也以能满足代表性为依据。从理论上讲，样品数量多，对统计学分析有利。全天连续多个样品测量是最佳的测量策略，以此所得的接触水平或浓度变化的估计可信区间范围缩小。采样时间应超过工作时间的70%~80%，例如每天工作8小时，采样至少需6小时。

### （六）采样、分析及评价的基本过程

**1. 制定采样方案**　参照我国相应标准或规范的要求，选择采样方法、样品采集地点、采样对象和数量。制定现场采样方案或计划，进行采样前采样仪器的准备，采样时应在专用采样记录表上做好采样记录。

**2. 采样仪器的准备**　主要包括：①检查所用的空气收集器和空气采样器的性能和规格；②检查所用的空气收集器的空白、采样效率和解吸效率或洗脱效率；③校正空气采样器的采样流量。在校正时，必须串联与采样相同的空气收集器；④使用定时装置控制采样时间的采样，应校正定时装置。

**3. 样品采集**　在满足采样目的所需前提下，采样时还需要注意：①在采样的同时应作对照试验，即将空气收集器带至采样点，除不连接空气采样器采集空气样品外，其余操作同样品，作为样品的空白对照；②采样时应避免有害物质直接飞溅入空气收集器内；空气收集器的进气口应避免被衣物等阻隔。用无泵型采样器采样时应避免风扇等直吹；③在易燃、易爆工作场所采样时，应采用防爆型空气采样器；④采样过程中应保持采样流量稳定。长时间采样时应记录采样前后的流量，计算时用流量均值；⑤根据气温和大气压，将工作场所空气样品的采样体积换算成标准采样体积；⑥在样品的采集、运输和保存的过程中，应注意防止样品的污染；⑦采样时，要随时做好记录，包括采样点、采样起止时间、采样流量等；⑧采样时，采样人员应注意个体防护。

**4. 样品有害因素测定**　工作场所化学物质、粉尘、物理因素的测量及分析等，均应按照我国执行的相应卫生标准、方法或规范进行。

**5. 各工种职业有害因素接触浓（强）度计算与评价**　粉尘和化学物质浓度的计算，可以参照《工作场所空气中有害物质监测的采样规范》中的方法，计算采样体积及所测物质质量或数量进行单位体积的浓度或数量计算，结合采样时间，分析计算接触职业有害因素的时间加权平均浓度、短时间接触最高浓度、或超限倍数等结果，与我国或国际上现行的职业接触限值进行比较，判断接触职业有害因素是否超标，并给出相应控制措施或建议。

## 二、其　他

除利用采样设备开展环境暴露评价外，对劳动过程中产生的某些有害因素如职业紧张与不良工效学，还可以通过评价量表开展评估。另外，除了需要了解某个时间段劳动者环境有害因素接触水平，还需要了解劳动者长时间的累积接触水平，需要借助回顾性评价和适宜的统计学技术；此外，在进行接触评价时，还可以利用专家评价法。

### （一）工效学评价

工效学负荷分为4类：由重体力的手工操作和重复用力的动作造成的力量负荷；由姿势不良引起的姿势负荷；由社会心理因素引起的心理负荷；由振动等其他因素造成的其他负荷。

力量负荷主要指由于重体力的手工操作或是重复用力而引起的作业者机体负荷。国内外关于力量负荷的评价方法目前主要有美国国立职业安全卫生研究所于1981年提出的提举公式法。该方法用于提举任务的工效学负荷的评价指标为提举指数（lifting index，LI），提举指数由提举重量推荐限值（recommended weight limit，RWL）计算获得。RWL指的是在特定的工作条件下，负荷

的重量几乎可以使所有的健康劳动者都可以正常工作一定时间。

姿势负荷是由于劳动工具、设备和工作方法不符合工效学原则，引起姿势不良所造成的机体负荷。国内外关于姿势负荷的评价方法主要有快速上肢评价法，全身快速评价法，劳动姿势与负荷分析法等。3 种方法也涉及了其他的不良因素，但以姿势负荷为主。其中快速上肢评价法（rapid upper limb assessment，RULA）与全身快速评价法的评价过程相近。

心理负荷主要指由于社会心理因素，包括不良的工作组织、职业紧张等引起的劳动者心理负荷。国际、国内关于心理负荷的评价方法主要有工作内容量表法、工作绩效测量法、生理应激反应测量法等。工作内容量表法（job content questionnaire，JCQ）是由美国 Karasek 等在 20 世纪 70 年代末期研究的一种广泛用于职业紧张程度评价的工具。推荐问卷主要有 49 个条目，主要包括：技术水平、决定水平、宏观决定水平、心理工作需求、躯体工作需求、不稳定工作因素、上级支持、社会同事支持等，其中心理工作需求包括工作速度快、努力工作、过量工作、工作时间、需求冲突、注意力集中、需求任务中断、工作繁忙、等待他人等。中文版的工作内容量表在医务人员、建筑工人等行业中应用，其效度和信度均较好。

综合的工效学负荷评价方法主要指该评价方法涉及了多种不良的工效学因素，几乎包含了全部不良的工效学因素的评价方法。国内外关于综合的评价方法主要有快速暴露检查法，手工操作评估表法以及肌肉骨骼紧张因素判定法等。快速暴露检查法（quick exposure check，QEC）是由英国萨里大学（University of Surrey）Rohens 工效学中心开发研制的一种工效学负荷评价方法。评价的主要方式是采用观察者观察和被观察者自评相结合的方式。手工操作评估表法（manual handing assessment chart，MHAC）是由英国健康与安全委员会（HSE）制定，用于评价提举、搬运、手部操作过程中的不良工效学因素的方法。肌肉骨骼紧张因素判定法（musculoskeletal stress factors which may have injurious effects，PLIBEL）是由瑞典的 Kemmlert 提出的用于判定和识别肌肉骨骼紧张因素的方法。有关工效学负荷的综合评价方法还有：利用表面肌电仪等的表面肌电描述技术、肢体倾角评价法、肌力测试法、仿真分析法等。

## （二）回顾性暴露评价

一般认为，基于个体暴露测量得到的资料是最可靠的暴露评价依据，但对于既往的暴露资料，有时缺乏实际监测的数据，这时可以采用回顾性方法进行估算。两种常用的回顾性方法是模拟研究和剂量重建分析。前者是对以前的活动或技术进行模拟测定，后者是整合模拟数据及其他的资料做出暴露剂量估计。近年来，这些方法已被用于职业和环境暴露评价，以及职业流行病学调查。研究者在一项模拟汽车检修工暴露于石棉的研究中，对一些老式汽车刹车时释放石棉的情况进行了模拟，获得了最高浓度、时间加权平均浓度、石棉纤维粒径分布以及不同工种暴露的累积时间等有价值的参数，从而对汽车检修工石棉暴露的评价，提供了可靠的基础资料。在职业暴露方面，也可以通过收集所有工业卫生相关的信息以及工种、作业流程和工作性质等各种资料，建立暴露参数的概率密度函数，采用蒙特-卡洛模拟法（Monte Carlo stimulation）以概率和统计理论方法为基础，给出职业暴露剂量估计值，用于暴露与健康效应分析。

## （三）统计学在暴露评价中的应用

在暴露评价中，越来越多的统计学技术得到应用。采用回归技术，可以分析在众多的暴露因素中，哪些因素或过程对暴露水平的贡献较大。在一次对农药使用者的调查中，通过回归分析，研究者发现喷雾器喷嘴的类型和戴手套 2 个因素与使用者尿中农药的含量相关性最大，可以解释 64% 的暴露量变异。主成分分析有助于鉴别多种化学物暴露时的污染来源。

## （四）专家评估

专家包括职业卫生学家、化学家、工程师和其他专业人士。在评估过程中，专家根据专业知识和现场工作经验，利用职业史调查表、接触物质列表、补充调查问卷，根据现场测量值，按照资料的可及性、准确度和变异度、内部信度、外部信度，设定规则、收集资料、确定资料的可用性和使用方法，综合各种接触途径进行评估，具有一定参考价值，但专家评估方法具有一定的主观性，没有统一的标准。

### （五）明确接触水平的表征形式

研究人员结合历史测量资料和问卷调查表，对接触水平作定性或定量评估。由于接触强度、频度、持续时间不同，其健康影响的效应不同。所以，应针对不同种类或类型的物质或（和）健康观察终点，采用适当的剂量表征形式，如接触时间、时间加权平均浓度或定点浓度、某时段内的累积接触水平、粉尘的质量浓度或分散度、暴露生物标志物等综合运用多种方法。例如，在计算累积接触水平时，就需要利用调查表收集劳动者的职业史、接触的有害因素、接触时间，结合现场测量资料及其他相关信息。在实际工作中，应具体问题具体分析，根据资料的性质选择合适的评估方法，尽量获得准确可靠的结果。

---

**视窗 9-1**

#### 稳态噪声与脉冲噪声评价

长期以来，脉冲噪声所致的生物学效应与稳态噪声是否一致？脉冲噪声所致的健康危害究竟是符合"等能量原理"还是"等效应原则"？学术界一直存在争议。其难点在于：①脉冲噪声有许多测量评价指标，如峰值、上升时间、持续时间、脉冲数量等，但这些测量指标与稳态噪声不同。在评价脉冲噪声与稳态噪声的差异时，必须使用既能用于评价脉冲噪声，又能评价稳态噪声的指标，而这样的指标只有以等能量原理为基础的等效声级和噪声暴露时间。遗憾的是，这类指标并不反映噪声的性质，如何在这些指标基础上增加噪声性质的评价指标，使新的综合评价指标能够用于评价不同类型的噪声生物效应，是急需解决的问题。②常规测量生产环境噪声的方法不能完全适用于脉冲噪声的测量。生产环境中脉冲噪声的特点是不规律、不稳定。同时，劳动者在工作过程中经常移动工作位置，如何获得稳定的脉冲噪声测量数据一直没有攻克。③剂量反应关系是评价脉冲噪声与稳态噪声生物学效应异同的核心证据，但以往研究中脉冲噪声组的剂量反应关系非常不稳定，以职业人群为基础的剂量反应关系研究不多，且多数研究缺乏深入细致的数据分析。④选择合理的数学模型进行剂量反应关系研究是另一个重要的问题，但究竟应该选用何种模型至今尚无定论。为此，北京大学赵一鸣教授采用噪声个体剂量计，通过连续测量劳动者8小时工作期间噪声个体暴露的数据，获得接触典型稳态噪声的纺织女工和接触典型工业脉冲噪声的机械制造者的个体噪声暴露数据。在此基础上，比较两种类型噪声暴露与高频听力损失的剂量反应关系，采用噪声个体暴露测量的数据可以获得脉冲噪声暴露与听力损失患病率的剂量-反应关系。按等能量原理进行评价，工业脉冲噪声所致的听力损失与稳态噪声组相比，剂量-反应关系曲线左移、斜率增大，提示脉冲噪声的危害大于稳态噪声，为准确评价工业脉冲噪声所致的听力损失提供了职业流行病学证据（图9-5）。

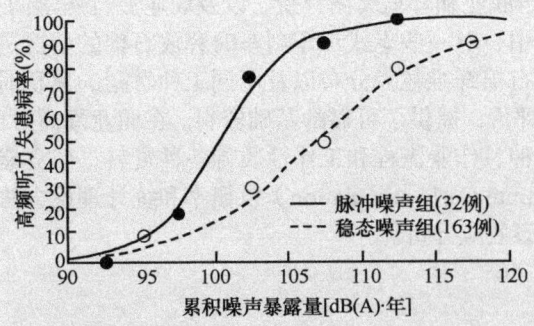

高频听力损失判定前工人的听阈以年龄、性别校正：

脉冲噪声组的 logisitic 回归模型：$P = \dfrac{1}{1+e^{40.581-0.407 \times \text{CNE}}}$

稳态噪声组的 logisitic 回归模型：$P = \dfrac{1}{1+e^{23.78-0.222 \times \text{CNE}}}$

图 9-5　脉冲噪声与稳态噪声暴露所致高频听力损失患病率的剂量反应关系

## 案例 9-1

### 作业场所暴露评价在职业性慢性苯中毒诊断鉴定中的应用

作业场所职业有害因素环境暴露评价有着广泛的卫生学意义,其中在职业病诊断时,劳动者历年环境暴露评价资料,是必要的诊断依据。以下案例,请同学们梳理作业场所暴露评价在识别病因及进行职业病诊断时的意义。

1. **基本资料** 劳动者为某机械工业有限公司(以下简称用人单位)职工,女,44岁,于2003年4月至2010年4月在用人单位装配车间从事装配、清洗工作。2003年4月至11月11日主要接触工业用甲苯,2003年11月12日后主要接触柴油。每天工作8小时。从2010年1月起,该岗位改为自动清洗设备,不再使用柴油或甲苯。2011年7月劳动者确诊为白细胞减少症。

2. **职业病诊断及鉴定** 2011年9月30日该劳动者向所属地的职业病诊断机构提出职业性苯中毒的诊断申请。2011年11月18日诊断结论为无职业性慢性苯中毒。2012年1月10日劳动者因对诊断机构的诊断结论不服提出市级鉴定。2012年2月9日市级鉴定机构组织进行了现场调查,对劳动者的职业史进行了核实,职业史调查结果与提供资料一致。但没有对工作场所空气和原材料中苯含量进行测定。2012年2月10日鉴定结论为无职业性慢性苯中毒。2012年2月24日,患者提出省级鉴定。省级鉴定机构收齐三方提交资料并请劳动者填写《劳动者审阅用人单位提交资料意见反馈书》。省级鉴定机构就劳动者对用人单位提交的职业史中未明确是否苯接触中及甲苯接触时间,体检资料不全,未检测工作场所空气中苯浓度三个问题,向省级鉴定机构向省安全生产监督管理局发函,要求再组织现场调查。2012年4月13日由省安全生产监督管理局牵头组织专家进行现场调查,省级鉴定机构根据有争议的问题起草了现场调查方案,专家按照方案进行调查,对多名同岗位劳动者进行个体调查。检测人员对劳动者曾接触的稀释剂原材料在双方同意下按照采样规范进行了采样,检测结果提示原材料中含有苯。专家组汇总调查结果形成了现场调查报告并经双方当事人签字确认。2012年7月4日省级鉴定为职业性苯接触观察对象,主要依据为劳动者有约7年的苯接触史。劳动者共检查血常规13次,WBC计数低于$4.0 \times 10^9$共6次,其他骨髓细胞学、染色体、免疫相关检查均未见明显异常。劳动者上岗前健康,使用相同稀释剂的同岗位和其他岗位劳动者体检结果多数发现有血小板下降现象。诊断鉴定中存在的问题主要为市级鉴定过程中无法判定有无苯接触时,应当提请安全生产监督管理局组织现场调查。

# 第三节 职业人群的生物监测

在职业卫生工作中,环境监测、生物监测和健康监护相辅相成,三者缺一不可。本节主要介绍生物监测中,常用的测量指标以及生物监测的应用和意义。关于职业卫生生物监测具体办法,可以参考我国《职业卫生生物监测总则》进行。

## 一、生物标志物与生物监测

生物标志物(biomarker)是指反映生物系统与外源性化学因素、物理因素和生物因素之间相互作用的任何可测量指标。根据生物标志物代表的意义,又可将生物标志物分为接触性标志物、效应性标志物和易感性标志物,其关系见图9-6。一般来讲,生物监测的主要指标是经过验证的生物标志物,应与环境有害因素接触水平相呼应。

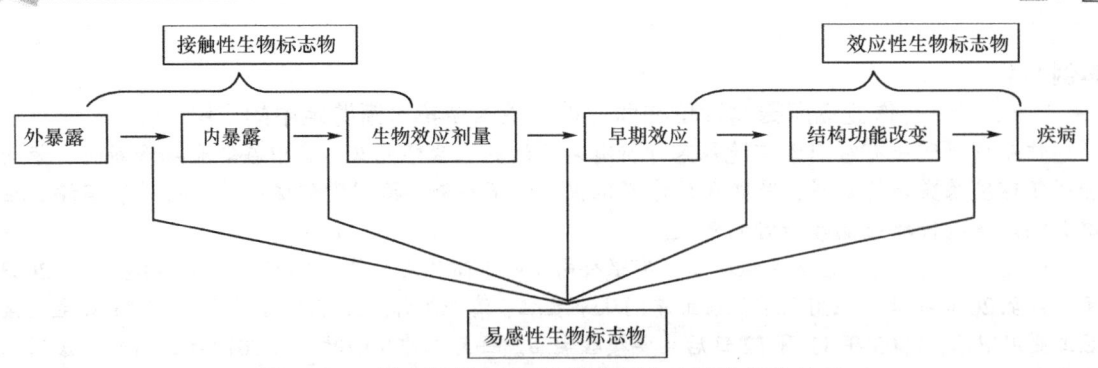

图 9-6 三类生物标志物及环境暴露与疾病之间的关系

### （一）接触性生物标志物（biomarker of exposure）

反映机体生物材料中外源性化学物或其代谢物或外源性化学物与某些靶细胞或靶分子相互作用产物的含量。接触性生物标志物如与外剂量相关或与毒作用效应相关，可评价接触水平或建立生物接触限值。接触性生物标志物可以进一步分为反映内剂量（internal dose）和生物有效剂量（biologically effective dose）两类标志物。内剂量表示吸收到体内的外源性物质的量，包括细胞、组织、体液或排泄物中（血、尿、粪便、呼出气、唾液、毛发、指甲和耵聍等）原型或者代谢产物的含量。例如，血铅可以反映接触铅的内剂量水平；红细胞内铬的含量可以反映六价铬的接触量。生物有效剂量是指达到机体效应部位（组织、细胞和分子）并与其相互作用的外源性物质或代谢产物的含量，包括外源性物质或代谢产物与白蛋白、血红蛋白、DNA 等生物大分子共价结合，或者效应蛋白与 DNA 交联物的水平，如 DNA 氧化损伤标志物 8-羟基脱氧鸟嘌呤（8-OHdG）、三硝基甲苯血红蛋白加合物。由于直接测定效应部位或者靶部位的剂量十分困难，因此，常使用替代生物标志物（surrogate biomarker）水平推测靶部位的剂量，比如用外周血全血铬或红细胞内铬含量，可以间接反映经呼吸道进入肺组织的铬含量或六价铬的含量。

### （二）效应性生物标志物（biomarker of effect）

指机体中可测出的生化、生理、行为或其他改变的指标，又可进一步分为反映早期生物效应（early biological effect）、结构和/或功能改变（altered structure/function）及疾病（disease）三类，其中前两类效应性生物标志物在生物监测中对预防工作具有重要意义。早期生物效应一般是指机体接触环境有害因素后，出现的早期反应。例如铅接触，可抑制 δ-氨基-γ-酮戊酸脱水酶活性（δ-amino-γ-levulinate dehydratase，δ-ALAD）和血红素合成酶（heme synthetase）活性，表现为尿 δ-氨基-r-酮戊酸（δ-amino-γ-levulinic acid，δ-ALA）含量和血中锌原卟啉（zinc protoporphyrin，ZPP）水平增加等；接触有机磷农药可对胆碱酯酶活性产生抑制。疾病标志物为疾病诊断的各种检测指标，例如诊断苯所致再生障碍性贫血和白血病的血液和骨髓检测指标，有机溶剂正己烷所致周围神经病损的神经肌电图病理变化等。

### （三）易感性标志物（biomarker of susceptibility）

包括反映机体先天遗传性和后天获得性两类。参与环境化学物代谢酶的基因多态性会影响酶的活性，属遗传易感性标志物；如果缺乏 N-乙酰转移酶，机体对芳香胺化合物及多环芳香烃较敏感，也属遗传易感性标志物。环境因素作为应激原时，机体的神经、内分泌和免疫系统的反应及适应性，亦可反映机体的易感性，属于获得性易感性标志物。在职业卫生领域，易感性生物标志物的主要用途为筛查发现高危人群，采取针对性的预防和保护措施。此外，易感性生物标志物对于提高危险度评价的把握性也有重要意义。

需要指出，将生物标志物进行分类只是为了表述或应用方便。从外源性化合物进入体内到产生疾病是一个多阶段、连续的过程，根据研究目的，同一标志物可以划分为不同的类别。例如，血液中碳氧血红蛋白，在与环境接触水平相联系时，可以用作一氧化碳早期效应和接触性生物标志物；而当与器官损害或者疾病相联系时，则可以被当作一氧化碳内剂量，用于诊断。选择生物标志物时，需要考虑：①该指标与研究的生物学效应之间的联系即关联性；②能反映早期和低水平接触所引起的轻微改变，以及多次重复低水平接触累积引起的远期效应即灵敏度和特异度；③受检对象可接受程度即实用性和准确性，尽量控制创伤性。

## 二、生物监测的特点

### （一）反映机体总的接触量和负荷

生物监测可反映不同途径（呼吸道、消化道和皮肤等）和不同来源（职业和非职业接触）机体总的接触量和总负荷。在职业卫生服务领域，环境监测多指空气监测，空气监测仅能反映呼吸道吸入的估计量，而劳动者实际工作中，往往佩戴个体防护用品，比如口罩，经口罩过滤后，吸入的量与环境浓度是有差别的。同时，有害因素进入体内的方式往往是多途径的。据统计，在美国已制定的阈限值（threshold limit value，TLV）中，大约有23%是能经皮肤吸收的。故对经皮吸收的毒物，生物监测就比环境监测更显优越和重要。在生产环境中，毒物浓度常常波动较大。从时间来说，可连续可间断，在生产环境中，所接触的毒物又往往是混合物。同时劳动者接触时，是否正确使用个人防护用品以及劳动强度和气象条件的差别都会影响毒物吸收。在这种情况下，环境监测就不能全面反映机体接触的真实程度。此外，劳动者除职业性接触外，还有非职业性接触的可能，如评价镉的职业接触时，必须考虑吸烟、饮食等因素的影响。同时，有害因素在体内的代谢及分布，存在个体间的差异，并受生活方式影响，测定生物样品中毒物及其代谢产物的量，可控制个体因素差异所带来的影响。

因此，生物监测可以提供机体实际接触水平（生物暴露水平），控制了较多的不确定因素，用生物接触水平构建有害因素接触与生物学效应间的剂量反应关系，更为精确，能更好地评价职业有害因素的健康风险。

### （二）具有系统性和连续性

生物监测强调定期、有计划地进行，即指不能将生物监测单纯地看作生物材料中化学物质及其代谢产物或效应的一次性检测。生物监测强调评价人体接触化学物质的程度及可能的健康影响，其目的是为了控制和降低接触水平。只有定期地对接触者进行监测，才能达到上述目的。若一旦发现超过所规定的接触水平，就应采取相应的控制措施，如降低工作环境空气中化学物质的浓度，缩短接触时间，减少皮肤污染或及时清除和使用个人防护用品等，以提高对职业人群健康的保护水平。

## 三、生物监测策略

生物监测是一个系统工程，应对生物监测的全面程序有所认识，才能进行正确的生物监测。生物监测应包括监测项目和指标的选择，选择的原则依据被监测物质毒理学特别是中毒机制与毒物代谢动力学规律和监测的目的而定，同时需要考虑样品的采集和贮存、采样的时间和频率以及检测方法及结果评价等。

### （一）毒物代谢动力学与生物标志物选择

毒物代谢动力学主要研究化学物经机体吸收、分布、生物转化和排泄过程的动态变化规律，需要用数学模型和计算公式来表达毒物在体内的变化，进而揭示毒物在体内存在的部位、含量和时间三者之间的关系。外源性化合物与机体相互作用的过程，受多种因素的影响，包括受试者自身因素，如遗传背景、性别、身高、体重和营养、健康状况、药物使用以及饮酒和吸烟习惯等；另外，还包括工作负荷及劳动强度，接触化合物的种类等外界因素。这些因素对选择适当的生物学指标（毒物原型还是代谢产物或者加合物）、生物材料（血、尿或呼出气等）、采样时间以及结果解释等，都是至关重要的。

在生物监测中，所参考的毒物代谢模型主要有 2 种：①简单的毒物代谢动力学模式即线性模式，可获得生物半减期、生物利用率等重要参数。②生理、毒理学模式，包括血流量、肺通气量和代谢清除率等。在动力学研究中，生物半减期的研究尤为重要，半减期的长短是决定生物标本采样时间的主要参数，有时一个毒物可能有几个半减期，这与不同器官、不同组织的分布相适应，采样时应遵循其主要的半减期，例如在接触水溶性六价铬化合物的金属电焊工和电镀工中，尿铬排出量与空气铬浓度密切相关，尿铬可用作反映近期铬接触量的指标，尿铬的清除分为三相，第一、二和三相的半减期分别为 7 小时、15~30 天和 3~5 年，我国可溶性铬酸盐尿铬接触限值为连续工作一个月、工作周末的班末尿总铬（30μg/g 肌酐）作为长期接触铬酸盐劳动者的生物接触限值。对具有长半减期的毒物，采样时间不十分严格，但对于半减期较短的化合物，则采样时间需严格遵守。半减期与推荐的采样时间关系见表 9-1。

表 9-1　生物半减期与合适的采样时间

| 半减期（小时） | 合适的采样时间 |
| --- | --- |
| <2 | 半减期太短，不适用于生物监测 |
| 2~10 | 班末或次日班前 |
| 10~100 | 班末或周末 |
| >100 | 采样时间不严格 |

## （二）利用统计学方法对生物监测指标进行筛选和描述

生物监测总体来说是用于群体评价的，生物监测工作者除具备一般的统计学知识外，在整个生物监测的程序中，均需要使用统计学方法。如检测指标和分析方法被选定后，该指标是否可以作为生物监测指标，尚需进行现场调查验证，根据验证结果，提出灵敏度、特异度和预测值等，然后才能判断该指标的取舍。若单一指标不理想，则需进行多项指标最优组合的选择，这时需用判别分析，计算每个指标的贡献率，并将判别结果用四格表法计算出各组指标灵敏度和特异度后，再进行选择。此外，还可使用逐步回归的方法进行选择。参考值和非职业接触水平的建立及对结果的正确评价均需利用统计学知识。

## （三）生物监测指标选择的原则

（1）对已制定职业接触生物限值的待测物，应按照其要求选择生物监测指标。

（2）尚未制定职业接触生物限值的有害物质，应根据待测物的理化性质及其在人体内的代谢规律，选择能够真实反映接触有害物质程度或健康危害程度的生物监测指标。

（3）所选择指标的本底值（即非职业接触人群的浓度水平）明显低于接触人群。

（4）所选择的指标应具有一定的特异性、足够的灵敏度，即反映生物接触水平的指标与环境接触水平要有较好的剂量-反应（效应）关系，而在不产生有害效应的暴露水平下仍能维持这种关系。

（5）所选择的指标，在监测分析的重复性以及个体生物差异，都在可接受的范围内。

（6）所选择的指标其毒代动力学参数，特别是清除率和生物半减期的信息有助于采样时间的选择。

（7）所选择的指标要有足够的稳定性，以便于样品的运输、保存和分析。

（8）所选择的指标采样时最好对人体无损伤，能为受试者所接受。

## （四）生物监测样本的选择

最常用的生物监测样本有尿、血和呼出气。生物监测样本的选择主要依据被测化学物的毒代动力学特性、样品中被测物的浓度以及分析方法的灵敏度。此外，还包括采样和样品保存的难易程度等因素。

**1. 尿样**　因为尿样无损伤性且易于被接受，故是最常用的生物样品之一。尿样适合于检测有机化学物的水溶性代谢产物，及某些无机化学物。根据化学物在体内半减期以及是否在体内蓄积等，确定采尿时间。同时，尿中被测物的浓度需用尿比重或尿肌酐来校正。对于尿比重大于1.030或小于1.010和尿肌酐浓度小于0.3g/L或大于3g/L的尿样应慎重使用。尿的测定结果可能受肾功能的影响，对于肾病患者或有肾毒性的化学物，不宜或慎重使用尿样进行监测。尿样采集过程还应注意来自环境的污染。如测定尿中微量重金属时，采样时工人要脱离工作环境，洗浴后进行，采尿容器等需在使用前，作金属本底值分析和处理。

**2. 血样**　血液是机体转运外源性化学物的主要载体。大多数无机化合物或有足够生物半减期的有机化合物都可以通过血样来监测。测定血液中的原形化合物比测定其在尿中的代谢物更具有特异性。同时，血液组成成分相对稳定，血中被测物的水平通常可反映化学物的近期接触水平。有蓄积性的毒物（如多氯联苯）血中浓度主要反映机体的负荷。根据监测物质在血液不同组分中的分布规律，可确定采集全血、血清、血浆、红细胞或白细胞等，并选择合适的抗凝剂。检测金属或类金属元素的采血管可根据待测物选择肝素锂或肝素钠为抗凝剂的采血管。采样容器容积应该大于检测要求使用量，且易于分装移出。但采血因具损伤性，没有尿样使用得广泛，且血样的储存条件和分析前处理要求较高。

**3. 呼出气**　呼出气的监测仅限于在血中溶解度低的挥发性有机化合物或在呼出气中以原形呼出的化学物监测。呼出气中挥发性物质的浓度与采样时血液浓度成一定比例，在血中半减期短的化学物其呼出气检测会受到一定限制。采集呼出气时，应注意区别混合呼出气和终末（肺泡）呼出气。混合呼出气指尽力吸气后，尽可能呼出的全部呼出气。终末呼出气指先尽力吸气并平和呼气后，再用最大力量呼出的呼出气。因为混合呼出气包括了呼吸道的无效腔体积（大约150ml）。通常在接触期间，混合呼出气中毒物的浓度大于终末（肺泡）呼出气；接触结束后，混合呼出气中浓度小于终末（肺泡）呼出气。选择呼出气的优点是无损伤性，其主要缺点是易污染，波动大。采样时间需非常严格。目前，在研究空气污染物时，呼出气冷凝液日益得到关注，呼出气冷凝液可使用呼出气冷凝液收集器收集，可现场使用NO测量系统分析其中的硝酸盐、亚硝酸盐及酸碱度，评价颗粒物对机体炎症反应的影响。

**4. 其他材料**　测定乳汁和脂肪组织可反映亲脂毒物（如有机氯农药等）的负荷，也可用于评价毒物是否能影响新生儿。由于活体检测技术的开发，体内的靶部位原位研究也有了很大发展，如用X荧光方法测定骨铅、中子活化法测定肾皮质及肝脏中的镉，但目前这种方法尚未普及。

# 四、生物接触限值

职业卫生工作中生物监测的目的是评价职业人群和（或）劳动者个体接触有害因素的水平和潜在的健康影响。为使生物监测结果有评判的准则，必须同工作场所空气中有害因素监测那样，建立生物接触限值，作为生物监测的卫生标准。世界卫生组织提出了保护劳动者健康的职业生物接触限值（occupational biological exposure limits）；美国政府工业卫生者协会（american conference of industrial hygienists，ACGIH）推荐的为生物接触指数（biological exposure indices，BEI），是职业卫生实践中用于评价潜在健康损害的参考值指南，表示接触化学物的健康劳动者生物材料中受检物测定值与吸入接触阈限值的相当量，并不表示损害与无损害接触量的显著区别；联邦德国工作场所化学物引起健康损害检查委员会制订的为生物耐受值（biologischer Arbe-itsstoff-

Toleranz-Wert，BAT），是指劳动者体内化学物或其代谢产物或其所引起的生物学参数偏离正常值的最高容许量等。

我国颁布的职业卫生生物监测行业推荐性卫生标准中，也称职业接触生物限值（biological limit value for occupational exposure），是指接触有害化学物劳动者生物材料（血、尿或呼出气等）中化学物或其代谢产物或其引起生物反应的限量值。职业接触生物限值主要用于保护绝大多数劳动者健康，不能保证每个劳动者在该限值下，不产生任何有损害健康的作用。职业接触生物限值与非职业接触化学毒物的健康人群中可检测到一定水平的参考值（reference value）不同，与职业病诊断值也不同，不能混淆。

我国颁布的目前已有15种（铅、镉、一氧化碳、氟及其无机化合物、二硫化碳、三氯乙烯、甲苯、三硝基甲苯、苯乙烯、正己烷、有机磷、铬、汞、酚和五氯酚，见表9-2）。

表9-2 我国已经颁布的职业接触生物限值

| 化合物 | 检测材料 | 检测指标 | 生物限值 | 采样时间 |
|---|---|---|---|---|
| 甲苯 | 尿 | 马尿酸 | 1mol/mol 肌酐（1.5g/g 肌酐）或 11mmol/L（2.0g/L） | 工作班末（停止接触后） |
|  | 终末呼出气 | 甲苯 | 20mg/m³ | 工作班末（停止接触后） |
|  |  |  | 5 mg/m³ | 工作班前 |
| 三硝基甲苯 | 血 | 4-氨基-2,6 二硝基甲苯-血红蛋白加合物 | 200 ng/g Hb | 接触4个月后任意时间 |
| 苯乙烯 | 尿 | 苯乙醇酸加苯乙醛酸 | 295mmol/mol 肌酐（400mg/g 肌酐） | 工作班末 |
|  |  |  | 120mmol/mol 肌酐（160mg/g 肌酐） | 下一个工作班前 |
| 三氯乙烯 | 尿 | 三氯乙酸 | 0.3mmol/L（50mg/L） | 工作周末的班末尿 |
| 二硫化碳 | 尿 | 2-硫代噻唑烷-4-羧酸 | 1.5mmol/mol 肌酐（2.2mg/g 肌酐） | 工作班末或接触末 |
| 正己烷 | 尿 | 2,5-己二酮 | 35.0μmol/L（4.0mg/L） | 工作班后 |
| 酚 | 尿 | 总酚 | 150 mmol/mol 肌酐（125mg/g 肌酐） | 工作周末的班末 |
| 五氯酚 | 尿 | 总五氯酚 | 0.54mmol/mol 肌酐（1.5mg/g 肌酐） | 工作周末的班末 |
| 有机磷酸酯类农药 | 血 | 全血胆碱酯酶活性校正值 | 原基础值或参考值的70% | 接触起始后3个月内，任意时间 |
|  |  |  | 原基础值或参考值的50% | 持续接触3个月以后，任意时间 |
| 氟及其无机化合物 | 尿 | 氟 | 42mmol/mol 肌酐（7mg/g 肌酐） | 工作班后 |
|  |  |  | 24mmol/mol 肌酐（4mg/g 肌酐） | 工作班前 |
| 一氧化碳 | 血 | 碳氧血红蛋白（HbCO） | 5%Hb | 工作班末 |
| 铅及其化合物 | 血 | 铅 | 2.0μmol/L（400μg/L） | 接触3周后的任意时间 |
| 镉及其化合物 | 血 | 镉 | 45nmol/L（5μg/L） | 不作严格规定 |
|  | 尿 | 镉 | 5μmol/mol 肌酐（5μg/g 肌酐） | 不作严格规定 |
| 汞 | 尿 | 总汞 | 20μmol/mol 肌酐（35μg/g 肌酐） | 接触6个月后工作班前 |
| 可溶性铬盐 | 尿 | 总铬 | 65μmol/mol 肌酐（30μg/g 肌酐） | 接触1个月后工作周末的班末 |

注：班前是指职业接触16小时以后，即职业接触之后，下一班开始30分钟以内。班中是指职业接触2小时以后的任何时间。班末是在停止职业接触之后尽快地采集生物样品，一般为30分钟以内。工作周末是在连续职业接触4天或5天后，停止职业接触之后尽快地采集样品，一般为最后一天的下班后1小时之内。

## 五、生物监测结果的解释及局限性

### (一)生物监测结果的解释

**1. 个体评价** 所得的结果与生物接触限值或合适的参考值进行比较。必须注意,由于个体对化学物质的易感性不同,即使生物监测结果低于生物接触限值,也不能保证所有个体均没有健康损害效应发生。某些情况下,考虑到接触个体之间的变异性,可将其接触数据与该个体前期接触数据相比较。

**2. 群体评价** 生物监测结果可以在群体基础上进行比较,即通过群组数据的统计分析做出评价。对属于正态分布的数据,应给出平均值、标准差和范围。如为对数正态分布,应给出几何均值、几何标准差和范围或中位数、90%和10%位数和范围。对不属于正态分布(包括几何正态分布)者,可给出中位数、90%和10%位数和范围。

如果所有人的测得值都在生物监测接触限值以下,可认为工作环境是符合职业卫生要求的。如果绝大部分人或全部测得值都高于生物接触限值,说明总的接触环境不符合职业卫生要求,必须综合治理。如果大部分人的测得值都在生物接触限值以下,而少数人测得值远高于生物接触限值,可能有两种情况:一种是这少数人的工作岗位,暴露了较高浓度水平的污染物;另外一种如果所有人的环境暴露水平相似,少数人生物监测结果偏高,可能是不卫生的生活习惯,不注意个体劳动保护、或非职业接触因素和个体的遗传易感性所致。

### (二)生物监测的局限性

**1. 有些化学物不能或难于进行生物监测** 对于刺激性卤素、无机酸类、二氧化硫等酸酐、肼等化学活性大,刺激性强的化合物,由于在接触呼吸道黏膜或皮肤时就起反应,急性刺激作用明显,不需做生物监测;有些吸入体内后不易溶解,如石英、碳黑、氧化铁、石棉、玻璃纤维等,沉积在肺组织中,不易在尿液或外周血液中检出;对于外源性化合物代谢产物与正常代谢产物属于一类物质的,一般参比值波动范围大,作为生物监测指标的意义也不大。

**2. 生物监测方法学有待完善** 生物监测不能反映作业环境空气中化学物瞬间浓度变化的规律。生物监测对象是人,监测对象依从性的问题值得重视,因此,所用的方法应不给监测对象带来不便和痛苦,更不能损害健康。目前真正有价值、能反映实际接触水平,特别是反映生物效应剂量的监测指标尚不多;有关生物监测指标与外环境接触水平及生物学效应之间关系的指标则更少;某些在理论上可用作生物监测的指标由于采样困难或分析技术的原因,仍不能在实际工作中推广和应用。今后在生物监测领域,除要继续加强化学物代谢动力学和毒效动力学等基础研究、确定已有生物监测指标与接触水平及健康损害之间关系以及研制标准化的分析技术和方法以外,明确血、尿、痰等替代物测定分析结果与到达靶器官或靶组织作用剂量以及效应关系也应列入工作重点,同时还需加速职业接触生物限值卫生标准的研制和推广应用。

**3. 生物监测指标个体间差异较大** 由于生物监测综合了个体间接触毒物的差异因素和毒物代谢过程的变异性,个体间的生物多样性必然会影响代谢的各过程。另外,在实际工作中,劳动者往往会接触到不同的职业有害因素,当劳动者同时接触几种毒物时,一种毒物的代谢过程可能会影响另一种毒物的代谢,例如乙醇的代谢包括两个连续的氧化反应,一是乙醇二氢酶的催化,一是乙醛二氢酶的催化,其他有机溶剂如甲醇、三氯乙烯、二甲苯、甲苯等的氧化也需上述两种酶,当这些化合物随乙醇一起被机体吸收时,彼此的氧化反应就会出现干扰。同时,监测结果还受生物样品采样时间、运输和保存等条件影响,如样品采集、运输和保存过程中的样品水分蒸发、样品分解、沉淀、吸附和污染等。血液样品中脂肪含量、水分以及被测物分布的差异;尿样比重、肌酐浓度和采样时间的影响;通气量以及肺功能对呼出气的影响;机体患有肝、肾疾病对外源化合物代谢的影响等。因此,生物监测结果的解释远比环境监测结果的解释复杂。

但综合生物监测的优点及目前的发展趋势,在职业卫生技术服务领域,生物监测的发展前景仍令人展望。

---

**视窗 9-2**

### 暴 露 组 学

我国疾病预防控制中心职业卫生与中毒控制所郑玉新研究员率先将暴露组学的概念引入中国。疾病研究中同时关注环境因素和遗传因素已经成为共识。但在过去 10 余年对环境与疾病和健康关系研究中,对环境因素的关注低于遗传因素的研究。2005 年 Wild 首次撰文阐释了这一问题,并提出暴露组(exposome)的概念。暴露组不仅包括对人群生存环境中的所有暴露因素进行分析与测定,还包括对从受精卵开始的各个关键时点到终生暴露评价及内环境暴露因素的全面评价。高通量、广谱、高效的甄别检测技术的发展,为暴露组的实施提供了可能。与以往的研究相比,暴露组概念本质的飞跃在于仅从对若干环境因素管中窥豹式的测量评价,发展到对一组化合物和(或)对多种化合物的全景式分析测定。暴露组除强调环境全面评价外,更关注应用暴露标志物进行生物暴露评价,进而通过环境基因交互作用研究疾病的发生机制。采用"自上而下"和"自下而上"的途径,开展暴露组研究,是其核心策略。"自上而下"是通过对空气、水和食物等环境介质中的化合物进行测定,寻找确定影响疾病的外源性暴露因素来源;后者是分析测定血液或者尿液等生物样本中化合物,确定体内所有的暴露因素。近年来暴露组的研究日益受到学者关注重视。我国复旦大学曲卫东教授通过对水体中污染谱进行全面系统的分析,构建"污染树"模型,将暴露组的理念应用于水体污染特征与机体致突变关系研究;利用水体污染谱分析的结果,构建水污染特征的"指纹",追踪污染的迁徙途径。这些研究印证了暴露组的理念可以在环境与健康的研究中付诸实施。暴露组作为环境与健康研究的重要基础,将对制定和评估暴露限值、提出有效的预防措施和控制策略等公共卫生问题产生深远影响。

---

**【案例 9-2】**

### 经皮吸收的三硝基甲苯生物监测的必要性

三硝基甲苯(2,4,6-trinitrotoluene,TNT),在作业场所,可以经呼吸道和皮肤吸收进入体内,TNT 是一种多器官全身性毒物,主要靶器官为肝脏、睾丸、眼晶状体和血液系统等。目前我国职业接触限值,时间加权平均容许浓度(permissible concentration-time weighted average,PC-TWA)为 $0.2mg/m^3$,短时间接触容许浓度(permissible concentration-short term exposure limit,PC-STEL)为 $0.5mg/m^3$。在对涉及 TNT 生产和应用的企业进行多年跟踪调查时发现,在 TNT 空气浓度符合我国职业卫生标准时,部分劳动者仍被检出了肝脏损伤和白内障。请同学们分析,为什么在职业环境符合卫生要求的情况下,劳动者还出现了中毒情况?单纯的环境暴露评价是否可以满足保护劳动者健康的需要?还可以通过什么评价,能更全地了解劳动者实际接触水平?

---

**【案例 9-2 解析】**

1. **作业环境 TNT 进入机体的主要途径** TNT 可经多途径吸收,北京大学王世俊教授领导的工作组以及后来的复旦大学王簃兰教授课题组相继发现,职业接触劳动者体内的 TNT 可以来自呼吸道接触,同时 TNT 经皮吸收也是体内负荷的主要来源,TNT 的经皮渗透量和渗透速度随接触剂量而明显增加,与接触时间也密切相关。人体不同部位皮肤的 TNT 渗透性差异也很大,其渗透性大小依次为:面、颈、大腿、小腿、足背、胸和背。北京大学沈惠麒教授发现,我国北方与南方接触TNT的劳动者，劳动环境TNT浓度相似情况下，工人中毒特征不同，原因可能与南方地区夏季气温高，劳动者皮肤暴露的机会多有关；同时TNT对外周血肝脏损伤释放的相关酶的活性有一定抑制作用。

2. TNT加合物的研究　资料表明，劳动者体内的TNT经代谢后以硝基还原类代谢产物和TNT原形经尿排出，其含量顺序为4-氨基-2,6-二硝基甲苯（4-A）、4-羟氨基-2,6-二硝基甲苯（4-HA）、2-氨基-4,6-二硝基甲苯（2-A）、2,4二氨基-6-硝基甲苯（2,4-DA）和原型TNT，尿中TNT及其代谢产物的排出水平与机体经呼吸道接触TNT水平有关，但尿中代谢产物在脱离接触后2~3天就降到较低水平，因此有必要寻找更稳定的标志物，以反映TNT较长时间的暴露水平。职业卫生与中毒控制所郑玉新研究员发现，TNT代谢产物4-A与2-A可以与血红蛋白共价结合，结合物较为稳定，且与TNT总接触水平有关，同一时间体内4-A血红蛋白加合物含量较2A血红蛋白高，考虑到血红蛋白在人体内的代谢周期为120天左右，因此，4-A血红蛋白加合物含量可以反映TNT近三个月累积接触水平，作为职业接触TNT的生物监测指标，可以补充单纯测定空气中TNT浓度来评估接触水平健康反应关系的不足。郑玉新研究员课题组同时提出了我国4-A血红蛋白加合物生物接触限值为200ng/gHb，当4-A血红蛋白加合物低于接触限值时，劳动者白内障发生率小于10%，这个水平原则上可以保护90%的劳动者。

3. TNT的生物监测和结果解释　如前所述，即使空气中TNT水平达到了卫生标准，仍会对劳动者健康造成慢性影响，究其原因，TNT皮肤污染是引起慢性损害的主要原因。因此，要了解劳动者实际接触TNT水平，需要同时开展环境监测与生物监测。当对生物监测结果进行评价时，需要综合环境暴露评价来进行。当劳动者体内4-A血红蛋白加合物水平超过生物接触限值200ng/gHb时，有几种情况需要甄别：①研究群体中，超出职业接触限值的个体比例是多少？②当大部分或全部劳动者都超标时，我们首选需要考虑环境暴露水平是否超标？③当只有部分个体或少部分个体超标时，我们需要考虑劳动者是否缺乏呼吸及皮肤个体防护？在环境暴露评价及生物暴露评价基础上，我们最终可以判定劳动环境卫生是否符合要求，在环境满足职业卫生要求时，对于部分超标个体，我们需要进一步给出TNT皮肤接触的防护建议，全面的皮肤防护应包括严格穿戴有效的防护服装和手套；饭前洗手、班后淋浴；工作服和手套应集体管理和清洗；每天更换清洁的防护服装；更衣室应设置双套衣柜，以防交叉污染；职业安全健康部门尚须制订严格的规章制度，加强宣传教育，才能确保皮肤防护措施贯彻落实。

（贾　光）

## 思 考 题

1. 环境监测主要意义是什么？
2. 环境监测中，现场调查主要包括哪些内容？
3. 生物监测的主要意义是什么？

# 第十章 职业病危害评价

职业病危害评价是通过职业卫生调查、职业环境监测、生物监测、职业人群健康监护等方法，依照国家有关职业卫生方面的法律、法规、标准、规范的要求对作业环境中职业病危害因素的存在情况、作业人群的接触情况和其接触后的生物效应以及拟采取或已采取的职业病防护措施效果进行详细调查，并进行定性和定量分析后，科学合理地阐述职业性有害因素的实际危害性质、程度及其作用条件，对存在的职业卫生问题提出有效的防护对策，并做出客观、真实的评价结论的过程。根据职业卫生评价的时间段不同，分为建设项目职业病危害预评价、建设项目职业病危害控制效果评价和用人单位职业病危害现状评价。

新修订的《中华人民共和国职业病防治法》明确规定整个职业病危害的防治工作基本上按照"防、治、保"三个主要环节确立法治工作，即职业病危害防治工作以安全监管部门负责为主，职业病的检查、诊断和治疗以卫生行政部门负责为主，职业病病人的社会保障工作以劳动和人力资源社会保障部负责为主。并规定新建、改建、扩建的工程建设项目和技术改造、技术引进项目（以下统称建设项目）必须进行职业病危害评价。因此，对于建设项目可能产生职业病危害的建设单位应当按照国家安全生产监督管理总局颁布的《建设项目职业卫生"三同时"监督管理暂行办法》（简称《三同时监管办法》）的规定，由依法取得相应资质的职业卫生技术服务机构按照相应的规范在建设项目设计、施工、生产和使用的各个阶段对职业性危害因素进行检测、评价，并向安全生产监督管理部门申请备案、审核、审查和竣工验收。同时，国家安全生产监督管理总局在第47号令《工作场所职业卫生监督管理规定》中对职业病危害现状评价做出了相应的规定，将安全生产和职业病防治纳入经济社会发展规划，控制和消除职业病危害，实现同步协调发展。

## 第一节 职业病危害预评价

【案例 10-1】
**某公司拟新建年产 333 亿件 LED 芯片生产车间项目职业病危害预评价**

为了满足市场对 LED 芯片日益增长的需求，某公司拟在某市化工园区新建 LED 芯片生产车间和生产辅助设施项目。该项目预计年产外延片、芯片、发光二极管及相关产品 333 亿件，项目拟定员工 3000 人，一线操作员工 2000 人。整个工程主要由高亮度 LED 外延片生产线及高亮度 LED 芯片生产线、LED 封装生产线、LED 灯组装生产线、存储仓库、公用工程及环保工程等组成。生产过程中使用的原辅材料主要有蓝宝石基板（氧化铝）、四甲基铟、三甲基镓、三甲基铝、氨、硝酸、硫酸、盐酸、氢氟酸、磷酸、过氧化氢、氯、氢氧化钠、硫酸铜、丙酮、异丙醇、镍及惰性气体等。主要生产工艺流程是：磊晶区→磊芯片清洗→干蚀刻区→去光阻→成膜前清洗→黄光前清洗→黄光区→湿蚀刻区→测试封装→组装、包装。该项目各主要车间拟采用机械通风，仓库采用自然通风，采用正常照明加事故照明相结合的方式满足照明要求。工艺设备管道化、自动化、密闭化，动力区噪声装置和磊晶区 X 射线测厚装置拟单独设置，在作业场所配备防毒和防辐射器具、现场急救用品。厂区内拟设职业卫生管理组织机构，并配备专职管理人员，负责职业卫生工作。为实现从源头上控制和消除职业病危害因素，保护劳动者健康，在项目设计审查阶段应进行职业病危害预评价。

**问题：**
1. 对该建设项目进行职业病危害预评价的意义是什么？
2. 如何对该项目实施评价？
3. 根据评价结论提出控制该项目职业病危害的补充措施与建议？

职业病危害预评价是对可能产生职业病危害的建设项目，在其可行性论证阶段，对建设项目可能产生的职业病危害因素及其有害性与接触水平、职业病防护设施及应急救援设施等进行的预测性卫生学分析与评价。该过程由依法设立的取得国务院安全生产监督管理部门或者设区的市级以上地方人民政府安全生产监督管理部门按照职责分工给予资质认可的职业卫生技术服务机构，依照国家有关职业病防治的法律、法规、标准以及建设项目的可行性研究报告等执行。职业病危害预评价的主要目的是明确建设项目在职业病防治方面的可行性，为建设项目的职业病危害分类管理以及职业病防护设施的初步设计提供科学依据。评价工作可参照现行的《建设项目职业病危害预评价导则》（AQ/T 8009）进行。

## 一、职业病危害预评价的程序

进行职业病危害预评价时，建设单位应当首先向委托的评价机构提供建设项目的审批文件、可行性研究资料（含职业卫生专篇）和其他有关资料。具备职业卫生技术服务资质的机构在接受建设单位的委托后，按照准备、实施、编制预评价报告三个阶段对职业病危害因素进行预评价，具体流程见图10-1。

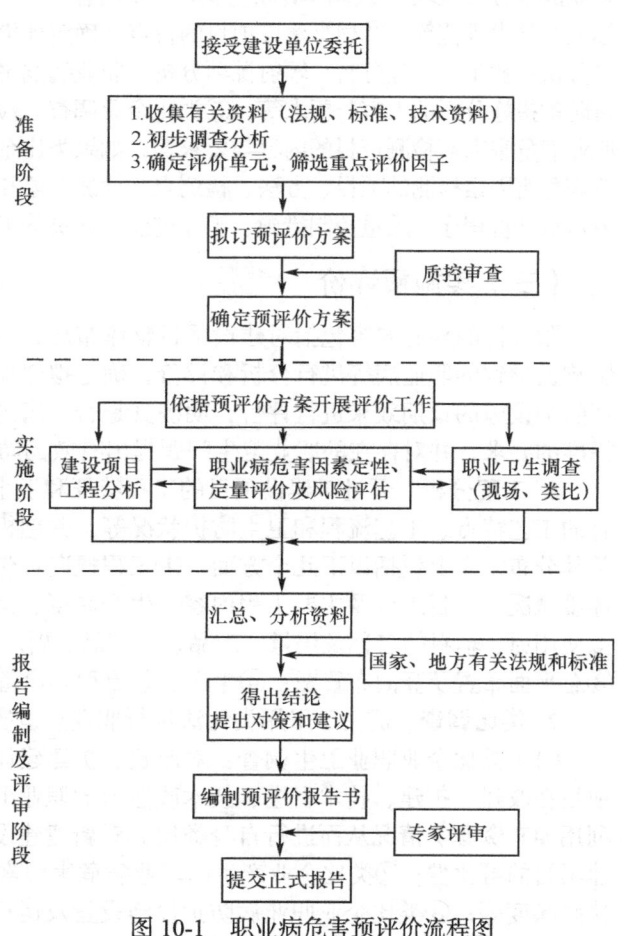

图10-1 职业病危害预评价流程图

## 二、职业病危害预评价的内容与方法

职业病危害预评价的内容主要包括收集资料、制定评价方案、实施预评价、编制预评价报告等。

### （一）收集资料

（1）项目建议书、可行性研究报告。

（2）建设项目的技术资料 包括建设项目概况、建设项目总平面布置图、生产工艺流程、设备布局、辐射源项资料、拟采取的职业病危害防护措施、有关职业卫生现场检测资料（类比工程）、有关劳动者职业健康检查资料（类比工程）和其他有关评价所需的技术资料等。

(3) 国家、地方、行业有关职业卫生方面的法律、法规、标准和规范等。

### （二）制定预评价方案

（1）选择类比企业：依据自然环境状况、生产规模、生产工艺、生产设备、生产过程中的物料与产品、职业病防护措施、管理水平等方面的相似性，选择与拟评价建设项目具有良好可比性的类比企业（对于改、扩建项目，应该优先选择原工程作为类比工程），并进行初步调查。

（2）结合所选择的类比企业筛选重点评价因子，确定评价单元（根据建设项目或用人单位的特点和职业病危害评价的要求，将建设项目或用人单位的生产工艺、设备布置或工作场所划分成若干相对独立的部分或区域），编制预评价方案。主要内容为：①建设项目概况；②适用于预评价的法律、法规、标准和技术规范等；③根据建设项目的特点，确定评价范围和评价内容，选定适用的评价方法；④项目分析：初步的工程分析、辐射源项分析、职业病危害因素识别分析，并确定评价单元以及职业病危害防护措施分析的内容与要求等；⑤类比企业调查、检测方案：确定类比企业职业卫生调查以及收集职业病危害因素检测资料的内容与要求等，如果类比企业没有可收集的检测资料，应确定类比企业职业病危害因素检测的项目、方法、检测点、检测对象和样品数等检测方案内容；⑥组织计划安排：主要包括评价程序、质量控制措施、工作进度、人员分工、经费概算等。

### （三）实施预评价

预评价的核心内容包括对建设项目整体布局、可能产生的职业病危害因素对人体健康产生的影响及导致的职业病等进行分析和评价，确定拟建项目的职业病危害风险类别；对拟采取的职业病防护设施的预期效果进行评价，明确其是否能满足国家和地方对职业病防治方面法律、法规、标准的要求，并对存在的职业卫生问题提出有效的防护对策。

**1. 工程分析**　通过对建设项目的工程特征和卫生特征进行系统、全面的分析，了解项目所具有的工艺特点、工艺流程和卫生防护状况等，并剖析其可能存在的职业病危害因素的种类、性质及其分布，主要包括以下几个方面：①工程概况：包括项目名称、性质、规模、拟建地点、自然环境概况、项目组成及主要工程内容、生产制度、岗位设置、主要技术经济指标等；②生产过程拟使用原、辅料的名称及用量，产品、联产品、副产品、中间品的名称和产量，健康危害说明书；③总平面布置及竖向布置图；④生产工艺流程和设备布局；⑤建筑卫生学；⑥辐射源项概况。

**2. 类比调查**　适用于采用类比法进行职业病危害预评价工作的建设项目。

（1）类比企业职业卫生调查：对改建、扩建建设项目和技术引进、技术改造项目应明确建设项目在改建、扩建、技术引进、技术改造前的职业卫生管理基本情况以及设备设施的利旧（充分利用旧有资源）情况从而进行自身类比。对新建建设项目，调查内容主要包括：①类比企业与拟建项目的可比性；②类比企业产生的职业病危害因素及其存在的作业岗位、接触人员、接触时间、接触频度等；③类比企业职业病防护设施设置及运行维护状况；④类比企业个体防护用品的配备与使用情况；⑤类比企业应急救援设施设置及职业健康监护等。

（2）类比企业职业病危害因素检测：尽可能收集类比企业主要职业病危害因素的最新检测资料，分析明确其职业病危害因素的来源、分布及其浓度（强度）等。没有可收集的检测资料时，应按照确定的检测方案对类比企业存在的主要职业病危害因素进行现场检测。

**3. 职业病危害评价**　为适应安全生产实际需要，职业病危害评价应采取全面识别，重点评价的措施。

（1）根据拟评价的建设项目或用人单位职业病危害特点以及职业病危害评价目的需要等，一般采用类比法、检查表分析法、辐射防护屏蔽计算法、职业病危害作业分级等方法进行综合分析以及定性和定量评价，必要时可采用其他评价方法。

1）类比法：通过对与拟评价项目相同或相似项目的职业卫生调查、工作场所职业病危害因素浓度（强度）检测以及对拟评价项目有关的文件、技术资料的分析，类推拟评价项目的职业病危害因素的种类和危害程度，对职业病危害进行风险评估，预测拟采取的职业病危害防护措施的防护效果。

2）检查表分析法：依据国家有关职业卫生的法律、法规和技术规范、标准以及操作规程、职业病危害事故案例等，通过对拟评价项目的详细分析和研究，列出检查单元、部位、项目、内容、要求等，编制成表，逐项检查符合情况，确定拟评价项目存在的问题、缺陷和潜在危害。

3）职业病危害作业分级法：根据作业场所职业病危害因素的检测（类比检测）结果，按照国家有关职业病危害作业分级标准对不同职业病危害作业的危害程度进行分级。

（2）具体评价内容和指标有：

1）职业病危害因素识别与评价：按照划分的评价单元，在工程分析和类比调查的基础上，识别拟建项目在建设期和建成投入生产或使用后可能存在的主要职业病危害因素及其来源、理化性质与分布，确定职业病危害因素存在的作业岗位、接触人员、接触时间、接触频度以及可能引起的职业病及其他健康影响等。

2）选址、总体布局和厂房设置是否符合国家有关卫生标准的要求。

3）工艺、技术和设备、设施的先进性和可靠性分析与评价。

4）建筑卫生学分析与评价。

5）职业病防护设施分析与评价：主要对除尘、排毒净化、通风换气、事故应急、噪声控制、防暑、防湿、振动控制、非电离辐射防护和电离辐射防护等设施的合理性进行评价。

6）辅助用室、应急救援设施、个人使用的职业病防护用品的分析与评价。

7）职业卫生管理及职业卫生专项投资分析与评价。

**4. 控制职业病危害的补充措施与建议** 在对拟建项目全面分析、评价的基础上，针对可行性研究报告中存在的不足，综合提出控制职业病危害的具体补充措施，应尽可能明确提出各类职业病防护设施的设置地点、设施种类、技术要求等具体措施建议。

**5. 给出评价结论** 确定拟建项目的职业病危害类别，明确拟建项目在采取了可行性研究报告和评价报告所提防护措施的前提下，是否能满足国家和地方对职业病防治方面法律、法规、标准的要求。

**6. 评价报告编制** 汇总实施阶段获取的各种资料、数据，完成建设项目职业病危害预评价报告。包括建设项目职业病危害预评价报告书与资料性附件两部分，编写格式及内容参照现行的《建设项目职业病危害预评价导则》（AQT8009）。主要内容应包括：①建设项目概况；②概括拟建项目可能产生的职业病危害因素及其来源、理化性质以及可能接触职业病危害因素作业的工种及其相关的工作地点、作业方法、接触时间与频度、可能引起的职业病以及其他人体健康影响等。按照划分的评价单元，给出各个主要职业病危害因素的预期接触水平及其评价结论，给出拟设置的职业病防护设施、拟配备的个人使用职业病防护用品及拟设置的应急救援设施的合理性与符合性的评价结论；③综合性评价：给出建设项目拟采取的总体布局、生产工艺及设备布局、辐射防护措施、建筑卫生学、辅助用室、职业卫生管理、职业卫生专项投资等及其法规符合性评价的结论，列出其中的不符合项；④职业病防护措施及建议；⑤评价结论：确定拟建项目的职业病危害类别，明确拟建项目在采取了可行性研究报告和评价报告所提防护措施的前提下，是否能满足国家和地方对职业病防治方面法律、法规、标准的要求。

职业病危害预评价报告编制完成后，建设单位应当组织有关职业卫生专家，对职业病危害预评价报告进行评审，建设单位需对职业病危害预评价报告的真实性、合法性负责。建设单位应当按照《三同时监管办法》的规定向安全生产监督管理部门申请职业病危害预评价备案或者审核。安全生产监督管理部门在收到职业病危害预评价报告备案或者审核申请后，应当对申请文件和资料是否齐全、评价机构的资质业务范围、评价报告的规范性、技术审查专家组成及审查意见处理情况等进行核对，并自收到申请之日起5个工作日内作出是否受理的决定或者出具补正通知书。建设项目职业病危害预评价报告经安全生产监督管理部门备案或者审核同意后，建设项目的选址、生产规模、工艺或者职业病危害因素的种类、职业病防护设施等发生重大变更的，建设单位应当对变更内容重新进行职业病危害预评价，办理相应的备案或者审核手续。

**案例 10-1 解析**

1. 评价意义

(1) 贯彻并落实《中华人民共和国职业病防治法》及国家相关的法律、法规、规章、标准和产业政策，从源头控制和消除职业病危害，防治职业病，保护劳动者健康。

(2) 识别、分析建设项目可能产生的职业病危害因素，评价危害程度，确定职业病危害类别，为建设职业病危害分类管理提供科学依据；

(3) 从职业病防治角度评估建设项目的可行性，为建设项目的设计提供必要的职业病防护对策和建议。

2. 实施评价　某疾病预防控制中心接受该 LED 芯片生产企业委托，对该企业 LED 新建项目生产车间进行职业病危害预评价，依据《中华人民共和国职业病防治法》《建设项目职业病危害预评价导则》《工业企业设计卫生标准》《建设项目职业卫生"三同时"监督管理暂行办法》和《建设项目职业病危害风险分类管理目录》等职业卫生有关的法律、法规、标准和规范，采用类比法和检查表分析法等方法对该项目进行职业病危害预评价。选择项目单位母公司相同项目作为类比调查对象，通过对类比项目进行职业卫生调查及运用检查表法对收集的数据、资料进行分析，同时结合可行性研究报告对拟建项目进行评价，评价内容包括选址、总平面布置、生产工艺和设备布局、车间建筑卫生学、可能产生的职业病危害因素和危害程度及对劳动者健康的影响、拟采取的职业病危害防护设施、辅助用室、应急救援措施和个人防护用品及职业卫生管理等。

调查结果：该拟建项目选址、总体布局及设备布局、建筑卫生学、职业病危害防护设施、辅助用室、应急救援措施和个人防护用品及职业卫生管理基本符合《中华人民共和国职业病防治法》《工业企业设计卫生标准》及其他相关标准的要求；该建设项目拟使用氢氟酸、氨气、氯气等高毒物品及 X 射线装置。

评价结论：根据《建设项目职业卫生"三同时"监督管理暂行办法》和《建设项目职业病危害风险分类管理目录》，结合评价结果，将本建设项目定义为职业病危害严重建设项目。

3. 改进建议

(1) 加强设备及管道的管理和维护，定期巡查，防止跑、冒、滴、漏；高噪声区域工人应佩戴耳塞或耳罩，缩短工作时间等；对所有接触 X 光检测仪的人员配备个人剂量仪，X 射线管头组装体应符合 X 线探伤装置防护技术要求；完善职业病危害事故应急救援预案，定期进行应急演练。

(2) 加强职业卫生管理，建立健全职业卫生管理档案和劳动者健康监护档案，对职业病危害因素接触人员，按照《职业健康监护技术规范》的要求组织岗前、岗中、离岗职业健康体检，并将结果告知劳动者，如有结果异常或职业禁忌人员应及时复查或调离原工作岗位。

## 第二节　职业病危害控制效果评价

**案例 10-2**

**某石油化工企业新建年产 550 吨的丙磺酸生产系统项目职业病危害控制效果评价**

某石油化工企业为了满足市场对石油化工产品需求的增加，投资 4000 万元新建年产 550 吨的丙磺酸生产系统及配套辅助设施。丙磺酸生产系统包括合成离心单元、精制干燥单元、溶剂回收单元和辅助单元。生产过程中使用的主要原辅材料有丙烯腈、硫酸、丁烯、蒸气等。主要生产工艺流程是：原料→合成→分离→干燥→精制→分离→干燥→成品。该项目设在城北3千米的工业规划区内，全年最小频率风向N，平均风速为2.5m/s，非饮用水水源地，非自然疫源地。生产装置采取密闭自动化生产，生产设备和管道采取有效的密封措施，将产生职业病危害的车间与其他辅助车间及生活区分开并设有卫生防护绿化带，在作业场所配备防毒器具、现场急救用品，在可能发生相应事故的工作地点设有冲淋洗眼设施，厂区内设有健康监护办公室，配备职业卫生管理人员。该项目已按相关部门提出的审查意见进行施工，现已竣工并试运行。为了预防、控制和消除建设项目存在的职业病危害因素，防治职业病，保证建设项目的各项职业病防护措施符合职业卫生要求，从而达到保障职业人群身体健康，促进社会经济发展，需要对该石油化工企业的新建年产550吨的丙磺酸生产系统项目进行职业病危害控制效果评价。

问题：
1. 对该项目进行职业病危害控制效果评价的依据是什么？
2. 如何对该项目进行评价？
3. 根据评价结论提出改进建议？

职业病危害控制效果评价是在建设项目完工后、竣工验收前，对工作场所职业病危害因素及其接触水平、职业病防护设施与措施及其效果等做出的综合评价。该过程由依法设立的取得国务院安全生产监督管理部门或者设区的市级以上地方人民政府安全生产监督管理部门按照职责分工给予资质认可的职业卫生技术服务机构，依照国家有关职业病防治的法律、法规、标准和规范、职业病防护设施设计以及建设项目试运行阶段的职业卫生实际状况等执行。职业卫生技术服务机构所作检测、评价应当客观、真实。职业病危害控制效果评价主要目的是明确建设项目的职业病危害程度以及职业病防护设施的效果等，并为政府监管部门对建设项目职业病防护设施竣工验收以及建设单位职业病防治的日常管理提供科学依据。评价工作可参照现行的《建设项目职业病危害控制效果评价技术导则》（AQ/T 8010）进行。

# 一、职业病危害控制效果评价的程序

与职业病危害预评价的程序相类似。

# 二、职业病危害控制效果评价的内容与方法

主要包括收集资料、制定控制效果评价方案、工程分析、实施控制效果评价、编制控制效果评价报告等。

## （一）收集资料与初步现场调查

（1）政府监管部门审核、审查文件，建设项目职业病危害预评价报告书和职业病防护设施设计专篇。
（2）建设项目的技术资料及试运行情况。
（3）国家、地方、行业有关职业卫生方面的法律、法规、标准、规范。
（4）项目建设施工期建设施工单位有关工作场所职业卫生检测与职业健康监护等相关资料。

## （二）编制职业病危害控制效果评价方案

在对收集的有关资料进行研读与初步现场调查的基础上，编制控制效果评价方案并对其进行

技术审核。评价方案应包括以下主要内容：①评价任务由来、评价目的等；②适用于评价的法律、法规、标准和技术规范、职业病危害预评价报告书、安全生产监督管理部门对项目在可行性研究阶段及设计阶段的审查意见等；③选定适用的评价方法，确定评价范围、评价单元和评价内容；④建设项目概况以及建设情况、试运行情况等；⑤确定职业卫生调查内容及职业卫生检测方案；⑥组织计划安排。

### （三）实施控制效果评价

评价的核心内容包括对建设项目试运行期间产生的职业病危害因素对人体健康产生的影响及可能导致的职业病等进行分析和评价，对采取的职业病危害防护设施的控制效果及职业卫生管理措施等进行评价，并对存在的职业卫生问题提出有效的防护对策。

根据预评价报告和建设项目的具体情况，一般采用现场调查、职业卫生检测、检查表分析法、职业病危害作业分级等方法进行综合分析以及定性和定量评价，必要时可采用其他评价方法。

**1. 现场调查**　是指运用现场观察、文件资料收集与分析、人员沟通等方法，了解调查对象相关卫生信息的过程。主要包括：①项目概况与试运行情况调查：主要调查工程性质、规模、地点、建设施工阶段工作场所职业病危害因素检测、"三同时"执行情况及工程试运行情况、预评价报告与防护设施设计及审查意见的落实情况等；②总体布局和设备布局调查；③职业病危害因素调查；④建筑卫生学调查；⑤辅助用室、职业病防护设施与应急救援设施、个人使用的职业病防护用品调查；⑥职业卫生管理情况与职业健康监护情况调查。

**2. 职业卫生检测**　主要包括：①职业病危害因素检测：根据检测规范和方法，按照划分的评价单元，对化学因素、粉尘、物理因素、生物因素、不良气象条件等进行检测，整理和分析其所存在的职业病危害作业工种（岗位）及其相关工作地点的作业方法、接触时间与频度以及接触水平检测结果等，并分析各个职业病危害因素可能引起的职业病以及其他健康影响等；②职业病防护设施检测；③建筑卫生学检测。

**3. 职业病危害评价**　具体内容和指标有：①职业病危害因素评价：按照划分的评价单元，针对其存在的各类职业病危害作业工种（岗位）及其相关工作地点，根据职业病危害因素的检测结果并对照《工作场所有害因素职业接触限值》（GBZ 2）等相关标准，评价职业病危害因素接触水平的符合性。作业人员接触职业病危害因素的水平超过标准限值时，分析超标原因，并提出针对性的控制措施建议；②职业病防护设施、个人使用的职业病防护用品及辅助用室的评价；③事故预防和应急措施是否具备针对性、可行性、是否满足要求；④正常生产后建设项目职业病防治效果预期分析；⑤职业卫生管理和职业健康监护评价。

**4. 提出措施建议**　在对建设项目全面分析、评价的基础上，针对试运行阶段存在的职业病防护措施的不足，从职业卫生管理、职业病防护设施、个体防护、职业健康监护、应急救援等方面，综合提出控制职业病危害的具体补充措施与建议，以便建设单位在整改过程中予以实施。对于建设单位已经按措施建议完成的整改，应进行复核。

**5. 给出评价结论**　在全面总结评价工作的基础上，归纳建设项目的职业病危害因素及其接触水平、职业病防护设施、个人使用的职业病防护用品、建筑卫生学及辅助用室、职业卫生管理等的评价结果，指出存在的主要问题，对该建设项目职业病危害控制效果做出总体评价，并阐明是否达到建设项目职业病防护设施竣工验收的条件。

**6. 编制控制效果评价报告**　汇总实施阶段获取的各种资料、数据，完成建设项目职业病危害控制效果评价报告书与资料性附件的编制。建设项目职业病危害控制效果评价报告书的内容应包括：①建设项目概况；②职业病危害评价：按照划分的评价单元，有针对性地给出各个主要职业病危害因素的接触水平及其评价结论、设置的职业病防护设施及其合理性与有效性的评价结论、所配备的个人使用职业病防护用品及其符合性与有效性的评价结论、所设置应急救援设施及其合理性与符合性的评价结论；③措施及建议：针对建设项目试运行阶段存在的不足，提出控制职业病危害的具体补充措施与建议；④评价结论：明确建设项目是否能满足国家和地方对职业病防治方面法律、法规、标准的要求，明确是否具备了职业病防护设施竣工验收条件。

> **案例 10-2 解析**
> 1. **评价依据** 《中华人民共和国职业病防治法》《建设项目职业病危害控制效果评价技术导则》《工业企业设计卫生标准》《工作场所职业卫生监督管理规定》《工作场所有害因素职业接触限值》《工业企业噪声控制设计规范》《工作场所空气中有害物质监测的采样规范》等职业卫生相关法律、法规、标准，以及建设单位提供的有关资料。
> 2. **实施评价** 某职业病防治研究所接受某石油化工企业委托后，依据相关法律法规，采用现场调查、职业卫生检测收集资料，通过检查表分析法，同时结合职业健康检查资料和预评价报告，在该建设项目完工后、竣工验收前对其进行综合分析与评价。
> 
> 现场调查检测结果：该建设项目选址、总体布局、生产工艺及设备布局，建筑卫生学，个体防护用品，应急救援措施，辅助用室等符合标准、规范要求。该项目试运行期间可能产生的主要职业病危害因素有丙烯腈、丁烯、硫酸、粉尘、噪声等。检测化学因素 36 个检测点，其中，粉尘 1 个点、硫酸 3 个点超过职业接触限值，丙烯腈、丁烯检测结果符合标准要求；噪声 22 个检测点，噪声强度为 44.9~105.2dB（A），有 1 个检测点的 $L_{EX, 8h}$ 强度超过职业接触限值。对接触职业病危害因素的 82 名作业人员进行健康检查，各项体检结果均正常，无职业禁忌证者。
> 
> 结论：该项目试运行期间部分工作岗位化学有害因素、物理因素超过职业接触限值，工人健康检查结果无异常。
> 3. **改进建议**
> （1）该建设项目竣工验收后，应进一步加强职业卫生管理力度，定期对工作场所进行职业病危害因素检测、评价。对接触职业病危害因素的职工应加强职业卫生知识教育培训工作，做好职业健康监护及离岗人员的健康检查，为职工建立完善的健康监护档案。
> （2）对产生职业病危害的主要作业岗位增设警示牌和中文警示说明。针对有害因素超标岗位，要增设通风排毒、除尘及降噪设施，督促作业人员佩戴好个人防护用品。针对本项目存在的职业病危害因素，制定专门的职业中毒事故应急救援预案，并加强培训和演练，提高对紧急事件的处置能力。

## 第三节 职业病危害现状评价

> **案例 10-3**
> 
> **某铅酸蓄电池厂职业病危害现状评价**
> 
> 铅酸蓄电池是广泛使用的一种化学电源。目前，我国的中小规模铅酸蓄电池生产厂是铅酸蓄电池的主要生产来源，同时职业性铅中毒也是中小规模铅蓄电池生产厂存在的主要职业病。基于铅中毒在蓄电池行业危害的常见性、严重性和可预防性，对某密封式铅蓄电池装配企业开展了职业卫生学调查及危害因素检测，以期为企业开展职业危害防护提供资料。该厂位于某市工业配套区内，生产规模为年产 48V 铅酸蓄电池 4 万个和免维护蓄电池 1 万个。该蓄电池厂的生产工艺主要包括：板栅制造、铅粉制作、和膏、涂片、极板化成、包片分组、极群焊接、注酸化成、清洗包装等过程。生产所需的主要原料及用量为：铅锭约 85t/d，铅钙合金 50t/d，稀硫酸（10%~15%）约 6.5t/d 等。为预防和控制职业病的发生，该厂设置有铅烟吸收装置系统、脉冲单机除尘系统和净化联合装置系统。铅烟吸收装置主要处理板栅制作岗位产生的铅烟，脉冲单机除尘系统主要处理铅粉制作过程中产生的铅尘，注酸化成槽产生的硫酸雾经净化联合装

置处理后排放。设备购置选用性能可靠、噪声低、振动小的设备,且为员工配备了个人防护用品,危险警示标志醒目。厂区内建立了职业卫生管理体系,配备专职职业卫生管理人员。

**问题:**
1. 请列举出评价该企业的相关法律法规依据。
2. 如何对该企业开展职业病危害现状评价?
3. 根据现有资料提出改进建议。

职业病危害现状评价是对可能存在职业病危害的用人单位,在其正常生产运行期间,对工作场所职业病危害因素及其接触水平、职业病防护设施及其他职业病防护措施与效果、职业病危害因素对劳动者的健康影响情况等进行的综合评价。该过程由依法设立的取得国务院安全生产监督管理部门或者设区的市级以上地方人民政府安全生产监督管理部门按照职责分工给予资质认可的职业卫生技术服务机构,依照国家有关职业病防治的法律、法规、标准以及用人单位从事生产经营活动过程中的职业卫生实际现状等执行。职业病危害现状评价为明确用人单位生产经营活动过程中的职业病危害程度以及职业病防护设施和职业卫生管理措施的效果等,并为政府监管部门职业卫生行政许可以及用人单位职业病防治的日常管理提供科学依据。评价工作参照《用人单位职业病危害现状评价技术导则》(AQ/T 4270)进行。

## 一、职业病危害现状评价的程序

与职业病危害预评价和控制效果评价的程序相类似。

## 二、职业病危害现状评价的内容与方法

根据《用人单位职业病危害现状评价技术导则》的规定,存在职业病危害的用人单位,每年至少进行一次职业病危害因素检测。职业病危害严重的用人单位,除遵守前款规定外,应当每3年至少进行1次职业病危害现状评价。同时,对初次申请职业卫生安全许可证、职业卫生安全许可证有效期届满申请换证或者发生职业病危害事故的用人单位,要求及时进行职业病危害现状评价。评价范围以用人单位生产经营活动所涉及的内容、场所以及过程等为准,用人单位外包(委)工程,以及辅助生产岗位均应纳入评价范围。

### (一)收集资料与初步现场调查

接受用人单位委托后,应对用人单位基本情况进行初步现场调查,应收集的资料包括:①用人单位最近1次职业卫生评价报告,以及近3年职业病危害因素监测及检测资料;②工程技术资料,包括用人单位所在地的气象条件,主要原、辅材料名称、成分、化学品安全技术说明书与年用量,产品、产量、中间产品、副产品、联产品,工作场所的总体布局、生产工艺与设备布局,生产岗位设置、人员配备及工作制度,辅助用室、职业病防护设施分布及个人防护用品配备,应急救援措施与警示标识;③近3年劳动者职业健康监护资料;④国家、地方、行业有关职业卫生方面的法律、法规、标准、规范。

### (二)编制评价方案

在对收集的有关资料进行研读与初步现场调查的基础上,编制评价工作方案并对其进行技术审核。方案应包括以下主要内容:①评价任务由来、评价目的等;②适用于评价的法律、法规、标准和技术规范以及用人单位从事生产经营活动过程中的职业卫生有关资料,近3年职业病危害

因素日常监测和职业健康监护资料，最近 1 次职业卫生评价报告、职业卫生调查、职业卫生检测等资料；③选定适用的评价方法，确定评价范围和评价内容，划分评价单元；④用人单位基本情况，以及正常生产运行情况；⑤职业卫生调查内容：在分析最近 1 次职业卫生评价报告和有关资料的基础上，初步确定职业病危害因素的种类及其分布、职业病防护设施与应急救援设施的设置、职业卫生管理、职业健康监护等调查内容；⑥职业卫生检测方案：确定职业病危害因素检测的范围、项目、方法、检测地点、采样对象和样品数量等，确定所需检测的职业病防护设施及其检测的项目、方法等，确定建筑卫生学检测的方法、仪器、条件、频次、检测地点等内容；⑦组织计划安排。

### （三）实施现状评价

依据制定的评价方案，开展职业卫生调查并进行现场检测，分析与评价作业场所存在的职业病危害因素，对于不符合国家职业卫生标准和卫生要求的应当要求用人单位立即采取相应治理措施，确保其符合职业卫生环境和条件的要求。

根据用人单位职业病危害特点，一般采用职业卫生调查、职业卫生检测、职业健康检查、检查表分析、职业病危害作业分级等方法，对用人单位正常生产期间存在职业病危害暴露的劳动者的职业病危害因素接触水平、职业病防护设施效果以及职业卫生管理措施进行综合分析、定性和定量评价。

**1. 职业卫生调查**　主要包括：

（1）用人单位基本情况调查，包括以下内容：①用人单位概况；②地理位置及主要自然环境概况；③生产过程中使用的原料、辅料，以及产品、中间产品、联产品、副产品的名称、形态、储存和运输方式、年使用量或产量，以及化学品的组成成分等内容；④岗位定员及工作制度。

（2）总体布局调查。

（3）生产工艺和设备布局调查。

（4）建筑卫生学调查。

（5）职业病危害因素调查。

（6）职业病防护设施与应急救援设施调查。

（7）职业健康监护情况调查。

（8）个人防护用品调查。

（9）辅助用室调查。

（10）职业卫生管理情况调查。

（11）既往职业卫生评价建议落实情况调查。

（12）及时向用人单位反馈在调查中发现的问题。

**2. 职业卫生检测**　主要内容包括：①职业病危害因素检测：确定应检测的职业病危害因素项目、检测对象、检测地点和检测方法、检测时段和频次及检测仪器，检测时应记录该时段的生产负荷率、生产设备及防护设施开启数量及其运行状况、人员操作等情况，现场检测点布置示意图应经用人单位相关负责人签字确认；②职业病防护设施检测；③建筑卫生学检测。

**3. 职业病危害评价**　主要包括：①总体布局评价；②设备布局评价；③建筑卫生学评价；④职业病危害因素评价：结合岗位设置、生产工作制度、职业病防护设施开启情况、个人防护用品佩戴或使用情况对职业病危害因素超标原因进行分析，并对既往（重点为近 3 年）职业病危害因素监测或检测结果的变化趋势和劳动者职业病危害接触水平进行综合评价；⑤职业病防护设施与应急救援设施评价；⑥职业健康监护评价；⑦个人防护用品评价；⑧辅助用室评价；⑨职业卫生管理评价。

**4. 给出评价结论**　结论应包括两部分内容：①分项结论：对用人单位职业病危害现状及职业病危害防治现状进行逐项评价，分项结论判断分为符合、基本符合、不符合，对于不符合和基本符合项存在的问题作出简要说明；②职业病危害风险分类：采用定量分级或风险评估的方法，对用人单位职业病防治现状进行综合性评价，并对用人单位职业病危害风险做出"一般、较重、严重"的分级结论。

**5. 提出措施建议** 应包括两部分内容：①针对分项结论中存在的问题，从组织管理、工程技术、个人防护、应急救援等方面，有针对性地提出用人单位职业病防治日常管理工作的整改性、持续改进性和预防性等合理的、可行的对策措施；②对用人单位下一阶段应开展的评价或检测工作提出建议。

**6. 编制现状评价汇总表** 归纳用人单位劳动者职业病危害暴露情况和接触水平，以及采取的职业病防护措施情况，以更加清晰、准确地指导用人单位有针对性地开展职业健康监护、职业卫生管理和职业病危害项目申报工作。

**7. 编制现况评价报告** 对实施阶段调查所得的资料和检测数据进行综合分析、整理，给出评价结论，并提出相应的对策措施和可行性建议，完成用人单位职业病危害现状评价报告书与资料性附件的编制。用人单位职业病危害现状评价报告书应全面、概括地反映用人单位职业病防治工作的现状，着重指出用人单位自最近1次职业卫生评价以来（首次评价系自正式投产以来）在职业病防治方面的变化趋势，应具有阶段性和持续性的特点。主要内容应包括：

（1）评价的目的、依据、范围、内容、单元、方法、程序流程图、质量控制措施等。

（2）用人单位概况。

（3）总体布局及生产工艺和设备布局情况。

（4）建筑卫生学情况。

（5）职业病危害因素：①职业病危害因素辨识；②职业病危害因素对人体健康的影响；③职业病危害因素检测结果与评价。

（6）职业病防护设施与应急救援设施的设置和维护情况与评价。

（7）职业健康监护情况与评价。

（8）辅助用室、个人防护用品配备及职业卫生管理情况与评价。

（9）分项结论与职业病危害风险分类。

（10）对用人单位职业病防治工作提出建议。

---

**案例 10-3 解析**

1. **评价依据** 《中华人民共和国职业病防治法》《用人单位职业病危害现状评价技术导则》《工业企业设计卫生标准》《工作场所有害因素职业接触限值》《工作场所空气中有害物质监测采样规范》《建设项目职业卫生"三同时"监督管理暂行办法》《建设项目职业病危害风险分类管理目录》《工作场所职业卫生监督管理规定》等。

2. **实施评价** 某安全技术服务有限公司接受该密封式铅蓄电池装配企业委托，对该企业密封式铅蓄电池整改项目进行职业病危害现状评价。依据相关法律法规，通过职业卫生现场调查、职业卫生检测、职业健康检查等方法收集数据和资料，并结合职业病防护设施、个人职业病防护水平和检测结果，对正常生产期间劳动者的职业病危害暴露情况和接触水平，用人单位采取的职业病危害防护措施及效果，职业健康监护及管理等情况进行评价。主要将包板、烧焊、装模、入槽、滴胶、配胶、油印、注酸、充电、检测、暂存区等生产过程中所涉及的生产工艺作业岗位作为关键调查点。

现场调查检测结果：滴胶、配胶、封盖等作业岗位化学毒物 PC-TWA 均符合职业接触限值要求；入槽作业岗位空气中铅尘 PC-TWA 超过限值 0.05 mg/m$^3$；烧焊岗位劳动者血铅超标；注酸、包板、充电岗位硫酸 PC-TWA 均超过限值 1mg/m$^3$，污水处理岗位硫酸 PC-TWA 及 PC-STEL 超过限值 1mg/m$^3$ 及 2mg/m$^3$；包板、烧焊、装模作业岗位噪声强度均超过限值 85dB，WBGT

指数达到高温作业Ⅲ级。

结论：该项目存在的主要职业病危害因素化学毒物为铅尘（烟）、硫酸，物理因素为噪声、高温。根据《建设项目职业病危害风险分类管理目录》规定，该项目属专用设备制造业，铅尘（烟）属高毒物品，确定该项目的职业病危害风险为"严重"。

3. 改进建议

（1）对产生铅尘（烟）、酸雾的生产岗位和设备，优先考虑应用先进的生产工艺、技术以及选择无毒或低毒的原料，达到消除或减轻职业危害因素的目的。

（2）加强生产现场管理；监督检查生产作业现场人员规范使用个人劳动防护用品；定时检查通风、除尘（烟）设备的运行状况；实施"湿式作业"。

（3）加强设备的维护检修，定期开展危害因素检测，加强员工职业健康监护，定期进行健康体检，重点检测血铅或尿铅，督促员工养成良好的个人卫生习惯，如不在车间吸烟、进食、饭前洗手、下班后淋浴等。

（4）对烧焊岗位劳动者血铅超标者，除进行驱铅治疗外，还需进一步确诊，必要时调离原工作岗位。铸焊机应实行自动化，通风效果应能满足铸焊机内形成负压的需求，避免铅烟外溢。

（5）高温、高噪声区域工人应加强个体防护，缩短作业人员工作时间等。

## 第四节　职业病危害作业分级评价

**案例 10-4**

**某热电厂建设项目中工作场所生产性粉尘危害作业分级**

为满足新形势下供电发展需求，政府投资建成了某热电厂。该燃煤电厂有2台350MW超临界燃煤发电机组。该发电厂生产工序主要包括输煤系统、锅炉系统、热力系统、除灰渣系统、水处理系统、电气系统和其他辅助生产系统。其主要生产工艺过程为：来煤经过制粉系统磨成煤粉后，送入锅炉燃烧，经化学处理的水被锅炉释放的热量加热后，使之成为高温高压蒸气，蒸气再推动汽轮机旋转并带动发电机产生电能，从而将煤中贮存的化学能转换为热能、机械能，最终转换为电能，再通过输电、配电装置送往用户。该燃煤火力发电厂生产装置采取密闭自动化生产，生产设备和管道采取有效的密封措施，生产工艺先进，作业人员多为巡视检查，且配备有各种防护用品，厂区内设有健康监护办公室，配备职业卫生管理人员。为保护作业工人的健康，了解该火力发电厂投产运行后产生的生产性粉尘对作业工人的危害程度，综合评价职业病防护措施及其效果，对工作场所存在的生产性粉尘进行作业分级，针对分级结果提出管理措施。

**问题：**

1. 对该项目进行生产性粉尘作业分级的依据是什么？
2. 如何对该火力发电厂投产运行后存在的生产性粉尘作业进行分级评价？
3. 如何根据分级结果对粉尘危害作业岗位进行分级管理？

《中华人民共和国职业病防治法》明确规定，职业病危害作业要实行分类管理、综合治理。我国现行的《工作场所职业病危害作业分级》（GBZ/T 229）用于指导工作场所中生产性粉尘、化学物、高温、噪声四个部分的有害作业分级评价。有害作业分级评价的目的在于评价工作场所职业病危害作业的卫生状况，区分该作业对接触者危害程度的大小，在综合评估各个有害因素的健康危害程度、劳动者接触水平等基础上实施职业卫生监督管理，还应与各个有害因素的控制和作业分级管理办法配套使用。

在实际生产过程中工作场所职业病危害因素往往存在多样性、变动性及作业人员接触的间断性等复杂情况，要做到科学合理的评价，使评价结果更能反映人体接触职业有害因素的真实水平，评价方法须不断研究、改进。

# 一、生产性粉尘的作业环境评价

生产性粉尘作业分级应综合生产性粉尘的健康危害、劳动者接触浓度和劳动强度等因素进行，对粉尘接触时间加权平均浓度不超过职业接触限值的作业，还应注意短时间接触水平不超过职业接触限值的两倍。分级前，根据现场巡查，工作场所生产性粉尘的性质和产生过程、分布范围辨识，以及采取的控制和防护措施，结合对既往尘肺发病和事故资料的分析后确定作业是否需要进行分级，作业分级应与日常监测相结合。生产性粉尘作业分级的依据包括粉尘中游离二氧化硅含量、工作场所空气中粉尘的职业接触比值和劳动者的体力劳动强度等要素的权重数。评价工作参照现行的《工作场所职业病危害作业分级 第1部分：生产性粉尘》（GBZ/T 229.1）进行。

分级完成后应编制工作场所职业病危害作业分级报告书，报告书的内容应包括分级依据、方法、结果以及分级管理建议和应告知的对象。

## （一）粉尘中游离二氧化硅含量的测定

按《工作场所空气中粉尘测定 第4部分：游离二氧化硅含量》（GBZ/T 192.4）执行。对于石棉与石棉纤维、木尘等《工作场所有害因素职业接触限值 第1部分：化学有害因素》（GBZ 2.1）标识为人类致癌物（G1）的粉尘，粉尘中游离二氧化硅含量权重数（$W_M$）取值列入游离二氧化硅>80%一类。当工作场所存在两种以上粉尘时，参照GBZ 2.1标准进行粉尘浓度计算，游离二氧化硅权重数取各种粉尘中最大者。粉尘中游离二氧化硅含量（M）的分级和权重数（$W_M$）取值列于表10-1。

表10-1 游离二氧化硅含量的分级和取值

| 游离$SiO_2$含量（M），% | 权重数（$W_M$） |
| --- | --- |
| M<10 | 1 |
| 10≤M≤50 | 2 |
| 50<M≤80 | 4 |
| M>80 | 6 |

## （二）工作场所空气中粉尘监测采样点和采样对象的选择

按《工作场所空气中有害物质监测的采样规范》（GBZ 159）执行。粉尘浓度的测定根据粉尘类别分别按《工作场所空气中粉尘测定 第1部分：总粉尘浓度》（GBZ/T 192.1）、《工作场所空气中粉尘测定 第1部分：呼吸性粉尘浓度》（GBZ/T 192.2）和《工作场所空气中粉尘测定 第5部分：石棉纤维浓度》（GBZ/T 192.5）执行。当生产性粉尘浓度接近该粉尘的职业接触限值时，应增加测定频次。工作场所空气中粉尘的职业接触比值（B）分级和权重数（$W_B$）取值列于表10-2。

其中，接触比值 $B$ 按下式计算：

$$B = \frac{C_{TWA}}{PC\text{-}TWA} \times 100\% \qquad （公式10\text{-}1）$$

式中：$B$为生产性粉尘的接触比值。$C_{TWA}$为工作场所空气中生产性粉尘8小时时间加权平均浓度的实测值，单位为毫克每立方米（$mg/m^3$）；多次检测得到的$C_{TWA}$不一致时，以最大值计算接触比值。PC-TWA 为工作场所空气中该种粉尘的时间加权平均容许浓度,单位为毫克每立方米（mg/m³）。

表 10-2　生产性粉尘职业接触比值的分级和取值

| 接触比值（$B$） | 权重数（$W_B$） |
|---|---|
| $B<1$ | 0 |
| $1\leq B\leq 2$ | 1 |
| $B>2$ | $B$ |

### （三）体力劳动强度级别判定

按《工作场所有害因素职业接触限值第 2 部分：物理有害因素》（GBZ 2.2）和《工作场所物理因素测量　体力劳动强度分级》（GBZ/T 189.10）执行。劳动者的体力劳动强度分级和权重数（$W_L$）取值列于表 10-3。

表 10-3　体力劳动强度的分级和取值

| 体力劳动强度级别 | 权重数（$W_L$） |
|---|---|
| Ⅰ（轻） | 1.0 |
| Ⅱ（中） | 1.5 |
| Ⅲ（重） | 2.0 |
| Ⅳ（极重） | 2.5 |

### （四）分级及分级方法

生产性粉尘作业按危害程度分为四级,分别为相对无害作业（0 级）、轻度危害作业（Ⅰ级）、中度危害作业（Ⅱ级）和高度危害作业（Ⅲ级）。该方法不能用于放射性粉尘的分级。对于生产工艺及原料无改变,连续 3 次监测（每次间隔 1 个月以上）,当测定的粉尘浓度未超过职业接触限值,且无尘肺病人报告的作业,可以直接确定为相对无害作业。

**1. 分级指数法**　根据分级指数（$G$）的大小,将生产性粉尘作业分为四级,见表 10-4。

分级指数（$G$）的计算：$G=W_M\times W_B\times W_L$　　　　（公式 10-2）

式中：$G$ 为分级指数；$W_M$ 为粉尘中游离二氧化硅含量的权重数；$W_B$ 为工作场所空气中粉尘职业接触比值的权重数；$W_L$ 为劳动者体力劳动强度的权重数。

表 10-4　生产性粉尘作业分级

| 分级指数（$G$） | 作业级别 |
|---|---|
| 0 | 0 级（相对无害作业） |
| $0<G\leq 6$ | Ⅰ级（轻度危害作业） |
| $6<G\leq 16$ | Ⅱ级（中度危害作业） |
| $>16$ | Ⅲ级（高度危害作业） |

**2. 查表法**　根据生产性粉尘中游离二氧化硅含量、工作场所空气中粉尘的职业接触比值和体力劳动强度分级,也可直接查阅表 10-5,确定生产性粉尘作业危害程度的级别。

表 10-5 生产性粉尘作业分级表

| 游离 $SiO_2$ 含量($M$) | 劳动强度 | 粉尘的职业接触比值权重数($W_B$) | | | | | | |
|---|---|---|---|---|---|---|---|---|
| | | <1 | ~2 | ~4 | ~6 | ~8 | ~16 | >16 |
| $M<10$ | Ⅰ | 0 | Ⅰ | Ⅰ | Ⅰ | Ⅱ | Ⅱ | Ⅲ |
| | Ⅱ | 0 | Ⅰ | Ⅰ | Ⅱ | Ⅱ | Ⅱ~Ⅲ | Ⅲ |
| | Ⅲ | 0 | Ⅰ | Ⅰ~Ⅱ | Ⅱ | Ⅱ | Ⅲ | Ⅲ |
| | Ⅳ | 0 | Ⅰ | Ⅰ~Ⅱ | Ⅱ | Ⅱ~Ⅲ | Ⅲ | Ⅲ |
| $10\leqslant M\leqslant 50$ | Ⅰ | 0 | Ⅰ | Ⅰ~Ⅱ | Ⅱ | Ⅱ | Ⅲ | Ⅲ |
| | Ⅱ | 0 | Ⅰ | Ⅱ | Ⅱ~Ⅲ | Ⅲ | Ⅲ | Ⅲ |
| | Ⅲ | 0 | Ⅰ | Ⅱ | Ⅲ | Ⅲ | Ⅲ | Ⅲ |
| | Ⅳ | 0 | Ⅰ | Ⅱ~Ⅲ | Ⅲ | Ⅲ | Ⅲ | Ⅲ |
| $50<M\leqslant 80$ | Ⅰ | 0 | Ⅰ | Ⅱ | Ⅱ~Ⅲ | Ⅲ | Ⅲ | Ⅲ |
| | Ⅱ | 0 | Ⅰ | Ⅱ~Ⅲ | Ⅲ | Ⅲ | Ⅲ | Ⅲ |
| | Ⅲ | 0 | Ⅱ | Ⅲ | Ⅲ | Ⅲ | Ⅲ | Ⅲ |
| | Ⅳ | 0 | Ⅱ | Ⅲ | Ⅲ | Ⅲ | Ⅲ | Ⅲ |
| $>80$ | Ⅰ | 0 | Ⅰ | Ⅱ~Ⅲ | Ⅲ | Ⅲ | Ⅲ | Ⅲ |
| | Ⅱ | 0 | Ⅱ | Ⅲ | Ⅲ | Ⅲ | Ⅲ | Ⅲ |
| | Ⅲ | 0 | Ⅱ | Ⅲ | Ⅲ | Ⅲ | Ⅲ | Ⅲ |
| | Ⅳ | 0 | Ⅱ | Ⅲ | Ⅲ | Ⅲ | Ⅲ | Ⅲ |

## (五)分级管理原则

根据分级结果采取适当的控制措施。应定期对作业分级结果和预防控制措施的效果进行评估,连续三次定期监测发现劳动者接触浓度有变化,提示可能与原分级结果不一致的,或因生产工艺、原材料、设备等发生改变时应重新进行分级,并提出新的预防控制措施和建议。

0 级 在目前的作业条件下,对劳动者健康不会产生明显影响。应继续保持目前的作业方式和防护措施。

Ⅰ级 在目前的作业条件下,可能对劳动者的健康存在不良影响。应改善工作环境,降低劳动者实际粉尘接触水平,并设置粉尘危害及防护标识,对劳动者进行职业卫生培训,采取职业健康监护、定期作业场所监测等行动。

Ⅱ级 在目前的作业条件下,很可能引起劳动者的健康危害。应在采取上述措施的同时,及时采取纠正和管理行动,降低劳动者实际粉尘接触水平。

Ⅲ级 在目前的作业条件下,极有可能造成劳动者严重健康损害的作业。应立即采取整改措施,作业点设置粉尘危害和防护的明确标识,劳动者应使用个人防护用品,使劳动者实际接触水平达到职业卫生标准的要求。对劳动者及时进行健康体检。整改完成后,应重新对作业场所进行职业卫生评价。

### 案例 10-4 解析

1. 评价依据 《中华人民共和国职业病防治法》、《工作场所职业病危害作业分级 第 1 部分:生产性粉尘》、《工作场所空气中有害物质监测的采样规范》、《工作场所空气中粉尘测定 第 1 部分:总粉尘浓度》、《工作场所空气中粉尘测定 第 2 部分:呼吸性粉尘浓度》、《工作场所空气中粉尘测定 第 4 部分:游离二氧化硅含量》等职业卫生相关法律、法规、标准,以及建设单位提供的有关资料。

2. 实施评价　某职业卫生技术服务中心受某燃煤火力发电厂委托，对该厂建设项目进行职业病危害控制效果评价的过程中，通过对工作场所进行职业卫生调查，识别职业病危害因素，确定生产性粉尘接触岗位，用《工作场所职业病危害作业分级　第1部分：生产性粉尘》标准对工作场所生产性粉尘进行作业分级，判定该项目投产运行后产生的生产性粉尘危害程度，并为企业粉尘防治管理提供依据。通过调查可知其生产过程中存在的生产性粉尘主要有矽尘、煤尘、石灰石粉尘、石膏粉尘、电焊烟尘，主要来自燃运系统、除灰渣系统、脱硫系统和维修电焊作业。控制粉尘危害的关键岗位是运输皮带头尾、给煤机、静电除尘器以及灰库放灰口等处。检测点的设置及频率依据《工作场所空气中有害物质监测的采样规范》的有关规定进行。检测结果以粉尘中游离二氧化硅含量权重数（$W_M$）、工作场所空气中粉尘的职业接触比值权重数（$W_B$）和劳动者体力劳动强度权重数（$W_L$）为依据进行分级评价，见表10-6，分级指数（$G$）=$W_M \times W_B \times W_L$。

表10-6　某燃煤电厂作业场所空气中粉尘作业分级及浓度检测结果

| 工种 | 粉尘类型 | 游离二氧化硅含量权重数（$W_M$） | 职业接触比值权重数（$W_B$） | 体力劳动强度权重数（$W_L$） | 分级指数（$G$） |
|---|---|---|---|---|---|
| 燃运系统巡检 | 煤尘 | 2 | 0 | 2.0 | 0 |
| 除灰渣系统巡检 | 矽尘 | 2 | 1 | 1.5 | 3 |
| 脱硫系统巡检 | 石灰石、石膏粉尘 | 1 | 0 | 1.0 | 0 |
| 电焊作业 | 电焊烟尘 | 1 | 0 | 1.5 | 0 |

评价结论如下：除灰渣系统巡检岗位粉尘作业分级结果为Ⅰ级，燃运系统巡检岗位、脱硫系统巡检岗位和电焊作业岗位的粉尘作业分级均为0级。

3. 分级管理原则　燃运系统巡检岗位、脱硫系统巡检岗位和电焊作业岗位的粉尘作业分级为0级的，应继续保持目前的作业方式和防护措施，当作业方式和防护效果发生变化时应重新分级，并提出新的预防控制措施和建议。

除灰渣系统巡检岗位粉尘作业分级结果为Ⅰ级的，在目前作业条件下，应改善工作环境，如灰库在装车时，加强卸灰口密闭性管理，防止矽尘逸出，另外可在灰库设置水幕设施，进一步降低粉尘浓度，从而降低劳动者实际接触粉尘水平，并设置警告及防护标识，强化劳动者职业卫生培训，采取定期作业场所监测和职业健康监护。

## 二、化学物作业分级评价

化学物是种类繁多，接触广泛的职业性有害因素，为适应安全生产实际需要，对作业场所中的化学性职业有害因素实行分级分类管理显得尤为重要。化学物作业分级的重要指标是化学物本身的毒性及职业接触水平。劳动者接触生产性毒物的水平由工作场所空气中毒物浓度、劳动者接触生产性毒物的时间和劳动者的劳动强度决定。职业性接触毒物作业危害的分级依据包括化学物的危害程度、化学物的职业接触比值和劳动者的体力劳动强度三个要素的权数（表10-7、表10-8、表10-4），这三个权数可计算分级指数，根据指数值的大小，有毒作业分为四级（表10-9）。评价工作参照现行《工作场所职业病危害作业分级　第2部分：化学物》（GBZ/T 229.2）进行。

分级完成后，应编制工作场所职业病危害作业分级报告书，报告书的内容应包括分级依据、方法、结果以及分级管理建议和应告知的对象。

## (一)化学物的危害程度级别

按《职业性接触毒物危害程度分级》(GBZ 230)职业性接触毒物危害程度分级执行。对于不同分组指标所得的毒物危害程度分级结果有差异时,以最严重的高等级计算;工作场所同时接触多个毒物时,毒物危害程度级别取最严重的一种毒物计算。凡《高毒物品目录》和《剧毒化学品目录》列入的化学物,其危害程度级别权重系数按 8 计算。化学物的危害程度级别的权重数($W_D$)取值列于表 10-7。

表 10-7 化学物的危害程度级别的权重数($W_D$)的取值

| 化学物的危害程度级别 | 权重数($W_D$) |
| --- | --- |
| 轻度危害 | 1 |
| 中度危害 | 2 |
| 重度危害 | 4 |
| 极度危害 | 8 |

工作场所空气中化学物职业接触限值分别以 PC-TWA、PC-STEL、MAC 表示的职业接触比值($B$)的计算分别为:

$$\left.\begin{array}{l} B = C_{TWA} / PC\text{-}TWA \\ B = C_{STEL} / PC\text{-}STEL \\ B = C_{MAC} / MAC \end{array}\right\} \quad (公式 10\text{-}3)$$

式中:$C_{TWA}$、$C_{STEL}$、$C_{MAC}$ 为分别表示现场测量的工作场所空气中化学物时间加权平均浓度、短时间加权平均浓度、瞬(短)时浓度。PC-TWA、PC-STEL、MAC 为分别表示时间加权平均容许浓度、短时间接触容许浓度、最高容许浓度,其取值按 GBZ2.1 执行。

当工作场所同时存在多种化学物时,$B$ 值为各化学物职业接触比值之和,即:$B=B_1+B_2+\cdots\cdots+B_n$。如果多次检测所得数据不一致时,应以最大值计算职业接触比值。化学物的职业接触比值($B$)的权重数($W_B$)取值列于表 10-8。

表 10-8 化学物的职业接触比值($B$)的权重数($W_B$)取值

| 职业接触比值($B$) | 权重数($W_B$) |
| --- | --- |
| $B \leq 1$ | 0 |
| $B > 1$ | $B$ |

## (二)分级及分级方法

有毒作业按危害程度分为四级,分别为相对无害作业(0 级)、轻度危害作业(Ⅰ级)、中度危害作业(Ⅱ级)、重度危害作业(Ⅲ级)。

**1. 分级指数法** 通过计算分级指数($G$),根据指数大小查阅有毒作业危害程度分级表(表 10-9)来确定有毒作业危害程度的级别。

分级指数($G$)的计算:

$$G = W_D \times W_B \times W_L \quad (公式 10\text{-}4)$$

表 10-9　有毒作业危害程度分级

| 分级指数（$G$） | 作业级别 |
| --- | --- |
| ≤1 | 0级（相对无害作业） |
| 1<G≤6 | Ⅰ级（轻度危害作业） |
| 6<G≤24 | Ⅱ级（中度危害作业） |
| >24 | Ⅲ级（重度危害作业） |

**2. 查表法**　根据化学物的危害程度级别、职业接触比值和体力劳动强度直接查阅有毒作业分级表（表 10-10）确定生产性粉尘作业危害程度的级别。

表 10-10　有毒作业分级表

| 危害程度 | 劳动强度 | 职业接触比值（$B$） | | | | | | |
| --- | --- | --- | --- | --- | --- | --- | --- | --- |
| | | <1 | ~2 | ~4 | ~6 | ~8 | ~24 | >24 |
| 轻度 | Ⅰ | 0 | Ⅰ | Ⅰ | Ⅰ | Ⅱ | Ⅱ | Ⅲ |
| | Ⅱ | 0 | Ⅰ | Ⅰ | Ⅱ | Ⅱ | Ⅲ | Ⅲ |
| | Ⅲ | 0 | Ⅰ | Ⅱ | Ⅱ | Ⅱ | Ⅲ | Ⅲ |
| | Ⅳ | 0 | Ⅰ | Ⅱ | Ⅱ | Ⅱ | Ⅲ | Ⅲ |
| 中度 | Ⅰ | 0 | Ⅰ | Ⅱ | Ⅱ | Ⅱ | Ⅲ | Ⅲ |
| | Ⅱ | 0 | Ⅰ | Ⅱ | Ⅱ | Ⅱ | Ⅲ | Ⅲ |
| | Ⅲ | 0 | Ⅱ | Ⅱ | Ⅱ | Ⅱ | Ⅲ | Ⅲ |
| | Ⅳ | 0 | Ⅱ | Ⅱ | Ⅲ | Ⅲ | Ⅲ | Ⅲ |
| 重度 | Ⅰ | 0 | Ⅱ | Ⅱ | Ⅱ | Ⅱ | Ⅲ | Ⅲ |
| | Ⅱ | 0 | Ⅱ | Ⅱ | Ⅲ | Ⅲ | Ⅲ | Ⅲ |
| | Ⅲ | 0 | Ⅱ | Ⅲ | Ⅲ | Ⅲ | Ⅲ | Ⅲ |
| | Ⅳ | 0 | Ⅱ | Ⅲ | Ⅲ | Ⅲ | Ⅲ | Ⅲ |
| 严重 | Ⅰ | 0 | Ⅱ | Ⅲ | Ⅲ | Ⅲ | Ⅲ | Ⅲ |
| | Ⅱ | 0 | Ⅱ | Ⅲ | Ⅲ | Ⅲ | Ⅲ | Ⅲ |
| | Ⅲ | 0 | Ⅲ | Ⅲ | Ⅲ | Ⅲ | Ⅲ | Ⅲ |
| | Ⅳ | 0 | Ⅲ | Ⅲ | Ⅲ | Ⅲ | Ⅲ | Ⅲ |

## （三）分级管理原则

根据分级结果采取相应的控制措施。

**0 级**　在目前的作业条件下，对劳动者健康不会产生明显影响。应继续保持目前的作业方式和防护措施，一旦作业方式或防护效果发生变化，应重新分级。

**Ⅰ级**　在目前的作业条件下，对劳动者的健康存在不良影响。应改善工作环境，降低劳动者实际接触水平，设置警告及防护标识，强化劳动者的安全操作及职业卫生培训，采取定期作业场所监测、职业健康监护等行动。

**Ⅱ级**　在目前的作业条件下，很可能引起劳动者的健康损害。应及时采取纠正和管理行动，限期完成整改措施。劳动者必须使用个人防护用品，使劳动者实际接触水平达到职业卫生标准的要求。

**Ⅲ级**　在目前的作业条件下，极有可能引起劳动者严重的健康损害的作业。应在作业点明确标识，立即采取整改措施，劳动者必须使用个人防护用品，保证劳动者实际接触水平达到职业卫生标准的要求，及时对劳动者进行健康体检。整改完成后，应重新对作业场所进行职业卫生评价。

## 三、高温作业分级评价

高温作业分级应在高温作业对健康的危害、环境热强度、接触高温时间、劳动强度和工作服装阻热性能等全面评价的基础上进行。分级前,通过现场巡查,识别工作场所高温的产生过程、分布范围和采取的控制和防护措施,收集既往热损伤发生和事故资料,确定需要进行分级的作业。作业分级应与日常监测相结合。

高温作业分级的依据包括劳动强度、接触高温作业时间、WBGT 指数和服装的阻热性。其中,体力劳动强度分级按《工作场所物理因素测量 体力劳动强度分级》(GBZ/T 189.10)执行;接触高温作业时间以每个工作日累计接触高温作业时间计,单位为分钟(min);作业环境热强度(WBGT 指数)是综合评价人体接触作业环境热负荷的一个基本参量,采用自然湿球温度℃($t_{nw}$)、黑球温度℃($t_g$)和干球温度℃($t_a$)3 个参数计算获得,参数测定按 GBZ/T 189.7 执行。

$$\left.\begin{array}{l}\text{室内作业:}WBGT = 0.7t_{nw} + 0.3t_g \\ \text{室外作业:}WBGT = 0.7t_{nw} + 0.2t_g + 0.1t_a\end{array}\right\} \quad \text{(公式 10-5)}$$

该分级方法适用于每个劳动日累计高温暴露超过 1 小时的作业和对热环境产生习服并着绝热系数为 0.6Clo 服装的劳动者(长袖衬衫和长裤工作服,纺织材料连裤工作服)。如果由于劳动需要需穿着特种防护服装,应根据服装隔热性能对分级的等级进行调整。评价工作参照现行的《工作场所职业病危害作业分级第 3 部分:高温》(GBZ/T 229.3)进行。

分级完成后应编制工作场所高温分级报告书,报告书内容包括分级依据、分级结果、预防控制措施和建议、效果评价的方法和应告知的对象。

## (一)分级及分级方法

根据以上测定评价结果,对照表 10-11 内容进行分级。高温作业按危害程度分为 4 级,即轻度危害作业(Ⅰ级)、中度危害作业(Ⅱ级)、重度危害作业(Ⅲ级)和极重度危害作业(Ⅳ级)。

表 10-11 高温作业分级表

| 劳动强度 | 接触高温作业时间(min) | WBGT 指数(℃) | | | | | | |
|---|---|---|---|---|---|---|---|---|
| | | 29~30 (28~29)① | 31~32 (30~31) | 33~34 (32~33) | 35~36 (34~35) | 37~38 (36~37) | 39~40 (38~39) | 41~ (40~) |
| Ⅰ (轻劳动) | 60~120 | Ⅰ | Ⅰ | Ⅱ | Ⅱ | Ⅲ | Ⅲ | Ⅳ |
| | 121~240 | Ⅰ | Ⅱ | Ⅱ | Ⅲ | Ⅲ | Ⅳ | Ⅳ |
| | 241~360 | Ⅱ | Ⅱ | Ⅲ | Ⅲ | Ⅳ | Ⅳ | Ⅳ |
| | 361~ | Ⅱ | Ⅲ | Ⅲ | Ⅳ | Ⅳ | Ⅳ | Ⅳ |
| Ⅱ (中劳动) | 60~120 | Ⅰ | Ⅱ | Ⅱ | Ⅲ | Ⅲ | Ⅳ | Ⅳ |
| | 121~240 | Ⅱ | Ⅱ | Ⅲ | Ⅲ | Ⅳ | Ⅳ | Ⅳ |
| | 241~360 | Ⅱ | Ⅲ | Ⅲ | Ⅳ | Ⅳ | Ⅳ | Ⅳ |
| | 361~ | Ⅲ | Ⅲ | Ⅳ | Ⅳ | Ⅳ | Ⅳ | Ⅳ |
| Ⅲ (重劳动) | 60~120 | Ⅱ | Ⅱ | Ⅲ | Ⅲ | Ⅳ | Ⅳ | Ⅳ |
| | 121~240 | Ⅱ | Ⅲ | Ⅲ | Ⅳ | Ⅳ | Ⅳ | Ⅳ |
| | 241~360 | Ⅲ | Ⅲ | Ⅳ | Ⅳ | Ⅳ | Ⅳ | Ⅳ |
| | 361~ | Ⅲ | Ⅳ | Ⅳ | Ⅳ | Ⅳ | Ⅳ | Ⅳ |
| Ⅳ (极重劳动) | 60~120 | Ⅱ | Ⅲ | Ⅲ | Ⅳ | Ⅳ | Ⅳ | Ⅳ |
| | 121~240 | Ⅲ | Ⅲ | Ⅳ | Ⅳ | Ⅳ | Ⅳ | Ⅳ |
| | 241~360 | Ⅲ | Ⅳ | Ⅳ | Ⅳ | Ⅳ | Ⅳ | Ⅳ |
| | 361~ | Ⅳ | Ⅳ | Ⅳ | Ⅳ | Ⅳ | Ⅳ | Ⅳ |

注:①括号内 WBGT 指数适用于未产生热适应和热习服的劳动者。

## （二）分级管理原则

根据不同等级的高温作业进行不同的卫生学监督和管理。分级越高，发生热相关疾病的危险度越高。

Ⅰ级 在目前的劳动条件下，可能对劳动者的健康产生不良影响。应改善工作环境，对劳动者进行职业卫生培训，采取职业健康监护和防暑降温防护措施，保持劳动者的热平衡。

Ⅱ级 在目前的劳动条件下，可能引起劳动者的健康危害。在采取上述措施的同时，强化职业健康监护和防暑降温等防护措施，调整高温作业劳动-休息制度，降低劳动者热应激反应及接触热环境的单位时间比率。

Ⅲ级 在目前的劳动条件下，很可能引起劳动者的健康危害，产生热损伤。在采取上述措施的同时，强调进行热应激监测，通过调整高温作业劳动-休息制度，进一步降低劳动者接触热环境的单位时间比率。

Ⅳ级 在目前的劳动条件下，极有可能引起劳动者的健康危害，产生严重的热损伤。在采取上述措施的同时，严格进行热应激监测和热损伤防护措施，通过调整高温作业劳动-休息制度，严格限制劳动者接触热环境的单位时间比率。

## 四、噪声作业分级评价

工作场所生产性噪声是根据劳动者接触噪声水平和接触时间对噪声作业进行分级。噪声作业分级是对噪声暴露危害程度的评价，也是为控制噪声危害及进行量化管理、风险评估提供重要依据。在进行噪声作业分级时，应参照现行的《工作场所有害因素职业接触限值 第2部分：物理因素》和《工作场所物理因素测量 第8部分：噪声》进行。评价工作参照《工作场所职业病危害作业分级 第4部分：噪声》（GBZ/T 229.4）进行。

分级完成后应编制工作场所噪声分级报告书，报告书的内容应包括分级依据、方法、结果以及分级管理建议和应告知的对象。

### （一）分级及分级方法

生产性噪声类型不同，分级方法也不同。

**1. 稳态和非稳态连续噪声** 按照《工作场所物理因素测量 第8部分：噪声》（GBZ/T 189.8）的要求进行稳态和非稳态连续噪声作业的测量，依据噪声暴露情况计算 $L_{EX,8h}$（按额定8h工作日规格化的等效连续A声级）或 $L_{EX,w}$（按额定周工作40h规格化的等效连续A声级）后，根据噪声作业分级表（表10-12）确定噪声作业级别，共分四级。

表 10-12 噪声作业分级

| 分级 | 等效声级 $L_{EX,8h}$ | 危害程度 |
| --- | --- | --- |
| Ⅰ | $85 \leq L_{EX,8h} < 90$ | 轻度危害 |
| Ⅱ | $90 \leq L_{EX,8h} < 94$ | 中度危害 |
| Ⅲ | $95 \leq L_{EX,8h} < 100$ | 重度危害 |
| Ⅳ | $L_{EX,8h} \geq 100$ | 极重危害 |

注：表中等效声级 $L_{EX,8h}$ 或 $L_{EX,w}$ 等效使用

**2. 脉冲噪声** 按照《工作场所物理因素测量 第8部分：噪声》（GBZ/T 189.8）的要求测量脉冲噪声声压级峰值（dB）和工作日内脉冲次数 $n$，根据表10-13确定脉冲噪声作业级别，共分四级。

表 10-13 脉冲噪声作业分级

| 分级 | 声压峰值（dB） | | | 危害程度 |
|---|---|---|---|---|
| | $n \leqslant 100$ | $100 < n \leqslant 1000$ | $1000 < n \leqslant 10000$ | |
| Ⅰ | $140.0 \leqslant n < 142.5$ | $130.0 \leqslant n < 132.5$ | $120.0 \leqslant n < 122.5$ | 轻度危害 |
| Ⅱ | $142.5 \leqslant n < 145$ | $132.5 \leqslant n < 135.0$ | $122.5 \leqslant n < 125.0$ | 中度危害 |
| Ⅲ | $145 \leqslant n < 147.5$ | $135.0 \leqslant n < 137.5$ | $125.0 \leqslant n < 127.5$ | 重度危害 |
| Ⅳ | $n \geqslant 147.5$ | $n \geqslant 137.5$ | $n \geqslant 127.5$ | 极重危害 |

注：n 为每日脉冲次数

### （二）分级管理原则

对于 8h/d 或 40h/周噪声暴露等效声级≥80dB 但<85dB 的作业人员，在目前的作业方式和防护措施不变的情况下，应进行健康监护，一旦作业方式或控制效果发生变化，应重新分级。

Ⅰ级 在目前的作业条件下，可能对劳动者的听力产生不良影响。应改善工作环境，降低劳动者实际接触水平，设置噪声危害及防护标识，佩戴噪声防护用品，对劳动者进行职业卫生培训，采取职业健康监护、定期作业场所监测等措施。

Ⅱ级 在目前的作业条件下，很可能对劳动者的听力产生不良影响。针对企业特点，在采取上述措施的同时，采取纠正和管理行动，降低劳动者实际接触水平。

Ⅲ级 在目前的作业条件下，会对劳动者的健康产生不良影响。除了上述措施外，应尽可能采取工程技术措施，进行相应的整改，整改完成后，重新对作业场所进行职业卫生评价及噪声分级。

Ⅳ级 目前作业条件下，会对劳动者的健康产生不良影响。除了上述措施外，及时采取相应的工程技术措施进行整改。整改完成后，对控制及防护效果进行卫生评价及噪声分级。

## 第五节 职业性有害因素的危险度评定

危险度又称危险性（risk）是指在一定时期内从事某种活动引起机体有害作用（损伤、疾病或死亡）的概率。职业性有害因素的危险度（occupational hazard risk）是指生产过程或生产环境中的有害因素在一定的接触条件下对机体造成损害的预期的或实际的发生概率。

职业性有害因素的健康危险度评价（occupational hazard risk assessment）是指通过对毒理学研究、作业场所环境监测、生物监测、健康监护和职业流行病学调查等资料进行综合分析、定性和定量地认定和评价职业性有害因素的潜在不良作用，并对其进行管理的方法和过程。其目的是寻找社会可接受的危险度水平（social acceptable risk），最大限度地降低职业性有害因素导致的不良作用，并为管理部门正确的做出卫生和环保决策、制定相应的卫生标准提供科学依据。

职业性有害因素的健康危险度评价是职业性有害因素评价的一项重要内容。作用有：
（1）估测职业性有害因素可能引起健康损害的类型和特征。
（2）估计健康损害的发生率。
（3）估算和推断职业性有害因素在多大剂量（浓度或强度）和何种条件下可能造成损害。
（4）提出社会可接受暴露水平的建议。
（5）有针对性地提出预防的重点。

危险度评价与管理的基本过程见图 10-2。

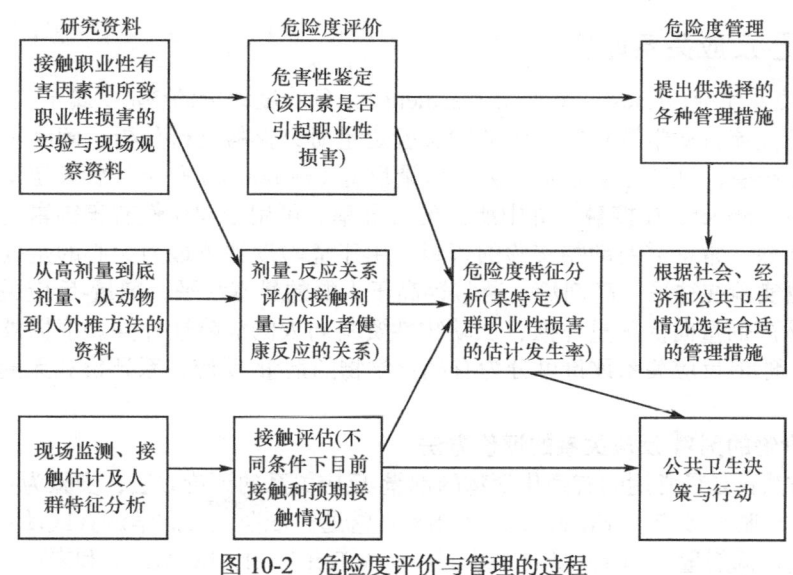

图 10-2 危险度评价与管理的过程

# 一、危险度评价程序

危险度评价包括定性评价和定量评价，其方法包括危害性鉴定、剂量-反应关系评价、接触评估和危险性特征分析 4 个步骤。在危险度评价过程中，选择健康损害效应的观察或测量指标非常重要。近年来，生物标志物尤其是分子生物标志物的发展和应用，为危险度评价提供了新的应用平台。选用灵敏度和特异性都高的生物标志物，能准确地反映从接触危险因素至发病的连续过程中的接触水平、生物学效应和遗传易感性。适宜的生物标志物在危害性鉴定的过程中，有助于快速、客观的鉴别职业环境中的有害因素；在剂量-反应关系评价的过程中，有助于精确地估计定量化的函数关系；在接触评估的过程中，有助于降低外暴露评价产生的不确定因素和其他因素的影响。将生物标志物应用于危险度评价，可显著提高危险度评价的准确度和精确性。

## （一）危害性鉴定

危害性鉴定（hazard identification）是危险度评价的第一阶段，主要是定性评价，有时也含有定量评价的成分。危害性鉴定的主要任务是明确需要评价的职业性有害因素对接触人群能否引起职业性损害及其发生条件；接触与职业性损害之间是否存在因果关系；对职业性损害进行分类并估计其危害的程度。通过危害性鉴定可以确定对该职业性有害因素进行危险度评价的必要性和可能性。

开展危害性鉴定，需要掌握足够的科学研究资料作为鉴定的依据。主要包括：①职业流行病学资料：是危害性鉴定中最有价值的依据，它可直接反映出职业人群接触有害因素后所引起职业性损害的特征；②动物实验：实验条件明确，可得出剂量-反应（或效应）关系，利用最敏感的实验动物进行实验可获得较理想的结果。由于动物与人之间存在种属差异，鉴定时不能忽略动物实验结果外推到人时的不确定性；③体外试验：一般采用短期的过筛试验，尤其是在对职业性有害因素的致癌、致突变性进行鉴定时，体外试验是不可缺少的辅助资料；④有害因素的自身特性：对于化学有害因素，应了解其化学结构、理化特性，用定量结构-活性关系研究等理论分析，确定化学有害因素的危害性，对于物理有害因素，应了解其的各种参数及其卫生学意义。

危害性鉴定不仅要判断职业性有害因素有无危害及其危害的性质，对某些有害因素，还要对其产生的危害作用进行分级，如国际癌症研究组织 IARC 用于对致癌物进行分级。

## （二）剂量-反应关系评价

剂量-反应关系评价（dose-response assessment）是危险度评价的核心，属于定量评价的内容。目的是通过对职业流行病学调查资料和动物实验定量研究资料进行分析，阐明不同接触水平所致效应的强度和频率，确定剂量-反应关系。所谓反应（response）是指接触某定量危害因素所致特定强度的效应（effect）在接触人群中所占的百分率。可用于职业性有害因素的危险度评价的人类资料往往有限，常常需要动物实验的资料。由于危险度评价最为关心的是处于低剂量暴露的人群，而动物实验往往采用高剂量，通常远高于人群的暴露水平，剂量-反应关系评价的主要方面就是用于从高剂量向低剂量外推、从动物性资料向人的危险性外推。根据外源性化学物毒作用类型不同，剂量-反应关系评价可分为有阈化学物的剂量-反应关系评价和无阈化学物的剂量-反应关系评价。

**1. 有阈化学物的剂量-反应关系的评价方法**

（1）实验方法：是最常用的有阈化学物的剂量-反应关系的评价方法，步骤为：①选择适宜的健康效应指标，即临界效应（critical effect）指标；②通过职业流行病学调查或动物实验，获得观察到有害效应的最低剂量（lowest observed adverse effect level，LOAEL）和未观察到有害效应的剂量水平（no observed adverse effect level，NOAEL）；③选择不确定系数（uncertainty factor，UF），即确定种属间该有害因素所致损害效应的不确定因素（uncertainties）；④明确剂量-反应关系，计算参考剂量（reference dose，RfD）。

$$RfD = NOAEL \text{ 或 } LOAEL / UF \quad (公式10-6)$$

但上述方法也有不足之处，如 NOAEL 只强调没有观察到有害作用的一个实验剂量而忽略了剂量-反应关系曲线的形状、高度依赖于样本量的大小、不能确定一定剂量尤其是高于 RfD 所产生的风险等。因此，越来越多的职业卫生机构在危险度评价中采用剂量-反应关系数学模拟的方法，来估计有效剂量以取代 NOAEL 作为参考剂量的起点值。

（2）基准剂量法：基准剂量法（benchmark dose，BMD）是目前使用最广泛的数学模型模拟方法。BMD 为某种物质引起机体不良反应率升高到某一特定水平（如1%、5%或10%）时相应的剂量，是通过将观察资料进行数学模型拟合后估算得到的。一般以 BMD 的可信区间（90%或95%）下限（lower confidence limit on the benchmark dose，BMDL）代替 NOAEL 或 LOAEL 作为计算参考剂量的起点。BMD 是根据整个剂量-反应曲线，而不是仅仅根据单个剂量（如 NOAEL 或 LOAEL）推导得到的，可以反映剂量-反应曲线的斜率，用于估计观测数据范围内的剂量-反应关系，这在相当程度上解决了对模型的依赖性，可在具体毒性作用机制不明的情况下，推导出有用的信息。但不足之处是，基准剂量法常常受到所报道资料的限制，计算较为复杂，当剂量间隔设置不合理，无法提供任何剂量-反应关系曲线的形状信息时受到很大限制。因此，它不能完全代替 RfD 法，而应被视为一种具有某些特殊优点的危险度评价的方法来使用。

（3）分类回归法：分类回归（categorical regression）是一种使用了 Meta 分析的特殊剂量-反应模拟方法，可用于计算 NOAEL 的相应替代值。它不仅包含反应率随剂量的增加而变化的信息，也包含反应的严重程度随剂量或暴露时间的增加而变化的信息，还可以用于将不同研究资料或不同效应终点资料进行合并分析。分类回归法的优点在于可以对反应的严重性进行分类，然后估计某一反应情况（如10%的严重反应率）下的浓度-时间联合作用。其缺点在于分类并进行模型拟合需要花费较多的时间，且持续暴露时间的可信度随着原有暴露持续时间的观察资料的缺少而降低。此外，在决定哪些研究资料可以被纳入模型时，尤其是存在相当数目的模棱两可的研究资料时，依赖于相关领域专家组的科学判断。

**2. 无阈化学物的剂量-反应关系的评价方法** 无阈化学物主要指致癌物及致突变物。关于致癌物的剂量-反应关系评价的数学外推模型主要有两类：即概率分布模型（probability distribution models）或称统计学模型（statistical models）和机制模型（mechanistic models）。用数学外推模型进行评价时，分为两个步骤：①对在观察接触剂量范围内的资料选用一定的数学模型直接进行剂量-反应关系的表达；②对在观察范围之外的资料进行合理的外推。但是，有一些学者认为在危险度评价中，NOAEL/安全系数或不确定性系数的方法应该应用于所有化学物的评价，因为该方法简单、明了，而且容易被大众所理解和接受。

## （三）接触评估

职业接触（occupational exposure）又称职业暴露，是指从事职业活动的劳动者接触过某种或多种职业病危害因素。接触评估（exposure assessment）是指通过询问及现场调查、环境监测、生物监测等方法，定性或定量估算劳动者通过各种方式接触一种或多种职业病危害因素的程度或强度的过程，是危险度评价中很重要的部分，属于职业流行病学范畴。接触评估研究应该有严格、完整的方法，才能得出正确、可靠的评估结果，得到合理解释的剂量-效应（或剂量-反应）关系。正确的接触评估结果对合理采取预防措施，改善生产条件、降低工人接触有毒有害因素的程度，保护工人的安全和健康，预防职业损害，有重要的指导意义。

**1. 接触评估的目的及内容**

（1）接触评估的目的：接触评估是研究职业人群健康风险的基础，其主要目的是估测社会总体人群或不同亚群（如接触某种化学物的职业人群）接触该有害因素的程度或可能程度，为职业性有害因素的评价和危险度评定提供可靠的接触数据和接触情况。

（2）接触评估的内容：包括：①接触人群特征分析，包括接触人群的数量、性别、工龄分布等；②接触途径及方式等接触条件评定，包括确定有害因素进入机体的主要途径及接触的时间分布等；③接触水平的估测，除了通过作业场所环境监测和生物监测的资料来估算接触水平外，还应注意所研究人群通过如食物、饮水及生活环境等其他方式的接触。

**2. 接触评估的方法** 接触评估的基本方法概况于图10-3。

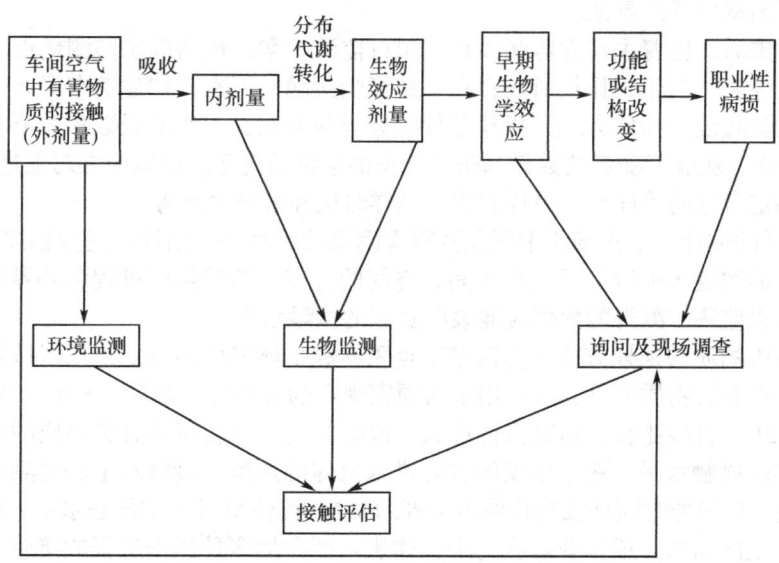

图10-3　接触评估方法示意图

（1）询问及现场调查：询问及现场调查是接触评估最常用的方法，不仅可为分析接触人群的特征提供依据，而且获得的有关健康效应的信息是接触评估的重要依据，有时甚至是唯一可行的方法。询问及现场调查的内容包括职业史、接触人群特征、接触方式、接触途径、接触时间等。

接触评估应以可靠的职业史为基础。职业史调查是接触评估工作的常规组成部分，内容包括工种、工作岗位、工作任务及其时间分配、作业者生产的产品或提供的服务等,这也是进行定性、定量评估的第一步。为了充分利用职业史,在 1980 年代,职业流行病学领域建立了工种——接触矩阵(job-exposure matrices,JEMs)评价方法。JEMs 的一条轴是大量的职业或(和)行业列表,另一条轴上是可能接触的大量物质的列表,矩阵的值是接触与否、接触的强度、接触的频度、接触的概率。有时,日期也可以作为这个矩阵的第 3 条轴,所以 JEMs 的数据量比较庞大。将接触者个体的职业史与 JEMs 链接起来,就能高效快速地计算出每个接触者的累积接触水平。

(2)环境监测:环境监测是指利用便携式、直读式监测仪器,快速对职业现场环境情况进行了解。具体内容包括以下几个部分:

1)了解职业性有害因素的存在特点:工作场所中职业性有害因素具有多样性、变动性、接触时间的间断性等特点。工作场所中职业性有害因素的种类繁多且在同一环境中可同时存在多种有害因素;职业性有害因素的强度及其在时间、空间的分布随着生产工艺过程、劳动过程及外界环境条件的变化而变动。此外,劳动组织和劳动制度的实际状况,如轮班工作、工间休息等,导致职业人群多呈断续性、多变性接触。因此,必须深入现场详细了解、实际观察有害因素的种类、来源、存在的形式、形态和浓度(或强度)等,仔细观察并记录作业者的操作过程、活动范围、接触途径及接触时间等,以便分清主次、确定评估对象。

2)确定监测对象和拟订监测方案:应在初步了解职业环境中存在哪些职业性有害因素的基础上,结合查阅的有关文献资料和参照其他单位的经验确定合适的监测对象。重点参考以下 4 个方面的信息:①用人单位领导、生产工艺(工程)技术人员和从业劳动者的反映;②医务人员的临床观察,应特别注意出现临床表现与接触有害因素的时间顺序;③毒理学资料:通过查阅毒理学资料,了解毒物毒性大小、毒作用特点等,确定重点监测对象,对危害性较大的农药和某些重金属、有机化合物等应重点监测;④流行病学调查资料:对以往调查表明存在接触水平-反应(或效应)关系的有害因素应特别重视。

确定监测对象后,应着手建立监测体系,拟订监测方案,包括确定监测地点、监测时间、监测周期及监测记录表。由于工作场所还存在大量影响接触的因素,如建筑布局、工作条件、周围环境条件、自动化程度、操作方式、操作条件、原材料变化、工作的天数和季节、通风和隔离情况、个体防护措施、从业劳动者的数量和防护知识的掌握情况等,所以应在对上述内容详细了解、观察的基础上确定合理的采样点、采样方式、采样时机和采样时间等。

3)接触水平的估计:工作场所中职业性有害因素接触水平的估计,是接触评估的重要环节。职业性有害因素的浓度(强度)及其在时间、空间的分布,随着生产过程和外界环境的变化而变化,所以需要全程监测,测得的数据应能表明真正的接触水平。

工作场所有害物质的采样方法分为区域定点采样和个体采样两种。采用区域定点采样法获得的作业环境空气中有害物质浓度,可以用来与国家规定的最高容许浓度(MAC)和短时间接触容许浓度(PC-STEL)直接比较,但其只能反映一段时间内工作场所有害物质的平均浓度,并不代表作业者的实际接触水平,更不能反映实际进入机体的剂量。接触水平的估测还需借助于个体采样器采样分析,获得的时间加权容许浓度(PC-TWA)可估算日平均接触水平,用于反映生产操作过程不连续而是间断的,或作业者在一个工作班内要参加多种操作过程的接触水平的估算。在实际工作中二者应结合使用,既得到每一个工种实际接触剂量,又能找出该工种接触有害物质最高的岗位,以便有针对性的采取防护措施。

区域定点采样所测得的空气中有害物质浓度通常采用平均值及其波动范围表示。平均值的计算与表达随测定值的分布特征而异,如测定值的分布较集中、呈正态或近似正态分布时可用算术均数表示;如测定值呈倍数关系或偏态分布时则以几何均数表示;如大多数测定值较集中,只有少数分散于一侧,或一侧无确切数据时宜用中位数表示。由于工作场所有害因素监测资料往往不呈正态分布,采用平均值结合可信限或用相应的最大似然法估计值表示接触水平可能更为合理。

对于有害物质实际进入机体剂量的估计，不仅取决于空气中有害物质的浓度，还与吸入空气的量及有害物质的吸收系数有关。不同化学物质的理化特性不同，其吸收系数亦有差异，波动范围为0～1；吸入空气量的波动范围更大，受劳动强度和气象条件等多种因素影响。在实际工作中，通常将吸收系数假定为1，而一个工作班8小时吸入的空气量按 $10m^3$ 计，作出经呼吸道进入机体剂量的粗略估计，但不能反映经其他接触途径进入机体的剂量。

4）工作场所环境监测资料的整理和保管：应根据有关卫生标准和法规并参考相关文献资料，及时对环境监测资料整理并分析工作环境中所观察有害因素的浓度或强度在不同工种、不同岗位和不同时间的分布，作为采取控制措施的依据，并供动态观察和前后对比使用。《生产环境有害物质浓度测定年报表》规定常用统计指标有：

$$\left. \begin{array}{l} 测定点合格率 = \dfrac{合格点数}{实测点数} \times 100\% \\ 尘毒浓度测定点超标倍数 = \dfrac{测定点实测浓度值}{国家卫生标准浓度值} - 1 \\ 测定率 = \dfrac{实测点数}{应测点数} \times 100\% \end{array} \right\} \quad （公式10-7）$$

对于那些监测资料分析表明有害因素浓度或强度并未超过相关卫生标准的规定，但健康监护或职业流行病学调查资料显示作业者中已有健康损害迹象。这可能是由于监测或调查中发生误差所致，也可能是卫生标准不够合理，此时应认真复查或选用其他方法验证，或者做进一步系统监测，为修订卫生标准积累资料。

按照《中华人民共和国职业病防治法》的规定，工作场所职业病危害因素监测及评价是一项经常性工作。职业卫生管理人员应建立定期监测和登记制度，并根据监测结果提出改善措施，职业卫生监督机构和用人单位都要建立并健全职业卫生档案制度，对作业场所职业性有害因素、接触人数、安全防护措施、历次监测及其评价结果等资料认真登记归档，定期向所在地安全生产监督管理部门报告并向劳动者公布。

（3）生物监测：生物监测用于接触评估，不但能较好地反映内剂量或生物效应剂量，还能弥补环境监测不足之处，而且具有效应评估功能。直接测定生物样品中的生物标志物，是相对简单有效的评估方法，如果接触效应的潜伏期很短，这可以合理代表其在潜伏期内的接触情况，如果外源物的生物半减期较长，且其生物负荷不受疾病或治疗的影响，那么测定外源物在靶组织中的浓度，也能提供有关信息。但生物监测必须定期、系统而连续地进行。

**3. 接触评估注意事项**　接触评估的资料最好是直接来自足够数量的测定，但是常限于人力、物力而难以达到。没有足够数量的确切接触资料，就无法对人群的可能危险性做出正确评价，所以接触评估也是危险度评价中最为不确定的部分。

接触评估首先应明确化学物在各种环境介质中的浓度（或强度）及人群的可能接触途径，然后估算出经过每种途径的接触量，最后得出总的接触量。对于接触量，不仅要对一般人群进行估算，也要对特殊人群（高危人群）进行估算，对于不同接触情况的人群需要分别进行评估。在缺少足够的监测资料时，可通过有效的数学模型进行估计。人体生物监测资料（如各种生物标志物）可用于人群过去或现在接触情况的评估。

## （四）危险度特征分析

危险度特征分析（risk characterization）是危险度评价的最后阶段，通过对前三个阶段的评价结果进行综合、分析和判断，最终获得接触人群的反应率，即该人群由于接触某种职业性有害因素可能导致某种健康后果的危险度。要根据所提供资料与数据的性质、可靠程度和所存在的不确定因素以及在推导和估计时对所作的各种假设进行分析和权衡后作出的判断。分析时应注意各阶段结果是否具有一致性,如动物实验资料与职业流行病学调查资料是否有关联、各临界指标间是否有矛盾,指出并讨论各阶段存在的不确定因素,区分主次,定量说明它们对最终评价结果的影响。资料的充足与否关系到危险度特征分析结果的可靠性,完整的动物实验资料和职业流行病学调查资料是保证分析结果可靠的必要条件,尤其是职业流行病学调查资料,如果只有实验动物的资料而没有人的资料,或职业流行病学调查资料在某些方面不充分,都会影响到危险度特征分析结果的可信度。

## 二、危险度评价中的不确定因素

公共卫生决策越来越依赖定量的危险度评价,而定量评价的基础是充分而可靠的实验数据、正确的假设、合理的推导模式和足够数量可靠的人群流行病学调查资料。但是,限于认识水平和技术手段以及某些资料的不足,往往难以对职业性有害因素可能对机体造成的损害及其危险度给出确切的结论,这就是危险度评价中的不确定因素。如动物实验结果在外推的过程中存在的不确定因素有:①实验动物与人类的种属差异及其个体差异;②从动物实验的大剂量接触外推到人体的小剂量接触;③动物实验的短期较小样本外推到人群的长期接触。

在危险度评价时,要尽量将不确定因素缩小至最低限度,应明确提出不能去除的不确定因素,为制定安全接触限值及相应的预防对策提供一个最适当的取舍尺度。近年来,出现了一些不确定系数选择的方法,"基于数据的不确定系数(data-derived uncertainty factor)"就是一种试图通过种系内和种系间毒代动力学和毒效动力学的资料,来改善不确定系数的选择。此外,"概率参考剂量法"也可用于估计不确定系数的可信区间,以及计算 RfD 数值的可信区间。

## 三、危险度管理与交流

危险度管理(risk management)是根据危险度评价结果,综合考虑社会发展的需要以及经济和技术水平,对危险度进行利弊权衡和决策分析,提出社会可接受水平和相应的控制、管理措施。这些措施包括:①制订和执行卫生标准,即职业接触限值;②制定针对环境监测、生物监测、健康监护和危险度控制等的技术措施;③制定和执行相应的法律、法规、条例和管理办法等。危险度交流旨在宣传贯彻有毒物质管理不追求零风险,而是通过风险最小化达到效益和风险比最优化的理念,是在危险度评定者、危险度管理者、消费者和其他有关各方之间进行外援物质危险度以及与危险度相关的信息和观点交流的过程。

危险度评价是科学研究过程,危险度管理是科学对策,危险性交流贯穿危险性分析(risk analysis)的各个阶段,是明确危险性问题,制定、理解和实施最佳危险度管理措施的必要和关键的途径。从危险度评价到危险度管理,是把科学研究结果转化为科学对策的决策过程,既要坚持科学原则,又要考虑社会经济和技术水平及公共卫生的可行性,决策过程要遵循严谨、慎重的原则。人类的任何活动都可能存在风险,绝对安全的"零危险度"在实际工作中难以实现。因此,对职业性有害因素,特别是对致癌物进行危险度评价,并据此做出合理的危险度管理决策时,也应有"风险意识",多采用"社会可接受危险度"或"一般认为安全水平"(generally regarded as safe,GRAS)。例如化学致癌物多采用"实际上安全剂量"(virtually safe dose,VSD),它是指统计学把握度为 99% 的水平上,接触某化学致癌物后相关癌症的超患率小于 $10^{-6}$。实际上这一危险度水平并未超过,甚至远低于某些日常生活中的不健康行为,如吸烟所致的危险度。

(范广勤)

## 思 考 题

1. 建设部门在新、改、扩建项目中应如何做好职业病危害前期预防？
2. 进行建设项目职业病危害控制效果评价时，职业卫生管理情况调查与评价应包括哪些内容？
3. 简述存在职业病危害的用人单位，在什么情况下应当及时委托具有相应资质的职业卫生技术服务机构对其进行职业病危害现状评价？
4. 为何要对工作场所中的职业病有害因素进行定期检测？

# 第十一章 职业性有害因素的工程技术控制

**案例 11-1**

谢某，男，43 岁，于 2003~2007 年三次间断性的 17 个月、2008~2010 连续 31 个月在有色金属矿从事风钻工作。2010 年 10 月职业健康检查疑似职业性噪声聋，因感听力下降、头晕一年余，于 2011 年 1 月 11 日在某职业病防治院住院医学观察，期间申请职业病诊断。2012 年 12 月 31 日、2013 年 1 月 4 日和 8 日对谢某进行 3 次纯音听力检查，结果分别为气导语频平均听阈右耳 30dB、左耳 20dB，双耳高频平均听阈 51dB；右耳 34dB、左耳 29dB，双耳高频平均听阈 50dB；右耳 29dB、左耳 27dB，双耳高频平均听阈 52dB。职业病诊断鉴定委员会按照《职业性噪声聋诊断标准》(GBZ 49-2007)，依据谢某前后累计作业工龄 48 个月噪声危害接触史，听力下降、耳鸣、头晕 2 年余的临床表现，最近 3 次纯音听阈测定为双耳感音神经性聋，听力损失呈高频下降型，较好耳左耳语频平均听阈在 27dB~29dB 的检查结果，经综合分析，于 2013 年 1 月 25 日鉴定为职业性轻度噪声聋。调查发现，该工人从事的工种为掘进工，掘进工作面支护工噪声监测结果为 88.2dB（A）。掘进工作面通常采用锚网钢带支护，支护时需用风钻、风煤钻打眼，打眼时存在其他动力机械的多工序作业，造成噪声超标；同时风煤钻风叶螺丝脱落也可造成噪声超标。工人在工作中存在未佩带耳塞、耳罩、防声棉等个人防护品的情况。

**问题：**
1. 谢某从事的职业和工种有哪些职业性有害因素？
2. 如何预防工作场所中噪声对人体造成的健康损害？

## 第一节 概 述

职业性有害因素是引起职业病发病的根本原因，而且它与工作相关疾病、职业工伤的发生密切相关。职业卫生与职业医学工作的最终目标不是识别、评价和预测职业性有害因素，而是通过采取切实可行的控制措施，有效预防职业病的发生，降低工作相关疾病和工伤的发生率，从而达到保护和增进劳动者健康，促进国民经济可持续发展。经过长期的职业卫生实践，我国在职业性有害因素的控制措施方面已经取得巨大成就及许多宝贵经验。

职业性有害因素的控制措施是多学科的研究成果，目前对工作环境中职业危害的控制方法可分为以下四类：即法律措施、组织措施、工程技术措施和卫生保健措施。

**1. 法律措施** 建国以来，我国政府十分重视劳动者的身体健康，在不同的历史时期和生产力发展阶段，颁发了相关的职业卫生法规、条例，制订并执行职业卫生标准。2002 年 5 月 1 日《中华人民共和国职业病防治法》的正式实施，并在 2011 年进行了修订，以及相关配套法规的相继颁布，成为了我国职业卫生监督与管理工作的法律依据。

**2. 组织措施** 包括加强领导，健全机构，建立健全各项职业卫生规章制度和操作规程，加强监督执法管理，落实经费、人员培训和健康教育等；通过减少作业者在污染区的工作时间、安排良好的工作实习及员工培训等方式，包括对危害性认知以及针对特定工种进行的有助于减少暴露的工作实践,最大限度地减少作业者的暴露。

**3. 工程技术措施** 是职业性有害因素控制的重要措施,通过初期的工程学设计规范或通过使用代替、隔离、通风、屏蔽的方法来排除或减少危害;包括生产工艺改革,新设备、新技术的应用,无毒、低毒物质的使用,作业场所的密闭通风等。

**4. 卫生保健措施** 主要包括个人防护、个人卫生、环境监测、健康监护及保健膳食等。劳动者通过个人防护可以保护他们不受环境中有害因素的影响。个人防护设施可与工程学控制措施及其他控制方法联合应用。

为了有效地控制和消除职业性有害因素,改善不良的劳动条件,应根据有害因素的性质、危害程度和不同阶段的技术发展水平,采取多方面的综合措施。对于新建、改建、扩建建设项目和技术引进、技术改造项目,消除和控制职业性有害因素的措施必须与建设项目主体工程同时设计、同时施工、同时投产使用,从根本上解决"先污染,后治理"的问题。对于不能从根本上控制的职业性有害因素,应采取改革工艺、新技术新材料应用、密闭通风、推行清洁生产、加强个人防护等措施来加以控制。同时,配以劳动者的健康监护、健康教育和健康促进工作,以及作业场所的环境监测等措施,组成完整的职业卫生三级预防体系。因此,职业性有害因素的控制需要政府、企业、卫生和工程技术人员、劳动者个人以及社会相关层面的共同参与。

本章从职业性有害因素的工程技术控制出发,主要介绍作业场所密闭通风排毒、除尘与粉尘浓度控制、减噪降振及电磁辐射屏蔽与防护等几个方面的内容。

## 第二节 密闭通风与照明

### 一、作业场所密闭通风

#### (一)概述

**1. 作业场所密闭通风的任务** 在生产劳动和各类产品生产过程中,劳动者会不同程度地接触到粉尘、有害气体以及不良气象条件等职业性有害因素。如果对这些有害因素不采取控制措施,就会使工作环境和周围大气环境空气质量变坏,劳动者若长期暴露在这样的作业环境中,可对他们的健康造成危害甚至罹患职业病。作业场所密闭通风包括工业作业场所密闭通风和非工业工作场所通风两类。

工业作业场所密闭通风(ventilation of industrial workplaces)包括通风、排毒、除尘、防暑降温等,其目的是控制作业场所存在的职业性有害因素,改善劳动条件,通过净化排放,防止室外大气的污染和空气质量的恶化。工业作业场所密闭通风的主要任务是利用专门的技术手段,合理地组织气流,消除或控制生产过程中产生的粉尘、有害气体、高温和余湿,向工作环境输送新鲜的或经专门处理的清洁空气。在预防性卫生监督审查过程中,通风是工业作业场所控制工作环境粉尘、有害气体和改善工作环境内微小气候的重要卫生技术措施之一,是职业卫生工作不可缺少的重要内容,在安全生产中也占有重要地位。建国以来,不少工矿企业应用或辅以通风技术措施,在防尘、排毒、防暑降温工作中取得了显著效果,在改善劳动条件中起到了相当大的作用。

非工业工作场所通风(ventilation of non-industrial workplaces)是通过采暖通风与空调(heating, ventilating and air conditioning,HVAC)系统提供充足的加热、冷却、加湿、除湿和清洁的空气,使室内空气温度、湿度和洁净度达到相应的要求,创造安全、舒适和健康的环境。

**2. 对作业环境和大气环境的卫生学要求** 在工业企业设计时,应执行《工业企业设计卫生标准》(GBZ1-2010)和《工作场所有害因素职业接触限值化学有害因素》(GBZ 2.1-2007)、《工作场所有害因素职业接触限值物理因素》(GBZ 2.2-2007)。同时还应参照《工业企业总平面设计规范》

（GB 50187-2012）等有关的标准和条例，使企业作业环境的设计符合卫生学要求，以保障劳动者的身体健康。同时，企业应执行《环境空气质量标准》（GB 3095-2012）和《大气污染物综合排放标准》（GB 16297-1996），采取行之有效的措施，回收、综合利用和净化处理作业中产生的粉尘和有害废气，减小排放浓度，降低排放速率，保护大气环境。

**3. 通风的主要类型** 可按通风系统的工作动力和工作环境实施的换气原则进行分类。

（1）按通风系统的工作动力分类可分为自然通风和机械通风。①自然通风（natural ventilation）是依靠室内外空气的温差所形成的热压和室外风力所造成的风压作用而使空气流动的一种通风方式。这种通风完全依靠自然形成的动力来实现作业场所内外空气的交换，适合于有害气体、粉尘浓度相对较低或者温、湿度较高的工作场所，可以达到既经济又有效的通风要求。②机械通风（mechanical ventilation）是由相应设备通过风道网管连接起来的完整的机械通风系统来完成，它是依靠通风机产生的压力，使气流沿风道网管流动，从而使新鲜空气进入工作场所，污染空气从作业场所排出的通风方式。

（2）按工作场所实施的换气原则分类可分为全面通风、局部通风和混合通风。①全面通风（general ventilation）是用新鲜空气全部替换或稀释作业场所内污染空气，使工作地点空气中有害物质的含量不超过卫生标准规定的职业接触限值。全面通风适用于有害物质散发位置不固定的工作场所或有害物质的扩散无法控制在一定范围时。②局部通风（local ventilation）是作用于操作者的局部地区，建立良好的局部空气环境，防止有害因素扩散的通风系统。是一种经典的控制方法。在工作场所中，局部通风投资小，效果好，应用广泛。③混合通风（mixed ventilation）是指局部通风和全面通风同时使用。

## （二）自然通风

自然通风是依靠风压和热压作用使空气流动的一种既经济、又有效的通风方式。风压作用下的自然通风的原理是：当风吹向作业场所的厂房时，迎风面形成正压，背风面形成负压，就会产生一个内外风压差。当外界空气从厂房迎风面门窗进入作业场所，污染空气则从背风面门窗流出，实现内外空气的全面交换。但由于自然界风力变化大，通风效果难以控制。图11-1是风压自然通风的示意图。

热压自然通风的原理是：在热压差的作用下，密度大的室外冷空气进入作业场所，室内热空气则从上部天窗排出，实现较为全面的自然通风。形成热压的各种因素均可影响热压自然通风。一般情况下，温差越大，作业场所上部、下部开口高度差越高，产生的热压就越大。若作业场所有足够多的进、排气口，此种通风效果也就越好。图11-2是热压产生的自然通风示意图。

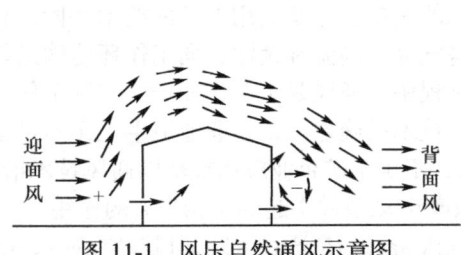

图11-1 风压自然通风示意图

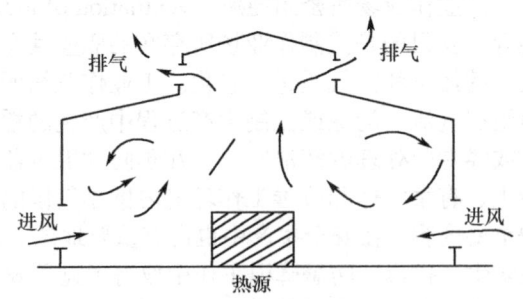

图11-2 热压自然通风系统

实际上，在作业场所两种自然通风方式往往是同时产生作用的。一般而言，风压作用的变化较大，而热压作用的变化较小。因此，在设计作业场所自然通风时，应按《工业企业设计卫生标准》（GBZ 1-2010）的规定，从总体布局（平面布置、竖向布置）、工作场所基本卫生学要求等方面综合考虑，同时考虑风压、热压的共同影响，合理设计门、窗、房顶通风口及烟囱，以达到良好的自然通风效果。局部自然通风是通过排气罩、排气管和避风风帽组成的局部自然排风系统来实现的。自然通风已广泛应用于冶炼、轧钢、机械制造、金属热处理等生产工作环境，具有良好的通风效果。

### （三）机械通风

机械通风可根据不同要求提供动力，对不同成分的空气进行加热、冷却、加湿、净化处理，并将相应设备通过风道网管连接起来组成完整的机械通风系统。可分为全面机械通风和局部机械通风两大类。

常用的机械通风系统包括通风机、进（或排）通风管、排气罩和净化设备。图11-3所示的系统是一种简单的机械排风系统。

**1. 全面机械通风系统**　是采用机械进行作业场所的全面通风，以达到某些生产工艺过程如仪表制造、纺纱等作业要求工作场所空气清洁，温、湿度恒定的作业条件。采用全面通风时，往往要求连续向工作场所供给新鲜、清洁空气或符合生产工艺要求的空气，同时将工作场所内污染、混浊的空气排出，将空气污染物的浓度稀释到有害水平以下，以保持良好的工作环境。

在有害物质产生较为分散的作业场所，为防止有害物质扩散到其他区域或相邻工作场所，一般要进行全面的机械排风，如图11-4所示。在设计时，排风系统的排风口或排气筒布置在工作场所上部，工作区域的有害气体将会通过排风口排至工作场所外，或沿着排气筒向高空扩散。此时，工作场所呈负压状态，外界新鲜空气可从门窗缝隙补充，亦可从不产生毒物的相邻工作场所补入。这种通风是靠机械动力来完成的，通风效果较好。

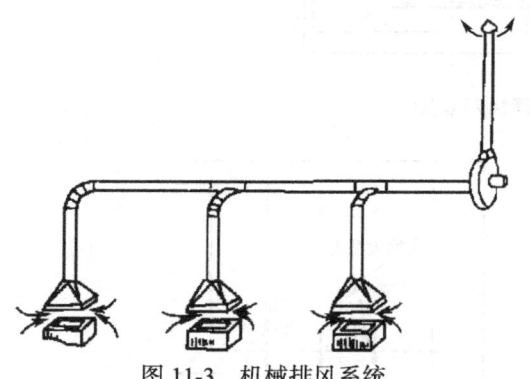

图11-3　机械排风系统

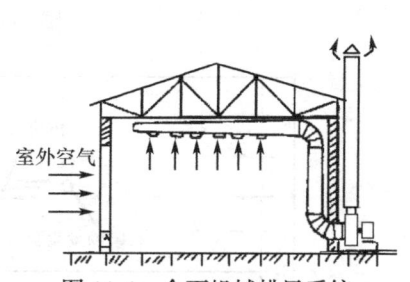

图11-4　全面机械排风系统

如果工作场所要求送以经过冷却、干燥或者加热处理的空气而又不希望外界空气直接介入时，可采用机械送风系统，如图11-5所示。它的基本原理是所需空气经过特殊处理后送入工作场所，稀释有害物质，此时的工作场所内呈正压状态，使含有有害物质的空气经门窗缝隙渗至室外。它的机械系统包括简单的壁式螺旋排风扇、棚式机动排风扇和含有工程供应、排气系统的复杂设施。

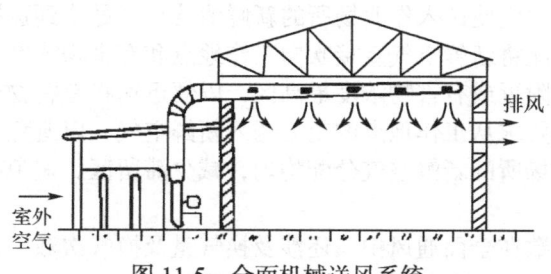

图11-5　全面机械送风系统

（1）全面机械通风的分类：按对有害物控制机制的不同分为稀释通风、单向流通风和均匀流通风等。①稀释通风（dilution ventilation）是对整个工作场所进行通风换气，用新鲜空气稀释工作场所的有害物质，使之降到最高允许浓度以下。稀释通风亦可用于局限空间。该方法所需的通风量大，控制效果差。②单向流通风（unilateralism airflow ventilation）是指通过有组织的沿单一方向呈平行流线并且横断面上风速一致的气流运动，控制有害物的扩散和转移，以保证操作者的呼吸区域有害物质浓度达到卫生标准的要求，见图 11-6。这种方法具有通风量小、控制效果好等优点。但对不同类型工作场所的设计参数需通过模型试验确定。③均匀流通风（uniformity airflow ventilation）是用速度和方向完全一致的宽大气流进行的通风称为均匀流通风。其原理是利用送风气流构成的均匀流把室内污染空气全部挤压和置换出去，如图 11-7 所示。气流速度原则上要控制在 0.2～0.5m/s 之间。这种通风方法能有效排出室内污染空气。目前主要应用于汽车喷漆室等对气流、温度、湿度控制要求高的场所。④置换通风（metathesis ventilation）的概念和均匀流通风基本相同。当作业场所存在毒性大的粉尘和烟雾以及严重的局部空气污染源时，不应使用全面通风。

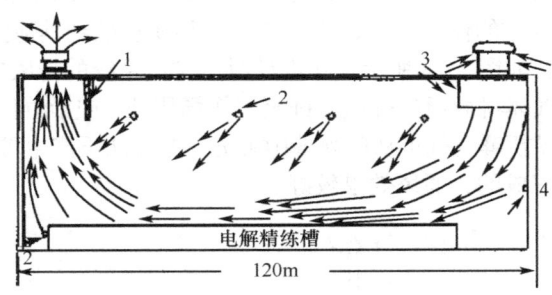

图 11-6　单向流通风示意图

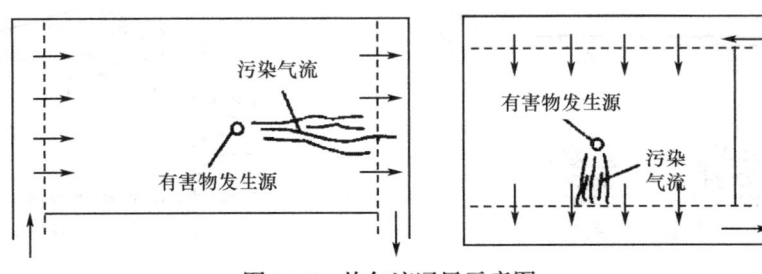

图 11-7　均匀流通风示意图

（2）气流的组织方式：全面机械通风效果的好坏，很大程度上取决于作业场所内气流组织是否合理。一般来讲，气流组织可综合考虑生产工艺及其布置、产生有害因素的位置和特点以及作业者操作岗位等因素，合理布置送、排风口和分配风量，选用相应的风口形式，用最小的通风量获得最佳的通风效果。

气流的组织方式，通常应使送入作业场所的新鲜清洁空气尽快到达操作岗位。因此，在设置送风口时，应考虑设置在能将新鲜空气直接吹向工作地点和有害物浓度相对较低的区域。而排风口应设置在有害物产生源附近或有害物浓度最高区，以便迅速将有害物质从工作场所排出。产生粉尘的作业场所，原则上要求从工作地点的上方送入新鲜空气，以避免因送风而引起粉尘二次污染。还应考虑使送入作业场所的新鲜空气分配均匀，减少滞留区，避免有害物积聚在死角处，以加强通风效果。

（3）换气量及换气次数在全面通风中，还涉及换气量及换气次数。①换气量，当已知工作场所内某种有害气体散发速率时，按下式计算所需通风量：

$$L = Z / (Y_X - Y_0)\ (\text{m}^3/\text{h}) \quad (\text{公式 11-1})$$

式中 $Z$：工作场所内散发的有害气体速率，mg/h；$Y_X$：工作场所内空气中有害气体浓度，即国家作业场所空气中有害物质容许浓度规定的 MAC，mg/m³；$Y_0$：送入工作场所内空气所含有害气体浓度，mg/m³。如果直接送入的是外界新鲜空气，则 $Y_0 \approx 0$。当大气中含有有害气体或蒸气时，送入工作场所空气中的有害气体或蒸气含量不应超过国家作业场所空气中有害物质容许浓度规定的 MAC 的 30%。根据国家作业场所空气中有害物质容许浓度的规定，当作业场所空气中同时存在多种有机溶剂（如苯及其同系类、醇类、醋酸酯类等）的蒸气或多种刺激性气体（如 $Cl_2$、$NH_3$、$NO_X$、HF、$COCl_2$）时，全面通风换气量应按各种气体分别稀释至 MAC 所需要的空气量的总和计算。当作业场所空气中还同时存在其他有害物质时，通风量按需要空气量最大的有害物质计算。②换气次数，在实际工作中，当不能确定作业场所内存在的有害物的量时，全面通风所需换气量可按同类工作场所的换气次数用经验方法确定，即按换气次数求得换气量。各类工作场所的换气次数 $n$ 可以从专门的规范或设计手册中查找到，通风换气量为：$L = nV$（m³/h）；式中 $L$ 为全面通风量，m³/h；$n$ 为换气次数，1/h；$V_f$ 为通风房间体积，m³。

**2. 局部通风净化系统**　包括局部送风与局部排风两类。

（1）局部送风（local dilution ventilation）：局部送风系统（图 11-8）是给工作环境输送新鲜空气，因送入的新鲜空气往往低于工作环境的温度，常作为高温作业场所操作地点吹风之用，以改善工作地点微小气候，适用于金属冶炼、轧钢、铸造、热处理等高温工作场所，亦可作为工作环境隔离操作室的送风。常用的局部送风设施有普通风扇、喷雾风扇和局部送风系统。

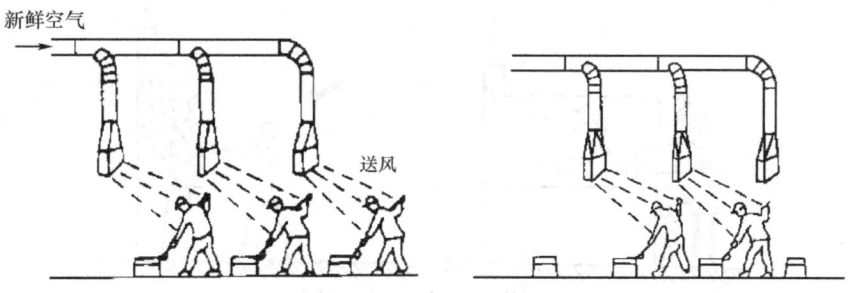

图 11-8　局部送风装置

（2）局部排风（local exhaust ventilation）：局部排风亦称局部抽风，是从发生源头上排出生产性有害因素或将其控制在一定范围，使工作场所空气符合卫生标准。与全面通风相比，局部排风具有排风量小、控制效果好等优点。如图 11-9 所示。目前，局部排风系统广泛应用于作业场所的除尘、排毒和降温。

实际工作中，为了得到满意的通风效果，常在同一生产环境，同时设置局部送风系统和局部排风系统。

（3）局部排风净化系统组成主要由排气罩（集气罩）、通风管道、空气净化设备、通风机和烟囱组成。

1）排气罩，是局部排风系统中的关键部件，用以控制粉尘和有害气体发生源，防止有害物质的扩散，其性能对整个局部排风系统的技术经济指标有直接的影响。排风方式、排风量和压力损失是评价排气罩的重要指标。设计合理的局部排气罩可用较小的风量获得最佳的控制效果。按照工作原理，局部排气罩可分为密闭罩、通风柜、外部吸气罩、接受式排风罩、吹吸式排风罩。

A. 密闭罩：它将有害物发生源全部密闭在罩内，由罩外吸入空气，使罩内保持负压，仅需较小的排风量就能对有害物进行有效控制。如图 11-10 所示用于除尘系统的防尘密闭罩。通常用下式计算密闭罩的抽风量：

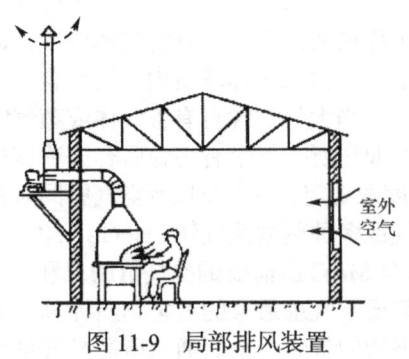
图 11-9 局部排风装置

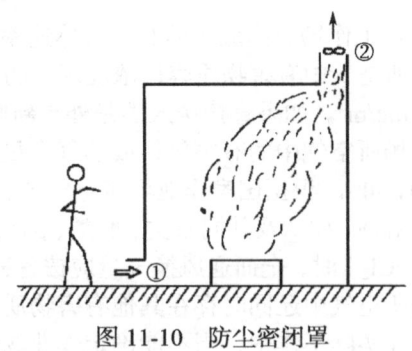
图 11-10 防尘密闭罩

$$Q=3600Fv\ (\text{m}^3/\text{h}) \qquad (\text{公式 11-2})$$

式中 $Q$：抽风量，$\text{m}^3/\text{h}$；$F$：密闭罩上所有缝隙、孔洞的总面积，$\text{m}^2$；$v$：通过缝隙或孔洞的吸气速度，m/s。

吸气速度 $v$ 一般为 1~4m/s，当罩内产生粉尘的机械部件运动较慢，造成的诱导气流较小时，取较低的 $v$ 值；反之取较高 $v$ 值。

B. 柜式排风罩（通风柜）：柜式排风罩与密闭罩的区别是罩的一面全部敞开，如图 11-11 所示。大型的柜式通风柜，操作人员可直接进入柜内操作，适用于喷漆、粉状物料装袋等。

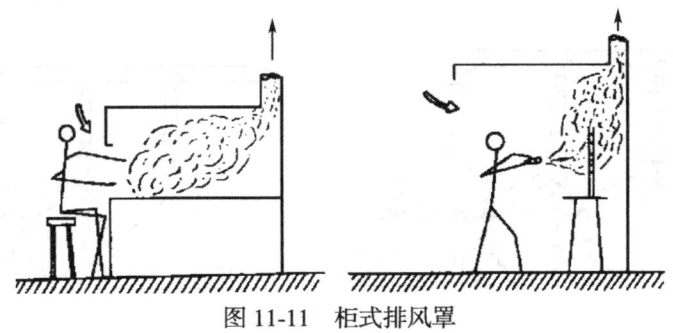
图 11-11 柜式排风罩

C. 外部吸气罩：当产生污染物的生产设备不能密闭时，可采用外部吸气罩（图 11-12）。其原理是利用设置在污染物发生源附近的局部排气罩的抽吸作用产生的气流运动，将罩口外部的有害物吸入罩内。按吸气气流的运动方向分为上吸式、下吸式和侧吸式。图 11-13 所示的伞形罩适用于冷过程产尘设备。可用下式计算伞形罩的抽风量：

图 11-12 外部吸气罩图

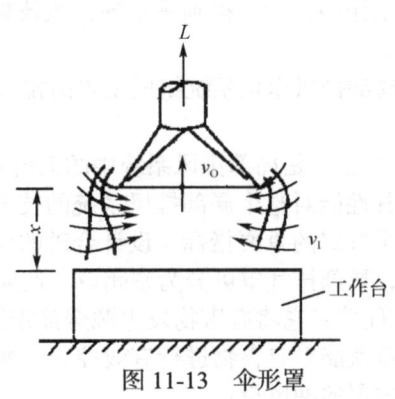
图 11-13 伞形罩

$$L=5000PHv_c \quad (\mathrm{m^3/h}) \qquad (公式11-3)$$

式中 $P$：工作台或槽子的周长，m；$H$：工作台或槽子距罩口高度，m；$v_c$：罩面平均风速，m/s；根据实际经验，$v$ 值应在 0.5～1.0m/s 范围内选取比较合适。

D. 接受式排风罩：有些生产过程或设备本身会产生或诱导一定的气流运动，如热源上部的对流气流、砂轮等。此类情况，只需把排风罩设在污染气流前方，有害物就会随气流直接进入罩内，如图 11-14 所示。

E. 吹吸式排风罩：吹吸式排风罩是利用射流能量密集、速度衰减慢，而吸气气流速度衰减快的特点，把两者结合起来，使有害物得到有效控制的一种方法，见图 11-15。它具有风量小，控制效果好，抗干扰能力强，不影响工艺操作等特点。

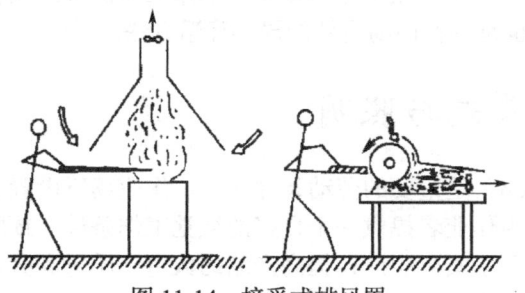

图 11-14 接受式排风罩

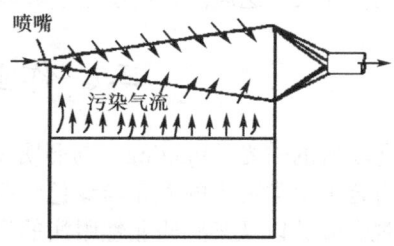

图 11-15 吹吸式排风

2）通风管道（ventilating duct），是连接送（排）风口、通风机及空气处理设备的输送空气的管道，又称风道，主要作用是输送含尘气体或有害气体。通风管道的制作材料很多，应根据需要选用具有耐火、耐腐蚀、导热性小等特性的材料，如电镀钢、铝、不锈钢、塑料等金属和非金属材料。

空气在通风管道内流动时会遇到两种阻力，即空气本身的黏滞性与风道内壁相摩擦而产生的摩擦阻力和由于空气气流方向和流速的改变所产生涡流引起的局部阻力。摩擦阻力往往与管道的粗细、长短、形状、内壁光滑度、空气密度以及气流速度等因素有关。如果管道越细，长度越长，内壁越粗糙，气流速度越大，气温越高，产生的摩擦阻力就越大。而局部阻力多出现在风道出入口、转弯和闸门等处。为减少阻力和保证通风效果，在设计通风管道时应遵循的卫生学要求是：管道要有良好的密封性，风速、直径、长度、管壁光滑度、弯道的数量与弯度等要达到一定的设计要求。

在管道的布置设计时，要综合考虑安全、便于安装、便于维护和检修等因素。

3）空气净化设备（air cleaner），可分为除尘器和净化器，除尘器在粉尘控制中讲述，这里主要介绍净化器。净化器，是对生产工艺过程中产生的有毒有害气体通常要通过净化器的收集和净化，达到符合国家规定的排放浓度，以保护大气环境和人群的健康。有毒有害气体的净化处理方法很多，常用的有燃烧法、吸附法、液体吸收法，还有催化转化法、冷凝回收法以及生物法等。实际工作中，净化方法的选择应取决于有毒气体的性质、浓度、净化器的特性和净化要求等因素。

4）通风机，是机械通风系统中用来连续输送空气的动力设备，它推动空气沿着一定方向运动，以满足作业场所除尘、排毒及降温的需要，由电动机启动。按作用原理可分为轴流式、离心式通风机；按用途又分为排尘、防腐、高温、防爆通风机。轴流式通风机相对于离心式通风机具有效率高、风量大、风压小（一般在 400Pa 左右）等特点，一般适用于全面排风。离心式通风机较轴流式通风机能产生比较高的风压，适用于阻力较大的通风系统。为了防止通风机的磨损和腐蚀，通常将其放在净化设备之后。通风机的工作性能通常用风量、风压、转速、效率和轴功率等来表示。因此，在选用时应综合考虑这些性能参数和用途。

5）烟囱（chemistry）是净化系统的排气装置。净化后的烟气中仍然含有一定量的污染物，这些污染物在大气中稀释、扩散，最终会沉降到地面。为保证污染物的地面浓度不超过大气环境质量标准，烟囱必须达到一定的高度。

### （四）高温作业场所的通风

自然通风是高温作业环境最常用的降温措施，经济、简便、有效，能形成较大的换气量，但在气流组织上受到限制，送风空气未经处理。凡无特殊气象条件要求的高温作业场所，应充分利用自然通风。当自然通风不能满足降温或工艺有特殊要求时，可采用机械通风。类似于纺织厂的纺纱、织布车间对车间的温度和湿度有较高的要求，应采用全面机械通风。全面通风系统设备较复杂，费用大。否则应采用比较经济的局部机械通风方法，在工作地点安装单体式风机或冷风机组直接向操作人员送风。合理使用喷雾风扇送风，也是一种简易有效的局部降温方法。

## 二、作业场所采光与照明

作业场所的采光（lighting）与照明（illumination）是重要的劳动条件之一。作业场所设置合理的、符合卫生学要求的采光与绿色照明，不仅能为作业者提供一个良好的视觉工作条件，预防或减轻视觉疲劳以及某些职业性眼病的发生，还有利于安全生产，提高产品的数量、质量和劳动生产率。

### （一）常用术语

本节涉及照明的基本概念有：

1. 光通量（luminous flux）：从光源每秒发出的可见光辐射能流称为光通量，是表示光源发光能力的基本量。单位是流明（lumen，lm）。

2. 照度（illuminance）：当一个物体表面受到均匀照射时，单位面积上的光通量称为照度，单位为勒克斯（lx）。

3. 照度均匀度（uniformity ratio of illuminance）：指在给定的工作面上最低照度与平均照度之比，是影响照明质量的因素之一。

4. 光亮度（brightness）：单位面积在某一方向上射向眼睛的发光强度称光亮度，简称亮度，单位为 $cd/m^2$（坎德拉每平方米）。亮度又分为直接亮度和间接亮度。直接亮度是指光的亮度，间接亮度是指物体表面被照射时反射出来的亮度。

5. 采光系数（coefficient of lighting）：室内工作面任一点的照度与同时开阔天空散色光（全阴天，见不到太阳的位置）的水平照度的比值。

6. 眩光（glare）：物体表面产生耀眼和刺眼的强烈光线称为眩光，多由于亮度分布不当，或亮度的变化幅度过大，或在空间和时间上存在极端的亮度对比而产生。可引起不舒适或降低观察物体的能力。

### （二）采光

采光也称自然照明，是以自然光线为光源来解决室内光照问题。充分利用自然光线不仅可节约能源，而且在同样光照条件下，较人工光源明亮柔和，光谱中的紫外线还有杀菌作用，有益于人体健康。但受季节、时间、气候等因素的影响，自然光线的利用受到限制，如在空间和时间上不能保证有足够的均匀性，不能满足所有工作面所需要的照度，有时由于直射阳光的刺激而引起眩目。

工业采光通常是以自然光线作为光源，以解决工业建筑或生产环境的室内光照问题。

**1. 采光形式**

（1）顶部采光：指在厂房顶部开窗的采光形式。常用锯齿型天窗、平天窗和矩形天窗，见图

11-16。顶部采光时,照度从厂房中央区域向边缘逐渐递减。

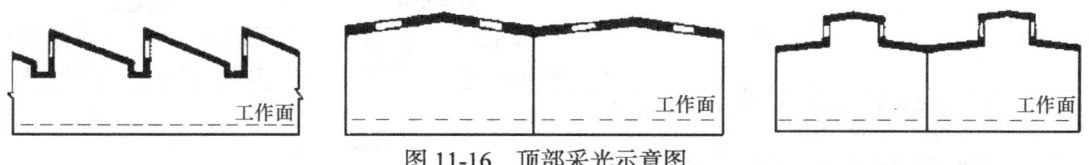

图11-16 顶部采光示意图

(2)侧面采光:指在厂房单侧或两侧墙壁开窗的采光形式,如图11-17。侧面采光时,照度随厂房进深而衰减,故厂房中央区域照度不足。为保证中央区域作业面的自然照度,厂房的进深一般不宜超过窗高(从窗上沿到地面高度)的2倍。

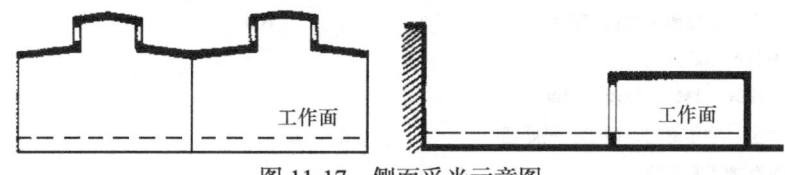

图11-17 侧面采光示意图

(3)混合采光:指同时利用上述两种采光形式。混合采光可增加厂房中间区域和离侧窗较远区域的照度,使光照更为均匀。

**2. 采光系数** 由于室外照度经常变化影响到室内照度的稳定性,故不能用照度绝对值表示采光量,而用照度相对值即采光系数($C$)表示。通常用照度计同时测得室内和室外的照度,然后用下式计算采光系数:

$$C = E_n / E_W \times 100\% \qquad (公式11-4)$$

式中:$E_n$:室内某一点的照度(lx);$E_W$:同一时刻开阔天空散色光的水平照度(lx)。

测定采光系数以上午10时至下午2时为宜,此时室外照度相对稳定。

**3. 卫生标准** 《建筑采光设计标准》(GB/T 50033-2013)是目前执行的标准。标准规定了视觉作业场所工作面上的采光系数标准值。如表11-1。

表11-1 视觉作业场所工作面上的采光系数标准值

| 采光等级 | 视觉作业分类 | | 侧面采光 | | 顶部采光 | |
|---|---|---|---|---|---|---|
| | 作业精确度 | 识别对象的最小尺寸d(mm) | 采光系数最低值$C_{min}$(%) | 室内天然光临界照度(lx) | 采光系数平均值$C_{av}$(%) | 室内天然光临界照度(lx) |
| Ⅰ | 特别精细 | d≤0.15 | 5 | 250 | 7 | 350 |
| Ⅱ | 很精细 | 0.15<d≤0.3 | 3 | 150 | 4.5 | 225 |
| Ⅲ | 精细 | 0.3<d≤1.0 | 2 | 100 | 3 | 150 |
| Ⅳ | 一般 | 1.0<d≤5.0 | 1 | 50 | 1.5 | 75 |
| Ⅴ | 粗糙 | d>5.0 | 0.5 | 25 | 0.7 | 35 |

注:表中所列采光系数标准值适用于我国Ⅲ类光气候区。采光系数标准值是根据室外临界照度为5000lx制定的。亮度对比小的Ⅱ、Ⅲ级视觉作业,其采光等级可提高一级采用

工业建筑的采光系数标准值应符合表11-2的规定。

表 11-2 工业建筑的采光系数标准值

| 采光等级 | 车间名称 | 侧面采光 | | 顶部采光 | |
|---|---|---|---|---|---|
| | | 采光系数最低值 $C_{min}$（%） | 室内天然光临界照度（lx） | 采光系数平均值 $C_{av}$（%） | 室内天然光临界照度（lx） |
| I | 特别精密机电产品加工、装配、检验、工艺品雕刻、刺绣、绘画 | 5 | 250 | 7 | 350 |
| II | 很精密机电产品加工、装配、检验通讯、网络、视听设备的装配与调试 纺织品精纺、织造、印染服装裁剪、缝纫及检验精密理化实验室、计量室六控制室印刷品的排版、印刷药品制剂 | 3 | 150 | 4.5 | 225 |
| III | 机电产品加工、装配、检修 一般控制室 木工、电镀、油漆铸工理化实验室 造纸、石化产品后处理 冶金产品冷轧、热轧、拉丝、粗炼 焊接、钣金、冲压剪切、锻工、热处理 | 2 | 100 | 3 | 150 |
| IV | 食品、烟酒加工和包装 日用化工产品炼铁、炼钢、金属冶炼 水泥加工与包装配、变电所 发电厂主厂房 | 1 | 50 | 1.5 | 75 |
| V | 压缩机房、风机房、锅炉房、泵房、电石库、乙炔库、氧气瓶库、汽车库、大中件贮存库煤的加工、运输、选煤 配料间、原料间 | 0.5 | 25 | 0.7 | 35 |

## （三）照明

在无自然光线（如夜班、井下、隧道和地下室作业）或自然光线不足的条件下以及需要高照度的作业，为保证生产活动的正常进行和作业安全而采用人工光源的一种形式。在实际工作中，可根据具体需要加以调节，在生产性照明中占有十分重要的地位。

**1. 照明的形式按照明系统可分 4 种：**

（1）一般照明：又称全面照明，指不考虑局部的特殊需要，在整个作业场所设置若干照明器，使各作业面普遍达到所规定视觉条件的照明方式。优点是作业点的视觉条件较好，视野亮度基本相同。但耗电量大。

（2）局部照明：指为达到规定的视觉条件，在某工作面设置照明器的照明方式。优点是可获得高的照度且耗电量少。但直接眩光和使周围视野变暗对作业者造成不利影响。

（3）混合照明：由一般照明和局部照明共同组成的照明方式。混合照明集一般照明和局部照明的优点为一体，是一种较为经济的照明方式。适用于照明要求高、有一定的投光方向以及固定工作点分布较稀疏的作业场所。

（4）特殊照明：系指需有特殊效果或用于特殊用途的各种照明方式。如不可见光照明、色彩检查照明、运动对象检查照明和透过照明，以及细微对象检查照明等。

按用途还可将照明分为：常用照明、事故照明、警卫照明、值班照明、障碍照明等。

在实际工作中，可按需要选择不同的照明方式。对于视觉条件要求较高的作业环境，宜采用混合照明。当受生产技术条件限制不适合安装局部照明或不必要采用混合照明时，可单独装设一般照明。但在一个工作场所内不应只装设局部照明。

**2. 光源选择** 通常选用与天然光接近的光源，如白炽灯、荧光灯、卤钨灯、长弧氙灯、荧光高压汞灯，亦可采用高压钠灯、金属卤化物灯。应根据照明要求和使用场所的特点选择光源。

**3. 卫生标准**　　参照《建筑照明设计标准》GB 50034-2013。标准对工业建筑一般照明标准值作了具体的规定。

作业面邻近周围的照度可低于作业面照度，但不宜低于表11-3的数值。

表11-3　作业面邻近周围照度

| 作业面照度（lx） | 作业面邻近周围照度值（lx） |
| --- | --- |
| ≥750 | 500 |
| 500 | 300 |
| 300 | 200 |
| ≤200 | 与作业面照度相同 |

注：邻近周围指作业面外0.5m范围之内

**4. 眩光限制和照度均匀度**　　为控制作业面上的眩光，并保证有良好的照度均匀度，可用下列方法控制或减少光幕反射和反射眩光：

（1）将灯具安装在非干扰区内。

（2）照明器采用低光泽度的表面装饰材料。

（3）限制灯具的亮度。

（4）照亮墙表面和顶棚，但避免出现光斑。

当照明器的位置高于操作者眼睛水平视线时，其保护角不应小于30°，若低于操作者眼睛水平视线时，不应低于10°。当作业面或识别物件的表面呈现镜面反射，应采取阻止反射眩光射至工作者眼内的措施，如采用漫射型或装有磨玻璃灯泡的照明器。

为保证照度的稳定性，照明器的端电压的电压偏移一般不高于其额定电压的105%；对视觉要求较高的室内照明不低于97.5%；一般工作场所的室内照明、露天工作场所不低于95%；事故照明、道路照明、警卫照明以及电压为12~36V的照明不低于90%。

**5. 照明设计的要求**　　在照明设计时，按《建筑照明设计标准》和绿色照明的要求进行设计，采用合理的照明方式，照度值应根据生产场所条件、能源情况等具体确定。原则是在保证不降低作业场所的视觉要求的前提下，有效地利用能源，提高照明质量。同时还应考虑方便维修和照明供电安全。

## 第三节　除　尘

无论发达国家还是发展中国家，生产性粉尘的危害是十分普遍的，尤以发展中国家为甚，我国政府对粉尘控制工作一直给予高度重视，在防止粉尘危害和预防尘肺发生方面做了大量的工作。我们的综合防尘和降尘措施可以概括为"革、水、密、风、护、管、教、查"八字方针，对控制粉尘危害具有指导意义。具体地说：①革，即工艺改革和技术革新，这是消除粉尘危害的根本途径；②水，即湿式作业，可降低环境粉尘浓度；③密，将发尘源密闭；④风，加强通风及抽风措施；⑤护，即个人防护；⑥管，经常性地维修和管理工作；⑦教，加强宣传教育；⑧查，定期检查环境空气中粉尘浓度和接触者的定期体格检查。实际工作中，生产性粉尘控制应从下述几方面着手。

### 一、除　尘

将含尘气体引入具有一种或几种力作用的除尘器，使颗粒相对于其运载气流产生一定的位移，并从气流中分离出来,最终沉积到捕集体表面。除尘通常与环境保护相关,经常用于燃煤锅炉烟气、水泥窑炉尾气、钢铁冶炼烟尘、装卸与粉碎工艺颗粒物捕集与去除。

## (一) 除尘技术分类

根据除尘机理不同,目前常用的除尘器可分为以下几类:

**1. 重力除尘** 如重力沉降室,是通过重力作用使尘粒从气流中分离。其结构简单、投资少、压力损失小、维修管理容易。但它体积大,效率低,通常作为高效除尘器的预除尘装置,适用于除去 50μm 以上的粉尘,压力损失一般为 50~130Pa。

**2. 惯性除尘** 如惯性除尘器,它是在气流中设置各种形式的挡板,利用尘粒的惯性作用使其和挡板发生碰撞而被分离。惯性除尘器主要用于净化密度和粒径较大的金属或矿物性粉尘,具有较高除尘率,一般用于多级除尘中的第一级除尘,用以捕集 20μm 以上的粗尘粒,压力损失一般为 100~1000Pa。

**3. 离心力除尘** 如旋风除尘器,利用气流旋转过程中作用在尘粒上的惯性离心力,使尘粒从气流中分离。旋风除尘器结构简单,体积小,维护方便,对于 10~20μm 的粉尘,净化效率为 90% 左右。

**4. 湿式除尘** 如喷淋塔,旋风水膜除尘器,是通过含尘气体与液滴或液膜的接触使尘粒从气流中分离的装置。它结构简单,投资低,占地面积小,能同时进行有害气体的净化,含尘气体的冷却和加湿等优点,它适合处理有爆炸危险或同时含有多种有害物的气体。缺点是有用物料不能干法回收,泥浆处理比较困难,为了避免水系污染,有时需设置专门的废水处理设备,高温烟气洗涤后,温度下降,会影响烟气在大气中扩散。

**5. 静电除尘** 如电除尘器,它是利用高压放电,使气体电离,粉尘荷电后向收尘极板移动而从气流中分离出来,从而达到净化烟气的目的。静电除尘的优点是效率高、阻力小、设备运行可靠,但对粉尘的比电阻有一定的要求。

**6. 过滤除尘** 如袋式除尘器。它是使含尘气体通过过滤材料将粉尘分离捕集的装置,袋式除尘器属于过滤除尘,它以织物为过滤材料,利用滤料表面所粘附的粉尘层作为过滤层捕集粉尘。袋式除尘器是一种高效的干式除尘器,对 1μm 的粉尘,除尘效率可达 99% 以上。净化效率高;结构简单、操作方便灵活;适应性强,可以捕集不同性质的粉尘,对高比电阻粉尘,采用袋式除尘器更为优越;工作性能稳定可靠,捕集的干尘便于回收,没有污泥处理,腐蚀等问题,维护简单。实践证明,袋式除尘器是目前控制粉尘、尤其是微细粒子最有效的设备。

重力除尘、惯性除尘和离心力除尘常常作为预除尘措施,湿式除尘用于高温烟气、工艺不稳、条件特殊的场所,静电除尘和过滤除尘则是目前工业上应用广泛的主流除尘器,随着环保标准的提高,原有的一些静电除尘器正在被改造成袋式除尘器,袋式除尘器的应用范围将更加扩大,是颗粒物捕集技术的发展方向。

## (二) 袋式除尘

**1. 袋式除尘原理** 袋式除尘器是由箱体、滤袋、清灰装置、灰斗等组成的。滤袋是袋除尘器的核心部件,通常由针刺毡材料制成。使用初期,粉尘会随着气流进入滤料内部,使纤维间空隙逐渐变小,最终形成附着于滤料表面的粉尘层,过滤的机理由深层过滤变为表面过滤,表面过滤的效率通常略高于深层过滤效率。在工业应用的常规阶段,由粉尘层所支持的表面过滤起主要作用,此时滤袋作为粉尘层的支撑骨架。随着粉尘在滤袋上的附着,滤袋两侧的压差增大,增加了系统的能耗,系统风量有所下降,因此除尘器运行一段时间后要及时清灰。

**2. 袋式除尘器常用清灰方法** 有简易清灰、机械振动清灰、气流清灰和脉冲喷吹清灰 4 类。

(1) 简易清灰:是通过关闭风机时滤袋的变形及粉尘层的自重进行的,必要时辅以人工的轻度拍打。为了充分利用粉尘层的过滤作用,它的过滤风速较低,清灰时间间隔较长。

（2）机械振动清灰：是滤袋在机械结构的作用下，产生上下、左右运动或振动，从而使粉尘脱落，这种清灰方法的效果较好，工作性能稳定。但滤袋受机械作用损伤大，滤袋检修及更换工作量大，近年来应用较少。

（3）气流清灰：是利用气流从与滤尘相反的方向吹过滤袋和粉尘层，使粉尘从滤袋上脱落，这种方法多用于内滤式。采用气流清灰时，滤袋内必须有防瘪环，避免滤袋被压瘪。反吹气流清灰的效果好，滤袋磨损少，特别适用于粉尘黏性小的情况和玻璃纤维袋式除尘器。

（4）脉冲清灰：是利用喷嘴喷出压缩空气进行清灰。其优点是在清灰过程不中断滤料的正常工作，清灰强度大，允许过滤风速高，缺点是必须有压缩空气。

### （三）除尘器

在实际工作中，如果直接将工作场所产生的总悬浮颗粒物（total suspended particulate，TSP）、可吸入颗粒物（inhalable particulate，IP）等含尘气体排入大气环境，一方面造成环境的污染以及对人群健康和植物带来危害，另一方面也不利于排放物的回收或再利用。因此，用除尘器将含尘气体净化到符合卫生标准的程度再行排放，也可达到回收目的。除尘器就是利用各种物理方式从含尘气体中分离出颗粒物，然后加以收集（回收）的机械除尘设备。一般可根据工作场所 TSP 的种类、特性、浓度、对粉尘回收的要求以及所要求的工作场所空气净化程度等因素选择适宜的除尘设备。除尘器的种类很多，根据除尘器的除尘机制不同可分为重力、惯性、离心、过滤、洗涤、静电等 6 大类；根据气体净化程度的不同可分为粗净化、中净化、细净化和超净化 4 类；根据除尘器的除尘效率和阻力可分为高效、中效、粗效和高阻、中阻、低阻等几类。目前常用的除尘器分类为：干式除尘器、湿式除尘器、过滤式除尘器和静电除尘器。

**1. 干式除尘器** 通常指利用重力、惯性力和离心力等力的作用使颗粒物与气流分离的装置，包括 TSP 沉降室、惯性除尘器和旋风除尘器。干式除尘器收集到的粉尘便于回收管理，且除尘设施便于清洁（清洗）。

**2. 湿式除尘器** 主要是通过含尘气流与液滴或液膜的接触，在液体与粗大衬里的相互碰撞、滞留、细微尘粒的扩散、相互凝聚等净化机制的共同作用下，使尘粒从气流中分离出来净化气流的设备。该类除尘器结构简单，投资低，占地面积小，除尘效率高，能同时进行有害气体的净化，但不能干法回收物料，泥浆处理比较困难，要专门设置废水处理系统。湿式除尘器有水浴式、冲激式、卧式旋风水膜、文氏管等很多种类。湿式除尘器收集下来的污水、污泥在处理时比较复杂，且易发生排水管道堵塞、除尘器效率下降及维护管理不便等现象。一般来说，湿式除尘器通常要比常用的 TSP 沉降室、旋风除尘器等干式除尘器效率高，如水浴除尘器清除较大颗粒的尘粒效率可达 90% 以上，水膜除尘器亦可达到 90% 以上。

**3. 过滤式除尘器** 是通过多孔过滤材料的作用从气固两相流中捕集粉尘，并使气体得以净化的设备。一般用来控制速度多变的气流和捕获颗粒。按照过滤材料和工作对象的不同，可分为袋式除尘器、颗粒层除尘器、空气过滤器 3 种类型。过滤式除尘器属高效过滤设备，应用十分广泛。

**4. 静电除尘器** 是通过一个强大的电场，产生离子，黏着微粒，将气体中的粉尘分离的一种除尘设备。其使含尘气体通过高压电场，电离后形成电荷，并在电场力的作用下使尘粒沉积在集尘极上，将尘粒分离出来。静电除尘过程的分离力（静电力）主要作用在离子上，而不是作用在整个气流上，因而决定了其主要特点是耗能小、气流阻力也小、压力损失小、处理烟气量大、捕集效率高、可以在高温或腐蚀性气体下操作的特点，常用于气流容量很大，小微粒需高效收集的除尘。

## 二、生产性粉尘的控制与防护

**1. 法律措施** 建国以来，我国政府陆续颁布了一系列的政策、法令和条例来防止粉尘危害。

如1956年国务院颁布了《关于防止厂、矿企业中的矽尘危害的决定》，1987年2月颁布了《中华人民共和国尘肺防治条例》和修订的《粉尘作业工人医疗预防措施实施办法》，使尘肺防治工作纳入了法制管理的轨道；2002年5月1日开始实施《中华人民共和国职业病防治法》。2011年12月31日对该防治法进一步修正，充分体现了对职业病预防为主的方针，为控制粉尘危害和防治尘肺病的发生提供了明确的法律依据。

我国还从卫生标准上逐步完善了生产场所粉尘的最高容许浓度的规定，明确地确立了防尘工作的基本目标。2007年新修订的《工作场所有害因素职业接触限值第1部分化学有害因素》（GBZ 2.1-2007）列出47种粉尘的8小时时间加权容许浓度。

**2. 技术措施**　各行各业需根据其粉尘的产生特点，通过适宜的技术措施控制粉尘浓度，防尘和降尘措施概括起来主要体现在：

（1）改革工艺过程，革新生产设备：是消除粉尘危害的主要途径，如使用遥控操纵、计算机控制、隔室监控等措施避免工人接触粉尘。在可能的情况下，使用含石英低的原材料代替石英原料，寻找石棉的替代品等。

（2）湿式作业，通风除尘和抽风除尘：除尘和降尘的方法很多，即可使用除尘器，也可采用喷雾洒水，通风和负压吸尘等经济而简单实用方法，降低作业场地的粉尘浓度。后者在露天开采和地下矿山应用较为普遍。对不能采取湿式作业的场所，可以适应密闭抽风除尘的方法。采用密闭尘源和局部抽风相结合，抽出的空气经过除尘处理后排入大气。

**3. 个体防护措施**　个人防护是对卫生工程技术防尘措施的必要补救，在作业现场防、降尘措施难以使粉尘浓度降至国家卫生标准所要求的水平时，如井下开采的盲端，必须使用个人防护用品。工人防尘防护用品包括：防尘口罩、防尘眼镜、防尘安全帽、防尘衣、防尘鞋等。粉尘接触作业人员还应注意个人卫生，作业点不吸烟，杜绝将粉尘污染的工作服带回家，经常进行体育锻炼，加强营养，增强个人体质。

**4. 卫生保健措施，开展健康监护**　落实卫生保健措施包括粉尘作业人员就业前和定期的医学检查。定期的医学检查能及时了解作业人员身体状况，保护其健康。根据《粉尘作业工人医疗预防措施实施办法》的规定，从事粉尘作业工人必须进行就业前和定期健康检查，脱离粉尘作业时还应做脱尘作业检查。

## 三、爆炸性粉尘的控制

粉尘浓度达到一定范围，遇到明火或到达一定温度时，会快速发生化学反应并释放大量的热量，形成很高的温度和极大的压力而发生爆炸，具有很强的破坏力。在爆炸性粉尘环境中粉尘分为以下三级：①可燃性飞絮（ⅢA级，如棉花纤维、麻纤维、丝纤维、毛纤维、木质纤维、人造纤维等）；②非导电性粉尘（ⅢB级，如聚乙烯、苯酚树脂、小麦、玉米、砂糖、染料、可可、木质、米糠、硫磺等粉尘）；③导电性粉尘（ⅢC级，如石墨、炭黑、焦炭、煤、铁、锌、钛等粉尘）。在爆炸性粉尘环境中，产生爆炸必须同时存在下列条件：存在爆炸性粉尘混合物其浓度在爆炸极限以内；存在足以点燃爆炸性粉尘混合物的火花、电弧、高温、静电放电或能量辐射。

在《爆炸危险环境电力装置设计规范》（GB 50058-2014）中，规定了爆炸性粉尘环境应采取以下三个方面的措施。第一，防止产生爆炸的基本措施，应是使产生爆炸的条件同时出现的可能性减小到最低程度；第二，防止爆炸危险，应按照爆炸性粉尘混合物的特征，采取相应的措施；第三，在工程设计中应先采取以下消除或减少爆炸性粉尘混合物产生和积聚的措施：①宜将危险物料密封在防止粉尘泄漏的容器内；②宜采用露天或开敞式布置，或采用机械除尘措施；③宜限制和缩小爆炸危险区域的范围，并将可能释放爆炸性粉尘的设备单独集中布置；④提高自动化水平，可采用必要的安全连锁；⑤爆炸危险区域应设有两个以上出入口，其中至少有一个通向非爆炸危险区域，其出入口的门应向爆炸危险性较小的区域侧开启；⑥应对沉积的粉尘进行及时有效的清除；⑦应限制产生危险温度及火花，特别是由电气设备或线路产生的过热及火花，防止粉尘进入产生电火花或高温部件的外壳内，应选用防尘防爆的电气设备及线路；⑧可适当增加物料的湿度，降低空气中粉尘的悬浮量。

## 第四节 降噪减振

工业企业在劳动生产过程中使用的各种机器、设备在运行过程中会产生不同强度和不同频率的噪声和振动。噪声与振动是作业场所中的物理性职业有害因素，它们不仅仅会对安全生产和工作效率产生影响，而且会给劳动者的健康带来危害，甚至会产生职业病。有效控制生产过程中的噪声和振动，是保护劳动者的健康和安全的要求，也是国家相关法律法规的要求。

### 一、作业场所噪声控制

噪声控制是采用工程技术措施控制噪声源的声输出，控制噪声的传播和接收，以得到人们所要求的声学环境。同水体污染、大气污染和固体废物污染不同，噪声污染是一种物理性污染，它的特点是局部性和没有后效的。噪声在环境中只是造成空气物理性质的暂时变化，噪声源的声输出停止之后，污染立即消失，不留下任何残余物质。噪声的防治主要是控制声源和声的传播途径，以及对接收者进行保护。解决噪声污染问题的一般程序是首先进行现场噪声调查，测量现场的噪声级和噪声频谱，然后根据有关的环境标准确定现场容许的噪声级，并根据现场实测的数值和容许的噪声级之差确定降噪量，进而制定技术上可行、经济上合理的控制方案。

#### （一）噪声控制技术

噪声是一种物理性职业有害因素，其特点为局部性和无后效应。噪声源停止辐射，噪声污染就消失了。为了控制噪声，要考虑噪声传播的三个环节，即噪声源、传播途径和接收者。相应的措施包括：声源控制、传播途径控制和保护接收者三个方面。首先考虑降低声源本的噪声，如果做不到，或都能做到却又不经济，则考虑从传播途径中来降低。如上述方案仍然达到要求或不经济则可考虑接收者的个人防护。

**1. 声源控制** 降低声源本身的噪声是治本的方法。包括降低激发力，减小系统各环节对激发力的响应以及改变操作程序或改造工艺过程等。但就我国目前的技术水平来看，大多数设备的噪声强度超过了使人们满意的标准，使得从声源处控制噪声难以实现，往往还需要在传播途径上采取噪声控制措施。目前影响作业者健康、严重污染环境的主要噪声源是风机、空压机电机、柴油机、织机、冲床、圆锯机、球磨机、高压放空排气以及凿岩机。控制噪声源有三条途径：

（1）改进结构，提高其中部件的加工精度和装配质量，采用合理的操作方法等，以降低声源的噪声发射功率。采用各种噪声控制方法，可以收到不同的降噪效果。如将机械传动部分的普通齿轮改为有弹性轴套的齿轮，可降低噪声15~20dB；把铆接改成焊接，把锻打改成摩擦压力加工等，一般可减低噪声30~40dB。

（2）利用声的吸收、反射、干涉等特性，采用吸声、隔声、减振、隔振等技术，以及安装消声器等，以控制声源的噪声辐射。

（3）"反噪声"技术：用一组传感器将声源的噪声信号输入计算机，经过分析通过专有设备将"反噪声"信号发射出来，以抵消噪声。这以成功用在排气道、空调、柴油机、飞机、汽车等，是一项十分有前途的新技术。

**2. 噪声传播途径控制** 这是噪声控制中最常用的技术方法，因为当机器或工程已经完成后，再从声源上来控制就受到限制了，但从声的传播途径上控制却是大有可为、效果明显。这方面的方法有很多，如隔声、吸音、使用消声器及隔声屏障、隔声间等。对传播途径的处理实质上就是增加声在传播过程中的衰减，减少传输能量。在噪声传播途径控制中，采取何种措施为好，要在调查测量的基础上，根据具体声源和传播途径，有针对性地选择，同时注意这些措施的可行性和经济性。

（1）吸声降噪，是一种在传播途径上控制噪声强度的方法。物体的吸声作用是普遍存在的，吸声的效果不仅与吸声材料有关，还与所选的吸声结构有关。采用吸声材料装饰在车间的内表面，如墙壁或屋顶，或在工作场所内悬挂吸声体，吸收辐射和反射的声能，使噪声强度减低。具有较好吸声效果的材料有玻璃棉、矿渣棉、棉絮或其他纤维材料。在某些特殊情况下，为了获得较好的吸声效果，需要使用吸声尖劈（sound absorption wedge）。吸声尖劈是一种用于消声室的特殊吸声结构，可分为尖部和基部两部分，兼具谐振吸声和阻抗过渡吸声的优点。随着材料工业发展，越来越多的各类声学材料出现在市场。在建材行业，已有一批较先进和已形成规模化生产能力的企业，特别是纤维性吸声材料及护面材料、轻质隔声材料和隔声结构等。噪声控制工程师可以更有余地选用标准化、系列化的声学材料，包括吸声材料、隔声材料、阻尼材料及其复合材料。

（2）消声降噪，消声器是一种既能使气流通过又能有效地降低噪声的设备。是降低动力性噪声的主要措施，通常可用消声器降低各种空气动力设备的进出口或沿管道传递的噪声。常用于风道和排气管，例如在内燃机、通风机、鼓风机、压缩机、燃气轮机、柴油机进、排气噪声、空调的进气噪声与管路噪声、压气机进气噪声以及风机进、排气噪声以及各种高压、高气流排放的噪声控制中最常用的降噪措施就是采用消声器。不同消声器的降噪原理不同。常用的消声技术有阻性消声、抗性消声、损耗型消声、扩散消声、阻抗复合式消声等。阻性消声器、抗性消声器，消声效果较好。还有其他消声器，如干涉消声器、电子消声器和喷雾消声器等。抗式消声器分为扩张式消声器与共振腔消声器。

（3）隔声降噪，把产生噪声的机器设备封闭在一个小的空间，使它与周围环境隔开，以减少噪声对环境的影响，这种做法叫做隔声。隔声屏障和隔声罩是主要的 2 种设计，其他隔声结构还有：隔声室、隔声墙、隔声幕、隔声门等。动力装置的各种设备均可采用隔声措施，如柴油机、燃气轮机、风机、压缩机等采用隔声罩或箱装体进行隔声。隔声罩的壳体是由钢板、吸声材料、阻尼板及面板组成。隔声罩除了隔声以外，还可以具有消防系统、空气冷却系统及负压系统等。在隔声结构中采用约束阻尼材料可以改善隔声罩、通风管道的隔声性能。为了防止通过固体传播的噪声，在建筑施工中将机器或振动体的基础与地板、墙壁连接处设隔振或减振装置，也可以起到降低噪声的效果。

（4）管路系统噪声控制技术，管路系统为动力装置传输各种介质，并且还要满足动力装置采用振动噪声控制手段后变形补偿的要求，安装橡胶软管、单球或双球挠性接管、波纹管以及支承等。过大的管路系统噪声不仅会引起管路的破裂、介质泄露，影响动力装置的安全运行。因此，管路系统噪声的控制是提高安全性和舒适性的重要措施之一，并在动力、石化、船舶等行业具有广泛的应用前景。管路系统结构噪声特性是由其固有特性和动态特性组成，因此针对特性的不同而采用不同的研究分析方法，从而形成管路系统结构噪声控制的方法，管路系统噪声控制技术是柴油机等动力装置噪声控制的一个重要方面。通过管路系统有效的计算方法与试验方法，可以准确地分析管路系统振动特性。在装置管路系统的设计阶段，确定直管、弯管的分布、弹性接管的选用、支撑的布置，运用结构噪声计算技术进行特性预估，对设计进行修改。在装置管系的实验阶段，运用结构噪声试验技术，分析和评估管路系统结构噪声特性与量级。

（5）振动与噪声有源控制技术，是基于声波或机械波的干涉原理，在检测到声波或振动信号以后，经过实时分析，由发声器或作动器产生反相位的声波或振动，从而起到减振降噪作用。有源控制技术在 20 世纪 70 年代就有人提出，以后随着实时数字信号处理技术的发展，特别是近年来自适应信号处理技术和微处理器的迅速发展，振动噪声有源控制的技术（ANVC）逐渐进入应用阶段，如有源护耳器、管道有源消声器、有源减振器、汽车车厢噪声有源控制等。在国标 ISO11690 "声学-低噪声工作场所设计导则"中的噪声控制措施首次将有源控制技术的应用列入提示性附录。ANVC 技术与传统的振动噪声控制技术相比有以下优点：①体积小，重量轻；②主动性好，可以根据被控制声场的性质设计控制系统，使控制具有针对性和目标性；③低频效果好；④有选择性地降低某段特征信号；⑤可以减少被控制设备的结构和运行。

**3. 接收者保护措施** 在声源和传播途径上采取控制措施有困难或无法进行时，要考虑对接收者进行保护。接收者可以是人，也可以是灵敏的设备（如电子显微镜、激光器、灵敏仪器等）。工人可以佩带护耳器（如耳罩或耳塞）或在隔声间操作等加以保护；仪器设备可以采取隔声、隔振设计等手段加以保护。简单的方法是工人佩戴耳塞、耳罩、防声头盔等。最常用的是耳塞，一般由橡胶或软塑料等材料制成，根据外耳道形状设计大小不等的各种型号，隔声效果可达 20～35dB。此外还有耳罩、帽盔等，其隔声效果优于耳塞，可达 30～40dB，但佩戴时不够方便，成本也较高，普遍采用存在一定的困难。在某些特殊环境，需要将耳塞和耳罩合用，以保护劳动者的听力。

## （二）控制措施的选择

合理的控制噪声的措施是根据噪声控制费用、噪声容许标准、劳动生产效率等有关因素进行综合分析确定的。在一个车间，如果噪声源是一台或少数几台机器，而车间里工人较多，一般可采用隔声罩、降噪效果为 10～30dB；如果车间里工人少，经济有效的方法是用护耳器，降噪效果为 20～40dB；如果车间里噪声源多而分散，工人又多，一般可采取吸声降噪措施，降噪效果为 3～15dB；如果工人不多，可用护耳器，或者设置供工人操作用的隔声间。机器振动产生噪声辐射，一般采取减振或隔振措施，降噪效果为 5～25dB。如机械运转使厂房的地面或墙壁振动而产生噪声辐射，可采用隔振机座或阻尼措施。

## （三）制订工业企业卫生标准

尽管噪声可以对人体产生不良影响，但在生产中要想完全消除噪声，既不经济，也不可能。因此，制订合理的卫生标准，将噪声强度限制在一定范围之内，是防止噪声危害的重要措施之一。我国于 1980 年开始施行的《工业企业噪声卫生标准》（试行）以语言听力损伤为主要依据，参考其他系统的改变，按照 A 声级制订的。这个标准规定每天接触噪声 8 小时的情况下，允许噪声强度为 85 dB（A）。根据等能量的原则，接触时间每减少一半，标准容许放宽 3 dB（A），但最高不许超过 115 dB（A）。这一标准只适用于连续稳态噪声。现已执行《工业企业设计卫生标准》GBZ 1-2010 对防噪声的要求。

（1）有生产性噪声的车间应尽量远离其他非噪声作业车间、行政区和生活区。

（2）噪声较大的设备应尽量将噪声源与操作人员隔开；工艺允许远距离控制的，可设置隔声操作（控制）室。

（3）产生强烈振动的车间应有防止振动传播的措施。

（4）噪声与振动强度较大的生产设备应安装在单层厂房或多层厂房的底层；对振幅、功率大的设备应设计减振基础。

（5）工作场所操作人员每天连续接触噪声 8 小时，噪声声级卫生限值为 85dB（A）。对于操作人员每天接触噪声不足 8 小时的场合，可根据实际接触噪声的时间，按接触时间减半，噪声声级卫生限值增加 3dB（A）的原则，确定其噪声声级限值（表 11-4）。但最高限值不得超过 115dB（A）。

表 11-4　工作地点噪声声级的卫生限值

| 日接触噪声时间（h） | 8 | 4 | 2 | 1 | 1/2 | 1/4 | 1/8 |
|---|---|---|---|---|---|---|---|
| 卫生限值[dB（A）] | 85 | 88 | 91 | 94 | 97 | 100 | 103 |
| 最高不得超过 115[dB（A）] | | | | | | | |

（6）生产性噪声传播至非噪声作业地点的噪声声级的卫生限制不得超过表 11-5 的规定。

表 11-5　非噪声工作地点噪声声级的卫生限值

| 地点名称 | 卫生限值 dB（A） | 工效限值 dB（A） |
|---|---|---|
| 噪声车间办公室 | 75 | |
| 非噪声车间办公室 | 60 | 不得超过 55 |
| 会议室 | 60 | |
| 计算机室、精密加工室 | 70 | |

（7）具有脉冲噪声作业地点的噪声声级卫生限值不应超过表 11-6 的规定。

表 11-6　工作地点脉冲噪声声级的卫生限值

| 工作日接触脉冲次数 | 峰值（dB） |
|---|---|
| 100 | 140 |
| 1000 | 130 |
| 10000 | 120 |

（8）工作地点生产性噪声声级超过卫生限值，而采用现代工程技术治理手段仍无法达到卫生限值时，可采用有效个人防护措施。

（9）噪声的控制在发生源控制的基础上，对厂房的设计和设备的布局需采取降噪措施。

（10）产生噪声和振动的车间墙体应加厚。为减轻噪声和振动的产生和传播，设置隔声室以阻断噪声的传播。隔声室的天棚、墙体、门窗均应符合隔声、吸声的要求。

（11）噪声声强度超过 GBJ 87-1985 要求的厂房，其内墙、顶棚应设计安装吸声层。

## 二、振动控制技术

### （一）控制振动源

振动控制过程与噪声控制类似，但比较复杂。从不同的观点出发，已形成不同的控制分类方法，但受到普遍重视且广泛采用的振动控制方法如图 11-18 所示。

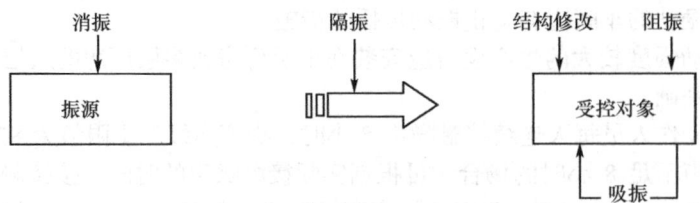

图 11-18　振动控制方法示意图

预防振动职业危害的根本措施包括，改革工艺过程，采取技术措施，进行减振、隔振，以至消除振动源的振动。例如，采用液压、焊接、粘接等新工艺代替风动工具铆接工艺；采用水力清砂、水爆清砂、化学清砂等工艺代替风铲清砂；设计自动或半自动的操纵装置，减少手部和肢体直接接触振动；工具的金属部件改用塑料或橡胶，以减弱因撞击而产生的振动；采用减振材料降低交通工具、作业平台的振动。振动控制的主要技术：

**1. 消振** 即控制振动源振动，消除或减弱振源，这是最彻底和最有效的办法。因为受控对象的响应是由振源激励引起的，外因消除或减弱，响应自然也消除或减弱。如改善机器的平衡性能、改变扰动力的作用方向、增加机组的质量、在机器上装设动力吸振器等。随着动力装置功率增加，转速升高，结构轻型，高速轻型强载柴油机，动力装置的振动噪声问题越来越引起人们的重视。在动力装置设计时不仅考虑防止产生结构共振，还要考虑如何降低设备引起的振动通过基座及管系传递的能量，从而控制由船体振动产生的辐射噪声。对这部分振动的传递通常采用被动隔振技术。这里主要介绍双层隔振技术、浮筏隔振技术和阻尼减振技术。

（1）双层隔振技术，是指单台动力设备弹性安装在中间筏体上，中间筏体弹性地安装在基座上。从减振效果上讲，中间筏体质量越大越好，受到设备重量的限制，中间筏体质量不宜过大。一般来说，中间筏体与机组质量比较 0.5~0.8。80 年代以来，多采用聚合物混凝土与钢结构组成中间筏体，聚合物混凝土的阻尼损耗因子 $\eta$ 比钢高几十倍，隔振效果可达 40~50dB，在模拟机基座采用聚合物混凝土处理后，可以提高隔振效果约 9dB。

（2）浮筏隔振技术，浮筏是一种同时隔离 2 台以上的机械设备的隔振装置。由于设备与筏架可以互为质量，对被隔的某台设备来说，筏架与其他设备可以一起作为中间质量，有利于振动的衰减；多台设备振动传递到筏架上，振动能量在筏架中相互传递，在某些频段振动能量会相互抵消一些，使传递到基座的振动能量得到明显降低；筏架与设备的质量比可以较低，为 0.25~0.35；浮筏装置组合、布置灵活多样。避开共振是筏架设计的首要原则，已出现应用于设备隔振的大型浮筏。

（3）阻尼减振技术，黏弹性阻尼减振技术已成为振动噪声控制的有效措施之一，利用阻尼材料变形时把动能转变为热能的原理以抑制和减弱结构共振响应，降低结构噪声，提高结构的疲劳寿命。阻尼处理根据材料是否受拉伸和剪切变形分为 2 种：自由阻尼处理和约束阻尼处理。在相同重量情况下，约束阻尼处理比自由阻尼处理效果更好。结构阻尼处理时，应根据材料的诺模图选用温域宽、较宽频率范围内损耗因子高、阻燃、无毒、附着力好、施工方便的阻尼材料；根据模态分析得到的结构优势模态和费效比确定阻尼处理的部位与面积；并根据减振指标要求，选择单层或多层约束阻尼处理。基座底板结构响应比处理前可下降 6~9.9dB。在高层建筑、交通等等行业，有的设备振动过大会引起房间、车厢噪声超标。如大楼底层因空调泵组设备振动过大而引起办公室噪声超标，经采用浮筏隔振、管路隔振等措施治理，从而使办公室内空气噪声可降低 12dB（A）。

**2. 隔振** 使振动传输不出去，从而不会造成影响。通常是在振源与受控对象之间串加一个子系统来实现隔振，用以减小受控对象对振源激励的响应，这是一个应用非常广泛的减振技术。具体说来，可以有以下几种方法实现隔振：

（1）采用大型基础，这是最常用和最原始的办法。

（2）防振沟，在机械振动基础的四周开有一定宽度和深度的沟槽，里面填以松软物质（如木屑、沙子等），用来隔离振动的传递。

（3）采用隔振元件，通常在振动设备下安装隔振器，如隔振弹簧、橡胶垫等，使设备和基础之间的刚性连接变成弹性支撑。

**3. 吸振** 又称动力吸振，是在受控对象上附加一个子系统使得某一频率的振动得到控制，称为动力吸振，也就是利用它产生的吸振力以减小受控对象对振源激励的响应，这种技术应用也十分广泛。

**4. 阻振** 又称阻尼减振，是在受控对象上附加阻尼器或阻尼元件，通过消耗能量使响应最小，也常用外加阻尼材料的方法来增大阻尼。阻尼可使沿结构传递的振动能量衰减；还可减弱共振频率附近的振动。阻尼材料是具有内损耗、内摩擦的材料，如沥青、软橡胶以及其他高分子涂料。

**5. 修改结构**　这是一个高技术手段，目前非常引人注目。它实际上是通过修改受控对象的动力学特性参数使振动满足预定的要求，不需要附加任何子系统的振动控制方法。所谓动力学特性参数是指影响受控对象质量、刚度与阻尼特性的那些参数，如惯性元件的质量、转动惯量及其分布等。

## （二）限制作业时间和振动强度

通过研制和实施振动作业的卫生标准，限制接触振动的强度和时间，最大限度的保障作业者的健康，是预防措施的重要方面。例如，日本林业署曾规定链锯伐工作业，在8小时工作日内累计使用链锯不超2小时，每次使用应在10分钟内，每周不超过40小时。接触振动强度和时间的限制标准，均体现在相应的全身振动和局部振动的暴露限值中。

国际标准化组织（ISO）发布的全身振动评价标准（ISO2631）主要是根据人体对1~80Hz的全身振动响应的实验数据制订的。ISO2631以全身振动对人体的影响，以保护工人健康安全，作业能力以及作业条件的舒适为准则，制定了垂直和水平全身振动的加速度的3个界限，即承受极限（exposure limit），疲劳-减效界限（fatigue-decreased proficiency boundary）和引起不适的界限（reduced comfort boundary）。承受极限是引起健康受试者疼痛的加速度水平的1/2，是疲劳-减效界限的2倍（即高6dB）。引起不适的界限值是疲劳-减效界限的1/3.5（即低于10dB）。

4小时等能量频率计权加速度有效值（four hour energy equivalent frequency weighted acceleration，rms）是对振动进行卫生学评价的重要指标，以 ahw（4）表示。因为振动的频率不同，接触时间不同，对人体的影响不同，这就需要对实际测定值进行修正和计算，均以 ahw（4）为指标，以便进行比较和评价。我国应按《工业企业设计卫生标准》GBZ-1-2010要求执行。

**1. 局部振动作业**　其接振强度4小时等能量频率计权振动加速度不得超过5m/s² 日接振时间，这一标准限值可保护90%作业工人工作20年（年接振250天，日接振2.5小时）不致发生振动性白指。当振动工具的振动暂时达不到标准限值时，可按振动强度大小相应缩短日接振时间，少于4小时可按表11-7适当放宽。

表11-7　局部振动强度卫生限值

| 日接振时间（小时） | 卫生限值（m/s²） |
|---|---|
| 2~4 | 6 |
| ~2 | 8 |
| ~1 | 12 |

超过上述卫生限值应采取减振措施，若采取现有的减振技术后仍不能满足卫生限值的，应对操作者配备有效的个人防护用具。

**2. 全身振动作业**　其接振作业垂直、水平振动强度不应超过表11-8中的规定。

表11-8　全身振动强度卫生限值

| 工作日接触时间（h） | 卫生限值 | |
|---|---|---|
| | dB（A） | m/s² |
| 8.0 | 116.0 | 0.62 |
| 4.0 | 120.8 | 1.10 |
| 2.5 | 123.0 | 1.40 |
| 1.0 | 127.6 | 2.40 |
| 0.5 | 131.1 | 3.60 |

**3. 受振动（1~80Hz）影响的辅助用室**（办公室、会议室、计算机房、电话室、精密仪器室等） 其垂直或水平振动强度不应超过表11-9中规定的卫生限值。

表11-9 辅助用室垂直或水平振动强度卫生限值

| 接触时间（h/d） | 卫生限值 | | 工效限值 | |
| --- | --- | --- | --- | --- |
| | dB（A） | m/s² | dB（A） | m/s² |
| 8.0 | 110.0 | 0.31 | 100.0 | 0.098 |
| 4.0 | 114.8 | 0.53 | 104.8 | 0.170 |
| 2.5 | 117.0 | 0.71 | 107.0 | 0.230 |
| 1.0 | 121.6 | 1.12 | 111.6 | 0.370 |
| 0.5 | 125.1 | 1.80 | 115.1 | 0.570 |

**4. 振动的控制** 在发生源控制的基础上，对厂房的设计和设备的布局需采取减振措施。

**5. 其他** 产生强烈振动的车间应修筑隔振沟。

## （三）改善作业环境

加强个人防护作业环境的防寒，保温有重要意义，特别是寒冷季节的室外作业，要有必要的防寒和保暖设施。振动性工具的手柄温度如能保持40℃，对预防振动性白指的发生和发作有较好效果。控制作业环境中的噪声、毒物和高气湿等，对防止振动职业危害也有一定作用。配备、合理使用个人防护用品，如工作服，特别是防振手套、减振座椅等，也能减轻振动危害。

## （四）加强健康监护和卫生监督

按规定进行就业前和定期健康体检，实施三级预防，早期发现，及时处理患病个体，加强健康管理和宣传教育，提高劳动者健康意识。随着动力装置的多样化、复杂化，以及振动噪声指标的要求不断提高，对振动、噪声控制技术的发展提出了更高的需求。随着计算机、材料等技术的发展，又为振动、噪声控制技术的发展提供了实现的基础。不仅是传统的控制技术需要进一步的发展，而且新型控制技术正方兴未艾，如有源控制、浮筏隔振等控制手段正不断推陈出新。

> **案例11-1 解析**
> 1. 谢某从事的是有色金属矿风钻工作，该职业和工作主要接触的职业性有害因素包括粉尘、振动和噪声等。本案例主要分析的是噪声与听力损伤之间的关系，同时该类工种的风钻工作面空气中会产生大量粉尘，防护不当会引起呼吸系统疾病；风钻、风煤钻等产生的振动，会影响职工的双手及全身健康；风钻工有时在掘进时会采用三硝基甲苯（TNT）进行爆破作业，钻工可能会受到三硝基甲苯的危害；此外，气温和气湿对钻工的健康危害也应受到关注。
> 2. 本案例中，工作场所中噪声的产生主要在风钻的工作面，所以要定期做好检修，防止螺丝钉脱落等现象。同时可以安装消声器材，减少日接噪时间，做好个人防护如佩戴耳塞、耳罩或用棉花塞耳等。

# 第五节 电磁辐射屏蔽

电磁辐射以电磁波的形式在空间向四周辐射传播，非电离辐射和电离辐射都属于电磁辐射。波长短，频率高，辐射能量大的电磁辐射，生物学作用强；反之，生物学作用弱。按照辐射粒子能否引起传播介质的电离，电磁辐射可分为电离辐射（ionizing radiation）和非电离辐射（nonionizing radiation）。电离辐射的量子能量水平达到 12eV 以上时，对生物体有电离作用，能导致机体的严重损伤，主要包括 α 射线、β 射线、γ 射线、X 射线、中子射线等。非电离辐射能量比较低，量子能量小于 12eV 不足以使生物体电离，但可令物质内的粒子震动，温度上升，产生"热效应"，包括紫外线、可见光、红外线、微波、射频及激光等。电离辐射的生物效应及其引发的放射病、电离辐射远后效应等已得到了充分的认识，我国自 1974 年起就制订了一系列的放射卫生防护规定和标准，用以防止电离辐射的健康危害。相对而言，非电离辐射的危害较小，但在工作场所接触一定强度的非电离辐射，也可导致机体健康影响，甚至发生职业病，如激光所致眼（角膜、晶状体、视网膜）损伤。因此，做好工作场所非电离辐射和电离辐射的控制和防护是保障劳动者健康的关键，也是国家法律法规的要求。

# 一、作业场所非电离辐射的控制与防护

## （一）射频辐射

射频辐射（radiofrequency radiation）是指频率在 100 kHz～300 GHz 的电磁辐射，也称无限电波，包括高频电磁场（high-frequency electromagnetic field）和微波（microwave）。高频电磁场对作业工人健康的影响主要表现为轻重不一的类神经症，而微波由于波长短、频率高、量子能量大，其生物效应大于高频电磁场，除表现为类神经症等功能性变化外，严重时可导致局部气管的不可逆性损伤，如微波辐射引起的眼晶状体浑浊，甚至发展为白内障。目前射频辐射的主要防护措施有场源屏蔽、距离防护、合理布局和加强个人防护等。

**1. 场源屏蔽** 对生产过程中产生非电离辐射的设备通过屏蔽、接地、吸收等工程技术措施，将电磁能量限制在规定的空间内，阻止其传播扩散。在实际工作中，首先要确定需要屏蔽的辐射源，如：高频感应加热介质的电磁场辐射源为振荡电容器组、高频变压器、感应线圈、馈线和工作电极等，高频淬火的主要辐射源是高频变压器，熔炼的辐射源是感应炉。一般来说，高频振荡电路、高频馈线、高频工作电路这三部分为强辐射的发生源。熔炼用的感应炉，外延用的感应线圈及介质加热时的电容极板，若没有屏蔽也可成为主要的辐射发生源。微波辐射多为机器内的磁控管、调速管、导波管等因屏蔽不好或连接不严密而泄漏。因此，屏蔽材料要选用铜、铝等金属材料，利用金属的吸收和反射作用，使操作地点的电磁场强度减低。而且，屏蔽罩应有良好的接地，以免成为二次辐射源。为使高频设备易于散热，或设置观察孔时，可加设铜丝网（一般可用 22 目/吋的紫铜网），在采用屏蔽小室的全面屏蔽时，铜网结构还可以大大简化通风和照明问题。

在微波辐射防护中，常采用反射和吸收的方式进行辐射源的屏蔽。反射屏蔽适用于散射的辐射波，目前网状屏蔽应用广泛，还有用夹有细的金属丝或涂银的织品组成屏蔽窗帘、帷幔、工作服、风帽等"可塑性"屏障。吸收屏蔽即用可吸收微波的材料覆盖、屏蔽设备的反射面，此方法可应用于微波加热设备传送装置的出入口，降低出入口的微波的泄露。另外，除了进行辐射源的屏蔽外，有些情况下如操纵雷达设备，在调谐和试验中、在量取工作频率、频宽等主要输出参数时，可利用功率吸收器将电磁能转化为热能，可有效地消除辐射源。若不能对辐射源进行很好的屏蔽，应采取工作地点的屏蔽，或加大工作地点与辐射源的距离。

**2. 距离防护** 在屏蔽辐射源有困难时，可采用自动化或半自动化远距离操作，在场源周围设有明显标志，禁止人员靠近。根据微波发射有方向性的特点，工作地点应置于辐射强度最小的部位，避免在辐射流的正前方工作。

**3. 个人防护** 作业时应穿戴专用的防护衣帽和眼镜，如穿化纤镀金属的导电布制服，戴化纤镀金属的导电布眼罩或防微波专用眼睛。防护设备应定期检查、维修，作业工人应定期体检。

**4. 卫生标准** 我国的《作业场所超高频辐射卫生标准》（GB 10437-1989）规定：作业场所超高频辐射 8 小时/天接触的容许限值，连续波为 $0.05mW/cm^2$（14 V/m），脉冲波为 $0.025mW/cm^2$

（10 V/m）。我国《微波辐射卫生标准》（GB 10436-1989）规定，作业场所微波辐射容许接触限值：连续波平均功率密度 50 μWh/cm$^2$，日接触剂量 400μWh/cm$^2$；脉冲波固定辐射，平均功率密度 25 μWh/cm$^2$，日接触剂量 200μWh/cm$^2$，脉冲波非固定辐射的容许强度（平均功率密度）与连续波相同。

### （二）红外辐射

红外辐射（infrared radiation）即红外线，亦称热射线。在生产环境中，主要的红外线辐射源包括熔炉、熔融态金属和玻璃、强红外线光源以及烘烤和加热设备等。红外辐射对机体的影响主要表现在皮肤和眼睛，可引发皮肤灼伤、慢性充血性睑缘炎，甚至白内障。职业性损伤多发于使用弧光灯、电焊、氧乙炔焊的操作工。

对红外线辐射的防护，重点是对眼睛的保护，严禁裸眼看强光，生产中应戴绿色玻璃防护镜，镜片中需含有氧化亚铁或其他过滤红外线的有效成分。另外，应减少红外线暴露和降低炼钢工人等的热负荷，生产操作中应穿戴铝箔防护服和防护帽。作业人员定期进行眼睛检查。

### （三）紫外辐射

紫外辐射（ultraviolet radiation），又称紫外线，是波长范围在 100~400nm 的电磁波。与红外辐射相似，紫外辐射对机体的影响也主要是皮肤和眼睛。长期暴露于紫外辐射下，作业工人可出现皮肤红斑反应、色素沉着、光敏性皮炎，甚至发生皮肤癌，眼部损伤主要表现为"电光性眼炎"，是一种常见的职业病，发生于电焊、气焊、氧焰切割、电弧炼钢，以及使用弧光、水银灯、紫外灯的作用，其中以电焊工最为多见。

对紫外线辐射的防护是屏蔽和增大与辐射源的距离，应采用自动或半自动焊接；佩戴专用的防护用品。电焊工操作时应使用移动屏幕围住作业区，以免其他工种的人员受到紫外线照射。电焊工及其助手必须配戴专用的防护面罩或眼镜及适宜的防护手套，不得有裸露的皮肤。电焊时产生的有害气体和烟尘，应采用局部排风措施加以排除。此外，要严格遵守操作规程。

### （四）激光

激光（light amplification by stimulated emission of radiation，LASER）是一种人造的、特殊类型的非电离辐射，是物质受激辐射所发出的光放大，已广泛应用于工业、农业、国防、医疗和科学研究中。激光的生物学效应主要表现为热效应、光化学效应、机械压力效应和电磁场效应，对人体的危害主要是眼睛，尤其是视网膜的灼伤最多见，其次是皮肤。

对激光的防护，要从激光器、工作环境及个体防护三个方面着手。激光器必须有安全设施，在光束可能泄漏处应设置防光封闭罩。安装激光开启与光束止动的连锁装置，在调试激光器时要切断电源，使电容器放电，以防治脉冲激光器偶然输出激光伤人。工作室围护结构应使用吸光材料，色调宜暗，工作区采光宜充足，操作室内不得有反射、折射光束的设备、用具和物件。所有参加激光作业的人员，必须先接受激光危害及安全防护的教育。作业场所制订安全操作规程和安全制度，确定操作区和危险带，设置醒目警告牌，无关人员严禁入内。加强作业人员个人防护，不能裸眼看激光束，工作时需穿戴防护服和防护眼镜，且就业前健康检查发现有眼疾者不能参加激光工作，就业后定期进行健康体检，特别是眼睛。我国《作业场所激光辐射卫生标准》（GB 10435-1989）中规定了眼直视和皮肤照射激光的最大容许照射量。

## 二、作业场所电离辐射的控制与防护

凡能引起物质电离的各种辐射称为电离辐射。能直接或间接产生电离辐射的物质或装置称为电离辐射源，如各种天然放射性核素、人工放射性核素和 X 线机等。随着原子能事业的发展，核工业、核设施也迅速发展，放射性核素和射线装置在工业、农业、医药卫生和科学研究中的广泛应用，接触电离辐射的人员也日益增多。电离辐射可来自于自然界，也可来自各种人工辐射源，接触电离辐射的机会主要有：核工业系统的原料勘探、开采、冶炼与精加工，核燃料及反应堆的生产、使用及研究等；农业部门的照射培育新品种、蔬菜水果保鲜和粮食贮存等；医疗部门的 X 射线诊断与治疗、放射性核素诊断与治疗等；工业部门的各种加速器、射线发生器及电子显微镜、电子速焊机、彩电显像管、高压电子管等。与职业卫生有关的辐射类型主要有五种，分别是 X 射线、γ 射线、α 粒子、β 粒子和中子（$n$）。其中，X 射线、γ 射线是不带电波长短的电磁波，因此，统称为光子，具有波的特性和穿透能力极强，要特别注意外照射的防护。α 粒子、β 粒子和中子（n）均属于粒子型电离辐射，α 粒子有很强的电离本领，对人体内组织破坏能力较大，不过其穿透能力差，在空气中的射程只有几厘米，只要一张纸或健康的皮肤就能挡住。β 粒子也是一种高速带电粒子，其电离本领比 α 粒子小得多，但穿透本领比 α 粒子大。

电离辐射以外照射（external exposure）和内照射（internal exposure）两种方式作用于人体。外照射只要脱离或远离辐射源，辐射作用即停止。内照射时由于放射性核素经呼吸道、消化道、皮肤或注射途径进行人体后，对机体产生作用，其作用直至放射性核素排出体外或经 10 个半衰期以上的蜕变，才可忽略不计。任何辐射都会带来一定程度的危害，但鉴于从辐射中所得到的利益，有时不得不接受一定剂量辐照的危险。放射防护的目标是防止电离辐射对健康危害的确定性效应，并将随机性效应限制到可以接受水平。作为国际上负责放射性使用防护与安全的专门委员会——国际放射防护委员会（International Commission on Radiological Protection，ICRP）提出了"辐射实践的正当性、辐射防护的最优化和个人剂量限值" 3 项辐射防护的基本原则。这 3 项基本原则是相互关联的，辐射实践的正当性是其防护最优化过程的前提，个人剂量限值是其最优化的约束条件，因而构成了一套完整的辐射防护体系，并为各国际组织和多数国家所采纳。我国现行的放射防护标准是 2002 年制定的《电离辐射防护与辐射源安全基本标准》（GB 18871-2002），该标准规定了电离辐射防护和辐射源安全的基本要求，主要包括行为准则和剂量限值两部分。

## （一）外照射防护

外照射防护的目的在于控制辐射对人体的照射，使之保持合理达到的最低水平，保障个人所受的剂量不超过规定的标准。一般来说，涉及外照射防护的电离辐射主要包括 X 射线、γ 射线、β 粒子及中子，其防护包括屏蔽防护、距离防护和时间防护 3 种措施。

**1. 屏蔽防护** 为了达到有效的防护目的，应根据辐射源的类型、活度和用途，在人体与放射源之间合理设置防护屏蔽，使射线逐步衰减和被吸收。屏蔽 X 射线和 γ 射线常用铅、钨等重元素物质做屏蔽材料，墙壁可采用钢筋混凝土。β 射线常用有机玻璃、铅和塑料等低原子序数物资做屏蔽材料。另外，屏蔽防护时应考虑散射线和漏射线等的防护，妥善处理屏蔽材料孔道、交接处的缝隙。

**2. 距离防护** 远距离操作也是有效减少电离辐射对机体损伤的方式。人体受到照射的剂量率随人体距电离辐射源距离的增大而减少。在实际工作中应避免用手直接接触放射源，应尽量使用远距离操作工具，如钳子、镊子或具有不同功能的长柄器械或机械手，使控制室或控制台与放射源之间有足够的距离，从而达到远距离操作。对于事故情况下操作应尽早远离放射源。

**3. 时间防护** 在剂量不变的情况下，剂量与时间成正比，即操作的时间越短，人员所受的照射剂量就越小。在实际工作中，作业人员应尽可能地减少在电离辐射场所中的逗留时间，避免不必要的逗留。这就要求工作人员操作熟练，一旦进入实际工作状态，能在较短时间内一次完成工作。在某些特殊情况下，如抢修设备和排除故障等，作业人员必须在强射场内持续一段时间工作，此时可采取轮流、替换办法，限制每个人的操作时间使其所受的剂量控制在拟定的限值以下。

对于外照射防护，除上述 3 个基本原则外，还应做好工作人员的防护训练，进行工作环境和个人外照射剂量监测，控制电离辐射源的强度和能量，及时屏蔽或移走生产或工作场所中暂时无用或多余的放射性物质等。在实际工作中，做好放射工作人员健康检查，包括就业前检查、就业后的定期检查、离岗时检查和其后的随访，建立个人健康档案。当作业人员受照射剂量当量接近 0.1 Sv 时，应及时进行医学检查和采取必要的医学处理。

## （二）内照射防护

内照射防护原则是尽一切可能防止放射性核素通过口、呼吸道和皮肤进入人体。并且，尽量减少放射性核素向空气、水体和土壤逸散带来的污染，定期进行污染检查和监测，将放射性核素的年摄入量控制在国家规定的限值以内。内照射防护包括围封隔离、除污保洁和个人防护等。

**1. 围封隔离** 对于开放型放射工作场所必须采取严密而有效的围封隔离措施，开放源的周围设立一系列屏障，限制可能被污染的物质向周围环境扩散；放射性工作必须限制在指定的区域进行，防止由于人员或物体的移动而将污染的放射性物质带到相邻场所。

**2. 保洁去污** 严格遵守操作规定，防止或减少污染的发生。保持工作场所的清洁卫生，对受污染的表面应及时去污。对短半衰期的放射性核素污染，封固其表面，做好标记（时间、种类等），让其自然衰变。操作挥发性的放射性核素，应在通风橱内进行。房间应合理通风，有条件者应从房间顶部排风口抽出空气并设安装空气净化装置，工作场所风向应从低活性工作室向高活性工作室方向流动。

**3. 个人防护** 操作开放型放射性核素的人员，应根据工作性质正确穿戴相应的防护具，如工作服、工作帽、靴鞋、手套和口罩，必要时可穿戴隔绝式或活性炭过滤面具或特殊防护口罩。限制暴露于污染环境中的时间。对放射性从业人员进行健康检查和健康教育，遵守个人卫生规定，不得在开放型放射性工作场所或污染区进食或吸烟等。

对于内照射防护，除了上述 3 种防护措施外，还应建立严格的内照射监测系统，对放射性工作人员体表及工作场所和周围环境中的空气和水源进行常规监测。个人应佩戴剂量仪，工作场所和排风口设置空气剂量仪。经常记录个人和场所监测档案。此外，为防治放射性核素向空气、土壤和水体的逸散，应加强放射性废物的安全管理，对放射性废物的处理、贮存、处置活动要遵守我国 2011 年发布的《放射性废物安全管理条例》，不得随意排放。

（牛玉业　郭彩霞）

## 思 考 题

1. 作业场所职业危害的控制方法大体分几类？
2. 作业场所密闭通风的任务是什么？主要分类有哪些？
3. 粉尘控制的技术措施有哪些？
4. 噪声控制的主要措施有哪些？
5. 辐射防护的基本原则是什么？

# 第十二章 职业卫生保健与服务

**案例 12-1**

2013年北京市某区采取分层随机抽样方法对2家大型企业、11家中型企业、41家小型企业，共计54家涉苯企业进行职业卫生服务享受情况调查，此次调查的涉苯作业者有1096名，调查内容包括劳动者个人基本情况和职业卫生服务享受情况。调查结果显示：该区苯作业劳动者劳动合同签订率为96.3%；职业病危害合同告知率为66.1%；上岗前职业卫生培训率为87.5%，在岗定期职业卫生培训率为79.1%；工伤保险缴纳率为81.3%，其中本地户籍工（92.1%）高于外地户籍工（76.8%），差异有统计学意义（$P<0.01$）；98.4%的劳动者配备了个人防护用品，配备率最高的是乳胶手套（73.3%），其次是防毒口罩（67.5%），最低的是防护眼镜（32.5%）；调查还发现，有38.6%的劳动者配备纱布口罩；91.33%的劳动者所在车间职业病防护设施能得到定期维护；劳动者上岗前健康检查率为28.5%，在岗期间健康检查率为83.1%。

问题：

该区涉苯行业职业卫生服务过程中存在的主要问题有哪些？

## 第一节 概述

据世界卫生组织（World Health Organization，WHO）资料，世界就业人口约占全球人口的50%以上，就业年龄阶段为20～60岁。职业人群是人类社会最富生命力、创造力和生产力的宝贵资源。因此，职业者的健康直接关系着国家和全球的经济可持续发展，是影响生产力的重要要素。职业人群同时承担着生产劳动、家庭生活、社会活动等多方面的压力和负担，他们既面临着与一般人群相同的公共卫生问题，又面临着特殊的职业卫生问题。职业人群的健康既取决于工作场所、劳动过程，又取决于社会因素、个人行为生活方式（个人因素）、职业卫生服务等。因此，对劳动者健康的保护和促进，除前面章节提及的通过法律措施、组织措施、技术措施控制和降低作业场所的各种职业病危害因素外，必须对劳动者提供切实可行的职业卫生保健措施和职业卫生服务，为劳动者配备和发放相应的个人防护用品，积极开展职业健康教育和健康促进，科学规范地做好职业健康监护。

### 一、职业卫生服务的概念

早在一百多年前就有人提出"职业卫生服务（occupational health service，OHS）"的概念，但没有明确的定义和目标，其概念随着职业卫生和职业卫生服务的发展而逐渐发展和完善。WHO和国际劳工组织（International Labour Organization，ILO）在推动OHS的发展过程中起了重要作用。1959年WHO和ILO提出了"职业卫生服务是一种在工作场所或其附近提供的全面保护工人健康的服务，内容是预防性的，目的是使工作符合工人健康要求。"1978年9月，WHO发表的《阿拉木图宣言》（Declaration of Alma Ata）明确了推行初级卫生保健是实现"人人享有卫生保健"目标的基本策略和基本途径。初级卫生保健（primary health care，PHC）是最基本的、人人都能得到的、体现社会平等权利的、人民群众和政府都能负担得起的卫生保健服务。初级卫生保健措施是卫生保健最可能接近于人民居住及工作场所的服务形式，其服务对象应涵盖所有职业人群。1985 年 ILO 将 OHS 的定义修改为"基本上预防性服务，要求企事业单位的雇主、职工及其代表，建立和维持能保证工人健康的环境，使工作适合于保持工人体格和精神健康。" 1994 年世界卫生组织合作中心在《北京宣言》中提出"人人享有职业卫生保健"的口号，鼓励各国政府部门制定特殊的职业卫生政策和计划，包括制定适宜的法规，建立相应的组织机构等，保证世界上所有劳动者，不分年龄、性别、民族、职业、就业形式或劳动场所的规模或位置，都应享有职业卫生服务，强调职业卫生服务应覆盖所有的劳动者。指导 OHS 发展的最重要的国际性准则是 1985 年 ILO 通过的有关职业卫生服务的第 161 号公约以及 1996 年 WHO 通过的"人人享有职业卫生"的《职业卫生宣言》。

职业卫生服务（occupational health service，OHS）是以保护和促进职工的安全与健康为目的的全部活动；是以职业人群和工作环境为对象的一种特殊形式的卫生服务；是通过制订职业卫生保健规划，在有适宜的技术和作业者的参与下，使作业者能在工作场所或附近的卫生机构得到满足要求的卫生保健服务；是为达到职业卫生目标而采取的措施和过程。它要求有关的部门、雇主、职工及其代表，创造和维持一个安全与健康的工作环境，使工作适合于职工的生理特点，从而促进职工的身体与心理健康。职业卫生服务不是一个单独的服务系统，而是整个卫生服务体系的重要组成部分，是以职业人群和工作环境为对象的针对性卫生服务，是世界卫生组织"人人享有卫生保健"全人类卫生服务目标在职业人群中的具体体现。它需要与其他的卫生服务整合在一起，促进职业人群的健康和预防职业危害。

## 二、职业卫生服务的发展阶段和体系

目前，世界公认的职业卫生服务发展有四个阶段，每个阶段有不同的策略与服务模式：起步职业卫生服务、基本职业卫生服务、标准职业卫生服务与全面职业卫生服务。前两个阶段的服务模式主要针对小型工作场所、个体劳动者、非正式作坊等。第三和第四个服务阶段为国际标准性服务模式，发达国家、较发达国家和有条件的大型企业通常通过这些服务模式进行职业卫生服务。

**1. 起步职业卫生服务阶段**　该阶段是针对从未受过职业卫生服务的劳动者和工作场所制定职业卫生服务计划和进行职业卫生服务。这种职业卫生服务内容的重点是预防与控制最主要的和最严重的职业危害因素。

**2. 基本职业卫生服务**（basic occupational health service，BOHS）**阶段**　该阶段是贴近工作场所和劳动者服务的阶段，服务的具体内容以工作场所和劳动者的需求而定。

**3. 标准职业卫生服务阶段**　该阶段是各国最低职业卫生服务模式，服务内容为一级预防，也可以包括一些可能的治疗性服务。

**4. 全面职业卫生服务阶段**　该阶段多见于发达国家的大公司，或者由大型职业卫生服务中心提供的职业卫生服务。服务内容涵盖职业卫生涉及的所有方面。

由于经济发展程度、政治经济制度、文化和卫生服务体制的差异，各国甚至同一国家的不同地区和企业之间职业卫生服务模式也会有不同。目前国外主要的职业卫生服务模式有：

**1. 独立职业卫生服务**　这种模式见于大型企业或企业集团，企业有自己的 OHS 机构和足够数量的职业卫生服务人员，能够为企业提供 OHS 的基本内容。不少国家规定了职工人数超过指定数目的企业必须设置自己的 OHS 机构。

**2. 联合职业卫生服务**　一些中小企业根据需要联合建立职业卫生服务中心，或由国家为那些不能独立组织自身服务的企业建立这样的群体服务中心，这些中心由厂方和工人代表组成的团队进行管理，各企业依据职业卫生服务中心为他们提供的服务内容进行付款。

**3. 职业卫生与社会卫生保健结合**　这是利用社会卫生资源提供职业卫生服务的模式，包括 OHS 的各种社会卫生保健机构被组织起来为辖区内的企业提供综合性的卫生服务。将 OHS 与社会一般卫生保健服务结合起来，既保证了在本单位内无法得到 OHS 的作业人员能得到较有效的职业卫生服务，又提高了社会卫生服务机构的使用效率和效益。这种模式又可分为国家卫生服务、社区卫生保健中心服务、社会保险机构服务和私人卫生保健中心服务等形式。

我国的职业卫生服务体系由政府、企业、职业卫生服务机构、劳动者等构成。政府是职业卫生工作的监督管理者，是职业卫生机构的创办者，在职业卫生工作中起主导作用。企业不仅是职业卫生服务的提供者和需求者，更是职业病防治工作的责任者。职业卫生服务机构为职业卫生服务提供者，是由取得职业卫生服务资质的各级职业病防治院、疾病预防控制中心为主体。包括社会医疗卫生机构、健康教育所及企业内设的职业病防治机构、乡镇和社区服务中心等。我国公共卫生服务机构分为国家级、省级、市级和县级四级疾病预防控制机构，承担职业卫生技术服务，乡镇级初级卫生保健机构承担 BOHS，各级 OHS 机构任务互相衔接，互相补充，职能明确，形成较为完整的 OHS 体系。目前，初级卫生保健在我国多称为社区卫生服务，二者的服务内容和职能相一致，社区卫生服务的优势有：可及性高，基本上可覆盖包括流动劳动力人口的所有人群，体现了卫生服务的公平性；持续性与连续性强，如果将职工纳入社区卫生服务管理人群，就能够连续、动态地监测他们的健康；提供的内容以预防性和基本医疗服务为主；成本低廉，为大部分公民所负担得起。但是社区卫生服务的实施大多是在居民生活的社区，一般并没有覆盖到职工的工作场所；而职业卫生服务的提供，大多关注于具有职业病危害的传统危害因素的防治。随着经济的发展，大量楼宇职业人群和流动劳动者的涌现，中小型企业、乡镇企业的发展，为体系不完善的职业卫生服务带来了新的挑战。因此推行 BOHS 过程中的工作重点是扩大职业卫生服务覆盖面，使最需要得到职业卫生服务的中小型企业、私营企业、流动劳动力等得到基本的职业卫生服务；主要途径是通过把职业卫生服务作为社区卫生服务的重要内容纳入社区卫生服务体系，推动职业卫生服务和社区卫生服务相结合，建立完善的国家、省（区、市）、县和乡镇（社区）四级政府主办的职业卫生服务体系和监督体系。

## 三、职业卫生服务的内容

OHS 的核心是针对性地、有效地解决各种职业活动中的有害因素对作业者造成的健康问题，其内容一般包括：

**1. 评估与规划**　通过收集企业的职业卫生相关资料，对企业职业卫生与安全的现状进行评估，在此基础上决定控制企业职业危害因素的关键点，并针对企业现况制定切实可行的防治规划。主要包括：①分析生产工艺，了解各生产单元、工种或岗位存在的职业危害因素；②收集生产过程中使用的原辅材料及消耗量、中间品、成品、副产品和（或）废弃物；③收集已有作业人员的健康监护资料，进行健康评估；④了解生产工艺的改变，如新设备、新仪器和新装置等，掌握职业危害因素的变化情况；⑤防治能力评估：包括职业危害防护设施、应急救援、个人防护用品的调查和评价等；⑥职业卫生管理情况的评估：包括职业安全卫生人员的数量和能力，职业卫生管理制度的制定，调查和评价的落实；⑦防治规划的制订：根据评估结果，结合企业职业卫生现况，提出职业卫生管理和控制职业病危害因素的建议，形成切实可行的防治规划。

**2. 职业环境监测**　职业环境监测是 OHS 的关键活动之一，监测的主要内容有：①作业场所存在的可能危害劳动者健康的因素：化学因素、物理因素、生物因素；②作业场所职业防护设施及其效果；③可能影响劳动者健康的工作组织情况、职业工效学因素和不良心理因素；④工作场所应急设施和救援设备的配置和维护情况；⑤预防或减少职业暴露的控制系统的运行效果。

**3. 职业健康监护**　健康监护是 OHS 的重要内容。包括：①就业前健康检查、定期健康检查、离岗时健康检查、应急健康检查和离岗后的医学随访；②高危和易感人群的随访观察；③收集、发布、上报和保存作业者健康监护和意外事故的数据；④职业禁忌证和疑似患者的处理、职业病的诊断，治疗和康复服务。

**4. 危害告知、健康教育和健康促进**　职业环境监测结果提供给雇主、雇员及企业安全与健康的相关责任人。用人单位有义务告知工作场所和工作岗位中存在的危害因素，并有责任对作业人员进行职业卫生教育；作业人员有权知晓与自己工作相关的职业危害因素信息。针对作业场所存在的可能造成健康损害的职业危害因素向作业人员进行有关预防、控制职业危害因素、预防职业病和意外事故的健康教育。为了避免职业健康危害造成的健康损害，开展作业场所工作人员的健康促进，调动企业、雇主、工会和员工的积极性，让他们主动参与到预防和控制职业危害因素的健康促进活动中去。

**5. 实施与劳动者健康有关的其他初级卫生保健服务**　在进行 OSH 服务时，应结合其他常规保健、医疗和康复服务，如预防接种、健康教育、健康促进活动干预等。

## 四、基本职业卫生服务

经过多方面努力，全球职业卫生服务工作有了很大进步，但受到服务资源的限制，几十年来，OHS 的覆盖范围并未充分扩展。全世界 30 亿劳动者中，能够得到有效职业卫生服务的不到 20%。OHS 在全世界范围的分布不均，在发达的工业化国家，OHS 覆盖面较广，大多数传统的职业安全及职业有害因素已控制到较低水平，而在发展中国家和正在向工业化过渡的国家，传统的职业危害仍广泛存在，劳动者职业危险因素暴露水平仍然偏高。绝大多数劳动者，特别是非正规经营企业、中小企业、私人企业的劳动者以及农业工人基本上得不到职业卫生服务。为实现"人人享有职业卫生"的目标，WHO 和 ILO 推进公共卫生体系建设，加强初级卫生保健和职业卫生服务的整合，为每一位劳动者提供最基本的职业卫生服务。基本职业卫生服务作为解决未获得职业卫生服务的劳动者职业危险因素暴露的可行途径而被广泛认可。

基本职业卫生服务（basic occupational health service, BOHS）是指政府、企业及职业卫生服务机构为劳动者提供的符合当地需要、适应当地条件、服务提供者和服务对象都承担得起的职业卫生服务。BOHS 应用初级卫生保健的概念，提供保护劳动者健康，提升劳动者工作能力，促进劳动者健康的基本服务，旨在预防职业相关疾病和防止事故的发生。"基础"是指 OHS 活动实施时所达到的最低程度，BOHS 的概念包涵了 OHS 的核心内容和活动，是 OHS 的进一步发展。BOHS 的战略目标是为全世界所有工作场所和每位劳动者提供服务。实施 BOHS 需遵循的基本原则是：因地制宜，结合本地实际情况并整合一定的社会资源，由社会公共卫生机构提供技术指导和支持，争取社会各方面力量的支持和帮助，实现职业卫生服务效益的最大化。BOHS 提供的服务并不是全面的服务，只是最基本和最必要的服务，主要内容包括：①信息资料收集；②职业环境监测；③劳动者健康监护；④健康风险评估；⑤预防控制措施；⑥告知和培训制度；⑦职业病和工作相关疾病的诊断；⑧事故预防和应急救援；⑨常规保健、医疗和康复服务；⑩存档与评估。

2006 年，根据 WHO 提出的 BOHS 原则，我国提出了基本职业卫生服务的任务和内容，原卫生部在全国范围内组织实施了基本职业卫生服务试点，重点扩大职业卫生服务的覆盖面，为广大劳动者特别是广大农民工提供 BOHS，探索和总结适合在我国不同经济发展区域开展职业卫生服务的模式、监督管理模式和保障机制，建立健全我国基本的 OHS 体系和监督管理体系。目前我国职业卫生服务的主要问题和困难有：①覆盖面需扩大。我国东西部地区发展不均衡，投入到职业卫生服务工作中的人力、物力和财力有相当大的差距，我国职业卫生服务的覆盖面仍然较低。②职业卫生服务机构专业技术人员数量不足，专业技术服务能力不足。BOHS 工作的从业人员学历和职称层次偏低，知识结构较陈旧，尤其是社区、区县和基层疾病预防控制机构，此类问题尤其突出。③服务对象责任意识和自我保护意识有待提高。企业法律意识淡漠，只顾及企业利益，不重视职业病危害防护工作。劳动者自我保护意识差，文化程度低，缺乏职业病防治和职业病索赔的法律知识。④资金与设备配备均不足。开展大量基层 BOHS 的监测及检验工作所需的资金和设备与实际资金和设备投入存在相当大的差距。

## 第二节　作业人员个人防护

> **案例 12-2**
>
> 通过对某铝业公司生产工艺流程、工艺设备和原辅材料、作业方式的调查，确认该企业主要的职业病危害因素为粉尘（总尘和呼尘）、噪声、一氧化氮、二氧化氮、一氧化碳、二氧化硫、氟化物、氧化镁烟、碳酸钠、铜烟和高温，接触职业病危害因素的工种主要是炉前岗、行车岗、铸造岗、锯切岗和叉车岗。现场检测结果：所有接触化学毒物的岗位均符合职业接触限值规定；炉前岗、铸造岗、锯切岗、叉车岗、行车岗等岗位 40 小时等效连续 A 声级（LAeq）分别为 86.2、86.6、94.2、90.1、83.1dB。铸造岗调料点滑石粉尘短时间接触浓度为 13.75mg/m³，其余岗位粉尘浓度均不超标。用人单位配备的个人防护用品情况见表 12-1。其中防尘口罩的阻尘效率为 95%，防噪耳塞的安全系数为 0.6，降噪系数为 31。
>
> 表 12-1　某企业防护用品发放情况
>
> | 岗位 | 防护用品名称 | 发放周期及数量 |
> | --- | --- | --- |
> | 炉前岗 | 防尘口罩 | 4个/月 |
> | 行车岗 | 防尘口罩 | 4个/月 |
> | 铸造岗 | 防尘口罩 | 2个/月 |
> | 锯切岗 | 防尘口罩、防噪耳塞 | 防尘口罩2个/月，防噪耳塞1个/月 |
> | 叉车岗 | 防尘口罩 | 防尘口罩2个/月 |
>
> **问题：**
> 1. 评价该企业各岗位个人防护用品发放情况？
> 2. 如何为该企业各岗位配发防噪耳塞？

技术措施是控制职业性有害因素的根本措施，但现有的技术和经济条件，尚不能完全做到从生产工艺和设备上彻底改善劳动条件，完全消除或控制生产环境中的职业危害因素。因此作业人员的个人防护就成为劳动保护的最后一道防线。个人防护属于预防职业性有害因素综合措施中的第一级预防，对劳动者健康和生命安全的保护作用不容忽视。个人防护措施包括佩戴个人防护用品、遵守各项安全操作规程、限制工作时间、注意个人卫生等。其中最重要的是正确选择和使用个人防护用品，特别是高毒作业或有射线危害的作业岗位，在发生生产故障或设备检修时，个人防护用品尤为重要。《中华人民共和国职业病防治法》规定："用人单位必须采用有效的职业病防护设施，并为劳动者提供职业病防护用品。用人单位为劳动者提供的职业病防护用品必须符合职业病防护要求，不符合要求的，不得使用。""生产经营单位必须为从业人员提供符合国家标准或行业标准的劳动防护用品，并监督、指导从业人员按照使用规则佩戴、使用。""从业人员在作业过程中，应当严格遵守本单位的安全生产规章制度和操作规程，服从管理，正确佩戴和使用劳动防护用品。"以上规定为规范使用劳动防护用品提供了法律依据。

个人防护用品（personal protective equipment, PPE）是从业人员为防御物理、化学、生物等外界因素伤害所穿戴、配备和使用的各种防护用品的总称。个人防护用品的主要作用是使用一定的屏蔽体和过滤体，采取封闭、阻隔和吸收等手段，避免劳动者受到职业危害因素的侵害。个人防护用品还可避免作业人员将工作环境中的污染物带回家，避免作业环境之外的其他人员受到侵害。个人防护用品作为预防职业有害因素的最后一道防线，是保证安全生产、应对突发公共卫生事件、维护职工和人民群众安全与健康、实现经济社会可持续发展的物质保障。

个人防护用品的设计和制作应严格遵守以下四项原则：①符合国家或地方规定的技术（产品）标准，选用优质的原材料制作，保证质量，经济耐用；②不应对佩戴者产生任何损害作用，包括长期损害效应；③穿戴舒适，便于操作，不影响工作效率；④在满足防护功能的前提下，尽量美观大方。

个人防护用品有很多种类及分类方法，按照用途可分为安全防护用品和职业卫生专用防护用品两大类。安全防护用品主要是为了防止工伤事故，如防坠落、防冲击、防电、防机械外伤、防油、防水用品及涉水作业和高空作业用品等。职业卫生专用防护用品主要用于职业病的预防，如防尘、防毒、防酸、防碱、防高温、防寒、防噪声、防放射、防辐射用品等。但这种分类是相对的，多数防护用品同时具有上述两种功能。按照个人防护用品所防护的人体器官或部位，可分为以下几类：

# 一、头部防护类

头部防护类用品用于防护生产过程中的头部伤害因素，如物体打击伤害、高处坠落伤害、机械性损伤、污染毛发等，包括防御物体对头部造成冲击、刺穿、挤压等伤害的安全帽，防御头部脏污、擦伤、长发被绞碾的工作帽，防御头部或面部冻伤的防寒帽，防止头部遭受猛烈撞击，供高速车辆驾驶者佩戴的防冲击安全头盔等。其中使用最多的为安全帽，根据材质不同有塑料安全帽、橡胶矿工安全帽、玻璃钢安全帽、防寒安全帽、竹编安全帽等。根据用途将防护头盔分为单纯式和组合式两类。单纯式头盔主要用于头部安全防护，用于防重物坠落砸伤，如一般建筑工人，煤矿工人佩戴的帽盔。组合式头盔主要有：①矿用安全防尘头盔（图12-1），由滤尘帽盔、口鼻罩及附件组成，帽盔前端设有进气孔，帽盔内设有高效过滤装置，当吸气时，含尘空气经进气孔进入，经过滤层的过滤，净化后的空气经出气孔橡胶导气管、口鼻罩进入呼吸道，呼出气则由呼气阀排出，口鼻罩按一般人面型设计，与面部接合严密。②电焊工安全防护帽，将电焊工用面罩和防护帽连为一体，同时起到保护头部和眼睛的作用（图12-2）。③防噪声头盔帽，在安全头盔的基础上加上防噪声耳罩（图12-3）。

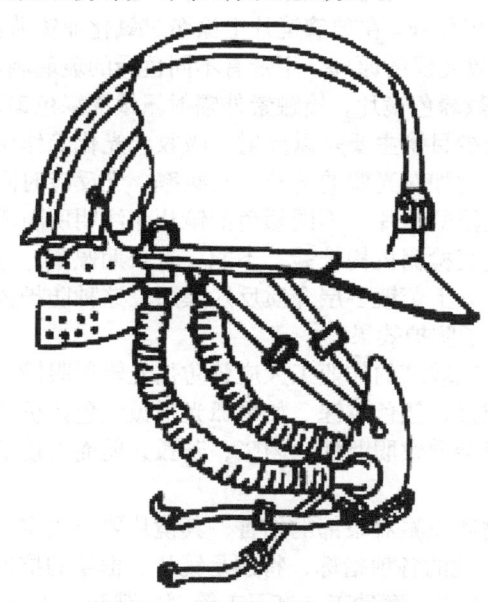

图12-1 矿用安全防尘头盔

图12-2 电焊工头盔

图 12-3 防噪声头盔

在劳动过程中，应根据不同的防护目的选择合格和适宜的安全帽品种。在选择和使用安全帽时应注意以下几个问题：①佩戴安全帽前应将帽后调整带按个人头型调整到合适的位置，然后将帽内弹性带系牢。缓冲衬垫的松紧由带子调节，人的头顶和帽子内顶部的空间垂直距离一般在 25～50mm 之间，不要小于 32mm 为好，保证当遭受到冲击时帽体有足够的空间可供缓冲，也有利于平时头和帽体间的通风；②禁止把安全帽歪戴，把帽檐戴在脑后方；③安全帽的下颌带必须扣在颌下，并系牢，松紧要适度；④安全帽要定期检查，检查有无龟裂、下凹、裂痕或磨损等情况，发现异常应立即更换，不能继续使用；⑤维修、操作人员在现场作业中，不得将安全帽脱下，搁置一旁，或当坐垫使用；⑥平时使用安全帽时应保持整洁，不能接触火源，不要任意涂刷油漆，不准当凳子坐，防止丢失。无安全帽一律不准进入工作现场；⑦应注意在有效期内使用安全帽，超过有效期的安全帽应报废，停止使用。

## 二、眼、面部防护类

眼和面部防护用品主要用于保护作业人员的眼、面部，防止生产过程中的异物（沙粒、金属碎屑、烟尘等）、酸碱溶液、电磁辐射（紫外线、红外线、激光、微波和电离辐射等）的伤害，主要产品有焊接护目镜和面具、炉窑护目镜和面具、防冲击眼护具、防微波眼镜、防 X 射线眼镜、防化学（酸碱）眼罩、防尘眼镜等。

**1. 防护眼镜**　防护眼镜一般用来防御有害辐射线的危害，见于各种焊接、切割、炉前工、放射、微波、激光等工作（图 12-4）。

（1）防辐射护目镜：防辐射护目镜是利用吸光、反光等作用原理降低或消除各种电离辐射和非电离辐射对人眼的危害。根据作用原理将防护镜片分为三类：①反射性防护镜片：在玻璃镜片上涂布光亮的铬、镍、银等金属薄膜。在一般情况下，可反射较宽范围的辐射（包括红外线、紫外线和微波等），反射率达 95%，适用于多种非电离辐射作业。在玻璃镜片上涂布二氧化亚锡薄膜，反射微波效果良好。②吸收性防护镜片：根据选择吸收光线的原理，用带有不同色泽的玻璃制成，能吸收不同波长的辐射线。例如，接触红外辐射应佩戴绿色镜片，接触紫外辐射佩戴深绿色镜片，加入氧化亚铁的镜片能较全面地吸收辐射线。防激光护目镜主要是以反射、吸收、光化等作用衰减或消除激光对人眼的危害，所以对镜片要求很高，比如对光源的选择、衰减率、光反应时间、光密度、透光效果等，不同波段的激光需要用相应波段的镜片。不同颜色的镜片应注明所防激光的光密度值和波长，不得错用。使用过程中，须定期交检测机构校验，不能一直长期佩戴。③复合性防护镜片：将一种或多种染料加到基体中，再在其上蒸镀多层介质反射膜层，这种防护镜将上述两种防护镜的优点结合在一起，一定程度上加强了防护效果。

（2）防弧光辐射眼镜：从事电焊、气焊、炼钢、吹玻璃的作业工人应戴防弧光辐射眼镜。应根据作业时弧光的强弱选择镜片颜色的深浅，弧光越强、颜色越深。如果弧光强戴浅色防护镜，则部分红外线会透过镜片刺激和损伤眼睛，长期暴露会导致职业性白内障；若弧光弱而长期戴深色安全防护眼镜，则会使视力大幅度下降。

（3）防冲击护目镜：防御铁屑、灰砂、碎石等物体飞溅对眼部的伤害，其镜片要求用耐冲击高强度的 CR-39 光学塑料或强化玻璃片。防冲击护目镜的各项指标，特别是镜片、框架的抗冲击性能及强度应符合 GB580《防冲击眼护具》的要求。车工、磨砂工、打石工等都应戴防冲击眼镜。

**2. 防护面罩** 见图 12-5，按防护功能可分为：

（1）防化学溶液和固体屑末面罩：用聚碳酸酯塑料或轻质透明塑料制作，罩面两侧及下端分别向两耳和下颚下端朝颈部延伸，使面罩能更全面地包覆面部，以增强防护效果。

（2）防热面罩：常用的为铝箔防热面罩。用镀铬或镀镍的双层金属网制成的面罩具有良好的反射热和隔热作用，并能防微波辐射。

（3）电焊工面罩：面罩用吸收紫外辐射的深绿色玻璃，周边配以厚硬纸纤维制成，质轻、防热，并具有一定电绝缘性。

图 12-4　防护眼镜

图 12-5　头戴式面罩

防护眼镜和面罩使用注意事项主要有：①护目镜的宽窄和大小要适合使用者的脸型；②镜片磨损粗糙，镜架损坏应及时调换；③护目镜不应交叉使用，防止传染眼病；④焊接护目镜的滤光片和保护片应按规定作业需要选用和更换；⑤防止重摔重压，防止坚硬物体摩擦镜片和面罩。

# 三、听力防护类

接触噪声的劳动者，当暴露于 LEX, 8 小时≥85dB 的工作场所时，用人单位必须为劳动者配备适合的护听器，并指导劳动者正确佩戴和使用，预防噪声对听觉器官的损害。听力保护器按结构的不同分为耳塞、耳罩（图 12-6）和帽盔三种。

**1. 耳塞**　防噪声耳塞一般是由硅胶或高弹性聚酯材料等制成的一种栓塞。耳塞插入耳道后与外耳道紧密接触，以隔绝声音进入中耳和内耳（耳鼓），达到隔音的目的，从而降低作业环境中噪声对劳动者健康的影响。耳塞为使用最多的听力防护用品，一般隔声效果可达 20~30dB。耳塞的要求为：佩戴舒适、隔声性能好、易佩戴和取出、不易滑脱、易清洗消毒、不变形、有不同的规格型号等。

**2. 耳罩**　常用塑料制作呈矩形杯碗状覆于双耳，内有泡沫或海绵垫层，两耳罩间用富有弹性的、可调节的头架相连。头架弹性适中，有一定夹力，佩戴者无明显压痛，较舒适，同样要求有良好的隔音性能，隔音效果与耳罩壳体的低限共振率成负相关。暴露在强噪声环境中的工作人员，在不适宜戴耳塞时可选用耳罩作为听力保护器。

**3. 防噪声帽盔**　能覆盖大部分头部，以防止强烈噪声经骨传导到达内耳，帽盔有软式和硬式两种。软式质轻，但不通风，不适宜夏季或高温作业场所佩戴。硬式为塑料制壳，声衰减量高于软式帽盔。

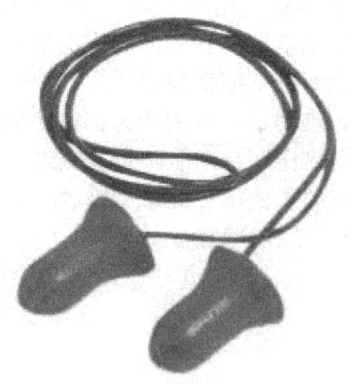

图 12-6 防噪声耳罩和耳塞

工作中应综合考虑作业环境中噪声的性质和声级、各种防噪声用具衰减噪声的性能等因素，选择合适的防噪声用具。选用时应认真按照说明书使用，以期达到最佳的防护效果，同时要注意避免降噪过度。在噪声污染不太严重的工作场所或岗位，也可为劳动者发放防护棉。

## 四、呼吸器官防护类

呼吸防护用品（respiratory protection equipments）是指为了防止生产过程中的粉尘或烟、有毒气体和缺氧空气进入呼吸器官对人体造成伤害的职业安全防护用品。包括防尘、防毒、供氧三类。按其原理分为过滤式（净化式）和隔离式（供气式）呼吸防护器。

### （一）过滤（净化）式呼吸防护器

图 12-7 过滤式防尘口罩

过滤式呼吸器（图 12-7）是指能把吸入的作业环境空气通过净化部件的吸附、吸收、催化或过滤等作用，除去其中有害物质后作为气源的呼吸防护用品。过滤式呼吸防护器的使用受环境的限制，一般用于环境中有毒有害物质能被滤料所滤除，或有害物质浓度不很高，且空气中含氧量不低于 18% 的作业场所。过滤式呼吸防护器分为靠佩戴者呼吸克服阻力的自吸过滤式呼吸防护用品和靠动力（如电动机或手动风机）克服阻力的送风过滤式呼吸防护用品。根据不同滤料将过滤式呼吸防护器分为机械过滤式和化学过滤式两种。

**1. 机械过滤式** 主要为防尘口罩（防颗粒物呼吸器）。防尘口罩可分为简式和复式两种。简式防尘口罩直接将滤料做成口鼻罩，结构简单，防护效果较差，如一般的纱布口罩。国家已明令禁止使用纱布口罩进行职业病防护。复式防尘口罩是将吸气与呼气分为两个通路，分别由两个阀门控制。防护效果取决于阀门的气密性和滤料。阀门的气密性好，可防止含尘空气进入，性能好的滤料能滤掉细尘，且通气性好，阻力小，但使用一段时间后，粉尘阻塞滤料孔隙导致吸气阻力增大，因此需及时更换滤料或将滤料处理后再使用。国际上对防尘口罩的使用要求相当严格。防尘口罩在个人防护用品中属于第一等级，国家标准 GB-2626《自吸过滤式防颗粒物呼吸器》对防尘口罩的材料、结构、外观、性能、过滤效率（阻尘率）、呼吸阻力、检测方法、产品标识和包装等都有严格要求，其中过滤效率是防尘口罩的关键技术之一，表明过滤原件对标准颗粒物的防护能力。防尘口罩过滤效率我国分级标准为 90.0%，95.0%和 99.97%，美国分级标准为 95.0%，99.0%和 100.0%，欧洲分级标准为 80.0%，94.0%和 99.0%（随弃式）或 99.5%（可更换式）。

**2. 化学过滤式** 即防毒口罩或面具。前者又分为口罩或半面罩，主要用于对皮肤和黏膜无刺激的毒物防护，简单的有以浸入药剂的纱布为滤垫的简易防毒口罩。防毒口罩主要由面罩主体和滤毒件两部分组成。面罩起到密封并隔绝外部空气和保护口鼻面部的作用。滤毒件内部滤料的主要填充物为活性炭，由于活性炭里有许多形状和大小不一的孔隙可以吸附粉尘。在孔隙表面浸渍了铜、银、铬金属氧化物等化学药剂用于与吸附的毒气反应使毒气丧失毒性的作用。新型活性炭药剂采用分子级渗涂技术，能使浸渍药品分子级厚度均匀附着到载体活性炭的有效微孔内，使浸渍到活性炭有效微孔内的防毒药剂具有最佳的质量性能比。防毒面罩（口罩）还应达到以下卫生要求：①滤毒性能要好，滤料的种类依毒物的性质、浓度和防护时间而定。我国生产的滤毒罐，不同型号涂有不同颜色，标明适用范围和滤料的有效期。一定要避免使用滤料失效的呼吸防护器，可在滤料内装半导体气敏传感器来进行判断；②面罩和呼吸阀有良好的气密性；③呼吸阻力要小；④不妨碍视野，重量轻，便于操作。

**3. 防尘毒口罩** 将以上两种结合在一起，其滤料既能阻挡颗粒物，又能阻挡有毒物质。

### （二）隔绝式（供气式）呼吸防护用品

指能使佩戴者的呼吸器官与作业环境隔绝，靠本身携带的气源或者依靠导气管引入作业环境以外气源的呼吸防护用品。按供气方式分为自带式与外界输入式两类。

**1. 自带式** 由面罩、短导气管、供气调节阀和供气罐连接组成，供气罐应耐压，固定于操作者背部或前胸，其呼吸通路与外界隔绝。有两种供气形式：①罐内装有供吸入的压缩氧气（空气），呼出的二氧化碳经呼吸通路中的滤料（如钠石灰）除去，再循环吸入。如常用的氧气呼吸器，通常适用于石油、化工、冶金、煤炭、矿山、实验室等行业，供专业人士在有毒、有害气体环境中（普通大气压）进行抢险、事故处理、救护或作业时佩戴使用。②罐中装有过氧化物（如过氧化钠、过氧化钾）及小量铜盐作触媒，与呼出的水蒸气及二氧化碳发生化学反应产生氧气，产生的氧气可维持 30 分钟至 2 小时，主要用于密不通风且有害物质浓度极高而又缺氧的工作环境或意外事故。该类呼吸器具有体积小、携带轻便的特点。应急补给装置的产氧供气呼吸器，当发现氧供应量不足时，用手指猛按应急装置按钮，可放出氧气 2～3 分钟供应急使用，便于佩戴者立即脱离现场。如煤矿井下发生事故时，矿工佩戴它可以通过充满有害气体的井巷，迅速离开灾区，故又称自救器。

**2. 输入式** 常用的有两种：①蛇管面具：见图 12-8，由面罩和与之相接的长蛇管组成，蛇管固定于皮腰带上的供气调节阀上，末端与一油水尘屑分离器相接，其后再与输气的压缩空气机或鼓风机相接，冬季需在分离器前加一空气预热器。用于压缩空气时蛇管长度可达 100～200m，用鼓风机时其长度不宜超过 50m，另还可将蛇管末端置于空气清洁处，靠使用者自身吸气动力输入空气，但长度不宜超过 8m。②送气口罩和头盔：送气口罩为一吸入与呼出通道分开的口罩，连一段短蛇管，管尾接于皮带上的供气阀，送气头盔为能罩住头部并伸延至肩部的特殊头罩，小橡皮管一端伸入头盔内供气，另一端固定于皮腰带上的供气阀，送气口罩和头盔所需供呼吸的空气可由安装在附近墙上的空气管路通过小橡皮管输入。如空气呼吸器常在防止吸入对人体有害的毒气、烟雾、悬浮于空气中的有害污染物或缺氧环境中使用。

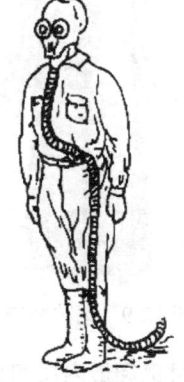

图 12-8 蛇管面具

国家标准 GB/T18664《呼吸防护用品的选择、使用和维护》规定：在没有呼吸防护用品的情况下，任何人都不应暴露在能够或可能危害健康的空气环境中；若需要使用呼吸防护用品预防有害环境的危害，用人单位应在对作业环境中有害因素识别和评估的基础上，选择合适的呼吸防护用品，建立并实施规范的呼吸保护计划，选择国家认可的、符合标准要求的呼吸防护用品。该标准对呼吸防护用品的种类、选择、使用、维护以及呼吸保护计划的制定等都做了明确的规定。

## 五、手（臂）防护类

在生产过程中劳动者的双手是最容易受到伤害的，约占工伤事故的 25%，手（臂）防护用品可防御劳动中物理、化学和生物等外界因素伤害劳动者手部。主要防护用品有防护手（袖）套和膏膜。

**1. 防护手套**　防护手套品种繁多，依防护目的不同分为防寒手套、防化学品手套、防微生物手套、防静电手套、焊接手套、防放射性手套、耐酸碱手套、耐油手套、防昆虫手套、防振手套、防机械手套和绝缘手套等。不同种类手套制作材料不同，如用橡胶、乳胶、塑料制成的耐酸碱手套，聚氨酯甲酸酯塑料浸塑制成的防苯类等有机溶剂的手套，用猪（牛）绒面革制成，配以防火布长袖的电焊工手套等。工作中应根据所接触的有害物质种类和作业情况选用不同类型的手套。

使用防护手套时，必须对工件、设备和作业情况进行分析后，选择适当材料制作的、操作方便的防护手套，方能起到保护作用。但对于精细调节的作业，戴上防护手套不便于操作，尤其对于使用钻床、铣床和传送机旁以及具有夹挤危险部位的操作人员，若使用手套，则有被机械缠住或夹住的危险。所以从事这些作业的人员，严格禁止佩戴防护手套。

**2. 防护油膏**　在戴手套感到妨碍操作的情况下，通常用膏膜防护皮肤污染。如干酪素防护膏对各种溶剂、油漆和染料等有良好的防护作用，聚甲基丙烯酸丁酯制成的胶状膜液涂布于皮肤后形成的防护膜，对酸碱等水溶液有防护作用。防护膏膜不适于发生较强摩擦力的操作。

## 六、防　护　服

防护服（protective clothing）是指为作业者配备的用于防止或减轻热辐射、微波辐射、X 射线以及化学污染物进入人体的职业安全防护用品。根据结构、防护功能分为一般防护服和特种防护服。常见防护服按防护功能分为：防尘服、防毒服、防酸碱服、防静电服、防微波服、放射性防护服、防寒服、高温工作服、带电作业服、防机械外伤服、阻燃耐高温服、防水服、水上救生服及潜水服等。

图 12-9　铝箔防热服

**1. 防热服**　见图 12-9。防热服的基本性能：隔热、阻燃、牢固、透气性好、穿着舒适、便于穿脱。通常分为非调节式和空气调节式两种。

（1）非调节防热服：按材质分为：①阻燃防热服（flame-retardant protective clothing）：用经阻燃剂处理的棉布制成，具有舒适、耐用、隔热、无静电等特点，直接接触火焰或炽热物体后，能使衣物碳化形成隔离层，延缓火焰蔓延，不仅具有隔热作用，而且可预防由于医疗燃烧或暗燃而产生的继发性灾害，适用于有明火、散发火花、熔融金属附近操作或易燃物质等场所工作时穿着。②铝箔防热服：合成纤维表层喷涂铝金属膜的铝箔织物制成，质地柔软、重量轻，能反射大部分的热辐射而起到隔热作用，但透气性差。③白帆布防热服：质地较厚，经济耐用，但防热辐射效果不及前两种。④新型热防护服：由新型高技术耐热纤维如 Nomex、PBI、P84 等，以及经阻火处理后的棉和混纺纤维制成。以新型的消防灭火防护服为例，灭火防护服主要由外层、衬里和最内层组成，通常衬里和最内层缝合而成内层。外层面料由 PBImatrix 制成，成分包括 40% 内在抗火耐热的聚异丁烯纤维及 60% 的高强度聚酰胺纤维及丝线，具有极高的阻燃性且不受多次洗涤的影响。衬里采用 GORE-TEX Airlock 布料制成，一边粘合复合聚四氟乙烯薄膜，另一边粘合发泡硅酮衬垫。最内层一般采用高倍数纯棉布，使穿着者更为舒适。

（2）空气调节式防热服：可分为通风服和制冷服两种。①通风服：将冷却空气经空压机压入防热服内，吸收热量后再经排气阀排出。这种通风服需要很长的通风管，只适合固定的作业。另一种装有微型风扇的通风服，直接向服装夹层送风，增加其透气性而起到隔热作用。②制冷服：可分为液体制冷服、干冰降温服和冷冻服，基本原理相同，不同处是防热服内分别装有低温无毒盐溶液、干冰、冰块的袋子或容器。装有冰袋的冷冻服最为实用，且用后的冷冻服可在制冷环境中重新结冰备用。

**2. 化学防护服**　在任何可能存在有毒化学物质的情况下必须使用化学防护服，如化学物质的生产、有毒废气物的处理和清洁、农业杀虫剂的使用等。化学防护服通常有两类：一类主要用于防止化学物经皮肤吸收的防护服，其材料是用涂有对化学物不渗透或渗透率小的聚合物的化学纤维和天然纤维织物制成，如农药喷洒人员穿戴的防护服。另一类是由丙纶、涤纶或氯纶等织物制成的防酸碱服。化学防护服根据防护程度分为四级：A级为气体密闭型防护服，自带呼吸装置、手套内套有一层防化手套、防化靴等，可以防护来自固、液、气态毒物的威胁，对呼吸系统、眼睛、皮肤和黏膜可提供最高等级的防护；B级对呼吸系统的防护可达到A级，对皮肤和眼睛的防护低于A级，用于防有毒化学品的喷溅，不能防有毒化学物品的蒸气和气体；C级对皮肤的防护等级与B级相同，但对呼吸系统的防护比B级低，用于化学品喷溅防护，不能防有毒化学物品的蒸气和气体；D级只能提供最低的皮肤保护，不能保护呼吸系统。

**3. 辐射防护服**

（1）微波屏蔽服：有金属丝布微波屏蔽服和镀金属布微波屏蔽服两种。金属丝布微波屏蔽服是用直径0.05mm的柞蚕丝铜丝拼捻而制成，具有反射屏蔽作用。镀金属布微波屏蔽服以化学镀铜（镍）导电布为屏蔽层，衣服外层为有一定介电绝缘性能的涤棉布，内衬为真丝薄绸，这种屏蔽服的镀层不易脱落、耐洗涤、重量轻、穿着柔软舒适，是目前较新、防护效果较好的一种微波屏蔽服。

（2）射线防护服：以特殊的共聚物涂层涂在织物上用于射线的防护。如将CEP/EVA/PVDC/EVA共聚物涂在涤纶材料的两面，制成防氚防护服。聚乙烯涂层高密度聚乙烯合成纸（Tyvek）用在核工厂、电子设备或高压电线以及X线的环境中。

**4. 防尘服**　防尘服需具有良好透气性和防尘性，通常用透气（湿）性织物或材料制成，能防止静电积聚。为防粉尘进入，用双层扣，即扣外再缝上盖布加扣，袖口、裤口均须扎紧。

**5. 医用防护服**　又称为微生物/细菌防护服，见图12-10。主要用于防止细菌/病毒向医务人员传播。医用防护服的面料为复合共聚物涂层的机织物和非织造织物，经过抗菌助剂的后整理，如纯涤纶织物经抗菌防臭处理剂JAM-YI进行处理，面织物采用抗菌剂XL-2000处理具有明显的抗菌、消炎、防臭、防霉、止痒、收敛作用，经检验对金黄色葡萄球菌、铜绿假单胞菌、大肠杆菌、白色连珠菌的初始抑菌率大于50%，洗涤50次后抑菌率仍大于90%。

**6. 全封闭式防护服**　全封闭式防护服具有抗化学品渗透、阻燃、抗汽油、耐老化、抗渗水、耐寒等性能，可与空气呼吸器及氧气呼吸器配套使用，防酸碱及各种毒气。

图12-10　医用化学防护服

## 七、足防护类

防护鞋（靴）（protective shoes）的主要作用是防止劳动过程中足部、小腿部受各种因素的伤害，主要有以下品种。

**1. 防静电鞋和导电鞋** 防静电鞋和导电鞋具有能消除人体静电聚集的作用,用于可能引起事故的场所。导电鞋不能用于有电击的危险场所,防静电鞋可防止250V以下电源设备的电击,但禁止当绝缘鞋用。穿用防静电鞋和导电鞋时,不应同时穿绝缘的毛料厚袜及绝缘鞋垫。防静电鞋应同时与防静电服配套使用。

**2. 绝缘鞋(靴)** 主要用于电气工作作业人员的防护,防止在一定电压范围内的触电事故。低压绝缘鞋禁止在高压电气设备上作为安全辅助用具使用,高压绝缘鞋(靴)可以作为高压和低压电气设备上辅助安全用具使用。但不论是穿低压或高压绝缘鞋(靴),均不得直接用手接触电气设备。

**3. 防砸鞋** 指在不同工作场合穿用的具有保护脚部及腿部免受可预见性伤害的鞋,鞋的前包头有抗冲击材料,常用薄钢板。

**4. 防酸碱鞋(靴)** 用于地面有酸碱及其他腐蚀液,或有酸碱液飞溅的作业场所,如电镀工、酸洗工、电解工、配液工、化工操作工等。防酸碱鞋(靴)的底和面料应有良好的耐酸碱性能和抗渗透性能。

**5. 炼钢鞋** 主要功能是防烧烫、刺割,应能承受一定静压力和耐高温、不易燃。炼钢鞋适用于冶炼、炉前、铸铁等作业。

**6. 雷电防护鞋** 雷电防护鞋是根据被保护物电阻愈大,雷击概率就愈小,电阻愈小,雷击概率愈大的原理设计,以具有高电阻性能的纳米橡胶为鞋底,以绝缘漆布为鞋帮达到防护雷电的效果。常用于野外施工人员。

## 八、多功能防护用品

对于全身暴露于有害因素的职业,尤其是暴露于放射性物质的职业,如介入手术医生,应佩戴由铅胶板制作的能防护全身的多功能防护用品。由于工作的特殊性,防护用品不仅要有可靠的防护效果,还要轻便、舒适、方便操作,这种防护用品由防护帽、防护颈套、防护眼镜、分体防护服或全身整体防护服组成。对于晶状体、甲状腺、性腺、女性乳腺等敏感部位,铅胶板厚度应适当增加。

---

**案例 12-2 解析**

该用人单位按国家相关规定制订了个人职业病危害防护用品发放制度,为不同岗位作业人员配备了相应的个人防护用品。为接触粉尘岗位的作业人员发放的防尘口罩阻尘率为95%,正确佩戴后能达到很好的防护效果。锯切岗配发的防噪耳塞正确佩戴后,能降噪18.6dB,该岗位佩戴后的噪声强度为76.1 dB,符合国家职业接触限值的规定。但该企业配发的防护用品不齐,应为炉前岗、锯切岗和铸造岗配备有机玻璃面罩,炉前岗、叉车岗和铸造岗配备相应的防噪防护用品,防噪防护用品配备建议如下。

**表 12-2 各工作岗位防噪用品建议表**

| 岗位 | 8小时等效A声级(dB) | 防护用品参数 | 佩戴后噪声强度(dB) |
| --- | --- | --- | --- |
| 炉前岗 | 86.2 | 防护棉,降噪5~10dB | 76.2~81.2dB |
| 铸造岗 | 86.6 | 防护棉,降噪5~10dB | 76.6~81.6dB |
| 行车 | 83.1 | 防护棉,降噪5~10dB | 73.1~78.1 |
| 叉车岗 | 90.1 | 3M1270型,SNR25 | 75.1 |
| 锯切岗 | 94.7 | 3M1110型,SNR31 | 76.1 |

## 第三节 职业健康促进

1986年,WHO在第一届健康促进大会上通过的著名的《渥太华宪章》,确定了国际健康促进运动的5个活动领域,即制定支持健康的公共政策、营造支持性环境、强化社区行动、提高个人参与水平、调整卫生服务方向。这五个战略领域成为以后历次国际健康促进大会强调的政策要点,同时也被各国政府作为制定健康促进政策、推动健康促进运动的核心内容。1994年世界卫生组织合作中心在《北京宣言》中提出了"人人享有职业卫生保健"的全球策略。1996年世界卫生大会通过的《人人享有职业卫生保健》的全球战略建议书,该战略建议书推荐的10个优先行动领域之一:利用工作场所去改变工人的健康工作和生活方式。《2005年全球健康促进曼谷宪章》、《2006年斯特雷萨工人健康宣言》、《2006年职业安全卫生促进框架公约》(ILO第187号公约)表明全世界在这一方向达成了共识,并为此目标而努力。2007年WHO世界卫生大会通过了《工人健康:全球行动计划》,"全球行动计划"确立了5个目标:①制定和实施有关健康的政策文件;②保护和促进工作场所健康;③促进职业卫生服务并提高其可及性;④为行动与实践提供和交流所需的证据;将工人健康融入其他政策。WHO在"2008~2017年工人健康全球行动计划草案"中强调:劳动者健康是生产力和经济发展的基本前提,制定关于工人健康的政策文件,保护和促进工作场所健康;确定基本干预措施,通过预防和控制工作环境中的机械、物理、化学、生物和社会心理危害,来改善工作场所健康风险评估和管理。2010年WHO发布了工作场所健康促进框架和模式(图12-11),该模式包含的四个影响途径和八个过程基本上涵盖了职业健康促进的全部内容。

在欧美国家,WHP(work place health promotion,WHP)运动兴起于20世纪70年代。美国是开展WHP活动的典范,从20世纪70年代开展WHP活动至今,80%以上的工作场所已经实施了健康促进计划,期间还制订了相应的法律法规来促进WHP活动的开展。欧洲改善生活条件和工作条件基金会于1989年至1997年组织了欧盟乃至全球最大规模的WHP科研项目。在此期间,欧盟许多国家建立了WHP法律制度并取得一定的效果。目前,WHP在许多国家和地区受到重视,并不断发展,在工作场所开展了相应的健康促进项目。美国、欧盟、瑞士、英国、加拿大、新加坡、中国香港和中国台湾等地区已开发了一系列WHP工具,包括指南性文件、免费健康教育资源、质量标准、评估手册等,这些对WHP活动的全球推广意义重大。通过WHP工具和资源的提供,辅以知识和能力的培养,提高企业和员工自主开展WHP的能力,指导制定WHP计划、实施并评价效果。

我国在20世纪80年代开始实施工作场所健康教育与健康促进,并逐步得到了政府的高度重视和公共卫生机构、企业单位的积极参与。2001年,卫生部卫生法与监督司印发了《工矿企业健康促进工作试点实施方案》,该方案规定了WHP的工作目的、目标和指标、组织措施、技术保障和政策支持,工作步骤方案和方法,以及评价内容和方法等。《全国健康教育与健康促进工作规划纲要(2005—2010年)》中要求:"积极推进以"安全-健康-环境"为中心的"工矿企业健康促进工程",倡导有益健康的生产、生活方式,减少和控制职业伤害、职业病及职业相关疾病的发生。《国家职业病防治规划》(2009—2015)提出"加强培训和宣传教育、强化对存在职业病危害的用人单位主要负责人、管理人员和劳动者的培训,积极推进作业场所健康促进。"多年来我国在世界卫生组织和世界银行的支持下,开展了企业健康促进试点工作,总结和探索出一些工作场所健康促进和企业职业卫生工作的新模式,取得了初步进展。2007年开始,在我国9个省(市)8个行业的23家企业中开展了"健康促进企业"试点工作,对每家企业进行了基线调查、需求评估、优先计划的识别、年度计划和近期规划的制订，按照每个企业的优先计划及需求进行了干预和阶段性综合评估。通过健康促进试点工作，在试点企业中建立了现代企业职业卫生的管理体系，形成了较完善的支持性环境，改善了危害健康的行为方式，实现了健康自我管理，提升了企业形象，丰富了企业文化，提高了劳动生产率和经济效益，形成了健康、清洁、安全的工作场所。

# 一、职业健康促进的概念

1986年在加拿大渥太华召开的第一届国际健康促进大会上通过的《渥太华宪章》中关于健康促进（health promotion）的定义为：健康促进是指促使人们提高、维护和改善他们自身健康的过程，是协调人类与他们环境之间的战略，规定个人与社会对健康各自所负的责任。其核心是行为和环境的双重矫正。2005年第六届全球健康促进大会通过的"健康促进曼谷宪章"进一步强调了"渥太华宪章"中健康促进的涵义：健康促进以基本人权为基础，倡导在没有任何歧视的条件下享有最高可获得的健康标准是每个人的基本权利。美国健康教育家Lawrence W.Green指出："健康促进是指一切能促使行为和生活环境向有益于健康改变的教育与环境支持的综合体。"其中教育是指健康教育。健康教育（health education）是通过信息传播和行为干预，帮助个人和群体掌握卫生保健知识，树立健康观念，自愿采纳有利于健康行为、生活方式的系统的社会活动。健康促进是健康教育的发展和高级形式，健康教育是健康促进的重要内容和方法，是实现健康促进目标的一个重要手段。健康促进的目的是通过采取包括健康教育在内的一系列措施和行动，促进人们行为改变和社会环境改变，以达到改变人群不健康的行为，创造良好的社会与自然环境。

自20世纪80、90年代起，健康促进的概念、观点逐渐被人们所接受，并在不同的场所付诸实施。开展健康促进项目的主要场所是职业场所、学校、医院和社区，其重点人群是职业人群。工作场所越来越多地被用来作为开展健康促进和预防保健活动的场所，开展职业健康促进活动，创建健康工作场所不仅可预防职业伤害，而且能评估和改善人们的整体健康状况。健康工作场所（health work place）：是指由工人和管理者共同采取的为保护和促进所有工人健康、安全和福祉的持续改进过程以及可持续的工作场所。基于已识别的需求，考虑以下方面：实体工作环境中的健康和安全；社会心理工作环境中的健康、安全和福祉，包括工作组织和工作场所文化；工作场所中的个人健康资源；通过参与社区活动，促进工人、家庭及其他社区成员的健康。

职业健康促进（occupational health promotion）或称工作场所健康促进（work place health promotion，WHP）是指从企业管理的各项政策、支持性环境、职工参与、健康教育以及卫生服务等方面，采取整合性干预措施，以期改善作业条件、改变不健康生活方式、控制职业病危害因素、降低病伤及缺勤率，从而达到促进职工健康、提高职工生命质量、推动社会和经济持续发展的目标。工作场所健康促进工作是在职业健康教育的基础上，动员政府、企业及社会有关方面共同参与，保护和促进职工身心健康，提高健康水平和劳动生产率，进一步推动企业与国民经济持续发展所采取的综合干预措施。积极采取健康促进手段是推动WHO提出的"人人享有职业卫生保健"的一项重要战略措施。

视窗 12-1

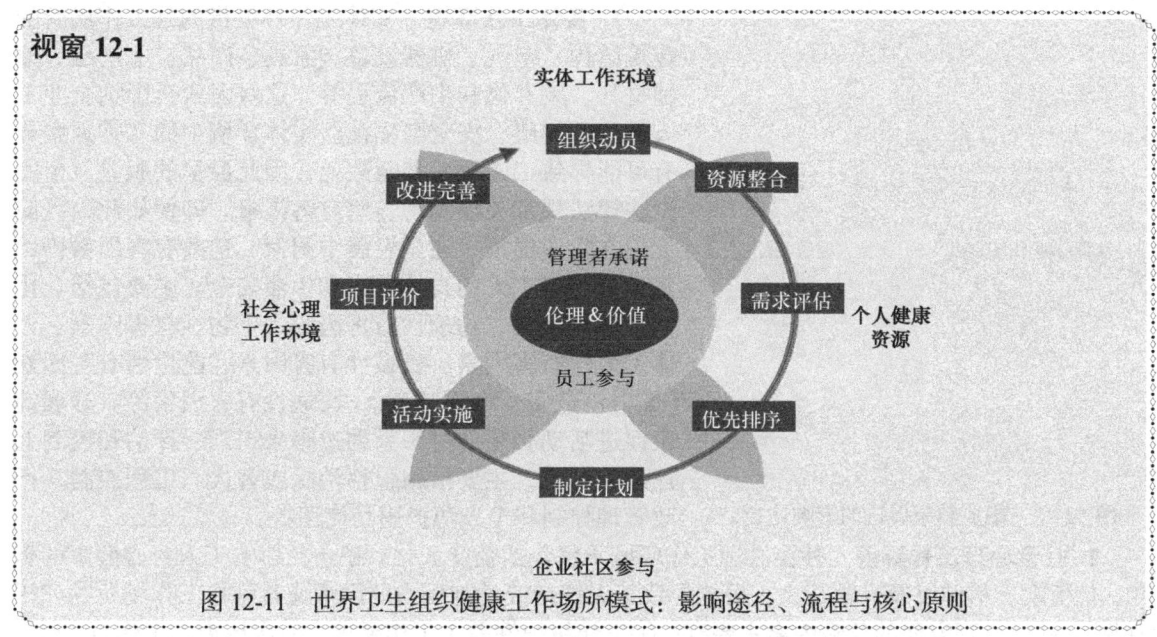

图 12-11 世界卫生组织健康工作场所模式：影响途径、流程与核心原则

## 二、职业健康促进的内容

健康促进的具体内容应该建立在需求评估的基础上，即充分评估职工和管理层的真正需求，评估作业场所现况、环境因素、管理因素，决定优先内容和管理者以及员工的实际需求，实事求是地制定健康促进计划。全面的职业健康促进内容主要包括：职业卫生与安全、政策与服务、行为与生活方式、健康管理四个方面。表 12-3 列出了各种类型中的一些具体内容。WHO 关于健康工作场所的影响途径的 4 个领域基本上涵盖了上述内容（图 12-12）。以下为 4 个领域的具体内容。

表 12-3 职业健康促进的内容

| 类别 | 内容 |
| --- | --- |
| 职业危害与安全 | 生产环境中的有害因素（包括化学性、物理性、生物性因素） |
|  | 职业紧张（生理紧张、心理紧张） |
|  | 职业安全 |
| 行为与生活方式 | 工作场所控烟 |
|  | 预防酗酒及药物滥用 |
|  | 运动与健身 |
|  | 合理营养 |
|  | 体重控制 |
| 政策与服务 | 职业卫生法规、卫生标准、管理制度 |
|  | 健康政策 |
|  | 卫生服务利用 |
| 健康管理 | 健康危险因素评价 |
|  | 健康体检 |
|  | 自我保健 |
|  | 心理健康咨询 |
|  | 其他疾病（心血管系统疾病、糖尿病、艾滋病等） |

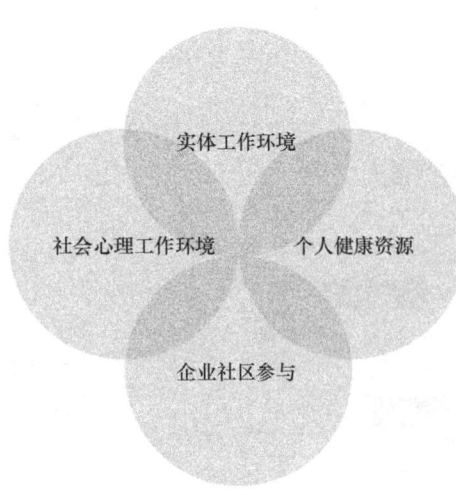

图 12-12 职业健康促进的影响途径

**1. 实体工作环境** 实体工作环境指的是工作场所的建筑结构、空气、机器设备、家具、产品、中间品、原辅材料、废弃物和生产流程等。这些因素会影响企业工人的身心健康、安全与福祉。实体环境中的有害因素最有可能导致工人致残甚至致死，因此最早的职业卫生安全法律法规都关注到了这些有害因素。即便如此，目前无论在发达国家，还是发展中国家，这些有害因素仍然每天威胁着工人的身体健康和生命安全。主要包括：化学性有害因素、物理性有害因素、生物性有害因素、人体工效学有害因素、机械性有害因素、能量性有害因素（如电流危害、高空坠落）、交通性有害因素等。开展健康促进活动必须通过一系列过程来识别、评估和控制上述危险因素，主要措施包括消除或替代、工程控制、行政管理控制和个人防护用品使用等。

**2. 社会心理工作环境** 社会心理工作环境不仅包括企业文化，还包括影响工人身心健康的态度、价值观、信仰以及日常行为。可能导致工人情绪或精神压力的因素通常称作工作场所的"压力源"。社会心理方面的危险因素主要有：①工作组织性差（工作要求、时限压力、工作自主性、奖励机制、领导支持、工作分工、工作设计、交流沟通等方面存在问题）；②企业文化（缺乏尊重工人的政策和做法，骚扰和威逼恐吓，性别歧视，以及缺乏对健康生活方式的支持等）；③命令控制型管理方式（缺乏协商、谈判、双向沟通、建设性反馈以及公平的绩效管理）；④缺乏对工作生活平衡的支持；⑤因企业并购、收购、重组，劳动力市场或经济变化导致工人担心失业等。影响和改变社会心理工作环境的方法主要有：①从源头上消除或改变：重新分配工作以减轻工作负担；撤换管理者，或对管理人员的沟通和领导技巧进行重新培训；对工作场所的骚扰和歧视零容忍等；②减少对工人的影响：允许灵活性处理工作和生活中出现的冲突，提供管理者和工友的支持（资源和精神支持），允许工作地点和时间安排的灵活性，公开坦诚地进行沟通等；③保护工人：增强工人自我保护意识，给工人提供相关培训。

**3. 工作场所个人健康资源** 工作场所个人健康资源是指企业为工人提供的健康服务、信息咨询、资源、机会、灵活性以及相关有利的环境，支持和鼓励工人保持健康的个人生活方式，监护个人身心健康状况。工作场所个人健康资源方面存在的相关问题：①工作条件欠佳或相关知识缺乏，都可能导致工人难以采纳健康生活方式或维持健康状态；②上班期间得不到健康餐饮，就餐时间无法保障，健康食品无处冷藏以及缺乏相关知识，都会导致不良饮食；③工作场所不禁烟；④缺乏方便、经济的初级卫生保健服务，使疾病无法得到诊治。增强工作场所个人健康资源需要为工人提供医疗服务、医疗信息、培训、经费支持、配套设施、政策支持、灵活性以及促进计划等，以方便并促进工人采纳健康的生活方式。如：①为工人提供健身设施，或为参加健身课或购买健身器材的工人发放补贴；②改变工作量或工作流程，鼓励工人在工作期间步行或骑车；③在餐厅和自动售卖机供应健康食品，或提供补贴鼓励工人购买健康食品；④采用较为灵活的工间休息时间和时长；⑤制定并实施无烟政策；⑥为工人提供戒烟项目；⑥提供保护个人隐私的医疗服务；⑦患工作相关疾病或发生伤残的工人重返工作时，应启动健康教育或开展支持活动来预防疾病复发或再次损伤。

**4. 企业社区参与** 企业与所在社区之间相互影响，企业所在社区的自然环境和社会环境在很大程度上会影响工人的健康。企业社区参与是指企业参加所在社区的活动或为社区提供自己的专业指导和资源，为社区健康发展提供支持。企业社区参与尤其应关注影响劳动者及其家人身心健康、安全和福祉的因素。企业参与社区的方式有：①发起行动来控制企业污染物排放和施行清洁生产，或者进一步治理所在社区的空气污染或水污染；②支持社区对 HIV、肺结核、肝炎及其他传染病的筛查和治疗；③将初级卫生保健覆盖范围扩大至劳动者及其家属，也可支持社区初级卫生保健设施建设，以帮助无法获得初级卫生保健的劳动者，例如中小企业劳动者和非正式工；④制定性别平等政策以保障女工的权益，或制定保护其他弱势群体的政策；⑤为劳动者及其家属提供免费或负担得起地提高素养的教育；⑥为中小型企业劳动者提供与工作场所健康和安全相关的管理支持和专业指导等。

## 三、职业健康促进的设计、实施与评价

开展职业健康促进活动，创建健康的工作场所，在许多方面其过程与内容同等重要。任何一项健康促进活动都由设计、实施和评价三部分组成，WHO 健康工作场所持续改进过程模式（图 12-13）涵盖了以上三部分。

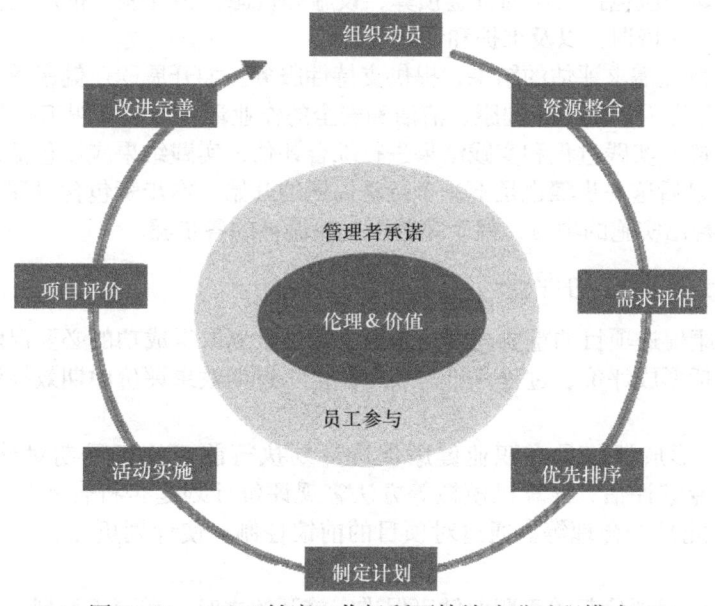

图 12-13  WHO 健康工作场所可持续改进过程模式

### （一）职业健康促进持续改进模式

**1. 组织动员**  实施职业健康促进通常需要多部门的配合协作，需要政府部门、企业管理层、项目执行者、卫生服务人员和职工的共同参与。职业健康促进在工作开始之前，需要获得主要利益相关方的承诺和支持，要促使领导层就某个行动或倡议作出承诺。

**2. 资源整合**  一旦核心部门领导被调动起来，他们便会践行承诺，组建"健康促进项目团队"，并配备所需资源，以便实施特定的职业健康促进计划。在大企业可成立健康安全委员会，健康安全委员会应当包含不同层级和部门的代表，比如健康安全专家、人力资源人员、工程师以及医疗卫生人员。对于小型企业来说，可借助来自外部机构的专家或技术支持人员的力量，如来自邻近大型企业或社区职业卫生机构的医务人员，本地特定行业网络或健康安全组织等机构的代表等。

**3. 需求评估**  评估是开展健康促进活动要完成的首要任务，需要评估企业和工人的现状、企业和工人对未来条件和产出的需求。收集工人的人口统计信息、疾病损伤、工作场所有关的伤害和疾病、短期和长期残疾、人员变动、申诉以及识别工作场所的危害源和对危害源评估得出的关键基础数据等。

**4. 优先排序**　一旦所有的信息被收集完成，工作场所健康促进工作小组必须确定在所发现的众多问题中的优先排序。选择优先排序，首先选择人的最低级需求（如与人身安全和健康相关的问题），其次后再考虑更高层次的需求（如心理健康和幸福相关的问题）。在设定优先排序标准时，还应考虑多方面的因素，包括：①实施方案简便易行；②工人面临的风险（接触危害的严重度及接触概率）；③收到成效的可能性；④被忽略或忽视的某个问题所带来的可能成本；⑤工作场所各方的主观意见和偏好，包括管理人员、工人和他们的代表。

**5. 制定计划**　制定计划是职业健康促进活动的一个重要步骤。在初始阶段，根据企业规模及自身特点，中小型企业制定的计划可能会相对简单。计划可聚焦于一些已识别的对健康至关重要的和最易实现并附有具体时间表的项目。在大型企业中，一般制定3～5年的整体规划，包含一定的总体目标和分目标。应将影响健康工作场所的4个路径考虑进来，运用时间表设置相关活动，解决优先的重点问题。计划获批后，应制定具体的行动计划，明确目标、预期结果、时间进度和各自职责，行动计划中应包括所需的资金预算，设施和资源，为开展、推广及促进项目或政策制定规划，新政策的工人培训，以及维护和评估计划。

**6. 活动实施**　按照需求评估的结果，提供支持性服务。如开展职业健康教育，制定工作场所的支持环境，控制危害因素来营造健康、清洁和安全的作业环境，提高职工的参与率等。

**7. 项目评价**　应对实践过程和实践结果进行综合评估，实践结果应该包括短期和长期评估。

**8. 持续改进**　最后这一步骤也是下一个行动周期的开始。本步骤包含以评价结果为基础的改进，这些改进能改善已实施的项目，便于完善下一轮循环的各步骤。

## （二）职业健康促进的评价

评价是职业健康促进项目的重要内容，是健康促进计划取得成功的必要保障，贯穿于整个项目的始终。评价包括形成评价、过程评价、效果评价（近期效果评价中期效果评价和远期效果评价）三个方面。

**1. 形成评价**　形成评价是在职业健康促进计划执行前或执行早期对计划内容进行的评价，通过预实验、专家评估、计算机模拟等方法客观评价计划是否符合实际、干预策略和措施是否恰当，资源分配是否合理等。通过对项目的前馈控制，使计划更完善、更可行，更容易为目标人群所接受。

**2. 过程评价**　过程评价起始于职业健康促进实施开始之时，贯穿于计划实施的全过程。过程评价的内容包括针对个人、组织、政策和环境的评价。过程评价在着重关注项目是否按计划的数量和质量执行的同时，还有修正项目计划、使之更符合实际情况的功能，这样才能有效地监督和保障计划的顺利实施，从而促进计划目标的成功实现。

**3. 效果评价**　效果评价包括：①近期效果评价：主要包括知识、信念、行为、态度的变化、职业健康知识的普及率等；②中期效果评价：主要评价职工行为生活方式的变化、健康行为的形成率、生产环境中危害因素的变化和常见病、多发病是否呈控制趋势等；③远期效果评价：主要评价有关发病率、患病率、伤残率、死亡率等指标有无下降，人均期望寿命、生活质量是否提高，干预投入、产出的成本效益分析等，关注最终目标的实现程度。

---

**视窗 12-2**

### 职业健康促进的基本原则

**1. 基于核心价值观的领导层支持**　这取决于3个要素。首先，要动员并获得主要利益相关者的承诺。第二，必须从企业主、高层管理者、工会领导或者其他领导那里得到必要的权限、资源和支持。在尝试开展健康工作场所活动之前，获得承诺和支持是至关重要的。第三，通过制定和采用由企业最高权力机构签署的综合性政策，并传达到所有工人，从而提供已获得承诺的证明。

2. 工人和工人代表参与　研究结果表明，一个成功的项目，从计划到评估的每一步都必须让工人参加。在开展健康促进活动中应该让他们积极参与进来，征求他们的观点和想法，倾听并予以实施。

3. 差距分析　与理想情况相比，对现状进行评估，分析两者之间的差距。

4. 向别人学习　可邀请当地大学研究者或当地卫生与安全部门的专家，也可邀请接受过职业卫生与安全专业培训的工会代表和社区中大企业的卫生与安全专家，这些专家能指导和帮助较小的企业。另一种非常好的途径是观摩其他企业好的实践经验。此外，也可从互联网获得丰富的资源和信息。

5. 可持续发展　评估和持续改进是关键。

6. 整合的重要性　在较大的组织机构中，分工越来越专业化。例如，在许多大型的组织机构中，负责卫生与安全的工作人员通常在同一个部门工作，负责健康的专业人员在另一个部门，而人力资源专业人员又在其他的部门工作。人力资源部门负责处理许多与领导层、工人发展和社会心理工作环境相关的问题。如何确保做到整合呢？①战略规划必须纳入人力资源方面的考量。②开发领导层，获得高层管理者的认可，并将健康、安全和福祉作为决策时所必须考虑的标准之一。③任何时候都要记住，解决问题时要考虑到健康工作场所的各个方面。④加强奖励行为的管理。⑤利用跨职能团队或组合能够帮助并减少工作组的孤立。

## 第四节　职业健康监护

　　WHO"人人享有职业卫生"的战略目标是所有劳动者都享有职业卫生服务，其中一项重要任务就是劳动者的职业健康监护。职业健康监护制度是《中华人民共和国职业病防治法》通过法律的方式确定的保障劳动者职业健康权益的重要制度，《职业健康监护技术规范》（GBZ188）作为强制性国家职业卫生标准于2014年10月1日起正式实施。职业健康监护是落实用人单位义务、实现劳动者权利的重要保障，是实施职业病诊断鉴定制度和工伤社会保障制度的基础，有利于保障劳动者的职业健康权益，减少健康损害和经济损失。

　　健康监护（health surveillance）是以预防为目的，通过收集、整理、分析和评价有关医学检查和健康资料，及时掌握健康情况、了解疾病的分布和发展趋势，以便早期发现健康损害的征象，及早采取预防控制措施，防止有害因素所致疾患的发生和发展，达到保护目标人群和促进健康的目的。健康监护是系统、规范、连续地监视和保护目标人群和促进健康的一系列活动。

　　职业健康监护（occupational health surveillance，OHS）是以预防为目的，根据劳动者的职业接触史，通过定期或不定期的医学健康检查和健康相关资料的收集，连续性地监测劳动者的健康状况，分析劳动者健康状况变化与所接触的职业性有害因素的关系，并及时地将健康检查资料和分析结果报告给用人单位和劳动者本人，以便及时采取干预措施，保护职业人群健康。

　　职业健康监护通过对职业人群的健康状况和职业性有害因素的连续、规范、系统地观察和分析，及早发现职业性健康损害，掌握职业病危害因素对健康的影响程度和规律，评价防护和干预措施的效果，为进一步采取预防控制措施提供科学依据。其目的主要有以下几个方面：①早期发现职业病、职业健康损害和职业禁忌证。②追踪观察职业病及职业健康损害的发生、发展规律及分布情况。③评价职业健康损害与作业环境中职业病危害因素的关系及危害程度。④识别新的职业病危害因素和高危人群。⑤进行目标干预，包括改善作业环境条件、改革生产工艺，采用有效的防护设施和个人防护用品；对职业病患者及疑似职业病和有职业禁忌人员的处理和安置等。⑥评价预防和干预措施的效果。⑦为卫生政策和职业病防治对策的制订或修订提供理论基础。

　　职业健康监护的内容主要包括职业健康检查（上岗前、在岗期间、离岗时检查、离岗后医学随访和应急健康检查)、职业健康信息管理等。

# 一、职业健康检查

职业健康检查(occupational health examination)指通过医学手段和方法,针对劳动者所接触的职业病危害因素可能产生的健康影响和健康损害进行临床医学检查,了解受检者健康状况,早期发现职业病、职业禁忌证和可能的其他疾病和健康损害的医疗行为,是职业健康监护的重要内容和主要资料来源。职业健康检查包括上岗前检查、在岗期间定期检查、离岗时检查、离岗后医学随访和应急健康检查五类。职业健康检查应由省级卫生行政部门批准,有资质进行职业健康检查的医疗卫生机构承担,体检结果要求客观真实,体检机构对健康检查结果承担相关法律责任。

## (一)上岗前健康检查

上岗前健康检查又称就业前健康检查(pre-employment health examination),是指用人单位对准备从事某种作业人员在参加工作以前进行的健康检查。其主要目的是发现职业禁忌证(occupational contraindication),掌握接触职业病危害因素人员上岗前的健康状况和建立基础健康档案。

上岗前健康检查为强制性职业健康检查,应在从事有害作业前完成。有两类人需进行上岗前健康检查,一类是拟从事接触职业病危害因素作业的新录用人员,包括转岗到该作业岗位的人员;另一类是拟从事有特殊健康要求的作业人员,如高处作业、电工作业、职业机动车驾驶作业等。《职业健康监护技术规范》(GBZ188)对各种职业性有害因素和特殊作业的目标疾病(职业禁忌证)、检查内容作了明确的规定,检查内容包括症状询问、体格检查、实验室和其他检查。例如,对拟从事粉尘作业的工人重点询问呼吸系统、心血管系统疾病史、吸烟史及咳嗽、咳痰、呼吸困难、气短等症状;体格检查重点检查呼吸系统、心血管系统;实验室检查进行前后位 X 射线高千伏胸片或数字化摄影胸片(DR 胸片)、肺功能;电工作业重点询问高血压、心脏病及家族中有无精神病史等,一年内有无晕厥发作史,体格检查重点检查血压、心脏,以确定该工人的健康状况是否适合从事该项作业。几种主要作业的职业禁忌证见表 12-4。

表 12-4 某些接触职业性有害因素作业的职业禁忌证

| 有害因素名称 | 职业禁忌证 |
| --- | --- |
| 铅及其无机化合物 | 中度贫血;卟啉病;多发性神经病 |
| 汞及其化合物 | 中枢神经系统器质性疾病;已确诊并仍需要医学监护的精神障碍性疾病;慢性肾脏疾病 |
| 锰及其化合物 | 中枢神经系统器质性疾病;已确诊并仍需要医学监护的精神障碍性疾病 |
| 砷 | 慢性肝病,多发性周围神经病;严重慢性皮肤病 |
| 氟及其无机化合物 | 地方性氟病,骨关节疾病 |
| 苯 | 血常规检出有如下异常者:①白细胞计数低于 $4\times10^9$/L 或中性粒细胞低于 $2\times10^9$/L,②血小板计数低于 $8\times10^9$/L;造血系统疾病 |
| 二硫化碳 | 中枢神经系统器质性疾病;多发性周围神经病;视网膜病变 |
| 正己烷 | 多发性周围神经病 |
| 三硝基甲苯 | 慢性肝病,白内障 |
| 二氧化硫 | 慢性阻塞性肺病;支气管哮喘;慢性间质性肺病 |
| 甲醛 | 慢性阻塞性肺病;支气管哮喘;慢性间质性肺病;伴有气道高反应的过敏性鼻炎 |
| 一氧化碳、硫化氢氰及腈类化合物 | 中枢神经系统器质性疾病 |
| 酸雾或酸酐 | 牙酸蚀病;慢性阻塞性肺病;支气管哮喘 |

续表

| 有害因素名称 | 职业禁忌证 |
|---|---|
| 三氯乙烯 | 慢性肝病；过敏性皮肤病；中枢神经系统器质性疾病 |
| 有机磷杀虫剂 | 全血胆碱酯酶明显低于正常者；严重的皮肤疾病 |
| 粉尘 | 活动性肺结核病；慢性阻塞性肺病；慢性间质性肺病；伴肺功能损害的疾病 |
| 高温 | 未控制的高血压；慢性肾炎；未控制的甲状腺功能亢进症；未控制的糖尿病；全身瘢痕面积≥20%以上（工伤标准的八级）；癫痫 |
| 噪声 | 各种原因引起永久性感音神经性听力损失（500Hz，1000Hz 和 2000Hz 中任一频率的纯音气导听阈>25dB）；高频段 3000Hz，4000Hz，6000Hz 双耳平均听阈≥40dB；任一传导性耳聋，平均语频听力损失≥41dB |
| 手传振动 | 多发性周围神经病；雷诺病 |
| 紫外线 | 活动性角膜疾病；白内障；面、手背和前背等暴露部位严重的皮肤病；白化病 |
| 微波 | 神经系统器质性疾病；白内障 |

## （二）在岗期间职业健康检查

在岗期间职业健康检查（periodical health examination）是指用人单位按照职业健康监护技术指南规定的体检周期对长期从事接触规定的需要开展健康监护的职业病危害因素的劳动者的健康状况进行检查，属于第二级预防，是健康监护的重要内容。定期健康检查的主要目的是早期发现职业病患者或疑似职业病患者或劳动者的其他健康异常改变，及时发现有职业禁忌的劳动者，通过动态观察劳动者群体健康变化，评价工作场所职业性有害因素的控制效果。

定期健康检查的周期和检查内容根据职业性危害因素的性质和危害程度、工作场所有害因素的浓度或强度、目标疾病的潜伏期和防护措施等因素决定。具体参考《职业健康监护技术规范》（GBZ188）。例如接触铅及其化合物、接触噪声的作业人员的体检周期为 1 年，劳动者接触二氧化硅粉尘浓度符合国家标准的体检周期为 2 年 1 次，而接触二氧化硅粉尘浓度超过国家标准的体检周期为 1 年 1 次。检查内容包括医学常规检查项目和特殊医学检查项目。特殊检查内容是指劳动者接触有些职业病有害因素一段时间后，体内相应的生物接触指标或效应指标出现异常，在职业健康检查时，除常规检查外，需对相应的生物指标进行检测。如对从事铅及其无机化合物作业的劳动者，需进行血铅和尿铅的检测；对从事噪声作业的劳动者需进行纯音气导听阈测试。某些职业病危害因素职业健康监护的特殊检查项目见表 12-5。

表 12-5 某些职业性有害因素所致职业病的必检项目

| 有害因素项目 | 体检特殊项目（必检） | 体检特殊项目（选检） |
|---|---|---|
| 铅及其无机化合物 | 血铅或尿铅 | 尿 δ-ALA、血 ZPP 或 FEP、血清 ALT、神经-肌电图 |
| 汞及其化合物 | 尿汞、尿 $\beta_2$-微球蛋白或 $\alpha_1$-微球蛋白 | 尿视黄醇结合蛋白、肾脏浓缩功能实验 |
| 锰及其化合物 | 血清 ALT | 尿锰、脑电图、颅脑 CT（或 MRI） |
| 镉及其化合物 | 尿镉、尿 $\beta_2$-微球蛋白或视黄醇蛋白 | 骨密度 |
| 氟及其无机化合物 | 骨盆正位 X 射线摄片、一侧桡、尺骨正位片及同侧胫、腓骨正、侧位片、尿氟 | 骨密度、胸部 X 线正位片、腰椎 X 先正位片 |
| 苯 | 血常规（注意细胞形态及分类） | 尿反-反黏糠酸、尿酚、骨髓穿刺 |
| 甲醇 | 血气分析 | 血液（或尿）甲醇或尿酸测定、颅脑 CT（或 MRI） |
| 联苯胺 | 尿脱落细胞检查（巴氏染色发或荧光素丫啶橙染色法） | 膀胱镜检查、膀胱镜 B 超或彩超 |
| 氯乙烯 | 手部 X 射线射片（清釜工） | 白指诱发试验 |
| 有机磷杀虫剂 | 全血或红细胞胆碱酯酶活性测定 | — |

续表

| 有害因素项目 | 体检特殊项目（必检） | 体检特殊项目（选检） |
| --- | --- | --- |
| 二硫化碳 | 神经-肌电图 | — |
| 粉尘 | 后前位 X 射线高仟伏胸片或数字化摄影胸片（DR 胸片） | — |
| 噪声 | 纯音气导听阈测试、心电图 | 纯音骨导听阈测试、声导抗、耳声发射、听觉诱发电反应测听 |
| 手传振动 | 血常规 | 冷水复温实验、神经-肌电图、指端振动觉、指端温度觉 |

### （三）离岗时职业健康检查

离岗时职业健康检查是指劳动者在准备调离或脱离所从事的职业病危害作业时或岗位前所进行的健康检查，属于第二级预防，也是健康监护的一个重要内容。主要目的是确定其在停止接触职业病危害因素时的健康状况，如最后一次在岗期间的健康检查是在离岗前的 90 日之内，可视为离岗时检查。健康检查的内容主要根据劳动者任职期间所在岗位接触的职业病危害因素及其对健康影响的规律，确定特定的健康检查项目，根据检查结果，评价劳动者离职时的健康状况是否与其在岗期间接触的职业病危害因素有关系。

### （四）离岗后医学随访检查

在职业健康监护工作中，有两种情况需开展离岗后医学随访检查。一是若劳动者接触的职业病危害因素具有慢性健康影响，所致职业病或职业性肿瘤有较长潜伏期，脱离接触后仍有可能发生职业病，离岗后需进行医学随访检查。二是粉尘作业者在离岗后需进行医学随访检查。离岗后健康检查时间的长短应根据有害因素致病的流行病学及临床特点、劳动者从事该作业的时间长短、工作场所有害因素的浓度等因素综合考虑。

### （五）应急检查

当发生急性职业病危害事故时，根据事故处理的要求，对遭受或可能遭受急性职业病危害的劳动者，应及时组织健康检查。依据检查结果和现场劳动卫生学调查，确定危害因素，为急救和治疗提供依据，控制职业性危害的继续蔓延和发展。应急健康检查应在事故发生后立即开始。从事可能产生职业性传染病作业的劳动者，在疫情流行期或近期密切接触传染源者，应及时开展应急健康检查，随时监测疫情动态。

## 二、职业健康监护档案和档案管理

### （一）职业健康监护档案

用人单位必须建立健全职业健康监护档案。健康监护档案是进行健康监护过程的客观记录资料，是系统地观察劳动者健康状况的变化情况，评价个体和群体健康损害的依据，其特征是资料的完整性、连续性。包括劳动者个人职业健康监护管理档案和用人单位职业健康监护管理档案。劳动者职业健康监护档案包括：①劳动者职业史、既往史和职业病危害接触史：职业史指劳动者的工作经历，记录劳动者既往工作过的用人单位名称、起始时间和从事工种、岗位；职业病危害因素接触史指劳动者从事职业病危害作业的工种、岗位及变动情况、接触工龄和接触职业病危害因素的种类、浓度或强度等；②职业健康检查结果及处理情况：指劳动者上岗前体检有无禁忌证，在岗期间、离岗时和应急健康体检有无健康损害或者职业病和处置情况；③职业病诊疗等健康资料；④相应工作场所职业病危害因素监测结果。用人单位职业健康监护档案包括：①用人单位职业卫生管理组织组成、职责；②职业健康监护制度和年度职业健康监护计划；③历次职业健康检查的文书，包括委托协议书、职业健康检查机构的健康检查总结报告和评价报告；④工作场所职业病危害因素监测结果；⑤职业病诊断证明书和职业病报告卡；⑥用人单位对职业病患者、患有职业禁忌证者和已出现职业性相关健康损害劳动者的处理和安置记录；⑦用人单位在职业健康监护中提供的其他资料和职业健康检查机构记录整理的相关资料；⑧卫生行政部门要求的其他资料。

健康监护档案可为劳动者的健康追踪、职业病诊断、有关健康损害责任划分以及职业性危害评价提供依据。

## （二）职业健康监护评价

职业健康监护评价包括个体评价和总体评价，其主要目的有：①评价劳动者职业健康损害与工作场所接触职业病危害因素的关联及关联强度；②识别新的职业病危害因素和高危人群；③为用人单位职业卫生管理提供依据。个体评价主要反映个体接触量及其对健康的影响。总体评价是根据职业健康检查结果和收集到的历年工作场所监测资料及职业健康监护过程收集到的相关资料，通过分析劳动者健康损害和职业病危害因素的关系，以及导致发生职业病危害的原因，预测健康损害的发展趋势，对用人单位劳动者的职业健康状况做出总体评价。

评价时需要首先描述职业健康监护基本情况，包括：①列出各个岗位存在的各种职业病危害因素及相应接触人数；②历年职业健康检查情况，包括职业健康检查人数、检查项目和受检率；③历年检出疑似职业病、职业禁忌证和确诊职业病患者情况；④职业健康监护管理的基本情况。对职业健康损害人群，应列表汇总各种异常指标人员的数量、比例以及岗位分析。健康状况分析的常用指标有发病率、患病率等。

**1. 发病率**（检出率、受检率）　发病率是指一定时期（年、季、月）内，特定人群中发生某种职业病新病例的频率。

$$发病率(\%) = \frac{某时间内新发病例数}{同时间内平均工人数} \times 100\%$$

$$检出率(\%) = \frac{检查时新发现的病例数}{受检工人数} \times 100\%$$

$$受检率(\%) = \frac{实际受检工人数}{应受检工作数} \times 100\%$$

（公式12-1）

发病率是一项重要指标，可以反映职业病危害作业的发病情况，也可以评价采取预防措施后的效果。发病率一般按企业计算，也可以按不同特征（车间、工种、年龄、性别工龄等）分别结算，在计算发病率时应注意以下问题：①发病率以新发病例来计算，要确定疾病的发病时间，对于急性中毒或中暑等，容易确定新发病例，而对于某些慢性病或发病时间难以确定的疾病如尘肺、职业性肿瘤等，可将确诊的时间确定为发病时间；②计算发病率（检出率）时，该作业工人数不包括该时期以前已确诊为该疾病的人数；③计算慢性病如尘肺的检出率时，被检工人数是指从事该作业一年以上的工人数；④受检率达到90%以上时，计算发病率或患病率才有意义。

**2. 患病率**

$$患病率(\%) = \frac{检查时发现的新旧病例数}{从事该作业受检的工人数} \times 100\%$$

（公式12-2）

患病率的调查对于病程比较长的职业病如慢性中毒、尘肺等能反映较有价值的信息。它与发病率关系密切，但意义不同，计算患病率可了解职业病患者历年的发病概况和累计情况、评价防治措施的实际效果等，但不能具体说明某个时期内疾病发生和严重程度的情况，不适用于病程短的疾病，如职业性传病、中暑等。

**3. 疾病构成比** 构成比是指某病的例数占各种疾病总数的多少，也可说明某一种轻重程度不同（轻度、中度、重度）职业病的分布情况。例如要了解矽肺在所有尘肺中所占比例或Ⅰ期矽肺在各期矽肺中所占比例。

$$矽肺例数与尘肺总例数之比(\%) = \frac{矽肺病例数}{尘肺总例数} \times 100\% \qquad （公式12-3）$$

**4. 平均发病工龄** 是指工人从开始从事某种作业（如矽尘作业）起到确诊为该作业有关的职业病（矽肺）时所经历的时间。

$$矽肺平均发病工龄 = \frac{确诊为壹期矽肺时矽尘作业工龄总和}{壹期矽肺病例数} \qquad （公式12-4）$$

**5. 平均病程期限** 平均病程期限主要反映某些职业病（如尘肺）进展的速度和防治措施的效果。

$$平均病程期限 = \frac{某时期内某病由确诊到死亡的时间总和}{该时期死于该病的例数} \qquad （公式12-5）$$

**6. 其他指标**

$$病死率(\%) = \frac{某时期内因某病死亡人数}{同期患某病的病人数} \times 100\% \qquad （公式12-6）$$

$$病伤缺勤率(\%) = \frac{某个时期内因病伤缺勤日数}{该时期内应出勤工作日数} \times 100\% \qquad （公式12-7）$$

病死率可说明该种疾病的严重程度，通过计算可发现对工人健康和出勤率影响较大的疾病及其所在部门与工种，有针对性地深入探索其原因及发生发展规律，采取相应的防护策略。

分析和评价与接触职业病危害因素密切相关的主要的异常指标，并以曲线图表示其变化趋势进行动态观察和分析，及时采取措施，可以很好地控制一些作用比较明确的职业病危害因素所致的慢性职业病。如苯作业工人健康监护可用白细胞计数作为指标，整理历次检查结果并以曲线图表示，一旦发现白细胞计数降低到正常值下限，即应查明原因，并作为重点监护对象，缩短定期检查间隔期，密切观察，若再继续下降，则应立即脱离接触，给予早期治疗。另外，职业健康监护资料还可以结合工作场所职业病危害因素检测报告和现场职业卫生学调查结果，分析导致健康损害的主要原因，进行职业健康风险评估。

## （三）职业健康监护档案的管理

职业健康监护档案管理是一项非常重要的工作。职业健康监护档案建立后，用人单位对职工的健康状况有一个动态的观察，可及早发现职业禁忌和早期健康损害，及时安排职工的岗位调动，把职业病发生的风险降到最低。用人单位应当依法建立健全职业健康监护档案，并按规定妥善保存。劳动者或劳动者委托代理人有权查阅劳动者个人的职业健康监护档案，用人单位不得拒绝或提供虚假档案材料。劳动者离开用人单位时，有权索取本人的职业健康监护档案复印件，用人单位应当如实、无偿提供，并在所提供的复印件上签章。

职业健康监护档案的管理和利用应由专人负责，是一项专业性极强的工作。应由具备基本的临床医学知识、预防医学知识、档案管理知识等的较高学历的专业技术人员，经过职业卫生相关培训，按照相关法律、法规的要求进行规范化、标准化的管理。健康监护档案是一人一档，给予唯一编号，归档的健康监护资料必须是原件，并做到完整、系统、准确；书写必须符合档案管理要求。确定档案管理期限，并将健康监护档案资料录入计算机，实行电子和纸质资料双重管理。健康监护档案的电子信息化管理可以极大提高职业健康监护工作质量与效率，利用计算机网络实现地区、省、市乃至全国范围内劳动者职业健康档案或信息联网，根据劳动者职业接触史，以及定期或不定期的医学健康检查和健康相关资料，连续性地监测劳动者的健康状况，分析劳动者健康变化与所接触的职业病危害因素的关系,并及时将健康检查与分析结果报告给用人单位和劳动者本人,以便及时采取干预措施,达到保护劳动者健康的目的,同时还能为劳动者病案分析或群体评价提供快捷、准确的依据。

> **案例 12-1 解析**
> 　　该区涉苯企业苯作业劳动者劳动合同保障较好,但职业病危害合同告知存在不足;同时劳动者享受工伤保险待遇方面存在不公平对待现象,主要表现在劳动者工伤保险缴纳率外地户籍工低于本地户籍工,提示在劳动者享受工伤保险待遇方面,流动性较强的、文化程度较低的外地农民工获得了不公平对待。企业在在岗定期培训方面做得不到位,培训缺乏持续性,培训效果无法保证;职业病防护设施配备率虽然较高,但针对苯危害防护的乳胶手套、防毒口罩、防护眼镜整体配备率较低,说明涉苯企业个人防护用品配备的针对性不强。部分企业为劳动者配发纱布口罩,会使劳动者失去最后一道防护屏障,劳动者健康安全直接受到威胁;另外,该区涉及苯行业的上岗前职业健康检查和定期健康检查有待加强。

(程淑群)

## 思 考 题

1. 结合案例 12-1 及所学内容,谈谈如何对苯作业者提供全面的职业卫生服务?
2. 如何正确的选择和使用呼吸防护用品?
3. 在实际工作中应如何开展职业健康促进活动?
4. 根据所学内容,谈谈如何创建健康工作场所?
5. 为什么必须要进行上岗前健康检查?

# 第十三章 突发职业卫生事件应急处置与预防

> **案例 13-1**
> 2010年2月14日晚，某乡镇某化工有限公司制氯车间氯氢工段发生氯气泄漏事件，造成当晚在该车间作业工人王某当即昏倒，工人朱某等3人发现情况后将王某抢救出来，后3人亦相继昏倒在车间外。其他人员立即报告110。随后将病人送至医院抢救。事故发生后，有关行政部门和责任机构人员立即赶赴事件现场，按照各自职责任务分工，对事故现场进行调查和处理。
>
> **调查结果**
> 1. 基本信息　该公司于1998年建厂，2000年改制，成立现在的某化工有限责任公司，主要产品是盐酸、液碱和漂液，拥有职工100多人，其中生产工人80多人。
> 2. 该公司职业相关档案情况　①该公司于2008年6月5日由取得"职业卫生服务资质"的某区疾病预防控制中心进行职业病危害因素检测，主要检测的职业病危害因素有：氯气、氯化氢、噪声、锰和粉尘。②该公司于2008年5月12日已经进行了职业病危害项目的申报，申报的职业病危害项目有：氯气、氯化氢、噪声、锰和粉尘。③该公司于2008年9月27日组织职业病危害场所作业工人83人到获得省卫生厅批准的某区疾病预防控制中心进行职业健康检查。④事故受害人之一王某，于2009年1月11号入职，公司没有对王某进行上岗前职业健康检查，公司职业健康档案也没有发现对王某上岗前和上岗期间的任何记录。经询问王某本人，自诉上岗前和岗中没有进行健康检查。
> 3. 事故现场调查结果　①该公司突发氯气泄漏的车间（制氯车间氯氢工段）已停产；②王某等4人经市疾控预防控制中心职业病诊断为职业性急性重度氯气中毒；③制氯车间氯氢工段未安装报警装置；④制氯车间现场未发现有职业病危害的标志；⑤现场发现制氯车间氯氢工段氯气泄漏，区设置不合理，其泄漏区设置在紧急撤离的通道上，且无安装防护措施。
>
> **问题：**
> 1. 职业卫生突发事件处理基本原则？
> 2. 该用人单位违反了《中华人民共和国职业病防治法》中哪些法律条款？
> 3. 请你从职业卫生的角度分析如何预防此类事件发生？

## 第一节　概　述

突发职业卫生事件是指在特定条件下由于职业性有害因素在短时间内高强度（浓度）地作用于职业人群，而导致的群体性健康损害甚至死亡事件。按其引起的原因和性质，可分为化学性职业卫生突发事件、生物性职业卫生突发事件、物理性职业卫生突发事件、放射性职业卫生突发事件。当职业卫生突发事件特别严重，或者上述几种同时存在，造成非常大量的人员伤亡，也可将其称为"灾害性职业卫生突发事件"。

据有关报告，从1991至2005年，我国平均每年报告的重大突发职业卫生事件近40起，数百人中毒或死亡。青海省疾病预防控制中心马晓明等人的研究发现，2009~2013年突发公共卫生事件管理信息系统收集的急性职业中毒事件资料显示：①2004~2009年年均急性职业中毒报告事件数为 48 起，2009～2013 年年均报告事件数为 28 起。②2009～2013 事件级别分布与 2004～2009 年相一致，较大级别事件所占比重最高。③地区分布上，东部、中部和西部地区报告的事件数存在一定差异，事件总数以东部地区居多且以一般级别事件所占比重较高，而中部和西部地区较大事件所占比重较高。④急性职业中毒事件具有较高的病死率，2009～2013 年事件总病死率为 15.2%，2004～2009 年事件总病死率为 9.1%；1989～2003 年重大急性职业中毒事件总病死率为 16.5%。⑤2009～2013 年引起急性职业中毒事件的职业病危害因素近 40 种，其中一氧化碳和硫化氢是引起急性职业中毒事件的主要职业病危害因素，所致中毒事件和死亡人数的比重均排在前两位；此特点与 1989～2003 年和 2004～2009 年分析结果一致。⑥发病人数超过 30 人的职业病危害因素及其病死率顺位前三者为硫化氢、混合型气体和一氧化碳。

职业卫生突发事件具有以下特征：

（1）一般带有偶然性和突发性，甚至事先没有任何征兆，难以预测。但是，在事件调查中，总可发现职业性有害因素是事件的主要原因，而未按安全生产操作规程、管理不善、防范意识薄弱、设备陈旧、防护措施缺失等是辅助原因，又称之为动因。

（2）后果严重，波及范围广，受害人员多，病情严重或死亡率高，给处理和救治带来很多困难。

（3）具有不同的时效性，包括即时性、延迟性和潜在再现性。三种性质的危害既可以独立产生，也可以同时存在。一般化学性职业卫生突发事件发生时三种时效的危害都有，物理性职业卫生突发事件主要表现为即时性危害，但放射性职业卫生突发事件却表现为延迟性危害，灾害性职业卫生突发事件不但三种时效的危害都有，而且更表现出危害滞后性的特点。

（4）事件的原因一般是明确的、可预防的。职业有害因素是主因，各种促发（触发）因素是辅因。只要将职业有害因素和动因消除或严格控制在一定范围内，职业卫生突发事件就可以避免。

（5）除了职业卫生监督检测和卫生部门外，职业卫生突发事件的应急处理往往需要政府和社会多部门和行业的通力合作，如生产部门、交通部门、公安部门、环保部门等。因此，重大职业卫生突发事件的应急处理必须由政府统一指挥，统一协调，才能科学合理并及时妥善处置。

从前苏联切尔诺贝利核电站、重庆开县"12·13"天然气井喷事故发生的泄漏事件后，如何及时、有效地进行突发职业卫生事件应处置和预防已引起了国家和社会的广泛关注，对于此类问题的研究及应急预防工作的开展也逐渐深入。根据 2002 年经原卫生部部务会发布的《职业病危害事故调查处理办法》，按一次职业病危害事故所造成的危害严重程度，职业病危害事故又分为三类：

（1）一般事故：发生急性职业病 10 人以下的。

（2）重大事故：发生急性职业病 10 人以上 50 人以下或者死亡 5 人以下的，或者发生职业性炭疽 5 人以下的。

（3）特大事故：发生急性职业病 50 人以上或者死亡 5 人以上，或者发生职业性炭疽 5 人以上的。放射事故的分类及调查处理按照原卫生部制定的《放射事故管理规定》执行。

## 第二节　突发职业卫生事件应急处置

### 一、应急组织及责任

《中华人民共和国职业病防治法》第九条规定：国家实行职业卫生监督制度。国务院安全生产监督管理部门、卫生行政部门、劳动保障行政部门依照本法和国务院确定的职责，负责全国职业病防治的监督管理工作。国务院有关部门在各自的职责范围内负责职业病防治的有关监督管理工作。县级以上地方人民政府安全生产监督管理部门、卫生行政部门、劳动保障行政部门依据各自职责,负责本行政区域内职业病防治的监督管理工作。县级以上地方人民政府有关部门在各自的职责范围内负责职业病防治的有关监督管理工作。县级以上人民政府安全生产监督管理部门、卫生行政部门、劳动保障行政部门(以下统称职业卫生监督管理部门)应当加强沟通,密切配合,按照各自职责分工,依法行使职权,承担责任。

第十条规定:国务院和县级以上地方人民政府应当制定职业病防治规划,将其纳入国民经济和社会发展计划,并组织实施。县级以上地方人民政府统一负责、领导、组织、协调本行政区域的职业病防治工作,建立健全职业病防治工作体制、机制,统一领导、指挥职业卫生突发事件应对工作;加强职业病防治能力建设和服务体系建设,完善、落实职业病防治工作责任制。乡、民族乡、镇的人民政府应当认真执行本法,支持职业卫生监督管理部门依法履行职责。

### (一)应急指挥机构

**1. 组成**  《国家突发公共卫生事件应急预案》规定,中华人民共和国国家卫生和计划生育委员会依照职责和本预案的规定,在国务院统一领导下,负责组织、协调全国突发公共卫生事件应急处理工作,并根据突发公共卫生事件应急处理工作的实际需要,提出成立全国突发公共卫生事件应急指挥部。

地方各级人民政府卫生行政部门依照职责和本预案的规定,在本级人民政府统一领导下,负责组织、协调本行政区域内突发公共卫生事件应急处理工作,并根据突发公共卫生事件应急处理工作的实际需要,向本级人民政府提出成立地方突发公共卫生事件应急指挥部的建议。

各级人民政府根据本级人民政府卫生行政部门的建议和实际工作需要,决定是否成立国家和地方应急指挥部。地方各级人民政府及有关部门和单位要按照属地管理的原则,切实做好本行政区域内突发公共卫生事件应急处理工作。

**2. 职责**  全国突发公共卫生事件应急指挥部负责对特别重大突发公共卫生事件的统一领导、统一指挥,作出处理突发公共卫生事件的重大决策。省级突发公共卫生事件应急指挥部由省级人民政府有关部门组成,实行属地管理的原则,负责对本行政区域内突发公共卫生事件应急处理的协调和指挥,作出处理本行政区域内突发公共卫生事件的决策,决定要采取的措施。

### (二)日常管理机构

**1. 组成**  《国家突发公共卫生事件应急预案》规定,国务院卫生行政部门设立卫生应急办公室(突发公共卫生事件应急指挥中心),负责全国突发公共卫生事件应急处理的日常管理工作。各省、自治区、直辖市人民政府卫生行政部门及军队、武警系统要参照国务院卫生行政部门突发公共卫生事件日常管理机构的设置及职责,结合各自实际情况,指定突发公共卫生事件的日常管理机构,负责本行政区域或本系统内突发公共卫生事件应急的协调、管理工作。各市(地)级、县级卫生行政部门要指定机构负责本行政区域内突发公共卫生事件应急的日常管理工作。根据《卫生部突发中毒事件卫生应急预案》和《国家突发公共卫生事件应急预案》对应急组织体系及职责的规定,突发职业卫生事件的日常管理机构主要包括:卫生行政部门、安全生产监督管理部门、医疗卫生机构、公安部门、人力资源与社会保障行政部门、环保行政部门等。

**2. 职责**

(1)卫生行政部门:在国务院统一领导下,国务院卫生行政部门负责组织、协调全国突发中毒事件的卫生应急工作,负责统一指挥、协调特别重大突发中毒事件的卫生应急处置工作。中华人民共和国国家卫生和计划生育委员会卫生应急办公室负责突发中毒事件卫生应急的日常管理工作。各级地方卫生行政部门在本级人民政府领导下,负责组织、协调本行政区域内突发中毒事件的卫生应急工作;配合相关部门,做好安全生产或环境污染等突发事件中,涉及群体中毒的卫生应急工作。按照分级处置的原则,省级、地市级、县级卫生行政部门分别负责统一指挥、协调重大、较大和一般级别的突发中毒事件的卫生应急工作。

（2）医疗卫生机构：各级各类医疗卫生机构应结合各自职责做好应对突发中毒事件的各种准备工作，加强专业技术人员能力培训，提高快速应对能力和技术水平。发生突发中毒事件后，在本级人民政府卫生行政部门领导下，开展卫生应急处理工作。

1）化学中毒救治基地及指定救治机构：国务院卫生行政部门及地方各级政府卫生行政部门应当确立本级化学中毒救治基地或指定救治机构，作为承担突发职业中毒事件卫生应急工作的主要医疗机构。化学中毒救治基地及指定救治机构应做好以下工作：①国家级化学中毒救治基地要根据需要承担特大级别的突发中毒事件现场卫生应急工作和中毒病人救治工作，以及指导和支持地方救治基地卫生应急工作；全面掌握突发中毒事件卫生应急处置技术，开展中毒检测、诊断和救治技术的研究；协助卫生部制订突发中毒事件卫生应急相关技术方案；负责全国突发中毒事件的毒物检测、救治技术培训和指导，以及开展全国化学中毒信息咨询服务工作。②省级化学中毒救治基地开展辖区内突发中毒事件现场医学处理工作；负责辖区内的突发中毒事件的救治技术指导和培训；开展中毒检测、诊断和临床救治工作，以及中毒信息咨询工作等。③市（地）级化学中毒救治基地或指定救治机构，负责辖区内突发中毒事件的现场处理和临床诊治技术指导；面向辖区提供中毒信息服务；承担本辖区内中毒事件现场医学处理工作。④县（市）级化学中毒救治基地或指定救治机构，负责辖区内突发中毒事件的现场处理和临床诊治技术指导；面向辖区提供中毒信息服务；承担本辖区内中毒事件现场医学处理工作。

2）相关医疗机构：组织开展突发中毒事件和中毒病例报告工作。开展中毒病人的现场医疗救治、转运、院内诊疗工作。向当地人民政府卫生行政部门报告中毒病人转归情况。协助疾病预防控制机构开展中毒病人的流行病学调查，并采集有关生物样本。

3）疾病预防控制机构：组织开展突发中毒事件的监测、报告和分析工作。开展突发中毒事件的现场调查和处理，提出有针对性的现场预防控制措施建议。开展突发中毒事件的现场快速鉴定和检测，按照有关技术规范采集样本，开展中毒事件样本的实验室鉴定、检验和检测工作。开展突发中毒事件暴露人群的健康监护工作。开展突发中毒事件的健康影响评价工作。

4）卫生监督机构：在卫生行政部门领导下，协助对参与突发职业卫生事件处置的医疗卫生机构有关卫生应急措施的落实情况开展督导、检查。协助卫生行政部门依据有关法律法规，调查处理突发职业卫生事件卫生应急工作中的违法行为，对突发职业卫生事件肇事单位和责任单位进行卫生执法监督。督促存在或可能存在突发职业病危害事件单位制定的应急救援预案，组织应急救援模拟演习；负责突发职业卫生危害事件的调查处理和毒物检测与评价；参与组织辖区内应急救援模拟演习。

（3）安全生产监督管理部门：发生职业病危害事故，安全生产监督管理部门应当依照国家有关规定报告事故和组织事故的调查处理。分析预测安全生产形势和事故风险，发布预警信息。拟订安全生产应急救援和信息统计的规章、规程、标准；承担应急值守、事故信息接报处置工作；指导协调安全生产应急救援工作；组织安全生产应急救援预案编制和演练。

（4）公安部门：负责制定人员疏散和事件现场警戒预案，组织事件可能危及区域的人员疏散撤离，对人员撤离区域进行治安管理，参与事件调查处理，负责事件现场区域周边道路的交通管制，禁止无关车辆进入危险区域，保障救援道路的畅通；负责事件现场火灾扑灭，控制易燃、易爆、有毒物质泄漏和有关设备容器的冷却；根据仪器检测确定现场警戒范围；完成伤员的搜救工作；事件得到控制后负责洗消工作。

（5）人力资源与社会保障行政部门：负责职业病职工的工伤认定，落实参保单位职业病职工的工伤保险待遇。

（6）环保行政部门：制定控制引起突发职业病危害事件的化学物质对周边环境污染的应急预案；对可能存在较长时间环境影响的区域发出警告，提出控制措施并进行监测；事件得到控制后指导现场遗留危险物质对环境产生污染的消除。

### (三)专家咨询委员会

**1. 组成** 国务院卫生行政部门和省级卫生行政部门负责组建突发公共卫生事件专家咨询委员会。市(地)级和县级卫生行政部门可根据本行政区域内突发公共卫生事件应急工作需要,组建突发公共卫生事件应急处理专家咨询委员会。根据《卫生部突发事件卫生应急专家咨询委员会管理办法》规定,专家咨询委员会由国内从事公共卫生、临床救治、卫生管理及相关领域工作的专家组成,设主任委员1名,副主任委员若干名。专家咨询委员会可根据工作需要,下设若干专业组。各专业组设组长1名,副组长1~2名,负责管理、协调本组的业务工作及日常活动。专家咨询委员会设立秘书处,承担专家咨询委员会的日常事务性工作。原则上,秘书处设在主任委员所在单位。各专业组可根据工作需要,由组长指定1名秘书承担本组日常事务。

**2. 职责** 研究国内外卫生应急相关领域的发展战略、方针、政策、法规和技术规范,了解相关工作进展情况;参与研究制订国家卫生应急体系建设与发展有关规划、政策、法规及各类实施方案;对卫生应急领域重大项目的立项和评审提供意见和建议;对突发事件的预防、准备和处置各环节工作提供意见和建议,并给予技术指导;承担卫生部委托的其他工作。

### (四)应急处理专业技术机构

突发职业卫生事件应急处理的专业技术机构包括:办公室、现场控制组、安全保卫组、监督管理组、医疗救护组、流调监测组、信息管理组、后勤保障组、宣传教育组等。应急处理专业技术机构要结合本单位职责开展专业技术人员处理突发公共卫生事件能力培训,提高快速应对能力和技术水平,在发生突发公共卫生事件时,要服从卫生行政部门的统一指挥和安排,开展应急处理工作。

**1. 办公室** 编制和修订突发职业卫生事件应急预案;建立应急网络体系,明确各有关部门的职责;接事故报告后迅速派出人员赶往事故现场,指导建立现场指挥部,组织、联络各部门力量处理事件,控制事件蔓延;负责与事件单位、各专业组保持密切联系,及时向上级报告情况,传达有关指示精神;组织善后处理及恢复工作。

**2. 现场控制组** 由消防、防化、人防、水电气、急救等有关部门组成。负责进入事件现场,采取保护现场,防止扩散;迅速修复或更换已破损的设备,仪表等装置;火灾扑救、毒物的洗消和处理等。

**3. 安全保卫组** 负责交通、治安、火种管制及安全等。

**4. 监督管理组** 依照国家有关法律法规,组织与协调全市各部门的监督力量,对突发职业病危害事件的各项防治工作进行执法检查和行政效能的督察;负责事件报告和控制措施落实情况监督检查。

**5. 医疗救护组** 负责现场伤员的抢救、转运等,制定医疗救治方案,整合调配医疗卫生资源,组织协调医疗救治工作;指导医疗机构诊断、治疗及抢救工作。结合各自职责做好应对突发职业卫生事件的各种准备工作,加强专业技术人员能力培训,提高快速应对能力和技术水平。发生突发职业卫生事件后,在本级人民政府卫生行政部门领导下,开展卫生应急处理工作。

**6. 流调检测组** 负责现场劳动卫生学调查和化学物质检测评价等工作。

**7. 后勤保障组** 主要负责收集、统计、评估应急工作所需物资储备;保证充足的物资供给和及时调运。负责疏散撤离人员生活保障工作。

**8. 宣传教育组** 对劳动者开展职业病防治知识和有关法律法规的宣传教育,加强舆论指导,与有关部门配合共同搞好职业健康教育工作。

## 二、应 急 反 应

### (一)应急反应原则

发生突发职业卫生事件时,事发地的县级、市(地)级、省级人民政府及其有关部门按照分级响应的原则，作出相应级别应急反应。同时，要遵循突发公共卫生事件发生发展的客观规律，结合实际情况和预防控制工作的需要，及时调整预警和反应级别，以有效控制事件，减少危害和影响。要根据不同类别突发职业卫生事件的性质和特点，注重分析事件的发展趋势，对事态和影响不断扩大的事件，应及时升级预警和反应级别；对范围局限、不会进一步扩散的事件，应相应降低反应级别，及时撤销预警。

国务院有关部门和地方各级人民政府及有关部门对在区域性或全国性重要活动期间等发生的突发职业卫生事件，要高度重视，可相应提高报告和反应级别，确保迅速、有效控制突发职业卫生事件，维护社会稳定。

突发职业卫生事件应急处理要采取边调查、边处理、边抢救、边核实的方式，以有效措施控制事态发展。事发地之外的地方各级人民政府卫生行政部门接到突发职业卫生事件情况通报后，要及时通知相应的医疗卫生机构，组织做好应急处理所需的人员与物资准备，采取必要的预防控制措施，防止突发职业卫生事件在本行政区域内发生，并服从上一级人民政府卫生行政部门的统一指挥和调度，支援突发职业卫生事件发生地区的应急处理工作。

## （二）应急反应措施

**1. 各级人民政府**

（1）组织协调有关部门参与突发职业卫生事件的处理。

（2）根据突发职业卫生事件处理需要，调集本行政区域内各类人员、物资、交通工具和相关设施、设备参加应急处理工作。涉及危险化学品管理和运输安全的，有关部门要严格执行相关规定，防止事故发生。

（3）划定控制区域：对重大职业中毒事故，根据职业危害因素波及的范围，划定控制区域。

（4）事态控制措施：当地人民政府可以在本行政区域内采取限制或者停工、停业等措施。封闭职业危害因素波及的区域，对职业危害因素污染的公共饮用水源、食品以及相关物品进行封存等紧急措施；临时征用房屋、交通工具以及相关设施和设备。

（5）信息发布：突发职业卫生事件发生后，有关部门要按照有关规定作好信息发布工作，信息发布要及时主动，准确把握，实事求是，正确引导舆论，注重社会效果。

（6）维护社会稳定：街道、乡（镇）以及居委会、村委会协助卫生行政部门和其他部门、医疗机构，做好突发事件信息的收集、报告、人员分散隔离及公共卫生措施的实施工作。严厉打击造谣传谣等违法犯罪和扰乱社会治安的行为。

**2. 卫生行政部门**

（1）组织医疗卫生机构、安全生产管理监督机构、环保部门等开展突发职业卫生事件的调查与处理。

（2）组织突发职业卫生事件专家咨询委员会对突发职业卫生事件进行评估，提出启动突发职业卫生事件应急处理的级别。

（3）应急控制措施：根据需要组织开展应急疏散、救治、隔离。

（4）督导检查：国务院卫生行政部门组织对全国或重点地区的突发职业卫生事件应急处理工作进行督导和检查。省、市（地）级以及县级卫生行政部门负责对本行政区域内的应急处理工作进行督察和指导。

（5）发布信息与通报：国务院卫生行政部门或经授权的省、自治区、直辖市人民政府卫生行政部门及时向社会发布突发职业卫生事件的信息或公告。国务院卫生行政部门及时向国务院各有关部门和各省、自治区、直辖市卫生行政部门以及军队有关部门通报突发职业卫生事件情况。

（6）制订技术标准和规范：国务院卫生行政部门对重大中毒事件，组织力量制订技术标准和规范，及时组织全国培训。地方各级卫生行政部门开展相应的培训工作。

（7）普及卫生知识：针对事件性质，有针对性地开展卫生知识宣教，提高公众健康意识和自我防护能力，消除公众心理障碍，开展心理危机干预工作。

（8）进行事件评估：组织专家对突发职业卫生事件的处理情况进行综合评估，包括事件概况、现场调查处理概况、病人救治情况、所采取的措施、效果评价等。

**3. 医疗机构**

（1）医疗救治机构

1）开展病人接诊、收治和转运工作，实行重症和普通病人分开管理，对疑似病人及时排除或确诊。

2）协助疾病预防控制机构人员开展标本的采集、流行病学调查工作。

3）做好医院内现场控制、消毒隔离、个人防护、医疗垃圾和污水处理工作，防止院内交叉感染和污染。

4）做好传染病和中毒病人的报告。对因突发职业卫生事件而引起身体伤害的病人，任何医疗机构不得拒绝接诊。

5）重大中毒事件，按照现场救援、病人转运、后续治疗相结合的原则进行处置。

6）开展科研与国际交流：开展与突发事件相关的诊断试剂、药品、防护用品等方面的研究。开展国际合作，加快病源查寻和病因诊断。

（2）疾病预防控制机构

1）突发职业卫生事件信息报告：国家、省、市（地）、县级疾控机构做好突发职业卫生事件的信息收集、报告与分析工作。

2）开展流行病学调查：疾控机构人员到达现场后，尽快制订流行病学调查计划和方案，地方专业技术人员按照计划和方案，开展对突发事件累及人群的发病情况、分布特点进行调查分析，提出并实施有针对性的预防控制措施；对生物因素所致病人、疑似病人、病原携带者及其密切接触者进行追踪调查，查明传播链，并向相关地方疾病预防控制机构通报情况。

3）实验室检测：中国疾病预防控制中心和省级疾病预防控制机构指定的专业技术机构在地方专业机构的配合下，按有关技术规范采集足量、足够的标本，分送省级和国家应急处理功能网络实验室检测，查找致病原因。

4）开展科研与国际交流：开展与突发事件相关的诊断试剂、疫苗、消毒方法、医疗卫生防护用品等方面的研究。开展国际合作，加快病源查寻和病因诊断。

5）制订技术标准和规范：中国疾病预防控制中心以及相应的专家咨询委员会协助卫生行政部门制订全国重大中毒事件的技术标准和规范。

6）开展技术培训：中国疾病预防控制中心具体负责全国省级疾病预防控制中心突发职业卫生事件应急处理专业技术人员的应急培训。各省级疾病预防控制中心负责县级以上疾病预防控制机构专业技术人员的培训工作。

（3）卫生监督机构

1）组织实施卫生行政部门制订的卫生监督计划，依照法律、法规行使预防性和经常性卫生监督工作。

2）接受卫生行政部门委托承担对公共卫生、医疗卫生机构、采供血机构的监督，受理卫生许可以及健康相关产品的申请。

3）承担对卫生行政处罚案件的调查取证、提出处罚建议、执行处罚决定。

4）参与对危害公共卫生中毒事故、医疗事故、重大疫情和突发事件的调查处理。

**4. 安全生产管理监督机构** 发生职业病危害事故或者有证据证明危害状态可能导致职业病危害事故发生时，安全生产监督管理部门可以采取下列临时控制措施：

（1）责令暂停导致职业病危害事故的作业。

（2）封存造成职业病危害事故或者可能导致职业病危害事故发生的材料和设备。

（3）组织控制职业病危害事故现场。

在职业病危害事故或者危害状态得到有效控制后,安全生产监督管理部门应当及时解除控制措施。

**5. 非事件发生地区的应急反应措施** 未发生突发职业卫生事件的地区应根据其他地区发生事件的性质、特点、发生区域和发展趋势,分析本地区受波及的可能性和程度,重点做好以下工作:

(1)密切保持与事件发生地区的联系,及时获取相关信息。
(2)组织做好本行政区域应急处理所需的人员与物资准备。
(3)加强相关疾病与健康监测和报告工作,必要时,建立专门报告制度。
(4)开展重点人群、重点场所和重点环节的监测和预防控制工作,防患于未然。
(5)开展防治知识宣传和健康教育,提高公众自我保护意识和能力。
(6)根据上级人民政府及其有关部门的决定,开展交通卫生检疫等。

## (三)分级响应

中毒事件发生后安全生产监督管理部门、卫生行政部门应立即组织专家对中毒事件进行调查核实、确认及综合评估,组织调查人员和医务人员进行现场调查和医疗救治等应急措施。组织开展突发职业卫生事件的医疗卫生应急、信息发布、宣传教育、科研攻关、国际交流与合作、应急物资与设备的调集、后勤保障以及督导检查等工作。

特大、重大和一般事件分别由省级、市级和县级安全生产监督管理部门、卫生行政部门在同级人民政府的统一领导和指挥下,负责应急响应。应结合本地区实际情况,组织协调市(地)、县(市)人民政府开展突发公共事件的应急处理工作。必要时可以向同级人民政府提出成立应急指挥部的建议。

**1. 三级响应** 发生突发职业卫生一般事件时应启动三级应急响应,必要时可成立突发职业危害事件应急指挥部,指挥部下设办公室、现场调查与控制组、安全保卫组、监督管理组、专家咨询组、医疗救护组、信息报告组、后勤保障组、宣传教育组等应急处理部门应到位并投入工作。

发生突发职业病危害事件的单位应立即组织单位自救,并报告所在地应急指挥部,各成员单位组织组成的专业组立即赶赴事故现场,按照各自职责任务分工,采取必要措施,减少事件损失,防止事件蔓延、扩大,主要包括:①根据事件情况,及时停止导致职业病危害事故的作业,控制事故现场,疏通应急撤离通道,撤离作业人员,组织泄险;②对现场伤员的搜救、抢救伤员及事件后对被污染区域的洗消工作,对遭受或者可能遭受急性职业病危害的劳动者,及时组织救治、进行健康检查和医学观察;③完成劳动卫生学调查处理和毒物检测与评价,保护事故现场,保留导致职业病危害事故的材料、设备和工具等;④对事件单位周围大气、水体、土壤等环境的即时监测工作。

**2. 二级响应** 发生重大突发职业卫生事件后,省级人民政府卫生行政部门立即启动二级应急响应,迅速开展卫生应急工作,并将应急工作情况及时报告本级人民政府和国务院卫生行政部门。国务院卫生行政部门应当加强技术支持和协调工作,根据需要组织国家卫生应急救治队伍和有关专家迅速赶赴现场,协助开展卫生应急处理工作。①根据事件情况,责令暂停职业病危害事故的作业,组织控制事故现场,防止事态扩大,把事故危害降到最低限度;②布置安全警戒,疏通应急撤离通道,撤离作业人员,组织泄险;③组织医疗卫生机构救治遭受急性职业病危害的劳动者,对可能遭受急性职业病危害的劳动者进行健康检查和医学观察,并开展事件后对污染区域的洗消工作;④完成劳动卫生学调查处理和毒物检测与评价及相关劳动者的健康检查和医学观察工作;⑤对事件单位周围大气、水体、土壤等环境的即时监测工作;⑥配合卫生行政部门进行调查,按照卫生行政部门的要求如实提供事故发生情况、有关材料和样品。

**3. 一级响应** 发生特大突发中毒事件后,国务院卫生行政部门立即启动一级应急响应,迅速开展卫生应急工作,并将应急工作情况及时报国务院。省级卫生行政部门在本级政府领导和国务院卫生行政部门指导下，立即组织协调市（地）、县（市）级卫生行政部门开展卫生应急处理工作。

发生事件的单位应立即组织单位自救，并向所在地卫生行政部门和安全生产监督管理部门报告。接到报告的卫生行政部门和安全生产监督管理部门应立即向当地政府报告，及时组织人员赶赴事件现场，按照各自职责任务分工，落实应急救援工作。主要包括：①根据事件情况，在紧急状态下进行现场控制化学物质来源，落实现场进行灭火、防爆等措施；②搜救现场伤员及事件后污染区域的洗消工作等；③对现场及周围人员进行防护指导、人员疏散及周围物资转移等工作；④布置安全警戒，禁止无关人员和车辆进入现场，保证疏散人员生活，在人员疏散区域进行治安巡逻；⑤完成劳动卫生学调查处理和毒物检测与评价及相关劳动者的健康检查和医学观察工作；⑥对事件单位周围大气、水体、土壤等环境的即时监测工作；⑦在现场附近的安全区域内设立临时医疗救护点，对中毒人员根据病情和中毒的特点进行紧急救治，并护送重伤人员至就近综合医院或其他综合医院进一步诊断和治疗。

### （四）应急反应终止

**1. 终止条件**　突发职业卫生事件应急反应的终止需符合以下条件：突发职业卫生事件隐患或相关危险因素消除，或末例传染病病例发生后经过最长潜伏期无新的病例出现。

**2. 终止程序**　特别重大突发职业卫生事件由国务院卫生行政部门组织有关专家进行分析论证，提出终止应急反应的建议，报国务院或全国突发职业卫生事件应急指挥部批准后实施。特别重大以下突发职业卫生事件由地方各级人民政府卫生行政部门组织专家进行分析论证，提出终止应急反应的建议，报本级人民政府批准后实施，并向上一级人民政府卫生行政部门报告。上级人民政府卫生行政部门要根据下级人民政府卫生行政部门的请求，及时组织专家对突发职业卫生事件应急反应的终止的分析论证提供技术指导和支持。

## 三、事 故 处 理

### （一）事故报告

**1. 报告时限**　《生产安全事故报告和调查处理条例》规定，事故发生后，事故现场有关人员应当立即向本单位负责人报告；单位负责人接到报告后，应当于1小时内向事故发生地县级以上人民政府安全生产监督管理部门和负有安全生产监督管理职责的有关部门报告。情况紧急时，事故现场有关人员可以直接向事故发生地县级以上人民政府安全生产监督管理部门和负有安全生产监督管理职责的有关部门报告。

安全生产监督管理部门和负有安全生产监督管理职责的有关部门接到事故报告后，应当依照下列规定上报事故情况，并通知公安机关、劳动保障行政部门、工会和人民检察院：①特别重大事故、重大事故逐级上报至国务院安全生产监督管理部门和负有安全生产监督管理职责的有关部门；②较大事故逐级上报至省、自治区、直辖市人民政府安全生产监督管理部门和负有安全生产监督管理职责的有关部门；③一般事故上报至设区的市级人民政府安全生产监督管理部门和负有安全生产监督管理职责的有关部门。

安全生产监督管理部门和负有安全生产监督管理职责的有关部门依照前款规定上报事故情况，应当同时报告本级人民政府。国务院安全生产监督管理部门和负有安全生产监督管理职责的有关部门以及省级人民政府接到发生特别重大事故、重大事故的报告后，应当立即报告国务院。必要时，安全生产监督管理部门和负有安全生产监督管理职责的有关部门可以越级上报事故情况。安全生产监督管理部门和负有安全生产监督管理职责的有关部门逐级上报事故情况，每级上报的时间不得超过2小时。

国家安全生产监督管理总局令（第21号）《生产安全事故信息报告和处置办法》第十一条规

定,事故具体情况暂时不清楚的,负责事故报告的单位可以先报事故概况,随后补报事故全面情况。事故信息报告后出现新情况的,负责事故报告的单位应当依照本规定及时续报。较大涉险事故、一般事故、较大事故每日至少续报1次;重大事故、特别重大事故每日至少续报2次。自事故发生之日起30日内(道路交通、火灾事故自发生之日起7日内),事故造成的伤亡人数发生变化的,应于当日续报。

第十二条规定,安全生产监督管理部门、煤矿安全监察机构接到任何单位或者个人的事故信息举报后,应当立即与事故单位或者下一级安全生产监督管理部门、煤矿安全监察机构联系,并进行调查核实。下一级安全生产监督管理部门、煤矿安全监察机构接到上级安全生产监督管理部门、煤矿安全监察机构的事故信息举报核查通知后,应当立即组织查证核实,并在2个月内向上一级安全生产监督管理部门、煤矿安全监察机构报告核实结果。

对发生较大涉险事故的,安全生产监督管理部门、煤矿安全监察机构依照本条第二款规定向上一级安全生产监督管理部门、煤矿安全监察机构报告核实结果;对发生生产安全事故的,安全生产监督管理部门、煤矿安全监察机构应当在5日内对事故情况进行初步查证,并将事故初步查证的简要情况报告上一级安全生产监督管理部门、煤矿安全监察机构,详细核实结果在2个月内报告。

事故信息经初步查证后,负责查证的安全生产监督管理部门、煤矿安全监察机构应当立即报告本级人民政府和上一级安全生产监督管理部门、煤矿安全监察机构,并书面通知公安机关、劳动保障部门、工会、人民检察院和有关部门。安全生产监督管理部门与煤矿安全监察机构之间,安全生产监督管理部门、煤矿安全监察机构与其他负有安全生产监督管理职责的部门之间,应当建立有关事故信息的通报制度,及时沟通事故信息。

对于事故信息的每周、每月、每年的统计报告,按照有关规定执行。

**2. 报告内容和方式**

(1)报告内容:《生产安全事故报告和调查处理条例》第十二条以及国家安全生产监督管理总局令(第21号)《生产安全事故信息报告和处置办法》第十条规定,报告事故应当包括下列内容:①事故发生单位概况;②事故发生的时间、地点以及事故现场情况;③事故的简要经过;④事故已经造成或者可能造成的伤亡人数(包括下落不明的人数)和初步估计的直接经济损失;⑤已经采取的措施;⑥其他应当报告的情况。

(2)报告方式:《生产安全事故信息报告和处置办法》第八条规定,发生较大生产安全事故或者社会影响重大的事故的,县级、市级安全生产监督管理部门或者煤矿安全监察分局接到事故报告后,在依照本办法规定逐级上报的同时,应当在1小时内先用电话快报省级安全生产监督管理部门、省级煤矿安全监察机构,随后补报文字报告;乡镇安监站(办)可以根据事故情况越级直接报告省级安全生产监督管理部门、省级煤矿安全监察机构。

第九条规定,发生重大、特别重大生产安全事故或者社会影响恶劣的事故的,县级、市级安全生产监督管理部门或者煤矿安全监察分局接到事故报告后,在依照本办法第七条规定逐级上报的同时,应当在1小时内先用电话快报省级安全生产监督管理部门、省级煤矿安全监察机构,随后补报文字报告;必要时,可以直接用电话报告国家安全生产监督管理总局、国家煤矿安全监察局。省级安全生产监督管理部门、省级煤矿安全监察机构接到事故报告后,应当在1小时内先用电话快报国家安全生产监督管理总局、国家煤矿安全监察局,随后补报文字报告。国家安全生产监督管理总局、国家煤矿安全监察局接到事故报告后,应当在1小时内先用电话快报国务院总值班室,随后补报文字报告。

突发职业卫生事件报告的主要方式包括:

1)电话报告:接报单位在对急性职业中毒事件核实无误后,应立即以电话或传真形式报告同级卫生行政部门和安全生产监督管理部门。使用电话快报,应当包括下列内容:①事故发生单位的名称、地址、性质;②事故发生的时间、地点;③事故已经造成或者可能造成的伤亡人数(包括下落不明、涉险的人数）。

2）网络直报：县级卫生行政部门制定的报告部门或接报部门，除电话报告同级卫生行政部门外，尚需按卫生行政部门网络直报项目，制作并填写《突发公共卫生事件初次报告记录单》，经主管领导核准后，进行网络直报。①初次报告：在对事件核实无误后 2 小时内上报；②进程报告：从初次报告后当天起，每 24 小时将事件的发展和调查处理工作的进程进行一次报告；③结案报告：在对事件处理结束后 2 小时内，应对本起事件的发生、发展、处置、后果等进行全面的汇总和评价。

3）书面报告：负责急性职业中毒事件处置的部门，应在完成现场初步调查和处理后 24 小时内，将事件的基本调查和处理情况以书面形式向卫生行政部门和安全生产监督管理部门进行初步报告。主要内容包括：①事件简要情况（接报时间、发生单位及地址、事件及发生经过）；②中毒患者情况（发病时间、接触人数、中毒人数和死亡人数、中毒主要表现及严重程度、患者就诊地点及救治情况）；③可疑毒物情况（毒物名称、种类、数量、存在方式）；④事件发生地的地理环境、气象情况及周围居民地情况；⑤样品采集情况（包括患者的血液和尿液、空气、水源等样品）；⑥已采取的控制措施及效果（隔离区、防护区、人员疏散、中毒人员救治、毒物控制情况）；⑦中毒事件初步结论。

## （二）事故调查

突发职业卫生事故调查组成员应当符合下列条件：①具有事故调查所需要的专业知识和实践经验；②与所发生事故没有直接利害关系。

事故调查组的职责包括：①进行现场勘验和调查取证，查明职业病危害事故发生的经过、原因、人员伤亡情况和危害程度；②分析事故责任；③提出对事故责任人的处罚意见；④提出防范事故再次发生所应采取的改进措施的意见；⑤形成职业病事故调查处理报告。主要方法有：

**1. 现场流行病学调查** 调查人员到达现场后，初步了解并选择调查对象、调查内容及方法。通过访谈、查看等方式对发生事件单位负责人、安全管理人员及相关人员进行调查。调查内容主要包括：中毒事件概况、中毒事件发生的时间、地点、毒物种类、名称、中毒人数、主要中毒表现、中毒事件发生单位的基本情况、事件发生时中毒现场的各个生产活动状况等。调查人员还需前往中毒患者就诊医疗机构进行调查，调查中毒患者及医务人员，调查其临床表现、症状、体征及潜伏期等。其主要方法包括横断面调查、分析性流行病学调查（病例对照研究、队列研究）。

**2. 现场检测** 根据现场流行病学调查和中毒患者临床症状等因素综合分析，确定现场可疑样品的采集及检测。主要包括：①现场采样；②样品的保存和运输；③现场快速检测；现场调查人员在了解事件发生过程和发生地情况后尽早进行样本采集工作。采集样本时应当注意根据毒物性质和事件危害特征采集具有代表性的样本，选择合适的采样工具和保存、转运容器，防止污染，采集的样本数量应当满足多次重复检测。在有条件时，现场调查人员应当尽早开展现场应急毒物检测，以便根据毒物检测结果指导开展现场处置工作。事故调查组进行现场调查取证时，有权向用人单位、有关单位和有关人员了解有关情况，任何单位和个人不得拒绝、隐瞒或提供虚假证据或资料，不得阻碍、干涉事故调查组的现场调查和取证工作。

## （三）事故处理

《中华人民共和国安全生产法》规定，生产经营单位发生生产安全事故后，事故现场有关人员应当立即报告本单位负责人。单位负责人接到事故报告后，应当迅速采取有效措施，组织抢救，防止事故扩大，减少人员伤亡和财产损失，并按照国家有关规定立即如实报告当地负有安全生产监督管理职责的部门，不得隐瞒不报、谎报或者迟报，不得故意破坏事故现场、毁灭有关证据。负有安全生产监督管理职责的部门接到事故报告后，应当立即按照国家有关规定上报事故情况。负有安全生产监督管理职责的部门和有关地方人民政府对事故情况不得隐瞒不报、谎报或者迟报。

有关地方人民政府和负有安全生产监督管理职责的部门的负责人接到生产安全事故报告后，应当按照生产安全事故应急救援预案的要求立即赶到事故现场，组织事故抢救。参与事故抢救的部门和单位应当服从统一指挥，加强协同联动，采取有效的应急救援措施，并根据事故救援的需要采取警戒、疏散等措施，防止事故扩大和次生灾害的发生，减少人员伤亡和财产损失。事故抢救过程中应当采取必要措施，避免或者减少对环境造成的危害。任何单位和个人都应当支持、配合事故抢救，并提供一切便利条件。

事故调查处理应当按照科学严谨、依法依规、实事求是、注重实效的原则，及时、准确地查清事故原因，查明事故性质和责任，总结事故教训，提出整改措施，并对事故责任者提出处理意见。事故调查报告应当依法及时向社会公布。事故调查和处理的具体办法由国务院制定。事故发生单位应当及时全面落实整改措施，负有安全生产监督管理职责的部门应当加强监督检查。

生产经营单位发生生产安全事故，经调查确定为责任事故的，除了应当查明事故单位的责任并依法予以追究外，还应当查明对安全生产的有关事项负有审查批准和监督职责的行政部门的责任，对有失职、渎职行为的，依照本法第八十七条的规定追究法律责任。任何单位和个人不得阻挠和干涉对事故的依法调查处理。

《生产安全事故信息报告和处置办法》第三十二条规定，重大事故、较大事故、一般事故，负责事故调查的人民政府应当自收到事故调查报告之日起 15 日内做出批复；特别重大事故，30 日内做出批复，特殊情况下，批复时间可以适当延长，但延长的时间最长不超过 30 日。有关机关应当按照人民政府的批复，依照法律、行政法规规定的权限和程序，对事故发生单位和有关人员进行行政处罚，对负有事故责任的国家工作人员进行处分。事故发生单位应当按照负责事故调查的人民政府的批复，对本单位负有事故责任的人员进行处理。负有事故责任的人员涉嫌犯罪的，依法追究刑事责任。事故处理的情况由负责事故调查的人民政府或者其授权的有关部门、机构向社会公布，依法应当保密的除外。

《职业病危害事故调查处理办法》规定，发生职业病危害事故时，用人单位应当根据情况立即采取以下紧急措施：①停止导致职业病危害事故的作业，控制事故现场，防止事态扩大，把事故危害降到最低限度；②疏通应急撤离通道，撤离作业人员，组织泄险；③保护事故现场，保留导致职业病危害事故的材料、设备和工具等；④对遭受或者可能遭受急性职业病危害的劳动者，及时组织救治、进行健康检查和医学观察；⑤按照规定进行事故报告；⑥配合卫生行政部门进行调查，按照卫生行政部门的要求如实提供事故发生情况、有关材料和样品；⑦落实卫生行政部门要求采取的其他措施。

卫生行政部门接到职业病危害事故报告后，应当及时组织用人单位主管部门、公安、安全生产部门、工会等有关部门对事故进行处理，根据情况可以采取以下措施：①责令暂停导致职业病危害事故的作业；②组织控制职业病危害事故现场；③封存造成职业病危害事故的材料、设备和工具等；④组织医疗卫生机构救治遭受或者可能遭受急性职业病危害的劳动者。

卫生行政部门根据事故调查组提出的事故意见，决定和实施对发生事故的用人单位的行政处罚，并责令用人单位及其主管部门负责落实有关改进措施建议。且对违反本法的卫生服务机构进行行政处罚，并责令其整改。职业病危害事故处理工作应当按照有关规定在 90 日内结案，特殊情况不得超过 180 日。事故处理结案后，应当公布处理结果。

**1. 用人单位** 《职业病危害事故调查处理办法》第二十条规定，违反《中华人民共和国职业病防治法》及本办法规定，用人单位不采取职业病危害预防措施而导致一般职业病危害事故的，由卫生行政部门责令限期治理，并处 10 万元以上 15 万元以下罚款；导致特大或者重大事故的，由卫生行政部门责令停止产生职业病危害的作业，或者提请有关人民政府按照国务院规定的权限责令关闭，并处 15 万元以上 30 万元以下罚款；构成犯罪的，对直接负责的主管人员和其他直接责任人员依法追究刑事责任。

第二十一条规定，违反《中华人民共和国职业病防治法》及本办法规定，有下列情形之一的，由卫生行政部门给予警告,责令限期改正;逾期不改正的,处5万元以上20万元以下罚款:①未按规定及时报告职业病危害事故的;②发生或者可能发生急性职业病危害事故时,未立即采取应急救援和控制措施的;③拒绝接受调查或者拒绝提供有关情况和资料的;④对遭受或者可能遭受急性职业病危害的劳动者,未及时组织救治、进行健康检查或医学观察的。

《生产安全事故信息报告和处置办法》规定,事故发生单位主要负责人有下列行为之一的,处上一年年收入40%至80%的罚款;属于国家工作人员的,并依法给予处分;构成犯罪的,依法追究刑事责任:①不立即组织事故抢救的;②迟报或者漏报事故的;③在事故调查处理期间擅离职守的。

事故发生单位及其有关人员有下列行为之一的,对事故发生单位处100万元以上500万元以下的罚款;对主要负责人、直接负责的主管人员和其他直接责任人员处上一年年收入60%至100%的罚款;属于国家工作人员的,并依法给予处分;构成违反治安管理行为的,由公安机关依法给予治安管理处罚;构成犯罪的,依法追究刑事责任:①谎报或者瞒报事故的;②伪造或者故意破坏事故现场的;③转移、隐匿资金、财产,或者销毁有关证据、资料的;④拒绝接受调查或者拒绝提供有关情况和资料的;⑤在事故调查中作伪证或者指使他人作伪证的;⑥事故发生后逃匿的。

事故发生单位对事故发生负有责任的,依照下列规定处以罚款:①发生一般事故的,处10万元以上20万元以下的罚款;②发生较大事故的,处20万元以上50万元以下的罚款;③发生重大事故的,处50万元以上200万元以下的罚款;④发生特别重大事故的,处200万元以上500万元以下的罚款。

事故发生单位主要负责人未依法履行安全生产管理职责,导致事故发生的,依照下列规定处以罚款;属于国家工作人员的,并依法给予处分;构成犯罪的,依法追究刑事责任:①发生一般事故的,处上一年年收入30%的罚款;②发生较大事故的,处上一年年收入40%的罚款;③发生重大事故的,处上一年年收入60%的罚款;④发生特别重大事故的,处上一年年收入80%的罚款。

有关地方人民政府、安全生产监督管理部门和负有安全生产监督管理职责的有关部门有下列行为之一的,对直接负责的主管人员和其他直接责任人员依法给予处分;构成犯罪的,依法追究刑事责任:①不立即组织事故抢救的;②迟报、漏报、谎报或者瞒报事故的;③阻碍、干涉事故调查工作的;④在事故调查中作伪证或者指使他人作伪证的。

事故发生单位对事故发生负有责任的,由有关部门依法暂扣或者吊销其有关证照;对事故发生单位负有事故责任的有关人员,依法暂停或者撤销其与安全生产有关的执业资格、岗位证书;事故发生单位主要负责人受到刑事处罚或者撤职处分的,自刑罚执行完毕或者受处分之日起,5年内不得担任任何生产经营单位的主要负责人。为发生事故的单位提供虚假证明的中介机构,由有关部门依法暂扣或者吊销其有关证照及其相关人员的执业资格;构成犯罪的,依法追究刑事责任。

**2. 卫生服务机构** 《职业病危害事故调查处理办法》第二十二条规定,卫生行政部门不按照规定报告职业病危害事故的,由上一级卫生行政部门责令改正,通报批评,给予警告;虚报瞒报的,对单位负责人、直接负责的主管人员和其他直接负责人给予降级、撤职或者开除的行政处分。

《中华人民共和国职业病防治法》规定,卫生行政部门、安全生产监督管理部门不按照规定报告职业病和职业病危害事故的,由上一级行政部门责令改正,通报批评,给予警告;虚报、瞒报的,对单位负责人、直接负责的主管人员和其他直接责任人员依法给予降级、撤职或者开除的处分。

违反《中华人民共和国职业病防治法》第十七条、第十八条规定,有关部门擅自批准建设项目或者发放施工许可的,对该部门直接负责的主管人员和其他直接责任人员,由监察机关或者上级机关依法给予记过直至开除的处分。

县级以上地方人民政府在职业病防治工作中未依照本法履行职责,本行政区域出现重大职业病危害事故、造成严重社会影响的，依法对直接负责的主管人员和其他直接责任人员给予记大过直至开除的处分。县级以上人民政府职业卫生监督管理部门不履行本法规定的职责，滥用职权、玩忽职守、徇私舞弊，依法对直接负责的主管人员和其他直接责任人员给予记大过或者降级的处分；造成职业病危害事故或者其他严重后果的，依法给予撤职或者开除的处分。违反《中华人民共和国职业病防治法》规定，构成犯罪的，依法追究刑事责任。

《生产安全事故报告和调查处理条例》第四十一条规定，参与事故调查的人员在事故调查中有下列行为之一的，依法给予处分；构成犯罪的，依法追究刑事责任：①对事故调查工作不负责任，致使事故调查工作有重大疏漏的；②包庇、袒护负有事故责任的人员或者借机打击报复的。第四十二条规定，违反本条例规定，有关地方人民政府或者有关部门故意拖延或者拒绝落实经批复的对事故责任人的处理意见的，由监察机关对有关责任人员依法给予处分。

### （四）信息分析、预警和反馈

政府组织成立突发职业病危害事件预警委员会，由职业卫生、职业病和临床医学、心理卫生学、公共卫生管理、经济学、社会学、法律学等方面专家组成，对事件检测信息进行综合分析与评估，及时提出事件预警报告。依据有关法律法规，由政府或政府授权部门统一向社会发布信息。

各级卫生行政部门在处理突发职业卫生事件过程中，及时向环境保护、安全生产监督管理、公安等相关部门通报卫生应急处理情况；并及时获取其他相关部门处理突发职业卫生事件涉及的相关信息，以便及时掌握相关突发事件涉及的中毒卫生应急工作情况。

### （五）善后处理

**1. 后期评估** 突发职业卫生事件结束后，各级卫生行政部门应在本级人民政府的领导下，组织有关人员对突发职业卫生事件的处理情况进行评估。评估内容主要包括事件概况、现场调查处理概况、病人救治情况、所采取措施的效果评价、应急处理过程中存在的问题和取得的经验及改进建议。评估报告上报本级人民政府和上一级人民政府卫生行政部门。

**2. 奖励** 县级以上人民政府人事部门和卫生行政部门对参加突发职业卫生事件应急处理作出贡献的先进集体和个人进行联合表彰；民政部门对在突发职业卫生事件应急处理工作中英勇献身的人员，按有关规定追认为烈士。

**3. 责任** 对在突发职业卫生事件的预防、报告、调查、控制和处理过程中，有玩忽职守、失职、渎职等行为的，依据《突发职业卫生事件应急条例》及有关法律法规追究当事人的责任。

**4. 抚恤和补助** 地方各级人民政府要组织有关部门对因参与应急处理工作致病、致残、死亡的人员，按照国家有关规定，给予相应的补助和抚恤；对参加应急处理一线工作的专业技术人员应根据工作需要制订合理的补助标准，给予补助。

**5. 征用物资、劳务的补偿** 突发职业卫生事件应急工作结束后，地方各级人民政府应组织有关部门对应急处理期间紧急调集、征用有关单位、企业、个人的物资和劳务进行合理评估，给予补偿。

## 四、应急反应保障

突发职业卫生事件应急处理应坚持预防为主，平战结合，国务院有关部门、地方各级人民政府和卫生行政部门应加强突发职业卫生事件的组织建设，组织开展突发职业卫生事件的监测和预警工作，加强突发职业卫生事件应急处理队伍建设和技术研究，建立健全国家统一的突发职业卫生事件预防控制体系，保证突发公共卫生事件应急处理工作的顺利开展。

## (一)技术保障

**1. 信息系统** 国家建立突发职业卫生事件应急决策指挥系统的信息、技术平台,承担突发职业卫生事件及相关信息收集、处理、分析、发布和传递等工作,采取分级负责的方式实施。要在充分利用现有资源的基础上建设医疗救治信息网络,实现卫生行政部门、医疗救治机构与疾病预防控制机构之间的信息共享。

**2. 疾病预防控制体系** 国家建立统一的疾病预防控制体系。各省(区、市)、市(地)、县(市)要加快疾病预防控制机构和基层预防保健组织建设,强化医疗卫生机构疾病预防控制的责任;建立功能完善、反应迅速、运转协调的突发职业卫生事件应急机制;健全覆盖城乡、灵敏高效、快速畅通的疫情信息网络;改善疾病预防控制机构基础设施和实验室设备条件;加强疾病控制专业队伍建设,提高流行病学调查、现场处置和实验室检测检验能力。

**3. 应急医疗救治体系** 按照"中央指导、地方负责、统筹兼顾、平战结合、因地制宜、合理布局"的原则,逐步在全国范围内建成包括急救机构、传染病救治机构和化学中毒与核辐射救治基地在内的,符合国情、覆盖城乡、功能完善、反应灵敏、运转协调、持续发展的医疗救治体系。

**4. 卫生执法监督体系** 国家建立统一的卫生执法监督体系。国务院安全生产监督管理部门建立全国统一的生产安全事故应急救援信息系统,国务院有关部门建立健全相关行业、领域的生产安全事故应急救援信息系统。各级卫生行政部门要明确职能,落实责任,规范执法监督行为,加强卫生执法监督队伍建设。对卫生监督人员实行资格准入制度和在岗培训制度,全面提高卫生执法监督的能力和水平。

**5. 应急卫生救治队伍** 各级人民政府卫生行政部门按照"平战结合、因地制宜,分类管理、分级负责,统一管理、协调运转"的原则建立突发职业卫生事件应急救治队伍,并加强管理和培训。

**6. 演练** 生产经营单位应当制定本单位生产安全事故应急救援预案,与所在地县级以上地方人民政府组织制定的生产安全事故应急救援预案相衔接,并定期组织演练。各级人民政府卫生行政部门要按照"统一规划、分类实施、分级负责、突出重点、适应需求"的原则,采取定期和不定期相结合的形式,组织开展突发职业卫生事件的应急演练。

**7. 科研和国际交流** 国家有计划地开展应对突发职业卫生事件相关的防治科学研究,包括现场流行病学调查方法、实验室病因检测技术、药物治疗、疫苗和应急反应装备、中医药及中西医结合防治等,尤其是开展新发、罕见传染病快速诊断方法、诊断试剂以及相关的疫苗研究,做到技术上有所储备。同时,开展应对突发职业卫生事件应急处理技术的国际交流与合作,引进国外的先进技术、装备和方法,提高我国应对突发职业卫生事件的整体水平。

## (二)物资、经费保障

**1. 物资储备** 各级人民政府要建立处理突发职业卫生事件的物资和生产能力储备。发生突发职业卫生事件时,应根据应急处理工作需要调用储备物资。卫生应急储备物资使用后要及时补充。

**2. 经费保障** 应保障突发职业卫生事件应急基础设施项目建设经费,按规定落实对突发职业卫生事件应急处理专业技术机构的财政补助政策和突发职业卫生事件应急处理经费。应根据需要对边远贫困地区突发职业卫生事件应急工作给予经费支持。国务院有关部门和地方各级人民政府应积极通过国际、国内等多渠道筹集资金,用于突发公共卫生事件应急处理工作。

## (三)通信与交通保障

各级应急医疗卫生救治队伍要根据实际工作需要配备通信设备和交通工具。

## （四）法律保障

国务院有关部门应根据突发职业卫生事件应急处理过程中出现的新问题、新情况，加强调查研究，起草和制订并不断完善应对突发职业卫生事件的法律、法规和规章制度，形成科学、完整的突发职业卫生事件应急法律和规章体系。

国务院有关部门和地方各级人民政府及有关部门要严格执行《突发职业卫生事件应急条例》等规定，根据本预案要求，严格履行职责，实行责任制。对履行职责不力，造成工作损失的，要追究有关当事人的责任。

## （五）社会公众的宣传教育

县级以上人民政府要组织有关部门利用广播、影视、报刊、互联网、手册等多种形式对社会公众广泛开展突发职业卫生事件应急知识的普及教育，宣传卫生科普知识，指导群众以科学的行为和方式对待突发职业卫生事件。要充分发挥有关社会团体在普及卫生应急知识和卫生科普知识方面的作用。

# 第三节 突发职业卫生事件的预防

《中华人民共和国职业病防治法》第三条规定，职业病防治工作坚持预防为主、防治结合的方针，建立用人单位负责、行政机关监管、行业自律、职工参与和社会监督的机制，实行分类管理、综合治理。用人单位应当为劳动者创造符合国家职业卫生标准和卫生要求的工作环境和条件，并采取措施保障劳动者获得职业卫生保护。工会组织依法对职业病防治工作进行监督，维护劳动者的合法权益。用人单位制定或者修改有关职业病防治的规章制度，应当听取工会组织及专家咨询委员会的意见。

## 一、前期预防

### （一）用人单位

《中华人民共和国职业病防治法》规定，用人单位应当依照法律、法规要求，严格遵守国家职业卫生标准，落实职业病预防措施，从源头上控制和消除职业病危害。

产生职业病危害的用人单位的设立除应当符合法律、行政法规规定的设立条件外，其工作场所还应当符合下列职业卫生要求：①职业病危害因素的强度或者浓度符合国家职业卫生标准；②有与职业病危害防护相适应的设施；③生产布局合理，符合有害与无害作业分开的原则；④有配套的更衣间、洗浴间、孕妇休息间等卫生设施；⑤设备、工具、用具等设施符合保护劳动者生理、心理健康的要求；⑥法律、行政法规和国务院卫生行政部门、安全生产监督管理部门关于保护劳动者健康的其他要求。

国家建立职业病危害项目申报制度。用人单位工作场所存在职业病目录所列职业病的危害因素的，应当及时、如实向所在地安全生产监督管理部门申报危害项目，接受监督。新建、扩建、改建建设项目和技术改造、技术引进项目（以下统称建设项目）可能产生职业病危害的，建设单位在可行性论证阶段应当向安全生产监督管理部门提交职业病危害预评价报告。职业病危害预评价报告应当对建设项目可能产生的职业病危害因素及其对工作场所和劳动者健康的影响作出评价，确定危害类别和职业病防护措施。

《建设项目职业卫生"三同时"监督管理暂行办法》规定，可能产生职业病危害的新建、改建、扩建和技术改造、技术引进建设项目职业病防护设施必须与主体工程同时设计、同时施工、同时投入生产和使用（以下简称职业卫生"三同时"）。职业病防护设施所需费用应当纳入建设项目工程预算。职业病危害严重的建设项目的防护设施设计，应当经安全生产监督管理部门审查，符合国家职业卫生标准和卫生要求的，方可施工。建设项目在竣工验收前，建设单位应当进行职业病危害控制效果评价。建设项目竣工验收时，其职业病防护设施经安全生产监督管理部门验收合格后，方可投入正式生产和使用。

## （二）卫生服务机构

国家建立职业病危害项目申报制度。国务院卫生行政部门会同国务院安全生产监督管理部门制定、调整并公布职业病危害因素分类。国务院安全生产监督管理部门制定职业病危害项目申报的具体办法。

对可能产生职业病危害的新建、扩建、改建建设项目和技术改造、技术引进项目，建设单位在可行性论证阶段向安全生产监督管理部门提交职业病危害预评价报告。安全生产监督管理部门应当自收到职业病危害预评价报告之日起三十日内，作出审核决定并书面通知建设单位。未提交预评价报告或者预评价报告未经安全生产监督管理部门审核同意的，有关部门不得批准该建设项目。

《建设项目职业卫生"三同时"监督管理暂行办法》第二十一条规定，对已经受理的职业病危害严重的建设项目职业病防护设施设计审查申请，安全生产监督管理部门应当对申请文件、资料的合法性进行审查。审查同意的，自受理之日起20个工作日内予以批复；审查不同意的，书面通知建设单位并说明理由。因情况复杂，20个工作日不能作出批复的，经本部门负责人批准，可以延长10个工作日，并将延长期限的理由书面告知申请人。

第三十一条规定，安全生产监督管理部门收到建设项目职业病防护设施竣工备案或者竣工验收申请后，应当对申请文件、资料是否齐全进行核对，并自收到申请之日起5个工作日内作出是否受理的决定或者出具补正通知书。对已经受理的备案申请，安全生产监督管理部门应当自受理之日起20个工作日内对申请文件、资料的合法性进行审查。符合要求的，予以备案，出具备案通知书；不符合要求的，不予备案，书面通知建设单位说明理由。

对已经受理的竣工验收申请，安全生产监督管理部门应当对建设项目职业病危害控制效果评价报告等申请文件、资料进行合法性审查，对建设项目职业病防护设施进行现场验收，并自受理之日起20个工作日内作出是否通过验收的决定。通过验收的，予以批复；未通过验收的，书面告知建设单位并说明理由。因情况复杂，20个工作日不能作出批复的，经本部门负责人批准，可以延长10个工作日，并将延长期限的理由书面告知申请人。

职业病危害预评价、职业病危害控制效果评价由依法设立的取得国务院安全生产监督管理部门或者设区的市级以上地方人民政府安全生产监督管理部门按照职责分工给予资质认可的职业卫生技术服务机构进行。职业卫生技术服务机构所作评价应当客观、真实。此外，国家对从事放射性、高毒、高危粉尘等作业实行特殊管理。具体管理办法由国务院制定。

# 二、劳动过程中的防护与管理

## （一）用人单位

**1. 警示**　《中华人民共和国职业病防治法》规定，产生职业病危害的用人单位，应当在醒目位置设置公告栏，公布有关职业病防治的规章制度、操作规程、职业病危害事故应急救援措施和工作场所职业病危害因素检测结果。对产生严重职业病危害的作业岗位，应当在其醒目位置，设置警示标识和中文警示说明。警示说明应当载明产生职业病危害的种类、后果、预防以及应急救治措施等内容。对可能发生急性职业损伤的有毒、有害工作场所，用人单位应当设置报警装置，配置现场急救用品、冲洗设备、应急撤离通道和必要的泄险区。对放射工作场所和放射性同位素的运输、贮存，用人单位必须配置防护设备和报警装置，保证接触放射线的工作人员佩戴个人剂量计。

根据《企业安全生产风险公告六条规定》，用人单位应采取以下措施：①必须在企业醒目位置设置公告栏，在存在安全生产风险的岗位设置告知卡，分别标明本企业、本岗位主要危险危害因素、后果、事故预防及应急措施、报告电话等内容。②必须在重大危险源、存在严重职业病危害的场所设置明显标志，标明风险内容、危险程度、安全距离、防控办法、应急措施等内容。③必须在有重大事故隐患和较大危险的场所和设施设备上设置明显标志，标明治理责任、期限及应急措施。④必须在工作岗位标明安全操作要点。⑤必须及时向员工公开安全生产行政处罚决定、执行情况和整改结果。⑥必须及时更新安全生产风险公告内容，建立档案。

**2. 卫生防护** 对产生职业病危害的作业岗位，用人单位必须采用有效的职业病防护设施，为劳动者提供个人使用的职业病防护用品，并必须符合防治职业病的要求；不符合要求的，不得使用。应当对劳动者进行上岗前的职业卫生培训和在岗期间的定期职业卫生培训，普及职业卫生知识，督促劳动者遵守职业病防治法律、法规、规章和操作规程，指导劳动者正确使用职业病防护设备和个人使用的职业病防护用品。并且，对职业病防护设备、应急救援设施和个人使用的职业病防护用品，用人单位应当进行经常性的维护、检修，定期检测其性能和效果，确保其处于正常状态，不得擅自拆除或者停止使用。其主要负责人和职业卫生管理人员应当接受职业卫生培训，遵守职业病防治法律、法规，依法组织本单位的职业病防治工作。

用人单位应当优先采用有利于防治职业病和保护劳动者健康的新技术、新工艺、新设备、新材料，逐步替代职业病危害严重的技术、工艺、设备、材料。用人单位对采用的技术、工艺、设备、材料，应当知悉其产生的职业病危害，对有职业病危害的技术、工艺、设备、材料隐瞒其危害而采用的，对所造成的职业病危害后果承担责任。此外，任何单位和个人不得生产、经营、进口和使用国家明令禁止使用的可能产生职业病危害的设备或者材料。不得将产生职业病危害的作业转移给不具备职业病防护条件的单位和个人。不具备职业病防护条件的单位和个人不得接受产生职业病危害的作业。

**3. 卫生监督检查** 《中华人民共和国职业病防治法》第九条规定，国家实行职业卫生监督制度。国务院安全生产监督管理部门、卫生行政部门、劳动保障行政部门依照本法和国务院确定的职责，负责全国职业病防治的监督管理工作。国务院有关部门在各自的职责范围内负责职业病防治的有关监督管理工作。县级以上地方人民政府安全生产监督管理部门、卫生行政部门、劳动保障行政部门依据各自职责，负责本行政区域内职业病防治的监督管理工作。县级以上地方人民政府有关部门在各自的职责范围内负责职业病防治的有关监督管理工作。县级以上人民政府安全生产监督管理部门、卫生行政部门、劳动保障行政部门（以下统称职业卫生监督管理部门）应当加强沟通，密切配合，按照各自职责分工，依法行使职权，承担责任。

国家安全生产监督管理总局令（第47号）《工作场所职业卫生监督管理规定》第三十九条规定，安全生产监督管理部门应当依法对用人单位执行有关职业病防治的法律、法规、规章和国家职业卫生标准的情况进行监督检查，重点监督检查下列内容：①设置或者指定职业卫生管理机构或者组织，配备专职或者兼职的职业卫生管理人员情况；②职业卫生管理制度和操作规程的建立、落实及公布情况；③主要负责人、职业卫生管理人员和职业病危害严重的工作岗位的劳动者职业卫生培训情况；④建设项目职业卫生"三同时"制度落实情况；⑤工作场所职业病危害项目申报情况；⑥工作场所职业病危害因素监测、检测、评价及结果报告和公布情况；⑦职业病防护设施、应急救援设施的配置、维护、保养情况，以及职业病防护用品的发放、管理及劳动者佩戴使用情况；⑧职业病危害因素及危害后果警示、告知情况；⑨劳动者职业健康监护、放射工作人员个人剂量监测情况；⑩职业病危害事故报告情况；⑪提供劳动者健康损害与职业史、职业病危害接触关系等相关资料的情况；⑫依法应当监督检查的其他情况。

我国职业卫生监督工作按监督实施的阶段主要包括：预防性职业卫生监督和经常性职业卫生监督。前者是指依据职业卫生法律法规、卫生规章以及相关卫生标准，对用人单位新建、扩建、改建建设项目和技术改造、技术引进项目（统称建设项目）中可能产生的职业病危害因素，在项目设计、施工和投产前进行的卫生监督，即对建设项目中必须采取的职业病危害防护设施，是否与主体工程同时设计、同时施工、同时投产（简称"三同时"）进行职业卫生监督。其目的是保证投产后的劳动环境符合卫生标准要求，预防职业病危害因素在项目正式投产后，造成生产作业场所的污染和对劳动者健康造成损害。预防性职业卫生监督的重点是对建设项目职业病危害预评价报告、建设项目职业病危害防护设施设计和职业病危害控制效果评价报告监督审查，并提出审查意见。其程序一般可分为设计审查、施工监督和竣工验收三个步骤。

经常性职业卫生监督是政府行政部门依据职业卫生法律法规、卫生规章及相关卫生标准，运用现代预防医学和其他相关学科的技术，对用人单位预防控制职业病危害和对劳动者进行健康监护等情况所实施的定期或不定期的监督检查行为。卫生行政部门经常性卫生监督主要内容侧重于劳动者的职业健康监护等。政府相关行政部门对存在有职业病危害因素的用人单位，应根据其危害程度实行分级监督管理。

### （二）卫生服务机构

职业卫生监督管理部门应当按照职责分工，加强对用人单位落实职业病防护管理措施情况的监督检查，依法行使职权，承担责任。由依法设立的取得国务院安全生产监督管理部门或者设区的市级以上地方人民政府安全生产监督管理部门按照职责分工给予资质认可的职业卫生技术服务机构可进行职业病危害因素检测、评价。其所作检测、评价应当客观、真实，并接受安全生产监督管理部门的监督检查。安全生产监督管理部门应当依法履行监督职责。

职业卫生技术服务机构向用人单位提供可能产生职业病危害的设备的，应当提供中文说明书，并在设备的醒目位置设置警示标识和中文警示说明。警示说明应当载明设备性能、可能产生的职业病危害、安全操作和维护注意事项、职业病防护以及应急救治措施等内容。向用人单位提供可能产生职业病危害的化学品、放射性同位素和含有放射性物质的材料的，应当同时提供中文说明书。说明书应当载明产品特性、主要成分、存在的有害因素、可能产生的危害后果、安全使用注意事项、职业病防护以及应急救治措施等内容。产品包装应当有醒目的警示标识和中文警示说明。贮存上述材料的场所应当在规定的部位设置危险物品标识或者放射性警示标识。

此外，工会组织应当督促并协助用人单位开展职业卫生宣传教育和培训，有权对用人单位的职业病防治工作提出意见和建议，依法代表劳动者与用人单位签订劳动安全卫生专项集体合同，与用人单位就劳动者反映的有关职业病防治的问题进行协调并督促解决。对用人单位违反职业病防治法律、法规，侵犯劳动者合法权益的行为，有权要求纠正；产生严重职业病危害时，有权要求采取防护措施，或者向政府有关部门建议采取强制性措施；发生职业病危害事故时，有权参与事故调查处理；发现危及劳动者生命健康的情形时，有权向用人单位建议组织劳动者撤离危险现场，用人单位应当立即作出处理。

## 三、应 急 预 案

为有效预防、及时控制和消除突发公共卫生事件及其危害，指导和规范各类突发公共卫生事件的应急处理工作，最大程度地降低突发公共卫生事件对公众健康造成的危害，保障公众身心健康与生命安全，应对可能发生的职业卫生突发事件制定应急预案，以减少决策时间和决策压力。

### （一）应急预案的编制

《生产安全事故应急预案管理办法》规定，地方各级安全生产监督管理部门应当根据法律、法规、规章和同级人民政府以及上级部门的应急预案和应急预案编制方面的规范要求，结合本行政区域主要生产安全事故风险，组织、指导编制相应的部门应急预案。

生产经营单位应当根据有关法律、法规和《生产经营单位生产安全事故应急预案编制导则》（GB/T 29639），结合本单位实际，编制相应的应急预案。主要包括：

**1. 综合应急预案** 存在的风险种类多、可能发生多种类型事故的生产经营单位，应当组织编制综合应急预案。其从总体上阐述事故的应急工作原则，包括生产经营单位的应急组织机构及职责、应急预案体系、事故风险描述、预警及信息报告、应急响应、保障措施、应急预案管理等内容。

**2. 专项应急预案** 生产经营单位为应对某一类型或某几种类型事故，或者针对重要生产设施、重大危险源、重大活动等，可制定相应的专项应急预案。其内容包括事故风险分析、应急指挥机构及职责、处置程序和措施等内容。生产经营单位根据本单位的实际情况，确定是否编制专项应急预案。

**3. 现场处置方案** 生产经营单位可根据不同事故类别，针对具体的场所、装置或设施制定具体的现场处置方案。其内容包括事故风险分析、应急工作职责、应急处置和注意事项等。生产经营单位应根据风险评估、岗位操作规程以及危险性控制措施，组织本单位现场作业人员及内部安全管理等专业人员共同编制现场处置方案。

应急预案的编制应当符合下列基本要求：①符合有关法律、法规、规章和标准的规定；②结合本行政区域、本部门、本单位的安全生产实际情况；③结合本行政区域、本部门、本单位的风险分析情况；④有明确的应急组织体系和具体应急人员的岗位职责；⑤有明确、具体的事故应急程序和预防次生、衍生事故的措施，并与其应急能力相适应；⑥有明确的应急保障措施，并能满足本行政区域、本部门、本单位的应急工作要求；⑦应急预案基本要素齐全、完整，预案附件提供的信息简洁、准确和有效；⑧与相关应急预案相互衔接。

### （二）应急预案的评审与公布

《生产安全事故应急预案管理办法》第十六条规定，地方各级安全生产监管监察部门和其他负有安全生产监督管理职责的部门应当组织专家对本部门编制的应急预案进行审定；必要时，可以听取社会有关方面的意见。应急预案中涉及相关部门职能或者需要有关部门配合的，应当征得有关部门同意。

第十七条规定，生产经营单位应当组织人员对本单位编制的应急预案进行评审，评审应当形成书面评审意见并附有评审人员签字名单。煤矿、非煤矿山、冶金、建筑施工单位和易燃易爆物品、危险化学品、放射性物品等危险物品的生产、经营、储存、使用单位和中型规模以上的其他生产经营单位的应急预案评审应当邀请具有相应专业应急救援经验的人员参加。同时，邀请包括应急预案涉及的政府部门工作人员和有关安全生产及应急管理方面的专家参加。评审人员与生产经营单位有利害关系的，应当回避。

生产经营单位的应急预案经评审通过后，由生产经营单位主要负责人签署公布。地方各级安全生产监管监察部门应急预案应当通过政务网站、报刊、广播、电视等方式，及时、准确向社会公布，对确需保密的应急预案，按照有关规定执行。

地方各级安全生产监管监察部门应急预案、生产经营单位应急预案应当自发布之日起30个工作日内按照本办法规定进行备案。地方各级安全生产监管监察部门的应急预案应当报同级人民政府备案。其他负有安全生产监督管理职责的部门，应当将本部门的应急预案抄送同级安全生产监督管理部门。

### （三）应急预案的实施

地方各级安全生产监管监察部门和其他负有安全生产监督管理职责的部门、生产经营单位应当采取多种形式开展应急预案的宣传教育，普及生产安全事故预防、避险、自救和互救知识，提高从业人员应急意识和应急处置技能。应当组织开展应急预案培训工作，使有关人员了解应急预案内容，熟悉应急职责和岗位应急程序。有条件的生产经营单位应当将现场处置方案的要点和程序张贴在应急地点并设立明显的标志。

地方各级安全生产监管监察部门和其他负有安全监管职责的部门，应当每年至少组织一次本部门、本行业（领域）应急预案演练，指导、监督和检查本行政区域、本行业（领域）有关生产经营单位开展预案演练活动，提高事故应急处置能力。应急预案编制部门或单位应当建立应急演练制度，根据实际情况采取实战演练、桌面演练等方式，组织开展人员广泛参与、部门协同联动、形式多样、节约高效的应急演练，检验预案的实用性和有效性。

生产经营单位应当建立应急演练制度，制定年度应急预案演练计划，结合本单位特点每年至少组织一次综合应急演练或专项应急演练，每季度至少组织一次现场处置方案实战演练，并结合实际经常性开展桌面演练。高危行业生产经营单位每半年至少组织一次综合或专项应急演练。应加强与地方人民政府及其相关部门应急预案的衔接工作，建立政府与生产经营单位之间、生产经营单位彼此之间的应急联动机制，统筹配置应急救援组织机构、队伍、装备和物资，共享区域应急资源。并应按照应急预案的要求配备相应的应急物资及装备，建立使用状况档案，定期检测和维护，使其处于良好状态。

演练组织单位应当及时开展演练评估工作，总结分析应急预案存在的问题和不足，提出改进措施和建议，形成应急演练评估报告。应急预案编制单位应当每年至少进行一次应急预案适用情况的评估，并可邀请有关专家或专业技术服务机构参与分析评价其针对性、操作性和实用性，实现应急预案动态优化和科学规范管理，并编制评估报告。

生产经营单位发生事故后，应当按照应急预案要求及时启动应急响应，组织有关力量进行救援，并按照规定将事故信息及应急处置情况报告安全生产监督管理部门和其他负有安全生产监督管理职责的部门。地方各级安全生产监管监察和其他负有安全监管职责的部门，应当每年对应急预案的管理情况进行总结，并纳入年度安全生产应急管理工作总结，报上一级主管部门。

地方各级安全生产监管监察部门编制的应急预案，应当根据国家法律法规的要求以及本部门职责和组织机构等变化情况适时修订。生产经营单位编制的应急预案应当至少每三年全面修订一次，预案修订情况应有记录并归档，并按照报备程序重新备案。有下列情形之一的，应急预案应当及时修订：①因单位兼并、重组、转制等导致隶属关系、经营方式、法定代表人发生变化的；②生产工艺和技术发生变化的；③应急资源发生重大变化的；④面临的风险或其他环境因素发生重要变化的；⑤重大危险源情况发生变化的；⑥应急组织指挥体系或者职责已经调整的；⑦依据的法律、法规、规章、标准和预案发生变化的；⑧在生产安全事故实际应对处置中发现需要作出调整的；⑨在日常应急演练中发现需要作出调整的；⑩应急预案编制部门或单位认为应当修订的其他情况。

### 案例 13-1 解析

突发职业卫生事件应急处理要采取边调查、边处理、边抢救、边核实的方式，以有效措施控制事态发展。事发地之外的地方各级人民政府、卫生行政部门接到突发职业卫生事件情况通报后，要及时通知相应的医疗卫生机构，组织做好应急处理所需的人员与物资准备，采取必要的预防控制措施，防止突发职业卫生事件在本行政区域内发生，并服从上一级人民政府卫生行政部门的统一指挥和调度，支援突发职业卫生事件发生地区的应急处理工作。基本原则如下：

（1）迅速采取保护人群免受侵害的措施，抢救和治疗病人及受侵害者，包括撤离现场、封存可疑危险物品。

（2）控制职业卫生突发事件进一步蔓延，阻止危害进一步延伸。根据事件性质，迅速划分不同的控制分区和隔离带并提出人群撤离和隔离控制标准。

（3）迅速查清职业突发卫生事件原因、动因和危害：①要及时查明事件性质；②查明事件扩展途径；③判断危害程度，估计持续时间；④消除原因，控制动因；⑤预防同类事件再次发生。

本案例用人单位违反了《职业病防治法》中有关规定，包括：①"对产生严重职业病危害的作业岗位，应当在其醒目位置，设置警示标识和中文警示说明"（第二十二条）；②"在可能发生急性职业损伤的有毒、有害场所，以及存在放射源的场所，用人单位应当设置报警装置，配置现场急救用品、冲洗设备、应急通道和必要的泄险区。"③"组织劳动者进行上岗前，在岗期间和离岗时的职业健康检查及建立职业健康监护档案"（第三十二条）；④该单位发案后未按照有关法律法规之规定向当地卫生行政部门报告（第三十四条）。

《中华人民共和国职业病防治法》第三条规定，职业病防治工作坚持预防为主、防治结合的方针，建立用人单位负责、行政机关监管、行业自律、职工参与和社会监督的机制，实行分类管理、综合治理。①要采取正确的警示措施，包括发警报、警示牌和宣传材料等。提高公众对职业卫生突发事件的应对意识，加强公众教育；②定期对从事危险作业的工人进行培训、教育，配备有效的职业中毒防护用品，对上岗前和上岗期间进行健康检查，对特殊岗位实行持证上岗制；③建立健全突发职业中毒事故应急救援预案，定期组织演练，不断丰富完善预案内容，保证规范、科学、有效；同时要提高作业工人自我保护意识，开展自救，互救知识学习，特别是掌握施救原则，科学、及时抢救；④建立明确、统一、系统的急性职业中毒应急救援体系及应急救援的装备、物资、经费等，建设、培养一支现场时间经验丰富的应急队伍，建立以现场应对为主的常见毒物应急救援数据库；⑤各有关部门必须分工明确，组织严密，确保应急救援科学、快速、有效，才能真正实现减少、消除突发职业中毒事故对劳动者的伤害，降低经济损失，以减轻对社会的不良影响。

（张 丽）

# 思 考 题

1. 突发职业卫生事故的分级？
2. 突发职业卫生事件应急处置的基本内容？
3. 应急反应终止条件？
4. 突发职业卫生事故调查的方法？
5. 突发职业卫生事故处理步骤有哪些？

# 第十四章 职业卫生监督与管理

**案例 14-1**

2004年6月17日凌晨2:30左右,某化工有限责任公司制氯车间氯氢工段发生氯气泄漏事件,造成一名作业工人彭某和附近6名村民中毒住院。随后两天有两家报纸相继做了报道。从媒体获悉情况后,市、区卫生执法人员分别于6月19日上午9:30和21日上午9:00两次赴事故现场进行调查和处理。

调查结果:

1. 基本信息  该公司于1987年建厂,2003年改制,成立了现在的某化工有限责任公司。主要产品是液碱、液氯、盐酸和漂液,拥有职工100多人,其中生产工人80多人。

2. 该公司有关职业卫生档案情况  ①该公司于2003年6月5日由取得"职业卫生服务资质"的某区疾病预防控制中心进行职业病危害因素检测,检测的主要职业病危害因素有:氯气、氯化氢、氢氧化钠、噪声、锰和粉尘。②该公司2003年5月12日已经进行了职业病危害项目的申报,申报的职业病危害项目有:氯气、盐酸、液碱、锰、粉尘。③该公司于2003年9月26日组织职业病危害场所作业工人83人到获得省卫生厅批准的某区疾病预防控制中心进行了职业健康检查。④事故受害人之一,该公司制氯车间氯氢工段作业工人彭某,于2003年11月7日即在该公司上岗,且该公司未对彭某进行上岗前职业健康检查,在该公司职业健康档案内也未发现有关彭某上岗前和在岗期间的职业健康检查记录,经询问彭某本人,自诉上岗前和岗中均未进行职业健康检查。⑤该公司没有设置职业卫生专职或兼职管理人员(不能出示设置职业卫生专职或兼职管理人员的规范性文件)。

3. 事故现场(制氯车间氯氢工段)检查结果  ①该公司造成氯气泄漏的车间(制氯车间氯氢工段)已停产。②制氯车间氯氢工段当晚值班工人彭某,经市疾病预防控制中心职业病诊断小组诊断为职业性急性轻度氯气中毒。③制氯车间氯氢工段现场未发现有报警装置。④制氯车间现场未发现有职业病危害警示标志。⑤现场发现制氯车间氯氢工段氯气泄险区设置不合理,其泄险区设置在紧急撤离通道上,且无安全防护设施。

4. 收集证据(略)。

问题:

1. 该用人单位违反了哪些法律条款?
2. 应该如何给予处罚及处罚依据?
3. 本次执法过程是否存在不足之处?

职业性有害因素是客观存在的,职业卫生工作者的主要任务就是对存在的各种职业性有害因素进行识别和评价,最终达到改善劳动条件、消除和(或)控制职业性有害因素,最大限度地防止此类不良因素对劳动者健康产生不良影响的目的。职业卫生监督与管理是实现这一目标最重要的措施,是保障职业卫生法律制度的贯彻执行,保护劳动者身体健康的一种卫生行政执法活动。进一步加强和完善职业卫生监督,可以有效防制职业危害因素对劳动者健康的损害,预防和控制职业病的发生,提高职业生命质量,促进国民经济可持续发展与社会文明进步。

# 第一节 概 述

## 一、职业卫生法制建设概况

职业卫生法律法规是国家用法律形式对具体职业卫生问题实施管理的依据，也是政府职能部门实施行政管理的依据，因而其完善程度直接关系到能否有效的实施行政监管和保障从业人员在安全卫生的条件下从事生产劳动。

我国的职业卫生法制建设是在中华人民共和国成立之后才开始启动，新中国成立半个多世纪以来，我国政府和各有关部门陆续发布了一系列职业卫生和职业病防治方面的法律法规，职业病防治的法制化建设得到逐步加强，特别是20世纪80年代开始，为了适应我国经济建设新形势的需要，最大限度的保护广大劳动者的利益和身心健康，国家卫生部及各有关部门、全国人大常委会法制工作委员会加快了有关法律法规的制定和修订工作。经过多年的努力，目前我国已初步形成了包括职业病防治法律、法规、卫生规章、职业卫生标准等在内的较完备的法律体系、职业卫生监督体系、职业卫生技术服务体系和职业病救治体系。

1949年，新中国成立伊始，中央政府就在颁布的《中国人民政治协商会议共同纲领》中规定了"实行工矿检查制度，以改进工矿的安全和卫生设备"。1950年5月31日，国家劳动部颁布了《工厂卫生暂行条例草案（试行）》，这是建国初期制定的第一个劳动保护的法规。1951年9月3日至15日，劳动部召开了第一次全国劳动保护工作会议，讨论并通过了《加强劳动保护工作的决定》、《工厂安全卫生暂行条例（草案）》、《阻止工厂矿场加班加点暂行办法（草案）》、《保护女工暂行条例（草案）》等劳动保护法令。1956年3月20日卫生部和国家建设委员会颁布了《工业企业设计暂行卫生标准》，此标准分别于1962年、1979年、2002年、2010年共进行了4次修订，现改为《工业企业设计卫生标准（GBZ1 2010）》。1956年5月25日国务院颁布了《工厂安全卫生规程》，并发布了《关于防止厂矿企业中矽尘危害的决定》，同年10月5日卫生部又发布了《职业中毒与职业病报告试行办法》，该办法于1983年和1989年进行了两次修订，更名为《职业病报告办法》。1957年2月28日卫生部发布的《职业病范围和职业病患者处理办法的规定》，首次将14种病因明确、危害较大的职业性疾患列为法定职业病，并于1987年、2002年和2011年进行了3次补充修订，2013年卫计委发布的现行《职业病分类目录》中法定职业病已扩大到10大类132种。建国以来的这些法律法规对当时保护工人健康、预防职业性损害、提高生产效率起了重要作用。

进入20世纪80年代后，在国家法制化建设不断推进的大环境下，我国的职业卫生法制化建设和管理的力度也得以进一步加强，1984年国务院专门下发了《关于加强防尘防毒工作的决定》。鉴于20世纪80年代全国乡镇企业职业卫生的严峻形势，1987年卫生部和劳动部联合发布了《乡镇企业劳动卫生管理办法》。为加强防尘工作，国务院于1987年12月3日颁布了《中华人民共和国尘肺病防治条例》，此"条例"为当时我国职业卫生管理法律地位最高的专项法规，标志着职业卫生管理和职业病防治逐步走向法制化的轨道。1989年10月24日国务院又颁布了《放射性同位素与射线装置放射防护条例》，使放射防护卫生监督有了法律依据。此外，在20世纪90年代，上海、北京、福建、辽宁等省、市人民政府也颁布了多种职业卫生管理法规，这些地方性卫生法规对加强当地职业卫生工作和推动全国职业卫生管理的法制化建设都发挥了很大作用。上述的一系列法规、规章及规范性文件，对各个时期我国的职业病防治工作产生了一定的行政约束力，但法律制约性不强。至20世纪末，我国还没有一部职业病防治专项法律，职业卫生法制建设滞后于生活和经济发展的矛盾逐渐显露，某些职业卫生问题处理无法可依、无章可循的现象时有发生。

经过数年的调查研究，在认真总结我国五十年左右职业病防治工作的经验教训和借鉴国外职业卫生立法基础上，第九届全国人民代表大会常务委员会第 24 次会议通过了《中华人民共和国职业病防治法》（简称职业病防治法），并于 2002 年 5 月 1 日起实施。其立法宗旨是通过预防、控制和消除职业病危害，防治职业病，保护劳动者的健康、促进经济建设。但随着社会的发展，也逐渐暴露出该法的一些不足，如监管体制不够顺畅，劳动者和用人单位之间的劳动关系有时难以认定，患者进行职业病鉴定资料难以取得等。为此，国家陆续作出了相应调整。中央编办于 2010 年 10 月印发了《关于职业卫生监管部门职责分工的通知》，规定了国务院有关部门在职业卫生监管方面的职责分工。在广泛调查、深入研究、不断讨论、公开征询、反复协商的基础上，第十一届全国人民代表大会常务委员会第二十四次会议于 2011 年 12 月 31 日，通过了《职业病防治法》修正案，有针对性地解决劳动者在职业病防治中的责任，消除了职业病诊断的受理门槛，简化了劳动仲裁的程序，规定了监管部门在特定情况下对有争议资料作出判定的职责。

目前，我国的职业卫生法规大体有三种类型：第一种是专项法律法规，又分四个层次：①由全国人大常委会制定的职业卫生单行法律，如《职业病防治法》；②由国务院制定的职业卫生相关行政法规，如《中华人民共和国尘肺病防治条例》、《使用有毒物品作业场所劳动保护条例》、《放射性同位素与射线装置安全和防护条例》、《女职工劳动保护特别规定》等；③由卫生部制定的职业卫生行政规章，如《工作场所职业卫生监督管理规定》、《职业病危害项目申报办法》、《用人单位职业健康监护监督管理办法》、《职业卫生技术服务机构监督管理暂行办法》、《建设项目职业卫生"三同时"监督管理暂行办法》等；④由地方人大常委会或政府指定的法规，如福建省人大常委颁布的《职业病防治条例》。第二种为非专项法律法规，其中含有相关的条款，如《中华人民共和国劳动法》和《中华人民共和国乡镇企业法》等。第三种是国务院及有关部委发布的各种规范性文件，通常以决定、办法、规定、意见、通知等形式出现，如《建设项目职业病危害风险分类管理目录（2012 年版）的通知》、《加强职业健康工作的指导意见》、《加强职业健康技术支撑体系建设的指导意见》等作为相关职业卫生法律、法规和行政规章的重要补充。

职业卫生法规的另一个重要部分是职业卫生技术规范，主要是职业卫生标准和职业病诊断标准。职业卫生标准是卫生监督部门执行相关职业卫生法律法规的技术规范，是衡量职业病危害控制效果的技术标准，也是职业病防治监督管理工作的法定依据。为加强国家职业卫生标准的管理，卫生部于 2002 年 3 月发布了《国家职业卫生标准管理办法》，确定了国家职业卫生标准制定的原则，规定了国家职业卫生标准的立项、起草、审查、公布、复审、解释的程序和方式等。国家职业卫生标准分为强制性标准和推荐性标准。强制性标准分为全文强制和条文强制两种形式。

我国是国际劳工组织成员国之一，有义务遵守国际劳工组织关于职业卫生的规定。2006 年 10 月 31 日第十届全国人大常委会第二十四次会议表决批准了《1981 年职业安全和卫生及工作环境公约》，这一国际公约也成为我国职业卫生法律渊源的重要组成部分。

## 二、职业卫生监督意义

《职业病防治法》明确规定，国家实行职业卫生监督制度，即由法律授权的国家机关对全国的职业卫生工作依法实施具有国家强制力的监督制度，是一种国家监督制度。职业卫生监督是国家行政监督的一部分，是保证职业病防治法规贯彻实施的重要手段。开展职业卫生监督的目的在于确保用人单位职业卫生条件处于良好的状态，预防和消除职业性有害因素对劳动者健康的损害，保证和促进生产劳动的顺利进行。

职业卫生监督的意义和作用是：

（1）预防、控制和消除职业病危害：职业卫生监督工作要把预防、控制和消除职业病危害作为首要目标和任务，严格督促用人单位做好职业病危害因素源头控制，使工作场所职业卫生防护符合国家职业卫生标准和卫生要求，以达到减少、消除职业病的发生。

（2）防治职业病：防治职业病是指预防、治理和治疗职业病。职业卫生监督要坚持防治结合的方针，检查、督促用人单位正确处理"防与治"的关系，使之既重视对职业病危害的治理，也重视对劳动者罹患职业病的检查诊断与治疗康复，对以各种形式或手段逃避职业病防治义务的违法行为依法追究法律责任。

（3）保护劳动者健康及其相关权益：职业卫生法律制度是用来调整国家、用人单位、劳动者及职业卫生技术服务机构之间的行政法律关系，保障劳动者的健康权利和切身利益的法律规范。职业卫生监督是保障职业卫生法律制度的贯彻执行，保护劳动者身体健康的一种卫生行政执法活动。

（4）促进经济发展：正确处理"劳动者健康及其相关权益"与"经济发展"之间的"保护"与"促进"的关系，决不允许以危害劳动者的健康为代价片面追求经济增长。

## 三、职业卫生监督部门的职责

由于历史的原因，我国职业病防治监督管理工作长期以来存在不同程度的体制障碍、职能重叠，影响了职业病防治监督管理工作的法制力度。对此，《关于修改〈中华人民共和国职业病防治法〉的决定》中明确指出："国务院安全生产监督管理部门、卫生行政部门、劳动保障行政部门依照本法和国务院确定的职责，负责全国职业病防治的监督管理工作。国务院有关部门在各自的职责范围内负责职业病防治的有关监督管理工作。县级以上地方人民政府安全生产监督管理部门、卫生行政部门、劳动保障行政部门依据各自职责，负责本行政区域内职业病防治的监督管理工作。县级以上地方人民政府有关部门在各自的职责范围内负责职业病防治的有关监督管理工作。县级以上人民政府安全生产监督管理部门、卫生行政部门、劳动保障行政部门（以下统称职业卫生监督管理部门）应当加强沟通，密切配合，按照各自职责分工，依法行使职权，承担责任。"并于2010年10月中央编办下发《关于职业卫生监管部门职责分工的通知》（中央编办发（2010）104号），对国家职业卫生监管部门职责作出了明确分工。

国家安全生产监督管理总局的职业卫生监管职责是：①起草职业卫生监管有关法规，制定用人单位职业卫生监管相关规章。组织拟订国家职业卫生标准中的用人单位职业危害因素工程控制、职业防护设施、个体职业防护等相关标准。②负责用人单位职业卫生监督检查工作，依法监督用人单位贯彻执行国家有关职业病防治法律法规和标准情况。组织查处职业危害事故和违法违规行为。③负责新建、改建、扩建工程项目和技术改造、技术引进项目的职业卫生"三同时"审查及监督检查。负责监督管理用人单位职业危害项目申报工作。④负责依法管理职业卫生安全许可证的颁发工作，负责职业卫生检测、评价技术服务机构的资质认定和监督管理工作，组织指导并监督检查有关职业卫生培训工作。⑤负责监督检查和督促用人单位依法建立职业危害因素检测和评价、劳动者职业健康监护、相关职业卫生检查等管理制度，监督检查和督促用人单位提供劳动者健康损害与职业史、职业危害接触关系等相关证明材料。⑥负责汇总、分析职业危害因素检测和评价、劳动者职业健康监护等信息，向相关部门和机构提供职业卫生监督检查情况。

卫生行政部门的职业卫生监管职责是：①负责会同安全监管总局、人力资源社会保障部等有关部门拟订职业病防治法律法规、职业病防治规划，组织制定发布国家职业卫生标准；②负责监督管理职业病诊断与鉴定工作；③组织开展重点职业病监测和专项调查，开展职业健康风险评估，研究提出职业病防治对策；④负责化学品毒性鉴定、个人剂量监测、放射防护器材和含放射性产品检测等技术服务机构资质认定和监督管理，审批承担职业健康检查、职业病诊断的医疗卫生机构并进行监督管理，规范职业病的检查和救治，会同相关部门加强职业病防治机构建设；⑤负责医疗机构放射性危害控制的监督管理；⑥负责职业病报告的管理和发布，组织开展职业病防治科学研究；⑦组织开展职业病防治法律法规和防治知识的宣传教育，开展职业人群健康促进工作。

人力资源社会保障部的职业卫生监管职责是：①负责劳动合同实施情况的监管工作，督促用人单位依法签定劳动合同；②根据职业病诊断结果，做好职业病人的社会保障工作。

此外，全国总工会依法参与职业危害事故调查处理，反映劳动者职业健康方面的诉求，提出意见和建议，维护劳动者合法权益。

## 四、职业卫生监督的框架

职业卫生监督的框架是在"企业自律、行业管理、政府监管、社会监督"的卫生监督管理框架下，建立用人单位负责、行政机关监管、行业自律、职工参与和社会监督的机制。全面推行"教育、服务、处罚"并重的职业卫生监督管理模式，多渠道开展卫生监督相关法律、法规和标准的教育、宣传和指导，并同时加大对严重危害人民群众健康权益的违法行为的打击力度。

**1. 企业自律**　是指用人单位是职业病防治的第一责任人，自身应制定相应的内部管理制度，进行职业病防治工作的内部监督和质量保证并进行自身的工作评估。

**2. 行业管理**　是指相关的行业协会（包括中介组织）应制定行业中的职业病防治相关准则、执业规则，进行资质认定、质量认证、质控检测、指导培训、法律咨询等，并在本行业中进行评估、信息公示等。

**3. 政府监管**　是指政府部门按照法律法规、技术规范和标准对职业病防治工作进行许可备案、监督检查、案件查处、监督监测、应急处置和教育服务等，同时进行预警报告、信息发布等。

**4. 社会监督**　是指公众（包括劳动者）、媒体等对存在职业病危害的隐患信息及时发现、及时报告相关部门，以达到及时防范、及时处理、及时减小或消除危害等。

# 第二节　职业卫生法律制度

职业卫生法律制度（occupation health legal system）是用来调整国家、用人单位、劳动者及职业卫生技术服务机构之间的行政法律关系，保障劳动者的健康权利和切身利益的各项法律规范。

《中华人民共和国职业病防治法》及其相关的法律、法规、规章、卫生标准等涵盖了目前我国职业卫生的法律规定。我国职业病防治工作的基本原则是：坚持预防为主、防治结合的方针，建立用人单位负责、行政机关监管、行业协会规范、职工群众和社会监督的机制，实行分类管理、综合治理。

## 一、职业卫生监督法律依据

2001年10月27日，中华人民共和国第九届全国人民代表大会常务委员会第二十四次会议通过了《中华人民共和国职业病防治法》，自2002年5月1日起施行。该法是我国职业卫生与职业病防治领域一部最基本的法律，是开展职业卫生和职业病防治监督的主要法律依据。原卫生部与国家有关部门制定了与之相应的配套规章和职业卫生标准，如与劳动和社会保障部共同制定的《职业病目录》、《职业病危害因素分类目录》、《职业病健康监护管理办法》、《职业病诊断与鉴定管理办法》和《国家职业卫生标准管理办法》等十余项职业病防治配套规章和文件、300余项职业卫生标准。

2011年12月31日中华人民共和国第十一届全国人民代表大会常务委员会第二十四次会议通过《全国人民代表大会常务委员会关于修改〈中华人民共和国职业病防治法〉的决定》，国家主席胡锦涛签署第 52 号主席令予以公布，自公布之日起施行。《中华人民共和国职业病防治法》根据本决定作了相应修改，重新公布。新修正的《职业病防治法》分总则、前期预防、劳动过程中的防护与管理、职业病诊断与职业病病人保障、监督检查、法律责任、附则 7 章 90 条。与此同时，国家安全生产监督管理总局于 2012 年第二季度发布了第 47～51 号总局令和（2012）第 73 号文，分别为《工作场所职业卫生监督管理规定》、《职业病危害项目申报办法》、《用人单位职业健康监护监督管理办法》、《职业卫生技术服务机构监督管理暂行规定》、《建设项目职业卫生"三同时"监督管理暂行办法》、《建设项目职业病危害风险分类管理目录（2012 年版）》这些配套规章对用人单位的职业卫生管理提出了明确而具体的要求，现成为职业卫生监督的主要依据。职业卫生法规的另一个重要部分是职业卫生技术规范，主要是职业卫生标准和职业病诊断标准。职业卫生标准是卫生监督部门执行相关职业卫生法律法规的技术规范，是衡量职业病危害控制效果的技术标准，也是职业病防治监督管理工作的法定依据。

## 二、职业卫生与职业病防治法律关系

职业卫生与职业病防治法律关系主要涉及与职业病防治有关的四方当事人，即职业卫生监督部门、产生职业病危害的用人单位、接触职业病危害因素的劳动者以及职业卫生技术服务单位等四方当事人。职业病防治法明确了上述四方之间的行政和民事法律关系，并分别规定了各自的权利义务、法律地位、法律责任。

用人单位是职业病防治的义务主体，劳动者是职业病防治的权利主体。劳动者有权向用人单位主张职业卫生保护权利，用人单位必须依法履行保护劳动者健康的义务。这种权利义务的对等关系，就构成了职业病防治法规的主要内容。

### （一）职业卫生技术服务机构与用人单位

职业病防治是一项技术性很强的工作，涉及危害源的治理、建设项目危害评价、工作场所危害因素评价与控制、劳动者健康监护、职业病诊断与治疗以及防护措施和防护用品效果评价等，统称职业卫生技术服务。这些技术工作必须依靠一支高素质的职业卫生技术服务队伍来承担。因此，除了用人单位与劳动者之间的权利义务关系外，职业病防治法规还规范了提供职业卫生技术服务的机构和专业队伍的行为，以保障职业卫生技术服务的质量。根据用人单位的需要和要求，职业卫生技术服务机构或者专业人员向用人单位提供职业病防治服务，两者之间构成了合同法和有关民事法律上的服务契约关系，必须同时受到相关法律的约束。

### （二）职业卫生监督部门与监督相对人

各级政府职业卫生监督部门作为职业病防治的主要监督主体，承担职业病防治监督管理工作，与包括用人单位和职业卫生技术服务机构等卫生监督相对人构成行政监督法律关系。职业病防治法对职业卫生监督部门的监督管理职责作出了明确规定，其执法行为必须严格依法律实施。

## 三、劳动者职业卫生保护权利

保障劳动者职业卫生保护权利是职业卫生与职业病防治立法宗旨与核心内容之一。职业卫生保护，是指为保护和增进职业健康，预防职业病危害，创造和改善适合人体生理、心理健康要求的工作环境和工作条件所采取的各种管理与技术措施。职业卫生保护权利就是劳动者在从事职业活动过程中享有的保护自身健康不受职业病危害的权利，以及职业病病人应当享有的医学照顾、生活保障和工作安置的权利。劳动者享有下列职业卫生保护权利：

（1）获得职业卫生教育、培训。

(2) 获得职业健康检查、职业病诊疗、康复等职业病防治服务。

(3) 了解工作场所产生或者可能产生的职业病危害因素、危害后果和应当采取的职业病防护措施。

(4) 要求用人单位提供符合防治职业病要求的职业病防护设施和防止职业病防护用品，改善工作条件。

(5) 对违反职业病防治法律、法规以及危害生命健康的行为提出批评、检举和控告。

(6) 拒绝违章指挥和强令进行没有职业病防护措施的作业。

(7) 参与用人单位职业卫生工作的民主管理，对职业病防治工作提出意见和建议。

用人单位应当保障劳动者行使上述所列权利，因劳动者依法行使正当权利而降低其工资、福利等待遇或者解除、终止与其订立的劳动合同的，其行为无效。职业病防治法规对从事职业病危害作业劳动者健康权益的保护是全方位的，患职业病的劳动者应当获得国家规定的职业病待遇，职业病患者除依法享有工伤社会保险外，依照有关民事法律还有获得赔偿的权利，有权向用人单位提出赔偿要求。此外，劳动者在离开用人单位时或者有必要时（如申请职业病诊断时）有权向用人单位索取本人职业健康监护档案资料。

## 四、用人单位保障劳动者获得职业卫生保护的义务

劳动者的职业卫生保护权利是在劳动者与用人单位形成劳动关系的情况下发生的，因此，该权利的实现必然导致用人单位履行职业病防治的义务。用人单位在用人过程中保护劳动者健康的法律义务和责任，概括起来包括以下几个方面。

(1) 应当建立、健全职业病防治责任制，加强对职业病防治的管理，提高职业病防治水平，对本单位产生的职业病危害承担责任。用人单位的主要负责人对本单位的职业病防治工作全面负责，应设置职业卫生管理机构并配备管理人员；制订职业病防治计划和实施方案、职业卫生管理制度及职业病危害事故应急救援预案，建立、健全职业卫生档案。

(2) 工作场所存在职业病目录所列职业病的危害因素的用人单位，应当及时、如实向所在地安全生产监督管理部门申报危害项目，接受职业卫生监督。

(3) 应当落实职业病防治管理措施，从源头上控制和消除职业病危害，为劳动者创造符合国家职业卫生标准和卫生要求的工作环境和条件，并采取措施保障劳动者获得职业卫生保护。如建立、健全工作场所职业病危害因素监测及评价制度；对产生职业病危害因素的工作场所配备防护设施、个人防护用品、报警和应急救援设施；认真治理和控制职业病危害因素等。

(4) 在与劳动者订立劳动合同时，应当依法告知劳动者工作过程中可能产生的职业病危害及其后果、防护措施和有关待遇；在工作场所公布职业病防治的有关规章制度、操作规程、应急救援措施、危害检测结果以及防护情况；对劳动者进行岗前、岗中定期职业卫生培训，督促劳动者遵守职业病防治法律、法规、规章和操作规程，指导劳动者正确使用职业病防护设备和个人使用的职业病防护用品。

(5) 必须依法参加工伤保险，实施对劳动者的健康监护。应按规定组织劳动者上岗前、在岗期间以及离岗时的职业健康检查以及发生或者可能发生紧急健康危害事故时的应急健康检查等，为劳动者建立职业健康监护档案；还应依法履行对未成年工、女工等特殊劳动者人群的特殊保护义务。

(6) 发生或者可能发生急性职业病危害事故时，用人单位应当立即采取应急救援和控制措施，并及时报告所在地安全生产监督管理部门和有关部门。

(7) 按照法律的规定，保证劳动者依法进行职业病的诊断、救治、康复和工作安置。保障职业病病人依法享受国家规定的职业病待遇；应如实提供职业病诊断、鉴定所需的劳动者职业史和

职业病危害接触史、工作场所职业病危害因素检测结果等资料。发现职业病病人或者疑似职业病病人时，应当及时向所在地职业卫生监督管理部门报告。

## 五、职业卫生标准

职业卫生标准是职业卫生法律体系的有机组成部分，是以保护劳动者健康为目的，对劳动条件（工作场所）的卫生要求做出的技术规定，是实施职业卫生法律，法规的技术规范，是卫生监督和管理的法定依据。国家职业卫生标准包括：职业卫生专业基础标准、工作场所作业条件卫生标准，工业毒物、生产性粉尘、物理因素职业接触限制，职业病诊断标准，职业照射放射防护标准，职业防护用品卫生标准，职业危害防护导则，劳动生理卫生、工效学标准以及职业病危害因素检测、检验方法等。卫生部主管国家职业卫生标准工作，聘请有关技术专家组成全国卫生标准技术委员会，负责国家职业卫生标准审核工作，委托办事机构承担相关日常管理工作。

我国目前有两个与职业卫生有关的标准：《工业企业设计卫生标准》和《工作场所有害因素职业接触限值》。现行《工业企业设计卫生标准》（GBZ 1-2010）是在 GBZ 1-2002 基础上进行修订，删除了已在 GBZ 2.2-2007 中包含的职业接触限值。GBZ 1-2010 规定了工业企业设计应考虑的工业企业选址与总体布局、工作场所、辅助用室以及应急救援的基本卫生学要求。新修订《工作场所有害因素职业接触限值》（GBZ 2-2007）将 GBZ 2-2002《工作场所有害因素职业接触限值》分为《工作场所有害因素职业接触限值 化学有害因素》（GBZ 2.1-2007）和《工作场所有害因素职业接触限值 物理因素》（GBZ 2.2-2007）。GBZ 2.1-2007 中规定了 339 种化学物质、47 种粉尘、2 种生物因素的容许浓度。GBZ 2.2-2007 中规定了超高频辐射、高频电磁场、工频电场、激光辐射、微波辐射、紫外辐射、高温作业、噪声、手传振动职业接触限值以及煤矿井下采掘工作场所气象条件。

### （一）工作场所有害因素职业接触限值

**1. 概念与名称** 职业接触限值是我国职业卫生标准中对于限值的一个总称。是为保护作业人员健康而规定的工作场所有害因素的接触限量值，属于卫生标准的一个主要组成部分。不同国家、机构或团体所采用的职业接触限值其名称与含义不尽相同。我国的职业接触限制由国家职业卫生标准委员会制定，包括工作场所有害因素接触限值、生物接触限值、化学致癌物接触限值 3 种。

（1）职业接触限值（occupational exposure limit，OEL）：指劳动者在职业活动过程中长期反复接触某种有害因素，对绝大多数接触者的健康不引起有害作用的容许接触浓度（permissible concentration，PC）或接触水平。

化学有害因素的职业接触限值分为时间加权平均容许浓度（permissible concentration-time weighted average，PC-TWA）、最高容许浓度（maximum allowable concentration，MAC）和短时间接触容许浓度（permissible concentration-short term exposure limit，PC-STEL）三类。PC-TWA 指以时间为权数规定的 8 小时工作日和（或）40 小时工作周的平均容许接触浓度。其在 GBZ 2-2002 中替换 MAC 已成为主体性的限值单位。PC-STEL 指在 PC-TWA 前提下容许短时间（15 分钟）接触的浓度。MAC 指工作地点在一个工作日内、任何时间有毒化学物质均不应超过的浓度。我国曾长期采用这个概念，由于采样时间短（一般为 15 分钟），实际上属于环境的瞬间浓度，新标准中仍沿用这个词，但不再是主要的接触限值，仅限于少数急性毒性高或危害大的化学物。此外，新标准中对未制定 PC-STEL 的化学物质和粉尘，还设定了超限倍数（excursion limits），以控制其短时间接触水平的过高波动。现在，我国职业接触限值在分类系统上与美国政府职业卫生工作者协会（American Conference Of Governmental Industrial Hygienists，ACGIH）制订的接触限值相似，与国际上其他国家如德国和日本的也是一致的。

（2）阈限值（threshold limit values，TLV）：ACGIH 制订的接触限值（包括化学和物理性有

害因素），它是学术性的，不是美国政府的卫生标准，没有法律约束力。TLV 分为三种：①时间加权平均阈限值（threshold limit value-time weighted average，TLV-TWA）：指 8 小时工作日和（或）40 小时工作周的时间加权平均容许浓度，长期反复接触该浓度（有害物质），几乎所有工人不会发生有害的健康效应。②短时间接触阈限值（threshold limit value-short term exposure limit，TLV-STEL）：在一个工作日的任何时间均不得超过的短时间（15 分钟）接触限值。工人可以接触该水平的有害因素，但每天接触不得超过 4 次，两次接触间隔时间至少 60 分钟，且不得超过当日的 8 小时时间加权平均阈限值。③上限值（threshold limit value-ceiling limit，TLV-C）：是指瞬时也不得超过的浓度或强度（可以<15 分钟采样测定值表示）。ACGIH 的三种阈限值之间有内在的联系，TLV-TWA 是主体性的限值。

（3）容许接触限值（permissibl exposure limits，PELs）：是美国劳工部职业安全卫生管理局（Occupational Safety and Health Administration，OSHA）引用美国职业安全卫生研究所（National Institute for Occupational Safety and Health，NIOSH）及 ACGIH 的资料颁布的职业接触限值，具有法律效力。它的具体限值与 NIOSH 及 ACGIH 的相类似。

（4）最高工作场所浓度（maximal arbeitsplatzkonzentration，MAK）：是德国科学研究联合会制订的职业接触限值，实质上是 8 小时 TWA 容许浓度。

（5）技术参考浓度（technische richtkonzentration，TRK）：是德国对致癌物所采取的一种控制措施，该限值为致癌物质根据目前技术条件所能达到的最低浓度。TRK 只能减少但并不能排除致癌物对健康的危害。

（6）容许浓度：是日本产业卫生学会推荐的、按时间加权平均浓度规定的有害物质接触限值。

（7）保证健康的职业接触限值（health based occupational exposure limitation）：这是 WHO 专题工作组提出的一种职业接触限值。此限值仅以毒性资料和工人健康状况资料为依据制定，未考虑社会经济条件或工程技术措施等因素。各国可根据国情加以修订。

**2. 制订依据** 我国职业接触限值制订的主要依据是：①有害物质的理化特性资料；②毒理学资料（动物实验和人体毒理学资料）；③现场职业卫生学调查资料和（或）流行病学调查资料；④职业人群健康监护资料；⑤参考国外卫生标准。

制订有害物质的接触限值，应在充分复习文献资料的基础上进行，首先广泛收集毒理学、流行病学研究和临床观察资料，特别是现场职业卫生和流行病学调查资料比动物实验资料更为重要，它是制订接触限值的主要依据。在此基础上，通过资料整理与分析，探讨剂量-反应关系，提出建议值。

**3. 有害效应和保护水平效应与保护水平** 制订接触限值时，首先要选定有害效应，这关系到实验和调查中观察指标的确定，还关系到未观察到有害效应的水平（NOAEL）的高低，以及一个卫生标准的保护水平。

选择有害效应时，应考虑它对机体的主要效应，是否敏感及其出现的时序等因素。根据我国多年的研制经验，下列情况应视为有害效应：呼吸道刺激症状；初期急、慢性职业中毒或职业病；接触化学物出现的早期临床征象；实验室检查有实质性意义的改变；有较明确因果关系的职业性多发病；经排除混杂因素后有显著意义的自觉症状持续性增高等。例如，德国在制订粉尘的普通限值时，将粉尘过负荷效应作为有害效应，即反映慢性阻塞性肺部疾患的肺功能指标，而并非肺纤维化。

职业接触限值的保护水平，是指保持在该接触限值的条件下，接触该有害物质的职业人群的健康保护所能达到的程度。工作场所有害因素接触限值对健康保护的安全程度是相对的。这种保护水平集中反映在有害物质接触限值的定义之中。如我国职业接触限值是指劳动者在职业活动过程中长期反复接触对机体不引起急性或慢性有害健康影响的容许接触水平。保护水平的内涵，应包括三方面内容：什么样的健康效应及其容许出现的百分率；接触该有害因素的持续时间；被保护者在该职业人群中的比例。每项接触限值的保护水平可在其制订依据资料中找到答案。

由于遗传等因素的影响，使某些人对某些有害物质比正常人更为敏感。这些高危人群占总人群的比例极小（可忽略不计），且目前尚无足够依据估计高危人群的危险度。因此，现有的职业接触限值均是以正常接触人群的反应为依据提出的。对这些高危人群的保护应通过就业前和定期健康检查来实现。

**4. 制订原则** 衡量一项接触限值，不但要从制订标准的科学性上考虑，还要同时考虑标准的可接受性。科学性上考虑主要指接触者的健康提供最大保障。在此前提之下，还要考虑可行性，执行此限值对社会和经济发展的影响。我国制订职业接触限值的原则是"在保障劳动者健康的前提下做到经济上合理，技术上可行"。经济上合理指执行该标准时，绝大多数生产企业在经济上能承受得起，技术上可行指现有技术发展水平能够达到，即安全性与可行性相结合。

## （二）生物接触限值

生物接触限值（Biological Exposure Limit, BEL）是对接触者的生物材料中有毒物质或其代谢和效应产物等规定的最高容许量。它是衡量有毒物质接触程度或健康效应的一个尺度，同属卫生标准范畴。

目前仍广泛采用的环境监测，通过测定作业地点空气中有毒物质的浓度，作为监测作业者接触有毒物质的程度。但由于有毒物质的浓度经常处于变化状态，作业者的接触状况、个人防护也复杂多样，因此，环境监测数据很难反映工人的实际接触水平。与之相比，生物监测通过检测人体生物材料中有毒物质或其代谢、效应产物的量，反映毒物在体内的总量或蓄积水平，尤其是对同时可经皮肤吸收的毒物提供了一种理想的监测途径，还可用于估测对人体健康的危害，可作为环境监测的补充手段。它并不涉及空气采样的时间、地点问题，有其独具的优越性。其局限性是：①生产环境中可能接触到的有毒物质并非都能制订生物接触限值，目前可开展生物监测的空气中有毒物质的种数还不多；②有些有毒物质的代谢产物或出现的效应无特异性；③监测结果的个体差异和随时间的变动较大；④有些生物监测指标不易采样等。目前世界上只有少数国家公布了生物接触限值，以美国 ACGIH 和德国 DFG 公布的数量最多。美国称之为生物接触指数（biological exposure index, BEI），BEI 强调它是内剂量水平，反映接触情况。德国称之为工业物质生物耐受限值（德文为 biologische arbeitsstoff toleranzwerte, BAT），BAT 则强调健康效应，它是健康个体的上限值。我国在生物监测方面已取得不少成就和经验，已颁布了 15 种毒物的生物接触限值。

## （三）化学致癌物职业接触"限值"

我国已将 11 种职业肿瘤列入职业病名单，但尚未涉及致癌物接触限值问题。虽然对致癌物有无阈值一直存有争议，但从卫生法规上加强对致癌物的管理，探求可供实际工作遵循的控制办法和接触限值，仍是十分必要的。GBZ 2.1-2007 中按国际癌症组织（IARC）分级，将 59 种属于潜在化学致癌性的物质按照 G1（确认人类致癌物）、G2A（可能人类致癌物）、G2B（可疑人类致癌物）在备注栏内作了致癌性标识，作为职业病危害预防控制的参考。对于标有致癌性标识的化学物质，应采取技术措施与个人防护，减少接触机会，尽可能保持最低接触水平。国外致癌物的接触限值，大致可分为两类：一类是以其致癌性特征为依据，以控制职业肿瘤发生为目标而制订的接触限值；另一类是以控制接触量等为目的而在防护措施等方面规定的一系列要求。对化学致癌物接触限值的处理办法，可归纳为 4 种：①致癌物与非致癌物同样制订接触限值，不加标记，也不另做说明；②在化学物接触限值表中对致癌物不作明确规定，但另行颁布卫生法规；③将致癌性化学物分类列出名单，在接触限值表中对它们分别做出标记，其中有些规定了接触限值，有些则不规定接触限值；④在接触限值表的附录中分类列出致癌物名单，原则上对致癌物不制订接触限值，但另附致癌性化学物的技术参考浓度（TRK）表。

### （四）职业卫生标准的应用

制定、颁布、实施职业卫生标准，是改善作业环境、促进工人健康的重要保证。职业性接触限值是职业卫生实际工作中控制工作场所有害因素的技术尺度，是实施卫生监督的主要依据。但它不是安全与有害的绝对界限，只是判断化学物在一定浓度其安全性的基本依据，有害因素是否损害了健康必须以医学检查结果为基础，结合实际接触情况来综合判定。因此，即使符合卫生标准，也还有必要对接触人员进行健康检查。此外，它只是一种限量标准，应尽可能地降低空气中有害物质的浓度，而不应以达到卫生标准为满足。它又有别于立即危及生命或健康的浓度，但长期在超过接触限值的条件下作业会对健康造成损害。在职业病诊断工作中，不能仅以职业接触是否超过卫生限值为唯一的依据，对于可经皮肤吸收的毒物，即使空气中毒物的浓度低于接触限值，也难以保障工人健康，尚需注意皮肤防护。职业接触限值只适用于职业卫生，不能用于环境或食品卫生来评价居民的暴露量或摄入量。此外，空气中同时存在多种毒物时，要依据它们之间联合作用的特点，采用不同的评价方法。由于我国颁布的接触限值数量有限，借用国外职业接触限值作为参考标准，有利于实施职业卫生监督和监测。但需注意的是，要明确借用的是哪个国家或学术团体的标准，其接触限值所用的名称及含义是什么，表示方法为平均浓度或上限浓度。通过对其制订依据的检索，了解其科学基础、保护水平等。还应注意借用的接触限值的法律效力，如在美国有4个主要机构或组织在研制职业卫生标准，其中只有联邦政府发布的标准具有法律约束力。关于致癌物接触限值问题，应充分利用国外现有研究成果，根据国情，先采取"拿来主义"策略，以适应我国不断扩展的卫生监督和管理的需求。

## 第三节 职业卫生监督

职业卫生监督（occupational health supervision）是职业卫生监督主体依据国家职业病防治法律法规的规定，运用行政管理的手段和医学技术方法，对用人单位的职业卫生和职业病防治活动，对职业卫生技术服务机构的职业卫生服务活动进行监督检查，并对其行为做出处理的行政执法活动。职业卫生监督按其性质可分为预防性职业卫生监督和经常性职业卫生监督，按照监督管理的内容可分为前期预防监督、劳动过程中的防护与管理的监督、职业病危害事故监督、职业病诊断与职业病病人保障监督等。

### 一、前期预防的职业卫生监督

前期预防监督是指依据职业卫生法律法规、卫生规章以及相关卫生标准，对用人单位新建、扩建、改建建设项目和技术改造、技术引进项目（统称建设项目）中可能产生的职业病危害因素，在项目设计、施工和投产前进行的卫生监督，即对建设项目中必须采取的职业病危害防护设施，是否与主体工程同时设计、同时施工、同时投产（简称"三同时"）进行职业卫生监督。

#### （一）职业病危害项目申报监督管理

职业病危害项目是指存在或者产生职业病危害因素的项目。职业病危害因素按照《职业病危害因素分类目录》确定。《职业病防治法》规定：国家建立职业病危害项目申报制度。用人单位工作场所存在职业病目录所列职业病的危害因素的，应当及时、如实向所在地负责工作场所职业卫生监督管理的部门申报危害项目，接受监督。

**1. 职业病危害项目申报的目的** 职业病危害项目申报目的是使职业卫生监督管理部门及时掌握危害项目的情况，有利于加强对职业病危害项目的"源头"管理。

**2. 职业病危害项目申报的主要内容**　①用人单位的基本情况；②工作场所职业病危害因素种类、浓度和强度；③产生职业病危害因素的生产技术、工艺和材料；④职业病危害防护设施和应急救援设施。

**3. 申报程序**　新建、改建、扩建、技术改造、技术引进项目在竣工验收之日起 30 日内向所在地安全生产监督管理部门申报职业病危害项目。因采用的生产技术、工艺、材料等变更导致所申报的职业病危害因素及其相关内容发生改变的，自发生改变之日起 15 日内向原申报机关申报变更内容。

**4. 监督管理**　安全生产监督管理部门在收到职业病危害项目申报材料后 5 个工作日之内，出具《职业病危害项目申报回执》，并建立职业病危害项目管理档案。安全生产监督管理部门对用人单位申报的情况应进行抽查，并对职业病危害项目实施监督管理。

## （二）建设项目职业病危害的监督管理

**1. 建设项目职业病危害预评价的管理**　《职业病防治法》明确要求，建设项目可能产生职业病危害的，建设单位在可行性论证阶段应当向负责工作场所安全生产监督管理部门提交职业病危害预评价报告；职业病危害严重的建设项目的防护设施设计，应当经负责工作场所安全生产监督管理部门审查，符合国家职业卫生标准和卫生要求的，方可施工。建设项目可行性论证阶段职业卫生监督目的是了解建设项目可能产生的职业病危害因素、危害程度、健康影响、预防措施是否可行等，其审核、审查的结论和对策措施可为其他政府部门审批建设项目初步设计文件提供依据，为建设项目投产后的职业卫生监督管理提供目标和方向，也为建设单位职业卫生管理的系统化、标准化和科学化提供依据。

因为建设单位须对职业病危害预评价报告的真实性、合法性负责。所以，职业病危害预评价报告编制完成后，建设单位应组织有关职业卫生专家，对职业病危害预评价报告进行评审。按照规定向安全生产监督管理部门申请职业病危害预评价备案或者审核。

预评价报告的备案或审核程序是：安全生产监督管理部门在收到报告备案或者审核申请后，应对申请文件、资料是否齐全进行核对，并自收到申请之日起 5 个工作日内作出是否受理的决定或者出具补正通知书。对已经受理的报告备案申请，安全生产监督管理部门应对申请文件、资料进行形式审查。符合要求的，自受理之日起 20 个工作日内予以备案，并向申请人出具备案通知书；不符合要求的，不予备案，书面告知申请人并说明理由。对已经受理的报告审核申请，安全生产监督管理部门应对申请文件、资料的合法性进行审核，审核同意的，自受理之日起 20 个工作日内予以批复；审核不同意的，书面告知建设单位并说明理由。因情况复杂，20 个工作日不能作出批复的，经本部门负责人批准，可以延长 10 个工作日，并将延长期限的理由书面告知申请人。建设项目职业病危害预评价报告经安全生产监督管理部门备案或者审核同意后，建设项目的选址、生产规模、工艺或者职业病危害因素的种类、职业病防护设施等发生重大变更的，建设单位应当对变更内容重新进行职业病危害预评价，办理相应的备案或者审核手续。

建设单位未提交建设项目职业病危害预评价报告或者建设项目职业病危害预评价报告未经安全生产监督管理部门备案、审核同意的，有关部门不得批准该建设项目。

**2. 建设项目职业病防护设施设计管理**　职业卫生审查经职业病危害预评价确定为可能产生严重职业病危害的建设项目，建设单位应当向原审批职业病危害预评价报告的安全生产监督管理部门提出建设项目职业病防护设施设计审查申请，提交材料包括建设项目职业病防护设施、设计审查申请书、防护设施设计职业卫生专篇、设计单位的资质证明、预评价报告的批复等。安全生产监督管理部门收到审查申请后，应当对申请文件、资料是否齐全进行核对，并自收到申请之日起 5 个工作日内作出是否受理的决定或者出具补正通知书。对已经受理的职业病危害严重的建设项目职业病防护设施设计审查申请，安全生产监督管理部门应当对申请文件、资料的合法性进行审查。审查同意的，自受理之日起 20 日工作日内予以批复；审查不同意的，书面通知建设单位并说明理由。因情况复杂，20个工作日不能作出批复的，经本部门负责人批准，可以延长10个工作日，并将延长期限的理由书面告知申请人。

凡发现建设单位未按规定进行职业病危害预评价或未提交职业病危害预评价报告，以及职业病危害预评价报告未经审核同意擅自开工的；建设项目的职业病防护设施未按规定与主体工程同时投入生产和使用的；职业病危害严重的建设项目，其职业病防护设施设计不符合国家职业卫生标准和卫生要求而组织施工的；要严格按照有关规定予以处罚。

**3. 建设项目竣工验收阶段的职业卫生监督**　《职业病防治法》规定：建设项目在竣工验收前，建设单位应当进行职业病危害控制效果评价。建设项目竣工验收时，其职业病防护设施经负责工作场所职业卫生监督管理的部门验收合格后，方可投入正式生产和使用。

**4. 建设项目职业病危害控制效果评价**　职业病危害控制效果评价是对工作场所职业病危害因素、职业病危害程度（浓度或强度）、职业病防护措施及其效果、健康影响等作出综合评价。建设单位在竣工验收前，应当委托具有资质的职业卫生技术服务机构进行职业病危害控制效果评价，要尽可能由原编制职业病危害预评价报告的技术机构承担。建设单位在职业病危害控制效果评价报告编制完成后，应当组织有关职业卫生专家对职业病危害控制效果评价报告进行评审。

职业病危害一般的建设项目竣工验收时，由建设单位自行组织职业病防护设施的竣工验收，并自验收完成之日起30日内按照规定向安全生产监督管理部门申请职业病防护设施竣工备案。职业病危害较重和严重的建设项目竣工验收时，建设单位应当按照规定向安全生产监督管理部门申请建设项目职业病防护设施竣工验收。

安全生产监督管理部门收到备案或者竣工验收申请后，应对申请文件、资料是否齐全进行核对，并自收到申请之日起5个工作日内作出是否受理的决定或者出具补正通知书。对已经受理的备案申请，安全生产监督管理部门应自受理之日起20个工作日内对申请文件、资料的合法性进行审查。符合要求的，予以备案，出具备案通知书；不符合要求的，不予备案，书面通知建设单位说明理由。

因情况复杂，20个工作日不能作出批复的，经本部门负责人批准，可以延长10个工作日。并将延长期限的理由书面告知申请人。

分期建设、分期投入生产或者使用的建设项目，其配套的职业病防护设施应当分期与建设项目同步进行验收。建设项目职业病防护设施竣工后未经安全生产监督管理部门备案同意或者验收合格的，不得投入生产或者使用。

## （三）劳动过程中的职业卫生监督

> **视窗 14-1**
>
> **劳动过程中职业卫生监督的主要法律依据**
>
> 《工作场所职业卫生监督管理规定》2012年4月27日国家安全生产监督管理总局令（第47号）公布。《规定》分总则、用人单位的职责、监督管理、法律责任、附则，共5章61条，自2012年6月1日起施行。

对用人单位劳动过程中的职业卫生防护的监督管理，是职业卫生监督部门主要工作内容之一，应针对劳动过程主要环节开展经常性职业卫生监督检查。

职业卫生监督机构定期或不定期地对管辖范围内的用人单位劳动用工过程遵守职业卫生法规的情况进行监督检查，可以是定期的，也可以是不定期的；可以是一般监督检查，也可以是特定监督检查；可以是全面监督检查，也可以是重点监督检查。通过现场实地调查、巡回监督、定点监测、抽样检验以及技术资料审查等方式，了解认定用人单位生产经营活动是否遵守和符合职业卫生法规的要求，以便及时发现问题、查明情况、找出原因，进而采取措施并及时予以纠正。对于查出的严重违法行为，职业卫生监督机关则代表国家进行必要的行政处罚。

产生职业病危害的用人单位的工作场所应当符合下列基本要求：①生产布局合理，有害作业与无害作业分开；②工作场所与生活场所分开，工作场所不得住人；③有与职业病防治工作相适应的有效防护设施；④职业病危害因素的强度或者浓度符合国家职业卫生标准；⑤有配套的更衣间、洗浴间、孕妇休息间等卫生设施；⑥设备、工具、用具等设施符合保护劳动者生理、心理健康的要求；⑦法律、法规、规章和国家职业卫生标准的其他规定。

安全生产监督管理部门依法对用人单位执行有关职业病防治的法律、法规、规章和国家职业卫生标准的情况进行监督检查，检查的主要内容如下：

**1. 设置职业卫生机构和配备人员** 用人单位应当设置或者指定职业卫生管理机构或者组织，配备专职或者兼职的职业卫生专业人员，负责本单位的职业病防治工作。

**2. 职业卫生管理制度和操作规程的建立、落实及公布情况** 用人单位应当建立和健全管理制度和操作规程，包括职业病危害防治责任制度；职业病危害警示与告知制度；职业病危害项目申报制度；职业病危害防治宣传教育培训制度；职业病防护设施维护检修制度；个体职业病危害防护用品管理制度；职业病危害监测及评价管理制度；建设项目职业卫生"三同时"管理制度；职业健康监护及其档案管理制度；职业病危害事故处置与报告制度；职业病危害应急救援与管理制度；岗位职业卫生操作规程等。

**3. 开展职业卫生培训** 用人单位的主要负责人和职业卫生管理人员应当接受职业卫生培训，遵守职业病防治法律、法规，依法组织本单位的职业病防治工作。应当对劳动者进行上岗前、在岗期间的职业卫生培训，普及职业卫生知识，督促其遵守职业病防治法规和操作规程，指导其正确使用职业病防护设备和个人防护用品。

**4. 建立、健全职业卫生档案** 职业卫生档案应当包括以下内容：职业病危害防治责任制、组织机构设置文件，主要负责人、职业卫生管理人员任命与资质文件；职业卫生管理规章制度、操作规程；工作场所职业病危害因素种类清单、岗位分布及作业人员接触情况等资料；职业病防护设施、应急救援设施基本信息，及其配备使用、维护、检修与更换等记录；工作场所职业病危害因素检测、评价记录与结论；个体职业病危害防护用品配备、发放、检修与更换等记录；主要负责人、职业卫生管理人员、职业病危害严重工作岗位的劳动者等人员职业卫生教育培训与考核记录等相关资料；职业病危害事故报告与应急处置记录；劳动者职业健康检查结果汇总资料，存在职业禁忌证、职业健康损害或职业病的劳动者处理和安置情况记录；建设项目职业卫生"三同时"有关技术资料及其备案、审核、审查或验收等的回执或批复文件；职业卫生安全许可证申领、职业病危害申报等有关回执或批复文件；其他职业卫生管理有关资料或文件。

**5. 建立、健全工作场所职业病危害因素监测及评价制度** 用人单位应当实施由专人负责的职业病危害因素日常监测，并确保监测系统处于正常运行状态。用人单位应当按照规定，定期对工作场所进行职业病危害因素检测、评价。检测、评价结果存入用人单位职业卫生档案，定期向所在地负责工作场所职业卫生监督管理的部门报告并向劳动者公布。职业病危害因素检测、评价由依法设立的取得资质认可的职业卫生技术服务机构进行。

**6. 建立、健全职业病危害事故应急救援预案** 职业病危害事故应急救援预案是用人单位发生职业病危害事故时组织应急处理、病人救治、财产保护的程序、方法和措施，有利于及时控制事态，减少事故造成的伤亡和损失。应急救援预案应当包括救援组织、机构和人员职责、应急措施、人员撤离路线和疏散方法、财产保护对策、事故报告途径和方式、预警设计、应急防护用品及使用指南、医疗救护等内容。

**7. 采用有效的职业病防护设施和个人防护用品** 用人单位必须采用有效的职业病防护设施（如密闭、通风、除尘、排毒等设施），使作业场所的有害因素浓度或强度达到国家卫生标准。此外，还必须为劳动者提供符合职业病防护要求的个人防护用品。对放射工作场所和放射性同位素的运输、贮存，必须配置防护设备和报警装置，保证接触放射线的工作人员佩戴个人剂量计。对职业病防护设备、应急救援设施和个人使用的职业病防护用品，应进行经常性的维护、检修，定期检测其性能和效果。

**8. 优化技术、工艺、原材料和设备使用管理** 用人单位应当优先采用有利于防治职业病和保护劳动者健康的新技术、新工艺、新材料，逐步替代职业病危害严重的技术、工艺、材料。对采用的技术、工艺、材料，应当熟悉其产生的职业病危害。向用人单位提供可能产生职业病危害的化学品、放射性同位素和含有放射性物质的材料，应当载明产品特性、主要成分、存在的有害因素、可能产生的危害后果、安全使用注意事项、职业病防护以及应急救治措施等内容。

**9. 设置警示标识、报警装置、急救设施** 产生职业病危害的用人单位，应当在醒目位置公布有关职业病防治的规章制度、操作规程、职业病危害事故应急救援措施和工作场所职业病危害因素检测结果。对产生严重职业病危害的作业岗位，应在醒目位置设置警示标识，说明产生职业病危害的种类、后果、预防以及应急救治措施等。对可能发生急性职业损伤的有毒、有害工作场所，应当设置报警装置，配置现场急救用品、冲洗设备、应急撤离通道和必要的泄险区。

**10. 如实告知职业病危害** 用人单位与劳动者订立劳动合同（含聘用合同）时，应当将工作过程中可能产生的职业病危害及其后果、职业病防护措施和待遇等如实告知劳动者，并在劳动合同中写明，不得隐瞒或者欺骗。劳动者在已订立劳动合同期间因工作岗位或者工作内容变更，从事与所订立劳动合同中未告知的存在职业病危害的作业时，用人单位应当向劳动者履行如实告知的义务，并协商变更原劳动合同相关条款。用人单位违反上述规定，劳动者有权拒绝从事存在职业病危害的作业，用人单位不得因此解除与劳动者所订立的劳动合同。用人单位还应履行对未成年工、女工等特殊劳动者人群的特殊保护义务。

**11. 职业病危害事故报告情况** 发生或者可能发生急性职业病危害事故时，用人单位应当立即采取应急救援和控制措施，并及时报告所在地安全生产监督管理部门和有关部门。

此外，当发生职业病危害事故或者有证据证明危害状态可能导致职业病危害事故发生时，安全生产监督管理部门可采取临时控制措施：①责令暂停导致职业病危害事故的作业；②封存造成职业病危害事故或者可能导致职业病危害事故发生的材料和设备；③组织控制职业病危害事故现场。

对遭受或者可能遭受急性职业病危害的劳动者，用人单位应当及时组织救治、进行健康检查和医学观察，所需费用由用人单位承担。卫生行政部门应当组织做好医疗救治工作。

## 二、职业健康监护监督

目前，除了《职业病防治法》，职业健康监护监督管理主要依据国家安全监管总局2012年公布的《用人单位职业健康监护监督管理办法》和2014年发布《职业健康监护技术规范》（GBZ 188-2014）。有效的职业卫生监督部门依据相关法律制度既要对用人单位健康监护制度的建立、落实情况进行有效的监督检查，也要依法对从事职业健康检查的医疗卫生机构进行严格的监督管理。

职业卫生监督部门依法对用人单位执行有关职业健康监护的法律、法规、规章和标准情况进行监督，监督检查主要内容包括：职业健康监护制度建立和公布情况；职业健康监护计划制订、经费落实情况；如实提供职业健康检查所需资料情况；接触职业病危害劳动者上岗前、在岗期间、离岗时以及医学随访执行情况；对职业健康检查结果及建议履行告知义务情况；针对职业健康检查报告采取措施情况；报告职业病、疑似职业病情况；劳动者职业健康监护档案和用人单位职业健康监护工作管理档案建立及管理情况；为离开用人单位劳动者如实、无偿提供本人健康监护档案复印件情况；依法应当监督检查的其他情况。

职业卫生监督部门对从事职业健康检查的医疗卫生机构（以下简称体检机构）进行监督检查，

主要内容包括：体检机构应由省级人民政府卫生行政部门审定、批准，获得健康检查资质，并在其获批准的范围内从事相关活动；从事职业健康工作的主检医师具备相应的专业技能，同时还应熟悉工作场所可能存在的职业病危害因素；职业健康体检应依据劳动者所接触的职业病危害因素类别，按《职业健康检查项目及周期》的规定进行；发现疑似职业病病人应当按规定向所在地卫生行政部门报告，并通知用人单位和劳动者；体检机构应在体检工作结束之日起 30 日内向用人单位出具书面体检报告；体检机构发现劳动者有健康损害或者需要复查的，除及时通知用人单位外，还应当及时告知其本人，依法应当监督检查的其他情况。

## 三、职业病诊断与职业病病人保障的监督

### （一）职业病的诊断

**1. 诊断机构及人员条件**

（1）机构资质：承担职业病诊断的机构必须是持有《医疗机构执业许可证》的医疗卫生机构并经省级以上卫生行政部门批准具有职业病诊断资格。

（2）人员资质：职业病诊断人员必须为中级以上专业技术职务的执业医师并依法取得职业病诊断资格。

【视窗 14-2】

职业病诊断与鉴定管理方法

**2. 职业病诊断过程**

（1）诊断机构：劳动者有选择诊断机构的权利，劳动者可以在用人单位所在地、本人户籍所在地或者经常居住地选择依法承担职业病诊断的医疗卫生机构进行职业病诊断。

（2）诊断人员：职业病诊断机构在进行职业病诊断时，应当组织 3 名以上取得职业病诊断资格的执业医师进行集体诊断，按照职业病诊断原则进行诊断。《诊断证明书》必须由诊断医师共

同签署,并经承担职业病诊断的医疗卫生机构审核盖章。

(3) 需提供的材料:提供职业病危害接触史材料;用人单位应当如实提供职业病诊断、鉴定所需的劳动者职业史和职业病危害接触史、工作场所职业病危害因素检测结果等资料;安全生产监督管理部门依法监督检查和督促用人单位提供上述资料;职业病诊断医疗机构需要了解工作场所职业病危害因素情况时,可以对工作场所进行现场调查,也可以提请安全生产监督管理部门组织现场调查。劳动者对用人单位提供的工作场所职业病危害因素检测结果等资料有异议,或者因劳动者的用人单位解散、破产,无用人单位提供上述资料的,职业病诊断机构应当提请安全生产监督管理部门进行调查,由其反馈存在异议的资料或者工作场所职业病危害因素情况的判定结果。职业病诊断、鉴定过程中,在确认劳动者职业史、职业病危害接触史时,当事人对劳动关系、工种、工作岗位或者在岗时间有争议的,可以向当地的劳动人事争议仲裁委员会申请仲裁;接到申请的劳动人事争议仲裁委员会应当受理,并在30日内作出裁决,提供职业病危害接触史。

职业病诊断过程中,用人单位在规定时间内不提供工作场所职业病危害因素检测结果、职业健康监护档案等资料的,诊断机构应当结合劳动者的临床表现、辅助检查结果和劳动者的职业史、职业病危害接触史,并参考劳动者自述、安全生产监督管理部门提供的日常监督检查信息等,作出职业病诊断结论。

由于劳动者的职业史、职业病危害接触史等资料缺乏,难以作出职业病诊断的,职业病诊断机构可以依据劳动者的临床表现、辅助检查结果和劳动者的自述等,作出医学诊断。

**3. 职业病诊断档案的建立**  职业病诊断机构应当建立职业病诊断档案并永久保存,档案内容包括:职业病诊断证明书;职业病诊断过程记录:包括参加诊断的人员、时间、地点、讨论内容及诊断结论;用人单位、劳动者和相关部门、机构提交的有关资料;临床检查与实验室检验等资料;与诊断有关的其他资料。

## (二) 职业病鉴定

**1. 鉴定的申请**  当事人对职业病诊断机构作出的职业病诊断结论有异议的,可以在接到职业病诊断证明书之日起30日内,向职业病诊断机构所在地设区的市级卫生行政部门申请鉴定。

**2. 职业病鉴定机构**  当事人对设区的市级职业病诊断鉴定不服的,可以在接到鉴定书之日起15日内,向原鉴定组织所在地省级卫生行政部门申请再鉴定。

职业病鉴定实行两级鉴定制,省级职业病鉴定结论为最终鉴定。

**3. 鉴定的过程**  卫生行政部门可以指定办事机构,具体承担职业病鉴定的组织和日常性工作。职业病诊断机构不能作为职业病鉴定办事机构。

职业病鉴定办事机构应当自收到申请资料之日起5个工作日内完成资料审核,对资料齐全的发给受理通知书。资料不全的,应当书面通知当事人补充;资料补充齐全的,应当受理申请并组织鉴定。

职业病鉴定办事机构收到当事人鉴定申请之后,根据需要可以向原职业病诊断机构或者首次职业病鉴定的办事机构调阅有关的诊断、鉴定资料。原职业病诊断机构或者首次职业病鉴定办事机构应当在接到通知之日起15日内提交。

职业病鉴定办事机构应在受理鉴定申请之日起60日内组织鉴定、形成鉴定结论,并在鉴定结论形成后15日内出具职业病鉴定书。

**4. 鉴定的专家**  省级卫生行政部门设立职业病鉴定专家库,随机抽取的方式确定。抽取的专家组成人数为五人以上单数的职业病诊断鉴定委员会。

## (三) 职业病病人权益的保障

用人单位应当按照国家有关规定及时安排对疑似职业病病人进行诊断,在疑似职业病病人诊断或者医学观察期间,不得解除或者终止与其订立的劳动合同。疑似职业病病人在诊断、医学观察期间的费用，由用人单位承担；职业病诊断、鉴定费用由用人单位承担。用人单位应当保障职业病病人依法享受国家规定的职业病待遇。用人单位应当按照国家有关规定，安排职业病病人进行治疗、康复和定期检查。用人单位对不适宜继续从事原工作的职业病病人，应当调离原岗位，并妥善安置。用人单位对从事接触职业病危害的劳动者，应当给予适当岗位津贴。

职业病病人的诊疗、康复费用，伤残以及丧失劳动能力的职业病病人的社会保障，按照国家有关工伤保险的规定执行。职业病病人变动工作单位，其依法享有的待遇不变。用人单位在发生分立、合并、解散、破产等情形时，应当对从事接触职业病危害的作业的劳动者进行健康检查，并按照国家有关规定妥善安置职业病病人。职业病病人除依法享有工伤保险外，依照有关民事法律，尚有获得赔偿的权利的，有权向用人单位提出赔偿要求。劳动者被诊断患有职业病，但用人单位没有依法参加工伤保险的，其医疗和生活保障由该用人单位承担。

用人单位已经不存在或者无法确认劳动关系的职业病病人，可以向地方人民政府民政部门申请医疗救助和生活等方面的救助。地方各级人民政府应当根据本地区的实际情况，采取其他措施，使职业病病人获得医疗救治。

职业卫生监督部门依法对职业病病人保障的进行监督，主要包括：疑似职业病人获得诊断保障的落实；职业病人待遇保障，如就医、治疗、康复、工作安排、经济补偿、费用承担责任、用人单位变更时职业病人的安置等；监督用人单位必须依法参加工伤保险。

### （四）职业病诊断与鉴定的监督管理

县级以上地方卫生行政部门对本辖区职业病诊断与鉴定工作的监督管理，应当制订年度监督检查计划，检查的主要内容包括：法律、法规、规章、标准的执行情况；规章制度建立情况；人员、岗位职责落实和培训情况；职业病报告情况等。

按照属地化管理和分级管理原则，省级卫生行政部门每年至少组织一次监督检查；设区的市级卫生行政部门每年至少组织一次监督检查和不定期抽查；县级卫生行政部门根据实际情况进行日常监督检查。

省级卫生行政部门负责对职业病诊断机构进行定期考核。对考核不合格的，责令其暂停职业病诊断活动3～6个月并进行整改；暂停执业活动期满，再次进行考核，对考核合格的，准予延续；对考核仍不合格的，注销其职业病诊断批准证书。

### （五）职业病报告的监督

**1. 职业病报告种类及要求**  依据1988年卫生部颁布的《职业病报告办法》和1991年卫生部发布的，2011年修订的《卫生监督统计报告管理办法》的规定，职业病报告应符合下列要求。

（1）急性职业病报告的具体要求是：①由最初接诊急性职业病的任何医疗卫生机构均应在12～24小时之内向患者所在地卫生行政部门报告；②凡有死亡或同时发生3名以上急性职业中毒以及发生一名职业性炭疽，初诊医疗机构应当立即电话报告卫生行政主管部门或卫生监督机构；③有关用人单位也应当按照规定的时限和程序进行报告。

（2）非急性职业病报告的具体要求是：①用人单位和医疗卫生机构（包括没有取得职业病诊断资质的综合医院）在发现或怀疑为职业病的患者时，均应及时向卫生行政主管部门报告；②对发现或怀疑为职业病的非急性职业病或急性职业病紧急救治后的患者应根据本法规定及时转诊到取得职业病诊断资质的医疗卫生机构明确诊断并按规定报告；③对确诊的非急性职业病患者如尘肺病、慢性职业中毒和其他慢性职业病，应及时按卫生行政主管部门规定的程序逐级上报。

**2. 职业病报告程序及要求**

（1）职业病报告责任主体：包括用人单位；接诊急性职业病的综合医疗卫生机构；承担职业病诊断的医疗卫生机构。

（2）报告时限：要求3人以上急性职业中毒或发生死亡的急性职业病应立即电话报告；发生

3人以下的急性职业病应在12～24小时内电话报告或《职业病报告卡》报告；非急性职业病如尘肺病、慢性职业中毒和其他慢性职业病以及尘肺病死亡患者应在15日内报告，分别填报《尘肺病报告卡》和《职业病报告卡》。

（3）报告处理与监督管理：地方各级卫生行政主管部门指定的劳动卫生职业病防治机构或疾病预防控制机构或卫生监督机构负责职业病报告工作，并指定专职人员或兼职人员负责。负责职业病报告工作的省级机构应按《职业病报告办法》的要求，填报《职业病年报表》和《尘肺病年报表》。卫生部指定的机构负责全国职业病统计、分析、报告工作。

卫生行政部门收到职业病报告后应采取以下措施：①责成卫生监督机构，会同职业卫生技术机构即赴现场调查，进行现场和职业卫生检测，评价等，填写《职业病现场劳动卫生学调查表》；②采取临时控制措施；③根据现场调查，针对接触职业危害因素人员进行应急健康体检和必要的住院观察；④对违反《职业病报告办法》及《职业病诊断鉴定管理办法》规定者，依据《职业病防治法》相关条款进行处罚。

劳动保障行政部门在收到职业病报告后，应依据《职业病防治法》和《工伤保险条例》规定，采取相应调查核实和处理措施。

## 四、法律责任

### （一）建设单位的法律责任

建设单位违反本法规定，有下列行为之一的，由安全生产监督管理部门给予警告，责令限期改正；逾期不改正的，给予相应处罚：未按照规定进行职业病危害预评价或者未提交职业病危害预评价报告，或者职业病危害预评价报告未经安全生产监督管理部门审核同意，开工建设的；建设项目的职业病防护设施未按照规定与主体工程同时投入生产和使用的；职业病危害严重的建设项目，其职业病防护设施设计未经安全生产监督管理部门审查，或者不符合国家职业卫生标准和卫生要求施工的；未按照规定对职业病防护设施进行职业病危害控制效果评价、未经安全生产监督管理部门验收或者验收不合格，擅自投入使用的。

### （二）用人单位的法律责任

用人单位违反《职业病防治法》的规定，有下列行为之一的，由安全生产监督管理部门责令限期改正，给予相应处罚；工作场所职业病危害因素检测、评价结果没有存档、上报、公布的；未采取本法第二十一条规定的职业病防治管理措施的；未按照规定公布有关职业病防治的规章制度、操作规程、职业病危害事故应急救援措施的；未按照规定组织劳动者进行职业卫生培训，或者未对劳动者个人职业病防护采取指导、督促措施的；国内首次使用或者首次进口与职业病危害有关的化学材料，未按照规定报送毒性鉴定资料以及经有关部门登记注册或者批准进口的文件的；未按照规定及时、如实向安全生产监督管理部门申报产生职业病危害的项目的；未实施由专人负责的职业病危害因素日常监测，或者监测系统不能正常监测的；订立或者变更劳动合同时，未告知劳动者职业病危害真实情况的；未按照规定组织职业健康检查、建立职业健康监护档案或者未将检查结果书面告知劳动者的；未依照本法规定在劳动者离开用人单位时提供职业健康监护档案复印件的；工作场所职业病危害因素的强度或者浓度超过国家职业卫生标准的；未提供职业病防护设施和个人使用的职业病防护用品，或者提供的职业病防护设施和个人使用的职业病防护用品不符合国家职业卫生标准和卫生要求的；对职业病防护设备、应急救援设施和个人使用的职业病防护用品未按照规定进行维护、检修、检测，或者不能保持正常运行、使用状态的；未按照规定对工作场所职业病危害因素进行检测、评价的；工作场所职业病危害因素经治理仍然达不到国家职业卫生标准和卫生要求时，未停止存在职业病危害因素的作业的；未按照规定安排职业病病人、疑似职业病病人进行诊治的;发生或者可能发生急性职业病危害事故时,未立即采取应急救援和控制措施或者未按照规定及时报告的;未按照规定在产生严重职业病危害的作业岗位醒目位置设置警示标识和中文警示说明的;拒绝职业卫生监督管理部门监督检查的;隐瞒、伪造、篡改、毁损职业健康监护档案、工作场所职业病危害因素检测评价结果等相关资料,或者拒不提供职业病诊断、鉴定所需资料的;未按照规定承担职业病诊断、鉴定费用和职业病病人的医疗、生活保障费用的。隐瞒技术、工艺、设备、材料所产生的职业病危害而采用的;隐瞒本单位职业卫生真实情况的;可能发生急性职业损伤的有毒、有害工作场所、放射工作场所或者放射性同位素的运输、贮存不符合规定的;使用国家明令禁止使用的可能产生职业病危害的设备或者材料的;将产生职业病危害的作业转移给没有职业病防护条件的单位和个人,或者没有职业病防护条件的单位和个人接受产生职业病危害的作业的;擅自拆除、停止使用职业病防护设备或者应急救援设施的;安排未经职业健康检查的劳动者、有职业禁忌的劳动者、未成年工或者孕期、哺乳期女职工从事接触职业病危害的作业或者禁忌作业的;违章指挥和强令劳动者进行没有职业病防护措施的作业的。

### (三)职业卫生服务机构的法律责任

未取得职业卫生技术服务资质认可擅自从事职业卫生技术服务的,或者医疗卫生机构未经批准擅自从事职业健康检查、职业病诊断的,由安全生产监督管理部门和卫生行政部门依据职责分工按《职业病防治法》给予相应处罚。职业卫生技术服务机构和职业健康检查、职业病诊断机构违反《职业病防治法》的规定,有下列行为之一的,安全生产监督管理部门和卫生行政部门将依据职责分工给予相应处罚:超出资质认可或者批准范围从事职业卫生技术服务或者职业健康检查、职业病诊断的;不按照规定履行法定职责的;出具虚假证明文件的;未按照规定报告职业病、疑似职业病的。

> **案例 14-1 解析**
>
> 本案例事故现场调查发现的主要问题:①制氯车间氯氢工段现场未发现有报警装置;②制氯车间现场未发现有职业病危害警示标识;③现场发现制氯车间氯氢工段氯气泄险区设置在紧急撤离通道上,且无安全防护设施。
>
> 本案例违反《职业病防治法》第 3 章和第 4 章中的有关规定,包括:①"对产生严重职业病危害的作业岗位,应当在其醒目位置,设置警示标志和中文警示说明"(第二十五条);②"在可能发生急性职业损伤的有毒、有害工作场所,以及存在放射源的场所,用人单位应当设置报警装置、配置现场急救用品、冲洗设备、应急撤离通道和必要的泄险区"(第二十六条);③组织劳动者进行上岗前、在岗期间和离岗时的职业健康检查及建立职业健康监护档案(第三十六条);④该单位发案后未按有关法律法规之规定向当地卫生行政部门报告(第五十一条)。
>
> 《职业病防治法》第七十六条规定:"能发生急性职业损伤的有毒、有害工作场所、放射工作场所或放射性同位素的运输、储存不符合本法二十六条规定的"(第三项),"安排未经职业健康检查的劳动者、有职业禁忌的劳动者、未成年工或者孕期、哺乳期女职工从事接触职业病危害的作业或者禁忌作业的"(第四项)由卫生行政部门责令限期治理,并处五万元以上三十万元以下的罚款。
>
> 本案第一次合议时,合议人员一致认为:本案例认定的事实清楚,违法情节严重,并给彭某等 6 名职工的身体造成了不同程度的损害,对周围群众的生命安全构成了潜在威胁。依据《职业病防治法》第七十六条之规定。处罚如下:①责令限期治理;②合并罚款人民币 15 万元的行政处罚。后由于该企业是市里的明星企业,市政府高度关注,又考虑到该企业改制时间不长、短时间内整改较好等原因,进行了第二次合议。最后决定:依据《职业病防治法》第七十六条规定,给予该公司:①责令限期治理、改正违法行为;②罚款人民币 1 万元的行政处罚;最后,依法出具并当面送达了《卫生行政处罚决定书》。

评析：本案违法事实认定清楚，证据收集较全面，执法程序规范，违法主体认定正确。但存在以下几点不足：

（1）本案的最终定性值得磋商，本案的性质应当是一起职业危害事故案，从处理结果看，本案是按照"安排未经职业健康检查的劳动者从事接触职业病危害的作业案"来进行行政处罚的。

（2）出于种种原因，本案对违法当事人的最终处罚不符合《职业病防治法》的相关规定，而是第一次合议的处罚意见比较客观、准确。

（3）本案不应该将企业附近的6名村民作为本案的受害职工处理。

（刘宝英）

## 思 考 题

1. 职业卫生监督的框架是什么？
2. 工作场所职业卫生监督的主要内容是什么？
3. 试述《职业病防治法》中关于职业危害建设项目"三同时"及相关验收、审查的规定。
4. 简述职业性有害因素危险度评定的内容。

# 第十五章 职业卫生研究

## 第一节 职业卫生调查

**案例 15-1**

某煤矿于 2006 年 11 月建成投产,设计能力为年产 100 万吨原煤。在 2011~2014 年连续 4 年对该矿进行职业卫生现场调查,调查结果表明:①该矿 118 处定点采样和 139 处个体采样检测显示煤尘定点采样最大超限倍数为 7.7 倍,个体检测时间加权平均浓度最大值达 5.11 mg/m³,均超于国家标准限值。采掘工作面粉尘浓度超标较严重,其防尘条件有限,主要依靠洒水喷雾、通风等措施,而这些防护设施需要人工操作,工人在作业时未及时开启防尘设施,导致工作场所粉尘浓度过高;②噪声作业岗位定点采样检测显示,达标率为 52.9%,超标最严重的是打眼工岗位。这与矿井设备产生噪声,但缺乏有效的消声或隔声设施有关。另外作业工人噪声暴露时间长,个体防护仅靠 3M 耳塞,甚至有些工人因个人防护意识差或者耳塞佩戴舒适度不高而导致个人防护用品使用率低,防护效果不佳;③检测 4 小时等能量频率计权振动加速度,结果显示该矿打眼工人的接振强度为 8.2 m/s²,超过职业接触限值 5m/s²;④$CO$、$CO_2$、$NO$、$NO_2$、$SO_2$、$H_2S$ 这 6 种有害气体均符合职业接触限值要求,表明该矿井下通风分配合理,风量适当,对有害气体的职业病危害控制效果良好。

问题:
1. 这个案例属于什么类型的职业卫生调查,该种类型职业卫生调查的目的?
2. 职业卫生调查应包含哪些内容?
3. 如何对职业卫生调查的结果进行分析和评价?

## 一、职业卫生调查的目的及意义

存在于生产过程、劳动过程和生产环境中的各种职业性有害因素,在一定接触水平和暴露条件下,可对接触者的生理和(或)心理健康产生多方面的影响。随着工业生产的不断发展,一系列新出现的职业类型、新工艺、新技术的引进和应用以及其中大量使用的各种新材料,使得职业性有害因素种类和数量日益增多,接触人群也发生了明显的改变,作业人群的职业卫生和健康问题日益突显出来。

职业卫生调查(occupational health investigation)是在工、矿、企业等职业场所进行的调查,通过听、看、问、测、查、算的方法,获取职业有害因素的性质、种类、来源及其对职业人群的健康损害状况等资料,对职业场所劳动条件对职业人群的安全、健康和工作效率的影响作出评价,为制订卫生标准和预防职业损害的发生提供科学的依据。职业卫生调查主要包括生产过程、劳动过程及生产环境的卫生学调查和职业卫生基本情况调查,二者相辅相成。首先,需通过对生产工艺过程、劳动过程和生产环境进行调查,以识别和评价职业性有害因素,确切了解工厂企业的基本情况、职业卫生管理状况、确定生产过程中产生或存在的主要职业性有害因素的来源、种类、性质、分布和职业人群的接触情况,以及职业卫生防护情况。其次,职业有害因素是否对接触者的健康造成损害以及损害的程度,还取决于作用条件,包括接触机会、接触方式、接触时间和接触强度等,因此,还必须通过环境监测、生物监测和健康监护等,对职业有害因素的强度及其可能对健康造成损害的危险程度进行综合分析评价。

职业卫生调查具有与一般社会调查共同的方法学特征,是一种有目的、有计划的系统性认识活动,具有一定的结构和程序,是自觉的认识行为。主要采取的是抽样调查,即从总体中按照一定的方式随机抽取一定量的样本进行调查,通过一定的方法对被调查者进行特定方式的询问,主要采用自填问卷、结构式访问、个案调查等方法收集资料,要求直接从具体的调查对象获取第一手的信息资料,并进行统计分析和思维加工来认识现象及其本质规律。

职业卫生调查的研究内容和方法具有以下特点:

(1)职业性有害因素对人群健康影响不仅表现为疾病,而且是一个反应较广的健康效应谱(spectrum of health effect),其健康效应指标应当包括生理功能、生化代谢、行为能力等的一系列改变,比如生理负荷量增加、生化指标变化、心理-行为异常、病理学改变等。

(2)职业卫生调查的暴露因素多为物理和化学因素,而且在时间、空间和人群中的分布不均匀,因此除了有通常的调查研究外,与社会调查不同的是还需要结合实际情况,进行采样、分析、体检等实验研究的步骤,以做出科学的评价。

(3)职业卫生调查的最终目的是尽量消除或减少职业有害因素、改善作业环境、保护接触人群的健康。通过对生产过程、劳动过程和生产环境的监测,结合职业医学手段,发现有害健康的环境因素及其对健康的损害,采取有效的针对性措施,控制损害和疾病的发生、发展。同时,职业卫生调查还可得到接触-效应关系或接触-反应关系,为制定职业卫生标准和相关的法规提供重要依据。

职业卫生调查是识别和评价职业性有害因素及实施职业卫生服务和管理的重要手段和重要步骤,为了解当前职业卫生状况、预防和控制职业性损害事件的发生提供科学依据。

## 二、职业卫生调查形式

职业卫生调查大致可分为职业卫生基本情况调查、专题调查和事故调查三大类。

### (一)职业卫生基本情况调查

**1. 调查目的** 了解厂矿企业职业卫生基本情况,如生产装置和生产规模,主要原材料及用量,主要产品及产量,生产工艺过程和一般卫生防护等情况,掌握所管辖地区或管理范围内或系统行业各企业,尤其是工矿企业的职业卫生状况和需求,为建立所管辖单位的职业卫生档案提供基础资料。

**2. 调查对象及要求** 按单位对所管辖的所有厂矿企业逐个进行调查,编制并采用统一格式的调查表格,认真询问、收集和填写相应的表格并仔细复核,然后按计算机编码要求,进行地区及专业系统列编。在常规职业卫生工作中,应及时将工作场所环境监测和健康检查的结果、职业病发病情况,以及生产工艺、生产和企业变迁情况录入职业卫生档案,以备查阅、分析。调查资料逐级汇总上报,每三年复核一次或按要求定期进行复核。

**3. 调查内容** 职业卫生基本情况调查内容包括:

(1)被调查单位基本情况:如单位名称、法人代表、规模、地址、联系方式、单位的历史、隶属关系、所属行业、机构设置、男女职工人数、装置的生产规模、产品种类、有害作业情况、接触有害因素的人数、产值以及利税情况等。

(2)主要产品和工艺流程:记录使用的原料、辅料的名称及用量,中间产品、副产品、产品的名称及产量,使用的生产设备,生产设备布局,生产设备机械化或自动化程度、生产过程,并绘制工艺流程图。

(3) 主要工作场所的劳动条件:主要车间、工段和工种是否按照卫生要求进行合理布局、采光照明是否符合卫生要求、车间微小气候状况如何、相邻车间的配置是否合理或有无相互影响等。

(4) 劳动组织及班次:结合工艺对每个工序的工种及其工作情况进行调查,劳动者与用人单位的关系,包括年工时、周工时、日工时、加班加点情况及在外有无兼职,劳动定员,工人的主要操作,防护用品发放及佩戴情况等。

(5) 职业性有害因素种类、分布、危害程度及其接触人数。

(6) 作业环境及接触者健康状况:作业环境的现场调查主要是对总平面布置、防护设施、应急设施、生活辅助设施、建筑物的卫生学、警示标志等内容进行调查,职业性有害因素对健康影响的早期表现,职业病、工作有关疾病和工伤的发生频率和分布情况,以往环境监测和健康监护资料等。

(7) 防护设备的使用、维修及防护效果等情况:针对职业性有害因素所采用的工程设计和职业卫生防护设施及其防护效果等的调查,例如通风设施和除尘排毒系统的装备和使用,噪声、振动、高温及其他物理因素的作业防护,以及个人防护用品的品种、数量、使用与维修等情况。

(8) 生活福利和医疗卫生服务情况:例如更衣室、休息室、女工卫生室、浴室、厕所、医疗室、急救室等生活设施。

(9) 接触者的反应:必须听取职业环境中不同接触人群对职业性有害因素危害身体健康的反应,特别是对具有刺激性或易于引起急性反应的毒物,现场劳动者可提供许多有价值的第一手资料和线索。

(10) 职业卫生管理制度的调查:对厂矿企业制定的内部规章制度,贯彻执行相关职业卫生管理制度情况的调查。

**4. 调查方法和评价标准** 依据《中华人民共和国职业病防治法》(2001年10月27日第九届全国人民代表大会常务委员会第二十四次会议通过,自2002年5月1日起施行,2011年12月31日第十一届全国人民代表大会常务委员会第二十四次会议通过《关于修改〈中华人民共和国职业病防治法〉的决定》)、《使用有毒物品作业场所劳动保护条例》(2002年4月30日国务院第57次常务会议通过,2002年5月12日国务院令第352号公布和施行)、《工业企业设计卫生标准》(GBZ 1-2010,自2010年8月1日起施行)、《工业企业噪声控制设计规范》(GB/T 50087-2013,自2014年6月1日起施行)、《车间空气监测检验方法》(第3版)等法律、法规、职业卫生标准等,一般采用现场调查法、检查表法、检测检验法等方法进行定性和定量评价,必要时可采用其他评价方法。

职业卫生基本情况调查常通过"听、看、问、测、查、算"的方法进行。①听:听取介绍;②看:现场仔细观察和认真查看有关原始资料;③问:口头询问,对不知道的、不明确的、或有怀疑的内容,都可以加以询问,要避免诱导式询问,尽量采用二元或多元选择提问,或更好的是开放式提问;④测:对环境中存在的有害因素进行环境监测和生物监测;⑤查:健康检查;⑥算:对所收集的资料进行整理、分析,并做出结论。由此通过以上步骤对所获取的调查资料进行综合评价,提出合理化建议和必要的整改措施,并进一步建立健全和完善职业卫生档案。

> **案例 15-1 解析**
>
> 该案例属于职业卫生基本情况调查,通过对厂矿企业的职业状况和背景资料,职业性有害因素的来源、种类和分布,以及卫生管理和卫生防护状况的调查,初步了解接触人群的接触途径和水平、健康状况和职业病危害程度,为企业开展职业卫生管理提供基本资料,为行政管理机构进行监督管理提供科学依据,为卫生行政部门制订和修订有关的法律法规提供基础资料,

> 同时还为保护劳动者健康提供必要的信息。根据职业卫生学调查的结果，建议加强宣传教育，定期监测粉尘浓度，并及时更新防尘设备，加强防噪基础设施建设，加强噪声高暴露岗位的个人防护，建议进一步加强监管与健康监护，做好手传振动作业工人的个人防护。

### （二）职业卫生专题调查

**1. 调查目的** 专题调查是对某一系统（行业）或某一有害因素的职业卫生基本情况的调查。目的在于探究职业性有害因素对职工健康的影响，或就其他具体问题（如病因探讨、患病率分析、早期监测指标筛选、预防措施效果评价和卫生标准研制或验证等）进行专项调查研究，为加强监督管理提供依据。因此，常需对作业环境、生产过程和作业人员健康状况进行更为系统的检测和深入的调查。

**2. 调查对象及要求** 所辖地区内存在有下列情况之一者，应考虑进行专题调查：①某一系统（行业）在所辖区内所占比重较大；②某一有害因素的危害性较突出，接触人数较多；③采用新技术、新工艺，出现新的有害因素者；④已有的有害因素出现新的职业性损害者。

**3. 调查内容和项目** 专题调查的项目可根据实际情况和具体需要加以选择，在内容上重点是要能突出调查的特殊性或针对性，使结果更能反映专题调查的具体目的。

（1）有害因素与健康关系的调查：主要揭示特定接触所存在的剂量-反应和剂量-效应关系。

（2）工作有关疾病调查：主要探讨某些特定的职业性有害因素与所导致生物非特异性疾患高发或加剧的因果关系。

（3）环境监测方法研究：主要确定测定方法的灵敏度、特异度及质量控制要求。

（4）生物监测研究：主要阐明指标的敏感性、特异性、预示值、符合率，以及在早期监测职业性损害中的意义。

（5）预防措施效果的卫生学评价：主要对采取预防措施前后的作业环境、职工健康状况进行分析比较，分析预防措施的效果及其投入效益等。

### （三）职业卫生事故调查

一般属于计划外应急性调查。发生急性事故性损害（如职业病危害事故、安全事故、急性中毒事故）时，职业卫生医师应会同临床医师参加抢救，医疗卫生机构（包括厂矿企业医院或诊所）应按《企业职工伤亡事故报告和处理规定》和《放射性同位素与装置放射防护条例》等制定《职业病危害事故调查处理办法》及《职业病报告办法》，立即向所在地人民政府卫生行政部门和法律、法规规定的其他部门报告，医疗卫生机构应会同有关部门深入现场进行调查，查明事故发生原因，提出抢救和预防的对策，防止类似事故再次发生。

在现场，必须详尽了解事故发生的全过程和有关的规章制度，包括事故发生时的各种环境条件、设备运转情况、作业状态、操作规程及防护措施等，通过中毒病人或班组人员，了解事故发生过程及其前后细节，以及同类生产的其他作业场所是否发生过类似事故。当现场未经清理时，应迅速检测生产环境中各种可疑有害因素的浓度或强度，如现场已遭破坏，必要时采用模拟现场试验估测接触浓度或强度。经皮肤吸收的毒物，应尽可能进行皮肤污染的测定，如有可检测的生物监测指标，应及时采样测定。

最后，根据调查资料，做出综合判断，提出处理意见及防止事故再度发生的对策和措施，用书面形式上报上级机关并分发有关单位，以吸取教训。

## 三、职业卫生调查步骤

除事故调查外，职业卫生基本情况调查与专题调查的工作步骤基本相似，但专题调查更周密，完整的专题调查可分为准备、实施和总结三个阶段。

### （一）准备阶段

**1. 制订计划** 计划内容应包括：

（1）调查目的、试图寻求的答案和可能遇到的困难：调查目的应明确、具体，避免概念化。确定调查目的就是要明确在调查中要解决哪些问题，应获取什么样的资料，以及获取这些资料有什么用处等问题。同时预测可能会遇到什么问题，并想出应对策略。

（2）调查对象、对照的选择：根据调查目的确定调查的总体，调查对象要具体，明确时间、地点、人物。并根据调查目的确定是否需要对照，以及对照的标准。

（3）调查方法和资料收集方式：根据调查目的、调查对象范围和具备的调查条件来确定调查方法。

资料收集方式主要有直接法和询问法，分别采用现场调查法、检查表法、检测检验法等方法进行资料收集。①现场调查法：采用现场职业卫生学调查方法，了解生产工艺过程，确定生产过程中存在的职业性有害因素，检查职业病危害防护设施的落实及职业卫生管理的实施情况；②检查表法：依据国家有关职业卫生的法律、法规、技术规范、标准、操作规程和职业病危害事故案例等，通过对调查项目的详细分析和研究，列出检查单元、检查部位、检查项目、检查内容、检查要求等，编制成表，逐项进行检查，确定调查项目存在的问题、缺陷和潜在危害。必要时可赋分进行量化分析；③检测检验法：依据国家相关技术规范和标准的要求，通过现场检测和实验室分析，对调查项目作业场所职业性有害因素的浓度或强度以及职业病危害防护设施的防护效果进行评定。

（4）确定样本大小和抽样原则：在保证调查结果可靠性的前提下，确定最少样本例数。抽样调查要遵循随机化的原则，以保证所确定的总体对象中的每个个体都有等同的几率和所抽取的样本具有代表性。

（5）调查项目、观察指标和测定方法，所需器材、经费和人力。

（6）人员培训，调查队伍组织及协作关系。

（7）现场联系及时间安排。

（8）预期结果。

（9）数据处理，资料整理、分析和总结等。

**2. 查阅文献** 围绕调查内容和目的，采用现代文献检索手段，如联机检索、国际互联网等，或随时与世界各地的职业卫生与职业医学专家进行有关内容的专题研讨，及时、充分、准确地获得最新资料以掌握全球相关职业卫生与职业医学信息。

**3. 拟定表格** 应根据调查目的、内容及统计学方法，周密设计调查表格的条目、内容和形式，确保每一个调查项目都必须用意明确，并且有意设置有关的信度和效度内容。对初步拟好的调查表格有必要预先进行小范围的试点调查，并根据预调查的效果作必要修改，不断完善调查表格，并可通过预调查过程考察和培训调查队伍。

调查表的内容一般包括：

（1）调查表的名称。

（2）一般项目：姓名、性别、出生年月、出生地、民族、文化程度、工作单位名称、职业、车间、工种及家庭住址。

（3）调查项目：根据调查目的而定，一般包括职业史及接触史、疾病史、目前健康状况、不良生活方式、环境监测、针对该项调查的体检和化验项目等。

（4）调查者对调查结果的可信度估计。

（5）结束部分，包括调查人签字和调查日期：对上述调查项目应当尽可能做到能够量化，以便在调查时能够将各项目的结果转变为"量值"和录入计算机，满足统计分析处理的要求。另外，为验证调查对象回答内容的可靠性，可在询问项，如主观症状中，随机穿插与接触-反应（效应）完全无关的内容，作为"干扰性项目"。整理分析时，分别算出"症状分"与"干扰分"，供判断参考。

**4. 对象选择** 根据调查目的，制定纳入和排除标准，选择不同对象。一般原则是：

（1）根据研究目的，确定样本大小和抽样方法。

（2）以密切接触有害因素的人群为观察对象，并选择同等条件非接触人群为对照组。

（3）在评价检测指标对反应环境浓度或机体反应的灵敏性和可靠性时，应尽可能分别选择接触低、中、高不同浓度（或强度）梯度的接触者为对象。

（4）同时接触具有干扰效应的其他因素者，不应列为对象。

（5）慢性职业病调查应特别注意潜伏期，曾经接触者和现有接触人群均应列为调查对象。

（6）对照的选择，除了待调查的职业性有害因素外，其他因素如性别、年龄、工龄等应合乎统计学要求，以保证具有良好的可比性。

**5. 试点调查** 在开展全面的正式调查前，有必要预先在小范围人群中进行一次完全按照计划的小型试点调查。

试点调查目的是：①检查所预定计划是否切实可行；②及时发现实际调查中存在的问题，如调查表格项目是否合适，测定仪器功能是否完好，以及调查对象是否合作等；③锻炼和考核整个调查队伍的运作，进一步统一实际操作规程，尽可能控制误差和减小不同调查者间的差异，积累经验，提高工作效率和质量。

### （二）实施阶段

在试点调查的基础上，总结经验教训和完善各项计划，制订出完整的调查工作手册，内容包括调查员工作须知、调查项目的各项标准及操作规程等。在该阶段的具体实施过程中，应特别强调调查员必须严格遵守调查工作手册中各项规章，从而确保现场调查的质量控制。

在全面展开工作时，严格按照制定好的方案开展职业卫生现场调查，测定工作场所职业性有害因素的浓度（或强度），以及职业病危害防护设施的防护效果和接触者的健康状况分析。

在组织实施过程中，专题调查组要建立系统性的组织网络，例如由项目负责人→现场调查督导人→调查员、摘抄员、检验员组成的三级工作网，明确各级分工和责任。同时，应当设立反馈复核机制，调查中随时反馈出现的问题，及时解决，抽查原始记录，及时复核补漏，汇总和整理调查资料。

此外，根据现场调查和企业配合情况，掌握和及时调整调查进度，保证各方面工作的相互协调和紧密配合。

### （三）总结阶段

该阶段的主要工作是对上述准备阶段和实施阶段已取得的资料进行整理汇总和分析，得出结论，并进一步找出问题和提出针对性的对策与建议。

**1. 资料整理与统计**

（1）资料检查：检查调查表格中的原始资料，内容包括：①资料的完整性，即全部项目必须符合调查设计的要求并逐项填齐，不得缺漏；②资料的可靠性，即调查方法正确，疾病诊断明确，测定数据准确等；③资料筛选的原则性，即资料剔除不能带有主观性，要严格按一定的原则进行取舍。

有下列情况之一者应予剔除：①项目填写不全；②记录欠准确；③对照人群曾接触被调查的有害因素；④接触人群曾接触足以影响调查结果的其他因素。

（2）资料整理：按以下步骤进行整理和分析：①在同质基础上，按调查设计分组；②按分组要求拟定整理表，对资料进行归并、组合；③资料分析，按统计学原则，根据资料特征及分析目的，选用合适的统计方法和参数，探讨各自变量与因变量之间的联系及其强度，并阐明混杂效应（confounding effects）及其程度。

**2. 调查汇总** 根据调查结果写出全面总结，向所调查企业和有关上级部门汇报。报告应针对所发现的问题做出卫生学评价，提出切实可行的干预措施，力争把通过调查所得到的科学结论反馈到企业职业卫生工作中去。

**3. 论文撰写** 科学论文是科研成果的具体体现，是科技工作者研究工作的文字记录和书面总结，具有科学性、创新性、逻辑性、有效性的特征。所以作为一项科学研究，应结合调查发现，把调查报告提炼成一篇或几篇科学论文。

遵循科学论文的共性原则，职业卫生调查论文也由以下几部分组成：①论文的题目：是论文内容的高度概括，应尽可能地用最简洁、恰当的词组反映出研究的对象、方法和内容；②摘要和关键词：摘要是对论文内容准确、扼要而不附加解释或评论的简略表达。医学类科技论文的摘要应简明扼要地介绍调查的目的、对象与方法、主要内容和结果等方面的要素。关键词是用来表述论文主题内容的词或词组，目的是为了突显出论文的关键内容；③前言：是正文开头的一段文字，主要指明论文调查研究的国内外背景概况、理论基础、调查者的动因意图或目标；④调查对象和方法：详细描述调查研究过程，以便使他人可以借鉴和参照同样的方法重复验证；⑤结果：应按逻辑顺序真实、准确地描述实验数据，不应是原始资料的简单罗列和堆积，应用适当的统计学方法进行分析；⑥讨论：讨论是结果的逻辑延伸，是对结果中观察到的事实和现象进行深入分析、综合解释、论证和概括，并与已报道的资料进行比较，说明现象和本质之间的联系，将调查结果资料提高到理论高度，还可提出未曾解决的问题和进一步探索的设想；⑦参考文献：列出近期重要的有关文献，目的是指出引证资料和论点的出处，反映论文的科学依据和对他人研究成果的尊重，并为读者提供进一步阅读的线索。

## 四、职业卫生调查示例

### （一）职业卫生专题调查示例

反式，反式-黏康酸（$t,t$-MA）是苯的非酚类代谢产物，可在尿液中检测到。该调查的目的在于探讨苯暴露对 $t,t$-MA 的影响及其在苯中毒的早期诊断中的意义，为职业性慢性苯接触筛选出较理想的敏感、特异、可行的早期观察指标，为制订职业性苯接触的生物接触限值提供科学依据（Toxicology and Industrial Health，2014，30（5）：467-474.）。

苯接触组由某陶瓷厂61名男性工人和20名女性工人组成。非接触苯作业的对照组由55名男性和28名女性组成。苯接触组和对照组在年龄，生活习惯和经济社会地位等方面匹配。用调查问卷系统调查两组工人的一般情况、职业史和目前健康状况等。采集血样，进行血常规检查。收集尿样，用高效液相色谱检测工人尿液中 $t,t$-MA 水平，用尿肌酐水平做内参，用 $t,t$-MA/肌酐表示 $t,t$-MA 的相对水平。

专题调查结果发现：苯在该陶瓷厂主要作为染料的稀释剂。工人每天工作8小时，一周工作6天，工作地点只有很少的通风设备，工人通过直接吸入或者皮肤接触苯。苯暴露组血红细胞计数、白细胞计数和血小板计数均显著低于对照组，苯暴露组尿 $t,t$-MA/肌酐比对照组显著升高。在苯暴露组中，尿 $t,t$-MA/肌酐与红细胞计数和血小板计数分别呈负相关。说明尿 $t,t$-MA 是可靠的评估苯暴露的生物学标志，可在苯发挥毒性作用的早期用于检测苯暴露，建议定期监测具有苯职

业暴露风险工人尿 $t, t$-MA 的水平。

### （二）职业卫生事故调查示例

某果蔬汁加工厂工人在检修污水池潜水泵时，工人未佩戴任何防护用品下到污水池进行查看，下到池底后立即昏倒，之后又有工人也未佩戴任何防护用品相继下到池底施救，均昏倒于池底，最后 1 名工人下去施救，下到一半时，闻到臭鸡蛋气味，就立即回返，被上面的工人拽上来时也昏倒在池口。此次事故共有 6 人中毒，其中 2 人死亡（工业卫生与职业病，2015，41（2）：157.）。

患者急症入院，周身污水，可闻到臭鸡蛋味。其中一名患者急诊查体：体温 35.9℃，脉搏 98 次/分钟，呼吸 16 次/分钟，血压 103/70 mmHg，血氧饱和度为 86%，意识不清，呼之不应，昏迷状态，双瞳孔对光反射迟钝，口唇发绀，双肺布满湿性啰音。急诊诊断：急性硫化氢气体中毒和吸入性肺炎。

事故现场调查发现：此污水池里的水是平日清理水果的废水、水果碎渣和生活污水。污水池深 6 米，上方有 1 个检修口，平时用铁板覆盖。水池里积水深约 1 米，在水池上方能闻到臭味。在距水面 0.5 米处用硫化氢气体和复合气体探测仪进行现场检测，硫化氢浓度达到了仪器量程的上限值（150 mg/m³）。调查发现该企业对存在严重职业病危害的作业岗位，既无警示标志，也无任何通风排毒设施。企业对该岗位没有制定相应的应急救援预案，也未对工人进行过岗前职业卫生防护知识培训，操作工人对该有毒作业毫不知情。污水池作业没有设监测点，工人没有做上岗前职业健康检查和定期职业健康检查。排水作业时工人只穿普通工作服，没有佩戴任何防护用品。

此次职业中毒事故的原因是池中积聚了大量污水及水果残渣，长时间不进行清理可导致水果残渣腐败，产生大量硫化氢气体。硫化氢比空气重，蓄积在池底。工人经狭小开口下到池内操作，属于局限空间作业，应该遵循局限空间作业的卫生标准，例如事先应该检测氧气含量、易燃爆炸气体和有毒气体浓度。

## 第二节 职业流行病学分析

### 案例 15-2

为分析激光辐射对作业人员眼睛健康的影响，采用横断面研究，以两家电子加工企业从事激光辐射岗位作业（激光镭雕、激光刻字和激光刻花）的 95 名员工为接触组，以此两家企业从事非激光辐射岗位作业（文员和技术员等）的 136 名员工为对照组。两组人群年龄、性别构成、吸烟率、饮酒率和有高血压病史者、有眼部外伤史者或眼部手术史工人比例、每天看电脑或手机屏幕时间等指标的差异均无统计学意义。对两组人员进行眼睛自觉不适症状调查和眼科检查。

调查结果表明：对照组、接触组分别有 98 和 64 人自述有不同程度的视力下降、视物模糊、眼睛干涩、眼痛、眼胀、畏光、流泪、异物感等不适症状，两组人群眼睛自觉不适症状总体发生率比较，差异无统计学意义。对照组和接触组人群眼科总异常检出率分别为 19.12% 和 36.84%，接触组人群眼科异常总检出率高于对照组（$P<0.01$），从事激光作业人群发生眼科异常的风险为非激光作业人群的 5.37 倍

问题：
1. 职业流行病学调查中的对照分为几种，如何进行设立？
2. 横断面研究的优点和缺点？

职业流行病学（occupational epidemilogy）是一门采用流行病学的调查方法，研究职业卫生条件对接触者健康的影响和流行趋势，探讨职业性疾病在职业人群中发生、发展、分布和控制的规律，确定职业性有害因素对接触人群的安全接触水平，为评价和制订卫生标准提供科学依据，从而有针对性地提出控制职业性损害有效措施的工作。职业流行病学是流行病学的一个分支，是流行病学基本原理和方法在职业卫生和职业医学中的实际应用，以探明职业性损害的发生频率、分布及其与职业性有害因素和其他相关因素的因果关系或可能关联，其发展与流行病学的发展密切相关，也与职业卫生和职业医学的发展密不可分。由于现场干扰因素极为复杂，所以职业流行病学研究需要搜集一定数量的资料，特别在研究有害因素的慢性影响时，通常需要有长期的观察累积资料才能进行。例如对人类化学致癌物的认识和分类就主要来源于流行病学资料的研究，20世纪80年代在全国范围内的几项职业肿瘤流行病学调查，在国家法定职业肿瘤的确认中发挥了重要作用。

## 一、职业流行病学特点与应用

职业流行病学研究的对象是职业人群，因此与一般流行病学研究相比具有一些特点：①研究人群相对稳定，可以通过就业记录获得较为详细的职业史和接触资料；②职业接触比较明确，有利于确定接触-反应关系；③职业人群健康监护，包括就业前体检、定期体检等，可提供连贯的健康状况资料。职业流行病学研究在评价职业性有害因素中的作用具体有以下4个方面：

（1）研究和发现职业性有害因素对接触人群健康的影响。在职业人群中，一种疾病的出现和流行通常是致病因素（真实的原因）与流行因素（必备的条件）二者综合作用的结果。因此，职业流行病学应用的核心是探索职业性损害的病因，即通过研究探明职业性有害因素对接触人群的健康影响及损害程度，识别和鉴定新的职业性有害因素及其作用，估测接触人群的危险度（risk）等。

（2）阐明职业性损害在人群中的分布、发生和发展规律，提出相应的预防措施，并指导职业卫生工作。通过职业流行病学研究，可以描述工作有关疾病、工伤和职业病的"三间"分布。①空间分布：主要描述职业性损害在不同国家、地区、厂矿企业、车间的分布和存在的差异；②时间分布：描述职业性损害的历史发展，如在不同年代的分布情况和变化的趋势；③人群间分布：如在不同性别、工龄、工种以及不同接触和防护方式的职业人群间的分布。在描述职业性损害的同时，探讨其发生和发展的规律，分析职业性有害因素在病因中的作用，以及其他影响因素（如遗传特征、生活方式与行为习惯、营养状况、既往病史与现病史、工作以外的其他暴露史等）作为病伤决定因素的可能意义，研究接触与病伤之间的剂量-反应关系，评价职业性有害因素的接触危险度，提出相应的卫生措施指导职业卫生与职业医学防治工作。

（3）结合现场调查、动物毒理学实验和临床观察的结果，阐明接触水平和反应程度之间关系，从而为制定、修订职业卫生标准和职业病诊断标准提供依据。通过职业流行病学调查所得的人群资料，还可以与职业毒理学研究中动物实验结果以及职业病临床观察的循证分析紧密结合，综合阐明接触-效应关系（exposure-effect relationship）或接触-反应关系（exposure-response relationship），为卫生行政部门的决策提供参考依据。

（4）鉴定和评价职业卫生与职业医学防治工作质量及其预防措施的效果。职业卫生与职业医学防治工作面向不同的职业环境和各种职业性有害因素的接触人群，其涉及面广、内容多，但最终目的是采取有效可行的预防措施以控制或消除职业性有害因素。通过职业流行病学研究，可获得采取某种预防措施前后工作有关疾病、工伤和职业病的发病情况和危害程度的资料并进行对比，通过评价职业卫生与职业医学防治工作质量和预防措施效果，进一步优化和改善职业生产条件，从而保护和促进劳动者身心健康。

## 二、职业流行病学研究设计的基本要求

职业性有害因素对接触人群的作用受诸多因素的影响，职业流行病学研究中现场调查的干扰因素极为复杂。因此，任何一项研究都应该有合理的设计，才能通过调查、统计分析得出比较可靠的科学结论。所以，在进行某项职业流行病学研究之前，应针对特定的研究目的，制订出整个调查研究全过程中各个环节在内的整体工作计划和实施方案，力争以最少的人力物力获得最真实可靠的结论。

**1. 明确研究目的**　研究设计的制定过程中，针对较为关心的职业人群中已发生的疾病或健康问题，首先应确立职业流行病学调查研究的目的。通常包括：①调查致病原因；②探明致病的条件；③阐明接触-反应（或效应）关系；④评价预防措施的效果。

**2. 选择研究对象和对照人群**　根据研究目的确定特定的职业接触人群作为研究对象，研究对象应有明确的界定，明确"接触"与"非接触"的定义。同时，正确地选择对照人群保证调查结论的准确性，根据不同的要求和设计可设立内对照、外对照和自身对照三种。其中，内对照指研究对象和对照人群来源于同一调查单位，在性别、年龄、文化程度、生活水平以及医疗卫生服务等方面条件接近齐同，仅在"接触"与"非接触"上有区别。外对照则指两组对象并非来自同一群体，除待研究的职业因素接触的区别外，其他的条件应特别注意具有可比性。自身对照为研究对象本身，用以比较接触前后或采取预防措施前后的健康状况，这种对照较为理想，但通常不容易获得所需的接触前本底资料。

职业接触人群中某一待研究的损害或疾病的发生以及某种干预措施取得的效果，都可能受到多种混杂或干扰因素的影响。因此，研究对象和对照组都应当具有足够的数量，以获得可靠的结果和推论。但若研究对象太多，工作量大，人力物力耗费大，工作不易做得仔细，可能也会影响工作质量。所以，各组样本含量的大小，应根据不同的研究内容而定，可以通过样本含量估计加以确定。

**3. 接触和疾病含义的确定**　准确地划分"接触"和"非接触"、"患病"与"非患病"，直接关系到调查结果的准确性。接触水平的合理评定是研究接触者健康效应的基础，可以通过询问调查、环境监测、生物监测等方法，对职业性有害因素的接触进行定性和定量评价。在询问调查中，既要收集一般资料，如姓名、性别、年龄、地址等，更重要的是还要确定哪些是可疑暴露因素，例如吸烟、职业史、某些化学物的接触史等。这些因素在调查开始前必须有明确的规定，如调查职业史时要具体规定接触哪些有毒有害物质，还可以规定接触剂量或接触级别，如果定量测量其接触程度有困难时，可通过调查工龄、开始接触可疑化合物后的年数或以作业环境中化学物平均浓度来分层。在设计不同接触组时，应确定分组原则，例如按工种、接触时间、工龄、空气中有害物质的浓度估算分级方法等。

对于环境监测通常可分别通过对作业场所空气中有害物质浓度的定点采样监测与接触者的个体流动性采样监测来评定作业工人现场有害物质的接触水平，将定点采样和个体采样结合，相互佐证、补充，以便消除各自的选择偏差和系统误差。

生物监测所反映的是生物体与环境因子（化学的、物理的或生物学的）相互作用所引起的任何可测定的改变，包括生理、生化、免疫和遗传等多方面的变化。由于生物标志物可以减少接触测量的误差，在阐明接触-结局之间的关系时，使用生物标志物的方法比传统的方法好。生物监测的生物标志物主要包括接触生物标志物、效应生物标志物、易感性生物标志物。接触评价中应用生物标志物旨在探明人群的接触情况、减少流行病学研究中的错分偏倚和测定到达靶器官、靶细胞、靶分子的内剂量，尤其是当个体采取了一定的防护措施或存在经皮肤（或消化道）吸收时，接触标志物要比外环境测量更准确。

对于所研究的损害和疾病，也必须有明确的定义和诊断标准。病例可以来源于某种职业人群中所有已确诊的病例、医院或门诊部确诊的病例或在人群中随机抽样获得的所有病例。

因此，通过对接触评定、环境监测、生物监测等方法所获得资料进行综合描述、分析和判断，即可对研究的职业性有害因素的接触人群特征、接触途径、接触水平等进行定性和定量评价。关键在于调查时要有统一规范的环境监测、生物监测方法、健康检查指标的判断标准和疾病的诊断标准。不仅在一个研究中的接触人群和对照人群中应该一致或尽量保持一致，而且与同类的其他研究要有可比性，以便进一步进行横向和纵向比较。

**4. 确定研究类型** 选择研究类型，要考虑研究的科学性，即论证强度、研究的时间、经费以及医德问题。职业流行病学研究中经常使用的研究类型为横断面调查、病例-对照研究、队列研究等，这些研究方法分别应用于不同的研究对象人群中，有时也结合进行，如巢式病例-对照研究就是在队列研究内进行的病例-对照研究。从病因学研究角度出发，论证强度最优的是队列研究，其次为病例对照研究，再次为横断面研究。

**5. 表格设计** 与前面所述的职业调查研究相似，职业流行病学研究中调查表和分析表应根据研究的目的和内容预先设计，并规定填写和分析的方法与要求，同样的，拟订的调查表在正式应用前，应在适当的范围进行预调查，发现问题及时修正，以保证调查的质量。

## 三、职业流行病学研究的方法与类型

在职业病防治过程中，如何评估接触或暴露于某些职业性有害因素，如铅、苯、汞、粉尘等可能的作用，可以通过流行病学研究进行。流行病学研究不仅可以了解暴露因素的作用，还可以监测职业病的发生情况。流行病学能够应用的方法，原则上都可以用于职业流行病学研究，基本设计有横断面研究（cross-sectional study）、病例-对照研究（case-control study）和队列研究（cohort study）三种形式。一些不完全设计的方法，如生态研究和比例研究，也能在提示特定职业接触"病因"中发挥作用，前者不是以个体为研究单位，在职业流行病学中常以行业、企业或地域区分，后者只收集某人群中某病死亡的资料，与一般人群某病的死亡资料进行比较。本节主要介绍职业流行病学中最常用的基本方法。

### （一）横断面研究

横断面研究通常称为现况调查或劳动卫生学调查，它是在某一较短的特定时间内一次性调查接触职业性有害因素人群的健康状况，并与不接触组进行比较，以研究接触与健康损害之间的关系。

横断面研究在职业卫生中应用最多，可以了解职业环境中在职工人的患病情况，初步探讨职业损害的存在、分布范围及危害程度，用于评价暴露和疾病之间是否存在着联系。因此，横断面调查的优点是花钱少、获得结果迅速，常用以提出新的关于研究职业性有害因素与职业性损害的病因假设，而且作为早期防治警告的信号有利于及时采取预防措施，并对制定卫生政策也有补益。

但是，横断面研究的缺点在于，一是其监测的是患病率，因此，很难对疾病和暴露的关联度进行解释，因为它们可以依赖于发病率的增加或者病例亚群中更长的疾病持续期，二是调查时职业性损害与接触的职业性有害因素同时存在，因而不能进行时间上因果联系的分析，三是对罕见的、病程短的职业性损害的研究不甚合适。因此，横断面研究通常用来调查非致死性疾病。

横断面研究常用于职业病的普查和工作有关疾病的研究，在调查过程中应注意以下几个问题：

**1. 健康工人效应**（healthy worker effect） 是指接触职业性有害因素的工人，他们的身体素质本来就明显优于未接触者。因为特定的作业人群并非一般人群中的随机样本，其工作状况与其自身的健康状态呈正相关。

健康工人效应多源于职业选择因素，包括：①初次自我选择（primary self-selection）：某些工种对体力或智力往往有特殊的要求，许多非职业因素会影响人群对工作的选择。例如，在煤矿工人中，只有体格强壮且具有一定心理素质的青壮年人群才被招收，在很大程度上排除了那些自知患有某种慢性病、健康状况较差的人群；②二次自我选择（secondary self-selection）：指的是已从事某种作业者可能由于职业环境对体力或智力等因素有较高要求，自觉难以胜任或其他原因而调离工作或变换工种等；③用人单位的主动选择（active selection）：厂矿企业通过就业前体检或定期体检的筛选，可产生选择性调离效应。这样一来，使在职接触者的健康状况可能优于非接触者，在一定程度上掩盖了职业接触的危害性。

另外，健康原因导致从业接触者选择性生存或调离是横断面研究中出现的一个重要的选择性偏倚。例如从业人员因工作环境的影响出现了健康问题后离开原来岗位，使某种职业性因素危害接触人群减少，造成了新的假象。

**2. 时间关系** 在判断接触因素是否对健康造成影响时，应首先确定疾病和接触因素的时间先后关系，才能判断其是否存在因果关系。但横断面研究时职业性有害因素和职业性损害之间在时间上的先后关系常难以判定。

**3. 病程因素** 不同职业性有害因素引起的职业性损害的病程长短不同，死亡率高、病程短的职业病在横断面调查时常不易查到，易造成疾病分布的偏低估计；而死亡率低、病程长的疾病，则由于病例的长期积累而引起偏高估计。

**4. 解释患病率资料要谨慎** 由于患病率资料中包括过去未愈的病例，患病率的增高不一定表示发病率增高，而可能是因为改进治疗方法后延长了病人寿命的缘故，相反，患病率降低不一定表示发病率就低，可能因为改进了治疗方法，病程缩短、病人迅速痊愈，或者因死亡较早使患病率降低。因此，在分析横断面调查的患病率资料时，必须与发病率、治愈率、存活率等资料结合起来分析判断，才能对问题有全面的了解。

**5. 其他** 横断面研究容易受到无应答效应的影响，特别是以疾病患病率或其症状作为评价来实施横断面调查的时候。参与研究的患病接触者可能与非患病者不同，他们参与研究的意愿取决于暴露状态。此外，还包括诊断标准的一致性和准确性、接触水平估测的可靠性、样本大小、抽样方法、调查者变异等的影响。

> **案例 15-2 解析**
> 该案例选取的是内对照，内对照是指调查对象和对照组来自于同一调查单位，排除混杂因素的影响，仅在暴露和非暴露上有区别。横断面调查适合此种死亡率低，病程长的职业病或工作有关疾病调查。

## （二）病例-对照研究

病例-对照研究是根据现有的资料，选定一组已发生某种职业性损害的人群（病例组）和一组或几组没有该种职业性损害的人群作对照，进行回顾性调查（retrospective study）。在两组研究人群中用同样的方法回顾是否接触某种职业性有害因素及接触的频度和强度，观察这些接触因素在病例组出现的频率是否高于对照组，然后进行统计分析，推断接触因素作为病因的可能性，从结果探索可能的病因。

病例-对照研究是一种耗时短、易执行、较经济的探索性研究方法，在职业与疾病关系的初步评价中占有重要的地位，它可以有效地调查普遍的职业暴露，而并不局限于某一行业。这项研究设计对于发病率低的疾病尤为适宜，也可以使研究者集中在通常研究较少的人群。

病例-对照研究调查时应注意的事项包括：①病例组和对照组除观察因素外，其他条件应尽可能保持均衡性；②病例组和对照组的调查项目必须完全相同，用统一方法同时进行；③一次性调查结果不能直接估计某种职业性有害因素与某病的因果关系，只能提供线索，因此，下结论要慎重。

## （三）队列研究

> **案例 15-3**
> 为研究 $PM_{2.5}$ 职业暴露与铝厂工人缺血性心脏病发病率升高的关系，对美国 8 个铝厂的 11966 名工人进行调查，这些工人全部参加了基本医疗保险并在随访期间受雇至少两年，调查对象在随访前两年没有疾病。工作环境中颗粒物质的水平由各工厂的职业卫生记录和调查团队的现场检测提供。
> 用 Cox 比例风险模型分析工人 $PM_{2.5}$ 暴露水平与缺血性心脏病发病率间的关系。性别、种族、吸烟情况、体质指数、岗位级别和生产工艺（熔铝/制造/提炼/其他）被作为潜在的混杂因素进行了调整。根据 $PM_{2.5}$ 暴露水平进行四分位分组，最低切点定为 $0.05\ mg/m^3$。
> 研究结果表明：共有 697 个缺血性心脏病病例，69% 的病例是在铝制造车间。即使是在低浓度暴露水平也可观察到显著升高的缺血性心脏病发病风险，在第二四分位数，风险比升高到 1.78（95% CI：1.02，3.11）。尽管熔铝车间比制造车间的 $PM_{2.5}$ 暴露高一个数量级，当用生产工艺进行分层，二者的风险比均为 1.5。这种暴露-反应关系上的差别可能与 $PM_{2.5}$ 成分不同或者健康工人效应有关。综上，铝厂工人 $PM_{2.5}$ 职业暴露与缺血性心脏病发病有关，相比熔铝车间，在同样的暴露水平，制造车间工人发病风险升高。
> 问题：
> 1. 该案例属于哪一种职业流行病学调查？
> 2. 熔铝车间和制造车间的暴露-反应关系表现出显著差别的可能原因？

队列研究又称前瞻性研究（prospective study），是选择接触和非接触某种职业性有害因素的两组人群，追踪其各自的发病结局，比较两组发病结局的差异，从而判断接触与发病有无因果联系及联系大小的一种观察研究方法。

队列研究主要用于检验病因假设，通常是在应用病例-对照研究对病因做出初步检验后，再应用队列研究进一步检验，其检验病因假设的能力优于病例-对照研究。此外，前瞻性研究也可以评估某些暴露的短期作用，能相对精确区分暴露与非暴露人群，而且这些人群能定期随访并测定新发疾病。该方法在临床流行病学的研究中得到广泛应用。

队列研究根据观察时间的起点可分为：①回顾性队列研究（retrospective cohort study），亦称历史性队列研究，是从过去某一时间开始一直观察到过去另一时点或现在或将来；②前瞻性队列研究（prospective cohort study），是从现在开始追踪观察到未来；③历史性前瞻研究（historical prospective study），又称双向性队列研究。历史性队列研究和前瞻性队列研究各有优缺点，在实际工作中可将两者结合起来，发挥各自的长处，在一定程度上可弥补各自的不足。可见，队列研究是一种有效但有时又是一种昂贵和费时的研究设计，然而，队列研究可以通过工作记录和工会登记直接识别以前的职业队列。因此，历史性队列研究一直以来是职业流行病学研究所选择的方法，对职业性有害因素的鉴定、识别具有重要的意义。

队列研究常用的分析指标有发病率、患病率、标化死亡比（standardized mortality ratio, SMR）、标化比例死亡比（standardized proportional mortality ration, SPMR）、相对危险度（relative risk, RR）和归因危险度（attributable risk, AR）等。调查时应注意选择偏倚、失访偏倚、测量偏倚、信息偏倚、混杂偏倚等对调查结果的影响。

> **案例 15-3 解析**
>
> 该案例属于前瞻性队列研究。当用生产过程对工人进行分层，熔铝车间和制造车间的暴露-反应关系表现出显著差别，原因可能如下：①$PM_{2.5}$成分不同：在制造车间，$PM_{2.5}$主要由水基金属加工液组成。在熔铝车间，$PM_{2.5}$主要由无机材料，如氟化物，氧化铝粉尘，金属，煤焦油沥青挥发物组成；②健康工人效应：熔铝车间是整个铝厂中对工人体力要求最高的岗位，另外熔铝作业亦存在高温等职业性有害因素，因此铝厂对熔铝作业工人有心脏病风险因素的筛选程序；③针对熔铝作业工人职业性哮喘和癌症的高发病风险，相比于制造车间，在熔铝车间已广泛使用呼吸防护措施。

## 四、职业流行病学研究的质量控制

职业流行病学研究的质量控制是整个调查研究过程不可缺少的内容，贯穿于整个调查研究过程的始终，这是完成调查设计方案的保证。在职业流行病学研究中进行质量控制的目标，就是要尽可能地减少各种误差和偏倚（bias），尽可能使调查所获资料可靠、真实、可比和完整。特别是在进行大型的职业流行病学研究时，如果没有一个完善的质量控制系统，就无法保证研究结果的准确性和可靠性。

质量控制主要包括建立质量控制系统和质量控制措施两个方面的内容：

**1. 确立质量控制系统** 调查质量控制系统是用来监督和控制研究过程中各方面工作的系统，该系统的工作包括了从研究对象确定、研究样本选择、各类资料收集以及资料分析准备等全部过程。创建调查控制系统时，要考虑研究的规模，即调查对象的数量和追踪随访时间。其次，要考虑研究的复杂性，即研究项目的繁杂程度，如信息的获取途径是否容易，调查涉及的地区、单位和人群范围等。最后，要考虑工作的进程、各层次调查人员的工作能力等。

调查质量控制系统的执行主要包括工作记录、工作报告和监督。项目管理人员根据监督结果，通过反馈机制可及时调整调查的进度和弥补其中存在的不足。

**2. 质量控制措施**

（1）资料收集人员的培训：调查员必须通过统一培训，经参与预调查合格后方可参加现场调查。培训的内容包括对研究项目做一般介绍，使资料收集人员了解研究的目的、意义、内容、方法及调查中的质量控制系统，通过讲授、播放录像或录音、示范操作和相互反复练习等方法，使资料收集人员理解并熟练地掌握询问、填写、摘抄和随访的具体要求和技巧。

（2）资料收集的质量控制：①采用统一的调查表，划分接触和健康效应指标要给予明确的限定；②研究对象的选择应遵循随机化原则；③注意各组间除职业接触以外其他因素均应齐同，并尽可能采用盲法进行调查，以保证各组间具有可比性；④无论是作业环境监测进行接触评定、还是生物监测进行健康状况测试，所需的仪器设备均应统一校正，以减少测量误差；⑤测量数据和研究条目尽可能定量化，以保证准确地评价接触水平-反应（效应）关系；⑥重视资料复核、校正和弥补工作。

（3）资料预处理的质量控制：是指在进行统计分析前对资料进行集中整理，以及在计算机数据处理时的质量控制。要求所有调查数据和资料均经专业技术人员审核合格后录入计算机。资料预处理也可以说是质量控制体系的质量保证。

## 五、职业流行病学研究结果的分析与判断

调查结果的分析与判断需要具备流行病学、卫生统计学和职业卫生与职业医学以及其他相关

学科的知识背景。首先，要检查研究设计是否合理，方法和数据是否可靠，统计学处理是否恰当。其次，分析时必须注意选择合适的指标和方法，因为同一调查资料，用不同的指标和方法进行分析，可能得出截然不同的结论。由此可见，选择适当的指标和正确的分析方法极为重要，而且不能仅仅凭一种指标或一个方法就轻易做出结论，也不可单纯依靠统计学方法来判断，而应结合理论和实际进行综合分析。一般在资料预处理的基础上先作频数分析，然后根据研究目的和资料本身特性采用专业统计学方法进行分析，对同类资料，应尽可能采用多种分析方法，以得出正确的判断。第三，在判断职业性有害因素对健康的影响时，还应考虑两者之间的联系强度、接触-反应（或效应）关系、调查结果的重现性与一般科学知识的符合程度，以及是否排除了设计和调查过程的各类偏倚及混杂效应等。

职业流行病学研究所得结果与真实的情形常会存在差异，也就是研究误差，在研究中应尽可能减少和避免研究误差的产生，确保研究结果的真实性。研究误差可分为随机误差和系统误差。其中，随机误差可以用统计学方法来估计，并通过增大样本含量来减少。偏倚是研究误差中的系统误差，可以发生在研究的设计、实施及分析阶段，也能够在不同的研究阶段进行控制。因此，在设计阶段，就要考虑到各种可能因素的潜在影响，在研究的实施阶段，要完整地收集各因素的相关数据，保证数据的真实性，在研究分析阶段，通过分层分析或多因素分析控制混杂因素的作用。

## 第三节 职业毒理学研究

**案例 15-4**

为探讨镉接触对工人血压、心电图的影响及其可能的作用机制，以某冶炼厂镉接触工人 86 名为接触组，以邻近地区无镉接触史的健康工人 106 名为对照组，对其血压、心电图及相关生化指标进行测定。数据经方差分析、趋势卡方检验和 logistic 多元回归分析，并计算基准剂量（Benchmark dose, BMD）。结果显示，镉接触组工人的收缩压、舒张压、高血压患病率均显著高于对照组（$P<0.05$），高血压患病率随尿镉水平增加而升高，有明显的剂量-反应关系，基准剂量为 2.98μg/g Cr。血浆血管紧张素Ⅱ、尿钠/钾比值也随尿镉水平增高而增高。Logistic 多元回归分析发现体质指数、吸烟、镉接触年限、尿镉是影响高血压患病率的主要因素。接触组工人心室电压无明显改变，心率低于对照组，QRS 间期和 Q—T 间期延长，T 波及 ST 段改变、心动过缓等异常发生率也显著高于对照组。此研究表明长期接触镉可对作业工人心血管功能产生影响，导致血压升高，这可能与镉影响肾素-血管紧张素-醛固酮系统和/或体内钾钠平衡有关。

问题：
1. 本案例采用了哪种职业毒理学的研究方法？
2. 职业毒理学研究的意义？

职业毒理学（occupational toxicology）是一门通过研究职业环境中各种外源性职业性有害因素对接触人群的有毒有害作用，并阐明相互关系，从而最终达到预防职业性损害的学科。职业毒理学是毒理学中一个重要分支，其主要研究内容包括职业性有害因素（化学因素、物理因素和生物因素）与接触人群的有害交互作用等方面，是职业卫生和职业医学的重要理论基础。

目前工作环境中存在的化学物日益增多和新产业不断出现的有毒有害因素，致使职业中毒频次出现新的高峰，新的或未知的种类也不断增多，对化学品认识、卫生标准和管理标准的建立逐渐与国际社会接轨。因此在职业卫生与职业医学研究中掌握和应用职业毒理学的知识与技能更显重要。在职业毒理学研究中,不仅必须熟悉职业环境条件,而且要掌握基础毒理学、职业流行病学和环境科学的研究基础,能够识别并列出各种职业接触或联合接触的危害性,特别是近来随着分子毒理学和分子流行病学的迅猛发展,职业毒理学的研究在深度和广度上又进入了一个新阶段。可以预见,随着现代毒理学研究和应用领域以及相关的管理及信息系统正在发生的变革,职业毒理学研究在新世纪的发展趋势也必将是:从高度综合到高度分化、从体内实验(整体动物实验)到体外替代实验(离体器官实验、细胞转化模型建立等)、从单层面研究(如单纯职业流行病学调查)到多层次综合实验(如将职业流行病学调查、体内实验、体外实验有机结合起来)等等。

# 一、职业毒理学的研究内容

职业毒理学的研究内容不仅包括对职业性有害因素的毒性效应、剂量-反应关系、靶器官损伤和作用机制等进行研究,还涉及职业有害因素对接触者产生的健康损害条件、职业性损害认定以及职业促进等方面。主要有以下几个方面的内容:

## (一)职业性有害因素在环境中的基本特性

职业性有害因素在作业环境中的特性决定了职业人群是否发生职业性损害以及严重程度。

首先,职业性有害因素的基本结构决定损害强度,如六价铬在多种铬盐中的致癌性最强,结晶型、隐晶型、无定型结构的石英的致纤维化和矽肺能力依次降低。

其次,职业性有害因素的危害强度和范围还受到其理化性质,包括分子量、结构式、相对密度、挥发性、溶解性、熔点、沸点、蒸气压、脂/水分配系数等的影响,例如气态的化学物在空气中的扩散程度取决于其初始浓度,并受其比重和环境中气流(风速)等的影响,固态物质的危害则与其分散度(即物质的被粉碎程度)密切相关,液态化学物经皮吸收中毒的可能性取决于其脂/水分配系数。

第三,除了考虑化学物质其纯品的毒性外,在实际工作中还应注意各种化学产品组成成分和比例,特别是在工业品和商品中通常含有溶剂、杂质、副产品、赋形剂或添加剂等,会改变化学物本身原有的毒性。例如,除草剂 2,4,5-T 中含有二噁英(dioxins)时发生毒性改变,汽油、电焊烟等都含有多种不同的毒性成分。

## (二)作业环境对职业性损害的影响

作业环境条件,特别是工作场所的微小气候,可影响化学毒物对工人的损伤程度。首先,高温环境作业可增强工人的新陈代谢,而且能加重某些有害因素的毒性损伤。例如,高温促进苯、甲苯、二甲苯等有机溶剂挥发和空气中浓度的增高,增加吸入性中毒的危险性。汞蒸发可随着气温升高而明显加速,使得高温环境下的汞接触者比常温时更易发生急慢性汞中毒。高湿作业环境使氯化氢和氟化氢等气体溶于水产生强酸性,明显增加了其对人体的刺激作用和毒性。此外,良好的通风可稀释和扩散作业环境中的有毒有害物质,然而没有良好的通风容易导致一些比重较重的气体(如 $H_2S$ 等)的中毒。因此,作业环境中的气温、气湿和气流可影响职业性有害因素在作业环境中的空间和时间分布,而对职业接触者健康产生影响。

## (三)从业人员健康状况与职业性损害程度的关系

尽管职业性有害因素导致接触者损害的剂量-反应关系是一个普遍规律,但不应忽视从业人员的个体差异导致对相同职业接触的敏感性的差异,表现为相同或相近接触人群中不同个体出现不同的职业性损害。例如,有大量报道在同一作业环境中的工人,其中一部分的健康状况可能没有显著变化,而另一些人容易发生急、慢性中毒或者其他的职业性损害。

随着分子生物学的发展和分子流行病学的深入研究,特别是人类基因组计划(human genome

project, HGP）的完成和环境基因组计划（environmental genome project, EGP）的实施，以及最新的"组学（omics）"研究技术的完善，使得职业毒理学研究中对个体易感性与耐受现象的认识不断深入。例如，葡萄-6-磷酸脱氢酶的先天性遗传缺陷的个体存在对苯胺类化学物易感，血清α-抗胰蛋白酶缺陷的个体接触刺激性气体容易发生中毒，并导致肺水肿等严重病变；苯中毒的易感性与细胞色素P450代谢酶的基因型多态有联系。这些对于揭示职业接触者毒性损伤的个体差异具有重要意义。

### （四）职业性有害因素的代谢动力学

职业性有害因素在体内的吸收、分布、生物转化和排泄等代谢过程是职业毒理学的重要研究内容。毒性是生产性毒物与机体接触或进入体内的易感部位后，对机体造成损害的能力。在同等剂量下，毒物对机体的损害能力越大，则其毒性就越高。毒性与职业性有害因素本身的理化性质和接触途径等有密切关系。生产性毒物进入体内作用于机体细胞，可通过多种方式干扰和破坏机体的生理生化过程。一些毒物可引起局部毒性，即某些毒物在机体接触部位直接造成的损害作用。如苯可以引起接触性皮炎，刺激性气体可引起眼、皮肤和呼吸道黏膜损伤等。一些毒物可引起全身性中毒反应，是毒物被机体吸收并分布至靶器官后所产生的毒性作用。

### （五）职业性有害因素的毒性作用机制

在人体内，职业性有害因素通过数不胜数的毒性作用机制发挥不同的效应，进而引起暴露人群不同的临床表现。研究职业性有害因素的毒性作用机制在明确职业病的诊断依据及防护措施中发挥重要作用。

职业性有害因素种类繁多，毒性作用机制十分复杂，已知的毒理学作用机制如：影响酶活性，造成细胞膜损伤，影响能量代谢，引起氧化应激，引起DNA损伤，细胞内钙稳态失调，内质网应激，凋亡过程异常，自噬过程异常，损害免疫功能，影响线粒体膜电位，影响溶酶体膜稳定性，影响基因表达等。一种职业性有害因素可通过多种毒性作用机制发挥作用，阐明这些毒性作用机制间的相互关系，找到关键环节也是职业毒理学研究的重要内容。

## 二、职业毒理学的研究方法

### （一）体外细胞实验

采用细胞株（系）或原代分离培养的细胞，给予不同剂量或强度的职业性有害因素处理进行体外（*in vitro*）实验，在初步评价与鉴定职业性有害因素的毒性和安全性中发挥重要作用。体外细胞培养本身具有简单、快速等优点，而且特别是随着"3R"（减少 reduce、优化 refine、替代 replace）原则被国际社会的广泛认同和普遍实施，体外细胞培养实验已成为部分动物实验的有效替代实验，在职业毒理学研究中发挥重要作用。例如，可用于致癌物筛选的短期细胞实验包括：

**1. 基因突变试验** 依据化学物的致突变性与致癌性相联系的理论基础，即大多数化学致癌物具有致突变性，而大多数非致癌物无致突变性，因此，基因突变试验可应用于对致癌物的筛选。致突变实验包括鼠伤寒沙门菌回复突变试验（ames test），培养哺乳动物细胞 TK 或 HGPRT 正向突变试验。

**2. 染色体畸变试验** 包括体外细胞系细胞遗传学实验、小鼠骨髓微核试验和小鼠骨髓染色体畸变试验等。

**3. 原发性 DNA 损伤** 通过检测受试细胞内 DNA 加合物的形成、DNA 链断裂（单细胞凝胶电泳实验）、DNA 修复诱导（细菌 SOS 反应，大鼠肝 UDS 诱导）、姐妹染色单体交换实验（sister chromatid exchange, SCE），反映待测职业性有害因素对细胞 DNA 的损伤作用。

**4. 体外细胞转化** 包括叙利亚地鼠胚胎细胞、BALB/c 3T3 细胞，小鼠卵巢瘤试验、人类胚体胎盘间叶细胞试验、小鼠胚体干细胞实验、爪蟾胚胎致畸实验（frog embryo teratogenesis assay-Xenopus，FETAX）和啮齿类动物全胚体培养试验。

在体外细胞培养实验中，特别是针对职业性有害因素作用的靶细胞，如采用基因转染建立高表达细胞模型或 RNA 干扰（RNA interference, RNAi）敲低细胞内靶向基因的表达等现代生物学技术，可阐明职业性有害因素的毒性作用机制，这对于研究职业有害因素特异性作用靶点具有重要意义。

### （二）体内动物实验

体内（*in vivo*）实验是利用动物作为模型，对作业环境中不断涌现的新化学物质进行毒性评价的重要方法。因其本身具有的优势，包括可以在实验条件下很好地调整剂量、控制混杂因素、能够比较容易获得良好的结果，故应用广泛。此外，对于毒物的代谢和转化、中毒机制、致畸、致突变和致癌性等方面的试验研究，动物的整体试验有其不可替代的优势所在。因此在潜在职业性有害因素（如外源性化学物）投入使用之前，必先进行动物毒性实验，以便掌握新化学物的毒性、确定接触阈限值等，这对确定外源性毒物的有毒效应是不可缺少的必要手段，也是职业卫生标准的制定和防护措施初步提出的一个重要步骤。

但同时应特别注意的是，对于一个外源性化学物不仅有毒物自身的毒性作用，还与毒物在环境中的来源、分布、作用于人群的方式等因素密切相关，因此职业毒理学研究中的动物实验设计必须尽可能地接近职业人群的实际接触情况。因为试验动物和人体之间存在固有的差别，任何一种化学物的动物实验结果与其对人体的毒性作用不一定完全相同，存在种属间的显著差异，而且人体的实际接触途径、毒性作用反应过程和职业环境条件等也不可能一致。因此，不能仅仅依据动物实验资料，将动物实验的结果外推到人时应十分慎重，使动物实验结果能更科学、合理地应用到职业卫生工作之中。

### （三）人群毒理学研究

人群毒理学研究，是以人群为对象研究职业性有害因素对人体产生毒性作用的规律，为人群检测和制定预防措施提供相应的毒理学资料。常见于偶然发生的事故，如误服、自杀、毒性灾害等，进行中毒人群的临床观察，并通过急性中毒事故的处理和治疗，可直接观察到中毒的症状，分析可能的毒效应靶器官。

人群毒理学研究作为一种特殊的人群调查，与职业流行病学紧密相关，后者在职业毒理学的实际操作中发挥重要的手段性作用。具体表现在：①通过职业流行病学调查，在职业人群中评价由动物实验获得的可接受暴露水平的可信性和可行性；②在接触人群中早期发现毒效应并迅速采取干预措施，使可逆状态的毒效应不发展为显著的功能损伤阶段，同时为化学物的毒性作用靶器官和毒性作用机制研究提供线索，并为探索可能发生的远期效应提供预警信息；③研究工作场所中接触水平-效应的关系，阐明外接触剂量、内剂量及剂量-效应间的相互关系；④研究职业性损害在职业性有害因素接触人群中的分布特征，为阐明职业性暴露与职业性损害和个体因素之间的联系、提出针对性的预防措施提供依据。如 1964 年耳鼻喉科医生 Hadfield 发现英国一个小镇有不少罕见的鼻咽癌病例，分析肿瘤病例与职业的联系，发现 3/4 的病人是家具制造工人，引起广泛关注，1971 年 WHO 发起的国际性联合调查再次证实接触木尘与鼻咽癌发病存在因果关系。Doll 对 845 名镍矿冶炼工进行了 35 年随访，通过人群观察和动物实验同时证实了镍具有强致癌性。上述毒理学研究资料为化学物如何影响人群健康的提供了客观证据，是提出或验证职业性接触限值及预防性措施不可缺少的步骤。人群毒理学研究能够将动物实验的结果进一步在人群调查中验证，从而取得动物所不能获得的资料，具有大样本、调查对象是人群、结果更直接、更可靠的优点。特别值得一提的是，IARC 对于职业性化学物的致癌性评价和分类中，人群调查资料是唯一可靠的依据。

但是，人群毒理学研究也存在不可避免的缺点、难点：①人群中外源物大多数属于慢性暴露，大大延长调查时间、增加操作难度；②很多观察指标属于非特异性指标，缺乏量化结果；③人群中存在生活条件、饮食习惯、行为方式、职业环境、社会与心理作用等多方面因素的影响，加大了对毒性效应因果关系分析等方面的难度。

随着科学技术整体水平的提高，人群毒理学将充分利用分子遗传学、分子生物学、生物化学等手段研究，评价不同人群或个体患病危险度及其机制，从而使现代毒理学从实验动物研究发展到人群和个体易感性研究的新阶段。

> **案例 15-4 解析**
> 该案例采用了人群毒理学研究方法，人群毒理学研究能够取得动物实验所不能获得的资料，具有大样本、结果更直接、更可靠的优点。特别是对于职业性化学物的致癌性评价和分类中，人群调查资料是唯一可靠的依据。

### （四）志愿受试者的实验研究

在不损害人体健康的原则下，有时设计一些不损害人体健康的受控实验，不过这类试验仅限于对某些低毒性的化学物质进行低剂量、短期接触的毒性作用研究。

目前，国际上提倡和重视健康志愿者的毒性试验研究，因为这可以减少由动物实验结果外推于人的不确定性，特别是一些神经毒物出现的毒性效应，如头晕、目眩、复视等需要表达的中毒症状，只有人才能真实地反映出来。因此，对于一些在动物实验中无法替代和在现场调查中一时难以获得的数据，为获取外源化学物体内过程的宝贵数据，如化学物在血中的高峰时间、最大浓度、生物半减期等毒物代谢动力学指标和对化学物敏感性反应的阈值，以及对神经性毒物的感知力和警戒反应能力，就必须在严格的医疗监护下进行必要的人体试验。

在志愿者试验研究过程中，必须严格遵守赫尔辛基宣言的规定，受试者知情认可，并按自主、有益、公正、无害的原则开展必要的人体试验，同时，应充分利用体外细胞试验、动物实验以及现场调查资料的数据，设计和优化出一个更安全、快捷、有效的人体实验方案。

综上所述，动物实验结果与人体状况有着不可逾越的种属差异，现场职业流行病学调查又有不易排除的众多混杂因素。因此，对于职业毒理学研究来说，应在严密实验设计的基础上，联合动物实验、体外细胞培养试验、志愿者观察和现场流行病学调查的各自优势，为职业性有害因素的近、远期潜在效应以及防治策略和职业人群健康保护等方面提供科学而全面的资料。

## 三、职业毒理学的实际应用

职业毒理学的任务贯穿于职业人群生命的始终，其研究主要目标和任务包括改善作业环境、预防化学物对人体伤害、保护职业人群健康等。职业医学和毒理学的发展相互推动，并且从宏观到微观实现通力协作，在毒性作用机制研究中为临床中毒防治提供了大量指标与对策，并通过识别、评价、预测和控制职业性有害因素以达到保护人群健康的目的。

### （一）职业性有害因素的识别

随着人类社会文明的进步和生产力水平的发展，作业环境中的新职业有害因素不断涌现，通过职业毒理学研究，有助于识别这些职业性有害因素的毒性、危害程度、人群危险性等。一方面，职业性有害因素可引起机体器官、细胞、亚细胞的生理、生化等功能指标的改变（生物标志物），在考虑初步反映接触水平的工作场所空气中化学物的浓度（外剂量）的同时，也应当考虑能准确地反映被机体组织实际吸收的毒物量（内剂量），更应当考虑有害因素作用的靶组织、靶器官、靶细胞或靶作用部位的毒物和（或）其代谢物、衍生物的浓度（生物效应剂量）。另一方面，职业有害因素的潜在危害和早期生物学效应的研究，对职业毒理学提出了更高的要求。

### （二）职业性有害因素的评价、预测与控制

职业毒理学的任务主要是评价职业人群的健康危险度。危险度评价（risk assessment）包括危害鉴定、剂量-效应关系评价、人群接触评价及危险度特征描述等几个环节，对职业毒理学测试、生物监测、环境监测、健康监护和职业流行病学调查的研究资料进行综合分析，定性和定量地评价职业性有害因素的潜在作用并进行相应管理。为了对职业性有害因素的危险度做出可信的评价，就必须要有大量的毒理学资料。从职业毒理学研究中获取的资料，可使职业卫生行政部门认识到职业人群接触化学物的危险程度，为政府有关决策机构制订职业健康管理策略和职业防护措施提供科学依据。

职业性有害因素的危险度评定作用包括：①估测职业性化学物引起健康损害的类型和特征；②估算和推断有害因素在多大剂量（浓度或强度）和何种条件下可能造成损害；③估计健康损害发生的概率；④提出可接受浓度（强度）的建议；⑤针对性地提出防治重点。职业性有害因素评价、预测和控制的最终目的在于预测职业性有害因素的远期效应、制订安全接触限值及相应的预防对策，从而最终达到社会可接受的危险度（acceptable risk）水平，最大限度地降低职业性有害因素的不良作用。

### （三）制订容许接触水平

毒物和非毒物间并不存在绝对界限，唯一的评价标准是毒性剂量大小的差异。在职业卫生工作中，了解化学物的主要毒理学数据和毒性作用特征并制定相应的容许接触剂量（水平），能够有效促进毒物预防管理。显然，无论所做的动物毒理学实验多么广泛，永远不可能得出一个化学物的绝对安全值。但是，动物实验能够提供一个有价值的参考数据，可以据此估算出人群可以接受的水平。

制定容许接触水平的实验涉及：整体和局部的动物实验、反复接触的动物实验、代谢及作用机制实验、短期潜在致突变物和致癌物检测实验、生殖效应和致畸活性的研究、检测致癌作用及其他远期效应的长期研究、相互作用研究、免疫抑制实验、皮肤过敏实验和肺过敏实验等等。

不过，容许接触水平的值不是一成不变的。随着检测技术的进步以及对化学物理化和毒性资料的不断累积，也必须对职业接触限值定期进行评估。值得注意的是，接触限值本身并不能使每一个接触者得到保护。

### （四）工人健康监护

职业毒理学工作者的首要任务是降低和防止职业病的发生。对工人健康进行监护具有极其重要的意义，可以及时发现过量接触，避免发生重大的健康损害。由于早期生物学标志物不易识别，而且个体对化学物的反应又存在差异，调查所得出的结果往往需要在有害因素接触组与对照组之间进行统计学比较。鉴于职业流行病学调查工作往往需要持续多年，因此必须首先确保所涉及的调查方法，如问卷、各种仪器和分析技术的有效性和标准化，然后方可开展工作。

对工人健康监护意识的提高，促进了管理毒理学的发展。目前管理毒理学是当代毒理学的一个新分支，其主要任务之一是制定劳动卫生标准，因此具有重要意义。我国已建立了全国卫生标准技术委员会，并研制、颁发了大量标准，对依照法规，进行卫生监督，提供了重要依据。《化学品注册、评估、许可和限制（Registration, Evaluation, Authorization and Restriction of Chemicals）》是欧盟对进入其市场的所有化学品进行预防性管理的法规。已于2007年6月1日正式实施，通过此法规判定是否允许化学品的使用。总之，职业毒理学正为我国职业卫生健康维护发挥着重要作用。

## 四、职业毒理学的不确定性和挑战

职业毒理学研究的不确定性,是指用细胞和实验动物的毒理学资料外推到职业人群接触的安全性时,会有很大的不确定性。这是因为职业性有害因素的作用受到许多因素的影响:

### (一)实验动物的物种和个体因素差异限制外推范围

从不同实验动物角度看,物种间遗传、代谢等的差异可使在参考毒理学资料时毒性相差10~100倍,即使同一品种的动物在同等条件下接触同一毒物,由于动物个体间存在的差异,如性别、年龄、生理状况、营养状况等,可获得不同的剂量-反应关系。从人体的角度看,人类生活与劳动的环境条件复杂多变,其接触毒性也有差异,机体接触毒物的途径不同,其吸收率、吸收速度和毒性也不尽相同,同时人类健康状况也受遗传易感性和衰老等多种因素影响。快速发展的分子遗传学,如 HGP 的完成和 EGP 的实施,以及组学研究技术的完善,使人们认识到对职业暴露的易感性存在不同个体遗传背景的差异。

### (二)实验动物与人在基因、解剖生理结构等方面的差异影响

实验动物与人在基因、解剖生理结构等方面的差异,导致实验动物与人对职业性有害因素的反应敏感性也不同,有时甚至存在质的差别。表现为:①尽管采用两种或两种以上的动物和尽可能选择与人对职业有害因素反应相似的动物,但要完全避免物种间的差异是不可能的,而且实验动物不能诉说涉及主观感觉的毒效应,如疼痛、腹胀、疲乏、头昏、眼花、耳鸣等;②作用剂量或强度、方式与途径的不同进一步导致外推的不确定性,例如为了寻求毒性作用的靶器官,并能在相对少量的动物上就能得到剂量-反应或剂量-效应关系,往往选用较大的染毒剂量,这一剂量通常要比人实际接触的剂量大得多,这就存在高剂量向低剂量外推的不确定性,而且人类在生产劳动过程中经常同时接触多种有害因素,在体内可出现复杂的交互作用,包括相加作用、协同作用、拮抗作用和独立作用;③人与动物数量的差异,例如职业毒理学实验所用的动物数量有限,对于发生率很低的反应,在少量动物中很难被发现,但在接触人群中往往会很大,这就存在小数量实验动物到大量人群外推的不确定性;④职业人群与实验动物在年龄、体质的差异,因为实验动物一般都是实验室培育的品系,在年龄、体质上较一致,反应比较单一,而职业人群可以是不同的人种、种族、年龄、体质的个体,在对职业性有害因素反应的易感性与耐受上存在很大差异。

总之,随着社会经济的快速发展,职业毒理学的发展迎来了新的机遇和挑战。一方面,老的问题依旧没有解决,包括如何确定毒物在低剂量下的效应、联合作用和由动物外推到人的问题,以及职业性损害与环境、遗传因素的影响值等。另一方面,毒理学有了更为艰巨的任务,据 OECD 估计,今后 5 年内欧盟需要评价的化学物数高达数十万种。而我国加入 WTO 后,作为世界性工厂和大量农产品与工业品的进出口大国,面临着严峻的挑战。

## 第四节 职业病的临床观察

**案例 15-5**

职业性急性砷化氢中毒是常见的职业中毒,通过对职业性急性砷化氢中毒患者的心电图及血清生化指标进行检测,探讨职业性急性砷化氢中毒对患者心脏的影响。以 42 例急性砷化氢中毒患者作为病例组(轻度中毒组20例、重度中毒组22例),另设健康对照组42例,对两组人群进行24 h 动态心电图观察,检测血清天冬氨酸转氨酶等心肌酶谱。

> 研究结果表明：病例组心电图异常率为73.81%，与对照组相比，病例组心电图异常率和几种心肌酶均显著升高。并且轻度中毒组的心电图异常率和心肌酶活性明显低于重度中毒组。说明砷化氢中毒患者心电图和心肌酶谱可反应病情的严重程度。因此心电图和血清生化指标可作为急性砷化氢中毒心脏损害的观察指标。
>
> **问题：**
> 1. 结合案例说明如何进行职业病临床观察？
> 2. 职业病临床观察的目的是什么？

关于职业性危害因素对人影响的研究，往往是临床观察首先发现病例，流行病学调查验证疾病与病因的关系，实验研究最后确定因果关系。职业病的临床观察可提供职业性有害因素对人危害性的确证。

# 一、职业病临床观察的目的

职业病临床观察（clinical observation of the occupational disease）是在临床实践中，采用科学的方法和技术，探索职业病或工作有关疾病发生发展的规律，不断提高职业病诊断和治疗水平。

## （一）为职业性有害因素的潜在危害提供线索

在职业病的临床观察中，新出现的职业性损害，或已知职业性有害因素的潜在危害一直都是检测的重点内容。职业病的发现，往往始于临床观察。在临床工作中应密切关注，询问病史时，类似"从事什么职业的？"，"其他同事有类似的症状吗？"等问题往往可以挖掘出有价值的信息。一旦发现和某种职业性有害因素相关的可疑病例，应立即引起重视，上报职业病诊断机构，以明确是否为新出现的职业病，或者是新发现的某种已知职业病的潜在危害。因此，职业病的临床观察具有及时发现问题，及时预警的作用。

## （二）为职业病发病机制提供线索

临床观察中某些生物指标的变化，对职业性有害因素毒性作用的临床表现提供了分子机制。如职业性铅中毒患者血δ-氨基-γ-酮戊酸升高，揭示了铅通过抑制卟啉代谢过程中一系列酶的活性，导致血红素的合成障碍，进而引起小细胞低色素性贫血的分子机制。

## （三）为职业病诊断的分级标准及治疗提供线索

临床观察可为职业病诊断的分级标准提供宝贵资料，职业病分级不同，对患者落实的政策及治疗方案亦有所区别。在职业病临床观察中发现的某些生物指标的变化，可为职业病诊断的分级标准及治疗提供线索。比如职业性铅中毒患者的诊断分级中的一项重要指标即为病人血铅、尿铅含量。不难理解，对职业病患者的临床观察可为患者的对症治疗及预后观察提供依据及线索。

> **案例 15-5 解析**
> 该案例是通过探讨职业性急性砷化氢中毒对患者心脏的影响，为急性砷化氢中毒的诊断、预防以及治疗提供科学依据。在该案例中，根据心肌受损情况不同，血清酶升高的幅度也不同，因此可以用血清酶的变化来反应心肌损伤的发生以及病灶的大小，为砷化氢中毒临床病程和愈后的判断提供依据。在急性砷化氢中毒的救治过程中需要监测心肌酶及心电图变化，及时发现心肌损害及心律失常，防止心力衰竭的发生。

## 二、职业病临床观察的方法

### (一) 临床毒理学

临床毒理学 (clinical toxicology) 是从临床角度研究外来化学物毒性的一门学科，是毒理学、基础医学、药理学与临床医学相互融合的产物，主要任务是阐明毒物对人体的具体毒性作用、代谢特点及其临床规律，为正确诊断及有效防治提供科学依据。由于人与动物间生理构造及生物转化等方面存在巨大差异，使动物实验资料很难直接外推到人体，更无法了解不同中毒的症状、体征特点。而临床毒理学是以病人为对象的毒理学研究，研究成果将能直接指导临床实践，故成为毒理学直接介入临床实践的最佳切入点。临床毒理学除了一般毒理学的基本研究内容外，还具有其特殊使命：

**1. 直接观察职业性有害因素毒性作用的临床表现** 动物实验很难获得中毒的具体症状、体征及发生发展过程，而具体的有害因素毒性作用的临床观察将提供重要线索。如慢性汞中毒特征性的临床表现为易兴奋症、牙腔-牙龈炎、震颤等。此外，有些职业性有害因素对人类有特殊损伤作用，也只有通过临床毒理学研究才能得到解决。死亡病例的尸体解剖对查明中毒的病因、靶器官、病理特点具有重要价值，由于资料直接来自人体，故能为中毒的诊断和防治提供更准确的依据，也是验证毒理学动物实验结果最可靠的证据。

**2. 总结临床规律** 由于机体具有一定的代偿能力，故微量职业性有害因素进入后常不引起临床症状，但随着职业性有害因素剂量增大，损伤作用逐渐突显，剂量不同，损伤表现也不同。因此，可以根据中毒的临床特点，大致估计职业性有害因素的剂量。如血铅的无效应剂量水平为 $<100\ \mu g/L$，持续在 $400\ \mu g/L$ 以上可影响血红素的合成，血铅超过 $1000\ \mu g/L$ 可引起腹绞痛及中毒性脑病。临床中根据上述症状体征特点即可大致估计患者的铅暴露水平。

由于职业性有害因素在体内的代谢、转化、及排泄，故一次进入体内的职业性有害因素，其毒性作用仅在一定时段发挥作用，不会持续存在，反复接触某种职业性有害因素造成的机体慢性损伤，也仅是时段性损伤。某些职业性有害因素进入机体后毒性作用的发作常有一定潜伏期。在早期清除体内职业性有害因素，早期实施解毒治疗，早期防护靶器官是治疗的关键，也是机体获得较好康复的基础。如临床观察发现在刺激性气体引起的中毒性肺水肿潜伏期，虽然患者自觉症状缓解，但此阶段是抢救的关键时期，应立即给予糖皮质激素进行治疗。

**3. 探索临床处理方法** 通过临床毒理学研究，目前已发现不少特效解毒剂。如临床观察发现职业性氰化氢中毒有特效解毒剂亚硝酸钠-硫代硫酸钠。由于解毒剂本身亦存在明显的副作用，还需严格掌握其适应证及剂量，贯彻个体化用药原则。多数职业病的对症支持治疗方法都是在临床实践中不断总结探索出来的。

### (二) 生物监测

在职业病临床观察中，劳动者接触的职业性有害因素通过什么途径进入体内，在体内有无蓄积，在靶器官的浓度是多少，代谢产物的水平如何等，都可以用生物监测 (biological minitoring) 的理论、方法和技术进行研究。

生物监测是指定期 (有计划) 地、系统地监测人体生物材料 (血、尿和呼出气体等) 中化学物或其代谢产物的含量或由它们所致的生物效应水平，将测得值与参考值相比较，以评价人体接触化学物的程度及其对健康产生的潜在影响。生物监测以人体的生物材料为观察对象，主要包括尿液、血液、粪便、呼出气、唾液、汗液、指甲、头发、乳汁、精液等。

生物标志物 (biomarker) 是指反映生物体与外源性化学物、物理因素和生物因素之间相互作用的任何可测定的指标。根据生物标志物代表的意义，可分为接触性生物标志物 (biomarker of exposure)、效应性生物标志物（biomarker of effect）和易感性生物标志物（biomarker of susceptibility）。

生物监测是一个系统工程，应包括生物监测样品的选择、监测项目和监测指标的选择，毒物代谢动力学，利用统计学方法对生物监测指标进行筛选和描述等。

生物监测具有系统性、连续性和反映机体总的接触量和负荷的特点，但是生物监测亦具有局限性，有些化学物不能或难以进行生物监测，生物监测指标个体间差异较大，影响因素较多，生物监测方法有待完善等。但是生物监测能较客观、准确地反映机体接触职业性有害因素的水平及动态变化，为正确评估职业性有害因素对接触者的健康影响提供科学依据，生物监测已在职业医学领域得到广泛应用，并日益受到重视。

# 第五节 人体工效学与作业能力研究

> **案例 15-6**
>
> 对某血液净化中心 35 名血液透析护士进行问卷调查，获取过去一年调查对象职业性肌肉骨骼损伤（work-related muscular skeletal disorders，WMSD）患病情况。WRMD 阳性定义为过去一年与工作相关各身体部位出现不适、麻木、疼痛和（或）活动受限，同时根据对象健康信息排除其他内科急症所致影响。用快速暴露检查法（quick exposure check，QEC）计算出背部、肩/手臂、手腕/手、颈部的工效学负荷分数，评估劳动负荷的高低。
>
> 研究结果表明：血液透析时间通常为 3~4 小时。血液透析护士服务一批病人主要包括四大项任务，依次为上机前准备、引血上机、血液透析观察以及下机回血。该研究中血液透析护士 WRMD 患病率最高的三部位依次为颈（82.4%）、腰（80.6%）、肩（77.4%）。血液透析护理工作过程中存在不良劳动姿势、重复性操作、用力过大以及长时间的站立、走动等，尤以不良劳动姿势、长时间站立和走动最为突出。不良劳动姿势中存在频繁弯腰、肢体扭转，手臂举过肩、手腕屈曲和扭转等。
>
> **问题：**
>
> 血液透析执行岗位存在哪些工效学危险因素？如何改进？

工效学（ergonomics）是以人为中心，研究人、机器设备和工作环境之间的相互关系，目的是实现和维护人在生产活动中的健康、安全、舒适，同时提高工作效率。人体工效学，又称人类工效学，人机工效学，是研究人-机器-环境系统中人的心理、生理、效率、安全、健康、舒适等因素，使人的工作达到最优化。可以说人体工效学是使机器与人相适应，创造舒适安全的劳动条件，从而提高工作效率的一门科学。人体工效学产生于 19 世纪末，国际人体工效学会（international ergonomics association，IEA）1960 年正式成立，我国 1989 年正式成立了中国人类工效学学会。

人体工效学研究的内容包括：①研究工作环境对作业者健康的影响，并采取相应措施保护作业者安全、健康、舒适，保证工作质量，减少疲劳和提高工作效率；研究人体在劳动过程中的生理变化，确定合理的劳动强度与限量；②研究工作疲劳与工作效率、生理节律、轮班工作等的关系，确定合理的工休制度；③研究设计最佳的操作方法，研究影响人体识别反应的各种因素，以提高准确性，使作业简便、省力、准确、可靠；④研究人机系统的联系，使各种显示器、控制器能适应人的感觉与操作特性，保证人机系统的安全；⑤研究制定人类工效学标准。

## 一、作业过程的生物力学

### （一）骨骼肌肉的力学特征

体力劳动是通过人体或人体某一部分的运动来完成的，人体运动过程是在神经系统的支配下，通过肌肉收缩，牵动骨骼以关节为支点产生位置变化来实现的。

**1. 肌肉的力学特征** 骨骼肌是随意肌，其做功的效率与负荷大小有关，过大、过小都会使效率下降，当肌肉负荷为最大收缩力的 50%左右，肌肉做功效率最高，在组织生产劳动时，应考虑这一特点。一般在用力不超过最大收缩力 50%情况下，工作可以持久且不容易引起损伤。

**2. 骨及软骨的力学特征** 骨的主要功能是支持、运动、保护。软骨是一种结缔组织，具有良好的弹性和韧性，长骨的软骨具有吸收冲击能量和承受负荷的作用，还有润滑功能有利运动。骨间连接称为关节，关节的形状和结构与运动形式密切相关。包括关节在内的某些解剖结构结合在一起可以完成以关节为轴的运动，称为动力单元（kinetic element）。动力单元由肌肉、骨骼、神经、血管等组成。一个动力单元可以完成简单的动作，两个以上的动力单元组合在一起称动力链（kinetic chain），可以在较大范围内完成复杂的动作。但是一个动力链包括的动力单元越多，出现障碍的机会也就越多。在组织生产劳动时，尽可能选用较简单的动力链。

### （二）合理用力

从事任何工作都需要保持一定的姿势或体位，作业人员还要克服人体各部位所产生的重力。根据生物力学基本原理，合理运用体力，可以减少能量消耗，减轻疲劳程度，降低慢性肌肉骨骼损伤的发病率，提高工作效率。在组织劳动时应注意采取自然姿势、保持重心、对称用力。

**1. 重心（centre of gravity）** 搬运重物或手持工具时需要克服物体的重力，重力以一定的力矩作用于人体，物体重心至人体支点（关节）的垂直距离为力臂。在物体重量固定的情况下，人体承受的负荷与物体重心到支点的垂直距离成反比。劳动过程中尽可能使物体的重心靠近人体，可以使力矩变小，减轻劳动负荷。如在操纵轮盘等控制器时应尽量减少力的作用点与身体相应支点的距离，以减少用力。除物体重心外，人体本身也有重心，当人体倾斜时重心也随之偏移，此时机体需要肌肉收缩来保持特定姿势和维持平衡。因此，在组织劳动时要意身体重心不要倾斜，以减少静力作业时的能量消耗。

**2. 作业姿势（posture of work）** 常见的作业姿势有站姿或坐姿两种，其他还有跪姿、卧姿等。在采用作业姿势时要注意尽可能使操作者的身体保持自然的状态，减少姿势负荷（人体为保持某种姿势所产生的负荷）；避免和减少强迫体位；设计劳动时使操作者不必改变姿势即可完成操作（如流水线作业人员、组装工等）；操作者的手和前臂避免长时间位于高出肘部的地方；如果操作者的手和脚需要长时间处于正常高度以上时，应提供合适的支撑物。长时间保持任何一种姿势，都会使某些特定肌肉处于持续静力收缩状态，容易引起疲劳。在可能的情况下，应该让操作者在劳动过程中适当变换姿势。

**3. 对称用力（symmetry）** 作业时用力要对称，这样可以保持身体的平衡与稳定，减少肌肉静力收缩，减轻姿势负荷，降低能量消耗。比如，将一定重量的书包由单肩背改为双肩背，氧的消耗减少将近 50%。提拿同样重量的物体，平均分配在两手比只用一只手提拿要轻松得多。

## 二、人体测量及应用

随着人类工效学的发展，人们越来越注意到机器、工具、仪表等的设计必须适合人。机器越复杂、越先进，这方面的要求越高。要使机器适合人的特点，首先要了解人体各部位的尺寸，即人体的测量数据，才能设计出适合人体的机器、工具等。人体测量通常分为静态测量和动态测量两种。

### （一）人体测量类型

**1. 静态测量**（static measurement of dimensions） 静态测量是被测者在静止状态下进行的测量，又叫静态人体尺寸测量。这种方法测量的是人体各部分的固定尺寸。《中国成年人人体尺寸（GB 10000-88）》根据人类工效学要求提供了我国成年人人体尺寸的基础数值。此标准适用于工业生产、建筑设计、军事工业及劳动安全保护。此标准共列出 47 项人体尺寸基础数据，按男、女性别分开，且分三个年龄段：18～25 岁（男、女），26～35 岁（男、女），36～66 岁（男）、55 岁（女）。我国成年人人体尺寸静态测量数据见表 15-1。

表 15-1 中国人体主要尺寸均值（均值 cm）

| 项目 | 男 | 女 | 项目 | 男 | 女 |
| --- | --- | --- | --- | --- | --- |
| 身高 | 168.3 | 157.2 | 足宽 | 9.6 | 8.8 |
| 上臂长 | 31.4 | 28.5 | 胸宽 | 28.1 | 26.0 |
| 前臂长 | 23.7 | 21.4 | 胸厚 | 21.2 | 19.8 |
| 大腿长 | 46.6 | 43.8 | 肩宽 | 37.6 | 35.0 |
| 小腿长 | 37.0 | 34.4 | 最大肩宽 | 43.2 | 39.6 |
| 眼高 | 157.2 | 145.5 | 臀宽 | 30.5 | 31.7 |
| 肩高 | 136.9 | 127.3 | 坐姿臀宽 | 32.0 | 34.5 |
| 肘高 | 102.6 | 96.1 | 坐姿两肘肩宽 | 42.1 | 40.4 |
| 手功能高 | 74.2 | 70.4 | 胸围 | 86.9 | 82.3 |
| 会阴高 | 79.2 | 73.2 | 腰围 | 73.4 | 77.5 |
| 胫骨点高 | 44.4 | 41.0 | 臀围 | 87.4 | 90.0 |
| 坐高 | 91.1 | 85.7 | 头全高 | 22.3 | 21.6 |
| 坐姿颈椎点高 | 65.9 | 61.8 | 头矢状弧 | 35.0 | 32.9 |
| 坐姿眼高 | 80.1 | 74.0 | 头冠状弧 | 36.2 | 34.9 |
| 坐姿肩高 | 60.0 | 55.6 | 头最大宽 | 15.4 | 14.9 |
| 坐姿肘高 | 26.4 | 25.1 | 头最大长 | 18.4 | 17.6 |
| 坐姿大腿厚 | 13.0 | 13.0 | 头围 | 56.1 | 54.6 |
| 坐姿膝高 | 49.4 | 45.8 | 形态面长 | 11.9 | 10.9 |
| 小腿加足高 | 41.5 | 38.3 | 手长 | 18.3 | 17.1 |
| 坐深 | 45.8 | 43.4 | 手宽 | 8.2 | 7.6 |
| 臀膝距 | 55.2 | 52.9 | 食指长 | 7.0 | 6.6 |
| 坐姿下肢长 | 99.1 | 91.2 | 食指近位关节宽 | 1.9 | 1.7 |
| 足长 | 24.7 | 22.9 | 食指远位关节宽 | 1.6 | 1.5 |

**2. 动态测量**（dynamic measurement of dimensions） 动态测量是被测者在规定运动状态下进行的测量。这种方法测量的是人体在某一部分空间运动的尺寸，即活动范围。动态测量数据在生产场所的设计、布局及机器设备的制造方面有重要的应用价值。在测量时除测量活动范围以外，还要测量适宜的范围。如图 15-1 所示，尽管脚可以以跟骨为轴在 60°范围内活动，但图中阴影部分为适宜范围，脚控制器活动范围在这一区域较合适。

### （二）人体测量数据的应用

人体测量数据应用十分广泛，在设计各种工具、机器设备、工作场所、座椅及其他日用消费品中，常以人体测量数据为依据。

人体尺寸近于正态分布，但是设计时不可能完全满足人体尺寸的所有要求，只能根据一部分人的人体尺寸来设计，应用时不是按平均值，而是按百分位数来设计，不同的设计对象，对人体尺寸的使用方法也不同。

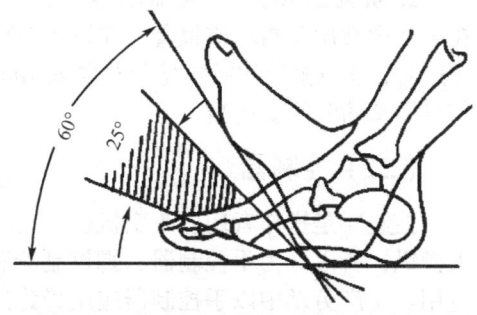

图 15-1　脚部活动范围及适宜活动范围

**1. 适合于 90%的人使用**　最常见的设计是使产品适合于 90%的人使用。所谓 90%的人是指适合第 5 百分位数至第 95 百分位数的人，而不是从低到高或由高到低 90%的人群。例如中央控制室内的控制柜的设计，控制柜上常有若干个需要用手操纵的控制器。如果是站姿操作，设计的时候要考虑控制器安放的最低位置应当是第 95 百分位数（较高的人群）的人不需弯腰就可以用手抓握，这样较低的人自然也不用弯腰即可操作；而在安放较高位置控制器时，应使第 5 百分位数（较低的人群）的人在正常情况下伸手即可抓握到，对于高于第 5 百分位数的人来说，操作就更加容易。

**2. 单限值设计**　有些设计只需一个人体尺寸的百分位数值作为上限值或下限值，称单限值设计。单限值设计有时需要取上限值，如门的高度，设计时只要适合高身材的人，低身材的人使用就不会发生问题。在有些情况下，也可采用下限值，如工作场所防护栅栏的间距，防止肢体伸入危险区所采用的防护网的网孔直径，只要考虑身材小的人体尺寸即可，所以又称小尺寸设计。

**3. 一般设计**　有一类设计通常以第 50 百分位数的值作为设计依据，如门的把手高度，墙壁上电灯开关高度，桌椅等一般是按照这种方式设计的，这种情况可以适合最多数人使用。

**4. 注意实际应用**　在设计时应注意操作和使用设备及工具的人的年龄、性别、种族、职业等，如运动衣的设计，要结合运动员的身高和体型进行设计。纺织机器的设计要考虑纺织工人多为女性这一特点，应使用女性人体测量尺寸，否则就会造成使用过程中操作不便，引起工人不必要的肌肉紧张或损伤。

## 三、人 机 系 统

生产劳动过程中，人和机器（包括设备和工具）组成一个统一的整体，共同完成生产任务，称作人机系统。

在进行人机系统设计时，应充分发挥人与机器设备的作用，考虑到人和机器具有的特征与性能，使之相互协调配合达到生产活动的最佳效能。在人机系统中，人和机器之间存在一个相互作用的面称人机界面。人与机器之间的信息交流和控制活动都发生在人机界面上。机器的各种显示器作用于人，实现人-机信息传递。人通过听觉、视觉、触觉等感受器来接受来自机器的信息，经过大脑对信息进行分析、判断、然后做出反应，实现人-机信息传递，这是人-机-环境系统中的基本过程，概括为：信息接收-做出反应-采取行动。可见人机界面的设计直接关系到人机系统的合理性。研究人机界面主要针对显示器和控制器两方面。

### （一）显示器

人机系统中，用来向人表达机械性能和状态的部分称为显示器。显示器包括各种指示灯、信号发生器、仪表等。按照人体接收信息的器官不同，分为听觉显示器、视觉显示器、触觉显示器、动觉显示器等，其中应用最广泛的是视觉显示器，其次是听觉显示器。

**1. 视觉显示器**　视觉显示器要求容易判断和读取。在保证精度要求的情况下，尽量使显示方式简单明了，一个显示器传递的信息不宜过多。数字显示器，要符合阅读习惯。指针显示器的指针粗细长短要适当；数字和指针的大小、颜色、视角应符合人体生理、心理学特点。

**2. 听觉显示器** 听觉显示器是靠声音传递信息的装置，常见的有响铃、哨子、汽笛、喇叭等，在生产中常用于指示或报警。在设计时要求采用人耳敏感的频率，需要传输很远的信号要采用低频声音；紧急报警的听觉显示器要采用间断的声音信号或改变频率和强度，以便引起人们的注意；信号持续的时间要适当。

### （二）控制器

控制器是操作者用以改变机械运动状态的装置或部件。控制器一般通过手、脚和肢体的活动来操纵，所以分为手控制器、脚控制器和膝控制器。随着科学技术的发展，声控制器也得到广发应用。生产劳动中以手控制器应用最为广泛，常见的有开关、按钮、旋钮、驾驶盘、操纵杆和闸把等。

**1. 手控制器**

（1）按钮：按钮装置简单、使用方便，是最常用的手控制器。在设计时主要考虑三个参数：直径、作用力、移动距离。四方方形最为方便，表面稍凹，单指按钮最佳直径为 13 mm，按下移动距离 3~6 mm，并有一定阻力，如键盘。同一个区域如果有几个功能不同的按钮，需要用颜色、形状或指示灯加以区别。

（2）旋钮：多用于定位开关和精细控制开关。形状有圆形、多边形、箭形或转盘。定位开关的转动阻力应大于连续旋钮，目的在于达到定位位置时操作者能获得接触信号（如响声）。

（3）扳动开关：多为上下扳动装置，通常只具有开和关两个位置，其位置上要有明显标志，上下扳动角度不应小于 40°。常用的有操纵杆、手柄和手闸等。

（4）轮盘：用于力度较大或角度较大的旋转，如气体或液体输送管道的开关轮盘、驾驶盘等。边缘宜设计成波纹状，便于抓握和用力。

**2. 脚控制器** 多用于精度要求不高或需要用力较大的场合或要同时操纵多个控制器时（如打架子鼓、脚踏风琴、汽车驾驶），为了减轻上肢负担和节约时间也采用脚控制器。设计要求：大小与脚掌相适应，表面有齿纹以便用力和防滑。

### （三）工具设计

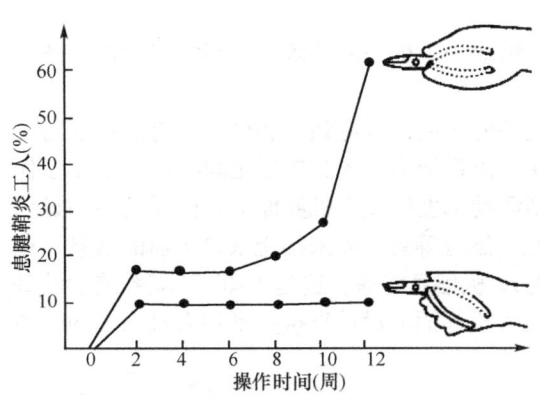

图 15-2 使用不同钢丝钳后患腱鞘炎人数比较

劳动过程中常使用各种工具，如锤子、钳子、锯子、镊子等，工具的使用使劳动目的得以实现，并提高了工作效率。但长期使用设计不合理的劳动工具，不但降低工作效率，还会给使用者造成疾病和损伤（图 15-2）。工具的设计和选择需注意外形、尺寸、重量等，更要符合人体尺寸和人的解剖及生理特点。工具的把柄应符合手的尺寸并有合适的波纹以增加抓握的牢度；工具的重心应符合力学原理，如锤子重心应远离手部，电钻重心要靠近手部；工具使用时应使操作者的手和上肢保持自然状态，以减少人体相应部位的静态紧张；还需具有外形美观、坚实耐用、使用安全等。

### （四）作业区的设计

**1. 工作面高度** 应按基本作业姿势（站立、坐位交替）设计一个最佳的工作面，站位或坐位的最佳工作面为肘下 5~10 cm，也有人提出工作面高度是身高的 57%~60%。对于精密作业（如绘图）则工作面应上升到肘高以上 5~10 cm 以适应眼的观察距离，同时给肘关节一定的支撑，以减轻背部肌肉的静态负荷。若作业强度大，须借助身体的重力操作（木工、装配工），则工作面应降低到肘下 15~40 cm。采用可调工作台来适应人的操作需要是最为理想的设计如手术台、病床。但有的工作无法调节（如机床）则工作面可按 95 百分位数的身高设计，身材矮小的人可采用不同高度的垫脚板。如为坐位工作，可采用调节工作椅高度来达到适宜的工作面高度。

**2. 手和脚的作业区** 生产劳动离不开手和脚的操作，手和脚在水平和垂直面内所能触及的最大轨迹范围称为作业区，它是构成作业空间的主要部分。一般以减去手掌长度后的手臂为半径所形成的圆弧范围为手在空间的最大作业范围，凡在这个范围所布置的作业，均可保证在作业时能很好地抓握或操纵控制。以上是按身材矮小的人的尺寸（5 百分位）设计的，以保证大多数人都能达到。脚作业范围是以脚在水平方向可能移动的尺寸来确定，但舒适的作业范围则要根据脚的出力、动作频率、操作姿势、作业内容等综合分析来确定。

### （五）工作座椅设计

座位工作比站位工作能减少能量消耗，但不正确的坐姿反而会加重腰部负荷，使脊柱变形、弯曲，进而影响消化器官和呼吸器官的功能。理想的工作坐椅是能使体重均衡分布、大腿平放、两足着地、肌肉松弛、上臂不担负身体的重量，并有利于操作。舒适坐姿的生理要求：应保持腰曲弧形处于自然状态、腰背肌肉松弛、大腿血管不受压。据此工作座椅的设计应考虑以下几点：

**1. 坐椅的高度** 工作椅的高度取决于肘部与工作面之间合适的高度差，有人建议按工作面与座面距离（27.5±2.5）cm 来设计。

**2. 坐椅的深度** 坐椅的深度要适当，以保证臀部得到全面支撑，不影响腘窝部血液循环。太深不能靠背，太浅易从座面滑下，一般为 38~40 cm。

**3. 椅面** 椅面要光滑平整，前缘不应有棱角，最好由于臀部形状相适应的凹槽。椅面要采用透气、不打滑的材料。

**4. 座宽** 座宽应满足臀部所需尺寸，以宽为好，使坐者姿势可以改变，一般 40~50 cm。如果有扶手的坐椅，两扶手间最小距离 47.5 cm，扶手高度一般为座面上 20 cm 左右，靠背与坐椅面之间的夹角为 95°~110°。

有人通过对电子、机械等不同行业 8 个工厂工作座椅使用情况及其在实验室内的实验观察，了解我国坐位作业工作座椅使用情况及存在的问题。结果发现，目前我国坐位人员生产中使用的座椅种类较多，在选择时具有随意性。所使用的座椅一般质地较硬，无背靠或腰靠，不能进行高度和旋转的调节，稳定性差，工人使用后易出现腰痛等症状。

## 四、作 业 能 力

劳动者在从事劳动过程中，完成特定工作的能力称作业能力（work capacity）。更确切地讲，作业能力是指在不降低作业质量指标的前提下，尽可能长时间内维持一定作业强度的能力。作业能力受社会、心理、环境、工作条件、主观能动性等诸因素的影响。如何在较长时间内维持较高的作业能力，而不致损伤劳动者健康，是职业卫生研究的重要课题。

### （一）作业类型

**1. 静力作业（static work）** 即主要依靠肌肉等长性收缩来维持一定体位，使机体和四肢保持不动所进行的作业，也称静态作业。从物理学角度看，静力作业时人并没有做功，因此能消耗水平不高，氧需通常不超过 1 L/min。但由于肌肉持续收缩压迫血管，肌肉供血不足，易疲劳。在设计劳动时应尽量减少静力作业。任何作业都含有静力作业成分，其占的比例与作业要求、劳动姿势和操作的熟练程度有关。

肌肉张力在最大随意收缩的 15%~20%以下时，不管此时参与的肌肉有多少，只要收缩的张力是相对稳定的，这种静力作业可维持较长时间。例如：一般坐位时腰部肌肉或站立时腰腿肌肉的收缩，此时肌张力占最大随意收缩力的15%以下，心血管反应能克服肌张力对血管的压力使血流保持通畅，满足局部能源供应和清除代谢产物的需要，故可维持较长时间。当等长收缩的肌张力超过最大随意收缩力的20%时，易产生疲劳，也称致疲劳性等长收缩。因为此时虽然心血管反应加强，心率、心输出量和血压均升高，却不能克服肌张力对局部血管产生的压力，不能维持收缩肌肉中稳定血流，造成局部肌肉缺氧，乳酸堆积，引起疼痛和疲劳。当肌张力在最大随意收缩力的50%时，作业能维持1分钟，如果以最大肌张力收缩只能维持6秒。

**2. 动力作业**（dynamic work） 又称动态作业，在保持肌张力不变，即等张性收缩的情况下，经肌肉交替收缩和舒张，使关节活动来进行的作业。从物理学观点看，它是做功的劳动。由于肌肉交替收缩与舒张，血液灌流充分，不易疲劳。根据作业时参与肌群的情况分为重动力作业和轻动力作业。

（1）重动力作业：参与重动力作业的多是大肌群，因此能量消耗高是它的特点之一。

（2）轻动力作业：又称反复性作业，是指参与作业的是一组或多组小肌群，参与活动的肌肉量小于全身肌肉总量的1/7，肌肉收缩频率高于15次/分钟。其特点是能耗不高，但易疲劳或受损。例如，小提琴演奏家、电脑打字员等，操作键盘输入文字，手指击键可超过100次/分钟，频繁收缩活动的小肌群容易疲劳甚至受损。

（3）手举过头顶作业：如手上举焊接、紧固螺丝和打孔等。该类作业含有静力作业成分，工作肌肉血液灌流不足，且由于工作肌肉与心脏的垂直距离增加，局部肌肉乃至全身极易疲劳。

### （二）体力劳动过程中作业能力的动态

体力劳动作业能力的评价，可通过测定单位时间内产品的质和量来直接观察；或测定劳动者的某些生理指标的变化来衡量，如握力、耐力、视运动反应时、手动频率、心率、血乳酸等。

体力劳动作业能力受个体因素、环境因素和劳动负荷等因素影响。但作业能力的变动有其共性。以日班的轻或中等劳动为例，一般分为三个时期：①工作入门期：开始工作效率较低，然后动作逐渐加快，且更为准确，工作效率不断上升，约持续1~2小时，在此期间，单位时间的产量逐渐增高，完成操作的时间逐渐缩短，废次品减少；②高效稳定期：当工作能力达最高水平时，即进入一段稳定期，维持约1小时左右，此期各项指标变化不大；③疲劳期：作业者出现劳累感，操作活动的速度和准确性下降，产量减少和废次品增多。午休后，又重复休息前的三个阶段，但一、二阶段较短，第三阶段则出现得较早。有时在工作日快结束时，由于赶任务和争取完成或超额完成任务，可见到工作效率一度增高，但很快出现工作效率下降，这与情绪激发有关，称终末激发。

### （三）脑力劳动作业能力的动态

一般认为凡以脑力活动为主的作业即脑力劳动。脑力劳动的作业能力存在极大的个体差异，难以准确评价。有人提出用视运动反应时、视觉信号分辨能力、记忆6位数字的能力等来评价脑力劳动作业能力的高低。但这些并不能真正代表脑力劳动作业能力的变动情况。

## 五、肌肉骨骼损伤的评价方法与指标

职业性肌肉骨骼损伤是指在生产活动中因重复操作、不良姿势、搬举重物等不良工效学因素或不合理的劳动组织过程等，引起的以肌肉、骨骼等系统损伤为主的一大类疾病。其中，最常见的是下背痛、颈肩腕综合征、扁平脚和腕管综合征等。劳动和作业的类型多种多样，可选用适当的指标来评价体力劳动负荷，使劳动负荷维持在适宜水平，符合职业工效学要求，以减少肌肉骨骼损伤的发生。

## （一）客观评价法

**1. 最大摄氧量**（maximum oxygen uptake, $VO_2$ max） 劳动时消耗的能量主要靠有氧代谢供给，每消耗 1 升氧约产生 20.92 kJ 能量。在不断增加的劳动负荷下可测得人的最大摄氧量（L/min），它表示一个人体力劳动能力的大小。此外，某项工作任务下测得的耗氧量可反映其劳动负荷的高低。耗氧量测定可用 Douglas 袋收集呼出气，用 Hadanne 气体分析器或气相色谱仪测定呼出气的氧含量。

**2. 心率**（heart rate, HR） 劳动负荷逐渐增加，心率和耗氧量均随之渐增，心率在 100 次/分和 175 次/分之间两者呈线性关系。心率变化可反应动态体力作业时机体的应激程度，也可用于评价小肌群参与的劳动。心率的测量可用计数脉搏法；最好采用心率监测仪器。体力劳动和运动时的适宜心率，即所谓的靶心率（target HR），在此心率及其以下时，劳动强度适宜，可持续地进行劳动。靶心率=（最高心率—安静心率）×40%+安静心率，最高心率随年龄的增长而降低，最高心率=220—年龄（岁）。

**3. PWC170** 是指当心率达 170 次/分时人的体力劳动能力（physical work capacity at a heart rate of 170）。它是一种已广泛用于衡量人体心肺功能、劳动能力等的一项客观指标。受试者在定量劳动负荷下，身体功能动员起来，处于稳定状态下，心率为 170 次/分时所做的功，单位用 W 表示。其理论依据是，在一定范围内（110~180 次/分），做的功愈大，心率也愈快，两者呈线性相关。为此，人为地指定以心率 170 次/分时能完成的功作为评定指标。但对年长者最好测 PWC150 或 PWC130。我国健康男青年的 PWC170"正常水平"为（151.64±19.20）W。

**4. 手工搬运提举限值** 提举和搬运重物是常见的生产性活动，它是腰背痛的主要危险因素。根据生物力学、生理学、心理学以及流行病学等研究结果，NIOSH 提出手工搬运提举限值，它属于卫生学限值，可用来预测搬举重物劳动的负荷应该在何数值内，评价实测负荷是否安全，是否应采取改进措施（表 15-2）。

表 15-2 体力搬运重量限值（GB/T12330-1990）

| 性别 | 搬运类别 | 单位 | 搬运方式 | | |
|---|---|---|---|---|---|
| | | | 搬 | 扛 | 推或拉 |
| 男 | 单次重量 | kg | 15 | 50 | 300 |
| | 全日重量 | T | 18 | 20 | 30 |
| | 全日搬运重量与相应步行距离乘积 | Tm | 90 | 300 | 3000 |
| 女 | 单次重量 | kg | 10 | 20 | 200 |
| | 全日重量 | T | 8 | 10 | 16 |
| | 全日搬运重量与相应步行距离乘积 | Tm | 40 | 150 | 1600 |

**5. 肌电活动** 肌电活动与肌肉的力量或负荷存在一定比例关系，可用于静态和动态作业的劳动负荷评价。肌电谱在肌肉疲劳时发生明显的变化，振幅增大而频率降低，因此可直接反应局部肌肉的疲劳。

**6. 其他指标** 血乳酸、肌酸激酶、肌红蛋白等生物标志物可用于评价机体应激程度。

## （二）主观评价法

Borg 量表：该量表根据在功率车上完成的活动强度与心率关系的研究结果而制定，可用于实验室体力活动负荷的主观评估。Borg 量表还可用于疲劳、疼痛、精神紧张等的实验室评价研究。具体做法是，每项活动后，让受试者就其感受到的负荷参照该量表做出评判，结果以分值表示（表 15-3）。这些分值与当时活动的心率呈线性关系。由于工人缺乏不同级别负荷的即时感受作为参照来比较评分，Borg 量表用于劳动负荷的现场调查受到限制。

表 15-3 Borg 量表

| 0 | 7 | 8 | 9 | 10 | 11 | 12 | 13 | 14 | 15 | 16 | 17 | 18 | 19 | 20 |
|---|---|---|---|---|---|---|---|---|---|---|---|---|---|---|
| 无 | 极轻 | | 很轻 | | | 轻 | | 有点重 | | 重 | | 很重 | | 极重 |

### （三）观察方法

观察方法（observation method）介于客观和主观方法之间，它不像客观方法那样需要昂贵的仪器检测，也不带有主观性，而且便于现场调查，一般只需笔和纸就可以获得准确、量化的结果，配合计算机处理数据使其效率更高。常用的观察方法有 AET 工作分析法（Arbeitswissenschaftliche Erhebungsverfahren zur Tätigkeitsanalyse），该方法有 216 项观察项目，内容涉及整个劳动系统的方方面面，包括体力劳动、脑力劳动、静力作业、动力作业和劳动环境等。OWAS 作业姿势分析系统（Ovako working posture analysing system），则专门用于观察分析劳动姿势负荷。另外可用英国 Rohen 工效学中心建立的 QEC 法，利用相应软件计算出工效学负荷分数，以评价劳动负荷的高低。此外还有多瞬点调查法，通过多个瞬间的随机观察了解某个事件的发生频率。

## 六、影响工作效率的因素及改进措施

对人的身心健康和工作效率产生影响的因素包括社会环境因素和自然环境因素。社会因素，包括社会分工、劳动报酬、职位升迁、人际关系等，社会制度决定了劳动者的地位和分配制度，这直接影响劳动者的工作态度。另外，处理好家庭关系、上下级关系、同事关系，健全各种保障体系，增加工作满意感等对提高作业能力会起到重要作用。

对于自然环境中的因素，工效学主要是研究各种物理性和化学性因素对健康、安全、舒适和效率的影响，以及如何创造良好的作业环境。以下从工效学角度介绍常见物理因素对健康及工作效率的影响。

### （一）工作环境

**1. 气温**　气温过高或过低不但对人体健康产生影响，还可以影响作业能力和工作效率。在高温或低温环境中，都可能使反应速度减慢、准确性降低，导致作业能力下降或事故的发生。在适宜的温度范围内作业，人们会感到舒适、工作效率高。我国已制定了作业环境适宜温度标准，为改善环境提供了依据。

**2. 噪声**　在噪声环境下工作，使人的注意力难以集中，严重时可以出现烦躁、反应迟钝等。将电话接线员工作环境的噪声从 40 dB（A）提高到 50 dB（A），错误率增加近 50%。办公室工作人员在敞开窗户工作的情况下，60%的人不能集中注意力。此外，噪声还可以掩盖作业场所的危险信号及机器发出的警报，影响作业人员对危险因素的察觉，导致工伤事故发生。因此，应采取有效措施降低作业环境噪声强度，创造舒适、安静的作业环境。

**3. 照明**　人的信息有 80%是通过视觉获得的。生产环境适度的照明有利于作业者对周围物体的识别，提高获得信息的准确性和速度。照度过高，容易引起眼睛疲劳，甚至造成视觉损伤。还可以使人的兴奋性增高，很快转为抑制，降低劳动效率。照度太低影响对物体的分辨。要依据作业性质及要求，保证适宜的照度。

**4. 颜色**　周围作业环境和显示器、控制器的颜色适当，可以提高作业人员对信号或标志辨别的准确性和速度，减少操作错误。颜色是物体的一种属性，对人的心理可以产生一定影响，使人产生某种情绪变化。红色可以提高人的反应性，但也容易引起精神紧张和不安。红、橙、黄等颜色给人以温暖的感觉，暖色可以使人兴奋。蓝、绿、紫等颜色给人以寒冷的感觉，称为冷色，冷色使人感到镇静，甚至会产生压抑感。在机器设计和作业环境布置时要充分利用这些特点，创造使人感到愉快的工作环境。

### （二）劳动组织

合理地组织生产劳动，可以减轻劳动者的生理及心理负荷，提高作业能力。

**1. 减少负重及用力** 负重是造成肌肉骨骼损伤的重要原因之一。作业过程要采用机械化、自动化，减少和减轻负重作业。搬运物体的重量要限定在安全范围之内。除了限制搬运物体重量以外，作业人员需注意作业姿势和合理用力。手持工具如果超过一定重量，使用时应有支撑或采取悬吊的方式。

**2. 改善人机界面** 工作台的高低、工件的放置位置要合理，使作业人员在始终保持合适的姿势下，双手可以在舒适方便的操作位置进行操作。有条件地使用高度可调节的工作台，作业者可以根据自身的情况将其调节到合适位置。如果工作台面不能降低到适当高度，应使用脚垫。对于坐姿作业的人员，座椅是"机"的重要部分，要依据人体的解剖和生理特点进行设计。为了适合不同人对不同操作的使用，座椅应该具有高低调节和旋转调节的功能。

**3. 合理组织劳动** 就业时应根据所从事作业的特点和要求确定录用标准，对作业人员进行选择。并依据工作性质对人员进行相应的技术培训，提高作业人员从事该项作业的能力。有些生产过程需要连续作业，必须采用轮班作业，轮班工作不符合人体的生物节律，不利于健康，应根据作业特点、性质、劳动负荷等因素做出合理安排。随着劳动时间延长，人们会逐渐感到疲劳，作业能力下降。依据劳动强度、工作性质和作业环境安排工作时间和适当安排工间休息，可以有效地减轻疲劳程度。在组织生产劳动时，作业人员的劳动定额要适当。

---

**案例15-6解析**

该案例分析了血液透析执行岗位存在的工效学危险因素。可根据研究结果制定相应干预措施或进一步的研究计划，例如护士在穿刺和拔针时，可用枕头抬高病人的手，以减少护士弯腰幅度，同时也可使病人手臂保暖。依据劳动过程中作业能力的动态变化，建议制定合理的轮换班制度，减少护士在疲劳期的工作时间。

---

（曹　军　姚晓峰）

# 思 考 题

1. 在开展职业卫生与职业医学的卫生监督和行政管理工作中，对于各种不同厂矿企业以及发生的各类职业卫生事故，如何进行相应的职业卫生学调查？
2. 职业流行病学研究在联系其他职业卫生与职业医学研究方法中的作用如何？
3. 在职业毒理学研究中如何做到微观和宏观的有机结合？
4. 职业病临床观察有何意义？
5. 组织劳动时如何合理用力？

# 展望

## 职业卫生与职业医学面临的新问题

职业卫生与职业医学现代医学理论体系已经基本形成，职业性危害的预防和控制取得了许多成就。进入二十一世纪以来，随着科学的进步和社会的发展，职业卫生与职业医学的发展面临新机遇，也面临新挑战。展望其发展的未来，职业卫生与职业医学面临的新问题和研究重点主要有以下几方面：

### （一）职业人群出现新的变化

**1. 第二产业和第三产业的人数不断增多**　全球人口 45%左右为职业人群，他们的健康与工作能力是社会生产发展的主要力量，关系到国民经济可持续发展。由于国民经济和生产能力迅猛发展，从事第二产业和第三产业的人数相应增多。我国是一个农业大国，第二产业职业人群的增加，尤其是当农村人员大量转向工业时，因从业人员缺乏劳动卫生知识，文化水平也相对较低，自我保健意识不强，构成了第二产业职业人群新的职业卫生问题。21 世纪的来临，第三产业所占的比例和从业人员的数量将会明显增加，据估计，2015 年中国第三产业人口数超过总从业人口数的百分五十。因此职业卫生服务的对象应面向所有的职业人群，包括各种服务性行业，如超市营业员、高铁驾驶员、快递员、IT 人群等。

**2. 老龄职业人群的保健问题日益突显**　由于生活条件的改善和医疗卫生水平的不断提高，人口老龄化问题已经出现。2007 年，我国老龄人口已经高达 11.6%。与此同时，职业人群的工作生命随之增加。不少业已退休但健康状况良好并有一技之长的老龄职工，仍可能继续从事生产劳动。但步入老龄期以后，生理功能存在不同程度的衰退，容易患常见的老年性疾病，如心血管疾病、糖尿病等。除年龄因素外，还可能涉及职业因素暴露时间延长、暴露者易感性增加等。因此，对老年劳动者的保健问题应该给予足够的重视。

**3. 新型职业人群的职业健康问题日益突出**　随着我国城镇化、工业化、信息化进程的加快，新型职业人群的健康问题日益凸显，包括视频终端作业者、计算机软件程序员、农民工、快递员、网络电商等。如大量农村剩余劳动力进入城市，形成了一个数量庞大（8000 万～9000 万）的农民工职业人群。该群体从事的职业较为繁重、工作时间较长、工种变动频繁、劳动条件较差，其职业卫生问题复杂而且突出。

**4. 职业人群工种变动更加频繁**　过去在计划经济时代，我国职业人群固定性明显，接触的职业性有害因素较为单一且固定。随着市场经济时代的到来，人们的职业与工作的变化日益明显。尤其是严重的职业性有害因素接触者，他（她）们或者出于个人的认知，或者出于资方的解雇或出于其他管理因素等，工种的频繁变换已为职业人群一个新的特征。

### （二）新的职业性有害因素不断涌现

21 世纪是高新技术不断开拓和应用的时代。随着知识经济的来临，信息技术的发展，使很多职业人群从体力密集型劳动转向智力密集型脑力劳动者。科技进步在极大地提高工作效率并为职业安全和卫生提供先进防护技术的同时，新的职业性有害因素不断涌现。

**1. 劳动过程中职业性有害因素不断增加**　由于工作节奏加快、工作单调和对职工整体素质要求的提高而导致的心理负荷过重、脑力疲劳问题；视屏终端作业带来的局部器官过度紧张问题；新的管理制度和办法导致的社会心理问题等。

**2. 新的职业性理化有害因素不断涌现**　工业化的进程中，新材料、新工艺、新产品的大量涌现，致使新的职业性有害因素不断出现，如纳米材料、转基因产品的生产、加工与使用、核电工业的发展带来的核辐射问题、通讯业的发展，电器的普及与应用等带来的低剂量辐射问题等。

**3. 职业心理问题更为突出**　在生产劳动过程中，除存在化学、物理、生物性职业有害因素外，还有职业性紧张与心理因素。适度的职业性紧张是作业过程中的正常心理状态，此时，劳动者的自我感觉良好，工作效率高。但在不良的劳动条件下例如工作量超负荷、工作环境照明不足和噪声强度大、人际关系不和谐等，则可引起不利于健康的心理行为与紧张效应。

对从业人员的整体素质，如知识、能力、技术、社会适应性等方面要求的提高，职业人员的工作流动性和不稳定性的增加，一些特殊作业如流水线作业、单调的机械工作、高度集中的注意力和快节奏的活动等，均可引起从业人员的心理问题。如职业人群产生焦虑、紧张、忧郁、烦躁等不良的心理行为，甚至可形成心身疾病（psychosomatic disorders，PSD）。

## （三）职业卫生与职业医学服务的内容不断拓宽

**1. 职业生命质量问题已广受关注**　随着经济的发展，人民生活的改善，新的健康理念深入人心。因此，职业卫生与职业医学已不仅仅是预防和控制职业性有害因素对职业人群的健康危害，而且保障和不断提高职业生命质量已被广泛的关注和接受。

**2. 职业卫生监督与管理问题日益突现**　进入二十一世纪，我国的卫生监督管理体系与运行机制正在构建与逐渐完善。2002年5月1日我国《职业病防治法》的正式实施，为职业卫生监督与管理的发展奠定了基础。然而，与此同时，新的问题则被凸显，如职业卫生监督的主体地位问题、卫生监督人员的队伍建设问题、与之相关的法律法规配套问题以及卫生监督管理与经济建设的协调发展问题等。

**3. 突发化学中毒事件应急处置能力的建设与提高任重道远**　自2002年"SARS事件"后，突发公共卫生事件处置体系已成为重要的工作。目前，突发职业卫生事件应急处置工作体系的构建与运行机制的完善仍是今后很长一段时间里的重要工作，尤其是预防与控制能力的提高、信息共享平台的建设、特殊解毒药物的研发等等。

近年来，伴随着我国新一轮经济转型、结构调整等工业现代化进程，以互联网、高端制造、新能源、新材料和农业现代化等为代表的新兴产业将快速发展，因此带来的新的职业卫生问题应当引起重视。

（张文昌）

# 参考文献

陈小霞. 2006. 电焊烟尘与噪声联合作用致听力损伤及其机理研究. 武汉：武汉科技大学.

甘文奇，陈曙，陶炳根，等. 2001. 混配农药中毒的流行病学研究，中华预防医学杂志，（01）：14-16.

顾永生、姜荣明. 2012. 某铅酸蓄电池厂职业危害及控制措施调查. 职业与健康. 28（12）：1439-1441.

洪华珠. 2010. 生物农药.武汉：华中师范大学出版社.

贾超云，陈永青，胡伟江. 2011. 燃煤火力发电厂主要职业病危害因素控制技术进展. 中国工业医学杂志，24（1）：37-39.

金泰廙. 2011. 现代职业卫生与职业医学，北京：人民卫生出版社. 北京：人民卫生出版社.

李凡，徐志凯. 2013. 医学微生物学. 北京：人民卫生出版社.

李兰娟，任红. 2013. 传染病学. 北京：人民卫生出版社.

李涛. 2013. 健康工作场所行动模式. 北京：人民卫生出版社.

刘建烽，刘仁平，王胜利. 2013. 某LED新建项目职业病危害预评价. 中国工业医学杂志，26（1）：61-63.

牛侨. 2007. 职业卫生与职业医学供预防医学专业类用.第2版.北京：中国协和医科大学出版社.

孙贵范. 2012. 职业卫生与职业医学. 第7版. 北京：人民卫生出版社.

吴娜，郝凤桐. 2013. 急性窒息性气体中毒的临床特点及治疗研究现状；职业与健康；29（21）：2859-2861.

杨宝峰，刘应麟，于立河. 2005. 北方常见传染病防治. 北京：人民卫生出版社.

殷春许、陈葆春. 2015. 工作场所生产性粉尘危害作业分级在某热电厂建设项目职业危害控制效果评价评价中的应用. 安徽预防医学杂志，21（1）：27-28.

喻馨兰、杨光红、王士然. 2013. 某石油化工企业新建项目职业病危害控制效果评价. 环境与职业卫生，40（13）：2405-2407.

张文昌，夏昭林.2008.职业卫生与职业医学.案例版.北京：科学出版社.

赵金垣. 2005. 应重视窒息性气体中毒的诊断、治疗与预防，中华全科医师杂志：04（11）：645-647.

中华人民共和国国家职业卫生标准 《职业性慢性三硝基甲苯中毒的诊断》（GBZ69-2011）.

中华人民共和国国家职业卫生标准《职业性急性苯的氨基、硝基化合物中毒的诊断》（GBZ30-2015）.

詹姆斯·坎贝尔、奎克，洛伊丝 E.蒂特里姆. 2010. 职业健康心理学手册. 蒋奖 许燕译. 北京：高等教育出版社.

GBZ2.1-2007《工作场所有害因素职业接触限值第1部分：化学有害因素》.

GBZ2.2-2007《工作场所有害因素职业接触限值第2部分：物理有害因素》.

William NR，Steven BM. 2007. Environmental and Occupational Medicine. 4th ed.Wolters Kluwer：Lippincott Williams & Wilkins.

# 索引

## A

阿尼林（aniline） 86
艾滋病，获得性免疫缺陷综合征（acquired immunodeficiency syndrome, AIDS） 205
氨（ammonia, $NH_3$） 49
氨基苯（aminobenzene） 86
氨基甲酸酯类（carbamates） 113
螯合物（chelate） 17

## B

暴露评价(exposure assessment) 287
爆震性耳聋（explosive deafness） 167, 243
钡（Barium, Ba） 36
被动采集 (Passive sampler) 292
苯（benzene） 71
苯胺（aminobenzene） 82, 86
苯巯基尿酸（S-phenylmercapturic acid, S-PMA） 72
鼻窦气压伤和耳气压伤（nasal sinus barotraumas and aural barotraumas） 245
变应性接触性皮炎（allergic contact dermatitis, ACD） 232
丙烯腈（acrylonitrile, AN） 98
布氏杆菌（Brucella） 192
布氏杆菌病（Brucellosis） 192

## C

采光系数（coefficient of lighting） 342
超声波（ultrasonic wave） 162
尘肺（pneumoconiosis） 117
迟发性中毒（delayed poisoning） 13
储存库（storage depot） 11
次声波（infrasonic wave） 162
刺激性接触性皮炎（irritant contact dermatitis, ICD） 232
刺激性气体（irritant gases） 40
刺激性气体中毒（irritant gas poisoning） 40

## D

大块纤维化（progressive massive fibrosis, PMF） 138
大阴影（large opacity） 128
单纯性尘肺（simple pneumoconiosis） 137
单纯窒息性气体（Simple asphyxiation） 55
单体（monomer） 93
单调作业（monotonous work） 215
单向流通风（unilateralism airflow ventilation） 338
胆碱酯酶（cholinesterase, ChE） 109
氮（nitrogen, $N_2$） 55
氮氧化物（nitrogen oxides, $NO_x$） 47
等响曲线（equal loudness curves） 164
电光性眼炎（electric ophthalmia） 177, 241
电焊工尘肺（welder's pneumoconiosis） 144, 120
电击伤害（electrical shock injury） 262
电离辐射（ionizing radiation） 174
电离辐射性白内障（ionizing radiational cataract） 242
动物性粉尘（animal dusts） 147
毒物（toxicant） 9
毒物的吸收（poisons' absorption） 13
独立作用（Independent action） 271
短时间接触容许浓度（permissible concentration-short term exposure limit, PC-STEL） 62

## E

二甲苯（xylene） 75
二甲基甲酰胺（dimethyl formamide, DMF） 102
二硫化碳（carbon disulfide） 80
二氯乙烷（dichloroethane） 76
二氧化碳（carbon dioxide, $CO_2$） 55
二异氰酸甲苯酯（toluene diisocyanate, TDI） 103

## F

钒（vanadium, V） 37
反应（response） 328
放射病（radiation sickness） 180
放射性复合伤（combined radiation injury） 181
放射性活度（radioactivity） 179
非电离辐射（non-ionizing radiation） 174
非电离辐射性白内障（non-ionizing radiation cataract） 242
非工业工作场所通风（ventilation of non-industrial workplaces）

335

分散度（distribution of particulate size） 118

风压（air dynamic pressure） 157

氟化氢（hydrogen fluoride，HF） 53

氟聚合物烟尘热（fluoropolymer fume fever）: 101

复杂性尘肺（complex pneumoconiosis） 137

## G

"谷仓气体中毒"（silo-gas poisoning） 47

高处作业（work at heights） 258

高分子化合物（micro-molecular compound） 93

高温作业（work in hot environment） 153

高原病（high altitude disease） 160

高原肺水肿（high altitude pulmonary edema，HAPE） 160

隔热（heat isolation） 157

镉（cadmium，Cd） 28

个体采样(personal sampling) 293

铬（chromium，Cr） 35

铬鼻病（occupational chromium-induced nasal disease） 244

工程技术措施(engineering approach) 254

工程技术干预(engineering intervention) 249

工业作业场所密闭通风（ventilation of industrial workplaces） 335

汞（mercury，Hg） 23

谷胱甘肽环硫化离子（glutathione episulfonium ion） 76

光亮度（brightness） 342

光气（phosgene，COCl$_2$） 51

光通量（luminous flux） 342

硅酸盐肺（silicatosis） 120

## H

还原型辅酶Ⅱ（NADPH） 83

还原型辅酶Ⅰ（NADH） 83

合金（alloys） 16

赫恩滋小体（Heinz body） 84

黑色金属（ferrous metals） 16

红外辐射（infrared radiation） 176

红外线白内障（infrared cataract） 242

呼吸酶（respiratory enzymes） 55

呼吸性粉尘（respirable dust） 118

滑石尘肺（talc pneumoconiosis） 120，132

化学性皮肤灼伤（chemical skin burns） 238

化学性眼部灼伤（chemical eye burns） 240

化学窒息性气体（chemical asphyxiation） 55

环境措施( environmental intervention) 249

环境措施（environmental approach） 255

混合性尘肺（mixed dust pneumoconiosis） 120

混合性粉尘（mixed dust） 118

混合性职业性有害因素（mixed occupational adverse factors） 270

活性炭尘肺（active carbon pneumoconiosis） 120

## J

机械伤害 (mechanical injury) 260

机械通风（mechanical ventilation） 157，336

机械通气方法（mechanical ventilation） 44

激光（laser） 177

激进型矽肺（accelerated silicosis） 126

急性CO中毒迟发脑病（神经精神后发症）（DEACMP）（delayed encephalopathy after acute carbon monoxide poisoning） 61

急性高原病（acute mountain sickness，AMS） 160

急性呼吸窘迫综合征（acute respiratory distress syndrome，ARDS） 40，42

急性热致疾病（acute heat-induced illness） 155

急性中毒（acute poisoning） 12

剂量当量（dose equivalent） 179

加速度（acceleration） 169

甲苯（toluene） 75

甲基环戊二烯三羰基锰（methylcyclopentadienyl manganese triacarbonnyl，MMT） 32

甲烷（methane，CH$_4$） 55，67

间皮瘤（mesothelioma） 120

减压病（decompression disease） 158

教育措施（educational approach） 254

教育干预(educational intervention) 249

接触评估（exposure assessment） 329

拮抗作用（Antagonism Action） 271

金属（metals） 16

金属硫蛋白（metallothionein，MT） 23

金属络合物（metal complexes） 16

金属烟热（metal fume fever） 36，246

金属元素（metallic elements） 16

紧急救护措施（emergency care and first aid） 249，254，255

紧张（stress） 211

紧张反应（strain or stress reaction） 211

紧张因素（stressor） 211

进行性大块纤维化（progressive massive fibrosis，PMF） 137

经济措施（economic approach） 255

经济干预(economic intervention) 249

精疲力竭（burnout） 213
颈肩腕综合征（neck-shoulder-wrist syndrome） 220
局部排风（local exhaust ventilation） 339
局部送风（local dilution ventilation） 339
局部通风（local ventilation） 336
聚合物（polymer） 93
绝对湿度（absolute humidity） 153
均匀流通风（uniformity airflow ventilation） 338

## K

可吸入性粉尘（inhalable dust） 118
可疑致癌物（suspected carcinogen） 228
空气动力学直径（aerodynamic equivalent diameter, AED） 118
莱姆病（Lyme disease） 200
"轮班劳动不适应综合征"（shift-work inadaptation syndrome, SMS） 216
"氯痤疮"（chlorine acne） 46
类金属（metalloids） 16
磷（phosphorus, P） 38
硫二乙酸亚砜（thiodiacetic acid sulfoxide） 76
硫化氢（hydrogen sulfide, $H_2S$） 55, 65

## L

轮班作业（shift work） 216
铝（aluminum, Al） 38
铝尘肺（aluminosis） 120, 146
氯（chlorine, $Cl_2$） 45
氯乙烯（vinyl chloride, VC） 95

## M

脉冲性噪声（impulsive noise） 162
慢性高原病（chronic mountain sickness, CMS） 160
慢性中毒（chronic poisoning） 12
慢性阻塞性肺病（chronic obstructive pulmonary disease, COPD） 43, 120
煤肺（anthracosis） 120, 137
煤工尘肺（coal workers pneumoconiosis, CWP） 135
煤矿粉尘（coal mine dust） 135
煤矽肺（anthraco-silicosis） 120, 138
锰（Manganese, Mn） 31
棉尘病（byssinosis） 148

## N

内照射放射病（internal radiation sickness） 181
拟除虫菊酯类农药（pyrenthrods） 112

镍（nickel, Ni） 35
农药（pesticides） 105

## P

配合物（complexes，又称络合物） 16
配位化合物，coordination compounds） 16
硼（Boron, B） 39
铍（beryllium, Be） 37
疲劳状态（fatigue-like states） 222
蜱传脑炎（tickborne encephalitis） 197
蜱媒脑炎病毒（tick borne encephalitis virus, TBEV） 197
频带或频程（octave band） 164
频率（frequency） 162
频谱（frequency spectrum） 164
普通型矽肺（classic silicosis） 126

## Q

气流（airflow） 153
气溶胶（aerosol） 10
气湿（humidity） 153
气温（air temperature） 153
铅（lead, Pb） 17, 19
潜在致癌物（potential carcinogen） 228
强制措施（enforcement approach） 255
强制干预(enforcement intervention) 249
轻金属（light metals） 16
氰化氢（hydrogen cyanide, HCN） 55, 62
区域采样(area sampling) 293
屈肢症（bends） 159
全面通风（general ventilation） 336
全身振动（whole body vibration） 170
确定性效应（deterministic effect） 180
确认致癌物（proved carcinogen） 228

## R

热辐射（thermal radiation） 153
热痉挛（heat cramp） 155
热射病（heat stroke） 155
热适应（heat acclimatization） 155
热衰竭（heat exhaustion） 155
热休克蛋白（heat shock proteins, HSP） 155
热压（heat pressure） 157
人类生态学（human ecology） 212
日射病（sun shroke） 155

## S

三氯乙烯药疹样皮炎（trichloroethylene-induced medicamentosa-like dermatitis） 236
伤害(injury) 249
射频辐射（radiofrequency radiation） 174
射频辐射（radiofrequency radiation） 356
砷（arsenic, As） 25
神经微丝（neurofilament） 81
生物农药（biopestieide） 115
声波（sound wave） 162
声强（sound intensity） 163
声压（sound pressure） 163
声压级（sound pressure level, SPL） 163
声音（sound） 162
湿球黑球温度(wet bulb globe temperature index, WBGT 指数) 156
湿球黑球温度指数（wet bulb globe temperature index, WBGT 指数） 153
石棉肺（asbestosis） 120, 129
石棉小体（asbestoic body） 131
石墨尘肺（graphite pneumoconiosis） 120, 142
时间加权平均容许浓度（permissible concentration-time weighted average, PC-TWA） 62
实际上安全剂量"（virtually safe dose, VSD） 332
视频显示终端（visualdisplay term inal, VDT） 218
手臂振动（hand-arm vibration） 170
手臂振动病（hand-arm vibration disease），或称手臂振动综合征（hand-arm vibration syndrome） 171
水泥尘肺（cement pneumoconiosis） 120, 134
"速发型矽肺"（acute silicosis） 126
速度（velocity） 169
速发型矽肺（acute silicosis） 126
随机性效应（stochastic effect） 180

## T

铊（thallium, Tl） 36
炭尘肺（carbon pneumoconiosis） 120
炭黑（carbon black） 143
炭黑尘肺（carbon black pneumoconiosis） 120, 143
炭疽（anthrax） 187
羰基镍（nickelcarbonyl） 35
陶工尘肺（pottery worker's pneumoconiosis） 144
调节或称修饰因素（modifier） 211
听觉疲劳（auditory fatigue） 165
听觉适应（auditory adaptation） 165

听力损伤（hearing impairment） 166
听力损失（hearing loss） 166
听阈（threshold of hearing） 163
痛阈（threshold of pain） 163

## W

晚发型矽肺（delayed silicosis） 126
外照射急性放射病（acute radiation sickness from external exposure） 180
外照射慢性放射病（chronic radiation sickness from external exposure） 181
外照射亚急性放射病（subacute radiation sickness from external exposure） 180
危害性鉴定（hazard identification） 327
危险度管理（risk management） 332
危险度特征分析（risk characterization） 331
危险度/危险性（risk） 326
微波（microwave） 175
微波白内障（microwave cataract） 242
位移（displacement） 169
无机粉尘（inorganic dust） 117
无机金属化合物（inorganic metallic compounds） 16

## X

吸收剂量（absorbed dose） 179
矽肺（silicosis） 120, 125, 137
硒（Selenium, Se） 38
稀释通风（dilution ventilation） 338
稀有金属（rare metals） 16
锡（tin, stannum, Sn） 37
习服（acclimatization） 159
细胞窒息性气体（cell asphyxiation） 56
下背痛（low back pain, LBP） 219
相乘作用（synergic action） 271
相对湿度（relative humidity） 153
相加作用（additive joint action） 271
硝基苯（nitrobenzene） 82
小阴影（small opacity） 128
协同作用（synergism action） 271
心身疾病（psycho-physiological disorders） 214
锌（zincum, Zn） 36
胸膜斑（plaque） 131
眩光（glare） 342
雪盲症（snow blindness） 177
血/气分配系数（blood/air partition coefficient） 10

血液窒息性气体（Blood asphyxiation） 56

## Y

亚急性中毒（subacute poisoning） 13
亚乙基双二硫带代氨基甲酸锰（manganese ethylene bis-dithiocarbomate） 32
氩（argon, Ar） 55
一氧化碳（carbon monoxide, CO） 55, 59
乙炔（ethyne, $C_2H_2$） 55
乙烷（ethane, $C_2H_6$） 55
乙烯（ethene, $C_2H_4$） 55
硬质金属（cemented metals） 16
永久性听阈位移（permanent threshold shift, PTS） 166
有机粉尘（organic dust） 117, 147
有机粉尘毒性综合征（organic toxic syndrome, ODTS） 150
有机金属化合物（organic metallic compounds） 16
有机磷酸酯类农药（organophosphorus pesticides, OP） 108
有色金属（colored metals） 16
云母尘肺（mica pneumoconiosis） 120, 133

## Z

暂时性听阈位移（temporary threshold shift, TTS） 165
噪声（noise） 162
噪声性耳聋（noise-induced deafness） 166
照度（illuminance） 342
照度均匀度（uniformity ratio ofilluminance） 342
照射量（exposure, X） 179
振动（vibration） 169
振动性白指（vibration-induced white finger, VWF） 171
振幅（amplitude） 169
正己烷（n-hexane） 78
正压通气（positive end expiratory pressure, PEEP） 44
肢端溶骨症（acroosteolysis, AOL） 96
脂水分配系数（lipid/water partition coefficient） 10
职业安全(occupational safety) 249
职业暴露评价(occupational exposure assessment) 287
职业病（occupation diseases） 2
职业环境监测(occupational environmental monitoring) 288
职业接触（occupational exposure） 329
职业接触生物限值(biological limit value for occupational exposure) 302
职业紧张（occupational stress） 209
职业紧张的控制规程（occupational stress management program） 214

职业伤害（occupational injuries） 250
职业生命质量规程（extensive quality-of-work-life programs） 214
职业卫生与职业医学（occupational health and occupational medicine） 1
职业性变态反应肺泡炎（occupational allergic alveolitis） 120
职业性变态反应性肺泡炎（occupational lergic alveolitis） 149
职业性电光性皮炎（occupational electroflash dermatitis） 235
职业性放射性肿瘤（occupational radiation tumour） 230
职业性光接触性皮炎（occupational photosensitive dermatitis） 234
职业性喉病(professionalvoice occupational larynx disease） 245
职业性接触性皮炎（occupationalcontact dermatitis） 232
职业性皮肤溃疡（occupational ulcers） 238
职业性森林脑炎（forest encephalitis） 197
职业性损害（occupational adverse effect） 2
职业性牙酸蚀病（occupational dental erosion） 244
职业性眼病（occupational eye disease） 240
职业性药疹样皮炎（occupationalmedicamentose-like dermatitis） 236
职业性有害因素（occupational hazards） 1
职业性有害因素的健康危险度评价（occupational hazard risk assessment） 326
职业性有害因素的危险度（occupational hazard risk） 326
职业性噪声聋（occupational noise-induced deafness） 243
职业性肿瘤（occupational tumor） 224
职业中毒（occupational poisoning） 9
植物性粉尘（vegetable dusts） 147
窒息性气体（asphyxiating gases） 55
中毒（poisoning） 9
中毒性白内障（toxic cataract） 242
中毒性肺水肿（toxic pulmonary edema） 41
中暑（heat illness） 155
重金属（heavy metals） 16
主动采集(active sampler) 291
铸工尘肺（foundry worker's pneumoconiosis） 145
转锰素（transmaganin） 32
紫外辐射（ultraviolet radiation） 177
紫外线白内障（ultraviolet cataract） 243
自然通风（natural ventilation） 336
作业场所健康促进规划（workplace health-promotion program） 215
作业高度（highness of work） 258

## 其他

2-硫代噻唑烷-4-羧酸（2-thiothiazolidine-4-carboxylic acid, TTCA） 80

4小时等能量频率计权加速度有效值[four hour energy equivalent frequency weighted acceleration rms, $a_{hw(4)}$] 169